Das Spürbarkeitsmerkmal des UWG 2015

Veröffentlichungen des Instituts für Energie- und Regulierungsrecht Berlin

Herausgegeben von Franz Jürgen Säcker und Jochen Mohr

Band 67

PETER LANG

Katja Stefanie Middelhoff

Das Spürbarkeitsmerkmal des UWG 2015

PETER LANG

Bibliografische Information der Deutschen Nationalbibliothek
Die Deutsche Nationalbibliothek verzeichnet diese Publikation in der Deutschen Nationalbibliografie; detaillierte bibliografische Daten sind im Internet über http://dnb.d-nb.de abrufbar.

Zugl.: Berlin, Freie Univ., Diss., 2017

D 188
ISSN 2363-684X
ISBN 978-3-631-79042-7 (Print)
E-ISBN 978-3-631-79043-4 (E-PDF)
E-ISBN 978-3-631-79044-1 (EPUB)
E-ISBN 978-3-631-79045-8 (MOBI)
DOI 10.3726/b15644

Peter Lang – Berlin · Bern · Bruxelles · New York · Oxford · Warszawa · Wien

Diese Publikation wurde begutachtet.

www.peterlang.com

Inhaltsverzeichnis

Vorwort 15

Abkürzungsverzeichnis 17

A. Einleitung 21

I. Problemstellung 21

II. Verlauf der Untersuchung 22

B. Entwicklung, Hintergrund und Normzweck der Bagatell- bzw. Spürbarkeitsschwelle im UWG 25

I. Das UWG 1909 25
1. Verbraucherbezogene Bagatellgrenze von 1965 26
2. Redaktionelle Umgestaltung 1986 27
3. Ausweitung der Wesentlichkeitsschwelle 1994 27

II. Das UWG 2004 30

III. Das UWG 2008 32
1. Die UGP-RL 33
a) Regelungsinhalt der UGP-RL – ein Überblick 33
b) Systematik der UGP-RL 35
c) Funktion und Inhalt der Relevanzschwellen der UGP-RL 36
aa) Funktion der Relevanzschwellen 37
bb) Inhalt der Relevanzschwellen 38
(1) Art. 5 Abs. 2 lit. b) i.V.m. Art. 2 lit. e) UGP-RL 38
(i) Einwirkungsmerkmal 39
α) Geeignetheit 39
β) Die Fähigkeit des Verbrauchers, eine informierte Entscheidung zu treffen 40
χ) Informierte Entscheidung 41
δ) Spürbarkeit 42
ε) Subjektive Merkmale? 45
(ii) Auswirkungsmerkmal 48
α) Geeignetheit 48
β) Geschäftliche Entscheidung 48
χ) Wertungen 49

(iii) Kausalität zwischen Einwirkung und Auswirkung ... 52
(iv) Verhältnis von Einwirkungs- und Auswirkungskriterium zueinander ... 53
(2) Art. 6 UGP-RL ... 54
(3) Art. 7 Abs. 1 und 2 UGP-RL ... 55
(4) Art. 8 und 9 UGP-RL ... 57
(5) Divergenz zwischen Erheblichkeit und Einwirkung? ... 61
d) Ausmaß und Auswirkung der Vorgaben der UGP-RL für den deutschen Gesetzgeber und die deutsche Rechtsprechung ... 63
aa) Umsetzung der UGP-RL – Reichweite der Umsetzungspflicht ... 63
bb) Auswirkung auf die Umsetzung der Relevanzschwellen der UGP-RL in das UWG ... 65
cc) Auslegung des nationalen Rechts durch die Rechtsprechung ... 65
e) Bedeutung der UGP-RL für das UWG ... 66
2. Umsetzung der Vorgaben der UGP-RL in das UWG 2008 ... 67
a) Die Einzeltatbestände der §§ 4 ff. UWG 2008 ... 67
b) Die Generalklausel des § 3 UWG 2008 ... 68
c) Änderungen in § 3 Abs. 1 UWG 2008 im Vergleich zu § 3 Abs. 1 UWG 2004 – sprachliche oder inhaltliche Änderungen? ... 68

IV. Das UWG 2015 ... 71
1. Übersicht über die das Spürbarkeitsmerkmal betreffenden Änderungen ... 73
a) § 2 Nr. 7 UWG 2008 ... 73
b) § 2 Nr. 8 UWG 2015 ... 74
c) § 3 UWG 2008 ... 74
aa) § 3 Abs. 1 UWG 2015 ... 75
bb) § 3 Abs. 2 UWG 2015 ... 75
cc) § 3 Abs. 3 UWG-RegE ... 76
(1) § 3 Abs. 3 S. 1 UWG-RegE ... 77
(2) § 3 Abs. 3 S. 2 i.V.m. § 3 Abs. 2 S. 2 UWG-RegE ... 80
dd) Streichung des § 3 Abs. 2 S. 2, Abs. 3 S. 1 und 2 UWG-RegE ... 84
d) § 4 UWG 2008 ... 84

aa) § 4 UWG-RegE ... 84
bb) § 4 UWG 2015 ... 87
(1) § 4 Nr. 1–4 UWG 2015 ... 87
(2) § 3a UWG 2015 ... 88
e) § 4a UWG 2015 ... 89
aa) § 4a UWG-RegE ... 89
bb) § 4a UWG 2015 ... 90
f) § 5 UWG 2015 ... 91
g) § 5a UWG 2008 ... 92
aa) § 5a UWG-RegE ... 92
bb) § 5a UWG 2015 ... 93
2. Das Spürbarkeitsmerkmal des UWG 2015 ... 93

C. Das Verhältnis der Generalklausel des § 3 UWG 2008/2015 zu den Einzeltatbeständen des UWG 2008/2015 ... 95

I. Das Verhältnis von Generalklausel und Regelbeispielen im Allgemeinen ... 96
1. Die Generalklausel im Allgemeinen ... 96
2. Die Generalklausel und das Verhältnis zu den Regelbeispielen im Besonderen ... 98

II. Das Verhältnis der Generalklauseln des § 3 UWG 2008/2015 zu den Regelbeispielen und den Spezialtatbeständen im UWG 2008/2015 ... 98
1. Die Generalklausel des § 3 Abs. 1 UWG 2008 und des § 3 Abs. 1 UWG 2015 ... 99
a) Allgemeines ... 99
b) Relevanz der Generalklausel des § 3 Abs. 1 UWG 2008 ... 100
c) Das Verhältnis des § 3 Abs. 1 UWG 2008 zu den Regelbeispielen und den Spezialtatbeständen ... 101
d) Das Verhältnis des Spürbarkeitserfordernisses des § 3 Abs. 1 UWG 2008 zu den Regelbeispielen und den Spezialtatbeständen ... 103
aa) Überblick über die Literaturstimmen ... 104
bb) Stellungnahme – Anwendungsbereich des Spürbarkeitserfordernisses des § 3 Abs. 1 UWG 2008 ... 107

cc) Übersicht über das Verhältnis des Spürbarkeitskriteriums des § 3 Abs. 1 UWG 2008 zu den einzelnen Tatbeständen der §§ 4–6 UWG 2008 ... 107
(1) § 4 Nr. 1 UWG 2008 ... 107
(2) § 4 Nr. 3 UWG 2008 ... 108
(3) § 4 Nr. 4 UWG 2008 ... 108
(4) § 4 Nr. 5 UWG 2008 ... 109
(5) § 4 Nr. 7 UWG 2008 ... 109
(6) § 4 Nr. 8 UWG 2008 ... 109
(7) § 4 Nr. 9 UWG 2008 ... 110
(8) § 4 Nr. 10 UWG 2008 ... 111
(9) § 4 Nr. 11 UWG 2008 ... 112
(10) §§ 5, 5a Abs. 1 UWG 2008 ... 113
(11) § 6 UWG 2008 ... 116
e) Die Funktionen der Generalklausel ... 120
aa) Auffangfunktion und Begrenzungsfunktion der Einzeltatbestände ... 120
bb) Rechtsfortbildungsauftrag, Normenkonkretisierungs- und Delegationsfunktion ... 123
cc) Verwirklichung gesetzesimmanenter und gesetzesfremder Ziele ... 125
dd) Selbständige Bedeutung ... 125
f) Funktion und Stellung der Generalklausel des § 3 Abs. 1 UWG 2015 ... 127
aa) Rechtsfolgenregelung ... 127
bb) Auffangfunktion ... 128
cc) Verhältnis zu § 3 Abs. 2 UWG 2015 ... 130
2. Die Generalklausel des § 3 Abs. 2 UWG 2008/2015 ... 131
a) Das Verhältnis der Generalklausel des § 3 Abs. 2 UWG 2008 zu den Regelbeispielen und den Spezialtatbeständen im Anwendungsbereich der UGP-RL ... 131
aa) Das Verhältnis von § 3 Abs. 1 und § 3 Abs. 2 S. 1 UWG 2008 zueinander ... 131
(1) Besondere Bagatellklausel und bloße Auslegungsfunktion ... 132
(2) Gemeinsame Anwendung ... 133
(3) Redundanz von § 3 Abs. 2 UWG 2008 ... 135
(4) Bloße Auffangfunktion des § 3 Abs. 2 UWG 2008 ... 135

(5) Ausschließliche Anwendung von § 3 Abs. 2 UWG 2008 ... 138
bb) Zwischenergebnis ... 139
b) Das Verhältnis des Spürbarkeitskriteriums des § 3 Abs. 2 UWG 2008 zu den Regelbeispielen und den Spezialtatbeständen ... 140
aa) UGP-RL ... 140
bb) UWG 2008 ... 141
(1) Systematik des UWG 2008 ... 141
(2) Übersicht über das Verhältnis zu den einzelnen Tatbeständen ... 145
(i) Aggressive Geschäftspraktiken ... 145
α) § 4 Nr. 1 UWG 2008 ... 145
β) § 4 Nr. 2 UWG 2008 ... 146
(ii) Irreführende Geschäftspraktiken ... 147
α) § 4 Nr. 3 bis 5 UWG 2008 ... 147
β) § 4 Nr. 11 UWG 2008 ... 148
χ) § 5 UWG 2008 ... 149
δ) § 5a Abs. 2 UWG 2008 ... 150
ε) §§ 5 Abs. 3, 6 Abs. 2 UWG 2008 ... 154
(iii) Kopplung von Gewinnspielen, § 4 Nr. 6 UWG 2008 ... 155
c) Anwendungsbereich und Verhältnis der Generalklausel des § 3 Abs. 2 UWG 2015 zu den Regelbeispielen und den Spezialtatbeständen im Anwendungsbereich der UGP-RL ... 156
d) Die Funktionen der Generalklausel des § 3 Abs. 2 UWG 2008/2015 ... 158
aa) Auffangfunktion ... 158
bb) Ausschlussfunktion ... 161

III. Zwischenergebnis ... 161

D. Kriterien und Bezugspunkte der Spürbarkeits- bzw. Relevanzerfordernisse in § 3 Abs. 1, 2 UWG 2008 und in §§ 3a und 3 Abs. 2 UWG 2015 ... 163

I. Sachlicher Gleichlauf der Spürbarkeitsschwellen der Abs. 1 und 2 des § 3 UWG 2008? ... 163
1. Meinungsspektrum ... 163
2. Stellungnahme ... 165

II. Voraussetzungen des Spürbarkeitsmerkmals des § 3 Abs. 1 UWG 2008 bzw. des § 3a UWG 2015 ... 167
1. Spürbare Beeinträchtigung der *Interessen* der Mitbewerber, der Verbraucher (außerhalb des Anwendungsbereiches der UGP-RL) und der sonstigen Marktteilnehmer ... 168
a) Bezugspunkt: Beeinträchtigung der Interessen ... 168
b) Die Interessen der Mitbewerber und der sonstigen Marktteilnehmer ... 170
c) Die Interessen der Verbraucher ... 171
aa) Schutz der geschäftlichen Entscheidungsfreiheit ... 172
bb) Schutz sonstiger Rechte und Rechtsgüter ... 173
2. Quantitative oder qualitative Beurteilung? ... 173
3. Mögliche Beurteilungskriterien ... 175
a) Ungeeignete Kriterien ... 176
aa) Subjektive Voraussetzungen ... 177
bb) Nachahmungsgefahr ... 177
cc) Behördliche Verfolgung ... 180
b) Geeignete Kriterien ... 181
aa) Art und Schwere des Verstoßes ... 181
bb) Häufigkeit oder Dauer des Verstoßes ... 183
cc) Marktmacht ... 183
dd) Anzahl der betroffenen Marktteilnehmer ... 184
4. Eigenständigkeit des Spürbarkeitsmerkmals in § 3 Abs. 1 UWG 2008 ... 185

III. Kriterien bzw. Voraussetzungen der verbraucherbezogenen Spürbarkeit in § 3 Abs. 2 UWG 2008/2015 ... 188
1. Spürbare Beeinträchtigung der Fähigkeit des Verbrauchers, eine informierte Entscheidung zu treffen ... 188
a) Verbraucherbegriff und Verbraucherleitbild ... 188
b) Informierte Entscheidung ... 192
2. Quantitative oder qualitative Betrachtung ... 193
3. Mögliche Beurteilungskriterien ... 193
a) Fehlende oder falsche Informationen ... 195
b) Maßnahmen, die von einer informationsbasierten Entscheidung ablenken ... 196
c) Anlockwirkung ... 196
4. Eigenständigkeit des Spürbarkeitsmerkmals in § 3 Abs. 2 S. 1 UWG 2008/2015 ... 197

E. Die Relevanz- bzw. Spürbarkeitsmerkmale in den Einzeltatbeständen des UWG 2015 – Tatsächlich keine Änderung der bisherigen gerichtlichen Praxis? 201

I. § 3a UWG 2015 (§ 4 Nr. 11 UWG 2008) 202
1. Die Prüfung der Spürbarkeit bei § 4 Nr. 11 UWG 2008 durch die Rechtsprechung 202
a) Marktverhaltensregelungen gegenüber Verbrauchern 203
aa) Marktverhaltensregelungen außerhalb des Anwendungsbereiches der UGP-RL 203
bb) Marktverhaltensregelungen innerhalb des Anwendungsbereiches der UGP-RL 206
cc) Beurteilung der Marktverhaltensregelungen vor Erlass der UGP-RL 210
b) Marktverhaltensregelungen gegenüber Mitbewerbern und sonstigen Marktteilnehmern 211
2. Die Spürbarkeit innerhalb des § 3a UWG 2015 211

II. § 4 UWG 2015 213
1. § 4 Nr. 1 UWG 2015 (§ 4 Nr. 7 UWG 2008) 213
a) Die Prüfung der Spürbarkeit bei § 4 Nr. 7 UWG 2008 durch die Rechtsprechung 215
b) Die Spürbarkeit in § 4 Nr. 1 UWG 2015 217
2. § 4 Nr. 2 UWG 2015 (§ 4 Nr. 8 UWG 2008) 217
a) Die Prüfung der Spürbarkeit bei § 4 Nr. 8 UWG 2008 durch die Rechtsprechung 218
b) Die Spürbarkeit in § 4 Nr. 2 UWG 2015 219
3. § 4 Nr. 3 UWG 2015 (§ 4 Nr. 9 UWG 2008) 219
a) § 4 Nr. 3 lit. a) UWG 2015 220
b) § 4 Nr. 3 lit. b) UWG 2015 222
c) § 4 Nr. 3 lit. c) UWG 2015 223
4. § 4 Nr. 4 UWG 2015 (§ 4 Nr. 10 UWG 2008) 224
a) Die Prüfung der Spürbarkeit bei § 4 Nr. 10 UWG 2008 durch die Rechtsprechung 225
b) Die Spürbarkeit in § 4 Nr. 4 UWG 2015 230

III. § 4a UWG 2015 (§ 4 Nr. 1, 2 UWG 2008) 231
1. Die Relevanzmerkmale des § 4a UWG 2015 231
2. Die Prüfung der Spürbarkeit bei § 4 Nr. 1 und 2 UWG 2008 durch die Rechtsprechung 232
a) § 4 Nr. 1 UWG 2008 232

b) § 4 Nr. 2 UWG 2008 ... 236
3. Die „Spürbarkeit“ in § 4a UWG 2015 ... 237

IV. § 5 UWG 2015 ... 238
1. Irreführungsquote ... 240
2. Wettbewerbsrechtlich relevante Irreführung ... 241
3. Die Prüfung der Spürbarkeit bei § 5 UWG 2008 durch die Rechtsprechung ... 243
a) Irreführungen gegenüber Verbrauchern ... 243
b) Irreführung gegenüber Mitbewerbern ... 248
4. Die Relevanzprüfung in § 5 UWG 2015 ... 249

V. § 5a UWG 2015 ... 251
1. Die Prüfung der Spürbarkeit bei § 5a UWG 2008 durch die Rechtsprechung ... 252
a) § 5a Abs. 2 UWG 2008 ... 252
b) § 5a Abs. 2, 3, 4 UWG 2008 ... 253
2. Die „Spürbarkeit“ in § 5a UWG 2015 ... 255
3. Die Prüfung der Spürbarkeit bei § 4 Nr. 3–5 UWG 2008 durch die Rechtsprechung ... 258
a) § 4 Nr. 3 UWG 2008 ... 258
b) § 4 Nr. 4 UWG 2008 ... 261
c) § 4 Nr. 5 UWG 2008 ... 264
4. Die „Spürbarkeit“ in § 5a Abs. 2, 3 Nr. 1 oder 4, 6 UWG 2015 ... 266

VI. § 6 UWG 2008/2015 ... 266

VII. § 3 Abs. 1 und 2 UWG 2015 ... 269
1. § 3 Abs. 1 UWG 2015 ... 269
2. § 3 Abs. 2 UWG 2015 ... 271

VIII. Zwischenergebnis ... 272

F. Beurteilung der lauterkeitsrechtlichen Spürbarkeit anhand kartellrechtlicher Maßstäbe? ... 275

I. Der *more economic approach* im europäischen und deutschen Kartellrecht ... 275
1. Grundlagen des *more economic approach* ... 276
2. Inhalt des *more economic approach* ... 279
3. Pro und Contra des *more economic approach* ... 283

II. Das Verhältnis von Kartell- und Lauterkeitsrecht ... 290

III. Berücksichtigung des *more economic approach* im Lauterkeitsrecht? ... 292
1. Europäisches Lauterkeitsrecht ... 294
2. Deutsches Lauterkeitsrecht ... 298

G. Das Verhältnis der Generalklausel des § 3 UWG 2015 zum Anhang des § 3 Abs. 3 UWG 2015 ... 315

I. Allgemeines ... 315

II. Normzweck des Anhangs ... 316

III. Umsetzung des Anhangs in deutsches Recht ... 317

IV. Anwendungsbereich der Schwarzen Liste ... 319
1. B2C-Verhältnis ... 319
2. B2B-Verhältnis ... 320
3. Nachfrageverhalten C2B-Verhältnis ... 322

V. Auslegung der Tatbestände des Anhangs ... 322

VI. Allgemeine Voraussetzungen und Spürbarkeitsprüfung ... 323
1. Ausnahmen stets relevanter geschäftlicher Handlungen ... 326
a) Irreführende Geschäftspraktiken ... 326
b) Aggressive Geschäftspraktiken ... 327
2. Lösungsansätze ... 327
a) Tatbestandsimmanenz ... 327
b) Auslegung im Sinne des Art. 5 Abs. 2 UGP-RL ... 329
3. Gemeinsamer Lösungsansatz ... 330
4. Korrektur über den Grundsatz der Verhältnismäßigkeit? ... 331

H. Ergebnisse ... 333

Literaturverzeichnis ... 339

Vorwort

Die vorliegende Arbeit wurde im Sommersemester 2017 vom Fachbereich Rechtswissenschaft der Freien Universität Berlin als Dissertation angenommen. Für die Veröffentlichung wurden Rechtsprechung und Literatur bis März 2016 berücksichtigt.

Mein Dank gilt meinem Doktorvater em. Univ.-Prof. Dr. Dr. Dres. h.c. Franz Jürgen Säcker, der mich bei der Themenfindung und der Fertigstellung der Arbeit in vielfältiger Weise unterstützt hat. Danken möchte ich ihm ebenfalls für die Aufnahme der Arbeit in seine Schriftenreihe „Veröffentlichungen des Instituts für Energie- und Regulierungsrecht Berlin". Dank gilt auch Frau Prof. Dr. Ruth Janal, LL.M. für die schnelle Erstellung des Zweitgutachtens.

Ferner danke ich von ganzem Herzen meinen Freundinnen Dr. Saskia Eckhardt, Sophie Bahrs und Franziska Häfner, die mich über die Jahre der Entstehung dieser Arbeit stets mit ihrem Zuspruch und regen Austausch unterstützt und das Manuskript in mühevoller Kleinarbeit Korrektur gelesen haben.

Besonderer Dank gebührt meiner Familie: Meinen Eltern Dr. Gert Middelhoff und Bettina Middelhoff für ihre Förderung und den immerwährenden Zuspruch während des Studiums und des Promotionsstudiums. Meinen Brüder Felix und Dr. Moritz Middelhoff für ihre aufmunternden Worte. Mein innigster Dank gilt jedoch meinem Mann Simon. Er hat mich stets darin bestärkt, die Arbeit weiter voranzutreiben und mir den erforderlichen Rückhalt, die notwendige Motivation und viele Freiräume zur Fertigstellung gegeben, insbesondere, nachdem wir eine junge Familie geworden waren. Ihm ist dieses Buch gewidmet.

Katja Middelhoff
Köln, im März 2019

Abkürzungsverzeichnis

a.A.	andere Ansicht
a. a. O.	am angegebenen Ort
ABl.	Amtsblatt
Abs.	Absatz
AcP	Archiv für die civilistische Praxis
a.E.	am Ende
AEUV	Vertrag über die Arbeitsweise der Europäischen Union
a.F.	alte Fassung
Anh.	Anhang
Anm.	Anmerkung
Art.	Artikel
Aufl.	Auflage
BB	Betriebs Berater
BeckRS	Beck online Rechtsprechung
Beschl.	v. Beschluss vom
BGB	Bürgerliches Gesetzbuch
BGB-InfoV	Verordnung über Informations- und Nachweispflichten nach bürgerlichem Recht
BGBl.	Bundesgesetzblatt
BGH	Bundesgerichtshof
BR-Drucks.	Bundesratsdrucksache
bspw.	beispielsweise
BT-Drucks.	Bundestagsdrucksache
BVerfG	Bundesverfassungsgericht
bzgl.	bezüglich
bzw.	beziehungsweise
B2B	business to business
B2C	business to consumer
DB	Der Betrieb
ders./dies./dems.	derselbe/dieselbe(n)/demselben
d. h.	das heißt
EAGCP	European Advisory Group on Competition Policy
EG	Europäische Gemeinschaft
EGBGB	Einführungsgesetz zum Bürgerlichen Gesetzbuche
EGV	Vertrag zur Gründung der Europäischen Gemeinschaft

Einl.	Einleitung
ElektroG	Gesetz über das Inverkehrbringen, die Rücksichtnahme und die umweltverträgliche Entsorgung von Elektro- und Elektronikgeräten
etc.	et cetera
EU	Europäische Union
EuG	Gericht der Europäischen Union
EuGH	Europäischer Gerichtshof
EWG	Europäische Wirtschaftsgemeinschaft
f./ff.	folgende
FKVO	Fusionskontrollverordnung
Fn.	Fußnote
FS	Festschrift
GG	Grundgesetz
ggf.	gegebenenfalls
Grundl	Grundlagen
GRUR	Gewerblicher Rechtsschutz und Urheberrecht (Zeitschrift der Deutschen Vereinigung für gewerblichen Rechtsschutz und Urheberrecht)
GRUR Int.	Gewerblicher Rechtsschutz und Urheberrecht Internationaler Teil
GRUR-Prax	Gewerblicher Rechtsschutz und Urheberrecht, Praxis im Immaterialgüter- und Wettbewerbsrecht
GRUR-RR	Gewerblicher Rechtsschutz und Urheberrecht RechtsprechungsReport
GWB	Gesetz gegen Wettbewerbsbeschränkungen
h.M.	herrschende Meinung
HWG	Gesetz über die Werbung auf dem Gebiete des Heilwesens
i.d.F.	in der Fassung
i. d. R.	in der Regel
i.E.	im Ergebnis
insbes.	insbesondere
i.V.m.	in Verbindung mit
jurisPR-WettbR	juris PraxisReport Wettbewerbs- und Immaterialgüterrecht
JZ	Juristenzeitung
Kap.	Kapitel
KG	Kammergericht
lit.	Buchstabe

LG	Landgericht
LMKV	Verordnung über die Kennzeichnung von Lebensmitteln
MMR	MultiMedia und Recht
m. w. N.	mit weiteren Nachweisen
NJOZ	Neue Juristische Online-Zeitschrift
NJW	Neue Juristische Wochenschrift
NJWE-WettbR	NJW-Entscheidungsdienst Wettbewerbsrecht
NJW-RR	Neue Juristische Wochenschrift Rechtsprechungs-Report Zivilrecht
Nr.	Nummer
OLG	Oberlandesgericht
ORDO	Jahrbuch für die Ordnung von Wirtschaft und Gesellschaft
OVG	Oberverwaltungsgericht
PAngV	Preisangabenverordnung
Pkw-EnVKV	Verordnung über Verbraucherinformationen zu Kraftstoffverbrauch, CO2-Emissionen und Stromverbrauch neuer Personenkraftwagen (Pkw-Energieverbrauchskennzeichnungsverordnung)
RabattG	Gesetz über Preisnachlässe (Rabattgesetz)
RabelZ	Rabels Zeitschrift für ausländisches und internationales Privatrecht
RGBl.	Reichsgesetzblatt
Rn.	Randnummer
Rspr.	Rechtsprechung
S.	Satz
sog.	sogenannte(r)
st. Rspr.	ständige Rechtsprechung
TMG	Telemediengesetz
Tz.	Textziffer
TzBfG	Gesetz über Teilzeitarbeit und befristete Arbeitsverträge
u. a.	unter anderem
UGP-RL	Richtlinie über unlautere Geschäftspraktiken
usw.	und so weiter
U. v.	Urteil vom
UWG	Gesetz gegen den unlauteren Wettbewerb
UWG-RegE	Regierungsentwurf Gesetz gegen den unlauteren Wettbewerb
vgl.	vergleiche
VO	Verordnung

Vorbem.	Vorbemerkung
VRRL	Verbraucherrechterichtlinie
VwGO	Verwaltungsgerichtsordnung
Werbe-RL	Richtlinie über irreführende und vergleichende Werbung
WRP	Wettbewerb in Recht und Praxis
WuW	Wirtschaft und Wettbewerb
ZEuP	Zeitschrift für Europäisches Privatrecht
ZGE	Zeitschrift für Geistiges Eigentum
Ziff.	Ziffer
z. T.	zum Teil
ZugabeVO	Zugabeverordnung
ZUM	Zeitschrift für Urheber- und Medienrecht
ZWeR	Zeitschrift für Wettbewerbsrecht

A. Einleitung

I. Problemstellung

Welche Handlung ist unzulässig, welche bewegt sich gerade noch im Rahmen des Lauteren? Diese zum Teil diffizile Einteilung vorzunehmen ist originäre Aufgabe des Spürbarkeitserfordernisses des UWG[1]. Es soll dem Rechtsanwender, ob Rechtsanwalt oder Gericht, ein Mittel an die Hand geben, Bagatellen von unzulässigen unlauteren geschäftlichen Handlungen abgrenzen zu können – denn an der Verfolgung von Bagatellen besteht kein Interesse der Allgemeinheit.[2] Es bewahrt die Gerichte vor einer übermäßigen Inanspruchnahme auf Grund von Bagatellfällen und dient so der Sicherstellung einer funktionierenden Rechtsprechung. Durch seinen ausfüllungsbedürftigen unbestimmten Begriffsinhalt gewährleistet das Spürbarkeitserfordernis – neben den anderen weitgefassten Begriffen des Lauterkeitsrechts – eine möglichst flexible Handhabung der Vielfalt an Verhaltensweisen auf dem Markt.

Diese Funktion erfüllte die Spürbarkeit zunächst als Prozessvoraussetzung, dann als Merkmal der Unzulässigkeit und aktuell erfüllt es sie als Unlauterkeitsmerkmal. Fand sich die Spürbarkeit im UWG 2004 an prominenter Stelle in der Generalklausel des § 3 UWG 2004 als einheitliches Merkmal für Marktverhaltensregelungen gegenüber Mitbewerbern, Verbrauchern und sonstigen Marktteilnehmern, unterteilte das UWG 2008 die Spürbarkeit in eine, vereinfacht gesagt, mitbewerberbezogene (§ 3 Abs. 1 UWG 2008) und eine verbraucherbezogene (§ 3 Abs. 2 UWG 2008) Spürbarkeit. Der Bezugspunkt der Spürbarkeit für verbraucherbezogene geschäftliche Handlungen innerhalb des Anwendungsbereiches der Richtlinie 2005/29/EG des Europäischen Rates und des Rates über unlautere Geschäftspraktiken von Unternehmen gegenüber Verbrauchern im Binnenmarkt[3] wurde im Sinne des Schutzes einer informierten Entscheidung definiert, während es nach § 3 Abs. 1 UWG 2008

---

1 Gesetz gegen den unlauteren Wettbewerb, im Folgenden „UWG".

2 Köhler/Bornkamm/*Köhler* 2016, § 3a Rn. 1.96.

3 Richtlinie 2005/29/EG des Europäischen Parlaments und des Rates vom 11. Mai 2005 über unlautere Geschäftspraktiken von Unternehmen gegenüber Verbrauchern im Binnenmarkt und zur Änderung der Richtlinie 84/450/EWG des Rates, der Richtlinien 97/7/EG, 98/27/EG und 2002/65/EG des Europäischen Parlaments und des Rates sowie der Verordnung (EG) Nr. 2006/2004 des Europäischen Parlaments und des Rates (Richtlinie über unlautere Geschäftspraktiken), ABl. Nr. L 149 S. 22, ber. ABl. 2009 Nr. L 253 S. 18 (im Folgenden UGP-RL).

bei der Formulierung der spürbaren Beeinträchtigung der Interessen blieb. Mit Erlass der UGP-RL waren darüber hinaus die Relevanzmerkmale der Art. 6 bis 8 UGP-RL bei der Auslegung der verbraucherbezogenen Einzeltatbestände des UWG 2008 zu berücksichtigen, die zur Generalklausel des Art. 5 UGP-RL eigenständige und unabhängige Schwellen aufstellten. Für die Rechtsprechung galt es, im Hinblick auf verbraucherbezogene unlautere Handlungen die Vorgaben der UGP-RL zu berücksichtigen und die Schwellen der Art. 6 bis 8 UGP-RL entsprechend anzuwenden. Die Tatbestände des § 4 Nr. 1 und 2 UWG 2008 waren richtlinienkonform dahingehend auszulegen, dass die Verbraucher durch die aggressive Handlung in ihrer Entscheidungsfreiheit erheblich beeinträchtigt und dadurch zu einer geschäftlichen Entscheidung veranlasst wurden, die sie ansonsten nicht getroffen hätten. Für § 4 Nr. 3 bis 5 sowie für § 5a UWG 2008 waren die Voraussetzungen des Art. 7 UGP-RL maßgebend, nach dem neben den Unwertmerkmalen geprüft werden musste, ob die vorenthaltenen wesentlichen Informationen je nach den Umständen benötigt wurden, um eine informierte geschäftliche Entscheidung treffen zu können, und ob die Verbraucher zu einer geschäftlichen Entscheidung veranlasst wurden, die sie ansonsten nicht getroffen hätten. Eine Irreführung nach § 5 UWG 2008 schließlich war neben den Irreführungsmerkmalen nach der tatsächlichen oder voraussichtlichen Veranlassung der Verbraucher zu einer geschäftlichen Entscheidung, die sie ansonsten nicht getroffen hätten, zu beurteilen.

Der durch die unionskonforme Auslegung des UWG vorgegebene Weg wurde durch die UWG-Reform im Jahr 2015 nun auch – im Vergleich zum UWG 2008 – materiellrechtlich vollständiger umgesetzt. Dabei bringt das neue UWG nicht nur in gesetzessystematischer Hinsicht, sondern auch im Hinblick auf das Spürbarkeitsmerkmal Veränderungen mit sich. Als Ausgangspunkt stehen daher folgende Fragen im Vordergrund: Wie wurde das Spürbarkeitsmerkmal in der Vergangenheit beurteilt und nach welchen Kriterien wird es in der Zukunft beurteilt werden können? Wird die Spürbarkeit auch im UWG 2015 eine Rolle spielen oder werden hier andere Schwellen maßgebend sein? Wie verhalten sich die Generalklauseln des § 3 Abs. 1 und 2 UWG 2015 und die in ihnen enthaltenen Spürbarkeitsschwellen zu den Einzeltatbeständen? Wird sich die materielle Rechtslage im Lauterkeitsrecht mit der Reform des UWG im Jahr 2015 tatsächlich nicht ändern und kann die Rechtsprechung zum UWG 2008 in Bezug auf die Beurteilung der Spürbarkeit auf das UWG 2015 übertragen werden?

II. Verlauf der Untersuchung

Einleitend wird in Kapitel B. die Entwicklung des Spürbarkeitsmerkmals im UWG bis zum UWG 2015 unter Einbeziehung der UGP-RL und deren Einfluss auf das

UWG nachvollzogen. Danach wird in Kapitel C. das gewandelte Verhältnis der die Spürbarkeit beinhaltenden Generalklauseln des § 3 Abs. 1 und 2 UWG 2008 bzw. des § 3 Abs. 1 und 2 UWG 2015 zu den jeweiligen Einzeltatbeständen herausgearbeitet – ebenso wie die Funktionen der Generalklauseln der UWG 2008 und 2015. Anschließend wird in Kapitel D. zu den Kriterien und Bezugspunkten der Spürbarkeits- und Relevanzmerkmale des § 3 Abs. 1 UWG 2008 und der §§ 3a, 3 Abs. 2 UWG 2015 ausgeführt. Kapitel E. soll aufzeigen, ob und wie die Spürbarkeit in den Einzeltatbeständen der §§ 3a UWG 2015 sowie der Generalklausel des § 3 Abs. 1, 2 UWG 2015 inhaltlich ausgestaltet sein wird. An dieser Stelle wird auch untersucht, wie in der Rechtsprechung zu den UWGs 2004 und 2008 die Spürbarkeit gehandhabt wurde und ob sie für die Beurteilung von Sachverhalten nach dem UWG 2015 unverändert herangezogen werden kann. Insofern ist die Aussage, dass die sprachlichen und gesetzessystematischen Anpassungen des UWG 2015 an die UGP-RL keine Änderung der materiellen Rechtslage mit sich bringen werden[4], im Hinblick auf die Spürbarkeitsschwelle auf ihre Richtigkeit hin zu überprüfen. In Kapitel F. wird die Möglichkeit untersucht, ob die mit dem *more economic approach* im Kartellrecht verbundenen Ansätze für die lauterkeitsrechtliche Spürbarkeitsprüfung fruchtbar gemacht werden können. Die Ausführungen in Kapitel H. schließlich gehen auf die stets unlauteren Tatbestände des Anhangs zu § 3 Abs. 3 UWG 2015 und deren Verhältnis zur Spürbarkeit ein.

4 BT-Drucks. 18/6571, S. 13.

B. Entwicklung, Hintergrund und Normzweck der Bagatell- bzw. Spürbarkeitsschwelle im UWG

Das UWG unterlag im Laufe seiner wechselvollen Geschichte seit seiner erstmaligen Begründung als „Gesetz zur Bekämpfung des unlauteren Wettbewerbs" vom 27.05.1896[5] großen Veränderungen – gerade im Hinblick auf die Einführung einer Generalklausel im Jahre 1909 sowie die Entstehung der Spürbarkeits- bzw. Bagatellschwelle, wie sie heute in den Absätzen 1 und 2 des § 3 UWG 2015, in Abs. 1 jedoch mittlerweile als ungeschriebenes Tatbestandsmerkmal[6], sowie in § 3a UWG 2015 normiert ist. Zunächst erfolgt ein Überblick über die Entwicklung der Bagatellschwelle bis zum UWG 2004. Da das UWG 2008 vornehmlich der Umsetzung der UGP-RL diente, wird die Darstellung mit einem Überblick zur UGP-RL fortgesetzt und sodann auf das UWG 2008 und 2015 eingegangen.

I. Das UWG 1909

Das Gesetz gegen den unlauteren Wettbewerb vom 07.06.1909[7], das fast einhundert Jahre lang die gesetzliche Grundlage des deutschen Lauterkeitsrechts bildete, stellte mit § 1 UWG 1909 erstmals eine Generalklausel an die Spitze mit dem Wortlaut „Wer im geschäftlichen Verkehre zu Zwecken des Wettbewerbes Handlungen vornimmt, die gegen die guten Sitten verstoßen, kann auf Unterlassung und Schadensersatz in Anspruch genommen werden". Es enthielt zunächst noch keinerlei Bagatell- oder Spürbarkeitsschwelle, unterlag bis zu seiner grundlegenden Reform im Jahre 2004 jedoch zahlreichen Änderungen,[8] mit denen u. a. auch Regelungen zur Vermeidung der Verfolgung von Bagatellfällen eingeführt wurden.

---

5 Vgl. hierzu den guten Überblick, auch über die Rechtslage zur Bekämpfung des unlauteren Wettbewerbs vor Schaffung des UWG im Jahre 1896 bei *Beater*, Rn. 271 ff. m. w. N.; Fezer/*Fezer* Band 1 UWG, Einleitung E Rn. 1 ff.

6 Vgl. die Ausführungen unter anderem in Kapitel B. IV. 1. c) aa).

7 Gesetz gegen den unlauteren Wettbewerb, RGBl. 1909, S. 499.

8 Vgl. die Übersicht hierzu bei Köhler/Bornkamm/*Köhler*, UWG Einl Rn. 2.7, 2.8, 2.9; Fezer/*Fezer* Band 1 UWG, Einleitung E Rn. 32 ff.

1. Verbraucherbezogene Bagatellgrenze von 1965

Durch das Gesetz zur Änderung des Gesetzes gegen den unlauteren Wettbewerb, des Warenzeichengesetzes und des Gebrauchsmustergesetzes vom 21.07.1965[9] wurde mit dessen Art. 1 § 1 ein weiterer Absatz 1a in § 13 UWG 1909 eingeführt, der Verbraucherverbänden eine Klagebefugnis einräumte und erstmals eine Bagatellgrenze implementierte. So konnten die Verbraucherverbände in den Fällen eines Verstoßes gegen §§ 3, 6, 7 Abs. 1 und 11 UWG 1909 Ansprüche auf Unterlassung geltend machen, wenn sie satzungsmäßig bestimmte Anforderungen erfüllten.[10] Ihre Klagebefugnis wurde jedoch eingeschränkt, soweit es um Verstöße gegen die damalige Generalklausel des § 1 UWG 1909 ging. So war es nach § 13 Abs. 1a S. 2 UWG 1965 erforderlich, dass 1. der Anspruch auf Unterlassung „unrichtige Angaben über Waren oder gewerbliche Leistungen, die geeignet sind, den Anschein eines besonders günstigen Angebots hervorzurufen ... [betrifft]" oder 2. „eine sonstige Handlung zu Zwecken des Wettbewerbs betrifft, durch die wesentliche Belange der Verbraucher berührt werden".[11]

Der Begriff der „wesentlichen Belange der Verbraucher" wurde inhaltlich bereits damals in der Literatur unterschiedlich beurteilt. *Borck* verstand das Merkmal „wesentlich" im Sinne von „beachtlich, erheblich", wonach nur Belange von gewissem Gewicht für die Frage der Aktivlegitimation zählen sollten.[12] Er unterschied zwischen den wesentlich betroffenen Belangen und den Berührungen, die stattgefunden haben, d. h. wenn die Belange der Verbraucher wesentlich betroffen waren, genügten selbst leichte Berührungen, um eine Klagebefugnis zu begründen.[13] Nach seiner Ansicht kam es mithin auf die Qualität der Beeinträchtigung der Verbraucher an, nicht auf die Quantität. Zum Teil wurde jedoch gerade auch auf die Quantität der Beeinträchtigung abgestellt, indem es für eine wesentliche Beeinträchtigung erforderlich sein sollte, dass eine Vielzahl von Verbrauchern betroffen war.[14] Es wurde eine Einzelfallprüfung unter Berücksichtigung objektiver

---

9 BGBl. I 1965, S. 625.

10 Sie waren aktivlegitimiert, wenn es zu ihren satzungsmäßigen Aufgaben gehörte, die Interessen der Verbraucher durch Aufklärung und Beratung wahrzunehmen, soweit die Verbände als solche in bürgerlichen Rechtsstreitigkeiten klagen konnten, vgl. § 13 Abs. 1a S. 1, 2. HS des Gesetzes zur Änderung des UWG vom 21.07.1965.

11 Vgl. zum Hintergrund der Einführung des § 13 Abs. 1a UWG 1965 und zur Kritik betreffend diese Klausel die Ausführungen von *Burmann*, WRP 1966, S. 81, 87 ff.

12 *Borck*, WRP 1965, S. 322.

13 *Ders.*, WRP 1965, S. 322, 323.

14 Vgl. den Überblick über die damalige Auffassung in der Literatur bei *Henjes*, S. 6 m. w. N.

und subjektiver Momente angeregt, die bei den Verbrauchern nicht unbedingt materielle Schäden hervorrufen mussten.[15] Wurden Verbraucherinteressen nur am Rande betroffen, sollte dies für eine Beeinträchtigung wesentlicher Belange nicht ausreichen.[16] Die Rechtsprechung setzte sich, soweit ersichtlich, mit einer genauen Definition der wesentlichen Beeinträchtigung der Belange der Verbraucher nicht genauer auseinander.[17]

Systematisch befand sich die neu eingeführte Wesentlichkeitsklausel in dem Kontext der Aktivlegitimation als eine die Prozessführungsbefugnis betreffende Prozessvoraussetzung. Sie wurde zunächst als eine reine Anspruchsvoraussetzung angesehen und an dem entsprechenden Standort geprüft.[18]

2. Redaktionelle Umgestaltung 1986

Das Gesetz zur Änderung wirtschafts-, verbraucher-, arbeits- und sozialrechtlicher Vorschriften vom 25.07.1986[19], am 01.01.1987 in Kraft getreten, gestaltete § 13 UWG 1965 zwecks besseren Verständnisses redaktionell um. Abgesehen von kleineren Änderungen im Wortlaut wurde § 13 Abs. 1a UWG 1965 in § 13 Abs. 2 Nr. 3 UWG 1986 verschoben, wobei inhaltlich der Wortlaut der Berührung der wesentlichen Belange der Verbraucher von § 13 Abs. 1a S. 2 UWG 1965 erhalten blieb. In der Literatur bestand weiterhin Uneinigkeit über die inhaltliche Ausgestaltung des Begriffs der Wesentlichkeit.[20] Die Rechtsprechung lehnte eine rein quantitative Beurteilung der Beeinflussung der Verbraucher offensichtlich ab.[21]

3. Ausweitung der Wesentlichkeitsschwelle 1994

Mit dem am 01.08.1994 in Kraft getretenen Gesetz zur Änderung des UWG vom 25.07.1994[22] wurde nunmehr in den neu gefassten Absätzen 1 und 2 des § 13 UWG 1994 auch die Klagebefugnis für die „abstrakt" betroffenen Mitbewerber

---

15 *Ders.*, S. 6.

16 *Ders.*, S. 6, 7.

17 Bejahung der Wesentlichkeit ohne nähere Begründung: BGH WRP 1986, 660, 662 – Widerrufsbelehrung bei Teilzahlungskauf; BGH WRP 1986, 146, 147 – Verkaufsfahrten; kurze Begriffsdiskussion in BGH GRUR 1989, 753, 754 – Telefonwerbung II.

18 Vgl. BGH GRUR 1989, 753, 754 – Telefonwerbung II.

19 BGBl. I 1986, S. 1169, berichtigt 1987 durch BGBl. I 1987, S. 565.

20 Zum Meinungsstand der damaligen Literatur vgl. *Henjes*, S. 7 m. w. N.

21 In diesem Sinne BGH GRUR 1989, 753, 754 – Telefonwerbung II: Maßgeblich sei die Berührung der wesentlichen Belange der Verbraucher und nicht die Anzahl der Betroffenen.

22 BGBl. I 1994, S. 1738 – auch die „kleine UWG-Reform" genannt.

sowie für die Interessenverbände der Gewerbetreibenden eingeschränkt. Seit der Reform von 1994 hing die Klagebefugnis folglich davon ab, dass der geltend gemachte Anspruch eine Handlung betraf, die geeignet war, „den Wettbewerb auf diesem Markt wesentlich zu beeinträchtigen" (§ 13 Abs. 2 Nr. 1, 2 UWG 1994), oder dass „wesentliche Belange der Verbraucher berührt werden" (§ 13 Abs. 2 Nr. 3 UWG 1994). Die Industrie- und Handelskammern sowie die Handwerkskammern unterlagen dagegen weiterhin keiner Einschränkung ihrer Klagebefugnis nach § 13 Abs. 2 Nr. 4 UWG 1909 i.d.F. von 1994.

Das Erfordernis der Wesentlichkeit blieb gesetzessystematisch als Tatbestandsvoraussetzung der Aktivlegitimation, als eine die Prozessführungsbefugnis betreffende Prozessvoraussetzung ausgestaltet. Das Merkmal der Wesentlichkeit wurde in Literatur und Rechtsprechung jedoch stark diskutiert, und zwar nicht nur hinsichtlich der inhaltlichen Ausfüllung, sondern ebenfalls hinsichtlich des Prüfungsstandortes: Nachdem anfänglich noch Unsicherheit bestand, ob es sich bei dem Wesentlichkeitsmerkmal um eine Prozessführungsvoraussetzung, eine materiellrechtliche Anspruchsvoraussetzung oder um ein Element mit Doppelnatur handelte,[23] setzte sich schließlich die Ansicht durch, nach der es sich bei dem Wesentlichkeitsmerkmal um eine materiellrechtliche Tatbestandsvoraussetzung handeln sollte.[24] Bei Fehlen der Wesentlichkeit der Beeinträchtigung war ein Anspruch folglich als unbegründet und nicht als unzulässig abzuweisen.

Zweck der nunmehr eingeführten weitgehenden Einschränkung der Klagebefugnis auch anderer Vereine nach § 13 Abs. 2 Nr. 1 und 2 UWG 1994 war es, einen Missbrauch der Verfolgung von Wettbewerbsverstößen durch Abmahnverbände zu verhindern.[25] Der seit den 1970er Jahren – auch auf Grund des seit 1969 in ständiger Rechtsprechung zuerkannten Anspruches auf Aufwendungsersatz für außergerichtliche Abmahnungen – zunehmenden Abmahntätigkeit durch Wett-

---

23 Vgl. den guten Überblick hierzu über die Literaturmeinungen sowie die Rechtsprechung bei *Bernreuther*, WRP 1995, S. 452, 454, 455, 460; vgl. auch die Literaturmeinungen in Harte/Henning/*Schünemann*, 2. Aufl., § 3 Rn. 399, 361 m. w. N.; *Teplitzky*, 8. Aufl., Kap. 13 Rn. 12c ff. m. w. N.

24 *Teplitzky*, 8. Aufl., Kap. 13 Rn. 12c ff. m. w. N.; BGH GRUR 1995, 122, 123 – Laienwerbung für Augenoptiker; BGH GRUR 1995, 354, 356 – Rügenwalder Teewurst II; BGH GRUR 1995, 760, 761 – Frischkäsezubereitung; seither st. Rspr. BGH GRUR 2004, 435, 436 – FrühlingsgeFlüge; BGH GRUR 2001, 258, 259 – Bewerbung von Immobilien mit Angabe des m^2-Preises; BGH GRUR 1999, 1119 – RUMMS; BGH GRUR 1997, 382, 383 – Altunterwerfung I; im Sinne einer materiellen Anspruchsbegründung auch die Gesetzesbegründung: BT-Drucks. 12/7345, S. 12.

25 Vgl. hierzu die Gesetzesbegründung BT-Drucks. 12/7345, S. 10, 11; GK-UWG Band 1/ *Peukert*, § 3 Rn. 385; Gloy/Loschelder/Erdmann/*Lubberger*, § 45 Rn. 1.

bewerbsvereine konnte durch die Einführung des Missbrauchstatbestandes des § 13 Abs. 5 UWG 1986 nicht entgegen getreten werden.[26] Darüber hinaus stellten die häufig sehr hohen Streitwerte in Wettbewerbsstreitsachen zusätzlich einen Anreiz für die Verfolgung unlauteren Verhaltens dar.[27] Mit der Einführung der Wesentlichkeitsschwelle sollte daher erreicht werden, dass im Allgemeininteresse vorgehende Kläger „sich künftig auf solche Fälle beschränken sollten, deren Auswirkungen auf das Wettbewerbsgeschehen so erheblich sind, dass die Interessen der Allgemeinheit ernsthaft betroffen sind".[28] Geringfügige Wettbewerbsbeeinträchtigungen seien hingegen nicht geeignet, die Interessen der Allgemeinheit an der Aufrechterhaltung eines Systems des lauteren Wettbewerbs ernsthaft zu gefährden.[29]

Auch wenn das UWG 1909 eine generelle Erheblichkeitsschwelle, wie sie in dem heutigen UWG enthalten ist, nicht kannte, gab es neben der Wesentlichkeitsschwelle in § 13 Abs. 2 UWG 1994 einige weitere rechtliche Anknüpfungspunkte, um die gerichtliche Verfolgung von Bagatellfällen zu verhindern.[30] So wurde im Hinblick auf den Begriff der Sittenwidrigkeit gem. § 1 UWG 1909 (in der Fassung des UWG 1994) in der Regel eine Prüfung des Gesamtverhaltens des Wettbewerbers nach konkretem Anlass, Zweck und Mittel, seinen Begleitumständen und Auswirkungen für erforderlich gehalten. Folglich konnte eine allenfalls geringfügige Gefahr einer Beeinträchtigung der durch § 1 UWG 1909 geschützten Interessen den Vorwurf der Sittenwidrigkeit ausnahmsweise entfallen lassen.[31] Mit dieser Berücksichtigung der Auswirkungen eines Gesetzesverstoßes auf den Wettbewerb bzw. die geschützten Interessen galt der Grundsatz, dass ein Verstoß gegen wettbewerbsbezogene Vorschriften per se unlauter sei, nicht mehr uneingeschränkt.[32]

---

26 BT-Drucks. 12/7345, S. 11.

27 BT-Drucks. 12/7345, S. 10, 11.

28 BT-Drucks. 12/7345, S. 11.

29 BT-Drucks. 12/7345, S. 11.

30 Vgl. den Überblick über die weiteren Filterfunktionen neben der Beschränkung der Anspruchsberechtigung in § 13 Abs. 2 Nr. 1 bis 3 UWG 1909 bei *Helm*, in FS Bechtold (2006), S. 156, 157, sowie in MünchKomm UWG Band 1/*Sosnitza*, § 3 Rn. 83; für die Prüfung der Relevanz einer irreführenden Werbung nach § 3 UWG 1994 vgl. etwa BGH GRUR 2002, 1095, 1096 – Telefonische Vorratsanfrage; BGH GRUR 2000, 239, 241 – Last-Minute-Reise.

31 BGH GRUR 2000, 237, 238 – Giftnotruf-Box; BGH GRUR 1999, 1128, 1129 – Hormonpräparate; GK-UWG Band 1/*Peukert*, § 3 Rn. 386.

32 Vgl. hierzu den Überblick bei Fezer/*Fezer* Band 1 UWG, § 3 Rn. 76.

Bei der Prüfung des Merkmals der Eignung zur wesentlichen Beeinträchtigung des Wettbewerbs im Sinne des § 13 Abs. 2 UWG 1994 wurden zunächst noch objektive und subjektive Momente berücksichtigt, an denen Art und Schwere des Verstoßes zu messen waren.[33] Zur Festlegung der Spürbarkeitsgrenze sollten alle Umstände des Einzelfalls berücksichtigt werden, so u. a. das besondere Interesse der Allgemeinheit einschließlich der Verbraucher, eine besondere Anreizwirkung der Werbung für den Umworbenen, die Größe eines erzielten Wettbewerbsvorsprunges, bei Nebengesetzen insbesondere das geschützte Rechtsgut (bspw. Gesundheit) sowie der Grad der Nachahmungsgefahr für Mitbewerber.[34] Da nach der amtlichen Begründung zum UWG die soziale Funktion des UWG-Rechts bei der Beurteilung der Wesentlichkeit im Mittelpunkt stehen sollte,[35] sollte es nicht erforderlich sein, dass eine wesentliche Beeinträchtigung des Wettbewerbs eingetreten ist.[36] Das Merkmal der wesentlichen Beeinträchtigung wurde bereits damals teilweise mit dem Begriff der Spürbarkeit umschrieben.[37]

II. Das UWG 2004

Mit der umfassenden Reform des UWG 1909 durch das Gesetz gegen den unlauteren Wettbewerb im Jahre 2004[38] wurde das Ziel einer weiteren Liberalisierung und europakonformen Modernisierung im Zuge der voranschreitenden Entwicklung des europäischen Binnenmarktes umgesetzt.[39] Der Reform gingen umfangreiche Arbeiten voraus, die u. a. im Jahr 2001 die Einsetzung einer Arbeitsgruppe „Unlauterer Wettbewerb"[40] sowie die Abschaffung von RabattG und ZugabeVO im Jahr 2001 umfassten. Das UWG 1909 in der Fassung von 1994 selbst wurde

---

33 BGH GRUR 1997, 382, 383 – Altunterwerfung I; BGH GRUR 1995, 122, 123 – Laienwerbung für Augenoptiker.

34 BGH GRUR 1995, 122, 123 – Laienwerbung für Augenoptiker; Beispiele für Kriterien der Spürbarkeit bei HK-WettbR/*Meckel*, § 13 Rn. 16 ff.

35 In diesem Sinne BT-Drucks. 12/7345, S. 11.

36 HK-WettbR/*Meckel*, § 13 Rn. 15.

37 Vgl. zu § 13 Abs. 2 Nr. 2 UWG 1994: BGH GRUR 1995, 760, 761 – Frischkäsezubereitung; BGH GRUR 1995, 122, 123 – Laienwerbung für Augenoptiker.

38 BGBl. I 2004, S. 1414.

39 Vgl. insbesondere die Begründung des Gesetzentwurfes in BT-Drucks. 15/1487, S. 12; *Dreher/Kulka/Rittner*, § 1 Rn. 52; Köhler/Bornkamm/*Köhler*, UWG Einl Rn. 2.10; Fezer/*Fezer* Band 1 UWG, Einleitung E Rn. 40, 46 ff.

40 Vgl. zu den Hintergründen und den weiteren Vorarbeiten zu der UWG-Reform 2004 die Ausführungen bei Köhler/Bornkamm/*Köhler*, UWG Einl Rn. 2.10 ff.; *Henning-Bodewig*, GRUR 2004, S. 713, 714.

im Zuge der Reformierung grundlegend geändert. Neben dem Wegfall einiger Vorschriften[41] oder deren Umplatzierung[42] wurde das Prinzip der Generalklausel beibehalten, allerdings wurde sie mit § 3 UWG 2004 völlig neu gefasst.[43] Sie enthielt nunmehr eine negativ formulierte Bagatellklausel, nach der eine Wettbewerbshandlung für unzulässig erklärt werden sollte, wenn sie geeignet war, den Wettbewerb zum Nachteil der Mitbewerber, der Verbraucher oder der sonstigen Marktteilnehmer *„nicht nur unerheblich zu verfälschen"*. Mit der „nicht nur unerheblichen Verfälschung des Wettbewerbs" sollte zum Ausdruck gebracht werden, dass die Wettbewerbsmaßnahme von einem gewissen Gewicht für das Wettbewerbsgeschehen und die Interessen der geschützten Personenkreise sein musste.[44] Die Verfolgung von Bagatellfällen sollte ausgeschlossen und die Schwelle nicht zu hoch angesetzt werden.[45] Mit der Wortwahl einer „nicht nur unerheblichen Beeinträchtigung" im Sinne von § 3 UWG 2004 gegenüber einer wesentlichen Beeinträchtigung des Wettbewerbs in § 13 Abs. 2 UWG 1994 war nicht eindeutig zu erkennen, ob damit ein Wertungsunterschied einhergehen sollte.[46] Für eine „nicht nur unerhebliche Beeinträchtigung" sollte das wettbewerbliche Vorgehen jedenfalls ein gewisses Gewicht für das Wettbewerbsgeschehen und die Interessen der von § 1 UWG 2004 geschützten Personenkreise haben.[47]

Mit Überführung der Bagatellschwelle als materiellrechtliche Tatbestandsvoraussetzung in die Generalklausel wurden die Einschränkungen der Aktivlegitimation in § 13 Abs. 2 UWG 1909 (1994) partiell aufgegeben und das Wesentlichkeitskriterium als prozessuale Zulässigkeitsvoraussetzung (mit gleichfalls materiellrechtlicher Funktion) aufgegeben. Die Bagatellschwelle wurde zur tatbestandlichen Voraussetzung der §§ 8–10 UWG 2004 und besaß allgemeine Geltung, sodass sie bei jedem wettbewerblichen Verstoß geprüft werden musste und die materielle Anspruchsberechtigung jedes Normadressaten einschränkte.

---

41 Wie bspw. der §§ 7, 8 UWG 1909 (1994).

42 Vgl. den Überblick über die Änderungen in der Gesetzesbegründung BT-Drucks. 15/1487, S. 13.

43 *Dreher/Kulka/Rittner*, § 1 Rn. 53.

44 BT-Drucks. 15/1487, S. 17.

45 BT-Drucks. 15/1487, S. 17.

46 Nicht ganz eindeutig erscheint die Wortwahl der Gesetzesbegründung in BT-Drucks. 15/1487, S. 17; für eine unterschiedliche Bewertung Ohly/Sosnitza/*Sosnitza*, § 3 Rn. 48; ebenso deutlich Fezer/*Fezer* Band 1 UWG, § 3 Rn. 92; a.A. *Heermann*, GRUR 2004, S. 94, 95: trotz der eigentlich unterschiedlichen Wortbedeutungen des positiven Begriffs „wesentlich" und der doppelten Negation „nicht unerheblich" ließen sich keine Wertungsunterschiede ableiten.

47 Ohly/Sosnitza/*Sosnitza*, § 3 Rn. 48.

Da die Regelungen des § 13 Abs. 2 UWG 1909 (1994) einerseits und des § 3 UWG 2004 andererseits unterschiedliche Normzwecke verfolgten – Abstellung des Missbrauchs der Verfolgung von Wettbewerbsverstößen durch Abmahnverbände auf der einen und allgemeine Anwendungsschranke des Verbots unlauteren Wettbewerbs im Sinne einer Ausnahme echter Bagatellfälle von der Rechtsverfolgung[48] auf der anderen Seite – konnte die Rechtsprechung zum Wesentlichkeitsmerkmal des § 13 Abs. 2 UWG 1909 (1994) nicht uneingeschränkt auf die Bagatellklausel des § 3 UWG 2004 übertragen werden.[49] Die Rechtsprechung zum Wesentlichkeitskriterium des § 13 Abs. 2 UWG 1909 (1994) hatte allerdings eine gewisse Indizwirkung für die Beurteilung der Sachverhalte nach dem UWG 2004 und gab Anhaltspunkte zur Bestimmung der Erheblichkeitsschwelle.[50]

III. Das UWG 2008

Mit dem „Erste[n] Gesetz zur Änderung des Gesetzes gegen den unlauteren Wettbewerb" vom 22.12.2008[51], das am 30.12.2008 in Kraft trat und mit dem vornehmlich die UGP-RL in das deutsche Recht implementiert wurde, wurde das deutsche UWG binnen kürzester Zeit erneut und umfassend überarbeitet.

Die UGP-RL hat in ihrem Anwendungsbereich maßgeblichen Einfluss auf die Ausgestaltung des UWG sowie die Auslegung der einzelnen Tatbestände. Dies betrifft ebenfalls und insbesondere auch das Spürbarkeitsmerkmal des UWG. Im Folgenden wird daher zunächst der Inhalt der UGP-RL und die Bedeutung der Richtlinie für das deutsche UWG im Allgemeinen herausgearbeitet. Sodann wird die Systematik der UGP-RL aufgezeigt und im Anschluss daran werden der Inhalt der Relevanzschwellen der UGP-RL und deren Funktion näher dargestellt. Schließlich wird erörtert, in welchem Ausmaß sich die Relevanzschwellen des UWG an der UGP-RL orientieren müssen und inwieweit dem deutschen Gesetzgeber und der deutschen Rechtsprechung Freiheiten bei der Festlegung von Bagatellgrenzen zukommen. Hieran schließt sich ein kurzer Überblick über

---

48 Fezer/*Fezer* Band 1 UWG, § 3 Rn. 87, 88; MünchKomm UWG Band 1/*Sosnitza*, § 3 Rn. 86.

49 GK-UWG Band 1/*Peukert*, § 3 Rn. 391; Fezer/*Fezer* Band 1 UWG, § 3 Rn. 87, 88; a.A. *Helm*, in FS Bechtold (2006), S. 158.

50 Fezer/*Fezer* Band 1 UWG, § 3 Rn. 88. Schon bei Erlass des UWG 2004 konnte allerdings die Prognose gewagt werden, dass dem „neuen UWG" bald ein „neuestes UWG" folgen würde, vgl. hierzu nur *Ohly*, GRUR 2004, S. 889, 890.

51 BGBl. I 2008, S. 2949.

die Entwicklungen im UWG 2008 und 2015 und eine nähere Darstellung der einzelnen Relevanzmerkmale des UWG 2015 an.

1. Die UGP-RL

Die UGP-RL[52] ist ein bis heute zu berücksichtigender Maßstab nicht nur für das Werberecht, sondern setzt relevante Standards auch hinsichtlich der Bestimmung der Unlauterkeit sowie der irreführenden Werbung innerhalb der Tatbestände des UWG, an denen sich vornehmlich die Werbetreibenden messen lassen müssen.[53]

Der Schutzzweck der UGP-RL besteht nach Art. 1 UGP-RL darin, „durch die Angleichung des Rechts über unlautere Geschäftspraktiken, die die wirtschaftlichen Interessen der Verbraucher beeinträchtigen, zu einem reibungslosen Funktionieren des gemeinsamen Marktes und dem Erreichen eines hohen Verbraucherschutzniveaus beizutragen". Die Richtlinie beschränkt sich folglich auf das Verhältnis von Unternehmern zu Verbrauchern. Nicht vom Anwendungsbereich der Richtlinie umfasst sind nationale Vorschriften, die „lediglich die wirtschaftlichen Interessen von Mitbewerbern schädigen oder sich auf ein Rechtsgeschäft zwischen Gewerbetreibenden beziehen".[54] Von dem unmittelbaren Schutz der Verbraucher werden die Mitbewerber jedoch mittelbar erfasst.[55] Geschützt werden zudem nur die wirtschaftlichen Interessen der Verbraucher, nicht auch sonstige Interessen. Ebenfalls wird von der UGP-RL nicht, ebenso wenig wie vom UWG[56], die spürbare Beeinträchtigung des Markt- bzw. Wettbewerbsgeschehens gefordert. Abgestellt wird auch hier allein auf die Auswirkungen der geschäftlichen Handlung auf das Entscheidungsverhalten des Verbrauchers.[57] Auswirkungen auf das Marktgeschehen werden „nur" reflexhaft mitgeschützt.[58]

a) Regelungsinhalt der UGP-RL – ein Überblick

Die umfassende Generalklausel des Art. 5 Abs. 1 UGP-RL, nach der es heißt „Unlautere Geschäftspraktiken sind verboten", beinhaltet die zentrale Aussage der

52 Zur Entstehungsgeschichte der UGP-RL sei auf die Ausführungen bei MünchKomm UWG Band 1/*Micklitz*, Vor EG D Rn. 2 ff. verwiesen.

53 MünchKomm UWG Band 1/*Micklitz*, Vor EG D Rn. 1.

54 Erwägungsgrund 6 S. 3 UGP-RL.

55 Erwägungsgründe 6 S. 1 und 8 S. 2 UGP-RL.

56 Siehe die Ausführungen unter Kapitel D. II. 1. a).

57 *Drews*, S. 77 ff., fordert hingegen eine spürbare Umlenkung des Markt- bzw. Wettbewerbsgeschehens.

58 Vgl. Erwägungsgrund 8 S. 2 UGP-RL.

Richtlinie. Nach Art. 5 Abs. 2 UGP-RL ist eine Geschäftspraktik unlauter, wenn sie a) den Erfordernissen der beruflichen Sorgfalt widerspricht und b) in Bezug auf das jeweilige Produkt das wirtschaftliche Verhalten des Durchschnittsverbrauchers wesentlich beeinflusst oder dazu geeignet ist, es wesentlich zu beeinflussen. Nach Art. 2 lit. e) UGP-RL ist unter einer „wesentlichen Beeinflussung des wirtschaftlichen Verhaltens des Verbrauchers" die „Anwendung einer Geschäftspraxis, um die Fähigkeit des Verbrauchers, eine informierte Entscheidung zu treffen, spürbar zu beeinträchtigen und damit den Verbraucher zu einer geschäftlichen Entscheidung zu veranlassen, die er andernfalls nicht getroffen hätte", zu verstehen. Nach Art. 5 Abs. 4 UGP-RL sind insbesondere unlauter die in Art. 6 und 7 UGP-RL geregelten irreführenden und die in Art. 8 und 9 UGP-RL geregelten aggressiven Geschäftspraktiken. Eine Geschäftspraxis ist nach Art. 6 UGP-RL irreführend, wenn sie falsche Angaben enthält und somit unwahr ist oder wenn sie den Durchschnittsverbraucher in Bezug auf bspw. Produktmerkmale täuscht oder ihn zu täuschen geeignet ist und ihn in jedem Fall tatsächlich oder voraussichtlich zu einer geschäftlichen Entscheidung veranlasst, die er ansonsten nicht getroffen hätte. Werden wesentliche Informationen unter Würdigung aller tatsächlichen Umstände vorenthalten, die der durchschnittliche Verbraucher je nach den Umständen benötigt, um eine informierte geschäftliche Entscheidung zu treffen, und die somit einen Durchschnittsverbraucher zu einer geschäftlichen Entscheidung veranlasst oder zu veranlassen geeignet ist, die er sonst nicht getroffen hätte, gilt dies nach Art. 7 Abs. 1 UGP-RL ebenfalls als irreführend. Als irreführende Unterlassung gilt es nach Art. 7 Abs. 2 UGP-RL auch, wenn ein Gewerbetreibender wesentliche Informationen gemäß Abs. 1 unter Berücksichtigung der darin beschriebenen Einzelheiten verheimlicht oder auf unklare, unverständliche, zweideutige Weise oder nicht rechtzeitig bereitstellt oder wenn er den kommerziellen Zweck der Geschäftspraxis nicht kenntlich macht, sofern er sich nicht unmittelbar aus den Umständen ergibt, und dies jeweils einen Durchschnittsverbraucher zu einer geschäftlichen Entscheidung veranlasst oder zu veranlassen geeignet ist, die er ansonsten nicht getroffen hätte. Nach Art. 5 Abs. 4 UGP-RL sind aggressive Geschäftspraktiken i.S.d. Art. 8 UGP-RL unlauter, wenn die Entscheidungsfreiheit des Verbrauchers durch unzulässige Beeinflussung erheblich beeinträchtigt und der Verbraucher dadurch veranlasst wird, eine geschäftliche Entscheidung zu treffen, die er andernfalls nicht getroffen hätte. Der Begriff der „unzulässigen Beeinflussung" ist gem. Art. 2 lit. j) UGP-RL definiert als „die Ausnutzung einer Machtposition gegenüber dem Verbraucher zur Ausübung von Druck, auch ohne die Anwendung oder Androhung von körperlicher Gewalt, in einer Weise, die die Fähigkeit des Verbrauchers zu einer informierten Entscheidung wesentlich einschränkt". Zudem enthält die UGP-RL mit dem Anhang I eine Liste mit 31 Geschäftspraktiken, „die unter allen Umständen als unlauter anzusehen" (sog. Schwarze Liste) und folglich nach Art. 5 Abs. 1 UGP-RL unzulässig sind.

b) Systematik der UGP-RL

Nach der UGP-RL ist die Unlauterkeit einer geschäftlichen Handlung in einem dreistufigen Verfahren festzustellen.[59] Auszugehen ist dabei gem. Art. 5 UGP-RL von einer abgestuften Regelung der Unlauterkeit, die vom Allgemeinen zum Besonderen geht.[60] Allen voran steht die generalklauselartige Umschreibung der Unlauterkeit in Art. 5 Abs. 2 UGP-RL. In Art. 5 Abs. 4 nennt die UGP-RL zwei präzise Kategorien von unlauteren Geschäftspraktiken: Die irreführenden Geschäftspraktiken im Sinne der Art. 6 und 7 UGP-RL (Art. 5 Abs. 4 lit. a) UGP-RL) und die aggressiven Geschäftspraktiken im Sinne der Art. 8 und 9 UGP-RL (Art. 5 Abs. 4 lit. b) UGP-RL). Nach Einschätzung des Richtliniengesetzgebers handelt es sich hierbei um die „bei weitem am meisten verbreiteten Arten von Geschäftspraktiken".[61] Schließlich findet sich in Art. 5 Abs. 5 S. 1 UGP-RL der Verweis auf den Anhang I UGP-RL. Satz 2 des Art. 5 Abs. 5 UGP-RL legt fest, dass die Liste in allen Mitgliedstaaten einheitlich gilt und nur durch eine Änderung der UGP-RL geändert werden kann.

In genau umgekehrter Reihenfolge vollzieht sich demgegenüber die Rechtsanwendung – vom Besonderen zum Allgemeinen.[62] Auf der ersten Stufe ist zu prüfen, ob eine Geschäftspraktik von der Schwarzen Liste erfasst ist. Ist das der Fall, ist die Geschäftspraktik – ohne weitere Voraussetzungen – verboten. Ist das nicht der Fall, muss auf zweiter Stufe geprüft werden, ob die Geschäftspraktik irreführend oder aggressiv ist. Der Systematik der UGP-RL entsprechend haben die Art. 6–9 UGP-RL als marktverhaltensbezogene Ausprägungen des Verbotes unlauterer Geschäftspraktiken Vorrang vor der Generalklausel des Art. 5 Abs. 2 UGP-RL.[63] Für das Verhältnis des Art. 6 Abs. 1 UGP-RL zu Art. 5 Abs. 1 UGP-RL scheint dies höchstrichterlich geklärt zu sein. Erfüllt eine Geschäftspraxis die

---

59 Vgl. zu dem Folgenden die Ausführungen bei *Köhler*, WRP 2010, S. 1293, 1294; *Alexander*, GRUR Int. 2010, S. 1025, 1027 m. w. N.

60 Vgl. EuGH C-304/08, Tz. 42 ff. – Plus Warenhandelsgesellschaft.

61 Erwägungsgrund 13 S. 4 UGP-RL.

62 MünchKomm UWG Band 1/*Alexander*, Vor Anh. § 3 Abs. 3 Rn. 12.

63 Vgl. nur Vorschlag für eine RICHTLINIE DES EUROPÄISCHEN PARLAMENTS UND DES RATES, KOM (2003) 356 endgültig, vom 18.6.2003, S. 15 Ziff. 56; MünchKomm UWG Band 1/*Micklitz*, EG D Art. 5 Rn. 69 m. w. N.; *Köhler*, WRP 2014, S. 259, Rn. 31.

Voraussetzungen des Art. 6 Abs. 1 UGP-RL, so ist es nicht erforderlich, zusätzlich zu prüfen, ob auch die Voraussetzung der Verletzung der unternehmerischen bzw. beruflichen Sorgfalt des Art. 5 Abs. 2 lit. a) UGP-RL erfüllt ist, um sie als unlauter und nach Art. 5 Abs. 1 UGP-RL als verboten ansehen zu können.[64] Auch bezüglich der weiteren Einzeltatbestände der Art. 7, 8 und 9 UGP-RL gilt, dass sie das Tatbestandsmerkmal der Verletzung der unternehmerischen bzw. beruflichen Sorgfalt des Art. 5 Abs. 2 lit. a) UGP-RL eigenständig regeln. Gleiches soll ebenfalls für das Merkmal der wesentlichen Beeinflussung nach Art. 5 Abs. 2 lit. b) UGP-RL gelten, sodass die Art. 6–8 UGP-RL die drei Voraussetzungen der Generalklausel – Beachtung der beruflichen Sorgfaltspflicht, die gegenüber dem Durchschnittsverbraucher einzuhalten ist, der wiederum Maßstab für die Bewertung der Handlung ist, sowie die wesentliche Beeinflussung desselben – jeweils in eigenständiger Art und Weise regeln. Ein Rückgriff auf die Generalklausel des Art. 5 Abs. 2 UGP-RL ist im Anwendungsbereich der Art. 6–9 UGP-RL dementsprechend weder erforderlich noch gestattet.[65] Kann der jeweilige Sachverhalt jedoch auch nicht unter die Art. 6–9 UGP-RL subsumiert werden, bleibt als Prüfungsmaßstab schließlich auf dritter Stufe allein die Generalklausel des Art. 5 Abs. 2 UGP-RL.[66]

c) Funktion und Inhalt der Relevanzschwellen der UGP-RL

Die UGP-RL enthält in dem Tatbestand des Art. 5 Abs. 2 lit. b) UGP-RL unter anderem das Merkmal der Wesentlichkeit, das in seiner Definition nach Art. 2 lit. e) UGP-RL im Allgemeinen als geschäftliche Relevanz bezeichnet wird[67] und definiert ist als die „Anwendung einer Geschäftspraxis, um die Fähigkeit des Verbrauchers, eine informierte Entscheidung zu treffen, spürbar zu beeinträchtigen und damit den Verbraucher zu einer geschäftlichen Entscheidung zu veranlassen,

64 EuGH C-435/11, Tz. 41, 43, 48 – CHS Tour Services.

65 EuGH a. a. O.; EuGH verbundene Rechtssachen C-261/07 und C-299/07, Tz. 55 – VTB/Total Belgium; Vorschlag für eine RICHTLINIE DES EUROPÄISCHEN PARLAMENTS UND DES RATES, KOM (2003) 356 endgültig, vom 18.6.2003, S. 15 Ziff. 56.

66 Vgl. zu diesen Ausführungen *ders.*, GRUR Int. 2010, S. 1025, 1027.

67 Allgemeines Begriffsverständnis, vgl. nur Köhler/Bornkamm/*Köhler*, § 3 Rn. 48; Harte/Henning/*Podszun*, § 3 Rn. 53; Fezer/*Fezer* Band 1 UWG, § 3 Rn. 105 ff.; Götting/Nordemann/*Wirtz*, § 3 Rn. 78; *Guthy*, S. 256 Rn. 123; BGH GRUR 2011, 532, 534, Tz. 23 – Millionen-Chance II; zum Teil wird auch nur das Merkmal der „geschäftlichen Entscheidung, die andernfalls nicht getroffen worden wäre", als Relevanzmerkmal bezeichnet, vgl. Gloy/Loschelder/Erdmann/*Lubberger*, § 45 Rn. 16, 22; *Dreher/Kulka/Rittner*, § 2 Rn. 210.

die er andernfalls nicht getroffen hätte". Die Relevanzschwelle des Art. 5 Abs. 2 lit. b) i.V.m. Art. 2 lit. e) UGP-RL enthält somit zwei Voraussetzungen, die eine Handlung zusätzlich zu dem Verstoß gegen die fachliche Sorgfalt erfüllen muss, um unzulässig zu sein.[68] Die erste kann als die *Einwirkung* der geschäftlichen Handlung auf die *Entscheidungsfähigkeit* des Verbrauchers bezeichnet werden („geeignet ist, die Fähigkeit des Verbrauchers, sich auf Grund von Informationen zu entscheiden, spürbar zu beeinträchtigen").[69] Die zweite betrifft die *Auswirkung* auf die *Entscheidung* des Verbrauchers („zu einer geschäftlichen Entscheidung zu veranlassen, die er andernfalls nicht getroffen hätte").[70]

Auch die weiteren Tatbestände der Art. 6 ff. UGP-RL enthalten Eingriffsschwellen, die vom Wortlaut her jedoch jeweils unterschiedlich ausgestaltet sind. Die folgenden Ausführungen stellen zunächst die Funktion dieser Schwellen im Allgemeinen dar und gehen sodann auf die inhaltliche Ausgestaltung der Schwellen im Speziellen ein.

aa) Funktion der Relevanzschwellen

Mit den Relevanzschwellen soll gewährleistet werden, dass unlautere Handlungen wie bspw. irreführende Werbeangaben nicht schlechthin als unzulässig gelten. Zusätzlich gilt es, festzustellen, ob die geschäftliche Handlung eine Auswirkung auf die Adressaten der Handlung hat. Dies soll der Funktionsfähigkeit des Wettbewerbs dienen, die durch kleinere Störungen nicht maßgeblich beeinträchtigt werden kann, sodass kleinere Störungen hingenommen werden können.

Die Feststellung einer spürbaren Beeinträchtigung soll insbesondere mit dem Auswirkungsmerkmal gewährleistet werden, da dieses Merkmal grundsätzlich sicherstellen soll, dass geschäftliche Handlungen nicht schon auf Grund ihrer sorgfaltswidrigen Einwirkung auf die Entscheidungsfähigkeit des Verbrauchers verboten werden, sondern nur dann, wenn sie sich tatsächlich auf das wirtschaftliche Verhalten der Verbraucher auswirken können.[71] Dies folgt aus dem Erwägungsgrund 6 S. 2 UGP-RL, wonach die Richtlinie im Einklang mit dem Verhältnismäßigkeitsprinzip die Verbraucher vor den Auswirkungen solcher unlauteren Geschäftspraktiken schützt, soweit sie als wesentlich anzusehen sind, dabei jedoch berücksichtigt, dass die Auswirkungen für den Verbraucher in manchen

---

68 GK-UWG Band 1/*Fritzsche*, § 3 Rn. 619; Köhler/Bornkamm*Köhler*, § 3 Rn. 48; Gloy/Loschelder/Erdmann/*Lubberger*, § 45 Rn. 16.

69 *Köhler*, WRP 2014, S. 259, Rn. 7.

70 *Ders.*, WRP 2014, S. 259, Rn. 7.

71 *Köhler*, WRP 2014, S. 259, Rn. 22; vgl. zu weiteren Funktionen des Auswirkungskriteriums die Ausführungen bei Harte/Henning/*Podszun*, § 3 Rn. 65.

Fällen auch unerheblich sein können. Maßgeblich soll sein, wie der Verbraucher im konkreten Fall typischerweise reagiert.[72] Damit knüpft die UGP-RL an die Rechtsprechung des EuGH an, der den Verhältnismäßigkeitsgrundsatz als Korrektiv für das Irreführungsverbot heranzieht, wenn das Verbot eine Beeinträchtigung des Handelsverkehrs nicht zu rechtfertigen vermag.[73] Im Einzelfall kann somit bspw. trotz des Vorliegens von Fehlvorstellungen beim Verbraucher das Interesse des Unternehmers an der Weiterführung der beanstandeten Bezeichnung überwiegen, wenn etwa durch eine langjährige unbeanstandete Benutzung ein wertvoller Besitzstand entstanden ist.[74]

bb) Inhalt der Relevanzschwellen

Wie zuvor im Rahmen der Darstellung der Systematik der UGP-RL aufgezeigt, konkretisieren die Einzeltatbestände der Art. 6 ff. UGP-RL den Tatbestand der Generalklausel des Art. 5 Abs. 2 i.V.m. Art. 2 lit. e) UGP-RL. Da ein Rückgriff auf die Generalklausel nicht gestattet ist, müssen die Einzeltatbestände der Art. 6 ff. UGP-RL sämtliche unlauterkeitsbegründenden Merkmale enthalten, um die Rechtsfolge der Unzulässigkeit des Art. 5 Abs. 1 UGP-RL auszulösen. Dies umfasst, um die Ziele der UGP-RL effektiv verfolgen zu können, dementsprechend auch die Relevanzschwelle, die sich in den Einzeltatbeständen wiederfinden muss. Ob jeweils die Merkmale der Relevanzschwelle des Art. 2 lit. e) UGP-RL übernommen worden sind oder ob die Einzeltatbestände eigenständige Relevanzmerkmale beinhalten, die ggfs. sogar unterschiedlich hohe Anforderungen darstellen, wird im Folgenden untersucht.

(1) Art. 5 Abs. 2 lit. b) i.V.m. Art. 2 lit. e) UGP-RL

Art. 5 Abs. 2 lit. b) UGP-RL stellt auf die wesentliche Beeinflussung des wirtschaftlichen Verhaltens ab, die, wie zuvor unter Kapitel B. III. 1. a) dargestellt, in Art. 2 lit. e) UGP-RL näher definiert ist und aus dem Einwirkungs- sowie dem Auswirkungsmerkmal besteht. Diese beiden Elemente werden verbunden durch die Wendung „und ihn [den Verbraucher] damit". Dies könnte auf eine kausale Verbindung zwischen den beiden Voraussetzungen hinweisen.[75] Im Folgenden

---

72 EuGH C-428/11, Tz. 53 – Purely Creative.

73 Vgl. EuGH C-465/98, Tz. 28 – Darbo.

74 So bspw. die Wertung des BGH in der Entscheidung GRUR 2003, 628, 630 – Klosterbrauerei.

75 Die folgende Darstellung zieht Literaturquellen zum Teil zur UGP-RL, zum Teil zum UWG 2008 heran und gibt den Meinungsstand zu den Relevanzmerkmalen der UGP-RL aus deutscher Sicht wieder.

werden das Einwirkungs- sowie das Auswirkungsmerkmal sowie deren Verhältnis zueinander näher dargestellt.

(i) Einwirkungsmerkmal

Die „Fähigkeit des Verbrauchers, sich auf Grund von Informationen zu entscheiden, spürbar zu beeinträchtigen" stellt für *Köhler* das entscheidende Kriterium innerhalb des Verbotstatbestandes dar.[76] Für die anderen sind Einwirkungs- und Auswirkungskriterium gleichbedeutend maßgeblich, um zu einer Unzulässigkeit des wettbewerbswidrigen Verhaltens zu gelangen[77]. Wiederum andere halten das Merkmal der Fähigkeit des Verbrauchers, sich zu entscheiden, schlicht für überflüssig, da eine Beeinträchtigung des Verbraucherverhaltens bereits hinreichend durch das Auswirkungsmerkmal konkretisiert werde.[78]

α) Geeignetheit

Zunächst kann festgestellt werden, dass durch die Verwendung des Begriffes der Eignung die objektive Wahrscheinlichkeit einer Beeinträchtigung der Fähigkeit der Verbraucher, sich auf Grund von Informationen zu entscheiden, ausreichen soll.[79] Gleiches soll nach *Lubberger* aber auch durch die Anknüpfung an die *„Fähigkeit"* zur informierten Entscheidung bewirkt werden.[80] Damit werde das tatsächliche Entscheidungsverhalten des Verbrauchers unbeachtet gelassen, sodass sich allein an dessen abstraktem Entscheidungspotential orientiert werde.[81] Folglich stehe die Spürbarkeitsschwelle mit dem europäischen Verbraucherleitbild eines durchschnittlich informierten und verständigen abstrakten Durchschnittsverbrauchers[82]

---

76 Dies begründet *ders.*, WRP 2014, S. 259, Rn. 12, mit der Zielrichtung der UGP-RL, die darauf gerichtet sei, dass die Verbraucher ihre Entscheidungen frei und auf der Grundlage ausreichender Informationen treffen können sollen. Diese Zielsetzung sei auch für das UWG maßgebend.

77 GK-UWG Band 1/*Fritzsche*, § 3 Rn. 623; Gloy/Loschelder/Erdmann/*Lubberger*, § 45 Rn. 16.

78 *Schöttle*, GRUR 2009, S. 546, 548; vgl. den Überblick bei *Dohrn*, S. 211, 212. Diese Ansicht widerspricht aber ersichtlich dem Anliegen des Richtlinienverfassers, der augenscheinlich klarstellen wollte, dass auch eine spürbare Beeinträchtigung der Entscheidungsfähigkeit bisweilen keine Auswirkung auf die Entscheidung an sich hat.

79 Vgl. nur Köhler/Bornkamm/*Köhler*, § 3 Rn. 49.

80 Gloy/Loschelder/Erdmann/*Lubberger*, § 45 Rn. 18.

81 *Ders.*, § 45 Rn. 18.

82 Vgl. zu dem Begriff des Durchschnittsverbrauchers nur die Übersicht bei Köhler/Bornkamm/*Köhler*, § 1 Rn. 22 ff.

in direktem Zusammenhang.[83] Diese Abstraktheit habe zur Konsequenz, dass für das Vorliegen der Spürbarkeit nicht die Auswirkungen einer geschäftlichen Handlung auf die betroffenen Verbraucher im Einzelfall festgestellt werden müssten.[84]

Den vorstehenden Meinungen ist dahingehend zuzustimmen, dass es eines positiven Nachweises einer tatsächlichen Beeinträchtigung der Fähigkeit, eine informierte Entscheidung zu treffen bzw. sich auf Grund von Informationen zu entscheiden, nicht bedarf.[85] Dies folgt aus der Verwendung des Begriffes der *Eignung* in Art. 5 Abs. 2 lit. b) UGP-RL. Die in dieselbe Richtung gehende Begründung *Lubbergers* unter Anknüpfung an den Begriff der *Fähigkeit* der Verbraucher zu einer informierten Entscheidung erscheint ebenfalls nachvollziehbar. Der Richtliniengeber hat zwar als Bezugspunkt der Spürbarkeit den Begriff der informierten Entscheidung gewählt, der auf einen überwiegend bewusst ablaufenden Prozess abstellt, will aber gleichzeitig die hierauf bezogene Fähigkeit schützen, also ein dem Willen unterworfenes *Potential*.[86] Mit dem Abstellen auf die Fähigkeit soll verdeutlicht werden, dass eine Beeinträchtigung der freien und informierten Entscheidungsfindung bereits dann gegeben ist, wenn die Möglichkeit eines bewussten Ablaufs der Entscheidungsprozesse gestört wird.[87]

β) Die Fähigkeit des Verbrauchers, eine informierte Entscheidung zu treffen

Radeideh sieht in dem Begriff der *Fähigkeit*, eine informierte Entscheidung zu treffen, einen Schlüsselbegriff, weil er eine Verbindung herstelle zwischen dem Informationsparadigma und dem Grundgedanken der Verwirklichung der autonom bestimmten Verbraucherpräferenzen im Markt, der Ausfluss des Prinzips lauteren Handelns sei.[88] Dem ist zuzustimmen, genauso wie *Dohrn*, der annimmt, dass der europäische Gesetzgeber mit dem Bezugspunkt der Beeinträchtigung

83 Gloy/Loschelder/Erdmann/*Lubberger*, § 45 Rn. 18.

84 *Ders.*, § 45 Rn. 18.

85 Ebenso OLG Hamm WRP 2014, 217, 220 – Gutscheine für Folgeaufträge bei Reparatur eines Kfz-Kaskoschadens.

86 *Dohrn*, S. 225, 226.

87 *Ders.*, S. 226.

88 *Radeideh*, S. 262: „The pivotal point is the ability of the consumer to make an informed choice. It is the essence of the test to ensure the integrity of this ability and its economic effects. In this respect, the first item of the test is already a fairly close negative reflection of the principle of fair trading as a general principle of Internal Market law. Fair trading means that consumers must be enabled to make their choice in full knowledge of the facts. Accordingly, unfair trading is characterised by impairing the consumers' ability to make such an informed choice."

der *Fähigkeit* des Verbrauchers, eine informierte Entscheidung zu treffen, das Profil des Durchschnittsverbrauchers im Gemeinschaftsrecht geschärft habe.[89] Die UGP-RL schreibe damit dem Verbraucher die Fähigkeit zu, Informationen bewerten und auf ihrer Grundlage Entscheidungen innerhalb des ihm zur Verfügung stehenden Angebotes treffen zu können. Verworfen werden können damit diejenigen Verbraucherschutzkonzeptionen, die davon ausgehen, dass die Werbung im Verbraucher ohne Rücksicht auf seine reellen Bedürfnisse gleichzeitig mit der Motivation, ein Produkt erwerben zu wollen, ein im Grunde unnützes Bedürfnis erregen, sodass das Informationsmodell versagen würde.[90] Indem der Richtliniengeber anerkennt, dass die Fähigkeit des Verbrauchers durch Geschäftspraktiken beeinträchtigt werden kann, verdeutlicht er, dass er die Grenzen der Rationalität und der Fähigkeit bzw. des Willens des Verbrauchers, eigennützig zu handeln, erkennt und staatliches Eingreifen für notwendig hält.[91]

χ) Informierte Entscheidung

Nach Art. 2 lit. e) UGP-RL muss die *„Fähigkeit, eine informierte Entscheidung zu treffen"* spürbar beeinträchtigt sein.

Voraussetzung für eine informierte Entscheidung ist nach der Zielsetzung der UGP-RL die Fähigkeit des Verbrauchers zu einer *freien* und *informationsgeleiteten* Entscheidung.[92] Die Information muss in die Entscheidung des Verbrauchers einfließen und sie bestimmen können.[93] Auf dieser Grundlage wird er sodann in die Lage versetzt, eine *autonome, rational-kritische* und *effektive* Entscheidung zu treffen, wenn er mittels der dafür *erforderlichen* Informationen deren Vor- und Nachteile erkennen und abwägen kann.[94] Das Lauterkeitsrecht soll den Verbraucher somit in seiner autonomen Entscheidungsfreiheit schützen und sicherstellen, dass er keine andere als eine informierte und deshalb effektive Wahl trifft.[95] Der Richtliniengeber scheint in der informierten Entscheidung den Normalfall zu sehen, der sich bei einem normalen Marktgeschehen ohne unlautere Praktiken in der Regel zeigt.[96] Diejenigen Informationen, welche schließlich die informierte Entscheidung aus-

---

89 *Dohrn*, S. 221.
90 *Ders.*, S. 221, 222, mit weiteren Ausführungen.
91 *Ders.*, S. 222.
92 BGH WRP 2014, 831, 833, Tz. 23 – Goldbärenbarren.
93 *Dohrn*, S. 227.
94 *Köhler*, WRP 2013, S. 403, Fn. 18; Köhler/Bornkamm/*Köhler*, § 3 Rn. 50; *Helm*, WRP 2013, S. 710, Rn. 16.
95 Götting/Nordemann/*Wirtz*, § 3 Rn. 79.
96 *Dohrn*, S. 227.

machen, setzen sich zusammen aus den durch die Richtlinie oder Spezialvorschriften verpflichtend zu gewährenden Daten und solchen, die durch den Informationsfluss im Marktgeschehen von selbst hervorgebracht werden.[97] Darunter fallen bspw. diejenigen Informationen, die der Unternehmer seinen Angeboten hinzufügt, um sie attraktiver zu machen. Emotionale oder psychisch-motivierende Anreize sollen folglich nur dann von den Regelungen des Lauterkeitsrechts erfasst werden, wenn sie die rational bestimmten Fähigkeiten des Verbrauchers beeinträchtigen können.

δ) Spürbarkeit

Die Fähigkeit des Verbrauchers, eine informierte Entscheidung treffen zu können, muss darüber hinaus *spürbar* beeinträchtigt sein. Dem eindeutigen Wortlaut des Art. 2 lit. e) UGP-RL zufolge, bezieht sich das Merkmal der Spürbarkeit ausschließlich auf die Beeinträchtigung der Entscheidungsfähigkeit des Verbrauchers – mithin auf das Einwirkungsmerkmal.[98] Die geschäftliche Handlung des Unternehmers muss folglich geeignet sein, die informierte Entscheidungsfindung spürbar zu beeinflussen. Demgegenüber bezieht sich das Spürbarkeitsmerkmal nicht (auch) darauf, dass der Verbraucher zu einer geschäftlichen Entscheidung tatsächlich oder voraussichtlich veranlasst wird, die er andernfalls nicht getroffen hätte.[99] Zwar muss die Entscheidung des Verbrauchers im Sinne des Art. 5 Abs. 2 i.V.m. Art. 2 lit. e) UGP-RL umgelenkt werden, da die geschäftliche Handlung ansonsten unerheblich für das Verbraucherverhalten und mithin nicht unlauter im Sinne der UGP-RL wäre. Allerdings kann aus der spürbaren Einwirkung auf die Verbraucherentscheidung nicht automatisch auf die Entscheidungsumlenkung geschlossen werden. Ebenso wenig kann es nach der Systematik und dem Schutzzweck der UGP-RL darauf ankommen, dass die Umlenkung der Entscheidung des Marktteilnehmers eine spürbare Beeinträchtigung des Markt- bzw. Wettbewerbsgeschehens bewirkt.[100] Darüber hinaus ist das Auswirkungskriterium auch kein Merkmal der verbraucherbezogenen Spürbarkeit.[101]

Offenbar möchte aber auch die EU-Kommission das Merkmal der Spürbarkeit dem zweiten Tatbestandsmerkmal des Relevanzkriteriums zugeordnet wissen, wie

97 *Ders.*, S. 227, 228.

98 In diesem Sinne auch Gloy/Loschelder/Erdmann/*Lubberger*, § 45 Rn. 17; *Dohrn*, S. 210.

99 In diesem Sinne aber interpretiert u. a. *Drews*, S. 68 ff., die UGP-RL.

100 Dies fordert jedoch *Drews*, S. 71 ff. Zum Schutz- und Regelungszweck der UGP-RL vgl. die Ausführungen zuvor unter Kapitel B. III. 1.

101 Dem würde ebenfalls die eindeutige Systematik des Art. 2 lit. e) UGP-RL entgegenstehen.

aus der Begründung der EU-Kommission zur UGP-RL hervorgeht. So führt sie unter Ziffer 54 aus, dass „die dritte Voraussetzung [der unlauteren geschäftlichen Handlung] bedeutet, dass die Geschäftspraxis im konkreten Fall

- eine so erhebliche Wirkung hat, dass sie das Verhalten des Verbrauchers ändert oder zu ändern geeignet ist, und ihn dadurch veranlasst, eine geschäftliche Entscheidung zu treffen, die er sonst nicht getroffen hätte, und
- dass sie diese Wirkung dadurch entfalten muss, dass sie die Fähigkeit des Verbrauchers, eine informierte Entscheidung zu treffen, beeinträchtigt.“[102]

Die geschäftliche Handlung des Unternehmers soll demnach durch ihre Erheblichkeit geeignet sein, die Entscheidung des Verbrauchers umzulenken und damit zu ändern. Die Änderung der geschäftlichen Entscheidung soll wiederum eine Folge der Beeinträchtigung der informierten Entscheidung des Verbrauchers sein.

Die allgemeine Unsicherheit der Zuordnung des Spürbarkeitsmerkmals zu einem der beiden Tatbestandselemente der wesentlichen Beeinflussung des Art. 5 Abs. 2 lit. b) i.V.m. Art. 2 lit. e) UGP-RL zeigte sich in der Folgezeit auch in der Diskussion um die „richtige“ Zuordnung. So wurde die Beeinträchtigung der Fähigkeit des Verbrauchers, eine informierte Entscheidung zu treffen, nur dann für relevant bzw. spürbar gehalten, wenn sie die Entscheidung tatsächlich verändert und umlenkt.[103] Daraus wurde die Schlussfolgerung gezogen, dass das Merkmal der Spürbarkeit angesichts des Merkmals der Veranlassung zu einer Entscheidung, die der Verbraucher andernfalls nicht getroffen hätte, überflüssig sei, da die Änderung des wirtschaftlichen Verhaltens die Beeinträchtigung immer spürbar mache.[104] Dieser Sichtweise widerspricht aber die Intention des Richtliniengebers, der offenbar eine Unterscheidung zwischen der spürbaren Beeinflussung der Entscheidungsfähigkeit und dem darauffolgenden Entscheidungsverhalten des Verbrauchers treffen wollte. Die Entscheidungsrelevanz und die Frage der motivierenden Wirkung der Beeinträchtigung sind nicht identisch mit dem Maß.[105] Der Richtliniengeber möchte den Verbraucher vor den Auswirkungen wesentlicher unlauterer geschäftlicher Handlungen schützen, die nicht in

102 Vorschlag für eine RICHTLINIE DES EUROPÄISCHEN PARLAMENTS UND DES RATES, KOM (2003) 356 endgültig, vom 18.6.2003, S. 15 Ziff. 54.

103 *Radeideh*, S. 263: „It is suggested that, reasonably viewed, the impairment of the consumer's ability to make an informed decision can only be considered appreciable, if it causes him to take a transactional decision that he would not have taken otherwise.“

104 *Ders.*, S. 263: „It can thus be argued that the condition of „appreciability“ is superfluous in combination with that of an impact on the transactional decision.“

105 *Dohrn*, S. 211.

jedem Fall geeignet sind, ihn zu einer geschäftlichen Entscheidung zu veranlassen, die er ansonsten nicht getroffen hätte,[106] bspw. wenn der Verbraucher durch die Beeinträchtigung seiner Entscheidungsfähigkeit nicht zum Kauf angeregt bzw. „aktiviert“ wird oder dem Einfluss einer Geschäftspraxis mit beeinträchtigender Tendenz nicht nachgibt. Eine Verortung des Spürbarkeitsmerkmals in das Auswirkungsmerkmal und damit sogar die Berücksichtigung einer spürbaren Beeinträchtigung des Wettbewerbs würde folglich zu einer Auslegung der UGP-RL führen, die weder dem Telos noch dem Wortlaut der UGP-RL entspräche.

Bezugspunkt für die Beeinflussung der Entscheidungsfähigkeit kann sowohl der Zugang zu unbekannten als auch die Nutzung vorhandener Informationen sein.[107] Eine bloß theoretische Eignung zur spürbaren Beeinträchtigung der informierten Entscheidung ist nicht ausreichend. Vielmehr soll die spürbare Beeinflussung tatsächlich möglich sein,[108] ohne dass sie für den konkreten Einzelfall nachgewiesen sein muss[109]. Eine rein kausale Betrachtung von geschäftlicher Handlung des Unternehmers und Beeinträchtigung des Verbrauchers genügt nicht.[110] Das Spürbarkeitsmerkmal ist vielmehr rein normativ zu beurteilen, sodass es darauf ankommt, wie sich die geschäftliche Handlung auf die Entscheidungsfähigkeit des angemessen informierten, kritischen und verständigen Durchschnittsverbrauchers oder des durchschnittlichen Mitgliedes der jeweils angesprochenen Verbrauchergruppe auswirkt bzw. auswirken kann.[111] Demzufolge ist die Fähigkeit des Verbrauchers, eine informationsgeleitete Entscheidung zu treffen, spürbar beeinträchtigt, wenn das Verhalten des Unternehmers ihn davon abhalten kann, die Vor- und Nachteile einer geschäftlichen Entscheidung zu erkennen, abzuwägen und dann eine für ihn effektive Wahl zu treffen.[112] Eine vollständige Ausschaltung der Rationalität der Kaufentscheidung ist dagegen nicht notwendig.[113] Die Anforderungen an die spürbare Beeinträchtigung der Entscheidungsfreiheit sollen geringer sein, sofern sich die geschäftliche Handlung an eine Gruppe besonders schutzbedürftiger Ver-

106 Vgl. Erwägungsgrund 6 S. 2 UGP-RL.

107 Köhler/Bornkamm/*Köhler*, § 3 Rn. 51.

108 Götting/Nordemann/*Wirtz*, § 3 Rn. 80; GK-UWG Band 1/*Fritzsche*, § 3 Rn. 630; Köhler/Bornkamm/*Köhler*, § 3 Rn. 51.

109 GK-UWG Band 1/*Fritzsche*, § 3 Rn. 630.

110 In diesem Sinne aber jurisPK-UWG/*Ullmann*, § 3 Rn. 61.

111 Köhler/Bornkamm/*Köhler*, § 3 Rn. 51.

112 *Ders.*, WRP 2014, S. 259, Rn. 20; OLG Hamm WRP 2014, 217, 219 ff. – Gutscheine für Folgeaufträge bei Reparatur eines Kfz-Kaskoschadens.

113 Köhler/Bornkamm/*Köhler*, § 3 Rn. 51.

braucher wie bspw. Kinder, ältere Menschen oder Verbraucher mit geistigen oder körperlichen Einschränkungen, richtet.[114]

ε) Subjektive Merkmale?

Neben der objektiven Eignung zur spürbaren Beeinträchtigung der Fähigkeit des Verbrauchers, sich auf Grund von Informationen zu entscheiden, wird u. a. von *Köhler* zusätzlich ein subjektives Element im Sinne einer Beabsichtigung dieser relevanten Beeinflussung durch den Unternehmer befürwortet.[115] Dies wird daraus gefolgert, dass zwischen dem Sorgfaltskriterium und dem Einwirkungskriterium ein innerer Zusammenhang bestehe[116], der über einen bloßen Ursachenzusammenhang hinausgehe.[117] Denn die Verletzung der fachlichen (bzw. unternehmerischen) Sorgfalt (im Sinne von § 2 Abs. 1 Nr. 7 UWG 2008) sei kein abstraktes Verhaltenskriterium, sondern ebenfalls auf den Verbraucher und seine Interessen bezogen – genauso wie das Relevanzkriterium.[118] Ohne die erforderliche Sorgfalt handele derjenige, der seine Pflicht zur gebotenen und billigerweise zu erwartenden *Rücksichtnahme* auf die wirtschaftlichen Interessen und die Schutzbedürftigkeit der Verbraucher vor, während und nach Vertragsschluss missachte bzw. vernachlässige.[119] Nach der Zielsetzung der UGP-RL soll dem Verbraucher eine informationsgeleitete, informierte und freie, mithin rationale geschäftliche Entscheidung ermöglicht werden.[120] Daher bestehe nach dieser Definition die gebotene Rücksichtnahmepflicht letztlich darin, die Fähigkeit des Verbrauchers, sich auf Grund von Informationen zu entscheiden, nicht zu beeinträchtigen.[121] *Köhler* folgert daraus, dass ein Sorgfaltsverstoß erst dann relevant sei, wenn die betreffende Handlung bei objektiver Betrachtung darauf

114 *Ders.*, § 3 Rn. 51.

115 *Ders.*, WRP 2014, S. 259, Rn. 16.

116 *Ders.*, WRP 2014, S. 259, Rn. 14; *Dohrn*, S. 175: Das Merkmal des Sorgfaltspflichtverstoßes sei wesentlich auf die Frage bezogen, ob eine Beeinträchtigung der Entscheidung des Verbrauchers vorliege, und sei als Teil dieser Frage mit dieser weitgehend identisch. A.A. die Rechtsprechung EuGH C-540/08, Tz. 32, 46 – Mediaprint, und BGH GRUR 2011, 532, Tz. 24 – Millionen-Chance II, die von getrennten Tatbestandsmerkmalen sowie von einer getrennten Prüfung des Relevanzkriteriums und des Verstoßes gegen die fachliche Sorgfalt ausgehen.

117 Köhler/Bornkamm/*Köhler*, § 3 Rn. 53.

118 *Ders.*, § 3 Rn. 53.

119 *Ders.*, § 3 Rn. 41 m. w. N.; Götting/Nordemann/*Wirtz*, § 3 Rn. 74.

120 BGH WRP 2014, 831, 833, Tz. 23 – Goldbärenbarren.

121 *Köhler*, WRP 2014, S. 259, Rn. 15; so auch *ders.* in Köhler/Bornkamm/*Köhler*, § 3 Rn. 53 – allerdings ohne konkret auf ein subjektives Merkmal einzugehen.

gerichtet sei, die Fähigkeit des Verbrauchers, sich auf Grund von Informationen zu entscheiden, spürbar zu beeinträchtigen.[122]

Dem kann nicht zugestimmt werden. Die Tatbestandsmerkmale eines Sorgfaltsverstoßes gem. Art. 5 Abs. 2 lit. a) UGP-RL und der Relevanz gem. Art. 5 Abs. 2 lit. b) i.V.m. Art. 2 lit. e) UGP-RL in dem Sinne zu verknüpfen, dass der Sorgfaltsverstoß die relevante Beeinflussung beabsichtigen soll, würde ein subjektives Element in das Lauterkeitsrecht einführen, das mit der Einführung der UGP-RL und im deutschen UWG spätestens seit der Reform 2004 nicht mehr gewollt war.[123] Darüber hinaus würde mit einer derartigen Verknüpfung die Systematik des Tatbestandes des Art. 5 Abs. 2 UGP-RL übergangen, der für die Feststellung der Unlauterkeit zunächst die Prüfung der Verletzung der unternehmerischen Sorgfalt und sodann die wesentliche Beeinflussung des wirtschaftlichen Verhaltens im Sinne der Eignung zur spürbaren Beeinträchtigung der geschäftlichen Entscheidung des Verbrauchers anhand einer objektiven Beurteilung normiert.[124] Es soll gerade nicht darauf ankommen, dass der Unternehmer zielgerichtet die gebotene Rücksichtnahme vernachlässigt, um die Verbraucherentscheidung kausal spürbar zu beeinflussen. Richtig ist zwar, dass für die Bejahung der Unlauterkeit nicht bloß die Verletzung einer Sorgfaltspflicht ausreichen kann, sondern die Pflichtverletzung bzw. geschäftliche Handlung zu einer Beeinträchtigung der Entscheidungsfreiheit des Verbrauchers führen muss. Auch wenn diese Ereignisse in einem kausalen Zusammenhang stehen sollten[125] oder die Annahme eines Wirkungszusammenhanges ausreicht[126], kommt es dabei gerade nicht auf ein vorsätzliches und damit zugleich schwer nachzuweisendes Handeln des Unternehmers an, den Verbraucher zu beeinflussen. Vielmehr ist es ausreichend, die Verletzung der unternehmerischen Sorgfalt objektiv festzustellen – ebenso wie die Eignung dieser Verletzung zur spürbaren Beeinträchtigung des Verbraucherverhaltens.

---

122 *Ders.*, WRP 2014, S. 259, Rn. 16; der Begriff der fachlichen Sorgfalt in der Generalklausel dient nach *Köhler* nur dazu, über irreführende und aggressive Verhaltensweisen hinaus alle *sonstigen* Maßnahmen zu erfassen, die diesem Ziel dienen.

123 *Sosnitza*, WRP 2008, S. 1014, 1016, 1017. Vgl. auch die Ausführungen zu einer Subjektivierung im Lauterkeitsrecht im folgenden Absatz.

124 Bestätigt durch EuGH C-540/08, Tz. 32, 46 – Mediaprint; BGH GRUR 2011, 532, Tz. 24 – Millionen-Chance II.

125 In diesem Sinne jurisPK-UWG/*Ullmann*, § 3 Rn. 61; *Schöttle*, GRUR 2009, S. 546, 548; *Bärenfänger*, WRP 2011, S. 160, 172.

126 Fezer/*Fezer* Band 1 UWG, § 3 Rn. 107; von einer Wechselwirkung zwischen Sorgfaltspflichtverstoß und Beeinflussung ausgehend *Dohrn*, S. 212.

Gleiches gilt für die Ansicht, die in der Formulierung „um…zu“ in Art. 2 lit. e) UGP-RL eine auf die Beeinflussung der Entscheidung des Verbrauchers zielende Absicht des Unternehmers impliziert sehen möchte.[127] Auch nach dieser Ansicht würde jedoch in das europäische und folglich auch in das deutsche Lauterkeitsrecht ein Verschuldenselement und eine Subjektivität eingeführt werden, die mit einer mittlerweile vorherrschenden objektiven Auslegung vieler moderner Wettbewerbsgesetze nicht in Einklang stehen dürfte.[128] Die herrschende Meinung geht denn auch von einem europäischen wie deutschen Lauterkeitsrecht aus, das rein objektive Verhaltensstandards setzt,[129] insbesondere nachdem subjektive Elemente aus dem UWG mit der Novelle im Jahr 2008 entfernt worden sind.[130] Zwar wird kritisiert, dass die UGP-RL insoweit nicht eindeutig sei und an vielen Stellen subjektive Merkmale enthalte, wie bspw. in einigen Tatbeständen des Anhangs I, der sog. Schwarzen Liste.[131] Allerdings widerspricht insbesondere das hinter dem europäischen Wettbewerbsrecht und hinter der UGP-RL stehende Konzept eines funktionsfähigen und entmoralisierten Wettbewerbs, das auch dem deutschen Lauterkeitsrecht zugrunde liegt, einer Einbeziehung subjektiver Elemente.[132] Mit der Wendung „um…zu“ in Art. 2 lit. e) UGP-RL oder auch mit dem unmittelbaren Zusammenhang zwischen dem geschäftlichen Verhalten und der Absatzförderung bzw. dem Abschluss/der Durchführung des Vertrages im

---

127 Vgl. nur die Ausführungen bei MünchKomm UWG Band 1/*Micklitz*, EG D Art. 5 Rn. 40 m. w. N. zum europäischen Recht; *Henning-Bodewig*, GRUR Int. 2005, S. 629, 630.

128 Auf eine detaillierte Darstellung hierzu wird verzichtet, vgl. insofern nur *Henning-Bodewig*, GRUR Int. 2005, S. 629, 630, sowie die folgenden Fußnoten.

129 Vgl. nur *Fezer*, WRP 2006, S. 781, 785, 786; *Köhler*, GRUR 2005, S. 793; *Sosnitza*, WRP 2008, S. 1014, 1016, 1017, im Hinblick auf die sprachlichen Änderungen in Art. 2 lit. d) UGP-RL, anders allerdings zur Täuschungseignung des § 5 UWG, S. 1028; MünchKomm UWG Band 1/*Micklitz*, § 3 Rn. 26; vgl. zum alten Recht Harte/Henning/*Schünemann* 2. Auflage, § 3 Rn. 351 ff. m. w. N.; in Abkehr von subjektiven Elementen auch die neuere Rspr., vgl. BGH GRUR 2007, 800, 801 – Außendienstmitarbeiter; BGH GRUR 2005, 778, 779 – Atemtest. Vgl. zudem den Überblick zum Diskussionsstand um einen subjektiven Tatbestand im UWG in Rechtsprechung und Literatur bei *Boesche*, § 5 Rn. 186; Fezer/*Fezer*, Band 1 UWG, § 3 Rn. 198 ff.

130 Wie bspw. die Abkehr von dem subjektiven Element des Handelns „zu Zwecken des Wettbewerbs“ in § 1 UWG 1998 oder dem „Ziel“ der Absatzförderung in § 2 Abs. 1 Nr. 1 UWG 2004.

131 *Henning-Bodewig*, GRUR Int. 2005, S. 629, 631, Fn. 16.

132 MünchKomm UWG Band 1/*Micklitz*, EG D Art. 5 Rn. 40.

Sinne von Art. 2 lit. d) UGP-RL kann folglich lediglich eine Verbindung gemeint sein, die rein objektiv zu bestimmen ist.[133]

(ii) Auswirkungsmerkmal

Zusätzlich zu dem Einwirkungskriterium ist ferner die Feststellung erforderlich, dass die geschäftliche Handlung geeignet ist, den Verbraucher zu einer geschäftlichen Entscheidung zu veranlassen, die er andernfalls nicht getroffen hätte. Grundsätzlich soll mit dem sog. Auswirkungsmerkmal sichergestellt werden, dass geschäftliche Handlungen nicht schon auf Grund ihrer sorgfaltswidrigen Einwirkung auf die Entscheidungsfähigkeit des Verbrauchers verboten werden, sondern nur dann, wenn sie sich tatsächlich auf das wirtschaftliche Verhalten der Verbraucher auswirken können,[134] vgl. auch Erwägungsgrund 6 S. 2 UGP-RL.[135] Das Auswirkungsmerkmal dient dagegen nicht dazu, den Bezugspunkt der spürbaren Beeinträchtigung der Entscheidungsfähigkeit klarzustellen[136], denn Bezugspunkt der Spürbarkeit ist die Beeinträchtigung der informierten Entscheidung und nicht die Veranlassung zu einer geschäftlichen Entscheidung.

α) Geeignetheit

Das Merkmal der Geeignetheit bezieht sich neben der Beeinträchtigung der informierten Entscheidung gleichfalls auf die Eignung zum Veranlassen einer geschäftlichen Entscheidung, sodass es nicht darauf ankommt, ob der Verbraucher die Entscheidung tatsächlich getroffen hat.[137] Ein Nachweis ist nicht erforderlich. Das abstrakt festzustellende Entscheidungsverhalten im Sinne einer Prognoseentscheidung ist ausreichend.

β) Geschäftliche Entscheidung

Bezugspunkt des Auswirkungskriteriums ist die *geschäftliche Entscheidung* des Verbrauchers. Darunter fällt im Sinne von Art. 2 lit. k) UGP-RL „jede Entscheidung eines Verbrauchers darüber, ob, wie und unter welchen Bedingungen er

---

133 *Ders.*, EG D Art. 5 Rn. 42; *Sosnitza*, WRP 2008, S. 1014, 1016, 1017; *Köhler*, GRUR 2005, S. 793; ebenso, aber mit noch einer anderen Deutung der Formulierung „um…. zu" ,*Glöckner/Henning-Bodewig*, WRP 2005, S. 1311, 1328.

134 *Köhler*, WRP 2014, S. 259, Rn. 22; vgl. zu weiteren Funktionen des Auswirkungskriteriums die Ausführungen bei Harte/Henning/*Podszun*, § 3 Rn. 65.

135 Zur Funktion der Relevanzschwellen vgl. die Ausführungen unter Kapitel B. III. 1. c) aa).

136 In diesem Sinne aber Köhler/Bornkamm/*Köhler*, § 3 Rn. 52.

137 Götting/Nordemann/*Wirtz*, § 3 Rn. 81.

einen Kauf tätigen, eine Zahlung insgesamt oder teilweise leisten, ein Produkt behalten oder abgeben oder ein vertragliches Recht im Zusammenhang mit dem Produkt ausüben will, unabhängig davon, ob der Verbraucher beschließt, tätig zu werden oder ein Tätigwerden zu unterlassen". Der Begriff ist entsprechend der vorgenannten Definition weit auszulegen.[138] Obwohl vom Wortlaut her lediglich auf ein Kaufgeschäft bezogen, soll unter „Kauf" nicht nur ein Kaufvertrag im Sinne des § 433 BGB zu verstehen sein, sondern jeder entgeltliche Vertrag.[139] Dies ergibt sich aus der weiten Definition des „Produkts" in Art. 2 lit. c) UGP-RL[140] sowie mittelbar aus Art. 3 Abs. 1 UGP-RL, mithin aus dem Anwendungsbereich der UGP-RL „auf ein Produkt bezogenes Handelsgeschäft". Gleichfalls erfasst werden sollen darüber hinaus unmittelbar mit dem Erwerb oder Nichterwerb eines Produktes zusammenhängende Entscheidungen, wie etwa das Betreten eines Geschäftes,[141] sowie Entscheidungen nach Vertragsschluss, soweit sie in einem unmittelbaren Zusammenhang mit der von dem Unternehmer erstrebten Entscheidung stehen.[142]

χ) Wertungen

Welche Wertungen vorzunehmen sind, um die Auswirkung auf das wirtschaftliche Verhalten des Verbrauchers im konkreten Fall bestimmen zu können, ist umstritten.

Offenkundig ist zunächst die Überlegung, dass der Gesetzgeber mit dem Auswirkungskriterium nicht das gemeint haben kann, was der Normtext überschießend ausdrückt, da es auch lauteren, wettbewerbskonformen geschäftlichen Handlungen immanent ist, den Verbraucher (und auch die sonstigen Marktteilnehmer) zu einer Entscheidung zu veranlassen, die er andernfalls nicht getroffen hätte.[143] Ausgehend von der Autonomie des Verbrauchers als Rechtsbegriff möchte daher *Glöckner* die erkenntnistheoretische Kontrollfrage stellen, ob der Verbraucher, der einem Werbeappell folgt, *ex post*, d. h. heißt „nach dem Wegfall der motivierenden Wirkung durch die Einflussnahme des Werbenden, das Ge-

138 EuGH C-281/12, Tz. 36 – Trento Sviluppo.

139 *Köhler*, WRP 2014, S. 259, Rn. 9.

140 Nach Art. 2 lit. c) UGP-RL ist ein Produkt „jede Ware oder Dienstleistung, einschließlich Immobilien, Rechte und Verpflichtungen".

141 EuGH C-281/12, Tz. 35–37 – Trento Sviluppo; GK-UWG Band 1/*Fritzsche*, § 3 Rn. 635.

142 Köhler/Bornkamm/*Köhler*, § 3 Rn. 52.

143 *Glöckner/Henning-Bodewig*, WRP 2005, S. 1311, 1328; Harte/Henning/*Schünemann* 2. Auflage, § 3 Rn. 438.

schäft in seiner konkreten Form noch gutheißen kann".[144] An dieser Ansicht wird kritisiert, dass damit ein Verfahren angewandt würde, das eine verhaltenswissenschaftliche Betrachtungsweise zugrunde legt, die mit der Prämisse des Gemeinschaftsrechts, nämlich der Zugrundelegung einer informierten Entscheidung am Markt, nicht zu vereinbaren sei.[145] Das reale Verhalten werde von der Richtlinie gerade nicht berücksichtigt, da der unionsrechtliche Begriff des informierten Verbrauchers ein normativer sei, sodass vielmehr geprüft werden solle, ob durch die jeweilige Geschäftspraktik die äußere Handlungsfreiheit des Verbrauchers *ex ante* beeinträchtigt erscheine.[146]

Lubberger sieht in der Auswirkung der abstrakt unterstellten spürbaren Beeinträchtigung der informationsbasierten Entscheidung auf das Entscheidungsverhalten des Durchschnittsverbrauchers ein Dilemma, da sich nie feststellen lasse, wie sich ein abstraktes Leitbild in einem konkreten Einzelfall tatsächlich verhalte.[147] Das Merkmal der geschäftlichen Entscheidung, die andernfalls nicht getroffen worden wäre, müsse daher restriktiv ausgelegt werden, sodass entscheidend darauf abzustellen sei, dass das auch mit dem Auswirkungsprinzip verfolgte Prinzip der Vermeidung unverhältnismäßiger Eingriffe bereits durch das Leitbild des europäischen Durchschnittsverbrauchers gefördert werde.[148] Das Leitbild des Durchschnittsverbrauchers würde hiernach also wie eine Bagatellschwelle wirken. Ließe sich der informierte, kritische Durchschnittsverbraucher nicht so leicht beeinflussen, führe bereits dieses Leitbild zu einer Absenkung des Schutzniveaus, das durch das Auswirkungsprinzip nicht nochmals relativiert werden könnte.[149]

Dohrn wiederum schlägt den Vergleich zweier Entscheidungsräume vor – dem der möglichen Entscheidung des Verbrauchers, wenn die Geschäftspraxis angewandt wurde („E1") und dem unter Hinwegdenken der Geschäftspraxis („E0").[150] Unter Berücksichtigung diverser Variablen und Marktannahmen seien die beiden konstruierten Entscheidungsräume miteinander zu vergleichen, indem die Differenz der sich in „E0" und „E1" je entsprechenden Wahrscheinlichkeiten pro jeweiliger Entscheidung zu bilden seien.[151] Ergebe sich bei diesem Vergleich der beiden Entscheidungsspielräume eine wesentliche Abweichung, sei eine Beein-

144 Harte/Henning/*Glöckner* 2. Auflage, Einl B Rn. 203.
145 MünchKomm UWG Band 1/*Micklitz*, EG D Art. 5 Rn. 37.
146 *Ders.*, EG D Art. 5 Rn. 37–39.
147 Gloy/Loschelder/Erdmann/*Lubberger*, § 45 Rn. 22.
148 *Ders.*, § 45 Rn. 23.
149 *Ders.*, § 45 Rn. 23.
150 *Dohrn*, S. 229 ff.
151 *Ders.*, S. 230.

flussung im Sinne der Richtlinie gegeben, wobei man den Gesamtumfang der Abweichung durch ein geeignetes Maß, etwa die Summe des Betrages der ermittelten Differenzen zwischen den Wahrscheinlichkeiten entsprechender Entscheidungen, bestimmen könnte.[152]

Schließlich führt *Scherer* an, dass die Freiheit des Verbrauchers zu einer geschäftlichen Entscheidung immer nur dann als (noch) gewahrt angesehen werden könne, wenn er sich trotz des unternehmerischen Einflusses noch frei bzw. anders verhalten könne.[153] Insofern wird für die Beurteilung der wesentlichen Beeinflussung im Sinne von Art. 2 lit. e) UGP-RL eine Kontrollfrage *ex ante* vorgeschlagen.[154] Maßgeblich sei die Beherrschbarkeit der Beeinflussung des Verbrauchers durch die Handlung des Unternehmers, die nicht nur dann beeinträchtigt sei, wenn der Verbraucher die Entscheidung überhaupt nicht getroffen hätte, sondern bereits dann, wenn er sie anders getroffen hätte.[155] Eine „wesentliche Beeinflussung" der informierten Verbraucherentscheidung sei bspw. dann anzunehmen, wenn der Verbraucher seine Entscheidung auf der Grundlage unrichtiger Informationen getroffen hätte, da zutreffende Tatsachen elementare Voraussetzung jeder informierten Entscheidung seien.[156] Auch die Rechtsprechung scheine die von dieser Meinung entwickelten Maßstäbe zur Feststellung der tatsächlichen Auswirkung der geschäftlichen Handlung auf den Verbraucher zu favorisieren.[157]

Gegen die Ansicht *Lubbergers* kann man anführen, dass die Anforderungen an den Durchschnittsverbraucher nicht zu hoch gesetzt werden sollten. Mit Einführung des Leitbildes des angemessen gut unterrichteten, angemessen aufmerksamen und kritischen Verbrauchers ist bereits ein Verbraucherleitbild als Maßstab zugrunde gelegt worden, das ein hohes Informationsniveau und eine hohe Aufmerksamkeit bei dem jeweiligen Verbraucher voraussetzt. Durch die Wettbewerbsgesetze soll denn auch sichergestellt werden, dass ein hohes Informationsniveau erhalten bleibt. Dieser Anspruch würde allerdings durch *Lubbergers* Vorschlag verschärft und einen über die Maßen aufmerksamen Verbraucher

152 *Ders.*, S. 230, 231.
153 *Scherer*, WRP 2008, S. 708, 712.
154 *Dies.*, WRP 2008, S. 708, 712.
155 *Dies.*, WRP 2008, S. 708, 713.
156 *Dies.*, WRP 2008, S. 708, 712.
157 Vgl. Harte/Henning/*Podszun*, § 3 Rn. 69, der feststellt, dass sich die Rechtsprechung bei der Beurteilung der Relevanz maßgeblich an der Kontrollfrage orientiere, ob die Verbraucher ausreichend Gegenkräfte entwickeln könnten, um alternative Entscheidungsoptionen zu nutzen und so ihr Interesse an ihrer Entscheidungs- und Handlungsfreiheit aufrecht zu erhalten.

fordern, von dem jedoch gerade nicht erwartet werden kann, besonders wachsam oder ständig auf der Hut zu sein. *Lubbergers* Ansatz würde damit die Verantwortung des Unternehmers ungerechtfertigter Weise auf den Verbraucher abwälzen. *Glöckner* ist entgegenzuhalten, dass er eine verhaltenswissenschaftliche Betrachtungsweise zugrunde legt und reales Verhalten untersuchen möchte, was mit dem normativen Verbraucherbegriff sowie der abstrakt festzustellenden Eignung der Beeinträchtigung der Fähigkeit des Verbrauchers zu einer informierten Entscheidung nicht zu vereinbaren wäre. *Scherers* Ansicht ist zuzustimmen, da sie eine normative Prüfung unter Geltung des Leitbildes des Durchschnittsverbrauchers ermöglicht. Obwohl auch sie nicht ohne gewisse Wahrscheinlichkeitsannahmen auskommen kann, erscheint ihr Prüfungsmaßstab durchführbarer als die Vorschläge *Dohrns* zur Feststellung einer abweichenden Verbraucherentscheidung, die mit vielen Variablen arbeitet und für den Lauterkeitsrichter wenig praktikabel erscheint.

(iii) Kausalität zwischen Einwirkung und Auswirkung

Scheinbar folgt aus den Worten „*damit zu (…) veranlassen*" in Art. 2 lit. e) UGP-RL eine *Ursächlichkeit* der Eignung – im Sinne einer objektiven Wahrscheinlichkeit – der Handlung zur spürbaren Beeinträchtigung der Entscheidungsfähigkeit des Verbrauchers für die Eignung, ihn zu einer bestimmten geschäftlichen Entscheidung zu veranlassen.[158] Dieser Ursachenzusammenhang wird in Rechtsprechung und Literatur unterschiedlich interpretiert: *Köhler* nimmt zwischen Einwirkungs- und Auswirkungskriterium eine in jedem Einzelfall konkret festzustellende Kausalität im rechtstechnischen Sinne an, da ohne die Einwirkung durch den Unternehmer die Entscheidung des Verbrauchers anders ausgefallen wäre.[159] Allerdings soll ein solcher Ursachenzusammenhang nicht stets gegeben sein, da das Tatbestandsmerkmal der Einwirkung andernfalls überflüssig wäre.[160] Da jeweils die Umstände des Einzelfalles umfassend gewürdigt werden müssten, vgl. Erwägungsgrund 7 S. 6 UGP-RL, könnte es durchaus Fälle geben, in denen trotz der sorgfaltswidrigen Einwirkung auf die Entscheidungsfähigkeit des Verbrauchers die Eignung zur Beeinflussung der geschäftlichen Entscheidung

158 *Köhler*, WRP 2014, S. 259, Rn. 23; Köhler/Bornkamm/*Köhler*, § 3 Rn. 52; wobei sich *Köhler* auf das UWG bezieht.

159 *Ders.*, WRP 2014, S. 259, Rn. 23; ebenso Gloy/Loschelder/Erdmann/*Lubberger*, § 45 Rn. 22, der darin jedoch ein subsumtionstechnisches Dilemma sieht, weil man nie sagen könne, wie sich ein abstraktes Leitbild in einem konkreten Einzelfall tatsächlich verhalten werde.

160 *Köhler*, WRP 2014, S. 259, Rn. 23.

zu verneinen sei.[161] *Podszun* wiederum sieht in dem Zusammenhang von geschäftlicher Handlung (Einwirkung) und Verbraucherentscheidung (Auswirkung) einen Rechtswidrigkeitszusammenhang.[162] In der getroffenen Entscheidung des Verbrauchers müsse sich gerade die Unlauterkeit der geschäftlichen Handlung niederschlagen.[163]

Eine Kausalität im rechtstechnischen Sinne kann mit dem Ursachenzusammenhang nicht gemeint sein, denn in diesem Falle müsste der konkrete Nachweis erbracht werden, dass Geschäftspraktiken Verbraucher in ihrer Entscheidungsfindung überhaupt beeinflussen können.[164] Obwohl die Beeinflussung des Entscheidungsverhaltens der Verbraucher das Ziel einer jeden Werbemaßnahme darstellt, wird man nie feststellen können, wie sich ein abstraktes Leitbild (die abstrakt normativ unterstellte Eignung einer Maßnahme zur spürbaren Beeinträchtigung der Fähigkeit des Durchschnittsverbrauchers zur informationsbasierten Entscheidung) im Einzelfall tatsächlich auf das Entscheidungsverhalten des Verbrauchers auswirkt.[165] Ein Zusammenhang von Einwirkungs- und Auswirkungskriterium kann daher allein normativ bzw. abstrakt festgestellt werden, ebenso wie der Referenzverbraucher letztlich eine rein fiktive Größe darstellt.[166] Entscheidend, aber auch ausreichend, ist demzufolge die Feststellung, ob die geschäftliche Verhaltensweise abstrakt geeignet ist, den Verbraucher zu beeinflussen.[167]

(iv) Verhältnis von Einwirkungs- und Auswirkungskriterium zueinander

Die beiden Tatbestandsmerkmale des Relevanzerfordernisses des Art. 2 lit. e) UGP-RL sind unabhängig voneinander zu prüfen, da sie innerhalb der Generalklausel des Art. 5 Abs. 2 UGP-RL jeweils unterschiedliche Funktionen haben.[168]

---

161 *Ders.*, WRP 2014, S. 259, Rn. 23.

162 Harte/Henning/*Podszun*, § 3 Rn. 68.

163 *Ders.*, § 3 Rn. 68.

164 MünchKomm UWG Band 1/*Micklitz*, EG D Art. 5 Rn. 50.

165 Vgl. *ders.*, EG D Art. 5 Rn. 50, der feststellt, dass bislang noch kein Beweis für einen linearen Zusammenhang zwischen Beeinflussung und Entscheidungsfindung erbracht werden konnte. Die zuvor dargestellten Methoden versuchen, eine Auswirkung auf das wirtschaftliche Verhalten des Verbrauchers im konkreten Fall zu bestimmen.

166 MünchKomm UWG Band 1/*Micklitz*, EG D Art. 5 Rn. 51.

167 *Ders.*, EG D Art. 5 Rn. 51 m. w. N.: *Micklitz* folgert hieraus, dass die „Kausalität" bereits in der Entscheidung darüber enthalten sei, ob die Autonomie des Verbrauchers durch die Geschäftspraktik beeinträchtigt werden könne. *Podszun* verlangt keine eindeutigen Kausalzusammenhänge, Harte/Henning/*Podszun*, § 3 Rn. 65.

168 GK-UWG Band 1/*Fritzsche*, § 3 Rn. 619; *Köhler*, WRP 2014, S. 259, Rn. 7, wobei sich auf die Vorschriften des UWG bezogen wird.

Zwar mag man annehmen, dass eine Beeinträchtigung der Entscheidungsfähigkeit des Verbrauchers nur dann relevant ist, wenn sie die Entscheidung tatsächlich verändert. In diesem Fall hätte die spürbare Beeinträchtigung der Fähigkeit zur informierten Entscheidung keine eigenständige Bedeutung neben dem Auswirkungsmerkmal. Mit einer solchen Negierung des Einwirkungsmerkmals würde jedoch die Intention des Richtliniengebers vernachlässigt, der offenbar davon ausgeht, dass es spürbare Beeinträchtigungen der Entscheidungsfähigkeit gibt, die keine Auswirkungen auf die Entscheidung des Verbrauchers haben.[169] Wie zuvor dargestellt, besteht allerdings ein fiktiv festzustellender Zusammenhang zwischen dem Einwirkungs- und dem Auswirkungsmerkmal, in dem Sinne, ob die geschäftliche Handlung geeignet ist, den Verbraucher zu beeinflussen. Verfehlt dürfte daher die Ansicht *Köhlers* sein, der annimmt, dass das Vorliegen einer relevanten Einwirkung die relevante Auswirkung bereits *indiziere*.[170] Damit würde dieses Merkmal seiner Bedeutung beraubt, den Geschäftsverkehr von der Notwendigkeit zu befreien, jede noch so geringe Beeinträchtigung mit dem Verdikt der Unlauterkeit zu belegen.[171]

(2) Art. 6 UGP-RL

Der Irreführungstatbestand des Art. 6 Abs. 1, 2 UGP-RL normiert neben dem Unwertmerkmal der Irreführung lediglich, dass die geschäftliche Handlung geeignet sein muss, den Verbraucher zu einer geschäftlichen Entscheidung zu veranlassen, die er ansonsten nicht getroffen hätte. Art. 6 UGP-RL greift damit ausschließlich das zweite Merkmal des Relevanzkriteriums des Art. 5 Abs. 2 lit. b) i.V.m. Art. 2 lit. e) UGP-RL auf. Das Einwirkungskriterium findet keine Berücksichtigung und scheint nach Ansicht des Richtlinienverfassers nicht erforderlich zu sein. Für eine irreführende Handlung nach Art. 6 UGP-RL bedarf es daher nach Meinungen im Schrifttum keiner Prüfung einer spürbaren Beeinträchtigung der Interessen der Verbraucher, da die irreführende Handlung an sich die Spürbarkeit bereits indiziere.[172]

---

169 Erwägungsgrund 6 S. 2 UGP-RL.

170 So zusammenfassend *Köhler*, WRP 2014, S. 259, Rn. 79 f., obwohl er zuvor von zwei getrennt zu behandelnden Tatbestandsmerkmalen gesprochen hat. Das Gericht brauche folglich die Auswirkung erst zu prüfen, wenn der Anspruchsgegner sie substantiiert bestreite.

171 Vgl. hierzu nur MünchKomm UWG Band 1/*Micklitz*, EG D Art. 5 Rn. 45; Gloy/Loschelder/Erdmann/*Lubberger*, § 45 Rn. 23.

172 Vgl. nur *Köhler*, GRUR 2012, S. 1073, 1075; *ders.*, WRP 2014, S. 259, Rn. 37; *Glöckner*, GRUR 2013, S. 224, 232.

Der EuGH bestätigt indirekt diese Ansicht, indem er ausführt, dass die im Falle einer irreführenden geschäftlichen Handlung ausschließlich nach Art. 6 Abs. 1 UGP-RL zu prüfenden Tatbestandsmerkmale im Wesentlichen der zweiten in Art. 5 Abs. 2 lit. b) UGP-RL genannten Voraussetzung entsprächen.[173] Damit ist zunächst klargestellt, dass die fachliche Sorgfalt nach Art. 5 Abs. 2 lit. a) UGP-RL bei einer Irreführung nicht mehr zu prüfen ist. Gleichzeitig wird deutlich, dass die Täuschung über ein wesentliches Merkmal eines Produktes eine spürbare Beeinträchtigung der informierten Entscheidung impliziert und es des weiteren „nur noch" auf die Auswirkung dieser Täuschung auf die Verbraucherentscheidung ankommen soll, vgl. die Ausführungen in Tz. 42 des zuvor zitierten Urteils.

(3) Art. 7 Abs. 1 und 2 UGP-RL

Art. 7 Abs. 1 UGP-RL stellt auf das Vorenthalten wesentlicher Informationen ab, die der Verbraucher *„je nach den Umständen"* benötigt, um eine informierte Entscheidung zu treffen und somit zur Umlenkung seiner geschäftlichen Entscheidung geeignet ist. Beide Merkmale, sowohl das Benötigen der Informationen „je nach den Umständen" wie auch das Auswirkungsmerkmal sind kumulativ[174] zu prüfen, um zu einer Unlauterkeit zu führen.

Mit dem Tatbestandsmerkmal „je nach den Umständen" ist klargestellt, dass der Verbraucher eine wesentliche Information nicht stets und ausnahmslos für eine informierte Entscheidung benötigt, sondern dass die Umstände des Einzelfalls maßgeblich sind.[175] Das Vorenthalten einer wesentlichen Information kann nicht automatisch die Unlauterkeit begründen.[176] Zwischen der Wesentlichkeit der Information und dem Benötigen für eine informierte geschäftliche Entscheidung besteht zwar eine enge Wechselbeziehung.[177] Allerdings ist zwischen diesen Merkmalen zu trennen, denn nicht alle Informationen, die ein Verbraucher für eine informierte Entscheidung je nach den Umständen benötigt, sind deswegen zwangsläufig wesentlich und umgekehrt kann eine vorenthaltene wesentliche In-

173 Vgl. EuGH C-435/11, Tz. 43 – CHS Tour Services. Dies dürfte gleichermaßen für die Tatbestände der Art. 7–9 UGP-RL gelten, denn auch sie wären praktisch bedeutungslos, würden sie in sämtlichen Voraussetzungen mit denjenigen Merkmalen des Art. 5 Abs. 2 UGP-RL übereinstimmen, EuGH a. a. O., Tz. 46.

174 Vgl. anstelle aller zuletzt *Alexander*, WRP 2016, S. 139, Rn. 18, 40 ff.

175 *Köhler*, WRP 2013, S. 1419, Rn. 12; *Alexander*, WRP 2013, S. 716, Rn. 28; MünchKomm UWG Band 2/*Alexander*, § 5a Rn. 176 ff.

176 *Köhler*, in FS 100 Jahre Wettbewerbszentrale (2012), S. 147, 152. In diesem Sinne aber u. a. *Bornkamm* in Köhler/Bornkamm/*Bornkamm*, § 5a Rn. 57.

177 MünchKomm UWG Band 2/*Alexander*, § 5a Rn. 176.

formation von dem Verbraucher vielleicht gar nicht benötigt werden.[178] In diesem Sinne müsste es für ein Nichtbenötigen einer Information genügen, wenn eine Information im jeweiligen Fall eine nur geringe Bedeutung für den Verbraucher hat, denn zu der lauterkeitsrechtlich geschützten Möglichkeit, eine informierte geschäftliche Entscheidung treffen zu können, muss auch gehören, dass er wesentliche Informationen nach ihrer Bedeutung individuell gewichten kann.[179]

Auch bei gesetzlich vertypten wesentlichen Informationen ist eine Beurteilung im Einzelfall geboten.[180] Dies ergibt sich im Hinblick auf die Informationspflichten des Art. 7 Abs. 2, 4 und 5 UGP-RL aus dem systematischen Zusammenhang zu Art. 7 Abs. 1 UGP-RL. Die Tatbestände des Art. 7 Abs. 2, 4 und 5 UGP-RL konkretisieren nur die Wesentlichkeit, entbinden aber nicht von dem in Art. 7 Abs. 1 UGP-RL aufgestellten Merkmal der Relevanz im Sinne der Prüfung „je nach den Umständen".[181] Entsprechend hat der EuGH[182] zu Art. 7 Abs. 4 UGP-RL festgestellt, dass Art. 7 Abs. 4 lit. c) UGP-RL dahingehend auszulegen ist, dass es nicht per se als irreführende Unterlassung angesehen werden kann, wenn in einer Aufforderung zum Kauf nur ein „ab"-Preis angegeben wird. Vielmehr sei durch das nationale Gericht auch zu prüfen, ob *die Auslassung der Einzelheiten der Berechnung des Endpreises den Verbraucher nicht daran hindere, eine informierte geschäftliche Entscheidung zu treffen und ihn folglich nicht zu einer geschäftlichen Entscheidung veranlasse, die er andernfalls nicht getroffen hätte.*[183] Daher ist zwischen der *Wesentlichkeit* einer Information und ihrer *Erforderlichkeit* für eine informationsgeleitete Entscheidung zu unterscheiden. Offensichtlich will der Unionsgesetzgeber gerade keinen zwingenden Zusammenhang zwischen dem Vorenthalten einer wesentlichen Information einerseits und dem Benötigen dieser Information für eine informierte geschäftliche Entscheidung andererseits herstellen.[184]

---

178 *Ders.*, § 5a Rn. 176; *Köhler*, GRUR 2012, S. 1073, 1077.

179 Zweifelnd MünchKomm UWG Band 2/*Alexander*, § 5a Rn. 176.

180 MünchKomm UWG Band 2/*Alexander*, § 5a Rn. 93.

181 Harte/Henning/*Dreyer*, § 5a Rn 82.

182 EuGH C-122/10, Tz. 41, 71 – Ving Sverige.

183 EuGH a. a. O.

184 *Köhler*, WRP 2014, S. 259, Rn. 42; *ders.*, GRUR 2012, S. 1073, 1077; *Alexander*, WRP 2013, S. 716, Rn. 28, mit Beispielen, wann eine wesentliche Information vom Durchschnittsverbraucher nach den Umständen nicht benötigt wird, um eine informierte Entscheidung treffen zu können; Harte/Henning/*Dreyer*, § 5a Rn 82; a.A. *Bornkamm*, WRP 2012, S. 1, 5; *Lettl*, WRP 2013, S. 1105, Rn. 49.

Daher übernimmt das Merkmal „je nach den Umständen“ die Funktion eines Korrektivs[185], das eine Beurteilung anhand der Umstände des Einzelfalls ermöglicht. Es übernimmt damit eine der Spürbarkeit des Art. 5 Abs. 2 UGP-RL i.V.m. Art. 2 lit. e) UGP-RL ähnliche Funktion, nämlich die Verfolgung von Bagatellverstößen von der lauterkeitsrechtlichen Verfolgung auszunehmen. An die Prüfung der je nach den Umständen benötigten vorenthaltenen wesentlichen Information schließt sich die Eignung zur Umlenkung der geschäftlichen Entscheidung nach Art. 7 Abs. 1 UGP-RL an.

(4) Art. 8 und 9 UGP-RL

Art. 8 UGP-RL enthält neben dem Unwertkriterium in Gestalt unterschiedlicher Handlungsformen (wie bspw. Nötigung) das Relevanzmerkmal, das aus zwei Elementen zusammengesetzt ist – der erheblichen Beeinträchtigung der Entscheidungs- oder Verhaltensfreiheit (Einwirkungserfordernis) sowie der Veranlassung zu einer geschäftlichen Entscheidung (Auswirkungserfordernis).[186] Nach Art. 8 UGP-RL wird also innerhalb der Relevanz nicht nur ein Auswirkungs-, sondern ebenfalls ein Einwirkungsmerkmal gefordert. Die aggressive Handlung muss geeignet sein, die Entscheidungsfreiheit des Adressaten durch Belästigung, Nötigung einschließlich der Anwendung körperlicher Gewalt oder unzulässiger Beeinflussung erheblich zu beeinträchtigen. Verwirklicht eine geschäftliche Handlung das Merkmal der unzulässigen Beeinflussung, ist nach Art. 2 lit. j) UGP-RL zusätzlich zur erheblichen Beeinträchtigung der Entscheidungsfreiheit das Erfordernis der wesentlichen Einschränkung der Fähigkeit des Verbrauchers zu einer informierten Entscheidung zu prüfen.[187] Damit soll gewährleistet werden, dass die unzulässige Beeinflussung Einwirkungen solcher Qualität erfasst, die in ihren Auswirkungen den sonstigen Varianten des Art. 8 UGP-RL, wie etwa der Belästigung oder Nötigung, vergleichbar sind.[188]

Die Entscheidungsfreiheit ist die Freiheit, eine selbständige Entscheidung zu treffen[189] und sich zwischen den Angeboten verschiedener Unternehmen ent-

---

185 *Köhler*, GRUR 2012, S. 1073, 1078.

186 *Köhler*, WRP 2014, S. 259, Rn. 36.

187 *Fritzsche*, WRP 2016, S. 1, Rn. 32; *Alexander*, WRP 2014, S. 1384, Rn. 48; *Köhler*, GRUR 2010, S. 767, 772.

188 *Alexander*, WRP 2014, S. 1384, Rn. 48, Fn. 38.

189 Harte/Henning/*Glöckner*, Einl B Rn. 415. Ähnlich *Götting*, nach dem der Schutz des Entscheidungsprozesses sicherstellen soll, dass der Verbraucher seine Entscheidung in der richtigen Art und Weise treffen kann, vgl. Götting/Nordemann/*Götting*, § 4 Nr. 1 Rn. 1.2.

scheiden zu können[190]. *Köhler* versteht dagegen unter der Entscheidungsfreiheit die Freiheit, eine andere als die von dem Handelnden angestrebte geschäftliche Entscheidung zu treffen und unter der Verhaltensfreiheit die Freiheit, sich anders als vom Unternehmer angestrebt zu verhalten.[191] Erheblich beeinträchtigt ist die Entscheidungsfreiheit nach *Köhler*, wenn die von dem Handelnden zu befürchtenden Nachteile so erheblich sind, dass sie den Durchschnittsverbraucher veranlassen können, die von ihm erwartete geschäftliche Entscheidung zu treffen.[192] Werde der Verbraucher nicht in seiner Entscheidung bzw. seinem Verhalten beeinflusst, handele es sich um bloß geringfügige und damit tatbestandslose Einwirkungen.[193]

Folgt man dieser Definition einer erheblichen Beeinträchtigung der Entscheidungsfreiheit, so wird damit gleichzeitig impliziert, dass der Betroffene eine Entscheidung trifft, die er andernfalls nicht getroffen hätte. Dies gilt umso mehr, wenn man mit dem BGH für die unlautere Beeinflussung des Verbrauchers im Sinne des § 4 Nr. 1 UWG 2008 fordert, dass die Rationalität der Nachfrageentscheidung des Verbrauchers durch die eingesetzten Mittel vollständig in den Hintergrund tritt.[194] Einer solchen Beeinträchtigung kann zwangsläufig nur eine von dem eigenen Willen abweichende Entscheidung folgen. Hiernach käme dem Auswirkungsmerkmal des Art. 8 UGP-RL lediglich eine deklaratorische Funktion ohne eigenständigen Regelungsgehalt zu. Der Wortlaut des Art. 8 UGP-RL lässt eine solche Auslegung indes nicht zu. Anders als in Art. 8 UGP-RL fehlt es in § 4a Abs. 1 UWG 2015 an dem verknüpfenden Worten „und … dadurch", die zunächst die Vermutung zulassen, dass das Auswirkungsmerkmal bloße Folge der unlauteren Einwirkung auf die Entscheidungsfreiheit sein könnte.[195] Eine dahingehende Deutung dürfte indes den Vorstellungen des Richtlinienverfassers nicht entsprechen, der nach Maßgabe des Art. 5 Abs. 2 UGP-RL bzw. Erwägungsgrund 6 S. 2 UGP-RL berücksichtigt wissen wollte, dass gewisse Verhaltensweisen auf den Verbraucher lediglich unerhebliche Auswirkungen haben können. Gleiches hat für die Einzeltatbestände zu gelten. Wortlaut und Zweck des Art. 8 UGP-RL stellen auf zwei Merkmale mit jeweils eigenständiger Funktion ab. Die erhebliche

---

190 Ohly/Sosnitza/*Sosnitza*, § 4.1 Rn. 1/5.

191 Köhler/Bornkamm/*Köhler* 2016, § 4a Rn. 1.33; ähnlich MünchKomm UWG Band 1/*Heermann*, § 4 Nr. 1 Rn. 28.

192 Köhler/Bornkamm/*Köhler* 2016, § 4a Rn. 1.34.

193 *Ders.*, § 4a Rn. 1.34.

194 Vgl. etwa BGH GRUR 2014, 1117, Tz. 27 – Zeugnisaktion.

195 Dies folgerten *Bornkamm* und *Köhler* aus dem Wort „somit" in § 5a UWG 2008, vgl. Köhler/Bornkamm/*Bornkamm/Köhler*, § 5a Rn. 56.

Beeinträchtigung der Entscheidungsfreiheit sollte daher entsprechend der spürbaren Beeinträchtigung der Fähigkeit zu einer informierten Entscheidung des Art. 2 lit. e) UGP-RL dahingehend verstanden werden, dass das Verhalten des Handelnden den Verbraucher davon abhalten kann, die Vor- und Nachteile einer geschäftlichen Entscheidung zu erkennen, abzuwägen und eine effektive Wahl treffen zu können.[196] Sodann muss er eine Entscheidung treffen, die er andernfalls nicht getroffen hätte.

Wie zuvor aufgezeigt, stellt Art. 8 UGP-RL auf die erhebliche Beeinträchtigung der Entscheidungs- oder Verhaltensfreiheit ab, Art. 2 lit. e) UGP-RL fordert eine spürbare Beeinträchtigung der informierten Entscheidungsfindung.[197] Obwohl vom Anknüpfungspunkt her unterschiedlich – die *informierte* Entscheidungsfindung (Art. 2 lit. e) UGP-RL) auf der einen, die *freie* Entscheidungsfindung (Art. 8 UGP-RL) auf der anderen Seite –, wird in beiden Fällen auf den Prozess der Entscheidungsfindung des Verbrauchers störend eingewirkt und es werden Anforderungen an die Eingriffsqualität gestellt. Für keines der Merkmale findet sich in der UGP-RL eine Definition. Weder für eine „erhebliche", noch für eine „spürbare" Beeinträchtigung ist es jedoch erforderlich, dass die geschäftliche Handlung zur völligen Ausschaltung der Entscheidungsfreiheit bzw. der Rationalität geeignet ist.[198]

Das Verhältnis des Merkmals der „wesentlichen Einschränkung der Fähigkeit zu einer informierten Entscheidung" im Sinne von Art. 2 lit. e) UGP-RL zu der „erheblichen Beeinträchtigung der Entscheidungs- und Verhaltensfreiheit" im Sinne von Art. 8 UGP-RL ist noch nicht geklärt. Die Literaturstimmen in Deutschland sind differenzierter Meinung. *Köhler* nimmt an, dass die „wesentliche Einschränkung der Fähigkeit zu einer informierten Entscheidung" in der Regel gleichzeitig die Entscheidungs- und Verhaltensfreiheit erheblich beeinträchtigen würde.[199] Sei dies ausnahmsweise nicht der Fall, sei die geschäftliche Handlung nach § 3 Abs. 2 S. 1 UWG 2008 (§ 3 Abs. 2 UWG 2015) zu prüfen.[200] Dem Merkmal der wesentlichen Einschränkung der Fähigkeit zu einer informierten Entscheidung komme jedenfalls eine eigenständige Bedeu-

---

196 Vgl. Köhler/Bornkamm/*Köhler*, § 3 Rn. 51 m.w.N.

197 Inwiefern die Erheblich- und Spürbarkeit unterschiedliche Schwellenwerte begründen können, wird in Kapitel B. III. 1. c) bb) (5) näher ausgeführt.

198 Bzgl. der Erheblichkeit vgl. Köhler/Bornkamm/*Köhler*, § 4 Rn. 1.21; Ohly/Sosnitza/*Sosnitza*, § 4.1 Rn. 1/6; bzgl. der Spürbarkeit vgl. die Ausführungen in Kapitel B. III. 1. c) bb) (1) (i) δ).

199 Köhler/Bornkamm/*Köhler* 2016, § 4a Rn. 1.66

200 *Ders.*, § 4a Rn. 1.66.

tung zu, da es eine Einschränkung des Tatbestandes des § 4a UWG 2015 bewirke, um dem Unterlaufen der Wertungen der missbräuchlichen Ausnutzung von Marktmacht des Art. 102 AEUV bzw. §§ 19 Abs. 2 Nr. 5, 20 Abs. 2 GWB vorzubeugen. Darüber hinaus werde ein systematischer Zusammenhang mit § 3 Abs. 2 i.V.m. § 2 Abs. 1 Nr. 8 UWG 2015 gewahrt.[201] *Heermann* hingegen misst der Einschränkung der Fähigkeit des Verbrauchers zu einer informierten Entscheidung keine eigenständige Bedeutung bei, da sie letztlich in jedem Fall mit Verwirklichung der Beeinträchtigung der Entscheidungsfreiheit realisiert werde.[202]

Der Meinung *Köhlers* ist zuzustimmen, insbesondere wenn man unter der wesentlichen Einschränkung der informierten Entscheidungsfindung das Behindern in dem Einholen von relevanten Informationen versteht. Insgesamt muss sich erst noch zeigen, wie die Rechtsprechung diese Merkmale im Verhältnis zueinander behandeln wird.

Da die unzulässige Beeinflussung auf Grund ihres unbestimmten Begriffsinhaltes die weiteren Tatbestandsmerkmale des Art. 8 UGP-RL umfassen kann, könnte sie an sich als Oberbegriff fungieren[203], mit der Folge, dass auch für die Beurteilung der Nötigung und Belästigung ebenfalls auf die *wesentliche Einschränkung der informierten Entscheidung* abgestellt werden müsste. Die Fähigkeit zu einer informierten Entscheidung ist beeinträchtigt, wenn der Verbraucher darin beschränkt wird, die für eine Entscheidung erforderlichen Informationen zu erlangen (Entscheidungsgrundlagen) oder sie angemessen nutzen zu können (Entscheidungsprozess).[204] Sie ist wesentlich eingeschränkt, wenn das Urteilsvermögen, sprich die Fähigkeit des Verbrauchers, seine Entscheidung auf Grund von Informationen und damit von rational-kritischen Erwägungen über deren Vor- und Nachteile zu treffen, beeinträchtigt wird.[205] Da bei Art. 8 UGP-RL der Schutz der Entscheidungs*freiheit* im Vordergrund steht, ist das Erfordernis einer informierten Entscheidungsfindung des Art. 2 lit. j) UGP-RL dahingehend zu verstehen, dass der Verbraucher nicht daran gehindert werden darf, relevante

---

201 *Ders.*, § 4a Rn. 1.66.

202 MünchKomm UWG Band 1/*Heermann*, § 4 Nr. 1 Rn. 27.

203 So auch *Fritzsche*, WRP 2016, S. 1, Rn. 24.

204 Köhler/Bornkamm/*Köhler*, § 4 Rn. 1.15.

205 Köhler/Bornkamm/*Köhler* 2016, § 4a Rn. 1.65. Hierfür wird teilweise vorgeschlagen, im Sinne einer Kontrollfrage zu prüfen, ob der Verbraucher, der einem Werbeappell gefolgt ist, bei einer ex post Betrachtung das Geschäft in seiner konkreten Form noch gutheißen könne, Harte/Henning/*Stuckel*, § 4 Nr. 1 Rn. 24.

Informationen einzuholen.[206] „Wesentlich" im Sinne von Art. 2 lit. j) UGP-RL sei dabei nach Ansicht *Heermanns* von den Anforderungen her der „Spürbarkeit" des Art. 2 lit. e) UGP-RL gleichzusetzen.[207]

(5) Divergenz zwischen Erheblichkeit und Einwirkung?

Aus dem Vorstehenden wird deutlich, dass die UGP-RL neben dem Merkmal der „Wesentlichkeit" in Art. 5 Abs. 2 i.V.m. Art. 2 lit. e) UGP-RL auch in ihren Einzeltatbeständen Relevanzschwellen beinhaltet. Dies erscheint vor dem Hintergrund der Regelungssystematik der UGP-RL, die die Einzeltatbestände als von der Generalklausel unabhängig betrachtet[208], zwingend notwendig, um eine Rechtsverfolgung nur bei Überschreitung einer gewissen Schwelle zu ermöglichen.[209] Um dieses Ziel zu verwirklichen, verwendet die UGP-RL jedoch für die Relevanzschwellen in den jeweiligen Einzeltatbeständen unterschiedliche Begrifflichkeiten, die möglicherweise implizieren, dass diese auch inhaltlich unterschiedliche Anforderungen mit sich bringen.

Köhler und *Sack* schließen daraus, dass es sich bei dem Einwirkungs- bzw. Erheblichkeitsmerkmal um von der Schwere her unterschiedliche Schwellen handeln muss.[210] Die Anforderungen an die geschäftliche Relevanz seien bei den Irreführungstatbeständen der Art. 6 Abs. 1, 2 lit. a) und 7 Abs. 1, 2 UGP-RL niedriger als bei der Generalklausel des Art. 5 Abs. 2 UGP-RL[211] und des Art. 8 UGP-RL[212], denn erstere beschränkten sich auf die Eignung der Geschäftspraktik, den Verbraucher zu einer geschäftlichen Entscheidung zu veranlassen, die er sonst nicht getroffen hätte, mithin auf das Auswirkungsmerkmal. Die spürbare Beeinträchtigung der Fähigkeit des Verbrauchers, eine informierte

---

206 MünchKomm UWG Band 1/*Heermann*, § 4 Nr. 1 Rn. 27; *Köhler*, GRUR 2008, S. 841, 843.

207 MünchKomm UWG Band 1/*Heermann*, § 4 Nr. 1 Rn. 27; a.A. Köhler/Bornkamm/*Köhler* 2016, § 4a Rn. 1.66; vgl. hierzu die weiterführenden Ausführungen sogleich in Kapitel B. III. 1. c) bb) (5).

208 Vgl. an dieser Stelle nur EuGH C-435/11, Tz. 41 f. – CHS Tour Services: Das Verbot irreführender oder aggressiver Praktiken ist von keinen anderen als den in den Art. 6–8 UGP-RL genannten Kriterien abhängig zu machen.

209 MünchKomm UWG Band 1/*Micklitz*, EG D Art. 8–9 Rn. 32.

210 *Köhler*, WRP 2010, S. 1293, 1297; *Sack* hat sich dieser Meinung angeschlossen, vgl. WRP 2015, S. 663, Rn. 6; zur wesentlichen im Vergleich zur spürbaren Einschränkung vgl. Köhler/Bornkamm/*Köhler* 2016, § 4a Rn. 1.66.

211 *Ders.*, WRP 2010, S. 1293, 1297.

212 *Sack*, WRP 2015, S. 663, Rn. 6.

Entscheidung zu treffen, müsse gerade nicht zusätzlich geprüft werden.[213] Seien die Tatbestandsanforderungen der Art. 6, 7 UGP-RL erfüllt, stünde damit fest, dass eine unlautere Geschäftspraktik vorliege, ohne dass es einer Prüfung der Eignung zu einer wesentlichen Beeinflussung des wirtschaftlichen Verhaltens des Durchschnittsverbrauchers nach Art. 5 Abs. lit. b) i.V.m. Art. 2 lit. e) UGP-RL noch bedürfe.[214] Anders verhielte es sich aber bei Art. 8 UGP-RL, der verlange, dass die Geschäftspraktik die Entscheidungs- oder Verhaltensfreiheit des Durchschnittsverbrauchers tatsächlich oder voraussichtlich „erheblich" beeinträchtige.[215] Dies sei zu unterscheiden von der „spürbaren Beeinträchtigung der informierten Entscheidung" nach Art. 2 lit. e) UGP-RL und vom Richtlinienverfasser ausdrücklich so gewollt.[216] Darüber hinaus sei die von der unzulässigen Beeinflussung nach Art. 2 lit. j) UGP-RL vorausgesetzte „wesentliche Einschränkung der Fähigkeit des Verbrauchers zu einer informierten Entscheidung" zu beachten, die eine höhere Schwelle als die Spürbarkeit nach Art. 2 lit. e) UGP-RL impliziere.[217]

Auch *Micklitz* scheint von unterschiedlichen Schwellen innerhalb der UGP-RL auszugehen, denn je nachdem, wo die Relevanzschwelle liege, würde dem Verbraucher ein Mehr oder Weniger an aktivem Handeln abverlangt.[218]

Fritzsche auf der anderen Seite vermutet in den unterschiedlichen Schwellen keine inhaltlichen Abweichungen.[219] Zwar erkennt auch er die unterschiedlichen Wortlaute, folgert daraus jedoch „im Kern" keine inhaltlichen Unterschiede.[220] Auch *Heermann* möchte die „wesentliche" Beeinflussung im Sinne von Art. 2 lit. j) UGP-RL der „spürbaren" Beeinträchtigung des Art. 2 lit. e) UGP-RL gleichsetzen.[221]

Den Ausführungen *Köhlers* und *Micklitz'* ist grundsätzlich zu folgen. Die Einzeltatbestände der UGP-RL weisen jeweils unterschiedliche Unlauterkeitsgrade auf, die von der Art der normierten Handlung abhängen. Dementsprechend hat sich auch das Erheblichkeitsmerkmal im Sinne der Einwirkung auf den Verbraucher anzupassen und an der jeweiligen Handlung zu orientieren. Die Merkmale der „Spürbarkeit", „Erheblichkeit" und „Wesentlichkeit" sind dabei

---

213 *Ders.*, WRP 2015, S. 663, Rn. 7.
214 *Ders.*, WRP 2015, S. 663, Rn. 7.
215 *Ders.*, WRP 2015, S. 663, Rn. 6.
216 *Ders.*, WRP 2015, S. 663, Rn. 6.
217 *Köhler*, WRP 2010, S. 1293, 1298.
218 MünchKomm UWG Band 1/*Micklitz*, EG D Art. 8–9 Rn. 33.
219 *Fritzsche*, WRP 2014, S. 1392, Rn. 24.
220 *Ders.*, WRP 2014, S. 1392, Rn. 24.
221 MünchKomm UWG Band 1/*Heermann*, § 4 Nr. 1 Rn. 27.

offen und auslegungsfähig und können im Zweifel auch eine zueinander ähnliche Interpretation ermöglichen. Dies ist bspw. denkbar im Falle der Nötigung nach Art. 8 UGP-RL. Liegt eine besonders schwere Form der Nötigung vor, sind an die Erheblichkeit der Beeinträchtigung geringere Anforderungen zu stellen. Die erhebliche Beeinträchtigung soll daher die Bagatellschwelle nicht heraufsetzen, sondern stellt vielmehr ein den Unwertgraden des Art. 8 UGP-RL entsprechendes Einwirkungsmerkmal dar.

Auf der anderen Seite kann man gegen unterschiedliche Schwellenwerte zumindest von „Spürbarkeit" und „Wesentlichkeit" einwenden, dass die UGP-RL für die Bestimmung des Begriffes der „wesentlichen" Beeinflussung des wirtschaftlichen Verhaltens des Verbrauchers gemäß Art. 2 lit. e) UGP-RL die „spürbare" Beeinträchtigung verwendet. Dies könnte dafür sprechen, dass lediglich „Spürbarkeit" und „Erheblichkeit" unterschiedlich zu bewerten sind.

Durch die weitgehende Umsetzung der UGP-RL in das UWG 2015 gelten die unterschiedlichen Erheblichkeitsschwellen auch im UWG 2015.[222] Die zukünftige Rechtsprechung wird sich an den implementierten Schwellen orientieren müssen und erst die weitere Rechtsfortbildung wird zeigen, ob und welche Unterschiede zur Rechtslage zum UWG 2008 entstehen werden.

d) Ausmaß und Auswirkung der Vorgaben der UGP-RL für den deutschen Gesetzgeber und die deutsche Rechtsprechung

Die UGP-RL hat maßgeblichen Einfluss sowohl auf das UWG als solches als auch auf die Anwendung des Gesetzes durch die Rechtsprechung. Die Regelungen des UWG sind nach Inkrafttreten der UGP-RL an die Vorgaben der Richtlinie angepasst worden.[223] Da das nationale Recht dem Unionsrecht untergeordnet ist, ist es, ebenso wie jedenfalls in Teilen das UWG, im Lichte des Wortlautes und der Ziele des Unionsrechts auszulegen und anzuwenden.[224]

aa) Umsetzung der UGP-RL – Reichweite der Umsetzungspflicht

Richtlinien als Instrument sekundären Unionsrechts können zur Angleichung der nationalen Gesetze in den Mitgliedstaaten eine Teil- oder eine Vollharmonisierung anstreben. Die UGP-RL sieht in ihrem Anwendungsbereich nach

---

222 Vgl. hierzu die Ausführungen in Kapitel E.

223 Vgl. die Ausführungen insbesondere unter Kapitel B. III. 2. und IV.

224 Vgl. nur Köhler/Bornkamm/*Köhler* 2016, UWG Einl Rn. 3.13 m. w. N.

Art. 3 Abs. 1 eine Vollharmonisierung[225] des Lauterkeitsrechts für Geschäftspraktiken von Unternehmern gegenüber Verbrauchern vor und eröffnet den nationalen Gesetzgebern mithin grundsätzlich lediglich einen formellen Gestaltungsspielraum hinsichtlich der Wahl der Form und Mittel.[226] Der deutsche Gesetzgeber war demzufolge nicht befugt, den nach der UGP-RL vorgegebenen Standard des wettbewerbsrechtlichen Verbraucherschutzes zu überschreiten und innerhalb des Anwendungsbereiches der UGP-RL strengere Vorschriften zu erlassen.[227] Nach Art. 3 Abs. 5 UGP-RL war es Mitgliedstaaten jedoch unter gewissen Voraussetzungen gestattet, im Geltungsbereich der UGP-RL jedenfalls bis zum 12.06.2013 strengere oder restriktivere Regelungen zunächst beizubehalten.

Hinsichtlich der Umsetzungspflicht der entsprechenden Richtlinie in das jeweilige nationale Recht ist zu berücksichtigen, dass den Mitgliedstaaten entsprechend Art. 288 Abs. 3 AEUV die Wahl der Form und Mittel überlassen wird, solange die von der Richtlinie aufgestellte Zielverpflichtung eingehalten wird.[228] Dem entspricht die durch Art. 11 UGP-RL geschützte Autonomie der Mitgliedstaaten über die systematische Einordnung der zu ihrer Umsetzung erlassenen Regelungen und Durchsetzungssysteme.[229] Der EuGH billigt den Mitgliedstaaten zwar grundsätzlich einen Wertungsspielraum zu.[230] Daraus darf aber nicht geschlossen werden, dass den Mitgliedstaaten durch die Wahl der Richtlinie als Regelungsinstrument stets weite Umsetzungsspielräume eingeräumt würden.[231] Vielmehr ist anerkannt, dass die Bindungswirkungen von Richtlinien im Hinblick auf die zu erreichenden

---

225 Zwar fehlt eine dem Art. 8 Abs. 1 Werbe-RL (vgl. Fn. 98) vergleichbare deutliche Regelung in der UGP-RL, aber der in Art. 1 UGP-RL enthaltene Hinweis auf das reibungslose Funktionieren des Binnenmarktes, die fehlende Mindestklausel, die Binnenmarktklausel des Art. 4 UGP-RL sowie die Hinweise auf die Ersetzung der mitgliedstaatlichen Generalklauseln durch ein einziges, gemeinsames und generelles Verbot (vgl. Erwägungsgründe 11 S. 2, 13 S. 2 UGP-RL), machen das Anliegen des europäischen Gesetzgebers hinreichend deutlich, vgl. Harte/Henning/*Glöckner*, Einl B Rn. 184.

226 Vgl. Art. 288 Abs. 3 AEUV.

227 EuGH C-304/08, Tz. 41 – Plus Warenhandelsgesellschaft; EuGH C-540/08, Tz. 30 – Mediaprint; EuGH verbundene Rechtssache C-261/07 und C-299/07, Tz. 52 – VTB/Total Belgium.

228 *Haratsch/Koenig/Pechstein*, Rn. 387.

229 *Glöckner*, GRUR 2013, S. 238.

230 EuGH C-491/06, Tz. 31 – Danske Svineproducenter.

231 *Glöckner*, GRUR 2013, S. 224, 230 m. w. N.

Zielvorgaben steigen, je detaillierter ihre Regelungen sind.[232] Entsprechend verengt sich der Wertungsspielraum für den nationalen Gesetzgeber. Eine Verpflichtung zur wortlautgetreuen Übernahme der jeweiligen Vorschriften der Richtlinie folgt daraus allerdings nicht.[233] Dies gilt insbesondere bei Richtlinien, die, wie die UGP-RL, umfangreich mit Generalklauseln sowie unbestimmten Rechtsbegriffen arbeiten und mehrheitlich auf detaillierte Regelungen verzichten. Die im Rahmen der Umsetzungspflicht durch den nationalen Gesetzgeber zu gewährleistende Wirksamkeit der Richtlinie durch die Herstellung von Publizität, Klarheit und Bestimmtheit wird entsprechend gelockert, je unbestimmter und weiter die Regelungen der umzusetzenden Richtlinie formuliert sind. Insofern verschieben sich die Anforderungen an die gesetzgeberische Umsetzungspflicht, sodass der legistische Umsetzungsspielraum zugunsten der Mitgliedstaaten wächst.[234]

Die UGP-RL war folglich nicht wortwörtlich in das deutsche Recht umzusetzen, jedoch musste im Zuge der Umsetzung gewährleistet sein, dass die Zielvorgaben der UGP-RL erreicht werden.

bb) Auswirkung auf die Umsetzung der Relevanzschwellen der UGP-RL in das UWG

Die vorherigen Ausführungen zur allgemeinen Umsetzungspflicht des sekundären Unionsrechts in nationales Recht gelten gleichfalls für die Umsetzung der Relevanzschwellen der UGP-RL in das UWG. Zwar ist eine wörtliche Umsetzung grundsätzlich nicht geboten, erforderlich ist jedoch, dass die Einhaltung der Ziele der Richtlinie ermöglicht wird. Dies bedeutet insbesondere, dass der Prüfungsstandort der Relevanzschwellen der UGP-RL innerhalb der Einzeltatbestände grundsätzlich nicht zwingend von dem nationalen Recht übernommen werden muss.[235] Zum anderen gilt es zu beachten, keine strengeren bzw. höheren Schwellen im nationalen Recht anzuwenden.

cc) Auslegung des nationalen Rechts durch die Rechtsprechung

Aus dem Umsetzungsgebot gem. Art. 288 Abs. 3 AEUV sowie dem Grundsatz der Gemeinschaftstreue gem. Art. 4 Abs. 3 AEUV folgt, dass die nationalen

232 *Ders.*, GRUR 2013, S. 224, 230; EuGH C-491/06, Tz. 31 – Danske Svineproducenter.

233 Streinz/*Schroeder*, Art. 288 Rn. 89; EuGH C-190/90, Tz. 17 – Kommission/Niederlande.

234 *Glöckner*, GRUR 2013, S. 224, 230; *Hetmank*, GRUR 2015, S. 323, 325; Harte/Henning/*Glöckner*, Einl B Rn. 195, 196.

235 Vgl. zum UWG 2008 die Ausführungen in Kapitel C. II. 2. b) und zum UWG 2015 in Kapitel B. IV.

Rechtsanwender verpflichtet sind, die Bestimmungen des nationalen Rechts im Anwendungsbereich der Richtlinie richtlinienkonform, mithin im Lichte des Wortlauts und Zwecks der Richtlinie, auszulegen.[236] Der EuGH fordert von den Rechtsanwendern hinsichtlich der Zielerreichung, die Auslegung des nationalen Rechts soweit wie möglich am Wortlaut und Zweck der Richtlinie auszurichten.[237] Dies gebietet es, bei der Anwendung nationaler Normen im Anwendungsbereich der Richtlinie stets deren Inhalt im Blick zu haben und von mehreren in Betracht kommenden Auslegungsmöglichkeiten diejenige vorzuziehen, die der Richtlinie im nationalen Recht zur Geltung verhilft.[238] Ob und inwieweit eine richtlinienkonforme Auslegung möglich ist, beurteilt sich nach den Auslegungsgrundsätzen des jeweiligen nationalen Rechts und nach den Kompetenzen der nationalen Gerichte.[239] Um das von der Richtlinie verfolgte Ziel zu erreichen, sind durch die deutschen Gerichte die anerkannten Grundsätze der Gesetzesauslegung und der Gesetzesfortbildung heranzuziehen, einschließlich dem Gebot einer richtlinienkonformen Rechtsfortbildung durch teleologische Reduktion.[240]

e) Bedeutung der UGP-RL für das UWG

Aus dem Vorstehenden wird deutlich, dass die UGP-RL für das UWG von größter Bedeutung ist. Da die Richtlinie nationale Regelungen im Verhältnis B2B (business to business) unberührt lässt und ausschließlich das Verhältnis B2C (business to consumer) regelt, vgl. Art. 3 UGP-RL,[241] stellte es sich als besondere Herausforderung für den deutschen Gesetzgeber dar, die UGP-RL in das UWG zu

---

236 Vgl. Köhler/Bornkamm/*Köhler* 2016, UWG Einl Rn. 3.13 m. w. N. aus der Rechtsprechung.

237 EuGH C-106/89, Tz. 8 – Marleasing.

238 *Glöckner*, GRUR 2013, S. 224, 228 m. w. N.

239 Köhler/Bornkamm/*Köhler* 2016, UWG Einl Rn. 3.13 m. w. N. aus der Rechtsprechung.

240 BGH NJW 2009, 427, Tz. 19 ff. – Quelle.

241 Keine Anwendung findet die UGP-RL darüber hinaus im Verhältnis C2C und C2B sowie bei vertraglichen Bestimmungen und Rechtsvorschriften in Bezug auf Gesundheits- und Sicherheitsaspekten von Produkten, wie aus Art. 3 UGP-RL folgt. Erwägungsgrund 7 der UGP-RL stellt zudem klar, dass die Richtlinie sich „nicht auf die gesetzlichen Anforderungen in Fragen der guten Sitten und des Anstands, die in den Mitgliedstaaten sehr unterschiedlich sind", bezieht. Derartige Geschäftspraktiken sollen die Mitgliedstaaten „im Einklang mit dem Gemeinschaftsrecht" auch dann verbieten können, wenn sie „die Wahlfreiheit des Verbrauchers nicht beeinträchtigen".

implementieren – insbesondere, da das UWG nach der Vorstellung des Gesetzgebers auch weiterhin gleichermaßen sowohl den Schutz der Mitbewerber, als auch der Verbraucher bezwecken sollte.[242]

Die UGP-RL war innerhalb von 24 Monaten nach ihrem Inkrafttreten am 11. Mai 2005 in nationales Recht umzusetzen. Dabei galt es zu beachten, dass die UGP-RL in ihrem Anwendungsbereich eine Vollharmonisierung vorsieht. Darüber hinaus ist der UGP-RL durch richtlinienkonforme Auslegung des UWG Rechnung zu tragen.[243] Für das Merkmal der Spürbarkeit des UWG bedeutet dies eine richtlinienkonforme Auslegung, die die Merkmale der Relevanzschwelle des Art. 5 Abs. 2 UGP-RL sowie der Art. 6 ff. UGP-RL berücksichtigt. Wie sich die Systematik der UGP-RL auf das UWG 2008 und das Spürbarkeitsmerkmal im Rahmen der verbraucherbezogenen Einzeltatbestände ausgewirkt hat, wird unter Kapitel C. II. 2. näher dargestellt. Die Darstellung zum UWG 2015 folgt in den Kapiteln B. IV. und C. II. 1. f), 2. c).

2. Umsetzung der Vorgaben der UGP-RL in das UWG 2008

Nach eingehenden Diskussionen über den richtigen Weg betreffend die Umsetzung der UGP-RL in deutsches Recht[244] entschied sich der deutsche Gesetzgeber schließlich dafür, das bereits etablierte Modell des integrierten Schutzes von Mitbewerber-, Verbraucher- und Allgemeininteressen beizubehalten, das von einheitlichen Regelungen für alle geschäftlichen Handlungen sowohl gegenüber Verbrauchern als auch gegenüber Unternehmern ausgeht.[245]

a) Die Einzeltatbestände der §§ 4 ff. UWG 2008

Im Zuge der Umsetzung wurden insbesondere der Irreführungstatbestand des § 5 UWG 2008 neu formuliert und an den Wortlaut des Art. 6 UGP-RL angepasst. Der Irreführungstatbestand durch Unterlassen wurde mit § 5a UWG 2008 neu in das UWG aufgenommen und damit Art. 7 UGP-RL in das UWG 2008 umgesetzt. Der Tatbestand des § 7 UWG 2008 wurde zu einem selbständigen

---

242 Vgl. die Ausführungen hierzu sogleich im Rahmen der Darstellung der Umsetzung der UGP-RL in das UWG 2008.

243 BGH GRUR 2012, 184, Tz. 16 – Branchenbuch Berg.

244 Vgl. die Übersicht hierzu in Harte/Henning/*Glöckner*, Einl B Rn. 185, Fn. 408.

245 Vgl. nur GK-UWG Band 1/*Peukert*, § 3 Rn. 32; *Dreher/Kulka/Rittner*, § 1 Rn. 56; *Ohly*, GRUR 2014, S. 1137, 1138; Harte/Henning/*Glöckner*, Einl B Rn. 185; BT-Drucks. 16/10145, S. 11; für ein duales System der Lauterkeitsordnung des UWG dagegen *Fezer*, WRP 2009, S. 1163, 1166; *ders.*, WRP 2010, S. 677, 680.

Tatbestand einer Zuwiderhandlung und in § 7 Abs. 2 Nr. 1 UWG 2008 stellenweise ergänzt. Nur § 4 UWG 2008 blieb größtenteils unverändert. Bezüglich der Implementierung der Relevanzmerkmale der UGP-RL in die Einzeltatbestände des UWG 2008 wird auf die detaillierten Ausführungen in Kapitel C. II. 2. b) verwiesen.

b) Die Generalklausel des § 3 UWG 2008

Die Generalklausel des § 3 UWG 2004 erfuhr weitgehende Änderungen. So wurde § 3 Abs. 3 UWG 2008 i.V.m. dem Anhang eingeführt und mit § 3 Abs. 2 UWG 2008 den speziellen Anforderungen des Art. 5 Abs. 2 und 3 UGP-RL Rechnung getragen, indem hier die Maßstäbe für die Zulässigkeit von geschäftlichen Handlungen gegenüber Verbrauchern niedergelegt wurden. Der Gesetzgeber nahm offensichtlich an, dass die Schwelle in Art. 2 lit. e) UGP-RL im Vergleich zu dem bisherigen Merkmal der Nicht-Unerheblichkeit in § 3 Abs. 1 UWG 2004 inhaltlich abweichen könnte und daher durch eine Neuschaffung der Generalklausel des Abs. 2 zu berücksichtigen wäre.[246] In § 3 Abs. 1 UWG 2008 wurde das „unklare Merkmal der Beeinträchtigung des Wettbewerbs zum Nachteil von Marktteilnehmern zugunsten der Einführung des Merkmals der Beeinträchtigung ihrer Interessen aufgegeben“[247]. Ferner wurde das sperrige Merkmal der „nicht nur unerheblichen“ Beeinträchtigung durch das Merkmal der Eignung zu „spürbaren“ Beeinträchtigung ersetzt – auch um damit eine Angleichung an die Definition der wesentlichen Beeinflussung des Verbraucherverhaltens aus Art. 2 lit. e) UGP-RL, der auf die Spürbarkeit abstellt, zu erreichen.[248] Die Reform 2008 brachte dem UWG demzufolge eine Aufteilung der „großen“ Generalklausel des § 3 UWG 2004 in die Abs. 1 und 2 des § 3 UWG 2008 und mit Abs. 2 damit die Schaffung einer weiteren Generalklausel.[249]

c) Änderungen in § 3 Abs. 1 UWG 2008 im Vergleich zu § 3 Abs. 1 UWG 2004 – sprachliche oder inhaltliche Änderungen?

Im Zuge der umzusetzenden UGP-RL, die im Gegensatz zu früheren Rechtsinstrumenten der Gemeinschaft nicht nur eine Mindestharmonisierung, sondern eine vollständige Rechtsangleichung (Vollharmonisierung) bei geschäftlichen Hand-

---

246 BT-Drucks. 16/10145, S. 12.

247 BT-Drucks. 16/10145, S. 22.

248 BT-Drucks. 16/10145, S. 22.

249 Zur dogmatischen Einordnung des § 3 Abs. 2 UWG 2008 vgl. die Ausführungen unter Kapitel C. II. 2. a).

lungen mit Verbraucherbezug vorsieht, sah der Gesetzgeber Änderungsbedarf für das gesamte UWG 2004. Das Schutzniveau des UWG 2008 durfte über das der Richtlinie nicht hinausgehen oder dahinter zurückbleiben.[250] Auch bezüglich der Generalklausel des § 3 Abs. 1 UWG 2004 sah der Gesetzgeber Anpassungsbedarf und änderte, neben anderen Tatbestandsmerkmalen, den Wortlaut des Erheblichkeitsmerkmals von einer „nicht nur unerheblichen" zu einer „spürbaren" Beeinträchtigung. Dies warf die Frage auf, ob mit dieser Formulierungsänderung bloß eine sprachliche oder auch eine inhaltliche Änderung verbunden und beabsichtigt war.

Helm sah hierin nicht nur eine sprachliche Anpassung, sondern eine inhaltliche Heraufsetzung der Bagatellschwelle.[251] Die Unterschiede zwischen den Begriffen einer wesentlichen bzw. spürbaren im Gegensatz zu einer nicht nur unerheblichen Beeinträchtigung seien so erheblich, dass dies für eine Verschärfung der Bagatellschwelle des § 3 UWG 2008 spreche.[252] Überwiegend wurde jedoch angenommen, dass mit der begrifflichen Änderung der Bagatellschwelle in § 3 Abs. 1 UWG 2008 keine inhaltliche Änderung im Sinne einer Erhöhung oder Absenkung einhergegangen sei.[253] Der Gesetzgeber habe im Laufe des Gesetzgebungsverfahrens zum Ausdruck bringen wollen, dass er für die Spürbarkeit eine eher niedrige Schwelle ansetzen möchte.[254] Demzufolge sei es bei der Verstärkung des Spürbarkeitserfordernisses durch die Reformen in den Jahren 2004 und 2008 nicht um die Legalisierung bislang lauterkeitsrechtlich problematischer Verhaltensweisen gegangen.[255] Vielmehr befreie die Beschränkung des Verbotes unlauteren Handelns auf wesentliche bzw. spürbare Beeinträchtigungen von der Notwendigkeit, jede noch so geringe Beeinträchtigung mit dem Verdikt der Unlauterkeit zu belegen.[256] Schließlich werde mit dem Begriff der Spürbarkeit besser als mit einer Nicht-Unerheblichkeit auf ein allgemeines Prinzip des Wettbewerbsrechts hingewiesen.[257] Denn das Erfordernis der Spürbarkeit könne als Pendant zum

---

250 BT-Drucks. 16/10145, S. 11.

251 *Helm*, in FS Bechtold (2006), S. 155, 156.

252 *Ders.*, in FS Bechtold (2006), S. 155, 156.

253 Ohly/Sosnitza/*Sosnitza*, § 3 Rn. 49; Götting/Nordemann/*Wirtz*, § 3 Rn. 54; MünchKomm UWG Band 1/*Sosnitza*, § 3 Rn. 92; GK-UWG Band 1/*Peukert*, § 3 Rn. 391; Gloy/Loschelder/Erdmann/*Schulte-Beckhausen*, § 9 Rn. 34.

254 Harte/Henning/*Podszun*, § 3 Rn. 131; so bereits zum UWG 2004 BT-Drucks. 15/1487, S. 17.

255 Harte/Henning/*Podszun*, § 3 Rn. 131; BT-Drucks. 15/1487, S. 17.

256 MünchKomm UWG Band 1/*Micklitz*, EG D Art. 5 Rn. 45.

257 Harte/Henning/*Glöckner*, Einl B Rn. 275.

Auswirkungsprinzip angesehen werden, das neben kollisionsrechtlichen Vorfragen ebenso das gesamte materielle Wirtschafts- bzw. Wettbewerbsrecht präge.[258]

Der herrschenden Meinung war zuzustimmen, denn das UWG 2008 sollte auch weiterhin geeignet sein, eine Vielzahl von Fällen zu erfassen und sich nicht auf die Verfolgung wesentlicher oder volkswirtschaftlich relevanter Fälle beschränken.[259] Die Bagatellschwelle sollte nicht zu hoch angesetzt werden.[260] Auch der Gesetzgeber schien mit der Auswechselung der Begrifflichkeit mangels gegenteiliger Äußerung in der Gesetzesbegründung keine wesentlichen Änderungen gegenüber der bisherigen Rechtslage zu verbinden.[261] Bezogen auf das Wesentlichkeitsmerkmal des Art. 2 lit. e) UGP-RL, das in § 3 Abs. 2 i.V.m. § 3 Abs. 1 UWG 2008 umgesetzt werden sollte, schien der Gesetzgeber jedoch unsicher, ob mit der verbraucherbezogenen Schwelle auch eine inhaltliche Abweichung zum Spürbarkeitsmerkmal des § 3 Abs. 1 UWG 2008 verbunden sein konnte.[262]

Zusätzlich zu den Unklarheiten bei der inhaltlichen Ausfüllung und Abgrenzung des Spürbarkeitsmerkmals wurde darüber hinaus von *Hoeren* die Wortwahl an sich kritisiert und für verfehlt gehalten.[263] Spürbarkeit sei etwas anderes als Erheblichkeit.[264] Zwar werde in der Gesetzesbegründung darauf hingewiesen, dass das „sperrige" Merkmal der „nicht nur unerheblichen" Beeinträchtigung durch das Merkmal der Eignung zu einer spürbaren Beeinträchtigung ersetzt werden sollte, das ja auch in Art. 2 lit. e) UGP-RL enthalten sei, allerdings sei bereits der Text der Richtlinie in der deutschen Übersetzung im Hinblick auf den Begriff der Spürbarkeit unklar.[265] Angebrachter und klarer für die Beurteilung einer Wettbewerbsbeeinträchtigung seien die Begrifflichkeiten der Erheblichkeit oder der Wesentlichkeit, die insoweit auch überwiegend von der UGP-RL verwendet würden.[266] Eine weitergehende Begründung dieser vermeintlichen Fehlentscheidung des deutschen Gesetzgebers ließ *Hoeren* allerdings vermissen, sodass offen blieb,

---

258 Vgl. etwa das ungeschriebene Merkmal der Spürbarkeit im Kartellrecht: *Glöckner*, S. 534, 538; Harte/Henning/*Glöckner*, Einl B Rn. 275.

259 Harte/Henning/*Podszun*, § 3 Rn. 131.

260 Vgl. schon die Begründung zum UWG 2004, BT-Drucks. 15/1487, S. 17.

261 BT-Drucks. 16/10145, S. 22.

262 Vgl. BT-Drucks. 16/10145, S. 12, und die Ausführungen sogleich.

263 *Hoeren*, WRP 2009, S. 789, 791.

264 *Ders.*, WRP 2009, S. 789, 791.

265 *Ders.*, WRP 2009, S. 789, 791, unter Hinweis auf die Begriffswahl in der französischen Fassung.

266 *Ders.*, WRP 2009, S. 789, 791.

worin sich Erheblichkeit bzw. Wesentlichkeit von dem Merkmal der Spürbarkeit seiner Ansicht nach unterschieden hätten.

IV. Das UWG 2015[267]

Das UWG 2008 stand jedoch schnell wieder auf dem Prüfstand und wurde im Jahr 2015 erneut reformiert. Dies ist zurückzuführen auf die Beanstandungen der EU-Kommission, die wegen unzureichender Umsetzung der UGP-RL in deutsches Recht[268] ein Vertragsverletzungsverfahren gegen die Bundesrepublik Deutschland eingeleitet hatte.[269] Mit der Reform im Jahr 2008 hatte der Gesetzgeber grundsätzlich an einem einheitlichen Gesetz gegen unlauteren Wettbewerb festgehalten und versucht, über ein integriertes Modell[270] den Schutz von Unternehmen und Verbrauchern gleichermaßen zu gewährleisten. So schützte das UWG 2008 nicht nur direkt Mitbewerber, sondern ging davon aus, dass die Interessen von Verbrauchern und Unternehmen zumeist untrennbar miteinander verbunden seien.[271] Diese Systematik entsprach jedoch nicht der UGP-RL, die primär dem Verbraucherschutz dient und die Mitbewerber lediglich mittelbar schützt.[272] In Folge dessen hat die Umsetzung der Richtlinie erhebliche Schwierigkeiten mit sich gebracht – zumindest für diejenigen Staaten, die wie Deutschland ein integriertes Modell verwenden.[273]

Die Bundesregierung reagierte zunächst mit einem Gesetzentwurf[274], der jedoch nach Beratungen des Bundestages am 23.04.2015 an den Ausschuss für Recht

267 „UWG 2015" bezeichnet das UWG in der Fassung des Zweiten Gesetzes zur Änderung des Gesetzes gegen den unlauteren Wettbewerb vom 02.12.2015.

268 Schreiben der EU-Kommission vom 12.12.2011, EU-Pilot – Sache 2508/2011/JUST – Umsetzung der Richtlinie 2005/29/EG über unlautere Geschäftspraktiken durch Deutschland; umfangreich hierzu Harte/Henning/*Podszun*, § 3 Rn. 38 ff.; vgl. diesbezüglich auch *Ohly*, GRUR 2014, S. 1137, 1138. Der EuGH hatte festgestellt, dass die Auslegung innerstaatlicher Rechtsvorschriften, die den Anforderungen einer Richtlinie nicht entsprächen, durch die Rechtsprechung nicht dem Erfordernis der Rechtssicherheit genüge – dies gelte insbesondere im Bereich des Verbraucherschutzes, vgl. EuGH C-144/99, Tz. 21 – Kommission/Niederlande.

269 Vgl. auch *Köhler*, WRP Die erste Seite 2015, Nr. 12.

270 Vgl. zum „integrierten Ansatz" nur *Henning-Bodewig*, GRUR 2013, S. 238, 239 ff. m. w. N.

271 *Dies.*, WRP 2014, S. 1407.

272 Erwägungsgrund 8 S. 1, 2 UGP-RL.

273 *Henning-Bodewig*, WRP 2014, S. 1407, 1408, mit Beispielen aus anderen EU-Mitgliedstaaten.

274 BR-Drucks. 26/15 und BT-Drucks. 18/4535, im Folgenden UWG-RegE.

und Verbraucherschutz zur federführenden Beratung sowie an die Ausschüsse für Wirtschaft und Energie und für Kultur und Medien zur Mitberatung überwiesen wurde,[275] da der Gesetzentwurf für noch nicht gelungen gehalten wurde und noch nicht die nötige Klarheit besaß[276]. Nach Beratung der Ausschüsse nahm der Bundestag die Beschlussempfehlung des Ausschusses für Recht und Verbraucherschutz zu dem Gesetzentwurf eines Zweiten Gesetzes zur Änderung des Gesetzes gegen den unlauteren Wettbewerb[277] am 05.11.2015 an. Am 09.12.2015 wurde das Zweite Gesetz zur Änderung des Gesetzes gegen den unlauteren Wettbewerb im Bundesgesetzblatt verkündet und trat am 10.12.2015 in Kraft.[278]

Ausweislich der Begründung des Gesetzentwurfes soll auch das Zweite Gesetz zur Änderung des UWG an dem Grundsatz der Einheitlichkeit festhalten und weiterhin sowohl den lauterkeitsrechtlichen Schutz von Verbrauchern als auch von Mitbewerbern gewährleisten.[279] Das UWG 2015 verfolgt das Ziel, die UGP-RL vollständig ins deutsche Recht umzusetzen und mehr Transparenz für Rechtsanwender, Unternehmer und Verbraucher zu schaffen.[280] Dabei soll sich die Rechtslage so weit wie möglich direkt aus dem deutschen UWG ergeben, ohne ein zeitgleiches Heranziehen der UGP-RL erforderlich zu machen.[281] Da die Rechtsanwendung im Bereich des Lauterkeitsrechts in Deutschland den Vorgaben der UGP-RL entspräche und insbesondere nicht darüber hinausginge, habe es in einzelnen Punkten lediglich sprachliche und systematische Änderungen bzw. Klarstellungen gegeben, um eine vollständige Rechtsangleichung im Wortlaut zu erzielen.[282] Die Gesetzessystematik ist dem dreistufigen Verbotsaufbau der UGP-RL angepasst werden, nicht nur im Hinblick auf die Verbraucher, sondern gleichermaßen im Hinblick auf den Schutz der sonstigen Marktteilnehmer und

---

275 BT-Drucks. 18/6571, S. 13.

276 Vgl. die kritischen Stimmen im Schrifttum in den folgenden Unterkapiteln sowie die zu Protokoll gegebenen Reden zur Ersten Beratung des von der Bundesregierung eingebrachten Entwurfes eines Zweiten Gesetzes zur Änderung des Gesetzes gegen den unlauteren Wettbewerb, Plenarprotokoll 18/100, Deutscher Bundestag, Stenografischer Bericht, 100. Sitzung vom 23. April 2015, Anlage 8 zu Tagesordnungspunkt 21, abrufbar unter www.dipbt.bundestag.de (zuletzt abgerufen am 01.03.2016).

277 BT-Drucks. 18/6571.

278 BGBl. I 2015, S. 2158.

279 BT-Drucks. 18/4535, S. 8. Es soll die Struktur des UWG 2004/2008 beibehalten werden, was *Ohly*, WRP 2015, S. 1443 ff., und *Köhler*, WRP 2015, S. 1311 ff., als kritisch ansehen.

280 *Ohly*, WRP 2015, S. 1443.

281 *Ders.*, WRP 2015, S. 1443.

282 BT-Drucks. 18/4535, S. 8; BT-Drucks. 18/6571, S. 13.

der Mitbewerber, die ebenfalls diesem Regelungsmuster unterstellt werden.[283] Diese Maßnahmen sollen sicherstellen, dass die materielle Rechtsanwendung im UWG grundsätzlich nicht verändert wird.[284] Das UWG 2015 soll also lediglich deklaratorische, nicht aber konstitutive Bedeutung haben und dementsprechend keine verbraucher- und wirtschaftspolitische Neuausrichtung des Lauterkeitsrechts durch den Gesetzgeber mit sich bringen.[285]

Da die Arbeit an einem neuen UWG 2015 im Laufe des Jahres 2015 inhaltlich stark voneinander abweichende Entwürfe hervorbrachte und insbesondere die Beschlussempfehlung des Ausschusses für Recht und Verbraucherschutz[286] erheblich von der Fassung und Systematik des Gesetzentwurfes der Bundesregierung[287] abweicht, werden im Folgenden, wo es erforderlich ist, die für das Spürbarkeitsmerkmal des UWG relevanten Änderungen nicht nur nach dem UWG 2015 in der Fassung der Beschlussempfehlung des Ausschusses für Recht und Verbraucherschutz, sondern auch nach dem Gesetzentwurf der Bundesregierung BT-Drucks. 18/4535 nebeneinander aufgezeigt.

1. Übersicht über die das Spürbarkeitsmerkmal betreffenden Änderungen

a) § 2 Nr. 7 UWG 2008

Nach dem Wortlaut des § 2 Nr. 7 UWG-RegE erstreckte sich der Begriff der fachlichen Sorgfalt nicht mehr ausschließlich auf das Verhältnis B2C, sondern auch auf das Verhältnis B2B, vgl. § 3 Abs. 3 UWG-RegE. Damit sollte der Anwendungsbereich der Definition über den Verbraucherbereich erweitert und je nach betroffenem Marktteilnehmer unterschiedlich ausgelegt werden.[288] Im lauterkeitsrechtlichen Schrifttum ist diese Erweiterung jedoch überwiegend auf Kritik gestoßen, da das Unionsrecht eine derartige Erweiterung nicht verlange und sie darüber hinaus sachlich nicht erforderlich sei und die Gefahr von Rechtsunsicherheit erhöhe.[289]

283 *Köhler*, WRP 2014, S. 1410.
284 BT-Drucks. 18/6571, S. 13.
285 *Köhler*, WRP 2015, S. 1311.
286 BT-Drucks. 18/6571.
287 BT-Drucks. 18/4535.
288 BT-Drucks. 18/4535, S. 10.
289 Vgl. noch zum Referentenentwurf, dessen Vorschlag der Anwendung des Begriffes der fachlichen Sorgfalt vom Regierungsentwurf übernommen wurde, bspw. *Alexander*, WRP 2014, S. 1384, Rn. 5 ff.; *Köhler*, WRP 2014, S. 1410, Rn. 37 ff.; *Ohly*, GRUR 2014, S. 1137, 1142; *Fritzsche*, WRP 2014, S. 1392, Rn. 14 ff.; *Schlingloff*, WRP 2014,

Der Ausschuss für Recht und Verbraucherschutz reagierte auf diese Kritik, indem die fachliche Sorgfalt u. a. zum einen „auf das Maß an fachlicher Kompetenz und Rücksicht, das ein Unternehmer in seinem Tätigkeitsbereich gegenüber *Verbrauchern* […] anwendet", beschränkt wurde und zum anderen der Begriff der *fachlichen* Sorgfalt in Angleichung zu der englischen „*professional diligence*"- und der französischen „*diligence professionelle*"- Fassung in *unternehmerische* Sorgfalt[290] geändert wurde.

b) § 2 Nr. 8 UWG 2015

§ 2 Nr. 8 UWG 2015 hat die Definition der wesentlichen Beeinflussung des wirtschaftlichen Verhaltens des Verbrauchers gem. Art. 2 lit. e) UGP-RL übernommen. Zur Wahrung einer einheitlichen Terminologie innerhalb des UWG wird im Gegensatz zu dem in der UGP-RL gebrauchten Begriff der „Geschäftspraxis" der Begriff der „geschäftlichen Handlung" verwendet, der richtlinienkonform im Sinne der Geschäftspraktiken in Art. 2 lit. d) UGP-RL auszulegen ist, soweit der Anwendungsbereich der UGP-RL eröffnet ist[291].

c) § 3 UWG 2008

Die Generalklausel des § 3 UWG 2008 wurde umfassend geändert. Gemäß der Begründung des Regierungsentwurfes sollte mit der Neugestaltung der Generalklausel systematisch eindeutiger als bisher die Trennung der Anwendungsbereiche der Absätze 1 und 2 des § 3 UWG 2008 hinsichtlich geschäftlicher Handlungen mit Verbraucherbezug auf der einen und mit Bezug auf Unternehmer sowie sonstige Marktteilnehmer auf der anderen Seite dar- bzw. klargestellt werden.[292] Um dieses Ziel umzusetzen, sah der Regierungsentwurf eine deutliche Umstrukturierung des § 3 UWG 2008 vor, die u. a. neben einer Verbraucher- und einer Mitbewerberklausel eine Regelung vorsah, die Konstellationen geschäftlicher Handlungen mit Verbraucherbezug erfassen sollte, die jedoch einzig die Interessen der Mitbewerber schädigen.[293] § 3 UWG 2015 ist demgegenüber schlanker und klarer gefasst, enthält jedoch nicht minder tiefgreifende Veränderungen – insbesondere unter Rücksicht auf die Systematik des Gesetzes.

S. 1424, 1425; eher moderat in der Kritik *Glöckner*, WRP 2014, S. 1399, Rn. 38 ff.; weiterhin kritisch zum Regierungsentwurf *Köhler*, WRP 2015, S. 275, Rn. 42 ff.

290 Vgl. hierzu die Vorschläge von *Köhler*, WRP 2015, S. 1311, 1312.

291 Köhler/Bornkamm/*Köhler* 2016, § 2 Rn. 9.

292 BT-Drucks. 18/4535, S. 10.

293 BT-Drucks. 18/4535, S. 10.

aa) § 3 Abs. 1 UWG 2015

Abs. 1 des § 3 UWG-RegE ist unverändert in die Beschlussempfehlung übernommen worden. Damit tritt an die Stelle des bisherigen § 3 Abs. 1 UWG 2008 der § 3 Abs. 1 UWG 2015, der schlicht besagt: „Unlautere geschäftliche Handlungen sind unzulässig." Auf das Spürbarkeitsmerkmal des § 3 Abs. 1 UWG 2008 wurde verzichtet.[294]

Damit wird § 3 Abs. 1 UWG 2015 scheinbar von seiner bisherigen Doppelfunktion als einer für sich stehenden Generalklausel für die Unlauterkeit und als Rechtsfolgenregelung für die §§ 4 ff. UWG 2008 entbunden.[295] § 3 Abs. 1 UWG 2015 wird zur Grundnorm für die Rechtsfolge der Unzulässigkeit unlauterer Handlungen[296] und ist im Bedeutungsgehalt des Begriffs der Unlauterkeit nunmehr an Art. 5 Abs. 1 UGP-RL angeglichen[297]. Im Rahmen des Anwendungsbereiches der UGP-RL enthält § 3 Abs. 1 UWG 2015 folglich eine reine Rechtsfolgenregelung[298], während § 3 Abs. 2 UWG 2015 hier als Auffangtatbestand für B2C-Handlungen fungieren wird, die nicht unter die §§ 4a-5a UWG 2015 subsumiert werden können.[299]

bb) § 3 Abs. 2 UWG 2015

Die verbraucherbezogene Generalklausel des § 3 Abs. 2 S. 1 UWG 2008 wird in § 3 Abs. 2 UWG 2015 im Sinne des Art. 5 Abs. 2 UGP-RL präziser als bisher umgesetzt und entspricht im Wesentlichen der Regelung des § 3 Abs. 2 S. 1 UWG-RegE. Nach § 3 Abs. 2 i.V.m. § 2 Abs. 1 Nr. 8 UWG 2015 ist eine geschäftliche Handlung nicht schon dann unzulässig, wenn sie nicht der für den Unternehmer geltenden unternehmerischen Sorgfalt entspricht. Sie muss darüber hinaus dazu geeignet sein, „die Fähigkeit des Verbrauchers, sich auf Grund von Informationen zu entscheiden, spürbar zu beeinträchtigen und ihn damit zu einer geschäftlichen Entscheidung zu veranlassen, die er andernfalls nicht getroffen hätte".

So ist insbesondere das Relevanzkriterium der „wesentlichen Beeinflussung des wirtschaftlichen Verhaltens des Verbrauchers" gem. Art. 2 lit e) UGP-RL bzw. § 2 Abs. 1 Nr. 8 UWG-RegE als eines der Merkmale der Unlauterkeit übernom-

---

294 Ob der Verzicht auf das Spürbarkeitsmerkmal rückgängig gemacht werden sollte, wird in Kapitel C. II. 1. f) dargestellt.

295 BT-Drucks. 18/4535, S. 11.

296 *Schlingloff*, WRP 2014, S. 1424.

297 BT-Drucks. 18/4535, S. 11.

298 BT-Drucks. 18/6571, S. 14.

299 Für vertiefende Ausführungen zur Stellung und zu den Funktionen des § 3 Abs. 1 UWG 2015 vgl. Kapitel C. II. 1. f).

men worden. Mit Streichung der Worte „jedenfalls dann" des § 3 Abs. 2 UWG 2008 wird klargestellt, dass es sich bei § 3 Abs. 2 UWG 2015 nicht um einen Unterfall des Abs. 1 (wie unter § 3 UWG 2008) handelt, sondern die beiden nunmehr in Abs. 1 und 2 geregelten Generalklauseln jeweils von einander zu trennende Anwendungsbereiche haben.[300] Allerdings wurde, trotz Kritik aus dem Schrifttum[301], die Wendung „geschäftliche Handlungen, die sich an Verbraucher richten oder diese erreichen" übernommen, die sich jedoch nicht als Abgrenzung im Sinne der UGP-RL zu einem Verhalten gegenüber Mitbewerbern eignet. Denn nach Art. 1 UGP-RL kommt es im Hinblick auf den Schutzzweck der UGP-RL nicht darauf an, ob eine Geschäftspraxis sich *an* den Verbraucher *richtet* oder ihn *erreicht*, sondern ob sie seine wirtschaftlichen Interessen *schädigen* kann.[302] Die dem Art. 5 Abs. 2 lit. b) UGP-RL entlehnte Formulierung dient dort nämlich nicht der Abgrenzung, sondern der Eingrenzung des für das Verständnis einer geschäftlichen Handlung maßgeblichen Personenkreises.[303] Dennoch dürfte sich im UWG 2015 die Problematik der „doppelrelevanten Handlungen" nicht mehr stellen, wie im Folgenden ausgeführt wird.

§ 3 UWG-RegE enthielt mit Abs. 3 zudem eine lauterkeitsrechtliche Generalklausel für geschäftliche Handlungen ohne Verbraucherbezug, auf die im Folgenden eingegangen wird. Da es jedoch auch geschäftliche Handlungen geben kann, die sich zwar an Verbraucher richten oder diese erreichen, jedoch nicht diese, sondern allein Mitbewerber schädigen, enthielt § 3 Abs. 2 S. 2 UWG-RegE eine klarstellende Regelung, nach der geschäftliche Handlungen, die sich zwar an Verbraucher richten, jedoch ausschließlich die wirtschaftlichen Interessen von Mitbewerbern schädigen, nicht der Verbrauchergeneralklausel, sondern § 3 Abs. 3 S. 2 UWG-RegE unterfallen sollten. Diese Regelung stieß auf heftige Kritik[304] und ist dementsprechend, ebenso wie § 3 Abs. 3 UWG-RegE, nicht in die Beschlussempfehlung und somit in das UWG 2015 übernommen worden.

cc) § 3 Abs. 3 UWG-RegE

Nach § 3 Abs. 3 UWG-RegE sollte das UWG nicht nur eine lauterkeitsrechtliche Generalklausel für geschäftliche Handlungen ohne Verbraucherbezug erhalten,

---

300 Vgl. die Begründung noch zum UWG-RegE in BT-Drucks. 18/4535, S. 12. Diese Ansicht dürfte jedoch gleichfalls für das UWG 2015 gelten.

301 Vgl. die Anmerkungen von *Fritzsche*, WRP 2014, S. 1392, Rn. 9 ff.; *Ohly*, GRUR 2014, S. 1137, 1141.

302 *Fritzsche*, WRP 2014, S. 1392, Rn. 9.

303 *Fritzsche*, WRP 2014, S. 1392, Rn. 9.

304 Vgl. die Ausführungen hierzu sogleich.

sondern gleich zwei: „*Geschäftliche Handlungen, die sich weder an Verbraucher richten noch diese erreichen, sind unlauter im Sinne des Absatzes 1, wenn sie nicht der für den Unternehmer jeweils geltenden fachlichen Sorgfalt entsprechen und dazu geeignet sind, die Interessen von Mitbewerbern oder sonstigen Marktteilnehmern spürbar zu beeinträchtigen. Geschäftliche Handlungen, die sich zwar an Verbraucher richten oder diese erreichen, aber ausschließlich die wirtschaftlichen Interessen von Mitbewerbern schädigen, sind unlauter, wenn sie nicht der für den Unternehmer jeweils geltenden fachlichen Sorgfalt entsprechen.*" Auf Grund schwerwiegender Bedenken, die sogleich aufgezeigt werden, wurden diese sog. „Unternehmergeneralklauseln" nicht in das UWG 2015 übernommen. Gleiches gilt für den Verweis in § 3 Abs. 2 S. 3 UWG-RegE: „*Schädigen die geschäftlichen Handlungen jedoch ausschließlich die wirtschaftlichen Interessen von Mitbewerbern, so gilt* [§ 3] *Abs. 3 S. 2* [UWG-RegE]."

(1) § 3 Abs. 3 S. 1 UWG-RegE

Die vormalige Generalklausel des § 3 Abs. 1 UWG 2008 sollte in § 3 Abs. 3 UWG-RegE eine eneue Regelung finden, allerdings mit einigen strukturellen und inhaltlichen Veränderungen im Vergleich zu § 3 Abs. 1 UWG 2008. Die Mitbewerbergeneralklausel des § 3 Abs. 3 UWG-RegE wurde in zwei Tatbestände aufgeteilt, die an zwei Arten von geschäftlichen Handlungen anknüpften: solche, die sich weder an Verbraucher richten noch sie erreichen (S. 1), und solche, die sich zwar an Verbraucher richten oder diese erreichen, aber ausschließlich die Interessen von Mitbewerbern schädigen (S. 2). Satz 2 wurde in Reaktion auf die zum Referentenentwurf des Bundesministeriums für Justiz und Verbraucherschutz[305] vorgebrachte Kritik[306] eingefügt, um den Mitbewerberschutz umfassend zu gewährleisten. Denn nach dem Referentenentwurf hätte eine Vielzahl der Handlungen, die zwar die Mitbewerberinteressen schädigen, sich jedoch an Verbraucher richten, nach der Verbrauchergeneralklausel beurteilt und mangels Beeinträchtigung der Verbraucherinteressen als lauter beurteilt werden müssen.[307] Das resultierte aus der Regelung des § 3 Abs. 2 S. 1 UWG-Referentenentwurf: „*Geschäftliche Handlungen, die sich an Verbraucher richten oder diese erreichen, sind unlauter im Sinne des Absatzes 1, wenn sie nicht der für den Unternehmer*

305 Abrufbar unter https://beck-online.beck.de/?vpath=bibdata/zeits/GRUR/2014/cont/GRUR.2014.1180.1.htm (zuletzt abgerufen am 10.03.2016).

306 Vgl. *Ohly*, GRUR 2014, S. 1137, 1141; *Köhler*, WRP 2014, S. 1410, Rn. 50, 51; *Kirchhoff*, WRP 2015, S. 659, Rn. 18 ff.; *Fritzsche*, WRP 2014, S. 1392, Rn. 9 ff.

307 *Kirchhoff*, WRP 2015, S. 659, Rn. 19.

geltenden fachlichen Sorgfalt entsprechen und dazu geeignet sind, das wirtschaftliche Verhalten des Verbrauchers wesentlich zu beeinflussen." Das Problem an dieser Klausel bestand darin, dass der Bezugspunkt der geschäftlichen Handlung des § 3 Abs. 2 UWG-Referentenentwurf unglücklich gewählt war. Im deutschen Lauterkeitsrecht wird nämlich nicht zwischen verbrauchergerichteten und unternehmergerichteten Handlungen, sondern zwischen einer unlauteren Einwirkung auf Abnehmer im Vertikalverhältnis und einer Verletzung geschützter Mitbewerberinteressen im Horizontalverhältnis unterschieden.[308] Folglich betreffen seit jeher viele Fälle, in denen das UWG die Mitbewerber schützt, Handlungen, die sich an die Verbraucher richten,[309] wie bspw. bei § 4 Nr. 9 UWG 2008. Hierbei sind wiederum viele Sachverhalte denkbar, bei denen sich die geschäftliche Handlung zwar an einen Verbraucher richtet, ohne jedoch seine Interessen spürbar zu beeinträchtigen, wie bspw. im Falle einer Produktnachahmung, bei der es nicht zu einer vermeidbaren Herkunftstäuschung im Sinne des § 4 Nr. 9 lit. a) UWG 2008, sondern nur zu einer unangemessenen Rufausnutzung nach § 4 Nr. 9 lit. b) UWG 2008 kommt.[310] Das Verbraucherinteresse ist hier jedenfalls dann nicht betroffen, wenn der Verbraucher den Qualitätsunterschied zwischen dem Originalprodukt und der Nachahmung erkennt, etwa wenn ein Kaffeeröster eine identisch nachgeahmte Rolex-Uhr unter einem Kennzeichen anbietet, das sich von der Rolex-Krone deutlich unterscheidet, sodass sich dem Verbraucher nur eine aus seiner Sicht positive Kaufalternative bietet, er jedoch nicht getäuscht wird.[311] Der Unwert der Handlung nach § 4 Nr. 9 lit. b) UWG 2008 hing jedoch nicht vom Einfluss auf die Verbraucherinteressen ab.[312] Gleiches mag im Falle einer Herabsetzung eines Konkurrenten nach § 4 Nr. 7 UWG 2008 in einer Publikumswerbung, die nicht mit der Behauptung falscher Tatsachen einhergeht, denkbar sein.[313] Solche Handlungen sind ebenfalls oft nicht geeignet, die Interessen der Verbraucher spürbar

308 *Ohly*, GRUR 2014, S. 1137, 1141 m. w. N.

309 *Ders.*, GRUR 2014, S. 1137, 1141.

310 *Ders.*, GRUR 2014, S. 1137, 1141.

311 Vgl. BGH GRUR 1985, 876 – Tchibo/Rolex I. Weitere Beispiele: Die negative Äußerung eines Unternehmers mit einem qualitativ und preislich besseren Angebot über einen Mitbewerber gegenüber Verbrauchern oder die Ausübung eines reglementierten Berufes durch einen Unternehmer ohne die erforderliche Zulassung, obwohl er über die notwendige Qualifikation und ggf. sogar über praktische Erfahrung verfügt, Beispiele nach *Fritzsche*, WRP 2014, S. 1392, Rn. 10. Vgl. auch die Beispiele bei *Hetmank*, GRUR 2015, S. 323, 327.

312 *Ohly*, GRUR 2014, S. 1137, 1141.

313 Beispiel nach *Ohly*, GRUR 2014, S. 1137, 1141.

zu beeinträchtigen. Jedenfalls kam es nach UWG 2008 auf diese Verbraucherrelevanz auch nicht an, denn der Unwert der Beleidigung war unabhängig von der Einwirkung auf Abnehmer.[314] Um diese Fälle sachgerecht beurteilen zu können, war nach UWG 2008 also stets eine Doppelkontrolle anhand der Maßstäbe „Abnehmerschutz" und „Mitbewerberschutz" erforderlich.[315] Zu Recht war nach UWG 2008 der Schutz der Mitbewerber vom Verbraucherschutz unabhängig.[316]

Diese Doppelkontrolle wäre durch den Referentenentwurf nicht gewährleistet gewesen. Da § 3 Abs. 2 und 4 UWG-Referentenentwurf zur Abgrenzung zwischen Verbraucher- und Unternehmergeneralklausel auf die *Zielrichtung* der Handlung abstellte und der Verweis in § 4 UWG-Referentenentwurf sich sowohl auf § 3 Abs. 2 als auch auf § 3 Abs. 4 UWG-Referentenentwurf bezog, hätten mitbewerberbezogene Handlungen nach § 4 Nr. 7–10 UWG auf Grund ihres Verbraucherbezuges nach § 3 Abs. 2 UWG-Referentenentwurf beurteilt werden müssen – und nicht nach § 3 Abs. 4 UWG-Referentenentwurf.[317] Anstelle der spürbaren Beeinträchtigung der Interessen der Mitbewerber hätte nun auf die Interessenbeeinträchtigung der Verbraucher abgestellt werden müssen, was, wie zuvor aufgezeigt, problematisch gewesen wäre und zu einer Verkürzung des Mitbewerberschutzes geführt hätte. Mit Einführung des Satzes 2 in § 3 Abs. 2 UWG-RegE nahm der Regierungsentwurf zwar in sachgerechter Weise Handlungen aus, die lediglich Mitbewerberinteressen betreffen[318], allerdings blieb es bei der unklaren Behandlung sogenannter „doppelrelevanter Handlungen", auf die im Folgenden eingegangen wird.

Eine Spürbarkeitsprüfung sollte nach § 3 Abs. 3 S. 2 UWG-RegE nicht mehr erforderlich sein. Warum die beiden zuvor genannten Anknüpfungspunkte der Unlauterkeit gegenüber Verbrauchern einen Unterschied im Hinblick auf die Bewertung der Spürbarkeit machen sollten, war nicht ersichtlich und wurde nicht begründet.[319]

Gegen die vorgeschlagenen Regelungen der mitbewerberbezogenen Generalklauseln des § 3 Abs. 3 UWG-RegE und des § 3 Abs. 4 UWG-Referentenentwurf wurde im Schrifttum über die zuvor angeführte Problematik des Referentenentwurfes hinaus vielfältig kritisch vorgetragen. So wurde angemerkt, dass in der Praxis nicht sinnvoll zwischen Handlungen mit Verbraucherbezug und solchen

314 *Ders.*, GRUR 2014, S. 1137, 1141.
315 *Ders.*, WRP 2015, S. 1443, 1447.
316 *Ders.*, WRP 2015, S. 1443, 1446.
317 *Ders.*, GRUR 2014, S. 1137, 1141.
318 *Ders.*, WRP 2015, S. 1443, 1447.
319 *Köhler*, WRP 2015, S. 275, Rn. 53.

ohne Verbraucherbezug unterschieden werden könne[320], die mitbewerberbezogene Generalklausel durch die UGP-RL nicht veranlasst gewesen sei[321], die in den beiden Generalklauseln enthaltenen Erheblichkeitsschwellen der „Wesentlichkeit“ auf der einen (§ 3 Abs. 2 S. 1 i.V.m. § 2 Nr. 8 UWG-Referentenentwurf) und der „Spürbarkeit“ auf der anderen Seite (§ 3 Abs. 4 UWG-Referentenenwurf) unterschiedlich interpretiert werden könnten[322] und es weder im Verhältnis zu sonstigen Marktteilnehmern noch zu Mitbewerbern eine Rechtsschutzlücke im UWG gäbe, die mittels einer B2B-Generalklausel zu schließen wäre – bereits bisher komme § 4 Nr. 10 UWG 2008 die Funktion einer „kleinen“ Generalklausel zu[323].

(2) § 3 Abs. 3 S. 2 i.V.m. § 3 Abs. 2 S. 2 UWG-RegE

Mit Einführung des § 3 Abs. 3 S. 2 UWG-RegE, der sich auf § 3 Abs. 2 S. 2 UWG-RegE bezog, reagierte die Bundesregierung auf die Diskussion um die Gefahr der Beschneidung des Mitbewerberschutzes und nahm nunmehr Handlungen aus dem Anwendungsbereich der Verbrauchergeneralklausel aus, die lediglich Mitbewerberinteressen betrafen. Auch sollte mit diesen Regelungen der Streit um das unklare Verhältnis der Absätze 1 und 2 des § 3 UWG 2008 behoben werden.[324] Die beiden Unterabsätze knüpften an geschäftliche Handlungen an, die sich zwar an Verbraucher richten oder diese erreichen, jedoch ausschließlich die Interessen der Mitbewerber schädigen. Ein Spürbarkeitsmerkmal sollte hier, anders als bei § 3 Abs. 3 S. 1 UWG-RegE, nicht mehr erforderlich sein, da die Interessen der Mitbewerber bei einer Schädigung in jedem Fall spürbar beeinträchtigt seien.[325]

Zunächst einmal war – wie zuvor kurz angesprochen – problematisch, wie bestimmt werden sollte, ob eine geschäftliche Handlung ausschließlich die Interessen der Mitbewerber schädigt, obwohl sie sich an Verbraucher richtet. Denkbar wäre eine solche Handlung etwa in dem zuvor skizzierten Beispielsfall der Nachahmung einer Markenuhr, wenn der Verbraucher nicht getäuscht wird, sondern sich aus seiner Sicht lediglich eine positive Kaufalternative bietet.[326]

---

320 Vgl. etwa *Fritzsche*, WRP 2014, S. 1392, Rn. 17; *Sack*, WRP 2014, S. 1418, Rn. 7; *Alexander*, WRP 2014, S. 1384, Rn. 22; ähnlich *Glöckner*, WRP 2014, S. 1399, Rn. 14 ff., mit anderweitigen Lösungsvorschlägen.

321 *Alexander*, WRP 2014, S. 1384, Rn. 22.

322 *Schlingloff*, WRP 2014, 1424, Rn. 17; *Alexander*, WRP 2014, S. 1384, Rn. 24.

323 *Köhler*, WRP 2015, S. 1311, 1313.

324 Vgl. hierzu den Überblick in Kapitel C. II. 2. a) aa).

325 BT-Drucks. 18/4535, S. 13. Die Begründung des Gesetzgebers kann *Köhler* nicht nachvollziehen, WRP 2015, S. 275, Rn. 53.

326 Vgl. BGH GRUR 1985, 876 – Tchibo/Rolex I.

Die eigentliche Schwierigkeit, die nach § 3 Abs. 3 S. 2 UWG-RegE gedroht hätte, bestand jedoch in der Beurteilung geschäftlicher Handlungen, die sowohl die Interessen der Verbraucher als auch der Unternehmer schädigen bzw. beeinflussen und daher sowohl verbraucherschützende als auch mitbewerberschützende Tatbestände verwirklichen, sog. „doppelrelevante Handlungen".[327] So kann bspw. die nach § 4 Nr. 7 und 8 UWG 2008 herabsetzende oder geschäftsschädigende Äußerung gegenüber Verbrauchern in der Regel gerade die geschäftlichen Entscheidungen des Verbrauchers dahingehend beeinflussen, bei dem betroffenen Mitbewerber nicht zu kaufen.[328] Ein solches Verhalten konnte aber neben den mitbewerberschützenden Tatbeständen der § 4 Nr. 7, 8 UWG 2008 und der Beeinträchtigung der wirtschaftlichen Interessen des Mitbewerbers gleichzeitig auch die Tatbestände der Irreführung nach § 5 UWG 2008 oder der sorgfaltswidrigen Beeinflussung nach § 3 Abs. 2 S. 1 UWG 2008 verwirklichen und damit unmittelbar wirtschaftliche Verbraucherinteressen schädigen.[329] Da ausweislich des Wortlautes des RegE die Mitbewerbergeneralklausel des § 3 Abs. 3 S. 2 UWG-RegE nur dann zur Anwendung gelangen sollte, wenn die geschäftlichen Handlungen ausschließlich Mitbewerberinteressen schädigen, folgerten Teile des Schrifttums[330] aus einem Umkehrschluss aus § 3 Abs. 2 S. 2 und Abs. 3 S. 2 UWG-RegE, dass „doppelrelevante Handlungen" allein nach der Verbrauchergeneralklausel des § 3 Abs. 2 S. 1 UWG-RegE beurteilt werden sollten. Wären „doppelrelevante Handlungen" jedoch ausschließlich nach verbraucherschützenden Vorschriften des UWG-RegE, nicht aber zugleich nach den mitbewerberschützenden Vorschriften des § 4 Nr. 7–10 UWG-RegE beurteilt worden, hätte dies zu einer nicht hinnehmbaren Schwächung des Mitbewerberschutzes geführt, da diese Fälle nicht mehr nach § 4 Nr. 7–10 UWG-RegE hätten beurteilt werden dürfen.[331]

---

327 Vgl. zu dieser Problematik die umfassenden Ausführungen u.a. bei *Köhler*, WRP 2015, S. 275, Rn. 54 ff.; *Sosnitza*, GRUR 2015, S. 318, 320, sowie die Zusammenfassung von *Köhler*, WRP 2015, S. 1311, 1314.

328 Beispiel nach *Köhler*, WRP 2015, S. 275, Rn. 54 mit weiteren Beispielen.

329 *Köhler*, WRP 2015, S. 275, Rn. 54.

330 *Ders.*, WRP 2015, S. 275, Rn. 55, 56; *Sosnitza*, GRUR 2015, S. 318, 320; *Ohly*, WRP 2015, S. 1443, 1147.

331 So die Befürchtungen von *Köhler*, WRP 2015, S. 275, Rn. 54 ff.; *Hetmank*, GRUR 2015, S. 323, 328; a.A. *Sosnitza*, GRUR 2015, S. 318, 320, der diese Gefahr nicht sah, da über die Aktivlegitimierung des § 8 Abs. 3 Nr. 1 UWG jedenfalls auch Mitbewerber Verstöße gegen die Verbrauchergeneralklausel des § 3 Abs. 2 S. 1 UWG-RegE geltend machen könnten.

Dementsprechend kritisch war das lauterkeitsrechtliche Schrifttum hinsichtlich dieser Folge des Zusammenspiels von § 3 Abs. 3 S. 2 und § 3 Abs. 2 S. 2 UWG-RegE.[332] Eine Behandlung „doppelrelevanter Handlungen" nach den vorstehenden Grundsätzen stünde im Widerspruch zur Rechtsprechung des BGH[333] und würde den Mitbewerbern den Schutz des in der Praxis äußerst relevanten § 4 Nr. 9 lit. a) UWG 2008 sowie die damit verbundene Möglichkeit der dreifachen Schadensberechnung vorenthalten.[334] Auch die wettbewerbspolitischen Folgen einer Schwächung des Schutzes innovativer deutscher Unternehmen vor Produktpiraterie wurden angeführt.[335] Darüber hinaus rechtfertige auch der in der Begründung des Regierungsentwurfes herangezogene Erwägungsgrund 6 S. 3 UGP-RL nicht die vorgeschlagene Klausel des § 3 Abs. 3 S. 2 i.V.m. § 3 Abs. 2 S. 2 UWG-RegE.[336] In Erwägungsgrund 6 S. 3 UGP-RL heißt es zunächst, dass die UGP-RL nicht diejenigen nationalen Rechtsvorschriften in Bezug auf unlautere Geschäftspraktiken erfasse und berühre, die lediglich die wirtschaftlichen Interessen von Mitbewerbern schädigten oder sich auf ein Rechtsgeschäft zwischen Gewerbetreibenden bezögen. Daraus könne zwar im Umkehrschluss gefolgert werden, dass „doppelrelevante Handlungen" auf Grund des vollharmonisierenden Charakters der UGP-RL in ihren Anwendungsbereich fielen.[337] Die Vorgabe des Erwägungsgrundes 6 S. 3 UGP-RL werde durch die mittlerweile gefestigte Rechtsprechung des EuGH[338] jedoch modifiziert. Danach unterfielen nur solche nationalen Vorschriften den Kontrollmaßstäben der Richtlinie, die (zumindest auch) dem Verbraucherschutz dienten bzw. diesen bezweckten.[339] Ob dies der Fall sei, hätten nach Auffassung des EuGH allein die nationalen Gerichte zu beurteilen.[340] Bezwecke eine nationale Vorschrift in der Auslegung der nationalen Gerichte lediglich den Schutz von Mitbewerbern, dürfe die UGP-RL ihrer Anwendung nicht entgegenstehen – auch wenn die Vorschrift mittelbar oder reflexartig einen

---

332 Vgl. etwa *Köhler*, WRP 2015, S. 275, Rn. 54 ff.; *ders.*, WRP 2015, S. 1311, 1314; *Ohly*, WRP 2015, S. 1443, 1447; *Hetmank*, GRUR 2015, S. 323, 327, 328.

333 Vgl. bspw. die zitierte Rechtsprechung zu § 4 Nr. 9 UWG 2008 in Kapitel E. II. 3.

334 *Köhler*, WRP 2015, S. 1311, 1314.

335 *Ders.*, WRP 2015, S. 1311, 1314.

336 *Ders.*, WRP 2015, S. 1311, 1314; *Ohly*, WRP 2015, S. 1443, 1447.

337 *Ohly*, WRP 2015, S. 1443, 1447.

338 Vgl. bspw. EuGH C-343/12, Tz. 31 – Euronics; EuGH C-288/10, Tz. 20 ff. – Wamo; EuGH C-540/08, Tz. 15 ff. – Mediaprint.

339 *Köhler*, WRP 2015, S. 275, Rn. 57.

340 EuGH C-288/10, Tz. 28 – Wamo.

Verbraucherschutz bewirke.[341] Um solche mitbewerberschützenden Tatbestände handele es sich nach der Rechtsprechung des BGH[342] bei den Tatbeständen des § 4 Nr. 7–10 UWG 2008, da sie nur den Schutz der jeweils konkret betroffenen Mitbewerber, nicht dagegen den Schutz der Verbraucher bezweckten,[343] diese vielmehr lediglich reflexartig mitschützten.[344] Nach der Logik des § 3 Abs. 3 S. 2 UWG-RegE könne nun § 4 Nr. 7–10 UWG nur noch in den Fällen zur Anwendung gelangen, in denen das Verhalten *ausschließlich* Mitbewerberinteressen schädige, nicht mehr jedoch in den Fällen echter „doppelrelevanter Handlungen", die jedoch in der Praxis die überwiegende Anzahl der Fälle ausmachen werden[345]. Dies wäre faktisch einer Eliminierung des Mitbewerberschutzes in den Fällen doppelrelevanter Handlungen gleichgekommen.[346]

Um eine Schwächung des Mitbewerberschutzes zu vermeiden, wurden diverse Vorschläge gemacht, die von einer (wie auch bisher vorgenommenen) Doppelkontrolle „doppelrelevanter Handlungen", nach der die verbraucherschützenden und mitbewerberschützenden Vorschriften des UWG-RegE nebeneinander hätten angewendet werden müssen[347], einer umformulierten Mitbewerbergeneralklausel[348], über die Überführung des § 4 Nr. 7–10 UWG 2008 in einen eigenständigen Katalog ohne Verweisung auf § 3 Abs. 2 bzw. 3 UWG-RegE[349] bis hin zur Streichung der mitbewerberschützenden Generalklausel[350] reichten.

---

341 *Köhler*, WRP 2015, S. 275, Rn. 57.

342 BGH WRP 2012, 77, Tz. 28 – Coaching-Newsletter; BGH WRP 2010, 94, 96 – LIKEaBIKE.

343 *Ohly*, WRP 2015, S. 1443, 1447; *Köhler*, WRP 2015, S. 275, Rn. 57, 58.

344 *Köhler*, WRP 2015, S. 1311, 1314.

345 *Ders.*, WRP 2015, S. 275, Rn. 54; *Sosnitza*, GRUR 2015, S. 318, 320.

346 *Köhler*, WRP 2015, S. 275, Rn. 58; a.A. *Sosnitza*, GRUR 2015, S. 318, 320.

347 *Köhler*, WRP 2015, S. 275, Rn. 59 ff.

348 *Hetmank*, GRUR 2015, S. 323, 328; so auch *Ohly*, WRP 2015, S. 1443, 1447, der jedoch keinen konkreten Wortlaut vorschlägt, sondern vielmehr auf die bisherige Regelung des § 3 Abs. 1 UWG 2004/2008 verweist, vgl. jedoch *Ohlys* diesbezüglichen konkreteren Vorschlag einer Mitbewerbergeneralklausel in GRUR 2014, S. 1137, 1142; zum Referentenentwurf *Fritzsche*, WRP 2014, S. 1392, Rn. 17, der eine zu § 3 Abs. 1 UWG 2008 ähnliche Regelung vorschlägt, die jedoch ausschließlich auf Mitbewerber bezogen sein soll.

349 *Ohly*, GRUR 2014, S. 1137, 1141, 1142.

350 *Köhler*, WRP 2015, S. 275, Rn. 62 ff., der § 4 Nr. 10 UWG 2008 bereits für *die* Generalklausel des Mitbewerberschutzes hält, sodass es keiner zusätzlichen Regelung bedürfe; a.A. *Sosnitza*, GRUR 2015, S. 318, 320, der an der Unternehmergeneralklausel des § 3 Abs. 3 S. 1 UWG-RegE festhalten möchte; im Sinne der Streichung

dd) *Streichung des § 3 Abs. 2 S. 2, Abs. 3 S. 1 und 2 UWG-RegE*

Bekanntermaßen ist man in der Beschlussempfehlung *Köhlers* Vorschlag von der Streichung der speziellen Mitbewerbergeneralklausel des § 3 Abs. 3 UWG-RegE und des Verweises in § 3 Abs. 2 S. 2 UWG-RegE gefolgt. Ohne einen Verlust an Rechtssicherheit konnte dies jedoch nur unter der Prämisse gelingen, dass § 3 Abs. 1 UWG-RegE (identisch mit § 3 Abs. 1 UWG 2015) als Auffangtatbestand für Handlungen gegenüber Mitbewerbern und sonstigen Marktteilnehmern sowie für Handlungen außerhalb der UGP-RL herangezogen werden kann.[351] Durch die Streichung der speziellen Mitbewerbergeneralklauseln wurde die zuvor beschriebene Problematik der „doppelrelevanten Handlungen" obsolet. In Folge der Systematik des UWG 2015 wird nunmehr Mitbewerberschutz unbeschadet des Verbraucherschutzes möglich sein.

d) *§ 4 UWG 2008*

aa) *§ 4 UWG-RegE*

Der Regierungsentwurf sah vor, die Tatbestände des § 4 UWG 2008 und das System des Verhältnisses von § 3 UWG 2008 zu den Einzeltatbeständen des § 4 UWG 2008 weitgehend zu erhalten. Nach einem umformulierten Einleitungssatz, sollten die Tatbestände des § 4 UWG-RegE zu Regelbeispielen von Verstößen gegen die fachliche Sorgfalt werden[352] und erst unter den zusätzlichen Voraussetzungen des § 3 Abs. 2, 3 UWG-RegE sollte Unlauterkeit vorliegen. Damit sollte § 4 UWG-RegE an die Struktur des § 3 UWG-RegE angepasst und klargestellt werden, dass es sich bei § 4 UWG-RegE nicht um einen eigenständigen Katalog von per-se-Verboten handelt, sondern die Anwendung unter dem Vorbehalt der Voraussetzungen des § 3 UWG-RegE steht.[353] Verbotsgrundlage wäre § 3 Abs. 1 i.V.m. § 3 Abs. 2, 3 i.V.m. § 4 UWG-RegE gewesen. Im Falle der Verwirklichung eines Beispielstatbestands wäre ein Sorgfaltsverstoß widerleglich vermutet worden.[354] Das Relevanzkriterium sollte auch weiterhin nach § 3 UWG-RegE zu prüfen sein und zwar je nach Interessenbetroffenheit entweder nach § 3 Abs. 2 S. 1 UWG-RegE (Eignung zur wesentlichen Beeinflussung des

---

der Mitbewerbergeneralklausel bereits zum Referentenentwurf *Henning-Bodewig*, WRP 2014, S. 1407, 1409.

351 In diesem Sinne BT-Drucks. 18/6571, S. 15.

352 BT-Drucks. 18/4535, S. 6, § 4 UWG-RegE: „Es wird vermutet, dass gegen die für ihn jeweils geltende fachliche Sorgfalt verstößt, [...]".

353 BT-Drucks. 18/4535, S. 13.

354 BT-Drucks. 18/4535, S. 13.

wirtschaftlichen Verbraucherverhaltens) oder nach § 3 Abs. 3 S. 1 UWG-RegE (spürbare Interessenbeeinträchtigung der Mitbewerber oder der sonstigen Marktteilnehmer).[355] Im Gegensatz hierzu enthielten die §§ 4a Abs. 1, 5 Abs. 1, 5a Abs. 2 und § 6 Abs. 2 UWG-RegE eigenständige Unlauterkeitstatbestände, die für eine Unzulässigkeit lediglich auf § 3 Abs. 1 UWG-RegE verwiesen.

Inhaltlich ließ der Regierungsentwurf die Nr. 1–5 und 7–11 des § 4 UWG 2008 unangetastet. § 4 Nr. 6 UWG 2008 wurde im Hinblick auf die Entscheidung des EuGH betreffend die Unionswidrigkeit des Verbotes der Kopplung von Preisausschreibungen oder Gewinnspielen mit dem Warenabsatz[356] ersatzlos gestrichen. Die Nr. 1 und 2 des § 4 UWG-RegE blieben erhalten, obwohl sie im Referentenentwurf zunächst gestrichen worden waren. Dies stieß im Schrifttum insbesondere im Hinblick auf verbraucherbezogene unlautere Handlungen unter Hinweis auf die Einführung des § 4a UWG-RegE größtenteils auf Unverständnis,[357] da keine Fälle nach § 4 Nr. 1 und 2 UWG-RegE denkbar seien, die nicht gleichzeitig unter § 4a UWG-RegE oder die Generalklausel des § 3 Abs. 2 S. 1 UWG-RegE subsumiert werden könnten[358]. Auch bisher seien die Anwendungsbereiche der Nr. 1 und 2 des § 4 UWG auf die in Art. 8 und 9 UGP-RL genannten aggressiven Geschäftspraktiken beschränkt gewesen.[359] Demzufolge seien sonstige Beeinflussungen der Verbraucher, die nicht eine „unzulässige Beeinflussung“ im Sinne von Art. 2 lit. j) UGP-RL darstellten, nur unter Art. 5 Abs. 2 UGP-RL bzw. § 3 Abs. 2 S. 1 UWG-RegE zu subsumieren.[360] Dies sah *Hetmank*[361] anders, der die Frage aufwarf, ob die gebotene richtlinienkonforme

355 BT-Drucks. 18/4535, S. 13.

356 EuGH C-304/08, Tz. 41 – Plus Warenhandelsgesellschaft.

357 Vgl. die Kritik bei *Köhler*, WRP 2015, S. 275, Rn. 26 ff.; *Sosnitza*, GRUR 2015, S. 318, 321; die Beibehaltung der Nr. 1 und 2 des § 4 UWG befürwortend *Hetmank*, GRUR 2015, S. 323, 328, 329.

358 Die in der Begründung des Gesetzentwurfes, BT-Drucks. 18/4535, S. 15, genannten Anwendungsbeispiele für § 4 Nr. 1 und 2 UWG seien entweder nicht geeignet, die Entscheidungsfreiheit der Verbraucher zu beeinträchtigen (menschenverachtende Beeinträchtigungen) oder könnten vielmehr unter § 4 Nr. 3 UWG-RegE, § 5a Abs. 2 S. 2 Nr. 4 UWG-RegE oder über § 3 Abs. 2 S. 1 UWG-RegE zu subsumieren sein, so *Köhler*, WRP 2015, S. 275, Rn. 28 ff.; *Sosnitza*, GRUR 2015, S. 318, 320, 321.

359 Vgl. die Rechtsprechung zu § 4 Nr. 1 und 2 UWG: BGH GRUR 2011, 747, Tz. 26 – Kreditkartenübersendung; BGH GRUR 2010, 455, Tz. 17 – Stumme Verkäufer II; BGH GRUR 2010, 850, Tz. 13 – Brillenversorgung II; BGH GRUR 2010, 1022, Tz. 16 – Ohne 19 % Mehrwertsteuer.

360 *Köhler*, WRP 2015, S. 275, Rn. 28 ff.

361 *Hetmank*, GRUR 2015, S. 323, 329.

Auslegung wirklich zu einer gedanklichen Umstrukturierung des UWG zwinge, nach der viele der bislang unter § 4 Nr. 1 UWG behandelten Fallgruppen der unlauteren Beeinflussung sodann einer vagen Generalklausel unterworfen wären. Die Übernahme des dreistufigen Unlauterkeitskonzepts der UGP-RL impliziere nach seiner Ansicht nicht, dass auch die konkrete Ausdifferenzierung der Richtlinie übernommen werden müsse.[362] Betrachte man Art. 8 und 9 UGP-RL als bloße Beispielstatbestände für unlautere Geschäftspraktiken im Sinne des Art. 5 Abs. 1, 2 UGP-RL, bestünde kein Grund zu der Annahme, dass die Kriterien der unzulässigen Beeinflussung abschließend und erschöpfend allein unter dem Blickwinkel der aggressiven Geschäftspraktiken beurteilt werden dürften.[363] Sei nun aber die Anerkennung weiterer, von Art. 8 und 9 UGP-RL nicht erfasster Tatbestände unsachlicher Beeinflussung grundsätzlich richtlinienkonform, erschien es *Hetmank* nicht nachvollziehbar, zu Lasten der Gesetzessystematik und der Rechtsklarheit einzelne Teile des umfassenden Tatbestandes des § 4 Nr. 1 UWG abzuspalten, nur weil in den Sondertatbeständen der UGP-RL nicht sämtliche Fälle der Generalklausel konkretisiert seien.[364]

Auf Kritik stieß gleichfalls der Verweis auf die Generalklauseln des § 3 UWG-RegE, da dies bedeute, dass etwa der Verstoß gegen die fachliche Sorgfalt zusätzlich – trotz Erfüllung der Merkmale des § 4 UWG-RegE – zu prüfen wäre[365] und dadurch im Einzelfall die Unlauterkeit einer geschäftlichen Handlung gegenüber Mitbewerbern verneint werden müsse, weil es an einem Sorgfaltsverstoß fehle[366]. Zugleich führe dies bei denjenigen Tatbeständen des § 4 UWG-Referentenentwurfes, die Irreführungstatbestände im Sinne der UGP-RL regelten, zu einer Unionswidrigkeit, da die Unlauterkeit von irreführenden Geschäftspraktiken nach der Rechtsprechung des EuGH nicht davon abhängig gemacht werden dürfe, dass zusätzlich zur relevanten Irreführungsgefahr auch noch die *fachliche Sorgfaltspflicht* im Sinne von Art. 5 Abs. 2 lit. a) UGP-RL verletzt worden sei.[367]

---

362 *Ders.*, GRUR 2015, S. 323, 329.

363 *Ders.*, GRUR 2015, S. 323, 329.

364 *Ders.*, GRUR 2015, S. 323, 329.

365 Vgl. bereits zum Referentenentwurf nur *Sack*, WRP 2014, S. 1418, Rn. 16 ff.; *Glöckner*, WRP 2014, S. 1399, Rn. 44 ff.; *Köhler*, WRP 2014, S. 1410, Rn. 47, 48; anders *Fritzsche*, WRP 2014, S. 1392, Rn. 39 ff., der die Beispielstatbestände des § 4 UWG-Referentenentwurfes als Ausprägung der fachlichen Sorgfalt ansah.

366 *Köhler*, WRP 2014, S. 1410, Rn. 47.

367 *Sack*, WRP 2014, S. 1418, Rn. 19.

bb) § 4 UWG 2015

§ 4 UWG 2015 wurde auf Grundlage der Beschlussempfehlung vollständig verändert und enthält nunmehr entsprechend der Überschrift ausschließlich Regelungen zum Mitbewerberschutz. Auch weiterhin sind die Einzeltatbestände des § 4 Nr. 1–4 UWG 2015 als Beispiele unlauterer geschäftlicher Handlungen ausgestaltet. Die Unzulässigkeit folgt aus § 3 Abs. 1 UWG 2015. Da die Einzeltatbestände des § 4 UWG 2015 jedoch wie bisher keine per-se-Verbote darstellen sollen, ist das Spürbarkeitsmerkmal als immanentes Tatbestandsmerkmal im Rahmen der jeweiligen Tatbestände zu prüfen, was der bisherigen Rechtsprechungspraxis zu § 4 Nr. 7–10 UWG 2008 entspricht[368].

(1) § 4 Nr. 1–4 UWG 2015

Die Regelungen des § 4 Nr. 1–4 UWG 2015 entsprechen den bisherigen Tatbeständen des § 4 Nr. 7–10 UWG 2008. Die Tatbestände der Nummern 1 und 2 des § 4 UWG 2008 sind in § 4a UWG 2015 aufgegangen.[369] Durch die Aufnahme der „sonstigen Mitbewerber" in den Schutzbereich des § 4a UWG 2015 ist den Bedenken einer Schutzlücke, die durch eine Streichung des § 4 Nr. 1 UWG 2008 in diesem Bereich hätte entstehen können[370], die Grundlage entzogen. § 4 Nr. 3 UWG 2008 findet sich nunmehr in § 5a Abs. 6 UWG 2015 wieder.[371] Etwaige Fälle der getarnten Werbung gegenüber sonstigen Mitbewerbern werden von § 5 Abs. 1 UWG 2015 erfasst.[372] Auch § 4 Nr. 4 und 5 UWG 2008 sind gestrichen worden, da diese Fälle durch die allgemeinen Irreführungstatbestände der § 5 UWG 2015 und § 5a UWG 2015 erfasst sind.[373] *Köhler* sah in der Beibehaltung des § 4 Nr. 4, 5 UWG-RegE zwar ebenfalls die Gefahr einer Doppelregelung, befürwortete jedoch im Interesse eines effektiven Verbraucherschutzes ihren Erhalt, da der Wortlaut in § 5a Abs. 2–4 UWG-RegE nicht

---

368 In diesem Sinne folgt die Beschlussempfehlung *Köhler*, WRP 2015, S. 1311, 1315, und *Ohly*, WRP 2015, S. 1443, 1447.

369 BT-Drucks. 18/6571, S. 15; vgl. die Vorschläge von *Köhler*, WRP 2015, S. 1311, 1315; *ders.*, WRP 2015, S. 275, Rn. 31; *Ohly*, WRP 2015, S. 1443, 1445.

370 *Köhler*, WRP 2015, S. 275, Rn. 78.

371 BT-Drucks. 18/6571, S. 15; vgl. zur Entbehrlichkeit von § 4 Nr. 3 UWG 2008 *Köhler*, WRP 2015, S. 1311, 1315; *Ohly*, WRP 2015, S. 1443, 1445.

372 *Köhler*, WRP 2015, S. 1311, 1315.

373 BT-Drucks. 18/6571, S. 15; ebenso *Ohly*, WRP 2015, S. 1443, 1446, der § 4 Nr. 4, 5 UWG 2008 zwar als erlaubte Konkretisierung des Art. 7 Abs. 2, 4 UGP-RL sieht, jedoch die Beibehaltung einer nationalen Parallelregelung für riskant hält und daher für eine Streichung plädiert.

„sichtbar" werde.[374] Diese Bedenken teilt der Gesetzgeber offensichtlich nicht. Bei verbraucherbezogenen Handlungen sollen die Fälle des § 4 Nr. 4 und 5 UWG 2008 für den elektronischen Geschäftsverkehr unter § 5a Abs. 4 UWG 2015 iVm § 6 Abs. 1 TMG, im Übrigen unter § 5a Abs. 2, 3 Nr. 1 oder 4 UWG 2015 subsumiert werden.[375] Dies gilt gleichermaßen für geschäftliche Handlungen gegenüber sonstigen Mitbewerbern, die ebenfalls über § 5 UWG 2015 erfasst werden.[376] An der Streichung von § 4 Nr. 6 UWG 2008 wurde festgehalten. Der Tatbestand des Rechtsbruches des § 4 Nr. 11 UWG 2008 wurde in § 3a UWG 2015 überführt.[377]

(2) § 3a UWG 2015

In Folge der Umstrukturierung des § 4 UWG 2015 wurde § 3a UWG 2015 eingefügt, in dem der bisherige Rechtsbruchtatbestand des § 4 Nr. 11 UWG 2008 aufgeht. Auch hier wurde in der Beschlussempfehlung die Kritik an dem Regierungs- bzw. Referentenentwurf aufgenommen.[378] Die Eingangsformulierung von § 4 UWG RegE/Referentenentwurf hätte nämlich dazu geführt, dass Verstöße gegen Marktverhaltensregelungen nach unterschiedlichen Kriterien zu beurteilen gewesen wären. Soweit Marktverhaltensregelungen zum Schutz der Verbraucher außerhalb der UGP-RL betroffen gewesen wären, hätte dies etwa bedeutet, dass nach § 3 Abs. 2 S. 1 UWG-RegE zusätzlich das Relevanzkriterium der Generalklausel im Sinne der spürbaren Beeinträchtigung der Fähigkeit des Verbrauchers zu einer informierten Entscheidung zu prüfen gewesen wäre. In den Fällen eines Verstoßes gegen bspw. das heilmittelrechtliche Zugabeverbot (§ 7 Abs. 1 S. 1 HWG), der im Sinne des § 4 Nr. 11 UWG 2008 unlauter und nach § 3 Abs. 1 UWG 2008 ohne weitere Spürbarkeitsprüfung unzulässig ist, da die Rechtsprechung im Hinblick auf das hohe Gut der Gesundheit stets von einer spürbaren Beeinträchtigung der Interessen der Verbraucher ausgeht[379], wäre nach § 3 Abs. 2 UWG-RegE bzw.

---

374 *Köhler*, WRP 2015, S. 1311, 1315: Zur Vermeidung von Doppelungen und Richtlinienwidrigkeiten schlägt er daher vor, in der Gesetzesbegründung klarzustellen, dass es sich um Konkretisierungen des Vorenthaltens einer wesentlichen Information im Sinne des § 5a Abs. 2 UWG handele.

375 *Ohly*, GRUR 2016, S. 1, 6; *Redeker/Pres*, GRUR-Prax 2016, S. 7, 8.

376 Daher plädiert hier auch *Köhler* für eine Streichung des § 4 Nr. 4, 5 UWG 2008, vgl. WRP 2015, S. 275, Rn. 79.

377 Für eine Eigenständigkeit vgl. die Stimmen von *Ohly*, WRP 2015, S. 1443, 1445, 1447; *Köhler*, WRP 2015, S. 275, Rn. 92; *Fritzsche*, WRP 2014, S. 1392, Rn. 51.

378 Vgl. nur *Alexander*, WRP 2014, S. 1384, 1388; *Köhler*, WRP 2015, S. 275, Rn. 81 ff.; *Fritzsche*, WRP 2014, S. 1392, Rn. 46 ff.

379 Vgl. die diesbezüglichen Ausführungen in Kapitel E. I. 1. a) aa).

UWG-Referentenentwurf zusätzlich zu prüfen gewesen, ob das wirtschaftliche Verhalten des Verbrauchers wesentlich und die Fähigkeit des Verbrauchers zu einer informierten Entscheidung spürbar beeinflusst wäre.[380] Im Falle der Verletzung einer unionsrechtlich fundierten Informationspflicht nach Art. 7 Abs. 5 UGP-RL i.V.m. Anhang II, hätte eine solche Handlung richtigerweise nach Art. 7 Abs. 1–3 UGP-RL beurteilt werden müssen, da diese Regelung Vorrang vor dem nationalen Recht hat.[381] Hier wäre also eine Beurteilung nach § 5a Abs. 2 und 4 UWG-RegE erforderlich und (auch aber) nicht nur nach § 4 Nr. 11 UWG-RegE.[382]

In Anbetracht der vorgebrachten Bedenken hat § 4 Nr. 11 UWG 2008 in § 3a UWG 2015 daher eine eigenständige Regelung erfahren, die bei Erfüllung der ihr immanenten Voraussetzungen die Unlauterkeit begründet. Um der Verfolgung von Bagatellverstößen entgegenzuwirken, ist eine Spürbarkeitsprüfung innerhalb des Tatbestandes vorgesehen. Die lauterkeitsrechtliche Unzulässigkeit folgt aus der Verbindung mit § 3 Abs. 1 UWG 2015.

e) § 4a UWG 2015

aa) § 4a UWG-RegE

§ 4a UWG-RegE sollte in Umsetzung der Art. 8 und 9 UGP-RL in das deutsche UWG eingeführt werden. Die Umsetzung wurde überwiegend als gelungen erachtet.[383] So übernahm § 4a Abs. 1 S. 1 UWG-RegE entsprechend Art. 8 UGP-RL das Erfordernis der Veranlassung zu einer geschäftlichen Entscheidung, die der Verbraucher andernfalls nicht getroffen hätte (sog. Auswirkungsmerkmal[384]). Versäumt wurde hingegen, im Hinblick auf die erhebliche Beeinträchtigung der Entscheidungsfreiheit das Merkmal „im konkreten Fall unter Berücksichtigung aller Umstände“ aufzunehmen. Um einen Umkehrschluss zu Art. 7 Abs. 1 UGP-RL zu vermeiden, wurde eine entsprechende Übernahme angeregt.[385] Anstelle der „erheblichen“ sah § 4a Abs. 1 S. 2 UWG-RegE die „wesentliche“ Beeinflussung der Entscheidungsfreiheit vor. Bei Umsetzung des Tatbestandsmerkmals der unzulässigen Beeinflussung in § 4a Abs. 1

---

380 Beispiel nach *Köhler*, WRP 2015, S. 275, Rn. 87, der zu Recht eine spürbare Beeinträchtigung der Verbraucher angezweifelt hat; ähnlich *Ohly*, WRP 2015, S. 1443, 1448.

381 *Köhler*, WRP 2015, S. 275, Rn. 90.

382 *Ders.*, WRP 2015, S. 275, Rn. 90.

383 Vgl. die z. T. kleineren Änderungsvorschläge von *Köhler*, WRP 2015, S. 275, Rn. 20 ff., und *Sosnitza*, GRUR 2015, S. 318, 321.

384 Vgl. hierzu die Ausführungen in Kapitel B. III. 1. c) bb) (4).

385 *Köhler*, WRP 2015, S. 275, Rn. 20.

S. 2 Nr. 3 UWG-RegE fehlte der Zusatz „in einer Weise, die die Fähigkeit des Verbrauchers zu einer informierten Entscheidung wesentlich einschränkt" nach Art. 2 lit. j) UGP-RL. Da dieses Erfordernis jedoch sinngemäß in § 4a Abs. 2 Nr. 3 UWG-RegE wiederkehrte, hielt man das Versäumnis nicht für übermäßig schädlich.[386] § 4a UWG-RegE sollte ausschließlich auf Verbraucher anwendbar sein, da der Schutz sonstiger Marktteilnehmer über § 4 Nr. 1 und 2 UWG-RegE gewährleistet war.

Insgesamt erschien die Fassung des § 4a UWG-RegE nicht als geglückt. Sie enthielt zu viele Ungenauigkeiten und hätte in jedem Einzelfall einer Auslegung anhand der UGP-RL bedurft.

bb) § 4a UWG 2015

Um eine Schutzlücke in Folge der Streichung von § 4 Nr. 1, 2 UWG 2008 zu vermeiden, wurde der Anwendungsbereich des § 4a UWG 2015 auf sonstige Mitbewerber erweitert.[387] Der Verweis auf § 3 Abs. 1 UWG-RegE wurde gestrichen, da der Begriff „unlauter" ausreichend deutlich mache, dass § 4a UWG 2015 lediglich die Unlauterkeit bestimme, nicht jedoch die Unzulässigkeit, die aus § 3 Abs. 1 UWG 2015 folge.[388] Im Übrigen übernimmt § 4a Abs. 1 S. 2 UWG 2015 die Voraussetzungen der erheblichen Beeinflussung der Entscheidungsfreiheit des Verbrauchers des Art. 8 UGP-RL nach einigen Ergänzungen im Vergleich zum Regierungsentwurf fast vollständig. Das Merkmal „im konkreten Fall unter Berücksichtigung aller Umstände" ist aufgenommen worden, um einen Gleichlauf mit dem Wortlaut des Art. 7 Abs. 1 UGP-RL herzustellen. Die „erhebliche Beeinträchtigung der Entscheidungsfreiheit" sollte entsprechend der spürbaren Beeinträchtigung der Fähigkeit zu einer informierten Entscheidung des § 2 Abs. 1 Nr. 8 UWG 2015 dahingehend verstanden werden, dass das Verhalten des Handelnden den Verbraucher davon abhalten kann, die Vor- und Nachteile einer geschäftlichen Entscheidung zu erkennen, abzuwägen und eine effektive Wahl treffen zu können.[389] Sodann muss er eine Entscheidung treffen, die er andernfalls nicht getroffen hätte. Die zukünftige Praxis wird zu entscheiden haben, wie mit dem Auswirkungsmerkmal umzugehen ist.[390]

---

386 *Ders.*, WRP 2015, S. 275, Rn. 21.

387 *Ohly*, WRP 2015, S. 1443, 1444, hätte eine „überschießende" Umsetzung der UGP-RL im UWG bevorzugt, nach der § 4 Nr. 1 UWG 2008 beibehalten worden wäre.

388 BT-Drucks. 18/6571, S. 16.

389 Vgl. Köhler/Bornkamm/*Köhler*, § 3 Rn. 51 m. w. N. sowie doe Darstellung zuvor in Kapitel B. III. 1. c) bb) (3).

390 *Ders.* in WRP 2014, S. 1410, Rn. 18, kann den Sinn und Zweck dieses Tatbestandsmerkmals derzeit noch nicht recht erkennen. Zur Anwendung durch die Rechtsprechung vgl. die Ausführungen in Kapitel E. III.

Um eine Absenkung des Schutzniveaus für Kinder, Alte und Behinderte zu verhindern, stellt § 4a Abs. 2 S. 2 UWG 2015 klar, dass die nach § 4 Nr. 2 UWG 2008 geschützten besonders verletzbaren Verbraucher nunmehr nach § 4a UWG 2015 vor aggressiven geschäftlichen Handlungen geschützt sind.[391] Ob eine solche Regelung erforderlich war, erscheint hingegen zweifelhaft, da § 4a UWG 2015 nicht isoliert, sondern stets im Zusammenhang mit § 3 Abs. 4 S. 2 UWG 2015 zu sehen ist und damit aus sich heraus bereits, wie auch die übrigen verbraucherschützenden Vorschriften des UWG, ebenfalls dem Schutz besonders schutzbedürftiger Verbraucher dient.[392] Es bleibt zu hoffen, dass die EU-Kommission die Regelung des § 4a Abs. 2 S. 2 UWG 2015 nicht beanstandet. Da sie jedoch den Schutz besonders schutzbedürftiger Verbraucher als Beispielsfall aggressiver Geschäftspraktiken des § 4a Abs. 1 S. 2 UWG 2015 dessen Relevanzerfordernis unterwirft und damit keine strengere oder mildere Auslegung durch die Rechtsanwendung zulässt, dürfte sich die Regelung des § 4a Abs. 2 S. 2 UWG 2015 als richtlinienkonform erweisen.[393]

f) § 5 UWG 2015

Auch § 5 UWG 2015 sollte stärker an den Wortlaut des Art. 6 Abs. 1 UGP-RL angepasst werden, indem insbesondere das Auswirkungserfordernis aufgenommen wurde, sodass die Handlung nunmehr geeignet sein muss, den Verbraucher zu einer geschäftlichen Entscheidung zu veranlassen, die er andernfalls nicht getroffen hätte. Laut Gesetzesbegründung entfällt dementsprechend die bisher zu prüfende spürbare Beeinträchtigung nach § 3 Abs. 1 UWG 2008.[394] Werde die Entscheidungsfreiheit von Verbrauchern oder Unternehmern bzw. sonstiger Marktteilnehmer durch eine Irreführung beeinträchtigt, liege stets auch eine spürbare Beeinträchtigung vor.[395] Die noch in § 5 Abs. 1 UWG-RegE enthaltene Wendung „im Sinne des § 3 Abs. 1" (UWG-RegE) konnte entfallen, da der Begriff „unlauter" auf die Rechtsfolge des § 3 Abs. 1 UWG 2015 verweist.[396]

---

391 BT-Drucks. 18/6571, S. 16.

392 *Köhler*, WRP 2015, S. 1311, 1316.

393 Dadurch konnte insbesondere auf das von *dems.*, WRP 2015, S. 1311, 1316, geforderte, auf die Sonderregelung der schutzbedürftigen Verbraucher bezogene Relevanzkriterium in einem vorgeschlagenen § 4a Abs. 3 UWG verzichtet werden.

394 BT-Drucks. 18/4535, S. 15. Da keine weitergehenden Änderungen an § 5 UWG 2008 durch die Beschlussempfehlung vorgeschlagen wurden, konnte hier auf die Begründung zum Reg-E zurückgegriffen werden.

395 BT-Drucks. 18/4535, S. 15.

396 BT-Drucks. 18/6571, S. 16.

g) § 5a UWG 2008

aa) § 5a UWG-RegE

Die Regelung des etwas unklar formulierten Art. 7 UGP-RL wurde in § 5a Abs. 2–5 UWG-RegE in übersichtlicherer Weise verständlicher umgesetzt – wenn auch mit Defiziten.[397] § 5a Abs. 2–5 UWG-RegE sollte die unzulänglich formulierte Regelung des § 5a Abs. 2–5 UWG 2008, die zu Missverständnissen in der Anwendung des § 5a UWG 2008 durch die Rechtsprechung geführt hatte, ersetzen.[398] So wurde § 5a Abs. 2 UWG 2008 faktisch als per-se-Verbot gehandhabt, da § 5a Abs. 2 UWG 2008 bereits dann als erfüllt angesehen wurde, wenn eine wesentliche Information vorenthalten wurde.[399] Diese Annahme beruhte auf der These, dass eine wesentliche Information, die ein Verbraucher nicht benötige, um eine geschäftliche Entscheidung zu treffen, ein Widerspruch in sich sei, sodass mit der Bejahung der Wesentlichkeit zugleich auch § 3 Abs. 2 UWG 2008 erfüllt sei.[400] Um diesen Rückschluss zu verhindern, forderte § 5a Abs. 2 UWG-RegE nunmehr entsprechend Art. 7 Abs. 1 UGP-RL, dass dem Verbraucher eine Information vorenthalten worden sein müsste, die im konkreten Fall unter Berücksichtigung aller Umstände wesentlich sei, die er je nach den Umständen benötige, um eine informierte geschäftliche Entscheidung treffen zu können und deren Vorenthalten geeignet sei, den Verbraucher zu einer geschäftlichen Entscheidung zu veranlassen, die er andernfalls nicht getroffen hätte. Diese Art der Umsetzung wurde vom Schrifttum weitgehend begrüßt, da insbesondere durch die Formulierung „je nach den Umständen“ klargestellt werde, dass es auch Fälle geben könne, in denen der Verbraucher eine wesentliche Information gerade nicht für eine informierte Entscheidung benötige.[401]

Die Einzelfallklausel „im konkreten Fall unter Berücksichtigung aller Umstände“, die laut UGP-RL nicht in Bezug auf das Vorliegen einer wesentlichen Eigenschaft, sondern auf das Vorenthalten einer Information zu sehen ist, sollte sich nach § 5a UWG-RegE auf die Wesentlichkeit beziehen: „(2) Unlauter … handelt, wer dem Verbraucher eine Information vorenthält, 1. die im konkreten

---

397 Vgl. nur *Köhler*, WRP 2015, S. 275, Rn. 17 ff.; *ders.*, WRP 2015, S. 1311, 1317; zum Referentenentwurf *ders.*, WRP 2014, S. 1410, Rn. 10 ff.

398 *Ders.*, WRP 2015, S. 275, Rn. 17.

399 Vgl. die Untersuchungen zur Rechtsprechung in Kapitel E. V.

400 Köhler/Bornkamm/*Bornkamm/Köhler*, § 5a Rn. 56.

401 *Köhler*, WRP 2015, S. 275, Rn. 17; vgl. die Beispiele aus der Rechtsprechung hierzu in Kapitel E. V.

Fall unter Berücksichtigung aller Umstände wesentlich ist". Diese Bezugnahme wurde kritisiert und Nachbesserung gefordert.[402]

§ 5a Abs. 2 S. 2 Nr. 4 UWG-RegE sah des Weiteren vor, dass das Nichtkenntlichmachen des „kommerziellen Zwecks" der Geschäftspraxis an die Bereitstellung von wesentlichen Informationen anknüpfte. Da dies nicht den Vorgaben des Art. 7 Abs. 2 UGP-RL entsprach, solle das Nichtkenntlichmachen des „kommerziellen Zwecks" der Geschäftspraxis nach Ansicht *Köhlers* in einem eigenständigen Absatz geregelt werden.[403]

bb) § 5a UWG 2015

Der Gesetzgeber setzte die aufgezeigte Kritik um und zog in § 5a Abs. 2 S. 1 UWG 2015 die „Einzelfallklausel" vor die Klammer. Die Regelung zur Nichtkenntlichmachung des „kommerziellen Zwecks" der Geschäftspraxis wurde in einen eigenständigen Abs. 6 überführt. Im Übrigen wurden die Vorgaben des Art. 7 UGP-RL umfassend umgesetzt. Der Verweis in § 5a Abs. 1 S. 1 UWG 2015 auf § 3 Abs. 1 UWG 2015 konnte aus den gleichen Gründen wie bei den übrigen Tatbeständen des UWG 2015 entfallen.

2. Das Spürbarkeitsmerkmal des UWG 2015

Das UWG 2015 wurde auf völlig neue Füße gestellt. Die Spürbarkeit bzw. die Relevanzmerkmale sind nunmehr als Tatbestandsmerkmale innerhalb der jeweiligen Einzeltatbestände zu prüfen. Die Spürbarkeit ist damit ein Merkmal der Unlauterkeit und nicht mehr der Unzulässigkeit[404] – sowohl bei geschäftlichen Handlungen gegenüber Mitbewerbern als auch gegenüber Verbrauchern. Die Spürbarkeit ist je nach Tatbestand mit anderen Merkmalen auszufüllen und anhand anderer Maßstäbe zu bewerten, die sich zum Teil an den Vorgaben europäischer Richtlinien zu orientieren haben. So ist die Spürbarkeit etwa bei § 4 UWG 2015 mit der Verwirklichung der konkreten Verletzungshandlungen zu bejahen, bei § 4a UWG 2015 wird die Erheblichkeit der Beeinträchtigung der Entscheidungsfrei-

---

402 *Ders.*, WRP 2015, S. 1311, 1317; *ders.*, WRP 2014, S. 1410, Rn. 12, 13.

403 *Ders.*, WRP 2015, S. 275, Rn. 18, 19.

404 BT-Drucks. 18/6571, S. 14, 15, und BT-Drucks. 18/4535, S. 11. Allerdings wird dem Spürbarkeitsmerkmal mit dieser systematischen Verschiebung in das Tatbestandsmerkmal der Unlauterkeit nicht seine eigenständige Funktion genommen, sondern es bleibt zumindest in § 3 Abs. 1 UWG 2015 (als ungeschriebenes Merkmal) und in § 3a UWG 2015 erhalten und bedarf insoweit auch weiterhin einer eigenständigen Prüfung.

heit maßgebend werden, bei § 5 UWG 2015 wird sie anhand des Auswirkungskriteriums zu bewerten sein und bei § 5a UWG 2015 wird auf das Vorenthalten einer wesentlichen Information abgestellt werden, die der Verbraucher je nach den Umständen benötigt, um eine informierte geschäftliche Entscheidung zu treffen. Lediglich § 3a UWG 2015 gestattet außerhalb des Anwendungsbereiches der UGP-RL eine Spürbarkeitsprüfung im herkömmlichen Sinn.[405]

Das Spürbarkeitsmerkmal wird durch das UWG 2015 folglich nicht aufgelöst – es findet sich größtenteils jedenfalls verklausuliert innerhalb der einzelnen Tatbestände wieder. Dies spiegelt im Wesentlichen die bisherige ständige Rechtsprechungspraxis wieder.[406] Zwar gab das UWG 2008 gesetzessystematisch eine jeweils separat durchzuführende Spürbarkeitsprüfung nach § 3 Abs. 1 oder 2 UWG 2008 vor. Von einer solchen Prüfung hat die Rechtsprechung oftmals jedoch abgesehen, vgl. die Tatbestände des § 4 Nr. 8, 9, 10 UWG 2008, bzw. führte sie innerhalb der Einzeltatbestände unter eigenständig entwickelten Maßstäben durch, vgl. § 5 UWG 2008.[407] Das unbestimmte und ausfüllungsbedürftige Spürbarkeitsmerkmal verbot Interpretationen solcher Art grundsätzlich nicht. Die Spürbarkeit war jedoch von ihrer systematischen Verortung in der Generalklausel und die auf sie bezugnehmenden Einzeltatbestände vom Grundsatz her stets separat und eigenständig zu prüfen. Mit diesem System bricht das UWG 2015, anders als der UWG-RegE, der zum Teil an der Systematik des UWG 2008 festgehalten hätte. So hätten die Tatbestände des § 4 UWG-RegE bspw. lediglich einen Verstoß gegen die fachliche Sorgfalt indiziert, die allerdings für die Feststellung der Unlauterkeit nach § 3 Abs. 1 UWG-RegE nicht ausreichend gewesen wäre. Entsprechend hätte jede geschäftliche Handlung nach § 4 UWG zusätzlich zu dem (indizierten) Unwertkriterium des Verstoßes gegen die fachliche Sorgfalt das jeweilige Relevanzkriterium, d. h. nach § 3 Abs. 2 S. 1 UWG-RegE die Eignung zur wesentlichen Beeinflussung des wirtschaftlichen Verbraucherverhaltens oder nach § 3 Abs. 3 S. 1 UWG-RegE die spürbare Interessenbeeinträchtigung bzw. Schädigung wirtschaftlicher Interessen, erfüllen müssen.[408]

---

405 Vgl. zur Anwendung des Spürbarkeitsmerkmals durch die Rechtsprechung die Ausführungen in Kapitel E. I.

406 Hinsichtlich der Details wird auf die Ausführungen in Kapitel E. verwiesen.

407 Vgl. hierzu die ausführliche Untersuchung in Kapitel E.

408 BT-Drucks. 18/4535, S. 13.

C. Das Verhältnis der Generalklausel des § 3 UWG 2008/2015 zu den Einzeltatbeständen des UWG 2008/2015

Das UWG 2008 war geprägt durch eine „große“ Generalklausel, die unlautere und die Bagatellschwelle überschreitende Wettbewerbshandlungen für unzulässig erklärte und die übrigen Regelbeispiele überwölbte, und drei weiteren „kleinen“ Generalklauseln.[409] Zunächst beherrschten bis zur Reform im Jahr 2004 im UWG von 1909 die „große“ Generalklausel des § 3 UWG 1909 und die „kleine“ Generalklausel des § 1 UWG 1909 Rechtsprechung und Literatur. Im Rahmen der UWG-Reform des Jahres 2004 wurde im Gesetzestext eine Auffächerung einzelner lauterkeitsrechtlicher Tatbestände in den Regelbeispielen des § 4 UWG 2004 und den Spezialtatbeständen der §§ 5 bis 7 UWG 2004 vorgenommen und damit nicht nur die große Generalklausel des § 3 UWG 2004 entlastet und konkretisiert, sondern auch der Kreis der „kleinen“ Generalklauseln erweitert.[410] So handelte nach § 5 Abs. 1 UWG 2004 unlauter, wer eine irreführende geschäftliche Handlung vornimmt, nach § 4 Nr. 10 UWG 2004 war es insbesondere unlauter, Mitbewerber gezielt zu behindern und nach § 7 Abs. 1 S. 1 UWG 2004 schließlich war eine geschäftliche Handlung unzulässig, durch die ein Marktteilnehmer in unzumutbarer Weise belästigt wurde. Dies ist im Grundsatz im UWG 2015 unverändert geblieben. Nach § 5 Abs. 1 UWG 2015 handelt unlauter, wer eine irreführende geschäftliche Handlung vornimmt, nach § 4 Nr. 4 UWG 2015 ist es unlauter, Mitbewerber gezielt zu behindern und nach § 7 Abs. 1 S. 1 UWG 2015 ist eine geschäftliche Handlung unzulässig, durch die ein Marktteilnehmer in unzumutbarer Weise belästigt wird. Allerdings hat sich die Systematik des UWG 2015 im Vergleich zum UWG 2004/2008 grundlegend verändert. Dies betrifft insbesondere das Verhältnis der in den Generalklauseln des § 3 Abs. 1 und 2 UWG 2015 enthaltenen Spürbarkeitskriterien zu den Regelbeispielen und damit auch zu den kleinen Generalklauseln des UWG 2015.

---

409 MünchKomm UWG Band 1/*Sosnitza*, § 3 Rn. 6: Dabei sind die Grenzen zwischen den kleinen Generalklauseln und dem weit formulierten Unlauterkeitstatbestand selbstverständlich fließend. *Schünemann* erkennt demgegenüber nur in §§ 5 Abs. 1 und 7 Abs. 1 UWG zwei weitere kleine Generalklauseln, vgl. JZ 2005, S. 271.

410 MünchKomm UWG Band 1/*Sosnitza*, § 3 Rn. 6.

Zunächst soll daher ein Überblick über den Begriff der Generalklausel, deren Bedeutung im Allgemeinen sowie dessen Verhältnis zu den Regelbeispielen im Bereich des UWG 2008 gegeben werden. Sodann wird auf die gewandelte Bedeutung der Generalklausel im UWG 2015 eingegangen. Das Verhältnis der Spürbarkeitserfordernisse des § 3 Abs. 1 und 2 UWG 2008/2015 zu den Einzeltatbeständen wird ebenfalls in diesem Kapitel dargestellt.

I. Das Verhältnis von Generalklausel und Regelbeispielen im Allgemeinen

1. Die Generalklausel im Allgemeinen

Generalklauseln bilden sowohl in den nationalen Rechtsordnungen der Mitgliedstaaten der Europäischen Union als auch im Gemeinschaftsrecht ein rechtstechnisches Instrument einer generalisierenden Normierung komplexer Lebensbereiche.[411] Sie sollen den Grundprinzipien unserer Rechts- und Verfassungsordnung Geltung verschaffen, indem ihre tatbestandlichen Begriffe auf so hohem Abstraktionsniveau bzw. Unbestimmtheitsgrad angesiedelt sind, dass ein eindeutig fassbarer Begriffskern nicht mehr vorhanden ist und eine Umsetzung der Norm auf konkrete Einzelfälle nur im Wege ethisch-moralisch wertender Entscheidung getroffen werden kann.[412] Die Offenheit der Tatbestandsmerkmale der Generalklauseln erlaubt es, das Recht dynamisch weiterzuentwickeln und den gesellschaftlichen Wandel sowie die sich ändernden Wertvorstellungen abzubilden.[413] Generalklauseln erscheinen zugespitzt formuliert als „ein Stück offen gelassener Gesetzgebung":[414] Ihrer rechtlichen Struktur nach sind sie als Delegationsnormen zu verstehen, die die Judikative „als eine Institution zur Bildung von allgemeingültigen Rechtssätzen anhand einer den einzelnen Rechtsfall entscheidenden Rechtsprechung ermächtigen (Richterrecht)".[415] So begegnet einem der Begriff der Generalklausel im Recht in verschiedenen Zusammenhängen und bezeichnet bspw. umfassende Korrekturnormen, die die richterliche

---

411 Fezer/*Fezer* Band 1 UWG, § 3 Rn. 152.

412 *Von Peglow*, in FS Kriele (1997), S. 1497; MünchKomm BGB/*Roth/Schubert*, § 242 Rn. 20.

413 MünchKomm BGB/*Roth/Schubert*, § 242 Rn. 3; ebenso BT-Drucks. 15/1487, S. 16 zum UWG.

414 *Hedemann*, S. 58, der allerdings in der Unbestimmtheit von Generalklauseln auch einen Nachteil sieht. Im UWG von 1896 existierte daher zunächst keine „große" Generalklausel.

415 Fezer/*Fezer* Band 1 UWG, § 3 Rn. 153.

Entscheidung etwa im Zivilrecht jenseits der systematisierten Einzelregelungen an den Maßstab von „Treu und Glauben" nach § 242 BGB binden oder im Verwaltungsrecht die umfassende Gewährleistung des Verwaltungsrechtsschutzes unabhängig von der Form des Verwaltungshandelns ermöglicht, vgl. Art. 19 Abs. 4 GG, § 40 Abs. 1 VwGO.[416] Auch das UWG 2015 enthält mit § 3 Abs. 1 und 2 (vormals mit § 1 UWG 1909) zwei Generalklauseln, deren unbestimmter Rechtsbegriff der Unlauterkeit u. a. einen Normenkonkretisierungsauftrag an die Gerichte enthält.[417] Neben der Funktion der richterlichen Rechtsfortbildung fungieren Generalklauseln als Brücke zwischen Zivil- und Verfassungsrecht, da das im Grundgesetz verkörperte Wertesystem insbesondere über die zivilrechtrechtlichen Generalklauseln bspw. der §§ 138 und 242 BGB in das Privatrecht einwirkt (mittelbare Drittwirkung).[418]

Auch im europäischen Privatrecht haben Generalklauseln weithin Verbreitung gefunden und werden dort ebenfalls als Ermächtigungsnormen für die europäische Gerichtsbarkeit verstanden. Darüber hinaus kommt der Konkretisierung der Generalklauseln im Gemeinschaftsrecht – das gilt seit dem Inkrafttreten der UGP-RL im Jahre 2005 auch für das verbraucherbezogene Lauterkeitsrecht im Verhältnis zwischen Unternehmern und Verbrauchern – zudem die Aufgabe zu, anhand konsensfähiger und europarechtlich kompatibler Prinzipien schrittweise ein europäisches Privatrecht im Interesse einer Rechtsharmonisierung auszubilden (sog. creeping harmonisation).[419] Dem Prozess einer europäischen Rechtsharmonisierung durch die richterrechtliche Konkretisierung gemeinschaftsrechtlicher Generalklauseln entspricht in den Mitgliedstaaten die gemeinschaftsrechtskonforme und insbesondere die richtlinienkonforme Auslegung nationalen Rechts.[420]

---

416 *Wissmann*, S. 1, 2. Zur Bedeutung von Präjudizien und deren Verhältnis zu den Generalklauseln vgl. die Ausführungen von *Ohly*, Generalklausel und Richterrecht, AcP 201 (2001), S. 1 ff.

417 Auch wenn durch die Verwendung von Generalklauseln die Rechtssicherheit (im Sinne einer Vorhersehbarkeit richterlichen Urteilens) sowie die Rechtsbeständigkeit (im Sinne einer Abhängigkeit der richterrechtlichen Reaktion vom zu entscheidenden Sachverhalt) beeinträchtigt werden könnten, besteht im Lauterkeitsrecht breiter Konsens über die Methode der richterlichen Rechtsgestaltung des Marktrechts, Fezer/*Fezer* Band 1 UWG, § 3 Rn. 153; *Rüthers*, S. 210 ff, 261 ff.

418 *Von Peglow*, in FS Kriele (1997), S. 1502; MünchKomm BGB/*Roth/Schubert*, § 242 Rn. 56 ff.

419 *Ehricke*, RabelZ 59 (1995), S. 598 ff, 639.

420 Fezer/*Fezer* Band 1 UWG, § 3 Rn. 154; vgl. hierzu ausführlich u. a. *Ehricke*, RabelZ 59 (1995), S. 598 ff.

2. Die Generalklausel und das Verhältnis zu den Regelbeispielen im Besonderen

Regelbeispielen wird der Sinn beigemessen, die grundsätzlichen Wertungen der rechtslogisch ihnen vorausgehenden Generalklauseln zu konkretisieren.[421] Zum einen fungieren Regelbeispiele als gesetzliche Beispiele für die durch sie in den speziellen Tatbeständen repräsentierte Regel. Zum anderen zeigen Regelbeispiele regelmäßige, typische Ausprägungen des in der Generalklausel statuierten Grundsatzes auf – und werfen die Frage auf, wie mit atypischen Fallgestaltungen umzugehen ist[422] und inwieweit die Generalklausel als Auffangtatbestand für atypische Fälle dienen kann.[423] Daneben kann man dem Regelbeispiel aber auch nur die Funktion einer widerleglichen Vermutung für die Anwendbarkeit der Generalklausel in typischen Fallgestaltungen zukommen lassen.[424] Regelbeispiele besitzen jedoch gegenüber der Generalklausel durchaus Selbständigkeit in dem Sinne, dass sie der Subsumtion zugänglich sind und nicht bloß ausschließlich dienende Funktion haben, um den Inhalt und die Reichweite der Generalklausel lediglich aufzuhellen.[425] Dafür spricht die umfangreiche Kasuistik, die im Bereich des UWG zu den einzelnen Regelbeispielen und ihren speziellen, das Unlauterkeitsmerkmal konkretisierenden Tatbestandsmerkmalen ergangen ist. Das Bestehen der Selbständigkeit der Regelbeispiele gegenüber der Generalklausel sagt jedoch noch nichts über den Grad dieser Verselbständigung aus. Einerseits könnte sie (nur) der eigenen normativen Existenz des Beispielstatbestandes sprachlichen Ausdruck verleihen, andererseits aber auch die Unanwendbarkeit der Generalklausel implizieren, soweit der Tatbestand des jeweiligen Regelbeispieles erfüllt ist.[426]

II. Das Verhältnis der Generalklauseln des § 3 UWG 2008/2015 zu den Regelbeispielen und den Spezialtatbeständen im UWG 2008/2015

Das UWG 2008 war in systematischer Hinsicht geprägt durch das Zusammenspiel der Generalklauseln mit den Einzeltatbeständen. Dies galt insbesondere für die

---

421 Anstelle vieler *Schünemann*, JZ 2005, S. 272 m. w. N.

422 *Ders.*, JZ 2005, S. 272.

423 Vgl. die beispielhaft angeführten Sachverhaltskonstellationen unter Kapitel E. VI.

424 Vgl. insoweit zu § 14 TzBfG ErfK/*Müller-Glöge*, § 14 TzBfG Rn. 4.

425 *Schünemann*, JZ 2005, S. 273; weiter unterstützt wird diese Überlegung auch durch einen Blick auf die zahlreich zu dem Wuchertatbestand des § 138 Abs. 2 BGB sowie zu den Regelbeispielen inhaltlich unangemessen benachteiligender AGB-Klauseln ergangene Rechtsprechung.

426 *Ders.*, JZ 2005, S. 273.

Spürbarkeitserfordernisse der Generalklauseln. In Folge der UWG-Reform des Jahres 2015 haben sich für das Verhältnis der Generalklauseln zu den Einzeltatbeständen im Allgemeinen als auch im Hinblick auf das Spürbarkeitserfordernis im Speziellen systematische Änderungen ergeben. In diesem Kapitel soll darauf eingegangen werden und ein Überblick über das Verhältnis der Generalklauseln und ihren Spürbarkeitsmerkmalen zu den Einzeltatbeständen im UWG 2008 und UWG 2015 gegeben werden.

1. Die Generalklausel des § 3 Abs. 1 UWG 2008 und des § 3 Abs. 1 UWG 2015

a) Allgemeines

Im deutschen Lauterkeitsrecht hat sich, ebenso wie in anderen europäischen Staaten, als Gesetzgebungstechnik ein duales System von Generalklausel und Regelbeispielen bzw. Spezialtatbeständen zur Erfassung der Vielfalt wettbewerbswidrigen Marktverhaltens weithin durchgesetzt.[427] Eine solche Flexibilität ist angesichts der Dynamik des Wettbewerbs unverzichtbar. So genügt die Generalklausel im UWG als solche dem verfassungsrechtlichen Bestimmtheitsgebot, da die unübersehbare Vielfalt möglicher Verhaltensweisen im geschäftlichen Wettbewerb die Bildung eines erschöpfenden Katalogs von Einzeltatbeständen nicht zuließe.[428] War nach früherer Rechtslage eine eher induktive Herangehensweise angezeigt, indem von der Generalklausel auf einzelne – in Rechtsfortbildung – geschaffene Fallgruppen geschlossen wurde, vollzieht sich die Bewertung der Unlauterkeit nunmehr deduktiv, d. h., dass das Unlauterkeitsurteil, jedenfalls für den B2B-Verkehr, vorrangig anhand der Beispielstatbestände zu fällen ist.[429] Die funktionale Ergänzung einer Allgemeinnorm durch Spezialnormen gewährleistet vor allem dann Rechtssicherheit im Richterrecht im Lichte des Prinzips der Gewaltenteilung sowie eine zeitnahe und sachgerechte Anpassung des Wettbewerbsrechts an den Wandel der Marktstrukturen, wenn die Spezialtatbestände der Regelung von Kernbereichen des Wettbewerbsrechts dienen.[430] Genau diese

---

427 Auch die internationale Grundnorm des Lauterkeitsrechts, Art. 10bis PVÜ, baut auf einer Systematik einer Generalklausel mit Regelbeispielen auf.

428 BVerfG GRUR 1972, 358, 360 – Grabsteinwerbung: Zwar werde durch die Freiheit des Richters in der Rechtsfindung die Berechenbarkeit gerichtlicher Entscheidungen und damit die Rechtssicherheit beeinträchtigt, doch werde dieser Nachteil durch langjähriges, breit gefächertes Richterrecht gemindert.

429 *Nemeczek*, Anm. zu BGH GRUR 2011, 431 – FSA Kodex, S. 433.

430 Fezer/*Fezer* Band 1 UWG, § 3 Rn. 162.

Funktion erfüllen die Regelbeispiele im deutschen UWG, repräsentieren sie doch – jedenfalls im B2B-Bereich – die jahrzehntelange richterliche Rechtsfortbildung in Auslegung der Allgemeinnorm. Dabei kam der Generalklausel des § 3 Abs. 1 UWG 2008 eine Doppelfunktion zu: Zum einen normierte sie als für sich stehende Generalklausel die Unlauterkeit, zum anderen ordnete sie als Verbotsnorm die Rechtsfolge für die speziellen Unlauterkeitstatbestände der §§ 4 ff. UWG 2008 an. Anders stellt es sich bei § 3 Abs. 1 UWG 2015 dar, wie nach der Darstellung zu § 3 Abs. 1 UWG 2008 aufgezeigt wird.

b) Relevanz der Generalklausel des § 3 Abs. 1 UWG 2008

Mit den Novellen des UWG in den Jahren 2004 und 2008 stieg die Regelungsdichte innerhalb des UWG deutlich an, sodass eine Kodifikationstendenz zu erkennen war, welche die praktische Relevanz der Generalklausel zugunsten der Spezialtatbestände in den Hintergrund treten ließ.[431] Insbesondere die neue Regelungstechnik im Rahmen der Reform aus dem Jahre 2004 brachte eine Funktionsverschiebung der Generalklausel.[432] Allerdings galt dieser Befund nur eingeschränkt. Die Generalklausel blieb überall dort unmittelbar anwendbar, wo die Spezialtatbestände als Beispielstatbestände der Generalklausel gefasst waren, denn als Beispielstatbestände waren die Spezialregelungen des UWG 2004 regelungstechnisch in einer Weise mit der Generalklausel verzahnt, dass sie nur unter den weiteren Voraussetzungen der Generalklausel eingreifen konnten.[433] Folglich wurde die Generalklausel von den Einzeltatbeständen allenfalls teilweise verdrängt, wie etwa im Falle des § 7 UWG 2004. Im Übrigen blieb sie dahingehend anwendbar, als sie weitere Eingriffsvoraussetzungen für die Einzeltatbestände normierte.[434]

Die Rückbindung der Regelbeispiele und Spezialtatbestände an die Generalklausel änderte sich durch die Beseitigung der ausdrücklichen Rückkoppelung der §§ 4 ff. UWG 2008 an § 3 Abs. 1 UWG 2008 im Rahmen der UWG-Reform 2008 nicht. Obwohl der Zusatz „im Sinne von § 3" nunmehr etwa in dem Einleitungssatz des § 4 UWG fehlte, blieb es dabei, dass die Tatbestände der §§ 4 bis 6 UWG 2008 lediglich unlautere Verhaltensweisen enthielten und daher stets mit

---

431 Gloy/Loschelder/Erdmann/*Lubberger*, § 43 Rn. 26.

432 *Ders.*, § 43 Rn. 5.

433 *Ders.*, § 43 Rn. 26.

434 *Ders.*, § 43 Rn. 26.

einem Seitenblick auf die Generalklausel zu beurteilen waren.[435] Insofern ist die Gesetzesbegründung, in der es heißt, dass die Angabe „im Sinne von § 3" den unzutreffenden Eindruck erwecke, § 3 UWG definiere den Begriff der Unlauterkeit, während dort tatsächlich nur die Voraussetzungen geregelt seien, bei deren Vorliegen eine unlautere Handlung unzulässig ist[436], unverständlich. Angesichts der nahezu einhundertjährigen Geschichte der lauterkeitsrechtlichen Generalklausel kann die Behauptung, dass die Regelungstechnik des § 3 Abs. 1 UWG 2008 den Eindruck einer Definition im strengen Sinne erweckt, nur schwer nachvollzogen werden.[437] Vielmehr bestand seit Langem Einigkeit, dass die lauterkeitsrechtliche Generalklausel einen Normenkonkretisierungs- und Rechtsfortbildungsauftrag mit Delegationsfunktion erfüllte.[438] Zudem spies sich die besondere Bedeutung der Generalklausel für die Einzeltatbestände der §§ 4 bis 6 UWG 2008 als eine Art gedankliche Klammer daraus, dass § 3 Abs. 1 UWG 2008 die beiden Kernelemente der Unlauterkeit und der Eignung zur spürbaren Interessenbeeinträchtigung vereinte und zentral normierte. Im Übrigen findet sich grundsätzlich eine ähnliche Regelungstechnik in der UGP-RL. Dort enthält Art. 5 Abs. 1 UGP-RL als Generalklausel das Verbot unlauterer Geschäftspraktiken, das in Art. 5 Abs. 4 UGP-RL als „insbesondere" unlauter durch die irreführenden und aggressiven Geschäftspraktiken der Art. 6–9 UGP-RL näher konkretisiert wird. Ähnlichkeiten zum UWG 2008 betrafen jedoch nur den formellen Richtlinienaufbau – gänzlich unterschiedlich im Vergleich zur Systematik des UWG 2008 ist das Verhältnis der Einzeltatbestände der UGP-RL zu dem Tatbestand der Generalklausel des Art. 5 Abs. 2 UGP-RL.[439]

c) *Das Verhältnis des § 3 Abs. 1 UWG 2008 zu den Regelbeispielen und den Spezialtatbeständen*

Schon vor der Kodifizierung der Regelbeispiele und Spezialtatbestände der §§ 4 ff. UWG 2004 entwickelte die Rechtsprechung im Rahmen der Auslegung

---

435 Ohly/Sosnitza/*Sosnitza*, § 3 Rn. 3; Harte/Henning/*Podszun*, § 3 Rn. 50; das komme auch darin zum Ausdruck, dass die elf Unterfälle des § 4 UWG mit „Beispiele unlauteren Handelns" überschrieben seien. Hingegen ist eine unzumutbare Belästigung im Sinne des § 7 UWG stets unzulässig, ohne dass es einer zusätzlichen Prüfung der Tatbestandsvoraussetzungen des § 3 UWG noch bedarf, vgl. BGH GRUR 2010, 939, Tz. 18 – Telefonwerbung nach Unternehmenswechsel.

436 BT-Drucks. 16/10145, S. 22.

437 *Sosnitza*, WRP 2008, S. 1014, 1019.

438 Köhler//Bornkamm*Köhler*, § 3 Rn. 67; *Sosnitza*, WRP 2008, S. 1014, 1019.

439 Vgl. hierzu die Ausführungen unter Kapitel B. III. 1. b).

der unbestimmten Rechtsbegriffe der Generalklausel des damaligen § 1 UWG 1909 unterschiedliche Fallgruppen wettbewerbsverletzenden Verhaltens. Die so gebildeten Fallgruppen bzw. ungeschriebenen Regelbeispiele wurden nach der Schutzzwecktrias des § 1 UWG ausgelegt und bestimmt. Im Zuge der Reform im Jahre 2004 entschloss sich der Gesetzgeber, die Generalklausel des § 3 UWG 2004 durch diejenigen Fallgruppen, die die Kernbereiche richterrechtlich entwickelten wettbewerblichen Unrechts verkörperten, in Form der Regelbeispiele und Spezialtatbestände der §§ 4 ff. UWG 2004 in das UWG aufzunehmen. Hierdurch sollte das Ziel verfolgt werden, die Generalklausel zu präzisieren und ihr eine größere Transparenz zu verschaffen.[440] Die Normierung der Einzeltatbestände durch den Gesetzgeber ließ sich allerdings nicht nur als deklaratorische Bestätigung der in Rechtsfortbildung geschaffenen Fallgruppen verstehen. Ihre normative Wirkung ging vielmehr dahin, den allgemeinen Lauterkeitsmaßstab der Generalklausel zu konkretisieren, indem sie eigenständige Wertungen aufzeigten.[441] Dies galt vor allem vor dem Hintergrund, dass der Gesetzgeber nicht alle von der Rechtsprechung entwickelten Fallgruppen im UWG 2004 und 2008 normiert und die Regelbeispiele teilweise weiter formuliert hatte, um damit Möglichkeiten für weitergehende Subsumtionen zu eröffnen.

Neben dem eigentlichen Rechtssetzungsakt wettbewerblichen Kernunrechts kam der Normierung der Einzeltatbestände in den §§ 4, 5, 5a und 6 UWG 2008 noch eine weitere Funktion zu:[442] Sie konnten, auch wenn sie Verbotsnormen darstellten, die wirtschaftliche Handlungsfreiheit der Unternehmen erweitern und sichern, wie bspw. jene die europäische Richtlinie über die vergleichende Werbung umsetzende Regelung der vergleichenden Werbung des § 6 UWG 2008. Zum einen wurde dadurch der Handlungsspielraum der Unternehmen gegenüber dem aus der Generalklausel abgeleiteten Verbot der vergleichenden Werbung erweitert, zum anderen wurden die Handlungsgrenzen durch diese Regelung abgesteckt.[443]

In der Schaffung der Regelbeispiele bzw. Einzeltatbestände wurde teilweise die Gefahr gesehen, dass durch die Normierung von exemplarischen zeitbedingten Fallkonstellationen bzw. durch die Kodifizierung von Richterrecht die Flexibilität der Generalklausel als ein Instrument der Rechtsfindung beschränkt werde oder gar die beispielhaft normierten Fallkonstellationen des § 4 UWG 2008 zu

440 BT-Drucks. 15/1487, S. 17.

441 *Nemeczek*, Anm. zu BGH GRUR 2011, 431 – FSA Kodex, S. 433.

442 Fezer/*Fezer* Band 1 UWG, § 3 Rn. 164.

443 Beispiel nach *dems.* Band 1 UWG, § 3 Rn. 164.

einer Versteinerung der Rechtsgestaltung eines Lebensbereichs führen könne.[444] Dem war zuzugeben, dass normierte Regelbeispiele bereits ihrem Wortlaut nach als in Rechtsnormen gegossene Beispiele auf einen konkreten Sachverhalt zugeschnitten und damit von ihrem Anwendungsbereich her enger sind als Generalklauseln. Jedoch enthielten einige der Tatbestände der Regelbeispiele ebenfalls unbestimmte Rechtsbegriffe, die so weit und offen formuliert waren, dass für die Rechtsprechung genügend Spielraum und Flexibilität für die Anpassung an neue Lebenssachverhalte blieb.[445] Darüber hinaus bot die Generalklausel an sich genügend Flexibilität, um sich neuen Lebenssachverhalten, die über die Regelbeispiele nicht erfasst werden, geeignet anzupassen.

Die Beispiels- und Einzeltatbestände der §§ 4 Nr. 1–11, 5, 5a, 6 UWG 2008 ordneten ihrerseits keine Rechtsfolge an, sodass sich im nichtharmonisierten Bereich des UWG 2008 die Unzulässigkeit der in §§ 4 ff. UWG 2008 geregelten Fallgruppen unmittelbar erst i.V.m. § 3 Abs. 1 UWG 2008 ergab. Nach der Dogmatik des UWG 2008 wurde das Merkmal der Unlauterkeit des § 3 Abs. 1 UWG 2008 von den §§ 4 ff. UWG 2008 konkretisiert.[446] Eine Handlung war demzufolge nur dann unzulässig, wenn auch die weiteren Tatbestandsvoraussetzungen des § 3 Abs. 1 UWG 2008 erfüllt waren.[447] Hinzutreten musste also insbesondere noch das Merkmal der Spürbarkeit des § 3 Abs. 1 UWG 2008, um die Handlung nach Abs. 1 für unzulässig erklären zu können.[448]

d) Das Verhältnis des Spürbarkeitserfordernisses des § 3 Abs. 1 UWG 2008 zu den Regelbeispielen und den Spezialtatbeständen

Auf Grund der Systematik des UWG 2008 stellten die §§ 4–6 UWG 2008 kein eigenständiges Unwerturteil auf, sodass eine Handlung nur dann für unzulässig

444 *Tamm*, S. 436, 437; *Engels/Salomon*, WRP 2004, S. 32, 36; *Ohly*, GRUR 2004, S. 889, 896. Für die pauschale und schematische Rechtsanwendung der Einzeltatbestände wurden die Gerichte vom Bundesverfassungsgericht ausdrücklich gerügt, vgl. hierzu BVerfG NJW 2001, 3403, 3404 ff.; dazu Fezer/*Fezer* Band 1 UWG, § 3 Rn. 155.

445 Vgl. bspw. § 4 Nr. 1 UWG 2008 „unsachlicher Einfluss“, § 4 Nr. 10 UWG 2008 „gezielt behindert“, § 5 Abs. 1 UWG 2008 „irreführend“, § 6 Abs. 2 Nr. 2 UWG 2008 „wesentliche, relevante, nachprüfbare und typische Eigenschaften“, § 7 Abs. 1 UWG „in unzumutbarer Weise“.

446 GK-UWG Band 1/*Peukert*, § 3 Rn. 119; *Nordemann*, S. 59 Rn. 40, 84 Rn. 81; *Sosnitza*, WRP 2008, S. 1014, 1019.

447 BT-Drucks. 15/1487, S. 17.

448 Zum Verhältnis des Spürbarkeitsmerkmals des § 3 Abs. 1 UWG 2008 zu den Einzeltatbeständen des UWG 2008 vgl. die Ausführungen unter Kapitel C. II.

erklärt werden konnte, wenn auch die weiteren Tatbestandsmerkmale des § 3 UWG 2008 erfüllt waren.[449] Dazu gehörte insbesondere das Merkmal der Spürbarkeit, das – rein formal betrachtet – ebenfalls in jedem Fall geprüft werden musste.

aa) Überblick über die Literaturstimmen

Einig war man sich im Wesentlichen dahingehend, dass eine (wie auch immer inhaltlich ausgestaltete) Spürbarkeit erforderlich sein musste, um das jeweilige Verhalten unzulässig werden zu lassen. Uneinig war man sich aber im Hinblick auf den Umfang der Prüfung der Spürbarkeit sowie den Ort der Prüfung.

Lubberger maß dem Spürbarkeitsmerkmal die geringste Bedeutung zu – eine Spürbarkeitsprüfung nach § 3 Abs. 1 UWG 2008 ließ er eigentlich nur im Falle des § 4 Nr. 11 UWG 2008 zu.[450] § 3 Abs. 1 UWG 2008 sollte bei den Verbraucherschutztatbeständen des UWG nicht mehr zur Anwendung kommen. Dies gelte selbst dann, wenn es im Einzelfall allein um den Mitbewerberschutz gehe.[451] Im Anwendungsbereich der UGP-RL sei ausschließlich § 3 Abs. 2 UWG 2008 anwendbar. Der Anwendungsbereich der Bagatellschwelle des § 3 Abs. 1 UWG 2008 beschränke sich daher nur auf die eindeutig mitbewerberschützenden Vorschriften des § 4 Nr. 7–10 UWG 2008 und § 6 Abs. 2 Nr. 4–6 UWG 2008 sowie, je nach Einzelfall, des § 4 Nr. 11 UWG 2008. Allerdings ließen die unmittelbar mitbewerberschützenden Vorschriften des § 4 Nr. 7–10 UWG 2008 sowie des § 6 Abs. 2 Nr. 4–6 UWG 2008 für die Bagatellklausel praktisch keinen Raum, weil ihre jeweiligen Tatbestandsmerkmale ohnehin auf spürbare Beeinträchtigungen zielten: Für § 4 Nr. 7 UWG 2008 und § 6 Abs. 2 Nr. 5 UWG 2008 folge dies aus der Herabsetzung oder Verunglimpfung, in § 4 Nr. 8 UWG 2008 aus der Eignung zur Schädigung, in § 4 Nr. 9 lit. a) UWG 2008 aus dem ungeschriebenen Tatbestandsmerkmal der wettbewerblichen Eigenart, in § 4 Nr. 9 lit. b) UWG 2008 aus der Unangemessenheit der Rufausbeutung, in § 4 Nr. 9 lit. c) UWG 2008 aus der Unredlichkeit der Erlangung, in § 4 Nr. 10 UWG 2008 aus der Zielgerichtetheit der Behinderung, in § 6 Abs. 2 Nr. 4 UWG 2008 aus der Unlauterkeit und in § 6 Abs. 2 Nr. 6 UWG 2008 aus der Bedeutung des Kennzeichenschutzes.[452] Sollte dies nicht bereits aus den jeweiligen Tatbestandsmerkmalen selbst heraus deutlich werden, sei das unbestimmte Tatbestandsmerkmal des jeweiligen Beispielstatbestandes mit Blick auf die durch die Generalklausel vorgegebene Bagatellschwelle zu kon-

---

449 BT-Drucks. 15/1487, S. 17.

450 Gloy/Loschelder/Erdmann/*Lubberger*, § 45 Rn. 6, 7.

451 *Ders.*, § 45 Rn. 6.

452 *Ders.*, § 45 Rn. 7.

kretisieren.[453] Folglich verbliebe als (voraussichtlich) einziger Anwendungsbereich der Bagatellklausel des § 3 Abs. 1 UWG 2008 nur § 4 Nr. 11 UWG 2008 und die Generalklausel des § 3 Abs. 1 UWG 2008 selbst.

In eine ähnliche Richtung argumentierten u. a. *Köhler* und *Podszun*, die regelmäßig Tatbestandsimmanenz annahmen, sodass in Folge dessen die Spürbarkeit nicht mehr in § 3 Abs. 1 UWG 2008 zu prüfen sei, sondern bereits innerhalb der einzelnen Tatbestände der §§ 4 ff. UWG 2008.[454] Größtenteils wurde die Spürbarkeit als entbehrlich angesehen (so insbesondere bei den § 4 Nr. 1, 2 (anscheinend jedoch nur im Geltungsbereich der UGP-RL), 7, 8, 9, 10 UWG 2008 und bei der allgemeinen Marktbehinderung), teilweise sollte sie als Relevanzschwelle innerhalb der Tatbestände geprüft werden (so etwa bei §§ 5, 5a UWG 2008)[455] oder der Sache nach innerhalb des Tatbestandes zu berücksichtigen sein (etwa bei § 6 Abs. 2 UWG 2008). Lediglich bei § 4 Nr. 3, 4, 5, 6 und 11 UWG 2008 sollte eine Spürbarkeit im Rahmen des § 3 Abs. 1 UWG 2008 geprüft werden. Allerdings durfte, sofern die tatbestandliche Vertypung der Spürbarkeitsschwelle bejaht werde, die verbleibende Bagatellfunktion der Spürbarkeitsklausel nicht vernachlässigt werden.[456] Im Einzelfall konnte daher die Unzulässigkeit einer Handlung trotz Erfüllung der tatbestandsimmanenten Spürbarkeitsschwelle eines Verbotstatbestandes zu verneinen seien.[457]

Sosnitza wiederum schloss aus der mit Erfüllung der Einzeltatbestände resultierenden Indizwirkung für das Vorliegen einer unlauteren geschäftlichen Handlung gleichzeitig auf eine Indizwirkung für das Überschreiten der Bagatellschwelle nach § 3 UWG 2008.[458] Er begründete dies mit der nicht allzu hoch zu veranschlagenden Schwelle der Erheblichkeit. Lediglich bei Verwirklichung der Tatbestände nach § 4 Nr. 3, 4, 5, 11 UWG 2008 sei eine gesonderte Prüfung der Erheblichkeit notwendig, da hier nur anhand der konkreten Umstände des Einzelfalls beurteilt

---

453 *Ders.*, § 45 Rn. 7.

454 Köhler/Bornkamm/*Köhler*, § 3 Rn. 136 ff.; im Ergebnis ähnlich Harte/Henning/*Podszun*, § 3 Rn. 126, der zwar die Spürbarkeit grundsätzlich für die Einzeltatbestände der §§ 4–6 UWG 2008 prüfen wollte, sie allerdings innerhalb der Einzeltatbestände verortet sah, indem sie dort bereits als Kriterium eingearbeitet sei, sodass eine Prüfung jeweils integriert in den Einzeltatbeständen erfolgen musste. Lediglich bei § 4 Abs. 11 UWG 2008 sei dies anders.

455 Vgl. hierzu nur BGH GRUR 2009, 888, Tz. 18 – Thermoroll; Köhler/Bornkamm/*Bornkamm*, § 5 Rn. 2.20; jurisPK-UWG/*Ullmann*, § 3 Rn. 67.

456 Harte/Henning/*Podszun*, § 3 Rn. 153.

457 *Ders.*, § 3 Rn. 152 m. w. N.

458 MünchKomm UWG Band 1/*Sosnitza*, § 3 Rn. 95.

werden könne, inwieweit die Interessen der betroffenen Marktteilnehmer berührt worden seien.

Wirtz, Peukert, Nordemann u. a. waren der Auffassung, dass das Merkmal der Spürbarkeit in jedem Fall zusätzlich zu den sonstigen Tatbestandsmerkmalen der Einzeltatbestände der §§ 4–6 UWG 2008 geprüft werden musste.[459] Dies sollte entsprechend der amtlichen Begründung nicht nur für die §§ 4 Nr. 1–11 und 6 UWG 2008, sondern ebenso für den Irreführungstatbestand des § 5 Abs. 1 UWG 2008 gelten. Da nicht jede relevante Irreführung zwischen Mitbewerbern die Unzulässigkeit der geschäftlichen Handlung zur Folge habe, gelte die Erheblichkeitsschwelle des § 3 Abs. 1 UWG 2008 auch hier, sodass es darauf ankomme, ob die Interessen der in den Schutzbereich einbezogenen Marktteilnehmer spürbar beeinträchtigt würden.[460] Allerdings musste bei der Anwendung des Spürbarkeitserfordernisses des § 3 Abs. 1 UWG 2008 zwischen dem prinzipiellen Prüfungserfordernis und dem diesbezüglichen Begründungsbedarf unterschieden werden,[461] denn in der Regel beeinträchtigten geschäftliche Handlungen, die dem unlauteren Marktverhalten der Beispiels- und Einzeltatbestände entsprächen, die geschützten Interessen der Marktteilnehmer in spürbarem Maße.[462] Eine eingehende Prüfung und Begründung der Spürbarkeit erübrige sich folglich bei Sachverhalten, die den Unwertgehalten der §§ 4–6 UWG 2008 entsprächen. Die Spürbarkeit sollte jedoch stets gesondert festgestellt werden. Das Vorliegen der Voraussetzungen der §§ 4–6 UWG 2008 reduzierte damit lediglich die Begründungslast für die Feststellung der Spürbarkeit. Diese Begründungslast nahm aber prozentual zu, je weiter sich ein Verhalten von den normierten Unlauterkeitswerten der §§ 4–6 UWG 2008 entfernte.[463]

---

459 Ohly/Sosnitza/*Sosnitza*, § 3 Rn. 56, abweichend zu seiner Meinung in MünchKomm UWG Band 1/*Sosnitza*, § 3 Rn. 95; Götting/Nordemann/*Wirtz*, § 3 Rn. 10; GK-UWG Band 1/*Peukert*, § 3 Rn. 399; *Nordemann*, S. 96 Rn. 113; *Boesche*, § 5 Rn. 173i, 173j.

460 Fezer/*Peifer* Band 2 UWG, § 5 Rn. 264; GK-UWG Band 1/*Peukert*, § 3 Rn. 399; BT-Drucks. 16/10145, S. 23. Die Gesetzesbegründung zeigte im Folgenden eine Parallele zur Richtlinie 2006/114/EG über irreführende und vergleichende Werbung auf, da auch nach deren Art. 2 lit. b) die Unzulässigkeit irreführender Werbung davon abhängt, dass sie wegen der ihr innewohnenden Täuschung geeignet ist, das wirtschaftliche Verhalten der Personen, an die sie sich richtet oder die von ihr erreicht werden, zu beeinflussen, oder aus demselben Grund geeignet ist, einen Mitbewerber zu schädigen.

461 GK-UWG Band 1/*Peukert*, § 3 Rn. 399.

462 *Ders.*, § 3 Rn. 401; BGH GRUR 2008, 186, Tz. 26 – Telefonaktion.

463 GK-UWG Band 1/*Peukert*, § 3 Rn. 401.

bb) *Stellungnahme – Anwendungsbereich des Spürbarkeitserfordernisses des § 3 Abs. 1 UWG 2008*

Der letztgenannten Ansicht war der Vorzug zu geben. Auch wenn bei der Anwendung des Spürbarkeitserfordernisses des § 3 Abs. 1 UWG 2008 zwischen dem prinzipiellen Prüfungserfordernis und dem diesbezüglichen Begründungsbedarf unterschieden werden musste, folgte aus der Entstehungsgeschichte, dem Wortlaut sowie der Struktur des § 3 Abs. 1 UWG 2008 ebenso wie aus der gesamten Gesetzessystematik des UWG, dass es sich bei der Eignung zur spürbaren Beeinträchtigung der Interessen der Marktteilnehmer um ein eigenständiges Tatbestandsmerkmal handelte, das grundsätzlich stets zusätzlich zu den Tatbestandsvoraussetzungen der §§ 4–6 UWG 2008 (mit Ausnahme des § 3 Abs. 3 UWG 2008 i.V.m. dem Anhang und § 7 UWG 2008) geprüft werden musste, da diese als Beispiels- bzw. Spezialtatbestände ohne Rechtsfolgenregelungen ausgestaltet waren und als solche lediglich die Unlauterkeit der Generalklausel des § 3 Abs. 1 UWG 2008 konkretisierten.[464] Folglich setzte die Unzulässigkeit eines wettbewerbswidrigen Verhaltens im B2B-Verhältnis stets das Vorliegen der Tatbestandserfordernisse des § 3 Abs. 1 UWG 2008 voraus, zu denen ebenfalls das Spürbarkeitsmerkmal zählte.

cc) *Übersicht über das Verhältnis des Spürbarkeitskriteriums des § 3 Abs. 1 UWG 2008 zu den einzelnen Tatbeständen der §§ 4–6 UWG 2008*

(1) § 4 Nr. 1 UWG 2008

§ 4 Nr. 1 UWG 2008 bezweckte neben dem Schutz der geschäftlichen Entscheidungsfreiheit der Verbraucher gleichfalls den Schutz der Entscheidungsfreiheit der Mitbewerber vor einer unangemessenen unsachlichen Beeinflussung vor, während und nach Abschluss eines Vertrages über Waren und Dienstleistungen. In seinem Anwendungsbereich außerhalb der UGP-RL knüpfte § 4 Nr. 1 UWG 2008 an die in § 3 Abs. 1 UWG 2008 aufgeführte unlautere Handlung an, sodass nur über die Erfüllung der Voraussetzungen der allgemeinen Generalklausel die unlautere Handlung eine unzulässige Handlung darstellen konnte. Nach dem Willen des Gesetzgebers war folglich zusätzlich zu den Merkmalen des § 4 Nr. 1 UWG 2008 zu prüfen, ob die jeweilige Handlung geeignet war, die Interessen des

---

464 So auch GK-UWG Band 1/*Peukert*, § 3 Rn. 399; Götting/Nordemann/*Wirtz*, § 3 Rn. 10; im Grundsatz ebenso Harte/Henning/*Podszun*, § 3 Rn. 126, der allerdings die Spürbarkeit innerhalb der Einzeltatbestände verortet sah, Rn. 132; nach einzelnen Tatbeständen differenzierend MünchKomm UWG Band 1/*Sosnitza*, § 3 Rn. 94, 95.

Marktteilnehmers spürbar zu beeinflussen.[465] Auch wenn die Rspr. die Unlauterkeit erst dann als überschritten betrachtete, wenn die unzulässige Beeinflussung solch ein Maß angenommen hatte, dass sie die freie Entscheidung des Marktteilnehmers zu beeinträchtigen vermochte[466], war damit noch nicht festgestellt, ob die Beeinträchtigung der freien Entscheidungsfindung tatsächlich erheblich war und ob dies zu einer spürbaren Interessenbeeinträchtigung des Marktteilnehmers in der Form eines Schadenseintritts führte. Die Spürbarkeit war in jedem Fall zu prüfen.

(2) § 4 Nr. 3 UWG 2008

Die Verschleierung des Werbecharakters einer geschäftlichen Handlung war nicht in jedem Fall geeignet, die wirtschaftliche Entscheidung des Adressaten spürbar zu beeinflussen.[467] Insoweit kam es auf die Umstände des Einzelfalls an, sodass die Spürbarkeit in jedem Fall zu prüfen war.

(3) § 4 Nr. 4 UWG 2008

Nicht jede unzureichende Angabe von Bedingungen für die Inanspruchnahme von Verkaufsförderungsmaßnahmen war geeignet, die Kaufentscheidung des Marktteilnehmers spürbar zu beeinflussen. Dies hing vielmehr davon ab, wie wichtig die betreffende Information für die Umworbenen war, sodass es insoweit einer gesonderten Prüfung der Spürbarkeit im Einzelfall bedurfte.[468]

---

465 In diesem Sinne auch grundsätzlich GK-UWG Band 2/*Pahlow*, § 4 Nr. 1 Rn. 37; Ohly/Sosnitza/*Sosnitza*, § 4.1 Rn. 1/15; Köhler/Bornkamm/*Köhler*, § 3 Rn. 137; sowie die Rspr. BGH GRUR 2006, 953, Tz. 21 – Warnhinweis II.

466 Vgl. BGH GRUR 2006, 75, Tz. 21 – Artenschutz; BGH GRUR 2006, 511, Tz. 21 – Umsatzsteuererstattungs-Modell.

467 H.M., vgl. nur Köhler/Bornkamm/*Köhler*, § 3 Rn. 139, und § 4 Rn. 3.12; Harte/Henning/*Frank*, § 4 Nr. 3 Rn. 28; Fezer/*Hoeren* Band 1 UWG, § 4–3 Rn. 3; MünchKomm UWG Band 1/*Heermann*, § 4 Nr. 3 Rn. 206; a.A. GK-UWG Band 2/*Peifer*, § 4 Nr. 3 Rn. 122 ff.

468 H.M., vgl. MünchKomm UWG Band 1/*Heermann*, § 4 Nr. 4 Rn. 109; Fezer/*Steinbeck* Band 1 UWG, § 4–4 Rn. 48, 49; GK-UWG Band 2/*Obergfell*, § 4 Nr. 4 Rn. 97 ff.; Gloy/Loschelder/Erdmann/*Jaeger-Lenz*, § 51 Rn. 59 ff.; Köhler/Bornkamm/*Köhler*, § 3 Rn. 140, § 4 Rn. 4.19; sowie die Rspr., vgl. OLG Köln GRUR-RR 2006, 57, 59 – Zugabe „solange der Vorrat reicht"; BGH GRUR 2010, 649, Tz. 30 – Preisnachlass auf Vorratsware; OLG Naumburg GRUR-RR 2007, 159, 160 – Kaffeezuckertütchen.

(4) § 4 Nr. 5 UWG 2008

Auch die unzureichenden Informationen über die Teilnahmebedingungen bei Preisausschreiben und Gewinnspielen waren nicht von vornherein geeignet, die Teilnahmeentscheidung spürbar zu beeinflussen.[469] Vielmehr kam es hierfür bspw. auf die Bedeutung oder auch auf die Transparenz[470] der Informationen für die Umworbenen an. Das Merkmal der Spürbarkeit war in jedem Einzelfall gesondert zu prüfen.[471]

(5) § 4 Nr. 7 UWG 2008

Mit § 4 Nr. 7 UWG 2008 sollten die wirtschaftlichen Interessen der Mitbewerber vor sog. Schmähkritik im Sinne von verunglimpfenden oder herabsetzenden Meinungsäußerungen unter Beachtung der Wertungen der Meinungsfreiheit (Art. 5 Abs. 1 GG) geschützt werden.[472] Zwar setzte eine nicht durch das Grundrecht der Meinungsfreiheit des Art. 5 Abs. 1 GG gerechtfertigte Herabsetzung oder Verunglimpfung bereits tatbestandlich eine gewisse Erheblichkeit der Beeinträchtigung des Mitbewerbers bzw. des Adressaten voraus[473], allerdings war damit noch nicht gesagt, ob die Interessen der Mitbewerber damit auch in jedem Fall spürbar beeinträchtigt waren. Schließlich waren Fälle denkbar, in denen es zwar zu einer Herabsetzung kam, diese jedoch keine nennenswerten Auswirkungen auf die wirtschaftlichen Interessen des Mitbewerbers entfaltete (bspw. bei stark lokaler Begrenztheit einer Äußerung gegenüber einem deutschlandweit agierenden Unternehmen). Folglich war bei jeder Herabsetzung oder Verunglimpfung zu prüfen, ob dadurch die Interessen der Mitbewerber tatsächlich spürbar beeinträchtigt wurden, wobei dies in der Regel bejaht werden durfte.[474]

(6) § 4 Nr. 8 UWG 2008

§ 4 Nr. 8 UWG 2008 bezweckte den Schutz von Mitbewerbern vor unwahren oder nicht erweislich wahren Tatsachen, die geeignet waren, den Betrieb des Adressaten

---

469 Köhler/Bornkamm/*Köhler*, § 3 Rn. 140.

470 BGH GRUR 2011, 629, Tz. 23 – Einwilligungserklärung für Werbeanrufe.

471 GK-UWG Band 2/*Obergfell*, § 4 Nr. 5 Rn. 89 ff.; Harte/Henning/*Bruhn*, § 4 Nr. 5 Rn. 3a; Gloy/Loschelder/Erdmann/*Jaeger-Lenz*, § 52 Rn. 26; Köhler/Bornkamm/*Köhler*, § 3 Rn. 141.

472 BT-Drucks. 15/1487, S. 18.

473 Dementsprechend wird die Prüfung des Spürbarkeitsmerkmals teilweise für entbehrlich gehalten, vgl. Köhler/Bornkamm/*Köhler*, § 3 Rn. 143; Fezer/*Nordemann* Band 1 UWG, § 4-7 Rn. 94; Ohly/Sosnitza/*Ohly*, § 4.7 Rn. 7/9; Gloy/Loschelder/Erdmann/*Hasselblatt*, § 54 Rn. 38.

474 JurisPK-UWG/*Müller-Bidinger*, § 4 Nr. 7 Rn. 10.

zu schädigen. Aus dem Merkmal der Schädigung wurde überwiegend auf die Entbehrlichkeit der Spürbarkeit geschlossen, da die Eignung zur Schädigung immer auch gleichzeitig die Interessen des Adressaten spürbar beeinträchtigen würde.[475] Da dies allerdings nicht ausnahmslos angenommen werden konnte und durchaus Tatsachenbehauptungen denkbar waren, die zwar unwahr und geschäftsschädigend wirken (denkbar war etwa eine nur minimale, weil bspw. zeitlich sehr kurze Schädigung), jedoch die Interessen der Marktteilnehmer nicht spürbar im Sinne des UWG beeinträchtigen, war die Spürbarkeit in jedem Einzelfall zu prüfen.[476] Hätte man dies anders gesehen, hätte man § 4 Nr. 8 UWG 2008 zu einem Tatbestand der Schwarzen Liste gemacht, der ohne Spürbarkeitsprüfung in jedem Falle unlauter und unzulässig wäre. Dies hätte der Intention des Gesetzgebers widersprochen. Auch hier war die Spürbarkeit jedoch in der Regel zu bejahen.

(7) § 4 Nr. 9 UWG 2008

Der ergänzende wettbewerbliche Leistungsschutz des § 4 Nr. 9 lit. a)-c) UWG 2008 schützte die Individualinteressen der Mitbewerber vor der Ausbeutung ihrer individuellen wettbewerblichen Leistung durch bestimmte Formen der Nachahmung.[477] Da grundsätzlich Nachahmungsfreiheit bestand, konnte nicht schon allein das Anbieten der nachgeahmten Waren und Dienstleistungen an sich unlauter sein, sondern es musste zudem ein Produkt mit wettbewerblicher Eigenart nachgeahmt worden sein und eine der drei Handlungsweisen des § 4 Nr. 9 lit. a)-c) UWG 2008 vorliegen. So war zum einen das Anbieten nachgeahmter, eine gewisse Bekanntheit besitzender, Produkte unlauter, wenn es eine vermeidbare Täuschung der Abnehmer über die betriebliche Herkunft herbeiführte (lit. a)), zudem wurde Schutz vor dem unangemessenen Ausnutzen oder der Beeinträchtigung

---

475 Fezer/*Nordemann* Band 1 UWG, § 4–8 Rn. 75; Köhler/Bornkamm/*Köhler*, § 3 Rn. 144; Götting/Nordemann/*Späth*,
§ 4 Nr. 8 Rn. 8.34.

476 JurisPK-UWG/*Müller-Bidinger*, § 4 Nr. 8 Rn. 6; Gloy/Loschelder/Erdmann/*Hasselblatt*, § 55 Rn. 9, der von einer größtenteils verwirklichten Spürbarkeit ausging; MünchKomm UWG Band 1/*Brammsen/Doehner*, § 4 Nr. 8 Rn. 41, ihre Ansicht jedoch im Vergleich zur Vorauflage in MünchKomm UWG Band 1 2006/*Brammsen/Doehner*, § 4 Nr. 8 Rn. 34, relativierend, in der sie für die Annahme der Spürbarkeit unwahre Tatsachenbehauptungen von „einem gewissen Gewicht" für das Geschäft des Adressaten angenommen hatten; vgl. die Kritik hierzu von Fezer/*Nordemann* Band 1 UWG, § 4–8 Rn. 75.

477 GK-UWG Band 2/*Leistner*, § 4 Nr. 9 Rn. 20; zur Diskussion um die Frage, ob § 4 Nr. 9 lit. a) UWG 2008 innerhalb des Anwendungsbereiches der UGP-RL lag vgl. nur die Ausführungen bei *Sack*, GRUR 2015, S. 442 ff. m. w. N.

der Wertschätzung der nachgeahmten Produkte gewährt (lit. b)) und schließlich verbot lit. c) die Verwendung unredlich erlangten Know-hows durch das Angebot nachgeahmter Produkte. Aus den zuvor aufgeführten besonderen Unlauterkeitskriterien folgerte ein Teil der Literatur, dass eine Nachahmungshandlung im Sinne des § 4 Nr. 9 UWG 2008, die eines der Merkmale der lit. a)-c) erfüllte, stets die Interessen der Mitbewerber spürbar beeinträchtigen würde.[478] Auch wenn § 4 Nr. 9 UWG 2008 mit seinen drei Tathandlungen konkrete Anforderungen an die Unlauterkeit stellte und stets eine umfassende Interessenabwägung im Einzelfall erfolgen musste, konnte dem Spürbarkeitsmerkmal des § 3 Abs. 1 UWG nicht jegliche Bedeutung abgesprochen werden.[479] So musste bspw. nicht jede Täuschung der Mitbewerber oder der Verbraucher über ein Produkt dazu führen, dass die wirtschaftlichen Interessen des Herstellers spürbar beeinträchtigt werden – etwa, wenn das nachgeahmte Produkt nicht nachgefragt wurde.

(8) § 4 Nr. 10 UWG 2008

Eine gezielte Behinderung der wettbewerblichen Entfaltungsmöglichkeiten eines Mitbewerbers im Sinne von § 4 Nr. 10 UWG 2008 hatte stets unter einer Abwägung der Interessen der beteiligten Marktteilnehmer, der Verbraucher oder der sonstigen Marktteilnehmer zu erfolgen. Zu den Entfaltungsmöglichkeiten eines Mitbewerbers zählen Wettbewerbsparameter wie Absatz, Bezug, Werbung, Produktion, Forschung und Entwicklung, Finanzierung etc.[480] Da die Schwelle zur gezielten Behinderung erst überschritten war, wenn die Handlung auf die Beeinträchtigung der wettbewerblichen Entfaltungsmöglichkeiten des Mitbewerbers gerichtet und zudem stets eine Einzelfallprüfung vorzunehmen war, wurde von einigen Stimmen in der Literatur eine Tatbestandsimmanenz des Spürbarkeitsmerkmals des § 3 Abs. 1 UWG 2008 angenommen.[481] Auch wenn die mit der gezielten Behinderung bewirkte Beeinträchtigung der Interessen eines Mitbewerbers für diesen erheblich sein konnte, war

478 Köhler/Bornkamm/*Köhler*, § 4 Rn. 9.20; Götting/Nordemann/*Axel Nordemann*, § 4 Nr. 9 Rn. 9.6; Harte/Henning/*Sambuc*, § 4 Nr. 9 Rn. 230; GK-UWG Band 2/*Leistner*, § 4 Nr. 9 Rn. 237.

479 Eine Spürbarkeitsprüfung verlangten ebenfalls Gloy/Loschelder/Erdmann/*Eck*, § 56 Rn. 25; *Nordemann*, S. 321 Rn. 554; MünchKomm UWG Band 1/*Wicke*, § 4 Nr. 9 Rn. 46, der allerdings auf eine Beeinträchtigung des Wettbewerbs zum Nachteil anderer Marktteilnehmer abstellte.

480 Köhler/Bornkamm/*Köhler*, § 4 Rn. 10.6.

481 Ohly/Sosnitza/*Ohly*, § 4.10 Rn. 10/10; Götting/Nordemann/*Wirtz*, § 4 Nr. 10 Rn. 10.7; Harte/Henning/*Omsels*, § 4 Nr. 10 Rn. 17; Köhler/Bornkamm/*Köhler*, § 4 Rn. 10.3; Fezer/*Götting* Band 1 UWG, § 4–10 Rn. 22.

anderen Literaturstimmen zufolge allein mit der gezielten Beeinträchtigung noch nicht in jedem Fall eine spürbare Interessenbeeinträchtigung festgestellt, sodass es durchaus der Feststellung eines Überschreitens der Spürbarkeitsschwelle bedurfte.[482] Dies entsprach den Vorgaben und der Intention des Gesetzgebers.

(9) § 4 Nr. 11 UWG 2008

Ein Verstoß gegen eine Marktverhaltensregel war nicht in jedem Fall eine unzulässige geschäftliche Handlung, sondern erst dann, wenn sie geeignet war, die Interessen der Mitbewerber, Verbraucher oder sonstigen Marktteilnehmer spürbar zu beeinträchtigen.[483] Bei einer Verletzung von Marktverhaltensnormen außerhalb des Anwendungsbereiches der UGP-RL[484] war entsprechend den Vorgaben des § 3 Abs. 1 UWG 2008 zu prüfen, welche Interessen die jeweilige Regelung schützen will und wie hoch sie zu bewerten sind.[485] Im Rahmen der spürbaren Interessenbeeinträchtigung waren die Umstände des Einzelfalls zu berücksichtigen, wie etwa die Art, Schwere, Häufigkeit oder Dauer der Zuwiderhandlung sowie die Bedeutung des durch die Rechtsnorm geschützten Rechtsgutes.[486] *Schaffert* wollte das Kriterium der Nachahmungsgefahr für die Feststellung einer Spürbarkeit bemühen, ohne die Nachahmung jedoch einfach zu unterstellen bzw. zu vermuten, sondern vielmehr erst nach ihrer konkreten Feststellung.[487] Die Nachahmungsgefahr wurde allerdings für die Feststellung der Spürbarkeit aus den dargestellten Gründen[488] als wenig tauglich erachtet.[489]

---

482 Gloy/Loschelder/Erdmann/*Hasselblatt*, § 57 Rn. 14; MünchKomm UWG Band 1/*Jänich*, § 4 Nr. 10 Rn. 8, der wiederum auf die Auswirkungen auf das Marktgeschehen abstellte.

483 H.M., vgl. nur Köhler/Bornkamm/*Köhler*, § 4 Rn. 11.58a, 11.58d ff.; Harte/Henning/*v. Jagow*, § 4 Nr. 11 Rn. 38 m. w. N.; Ohly/Sosnitza/*Ohly*, § 4.11 Rn. 11/30; Gloy/Loschelder/Erdmann/*Hasselblatt*, § 58 Rn. 43; GK-UWG Band 2/*Metzger*, § 4 Nr. 11 Rn. 42 ff. m. w. N.; Fezer/*Götting* Band 1 UWG, § 4–11 Rn. 47.

484 Vgl. den Überblick über die Vorschriften, die nicht in den Anwendungsbereich der UGP-RL fallen, bei Köhler/Bornkamm/*Köhler*, § 4 Rn. 11.6e ff.

485 Köhler/Bornkamm/*Köhler*, § 4 Rn. 11.58d.

486 GK-UWG Band 2/*Metzger*, § 4 Nr. 11 Rn. 42; Köhler/Bornkamm/*Köhler*, § 4 Rn. 11.58d.

487 MünchKomm UWG Band 1/*Schaffert*, § 4 Nr. 11 Rn. 89.

488 Vgl. die Ausführungen unter Kapitel D. II. 3. a) bb).

489 Vgl. den zitierten Meinungsstand unter Kapitel D. II. 3. a) bb) sowie die Hinweise zu den kritischen Stimmen bei MünchKomm UWG Band 1/*Schaffert*, § 4 Nr. 11 Rn. 89, Fn. 504 ff.

Eine Prüfung des Spürbarkeitsmerkmals war im Rahmen des § 4 Nr. 11 UWG 2008 folglich in jedem Fall geboten. Zwar konnte ein Verstoß gegen eine Marktverhaltensregel eine Eignung zur spürbaren Beeinträchtigung im Einzelfall indizieren, jedoch kam es auf die jeweilige Marktverhaltensregel, ihren Schutzzweck sowie auf die Umstände des Einzelfalls an, wozu insbesondere die Auswirkungen der Zuwiderhandlung auf die Interessen der Beteiligten zählten.[490]

(10) §§ 5, 5a Abs. 1 UWG 2008

Wettbewerbliche Kommunikation sollte nicht nur die Aufmerksamkeit und das Interesse für eine Produkt- oder Unternehmensinformation wecken, sondern darüber hinaus eine Verhaltensänderung bei den Adressaten bis hin zu einer Marktentscheidung bewirken.[491] Das Irreführungsverbot des § 5 UWG 2008 wollte die auf Grund unzureichender, missverständlicher oder falscher Informationen getroffene Marktentscheidung verhindern.[492] Damit war der Schutz der Entscheidungsgrundlage angesprochen, der – neben dem Schutz der Entscheidungsausübung – gewährleisten sollte, dass die Konsumenten zutreffend informiert ihre Schiedsrichterfunktion im Markt ausüben konnten.[493] Hiermit korrespondierte das Gebot der Klarheit und der Wahrheit des werblichen Angebotes, das zu den Stützen der Wettbewerbsordnung gehört.[494]

Gleichzeitig war jedoch anerkannt, dass das UWG die Marktteilnehmer nicht vor jeglicher Fehlvorstellung schützen konnte.[495] Eine irreführende geschäftliche Handlung war vielmehr nur dann unzulässig, wenn sie geeignet war, die wirtschaftliche Entscheidung der Gegenseite zu beeinflussen.[496] Denn die Funktionsfähigkeit des Wettbewerbs war nur dann betroffen, wenn sich das Verhalten auf die Entschließungsfähigkeit des Adressaten auswirkte – blieb das Selbstbestimmungsrecht des Adressaten trotz der irreführenden Angabe bestehen, bedurfte es keines Schutzes durch das UWG.[497] Damit ist das Relevanzkriterium angesprochen, demzufolge

---

490 *Köhler*, WRP 2014, S. 265, Rn. 55.

491 Fezer/*Peifer* Band 2 UWG, § 5 Rn. 258.

492 *Ders.* Band 2 UWG, § 5 Rn. 258.

493 *Beater*, Rn. 1175.

494 Fezer/*Peifer* Band 2 UWG, § 5 Rn. 48.

495 *Nordemann*, in FS Köhler (2014), S. 491.

496 Gloy/Loschelder/Erdmann/*Helm*, § 59 Rn. 155; *Nordemann*, in FS Köhler (2014), S. 491; sowie die Rspr., bspw. BGH GRUR 2007, 251 ff., Tz. 18, 20, 33 – Regenwaldprojekt II; BGH GRUR 2004, 437, 438 – Fortfall einer Herstellerpreisempfehlung; BGH GRUR 2000, 436, 438 – Ehemalige Herstellerpreisempfehlung.

497 *Nordemann*, in FS Köhler (2014), S. 491.

eine geschäftliche Handlung nur dann verboten sein sollte, wenn dadurch die zu treffende Marktentschließung in wettbewerblich erheblicher Weise beeinflusst wurde.[498] Sowohl die Rechtsprechung[499] als auch Teile der Literatur[500] gingen davon aus, dass das Merkmal der wettbewerblichen Erheblichkeit ein dem Irreführungstatbestand des § 5 UWG 2008 immanentes spezifisches Relevanzerfordernis war, das als eigenständige Bagatellschwelle die Notwendigkeit entfallen ließ, das fragliche Verhalten darüber hinaus einer Spürbarkeitsprüfung nach § 3 Abs. 1 UWG 2008 zu unterziehen.

Dem war zu widersprechen. Dabei sollte der Ansatz des Verbotes einer nur wettbewerblich relevanten irreführenden geschäftlichen Handlung grundsätzlich nicht in Abrede gestellt werden. Kritisiert werden musste aber vornehmlich die Wahl des Prüfungsstandortes. Vor Einführung des § 5 UWG in das UWG im Jahr 2004 wurden irreführende Handlungen nach § 3 UWG 1909 geprüft. Für die Anwendung des Irreführungsverbotes unter § 3 UWG 1909 wurde eine unrichtige Angabe gefordert, die geeignet sein musste, den Anschein eines besonders günstigen Angebotes hervorzurufen.[501] Das Tatbestandsmerkmal des Anscheins eines besonders günstigen Angebotes wurde zwar mit der UWG-Reform 1969 gestrichen, nach wie vor wurde jedoch unter § 3 UWG 1909 als ungeschriebenes Tatbestandsmerkmal vorausgesetzt, dass die Werbeangabe gerade in dem Punkt und in dem Umfang, in dem sie von der Wahrheit abweicht, für die Kaufentscheidung eines nicht unbeachtlichen Teils des Verkehrs von Bedeutung sein müsse.[502] Mit Einführung des § 5 UWG im Jahr 2004 änderte sich der Aufbau des Irreführungstatbestandes grundlegend und § 5 Abs. 1 UWG 2004 bestimmte nun, dass irreführende Werbung als unlauter im Sinne des § 3 UWG 2004 anzusehen war. Das Verbot des § 5 UWG 2004 sollte demzufolge nur noch dann unlauter sein, wenn auch die Tatbestandsmerkmale des § 3 UWG 2004 erfüllt waren – wenn also die irreführende Handlung geeignet war, den Wettbewerb nicht nur unerheblich zu beeinträchtigen. Folglich wurde unter § 3 UWG 2004 eine Eignung zur nicht nur unerheblichen Beeinflussung der Entscheidung der Marktgegenseite gefordert. Dies entsprach dem

---

498 Vgl. hierzu den Überblick bei Köhler/Bornkamm/*Bornkamm*, § 5 Rn. 2.169 ff.

499 BGH GRUR 2012, 286, 288, Tz. 18 – Falsche Suchrubrik; BGH GRUR 2009, 888, Tz. 18 – Thermoroll; differenzierender jedoch BGH GRUR 2009, 788, Tz. 23–20 % auf alles, der annahm, das bei Vorliegen wettbewerbsrechtlicher Relevanz regelmäßig die Spürbarkeit überschritten war.

500 Köhler/Bornkamm/*Bornkamm*, § 5 Rn. 2.169 ff.; Ohly/Sosnitza/*Sosnitza*, § 5 Rn. 217; GK-UWG Band 2/*Lindacher*, § 5 Rn. 242; jurisPK-UWG/*Link*, § 5 Rn. 78, 79.

501 Gloy/Loschelder/Erdmann/*Helm*, § 59 Rn. 156.

502 *Ders.*, § 59 Rn. 156.

Relevanzerfordernis, das zuvor im Rahmen des Irreführungstatbestandes unter § 3 UWG 1909 als ungeschriebenes Tatbestandsmerkmal geprüft wurde.[503] Durch die UWG-Reform im Jahr 2008 wurde diese Prüfungssystematik noch deutlicher, da § 3 Abs. 2 S. 1 UWG 2008 nunmehr eine spezielle Spürbarkeitsschwelle für unlautere Handlungen gegenüber Verbrauchern enthielt und § 3 Abs. 1 UWG 2008 solche unlauteren geschäftlichen Handlungen für unzulässig erklärte, die geeignet waren, die Interessen von Mitbewerbern, Verbrauchern oder sonstigen Marktteilnehmern spürbar zu beeinträchtigen.[504] Demzufolge war unter der Geltung des UWG 2008, aber auch bereits seit der Reform des UWG 2004, eine Relevanzprüfung im Rahmen von §§ 5, 5a Abs. 1 UWG 2008 überflüssig, weil für Handlungen gegenüber Verbrauchern oder Mitbewerbern bzw. anderen Marktteilnehmern die allgemeinen Spürbarkeitsschwellen des § 3 Abs. 1 und 2 UWG 2008 galten.[505]

Auch aus dogmatischer Sicht rief die zuvor aufgeführte Ansicht der Rechtsprechung und Teilen der Literatur Bedenken hervor, denn die Tatbestände der §§ 5, 5a Abs. 1 UWG 2008 kannten ausdrücklich kein Relevanzerfordernis.[506] Das in § 5 Abs. 1 S. 2 UWG 2008 normierte Merkmal, „sonstige zur Täuschung *geeignete* Angaben" meinte lediglich, dass eine objektive Eignung der Angabe zur Täuschung gegeben sein musste, was aber eine notwendige Vorfrage des Irreführungstatbestandes war, da nur eine unwahre oder zur Täuschung geeignete Angabe überhaupt relevant sein konnte.[507] Hätte man die wettbewerbliche Relevanz als ein dem Irreführungstatbestand immanentes Merkmal angesehen, das als eigenständige Bagatellschwelle die zusätzliche Spürbarkeitsprüfung nach § 3 UWG 2008 ausschlösse, hätte man damit die eigentliche Spürbarkeitsprüfung nach § 3 UWG 2008 negiert.[508] Eine solche war aber obligatorisch, da eine Irreführung nach §§ 5, 5a Abs. 1 UWG 2008 erst dann unzulässig war, wenn die weiteren Tatbestandsmerkmale und damit auch die Spürbarkeitsschwellen des § 3 Abs. 1, 2 UWG 2008 erfüllt waren. Dies entsprach im Übrigen auch dem Willen des Gesetzgebers, der bei Irreführungen im

---

503 Gloy/Loschelder/Erdmann/*Helm*, § 59 Rn. 156.

504 *Nordemann*, in FS Köhler (2014), S. 491, 492.

505 *Ders.*, in FS Köhler (2014), S. 492; Götting/Nordemann/*Axel Nordemann*, § 5 Rn. 0.15, 0.125; Gloy/Loschelder/Erdmann/*Helm*, § 59 Rn. 157; *Henning-Bodewig*, GRUR Int. 2007, S. 986, 989; Fezer/*Peifer* Band 2 UWG, § 5 Rn. 177 ff., der ebenfalls für eine Spürbarkeitsprüfung bei § 5 UWG plädierte, die allerdings nachgeschaltet zu dem Relevanzmerkmal zu prüfen sei.

506 *Nordemann*, in FS Köhler (2014), S. 492.

507 *Ders.*, in FS Köhler (2014), S. 492.

508 *Ders.*, in FS Köhler (2014), S. 492.

Sinne des § 5 UWG 2008 ausdrücklich die Spürbarkeit geprüft haben wollte.[509] Die gesetzessystematische Rückbindung der §§ 5 und 5a UWG 2008 an § 3 UWG 2008 wurde durch die Streichung des Verweises auf § 3 UWG in § 5 Abs. 1 S. 1 UWG 2008 bzw. dessen Weglassen in § 5a Abs. 1 UWG 2008 nicht aufgehoben.[510] Im Übrigen sprachen auch aus inhaltlicher Sicht keine Bedenken gegen eine Prüfung der Spürbarkeit außerhalb der §§ 5, 5a Abs. 1 UWG 2008, da die Merkmale der Spürbarkeit des § 3 UWG 2008 im Wesentlichen den Relevanzmerkmalen des § 5 UWG 2008 entsprachen.[511]

Schließlich hätte die Prüfung der Relevanzmerkmale im Rahmen der Spürbarkeit auch nicht dem europäischen Recht widersprochen, insbesondere nicht der Werbe-RL, die zwar keine Bagatellschwelle kennt, aber in Art. 2 lit. b) Werbe-RL darauf abstellt, dass die irreführende Werbung einen Mitbewerber schädigt oder zu schädigen geeignet ist. Damit war jedoch noch keine Aussage über den Standort der Prüfung getroffen, sodass sich die Regelung in Art. 2 lit. b) Werbe-RL nicht eignete, die Forderung nach einer in § 5 UWG 2008 integrierten Spürbarkeitsprüfung zu bestätigen.[512]

(11) § 6 UWG 2008

§ 6 UWG 2008 diente der Umsetzung der Werbe-RL. Damit war § 6 UWG 2008 am Wortlaut und Zweck der Werbe-RL auszulegen.[513] Die Werbe-RL regelt die Zu-

---

509 Vgl. BT-Drucks. 16/10145, S. 23: „Im Ergebnis ähnlich wie bisher hängt die Unzulässigkeit einer nach § 5 Abs. 1 Satz 1 UWG-E in Verbindung mit § 3 Abs. 1 UWG-E unlauteren geschäftlichen Handlung nach dem Gesetzentwurf von ihrer Eignung ab, die Interessen der Mitbewerber, Verbraucher oder sonstigen Marktteilnehmer spürbar zu beeinträchtigen. Diese Erheblichkeitsschwelle beschränkt die Relevanz der Irreführungstatbestände auf geschäftliche Handlungen, die von einem gewissen Gewicht für das Marktgeschehen sind." Bereits in der Begründung zum UWG 2004 verwies der Gesetzgeber auf die Prüfung der weiteren Voraussetzungen des § 3 UWG 2004 im Rahmen des § 5 UWG 2004, um insbesondere die Verfolgung von Bagatellen auszuschließen, vgl. BT-Drucks. 15/1487, S. 19.

510 Vgl. die Ausführungen hierzu in Kapitel C. II. 1.

511 Götting/Nordemann/*Axel Nordemann*, § 5 Rn. 0.125. A.A. *Drews*, S. 173 ff. m. w. N., der zwischen der Relevanz und der Erheblichkeit (Spürbarkeit) grundsätzlich keine Deckungsgleichheit sah, da mit der wettbewerblichen Relevanz die Unlauterkeit der Irreführung qualitativ festgestellt werden würde, während mit der Erheblichkeit die quantitativen Auswirkungen der Irreführung auf dem Markt gemessen würden.

512 In diesem Sinne aber Köhler/Bornkamm/*Bornkamm*, § 5 Rn. 2.21.

513 *Ders.*, § 6 Rn. 9 ff.

lässigkeit vergleichender Werbung abschließend[514], sodass die Mitgliedstaaten nicht befugt sind, vergleichende Werbung in einem von dieser Richtlinie abweichenden Umfang zuzulassen.[515] Nach Art. 8 Abs. 1 Unterabsatz 2 Werbe-RL gilt dies auch für die irreführende vergleichende Werbung.[516] Nach der Systematik des UWG konkretisierte § 6 Abs. 2 UWG 2008 das Tatbestandsmerkmal der Unlauterkeit des § 3 Abs. 1 UWG 2008. Da eine vergleichende Werbung aber nicht per se unzulässig war, musste sie darüber hinaus geeignet sein, die Interessen von Mitbewerbern, Verbrauchern oder sonstigen Marktteilnehmern spürbar zu beeinträchtigen. Ein solches Erfordernis sieht die Werbe-RL jedoch nicht ausdrücklich vor. Vielmehr ist eine vergleichende Werbung bereits dann unzulässig und verboten, wenn sie nicht die Voraussetzungen des Art. 4 Werbe-RL erfüllt. Dies gilt gleichfalls für vergleichende irreführende Werbung gegenüber Verbrauchern, vgl. Art. 4 lit. a) Werbe-RL.

In der Literatur ließen sich zu der Frage, ob eine Heranziehung des Spürbarkeitserfordernisses des § 3 Abs. 1 UWG 2008 im Rahmen des § 6 UWG 2008 richtlinienkonform war, differenzierte Meinungen finden: *Sack*[517] und *Ohly*[518] wiesen darauf hin, dass angesichts des klaren Richtlinienwortlautes der Werbe-RL kein Auslegungsspielraum gegeben war und eine zusätzliche Prüfung des Spürbarkeitsmerkmals mit der totalharmonisierenden Werbe-RL nicht vereinbar sei. Es bestehe daher kein Anwendungsspielraum für das Spürbarkeitserfordernis in § 6 UWG 2008. Insofern seien die Merkmale des Katalogs des Art. 4 Werbe-RL als Verbotstatbestände zu verstehen, sog. Verbotskatalogtheorie.[519] Gegen diese Meinung zog *Menke*[520] den Wortlaut des Art. 5 Abs. 1 S. 2 Werbe-RL heran, wonach nur Personen oder Organisationen mit „berechtigtem Interesse" Durchsetzungsmöglichkeiten gegen unlautere vergleichende Werbung gewährt würden. *Koos*[521], *Lettl*[522], *Peifer*[523] u. a.[524] vertraten die Ansicht, dass die Heranziehung der Spürbarkeitsschwelle durch den Grundsatz der Verhältnismäßigkeit gerecht-

514 Vgl. Art. 8 Abs. 1 Unterabsatz 2 Werbe-RL.
515 Gleich, ob weiter oder restriktiver, vgl. Köhler/Bornkamm/*Köhler*, § 6 Rn. 10.
516 EuGH C-44/01, Tz. 40–44 – Pippig Augenoptik.
517 *Sack*, WRP 2004, S. 30 ff.
518 *Ohly*, GRUR 2004, S. 889, 896.
519 Vgl. nur Harte/Henning/*Sack*, § 6 Rn. 239 m. w. N.
520 MünchKomm UWG Band 2/*Menke*, § 6 Rn. 36.
521 *Koos*, WRP 2005, S. 1096, 1099 ff.
522 *Lettl*, WRP 2004, S. 1079, 1120.
523 *Peifer*, WRP 2011, S. 1, 6.
524 Vgl. den Überblick über weitere Literaturstimmen bei Harte/Henning/*Sack*, § 6 Rn. 240, Fn. 621.

fertigt war, da es diesem Grundsatz widersprochen hätte, Werbemaßnahmen zu untersagen, die die Interessen der Marktteilnehmer nicht spürbar beeinträchtigen könnten.[525] *Sack*[526] wiederum sah die Spürbarkeit als mit der Werbe-RL vereinbar an, da Art. 4 Werbe-RL seinem Wortlaut entsprechend lediglich einen Katalog mit Bedingungen der Zulässigkeit vergleichender Werbung enthielt, sodass die Mitgliedstaaten befugt gewesen seien, vergleichende Werbung, die die Zulässigkeitsbedingungen nicht erfüllt, nur im Falle der Erfüllung weiterer Voraussetzungen, wie bspw. der Spürbarkeit, zu verbieten. *Glöckner*[527] erblickte allein in einer EU-grundrechtskonformen Auslegung des Art. 4 Werbe-RL eine Möglichkeit, die in der Sache überschießenden Zulässigkeitsvoraussetzungen einschränken zu können. Damit seien die Auswirkungen der vergleichenden Werbung in die Reichweite des Unlauterkeitstatbestandes eingegangen, sodass es einer gesonderten Prüfung der Spürbarkeit nicht mehr bedürfe.[528] *Köhler*[529] war der Ansicht, dass die Werbe-RL selbst zur Lösung des Problems der Richtlinienkonformität der Spürbarkeit in § 6 UWG beitrage, da sie nach ihrem Erwägungsgrund 9 S. 1 Bedingungen für zulässige vergleichende Werbung vorsehe, *„mit denen festgelegt wird, welche Praktiken der vergleichenden Werbung den Wettbewerb verzerren, die Mitbewerber schädigen und die Entscheidung der Verbraucher negativ beeinflussen können*". Der Unionsgesetzgeber sei also der Auffassung gewesen, dass eine vergleichende Werbung, die nicht die Zulässigkeitsvoraussetzungen des Art. 4 Werbe-RL erfülle, Gefahren für den Wettbewerb, die Mitbewerber und die Verbraucher begründe.[530] Daher war es geboten, bei der Auslegung der Zulässigkeitsvoraussetzungen des § 6 Abs. 2 UWG 2008 zu fragen, ob die Werbemaßnahme geeignet war, die Mitbewerber zu schädigen oder die Entscheidung der Verbraucher negativ zu beeinflussen.[531] Das Spürbarkeitserfordernis des § 3 UWG 2008 sei auf Grund des Gebotes der richtlinienkonformen Auslegung zwar nicht unmittelbar bei der Auslegung des § 6 Abs. 2 UWG

---

525 Vgl. nur *Lettl*, WRP 2004, S. 1079, 1120; *Koos*, WRP 2005, S. 1096, 1099 ff.; vgl. zur Kritik gegen die Heranziehung des Grundsatzes der Verhältnismäßigkeit die Ausführungen bei Harte/Henning/*Sack*, § 6 Rn. 240.

526 Harte/Henning/*Sack*, § 6 Rn. 238, der sich dann allerdings im Folgenden der Verbotstatbestandstheorie anschloss und in § 6 Abs. 2 UWG 2008 nach richtlinienkonformer Reduktion des § 3 UWG 2008 quasi per-se-Verbote sah, vgl. *Sack*, a. a. O. Rn. 247.

527 GK-UWG Band 2/*Glöckner*, § 6 Rn. 593.

528 *Ders.*, § 6 Rn. 593.

529 Köhler/Bornkamm/*Köhler*, § 6 Rn. 21.

530 *Ders.*, § 6 Rn. 21.

531 *Ders.*, § 6 Rn. 21.

2008 zu berücksichtigen, jedoch soll die Spürbarkeit der Sache nach innerhalb der Tatbestände des § 6 Abs. 2 UWG geprüft werden.[532]

Der zuletzt genannten Ansicht war dem Grunde nach zu folgen. Verursachte eine Werbemaßnahme gem. Erwägungsgrund 9 S. 1 Werbe-RL keine Schädigung des Mitbewerbers oder eine negative Beeinflussung der Verbraucher, konnte eine richtlinienkonforme Auslegung des § 6 Abs. 2 UWG 2008 ergeben, dass die Werbung zulässig war, obwohl bei wörtlichem Verständnis ein Unlauterkeitstatbestand vorgelegen hätte.[533] Teilweise wurde gegen die Heranziehung des Erwägungsgrundes 9 S. 1 Werbe-RL für die Auslegung des Art. 4 Werbe-RL bzw. des § 6 UWG 2008 vorgebracht, dass aus einer Begründungserwägung keine ungeschriebenen normativen Tatbestandsmerkmale gemacht werden dürften.[534] Dieser Einwand verfing jedoch nicht, da die Heranziehung des Spürbarkeitsmerkmals in § 6 Abs. 2 UWG 2008 unmittelbare Folge der Auslegung der Ziele der Werbe-RL war und daher bei der Anwendung des § 6 UWG 2008 berücksichtigt werden musste. Sekundärrechtliche Normzwecke sind gem. Art. 288 Abs. 3 AEUV maßgeblich für die gemeinschaftskonforme Auslegung der umsetzenden nationalen Vorschriften. Die Werbe-RL will ihrem Erwägungsgrund 9 S. 1 zufolge unter anderem durch genaue Festlegung der Zulässigkeitsvoraussetzungen für vergleichende Werbung vor solchen Praktiken schützen, die, wie zuvor erwähnt, „den Wettbewerb verzerren, die Mitbewerber schädigen und die Entscheidungen der Verbraucher negativ beeinflussen können".[535] Gibt nun aber die Werbe-RL in ihrem Erwägungsgrund 9 S. 1 entsprechende Zielvorgaben, können diese bei der Anwendung der nationalen Vorschrift nicht unberücksichtigt bleiben, um eine Unionswidrigkeit der Vorschrift zu vermeiden. Dagegen sprach auch nicht der Wortlaut des § 6 Abs. 2 UWG 2008, da dessen Tatbestandsvoraussetzungen der Nr. 1–6 Interessenabwägungen zuließen, sodass hier eine Spürbarkeitsprüfung denkbar erschien. War in Folge der Auslegung des § 6 UWG 2008 im Sinne der Werbe-RL also eine Spürbarkeitsprüfung vorzunehmen und hatte eine solche Prüfung der Gesetzessystematik des UWG 2008 zufolge innerhalb des § 3 Abs. 1 UWG 2008 zu erfolgen, hatte dies auch für § 6 UWG 2008 zu gelten.[536]

---

532 *Ders.*, § 3 Rn. 153.

533 Ohly/Sosnitza/*Ohly*, § 6 Rn. 40.

534 GK-UWG Band 2/*Glöckner*, § 6 Rn. 592.

535 Köhler/Bornkamm/*Köhler*, § 6 Rn. 11.

536 MünchKomm UWG Band 2/*Menke*, § 6 Rn. 36; jurisPK-UWG/*Müller-Bidinger*, § 6 Rn. 32; Götting/Nordemann/*Koehler*, § 6 Rn. 53; Gloy/Loschelder/Erdmann/*Hasselblatt*, § 60 Rn. 79, 80; *Bärenfänger*, WRP 2011, S. 160, 166.

Für eine vergleichende Werbung gegenüber Verbrauchern nimmt der EuGH einen Verstoß gegen (jetzt) Art. 4 lit. a) Werbe-RL nur dann an, wenn die Werbemaßnahme die Entscheidung des Verbrauchers „spürbar beeinträchtigen kann".[537] Das vom EuGH entwickelte Spürbarkeitskriterium ist nicht nur bei Art. 4 lit. a) Werbe-RL zu prüfen, sondern ebenfalls bei den Tatbeständen des Art. 4 lit. b)-h) Werbe-RL und damit auch bei dem Tatbestand des § 6 UWG.[538] Für § 6 UWG 2008 sollte folglich maßgeblich sein, ob die von der vergleichenden Werbung betroffenen Mitbewerber negativ beeinflusst werden konnten.[539] Dem war, der Systematik der §§ 3 Abs. 1, 6 Abs. 2 UWG 2008 folgend, durch eine Prüfung der Relevanzklausel innerhalb des § 3 Abs. 1 UWG 2008 gerecht zu werden, wobei die Relevanzklausel aber im Sinne des vom EuGH entwickelten Spürbarkeitserfordernisses auszulegen war.[540]

e) Die Funktionen der Generalklausel

aa) Auffangfunktion und Begrenzungsfunktion der Einzeltatbestände

Vor dem Hintergrund der sehr weitgehenden und differenzierten Kodifikation der Einzeltatbestände stellte sich die Frage, ob und inwieweit der Generalklausel des § 3 Abs. 1 UWG 2008 über die Tatbestandsergänzung der Beispielstatbestände hinaus noch ein eigenständiges Gewicht zukam.[541] Hierzu hatten sich in der Literatur unterschiedliche Meinungen herausgebildet.

Zum einen wurde der Generalklausel des § 3 Abs. 1 UWG 2008 auf Grund der differenzierten Ausgestaltung der Spezialtatbestände, auf Grund des Regelungsmodells von Generalklausel und Beispiels- bzw. Spezialtatbeständen sowie auf Grund der besseren demokratischen Legitimation des Gesetzesrechts, eine Eigenständigkeit als Verbotstatbestand (neben den Einzeltatbeständen) grundsätzlich aberkannt.[542]

---

537 EuGH C-44/01, Tz. 53 – Pippig Augenoptik.

538 *Köhler*, WRP 2014, S. 259 Rn. 58.

539 *Ders.*, WRP 2014, S. 259 Rn. 58.

540 *Ders.*, WRP 2014, S. 259 Rn. 58.

541 Einen guten Überblick über die Problematik gibt Gloy/Loschelder/Erdmann/*Lubberger*, § 43 Rn. 27 ff.

542 *Schünemann*, JZ 2005, S. 278 f.; *Apostolopoulos*, WRP 2005, S. 152 ff.; im Hinblick auf die abschließenden Regelungen in §§ 5, 5a, 6 UWG 2008 vgl. GK-UWG Band 1/*Peukert*, § 3 Rn. 121, 125; MünchKomm UWG Band 1/*Sosnitza*, § 3 Rn. 151 (nur betreffend §§ 5, 5a UWG).

Anderen zufolge kam der Generalklausel des § 3 Abs. 1 UWG 2008 eine Lückenfüllungs- bzw. Auffangfunktion zu.[543] Innerhalb dieser Ansicht wurde wiederum differenziert. *Sack* erkannte der Generalklausel eine umfassende lückenfüllende Funktion zu.[544] Zur Begründung verwies er auf die notwendige Flexibilität einer Generalklausel, die in der Lage sei, sich den neuen Marktverhältnissen anzupassen und alle rechtlich zu missbilligenden Wettbewerbshandlungen zu erfassen, für die das UWG 2008 keine Spezialregelungen vorsehe und die den Wettbewerb nicht unerheblich beeinträchtigten.[545] *Sack* verwies insofern auch auf die Entscheidung des Gesetzgebers zur Beibehaltung der Generalklausel im Rahmen der Reform im Jahre 2004.[546] Einer vermittelnden Ansicht zufolge, der im Ergebnis zuzustimmen war, sollte die Generalklausel des § 3 Abs. 1 UWG 2008 nur sehr eingeschränkt als Auffangtatbestand für von den Beispielstatbeständen nicht erfasste Verhaltensweisen zur Anwendung kommen.[547] So müsse stets sorgfältig geprüft werden, ob nicht durch die Anwendung der Generalklausel unter Umständen eine bewusste Tatbestandsbegrenzung der Einzelregelungen als konkretisierte Unlauterkeitsformen überspielt werde.[548] Seien folglich die Voraussetzungen eines Beispielstatbestandes nicht gegeben, bedeute dies nicht, dass ein Rückgriff auf die Generalklausel ohne Weiteres zulässig wäre.[549] Zudem sei der vorrangige Anwendungsbereich der UGP-RL zu beachten. In deren Anwendungsbereich dürften über § 3 Abs. 1 UWG 2008 hinaus keine geschäftlichen Handlungen gegenüber Verbrauchern verboten werden, die nach der UGP-RL und nach § 3 Abs. 2 UWG 2008 nicht zu beanstanden seien.[550] Im Übrigen sei es auch nicht Aufgabe des Wettbewerbsrichters, bestehende Verhaltensstandards unter Rückgriff auf die Generalklausel des § 3 Abs. 1 UWG 2008 zu verschärfen und damit dem Gesetzgeber vorzugreifen.[551] Folglich müsse das nach der Generalklausel zu verbietende Verhalten vom Unlauterkeitsgehalt her den in den

---

543 Köhler/Bornkamm/*Köhler*, § 3 Rn. 64, 65 m.w.N.; Ohly/Sosnitza/*Sonsitza*, § 3 Rn. 7 ff.; MünchKomm UWG Band 1/*Sosnitza*, § 3 Rn. 16 ff.; Götting/Nordemann/*Wirtz*, § 3 Rn. 43 ff.; *Beater*, Rn. 1060.

544 *Sack*, WRP 2005, S. 531, 532.

545 *Ders.*, WRP 2005, S. 531, 532.

546 *Ders.*, WRP 2005, S. 531, 532. Vgl. insofern die Erläuterungen in BT-Drucks. 15/1487, S. 13, 17, 19.

547 *Nemeczek*, Anm. zu BGH GRUR 2011, 431, Tz. 10 – FSA Kodex, S. 433.

548 MünchKomm UWG Band 1/*Sosnitza*, § 3 Rn. 17; Köhler/Bornkamm/*Köhler*, § 3 Rn. 65a.

549 *Nemeczek*, Anm. zu BGH GRUR 2011, 431 – FSA Kodex, S. 433.

550 EuGH C-206/11, Tz. 35 ff. – Köck.

551 Köhler/Bornkamm/*Köhler*, § 3 Rn. 65a.

Beispiels- und Spezialtatbeständen der §§ 4 ff. UWG 2008 geregelten Verhaltensweisen entsprechen und zudem den anständigen Gepflogenheiten in Gewerbe und Handel zuwiderlaufen, auch wenn dies wegen der Heterogenität der Einzeltatbestände kein Kriterium der Feinsteuerung sein könne.[552] So sei ein Rückgriff auf die Generalklausel insbesondere in Fällen geboten, in denen die Tatbestände der §§ 4 ff. UWG 2008 zwar bestimmte Gesichtspunkte der lauterkeitsrechtlichen Beurteilung erfassten, aber keine umfassende Bewertung der Interessen der durch das Wettbewerbsverhältnis betroffenen Marktteilnehmer ermöglichten.[553] *Podszun* zufolge sollte Rechtsschutz nach § 3 Abs. 1 UWG 2008 schließlich nur dann gewährt werden, wenn es sich um extreme bzw. gravierende Fälle unlauteren Wettbewerbs handelte, deren Wettbewerbswidrigkeit evident und die in Tendenz und Unrechtsgehalt den wörtlich geregelten Spezialtatbeständen vergleichbar waren.[554]

Hält man sich die vorstehend überblicksartig skizzierte Rollenverteilung zwischen der Generalklausel und den Einzeltatbeständen der §§ 4 ff. UWG 2008 vor Augen, so zeigt sich, dass die konkretisierten Einzelregelungen in ihrer Begrenzungsfunktion Auswirkungen auf die Auslegung der Generalklausel des § 3 Abs. 1 UWG 2008 haben konnten oder, mit anderen Worten, dass die rechtliche Wertung des Wettbewerbsverhaltens der Einzeltatbestände auch den Unwertgehalt der Generalklausel (mit-)bestimmen konnte.[555] Fraglich war allerdings, ob man umgekehrt auch von einem spezifischen Einfluss der Generalklausel auf die Auslegung der Spezialtatbestände der §§ 4 ff. UWG 2008 und damit von einer interpretatorischen Wechselwirkung ausgehen konnte.[556] Diesbezüglich vertrat

---

552 MünchKomm UWG Band 1/*Sosnitza*, § 3 Rn. 17; Köhler/Bornkamm/*Köhler*, § 3 Rn. 65a, 65 f.; *Henning-Bodewig*, WRP 2014, S. 1407, Rn. 28; BGH GRUR 2013, 301, Tz. 26 – Solarinitiative; BGH GRUR 2011, 431, Tz. 11 – FSA-Kodex; BGH GRUR 2009, 1080, Tz. 13 – Auskunft der IHK; BGH GRUR 2006, 1042, Tz. 29 – Kontaktanzeigen.

553 BGH GRUR 2008, 262, Tz. 9 – Direktansprache am Arbeitsplatz III; BGH GRUR 2006, 426, Tz. 16 – Direktansprache am Arbeitsplatz II. Kritisch steht der Beurteilung des vorstehend durch den BGH anhand der Generalklausel zu beurteilenden Sachverhalts *Ullmann* in jurisPK-UWG/*Ullmann*, § 3 Rn. 18, gegenüber: Fraglich sei, ob ein Rückgriff auf die Generalklausel auf Grund der vorhandenen Spezialtatbestände der § 4 Nr. 10 UWG oder § 7 Abs. 2 Nr. 2 UWG erforderlich gewesen sei.

554 Harte/Henning/*Podszun*, § 3 Rn. 73 ff., 78, unter Hinweis auf u. a. BGH GRUR 2011, 431, Tz. 11 ff. – FSA-Kodex, und BGH GRUR 2009, 1080, Tz. 13 – Auskunft der IHK.

555 JurisPK-UWG/*Ullmann*, § 3 Rn. 18; *Beater*, Rn. 1057 ff.; MünchKomm UWG Band 1/*Sosnitza*, § 3 Rn. 18.

556 Vgl. die Ausführungen diesbezüglich bei *Schünemann*, JZ 2005, S. 275.

Lubberger die Ansicht, dass sich Generalklausel und Einzeltatbestände (auch) in ihrem materiellen Regelungsgehalt beeinflussen, sodass bei Zweifelsfragen in der Auslegung der Einzeltatbestände auf den normativen Gehalt der Generalklausel zurückzugreifen sei.[557] Dafür könne *Sosnitza* zufolge das wettbewerbsfunktionale Verständnis der Generalklausel angeführt werden.[558] Schließlich gäbe es Einzelfallregelungen wie § 4 Nr. 1 UWG 2008, dessen Tatbestandsmerkmal der unangemessenen unsachlichen Beeinflussung auf die Verbraucherentscheidung kaum ohne Rückgriff auf den Begriff der Unlauterkeit in § 3 Abs. 1 UWG 2008 bestimmt werden könne.[559] Dieser Ansicht zufolge kam der Generalklausel nicht in erster Linie eine Lückenfüllungsfunktion außerhalb der Einzeltatbestände zu, sondern eine Auslegungsfunktion innerhalb der Beispielstatbestände, die auf Grund der Vielzahl an unbestimmten Rechtsbegriffen innerhalb der Einzeltatbestände in ihrer Wichtigkeit nicht zu unterschätzen gewesen wäre.[560] Eines derartigen Rückgriffes auf die Generalklausel bedurfte es jedoch nicht, da die Maßstäbe der Schutzzweckvorschrift des § 1 UWG ebenfalls die Auslegung der Einzeltatbestände der §§ 4 ff. UWG 2008 mitbestimmten.[561]

bb) Rechtsfortbildungsauftrag, Normenkonkretisierungs- und Delegationsfunktion

Trotz Schaffung der Regelbeispiele im Rahmen der UWG-Reform 2004 stellte die Generalklausel des § 3 UWG 2008 nach wie vor die zentrale Vorschrift des Wettbewerbsrechts dar.[562] Da sich das Prinzip, unlauteres Handeln im Wettbewerb durch ein allgemein gehaltenes Verbot zu untersagen, bewährt hatte, sollte an die-

---

557 Gloy/Loschelder/Erdmann/*Lubberger*, § 43 Rn. 27.

558 MünchKomm UWG Band 1/*Sosnitza*, § 3 Rn. 18.

559 Gloy/Loschelder/Erdmann/*Lubberger*, § 43 Rn. 28. Allerdings dürfte der Rückgriff auf den Unlauterkeitsmaßstab des § 3 Abs. 1 UWG bei Verbraucherbelangen fraglich sein.

560 *Ders.*, § 43 Rn. 28. In der Auslegungsfunktion der Generalklausel für die Beispielstatbestände hätte sich zugleich die sog. Transmissionsfunktion der Generalklausel realisiert. Über die Generalklausel wären die Gesetzeszwecke des § 1 UWG, die sich auf den Schutz der Mitbewerber, der Verbraucher und der sonstigen Marktteilnehmer sowie den Schutz der Allgemeinheit vor unverfälschtem Wettbewerb richten, bei der Ausfüllung des Begriffs der Unlauterkeit in § 3 Abs. 1 UWG 2008 sowie bei der konkreten Anwendung der Einzeltatbestände zu berücksichtigen gewesen, vgl. *ders.*, a. a. O. Rn. 29.

561 MünchKomm UWG Band 1/*Sosnitza*, § 3 Rn. 18.

562 Dies galt weiterhin, obwohl § 3 UWG 2008 nicht mehr, wie die vormalige Generalklausel des § 1 UWG 1909, am Anfang des Gesetzes stand.

sem Prinzip festgehalten werden.[563] Daher kam der Rechtsprechung im Rahmen ihres Rechtsfortbildungsauftrages, wie auch nach dem bisherigen Recht, weiterhin die Aufgabe zu, im Einzelnen zu konkretisieren, welche Handlungen als unlauter anzusehen waren.[564] Die Generalklausel des UWG 2008 enthielt somit nach wie vor einen Normenkonkretisierungsauftrag an die Gerichte. Allerdings kam dem zuvor angesprochenen nicht geklärten Verhältnis von Generalklausel und Regelbeispielen ein spezifisches Gewicht für den richterlichen Gestaltungsspielraum zur Rechtsfortbildung zu. Zwar wurde der Normenkonkretisierungsauftrag der lauterkeitsrechtlichen Generalklausel durch die Schaffung des Beispielskatalogs des § 4 Nr. 1 bis 11 UWG 2008 sowie der Tatbestände der §§ 5–6 UWG 2008 erheblich erleichtert. Jedoch musste man, im Hinblick auf die lange Geschichte des Fallgruppenrechts und den Umfang der Fallgruppenkodifizierung im UWG 2008, den richterlichen Gestaltungsspielraum eher eng fassen auf Grund der Vermutung, dass all das, was in den Beispielstatbeständen immer noch nicht aufgenommen war, vom Gesetzgeber dem Grunde nach nicht gewollt und damit dem richterlichen Zugriff entzogen war.[565] Freiheit zur Rechtsfortbildung unter der Generalklausel bestand allerdings dort, wo es um neue Sachverhaltskonstellationen und Wertungsfragen ging.[566] Gelangte ein Gericht im Rahmen der Prüfung der Regelbeispiele und der Spezialtatbestände der §§ 4 ff. UWG 2008 zu dem Schluss, dass keiner der Regeltatbestände anwendbar war, war es gleichwohl nicht ausgeschlossen, unter bestimmten Umständen auf die Generalklausel zurück-

563 BT-Drucks. 15/1487, S. 13.

564 BT-Drucks. 15/1487, S. 16.

565 Ohly/Sosnitza/*Sosnitza*, § 3 Rn. 5. Der Funktion der Generalklausel des § 3 Abs. 1 UWG 2008 im Sinne eines Rechtsfortbildungsauftrages oder einer Delegationsnorm entgegentretend GK-UWG Band 1/*Peukert*, § 3 Rn. 223 ff., nach dem § 3 Abs. 1 UWG 2008 in zweifacher Hinsicht als subsidiär anzusehen war, daher nur selten unmittelbar zur Anwendung gekommen sei und in seiner Bedeutung weit hinter den Generalklauseln des § 1 UWG 1909 und des § 3 UWG 2004 zurückblieb.

566 Gloy/Loschelder/Erdmann/*Lubberger*, § 43 Rn. 35: Die Freiheit zur Rechtsfortbildung hätte jedoch nicht uneingeschränkt bestanden: So musste sich die richterliche Rechtsfortbildung in einem engen Netz normativer Vorgaben bewegen, wie bspw. der Kohärenz zum Begriff der Unlauterkeit in § 3 Abs. 1 UWG 2008, dem Schutz der in §§ 1, 3 UWG 2008 angesprochenen Interessen und deren notwendig drohender Beeinträchtigung, die Kohärenz zum Gewicht der Einzeltatbestände des UWG, ggf. die Gemeinschaftsrechtsverträglichkeit (Binnenmarktziel der UGP-RL), die Beachtung allgemeiner Grundsätze wie der Rechtssicherheit und des Verhältnismäßigkeitsgrundsatzes.

zugreifen.[567] Insofern enthielt § 3 UWG 2008 neben dem Rechtsfortbildungsauftrag auch weiterhin eine Delegationsfunktion.[568] Die „große" Generalklausel hatte sich gegenüber der früheren Rechtslage folglich dahingehend verändert, dass nicht mehr von einer inhaltlich nur schwerlich auszufüllenden „Delegationsnorm" oder „Blankettnorm" gesprochen werden konnte.[569]

cc) Verwirklichung gesetzesimmanenter und gesetzesfremder Ziele

Nur kurz sei darauf hingewiesen, dass die Generalklausel des § 3 UWG 2008 zudem Einfallstor für die Berücksichtigung gesetzesimmanenter sowie gesetzesfremder Ziele sein konnte. Genannt sei hier lediglich die teilweise vorgeschlagene Einbeziehung wirtschaftswissenschaftlicher Erkenntnisse ebenso wie kartellrechtlicher Parallelwertungen[570] im Sinne einer Berücksichtigung ökonomischer Methoden über das institutionelle Schutzgut des unverfälschten Wettbewerbs.[571] Darüber hinaus diente die Generalklausel der Umsetzung der Ziele der UGP-RL in das deutsche UWG – nach Art. 1 UGP-RL wird ein hohes Verbraucherschutzniveau angestrebt sowie die Förderung des reibungslosen Funktionierens des Binnenmarktes. Daneben konnten über den unbestimmten Begriff der Unlauterkeit in § 3 Abs. 1 UWG 2008 auch gesetzesfremde normative Bezüge Berücksichtigung finden. Hingewiesen werden kann in diesem Zusammenhang bspw. auf den Einfluss der Grundrechte sowie des primären und sekundären Gemeinschaftsrechts.[572]

dd) Selbständige Bedeutung

Der Rückgriff auf die Generalklausel neben den Einzeltatbeständen war nicht bloß eine theoretische Möglichkeit. Nachdem die UWG-Novellen in den Jahren 2004 und 2008 ersichtlich keine Vollständigkeit im Rahmen der Beispielstatbestände anstrebten, blieb dort Raum für eine Lückenfüllung in Bezug auf bekannte Sachverhalte, wo der Gesetzgeber ersichtlich weder positiv noch negativ regelnd tätig werden wollte.[573] Beispielhaft seien hierfür die ungeschriebenen Fallgruppen der allgemeinen Marktbehinderung sowie der Wettbewerb der öffentlichen Hand in

---

567 Ohly/Sosnitza/*Sosnitza*, § 3 Rn. 5; Götting/Nordemann/*Wirtz*, § 3 Rn. 43. Zur Funktion als subsidiärer Auffangtatbestand siehe die Ausführungen zuvor.

568 MünchKomm UWG Band 1/*Sosnitza*, § 3 Rn. 14.

569 *Schünemann*, JZ 2005, S. 273 f.

570 Vgl. hierzu die Ausführungen unter Kapitel F.

571 Gloy/Loschelder/Erdmann/*Lubberger*, § 43 Rn. 29.

572 Vgl. die detailliertere Darstellung bei *dems.*, § 43 Rn. 31, 32.

573 *Ders.*, § 43 Rn. 34.

Konkretisierung des Schutzes des Allgemeininteresses am unverfälschten Wettbewerb (§ 1 S. 2 UWG 2008) zu nennen.[574] Weitere Sachverhaltskonstellationen, die unter § 3 Abs. 1 UWG 2008 subsumiert werden konnten, waren bspw. die Verletzung wettbewerblicher Verkehrspflichten[575], der unmittelbare Leistungsschutz[576], die unberechtigte Schutzrechtsverwarnung[577], die Rufausbeutung[578], die Störung von Vertriebsbindungssystemen[579], die pauschale Herabsetzung[580] sowie die Verharmlosung von Gesundheitsgefahren und die Gefährdung von Drittinteressen.[581]

Die instanzgerichtliche Rechtsprechung hat sich dem zuvor dargestellten Verhältnis zwischen den Beispielstatbeständen und der Generalklausel des § 3 Abs. 1 UWG 2004 teilweise entzogen und stützte sich auch nach der UWG-Novelle 2004 bei einem Nichtvorliegen der Tatbestandsvoraussetzungen der Einzeltatbestände unmittelbar auf § 3 Abs. 1 UWG 2004.[582] Dem trat der Bundesgerichtshof entgegen und forderte, mit unterschiedlichen Ergebnissen, eine Präzisierung der Prüfung der kodifizierten Beispiele ein.[583] Nicht zuletzt daraufhin ließ die Tendenz

---

574 Vgl. hierzu die näheren Ausführungen in Harte/Henning/*Podszun*, § 3 Rn. 88, und / *Omsels*, § 4 Nr. 10 Rn. 245 ff.; GK-UWG Band 1/*Peukert*, § 3 Rn. 454 ff.; Gloy/Loschelder/Erdmann/*Lubberger*, §§ 66, 72 passim; MünchKomm UWG Band 1/*Sosnitza*, § 3 Rn. 127.

575 BGH GRUR 2009, 597, Tz.16 ff. – Halzband; BGH GRUR 2007, 890 f. – Jugendgefährdende Medien bei eBay; OLG München WRP 2008, 1471, 1473 f.; Überblick bei GK-UWG Band 1/*Peukert*, § 3 Rn. 535 ff.

576 Wenn auch im Ergebnis ablehnend BGH GRUR 2011, 436, Tz. 19 ff. – Hartplatzhelden.de; ebenso ablehnend GK-UWG Band 1/*Peukert*, § 3 Rn. 556 ff.

577 Vgl. zur Problematik MünchKomm UWG Band 1/*Sosnitza*, § 3 Rn. 134 ff.; Harte/Henning/*Podszun*, § 3 Rn. 89; für eine Anwendung des § 823 Abs. 1 BGB auf diese Fallkonstellation BGH GRUR 2005, 882 – Unberechtigte Schutzrechtsverwarnung; ablehnend GK-UWG Band 1/*Peukert*, § 3 Rn. 566 ff.

578 Vgl. die Beispiele bei MünchKomm UWG Band 1/*Sosnitza*, § 3 Rn. 130.

579 Vgl. den Überblick über die Problematik bei *dems.*, § 3 Rn. 131 ff.

580 Einen Überblick gebend *ders.*, § 3 Rn. 129; ablehnend GK-UWG Band 1/*Peukert*, § 3 Rn. 552 ff.

581 MünchKomm UWG Band 1/*Sosnitza*, § 3 Rn. 140, 141, plädiert bei diesen letzten beiden Fallvarianten für eine Anwendung der Generalklausel des § 3 UWG 2008.

582 Vgl. beispielhaft OLG Hamburg, Az.: 3 U 78/05, U. v. 28.09.2006, zitiert nach BeckRS 2007, 00908; OLG Hamburg NJW 2005, 3003 – Fußball-Eintrittskarten; OLG Celle GRUR-RR 2004, 374 – Grabpflegearbeiten; LG Frankfurt NJW-RR 2005, 405, 407 – Hibu-Taler; LG Essen WRP 2005, 523, 524 – Windschutzscheiben-Austausch.

583 Vgl. die zurückweisenden Entscheidungen betreffend die Anwendung des § 3 UWG: BGH GRUR 2011, 436, Tz. 19 ff. – Hartplatzhelden.de; BGH GRUR 2008, 1114, Tz.

einer großzügigen Anwendung der Generalklausel des § 3 Abs. 1 UWG 2008 durch die Rechtsprechung insgesamt nach.[584] Denn es galt zu beachten, dass ein Nichtvorliegen der Voraussetzungen eines Beispielstatbestands nicht zugleich bedeutete, dass ein Rückgriff auf die Generalklausel ohne Weiteres zulässig war. Schließlich konnte auch das Nichtvorliegen der Tatbestandsvoraussetzungen eines Regelbeispiels Ausdruck einer dort ausgeprägten Wertung sein.[585] Folglich griff der Bundesgerichtshof in größerer Zurückhaltung nur noch dann ergänzend auf § 3 Abs. 1 UWG 2008 zurück, wenn das jeweilige Regelbeispiel nicht alle Umstände und Interessen des streitgegenständlichen Sachverhalts abbildete.[586]

f) Funktion und Stellung der Generalklausel des § 3 Abs. 1 UWG 2015

Ein flüchtiger Blick auf § 3 Abs. 1 UWG 2015 kann zu der Vermutung verleiten, dass sich an der bisherigen Generalklausel und deren Funktion(en) nicht viel geändert hat. Dies täuscht jedoch, da nicht nur das Spürbarkeitsmerkmal gestrichen worden ist – auch die Bedeutung des § 3 Abs. 1 UWG 2015 für das UWG 2015 hat sich stark gewandelt. Kam der Generalklausel des § 3 Abs. 1 UWG 2008 noch eine Rahmen- bzw. Klammerfunktion[587] zu, ist § 3 Abs. 1 UWG 2015 diese Funktion genommen. Ihr bleibt jedoch eine Rechtsfolgenanordnungsfunktion, da auch im UWG 2015 die Kopplung Einzeltatbestände der §§ 3a-6 UWG 2015 an die Generalklausel des § 3 Abs. 1 UWG 2015 weiter fortbesteht. Auch kommt ihr eine Auffangfunktion zu. Damit bleibt ihr zwar grundsätzlich eine Doppelfunktion erhalten, im Verhältnis zu § 3 Abs. 1 UWG 2008 ist diese allerdings eingeschränkt.

aa) Rechtsfolgenregelung

Die Einzeltatbestände der §§ 3a ff. UWG 2015 regeln die Unlauterkeit nunmehr eigenständig. Darunter fallen zum einen die Unrechtsmerkmale, die auch bisher

---

14 – Räumungsfinale; BGH GRUR 2007, 800 – Außendienstmitarbeiter; BGH GRUR 2006, 1042, 1044, Tz. 29 – Kontaktanzeigen; BGH GRUR 2006, 773 – Probeabonnement; siehe dazu auch GK-UWG Band 1/*Peukert*, § 3 Rn. 131.

584 Vgl. Gloy/Loschelder/Erdmann/*Lubberger*, § 43 Rn. 36 m. w. N.

585 *Nemeczek*, Anm. zu BGH GRUR 2011, 431 – FSA Kodex, S. 433.

586 OLG Frankfurt a. M. NJW-RR 2005, 1398 – Lion-Sammelaktion, bestätigt durch BGH GRUR 2009, 71 – Sammelaktion für Schoko-Riegel; BGH GRUR 2008, 262 – Direktansprache am Arbeitsplatz III; BGH GRUR 2007, 890, Tz. 36 – Jugendgefährdende Medien bei ebay; BGH GRUR 2006, 426 – Direktansprache am Arbeitsplatz II; BGH GRUR 2004, 696 – Direktansprache am Arbeitsplatz I; GK-UWG Band 1/*Peukert*, § 3 Rn. 131.

587 Vgl. die Ausführungen in Kapitel C. II. 1. b).

innerhalb der Einzeltatbestände zu prüfen waren. Unter die Unlauterkeit wird nun jedoch ebenfalls die Erheblichkeits- bzw. Spürbarkeitsschwelle zu subsumieren sein, denn der Gesetzgeber hat die Spürbarkeitsschwelle ausdrücklich in die jeweiligen Wortlaute der §§ 3a ff. UWG 2015 überschrieben. Auf Grund der Vorgaben der UGP-RL musste er auf eine einheitliche Formulierung der Spürbarkeit verzichten. Teilweise gab er im Zuge der Übertragung die Regelung der Spürbarkeit gänzlich auf, da die Tatbestandsmerkmale an sich bereits eine besondere Schwere an zu missbilligendem Verhalten aufweisen, vgl. § 4 UWG 2015.[588] Lediglich in § 3a UWG 2015 wurde die Spürbarkeit des § 3 Abs. 1 UWG 2008 explizit übernommen. Die zuvor dargestellten Überlegungen zum Prüfungsstandort und Umfang der Prüfung der Spürbarkeit innerhalb des UWG 2008 entfalten für das UWG 2015 daher keine Relevanz mehr.

Für § 3 Abs. 1 UWG 2015 verbleibt für die Tatbestände des UWG 2015 daher die Funktion der Rechtsfolgenanordnung im Sinne des Art. 5 Abs. 1 UGP-RL[589]. Ebenso wie Art. 5 Abs. 1 UGP-RL ist § 3 Abs. 1 UWG 2015 Verbotsnorm. § 3 Abs. 1 UWG 2015 ordnet die Rechtsfolge der Unzulässigkeit nicht nur für mitbewerberbezogene Handlungen an, sondern für sämtliche Einzeltatbestände im B2B- und B2C-Verhältnis, also auch für Handlungen, die unter den Anwendungsbereich der UGP-RL und der Werbe-RL fallen.[590]

bb) Auffangfunktion

§ 3 Abs. 1 UWG 2015 dient zudem als Auffangtatbestand für diejenigen Fälle, die nicht unter die Spezialtatbestände der §§ 3 Abs. 2, 3, 3a-6 UWG 2015 subsumierbar sind, also für B2B- sowie für B2C-Verstöße, die nicht in den Anwendungsbereich der UGP-RL fallen.[591] Auf § 3 Abs. 1 UWG 2015 kann jedoch nur in solchen Fällen zurückgegriffen werden, die auf Grund einer Bewertung der widerstreitenden Interessen aller Beteiligten, unter Berücksichtigung der europäischen und deutschen Grundrechte und des Allgemeininteresses an einem unverfälschten Wettbewerb einen vergleichbaren Unrechtsgehalt aufweisen[592] oder den

---

588 Vgl. die vertiefenden Ausführungen hierzu in Kapitel B. IV. 1. d) und zur Behandlung durch die Rechtsprechung Kapitel E. II.

589 Köhler/Bornkamm/*Köhler* 2016, § 3 Rn. 2.2; *Ohly* spricht insoweit von einer „Scharniernorm", vgl. GRUR 2016, S. 3, 4.

590 BT-Drucks. 18/6571, S. 14.

591 *Niebel/Jauch*, BB 2016, S. 259, 260.

592 Köhler/Bornkamm/*Köhler* 2016, § 3 Rn. 2.4; BT-Drucks. 18/6571, S. 14, 15; sowie die weiterhin geltende st. Rspr. zu § 3 Abs. 1 UWG 2008: BGH GRUR 2011, 431, Tz. 11 – FSA-Kodex; BGH GRUR 2009, 1080, Tz. 12 – Auskunft der IHK; BGH GRUR

„anständigen Gepflogenheiten in Handel und Gewerbe" widersprechen[593]. Dies soll auch weiterhin eine umfassende Bewertung der Interessen der betroffenen Marktteilnehmer ermöglichen.[594] § 3 Abs. 1 UWG 2015 kann hingegen nicht bereits deswegen herangezogen werden, weil eine Handlung keinen der besonderen Unlauterkeitstatbestände erfüllt, da dadurch die den Einzeltatbeständen zugrunde liegenden Wertungen unterlaufen würden.[595]

Daraus folgt, dass § 3 Abs. 1 UWG 2015 nicht, wie noch zu § 3 Abs. 3 UWG-RegE vertreten, als „Unternehmergeneralklausel" zu verstehen ist.[596] Vielmehr ist an eine allenfalls punktuelle Anwendung des § 3 Abs. 1 UWG 2015 auf geschäftliche Handlungen gegenüber Mitbewerbern und sonstigen Marktteilnehmern zu denken, die es gerade nicht ermöglichen soll, über den Umweg von § 3 Abs. 1 UWG 2015 bspw. einen unmittelbaren Leistungsschutz zu gewähren.[597] Gleichfalls sollen über § 3 Abs. 1 UWG 2015 keine Verstöße gegen außerwettbewerbsrechtliche Normen sanktioniert werden können, die nicht unter § 3a UWG 2015 fallen, da solche Verstöße nach dem eindeutigen Willen des Gesetzgebers ausschließlich nach dem Rechtsbruchtatbestand beurteilt werden sollen.[598] Verstöße gegen Verhaltenskodizes können ebenfalls nicht ohne Weiteres nach § 3 Abs. 1 UWG 2015 beurteilt werden.[599] Denkbar ist eine Anwendung des § 3 Abs. 1 UWG 2015 als Auffangtatbestand aber wie bisher etwa bei Verstößen gegen die Menschenwürde[600], bei schlichthoheitlichem Handeln der öffentlichen Hand[601], bei der Verletzung von Verkehrspflichten gegenüber Unternehmern[602], bei der allgemeinen Marktbehinderung[603], bei der unerwünschten Direktansprache von Mitarbeitern eines anderen Unternehmens an deren Arbeitsplatz[604] oder bei der Anwendung neuer Richtlinienvorgaben vor deren Umsetzung in nationales Recht.

2008, 262, Tz. 9 – Direktansprache am Arbeitsplatz III; BGH GRUR 2006, 426, Tz. 16 – Direktansprache am Arbeitsplatz II.

593 Vgl. BGH GRUR 2009, 1080, Tz. 13 – Auskunft der IHK; BGH GRUR 2006, 1042, Tz. 29 – Kontaktanzeigen.

594 Vgl. in diesem Sinne BT-Drucks. 18/6571, S. 14, 15.

595 Köhler/Bornkamm/*Köhler* 2016, § 3 Rn. 2.21.

596 *Ders.*, § 3 Rn. 2.28.

597 Vgl. den Überblick über die ablehnenden Literaturstimmen bei *dems.*, § 3 Rn. 2.28.

598 *Ders.*, § 3 Rn. 2.29.

599 *Ders.*, § 3 Rn. 2.31.

600 Vgl. hierzu *ders.*, § 3 Rn. 2.33 ff.

601 *Ders.*, § 3 Rn. 2.36 ff.

602 Vgl. *ders.*, § 3 Rn. 2.37.

603 Vgl. hier nur *ders.*, § 4 Rn. 5.1 ff.

604 *Ders.*, § 3 Rn. 2.39.

§ 3 Abs. 1 UWG 2015 ist als Auffangtatbestand ausschließlich auf Tatbestände anwendbar, die keine abschließende Regelung darstellen.[605] Abschließende Regelungen enthalten die UGP-RL innerhalb ihres definierten Anwendungsbereiches sowie die Werbe-RL[606] hinsichtlich vergleichender Werbung[607], sodass § 3 Abs. 1 UWG 2015 hier nicht als Auffangtatbestand herangezogen werden darf. Handlungen, die in den Anwendungsbereich der UGP-RL fallen, jedoch keinen der Tatbestände erfüllen, dürfen daher nicht unter Rückgriff auf § 3 Abs. 1 UWG 2015 verboten werden.[608] Ob eine geschäftliche Handlung einer abschließenden Regelung unterfällt, ist durch Auslegung zu ermitteln.

Um seine Funktion als Auffangtatbestand im Sinne des UWG erfüllen zu können, ist die Spürbarkeitsschwelle im Rahmen der Prüfung des § 3 Abs. 1 UWG 2015 als ungeschriebenes Merkmal zu berücksichtigen. Der Rechtsprechung soll es wie bisher überlassen bleiben, in Konkretisierung des Tatbestandsmerkmals der Unlauterkeit angemessene Spürbarkeitserfordernisse aufzustellen, um die Verfolgung von Bagatellfällen zu verhindern.[609] Da das bisherige Spürbarkeitserfordernis in § 3 Abs. 1 UWG 2008 für die ungeschriebenen Unlauterkeitstatbestände entbehrlich war, sollte es laut *Köhler* den Gerichten überlassen werden, sie entweder als per-se-Verbote zu qualifizieren oder in Konkretisierung des Tatbestandsmerkmals der Unlauterkeit bestimmte Relevanzerfordernisse aufzustellen.[610] Jedenfalls ist sicherzustellen, dass auch zukünftig lediglich solche Sachverhalte unter § 3 Abs. 1 UWG 2015 subsumiert werden, die vom Schweregrad her den Einzeltatbeständen entsprechen. Sollte es im Zweifel auf die Spürbarkeit ankommen, hat sich die Rechtsprechung auch hierfür an den Schwellen der Einzeltatbeständen zu orientieren.

cc) Verhältnis zu § 3 Abs. 2 UWG 2015

Durch die klare Aufgabenzuweisung von § 3 Abs. 1 und 2 UWG 2015 und auf Grund der Systematik des UWG 2015 hat sich das Verhältnis der beiden Generalklauseln geklärt – und zwar sowohl im Hinblick auf ihr Verhältnis zueinander, als auch im Hinblick auf ihr Verhältnis zu den Einzeltatbeständen. Die zum Ver-

---

605 *Ders.*, § 3 Rn. 2.5.

606 Richtlinie 2006/114/EG des Europäischen Parlaments und des Rates vom 12. Dezember 2006 über irreführende und vergleichende Werbung, ABl. Nr. L 376 S. 21 (im Folgenden Werbe-RL).

607 BT-Drucks. 18/6571, S. 15.

608 Köhler/Bornkamm/*Köhler* 2016, § 3 Rn. 2.26, unter Hinweis auf EuGH C-206/11, Tz. 35 – Köck.

609 BT-Drucks. 18/6571, S. 15.

610 *Köhler*, WRP 2015, S. 1311, 1313.

hältnis von § 3 Abs. 1 und 2 UWG 2008 zueinander geführte Diskussion[611] ist obsolet geworden. Da die Relevanzschwellen nunmehr innerhalb der Einzeltatbestände des UWG 2015 zu prüfen sind, bedarf es hierfür keiner Heranziehung des § 3 Abs. 1 oder 2 UWG 2015 mehr. § 3 Abs. 2 UWG 2015 kann ausschließlich für B2C-Handlungen innerhalb des Anwendungsbereiches der UGP-RL als Auffangtatbestand herangezogen werden.

2. Die Generalklausel des § 3 Abs. 2 UWG 2008/2015

Die mit der Gesetzesreform des UWG im Jahre 2008 formal aufrecht erhaltene Gesetzeseinheit eines verbraucher- und mitbewerberbezogenen Lauterkeitsrechts machte es erforderlich, bei der Anwendung der Verbotstatbestände des UWG 2008 und der Subsumtion der Sachverhalte materiellrechtlich danach zu unterscheiden, ob es sich um ein Verhalten mit Verbraucherbezug handelte, das dem Bereich der UGP-RL unterfiel, oder ob ein Verbotstatbestand des nichtharmonisierten Lauterkeitsrechtes eingriff.[612] Die UGP-RL gab dem deutschen Lauterkeitsrecht dabei zwingend die verbraucherbezogenen Verbotstatbestände vor.

a) Das Verhältnis der Generalklausel des § 3 Abs. 2 UWG 2008 zu den Regelbeispielen und den Spezialtatbeständen im Anwendungsbereich der UGP-RL

Das Verhältnis des § 3 Abs. 2 UWG 2008 zu den Regelbeispielen und den Spezialtatbeständen des UWG im Anwendungsbereich der UGP-RL war stark umstritten. Dies hing nicht zuletzt mit dem umstrittenen Verhältnis der Absätze 1 und 2 des § 3 UWG 2008 zueinander zusammen. Darauf soll an dieser Stelle mit der gebotenen Kürze eingegangen werden, da es dem besseren Verständnis des Verhältnisses der Absätze 1 und 2 des § 3 UWG 2015 dient.

aa) Das Verhältnis von § 3 Abs. 1 und § 3 Abs. 2 S. 1 UWG 2008 zueinander

Das Verhältnis von § 3 Abs. 1 und Abs. 2 S. 1 UWG 2008 zueinander war ebenso umstritten und unklar wie das Verhältnis der jeweiligen Relevanzkriterien zueinander. Beides hing unmittelbar miteinander zusammen, genauso wie das Verhältnis der Generalklauseln zu den Einzeltatbeständen der §§ 4–6 UWG 2008. Als Folge dessen war man sich im Hinblick auf den Anwendungsbereich des § 3 Abs. 2 UWG 2008 uneinig.

---

611 Vgl. Kapitel C. II. 2. a).

612 Fezer/*Fezer* Band 1 UWG, § 3 Rn. 157.

Der Generalklausel des § 3 UWG 2004 kam, neben anderen Funktionen, eine Doppelfunktion im Sinne einer „Rahmen- und Auffangnorm" zu.[613] Sie regelte als Rahmennorm mit ihren Tatbestandsmerkmalen der geschäftlichen Handlung, der Unlauterkeit sowie der Spürbarkeit die allgemeinen Voraussetzungen des lauterkeitsrechtlichen Verbotes und diente als Bezugspunkt für die Rechtsfolgenregelungen der §§ 8 ff. UWG 2004. Das Unwertkriterium ergab sich in den meisten Fällen aus den Einzeltatbeständen der §§ 4 ff. UWG 2004, das für die Unlauterkeit erforderliche Spürbarkeitsmerkmal aus § 3 UWG 2004. Mit der Umsetzung der UGP-RL wurde diese Doppelfunktion überlagert, da nunmehr neben der bisherigen Generalklausel des § 3 UWG 2008 ein Abs. 2 eingeführt wurde, dessen Funktion und Verhältnis zu § 3 Abs. 1 UWG 2008 nicht geklärt werden konnte. Unklar war, ob die Regelung in Abs. 2 des § 3 UWG 2008 nur eine Auffangnorm oder zugleich auch eine Rahmennorm war und bei verbraucherbezogenem Handeln den § 3 Abs. 1 UWG 2008 verdrängen oder lediglich ergänzen sollte oder beide Absätze gleichzeitig zur Anwendung kommen sollten.

(1) Besondere Bagatellklausel und bloße Auslegungsfunktion

Einer Ansicht zufolge kam der Generalklausel des § 3 Abs. 2 UWG 2008 nicht die Qualität einer eigenen Anspruchsgrundlage zu.[614] Vielmehr sei sie eine bloße Auslegungsregel für verbraucherschützende Tatbestände im Sinne einer besonderen Spürbarkeitsschwelle.[615] § 3 Abs. 2 UWG 2008 mache bei geschäftlichen Handlungen gegenüber Verbrauchern lediglich „gewisse Vorgaben" für die Auslegung der Tatbestandsmerkmale der Unlauterkeit sowie der Spürbarkeit des § 3 Abs. 1 UWG 2008[616] und enthalte selbst kein Tatbestandsmerkmal der Unlauterkeit.[617] Die systematische Einordnung des § 3 Abs. 2 UWG 2008 wurde mit der Systematik der UGP-RL begründet: § 3 Abs. 2 UWG 2008 setze die Normen des Art. 5

613 *Ohly*, GRUR 2014, S. 1137, 1139. Siehe hierzu auch die Ausführungen unter Kapitel C. II. 1. b).

614 Harte/Henning/*Podszun*, § 3 Rn. 34.

615 GK-UWG Band 1/*Peukert*, § 3 Rn. 83; Harte/Henning/*Podszun*, § 3 Rn. 34, 60; *Schöttle*, GRUR 2009, S. 546, 550.

616 Harte/Henning/*Podszun*, § 3 Rn. 47; vgl. ebenso mit ausführlicher Begründung in Harte/Henning/*Glöckner*, Einl B Rn. 333 ff., 335.

617 *Kulka*, DB 2008, S. 1548, 1554; *Schöttle*, GRUR 2009, S. 546, 548. Dem traten *Boesche*, § 5 Rn. 173e, und GK-UWG Band 1/*Peukert*, § 3 Rn. 84, sowie jurisPK-UWG/*Ullmann*, § 3 Rn. 7, entgegen, da § 3 Abs. 2 S. 1 UWG 2008 Tatbestandsmerkmale und Rechtsfolgen enthielt und damit die Voraussetzungen einer eigenständigen Verbotsnorm erfüllte.

Abs. 2 lit. a) und b) UGP-RL um, die ihrerseits eine Ausfüllung des Art. 5 Abs. 1 UGP-RL darstellten.[618] Allerdings sei bei der Anwendung des § 3 Abs. 1 UWG die spürbare Beeinträchtigung von Verbraucherinteressen im Sinne der Bagatellklausel des § 3 Abs. 2 UWG auszulegen.[619]

Den zuvor dargestellten Literaturstimmen war entgegenzuhalten, dass sie, soweit sie dem Abs. 2 des § 3 UWG 2008 eine Eigenständigkeit als Verbotstatbestand aberkannten, verkannten, dass in Abs. 2 eigenständige Tatbestandsmerkmale in Entsprechung der UGP-RL normiert wurden, die geschäftliche Handlungen gegenüber Verbrauchern unter bestimmten Voraussetzungen für unzulässig erklärten – ebenso wie dies in § 3 Abs. 1 UWG 2008 normiert war. Zwar hätten sie mit ihrer Ansicht im Gesetzestext Unterstützung finden können, wenn der deutsche Gesetzgeber sein ursprüngliches Vorhaben im Rahmen der UWG-Reform im Jahre 2008 umgesetzt hätte, denn nach dem Referentenentwurf vom 27.07.2007 war § 3 Abs. 2 S. 1 UWG 2008 lediglich als Bagatellklausel im Rahmen des § 3 Abs. 1 S. 2 UWG-Referentenentwurf vorgesehen.[620] An diesem Entwurf wurde allerdings nicht festgehalten, wie die Fassung des UWG 2008 zeigte. § 3 Abs. 2 UWG 2008 hatte darüber hinaus nicht bloß eine Placebo-Funktion für die EU-Kommission und die Mitgliedstaaten, denn die Regelung wurde nicht nur zur Besänftigung des Richtliniengesetzgebers,[621] sondern durch den Gesetzgeber bewusst eingeführt.[622]

(2) Gemeinsame Anwendung

Andere sahen in § 3 Abs. 2 UWG 2008 nicht bloß eine spezielle Bagatell- bzw. Auslegungsklausel für § 3 Abs. 1 UWG 2008 bei verbraucherbezogenen Sachverhalten.[623] Die Verwendung des Wortes „jedenfalls dann“ in § 3 Abs. 2 S. 1 UWG 2008 stelle klar, dass mit Erfüllung der in Umsetzung der UGP-RL normierten Tatbestandsvoraussetzungen in Abs. 2 selbständig die Unlauterkeit begründet

---

618 Harte/Henning/*Podszun*, § 3 Rn. 34.

619 In diesem Sinne kann man auch die Gesetzesbegründung lesen, vgl. BT-Drucks. 16/10145, S. 23 zu § 5 UWG; *Dreher/Kulka/Rittner*, § 2 Rn. 190.

620 Vgl. Referentenentwurf Erstes Gesetz zur Änderung des Gesetzes gegen den unlauteren Wettbewerb vom 27.07.2007, S. 3. Nach § 3 S. 1 UWG hätte es in S. 2 geheißen: „Unlautere Wettbewerbshandlungen zum Nachteil von Verbrauchern beeinträchtigen den Wettbewerb nicht nur unerheblich, wenn sie geeignet sind, das wirtschaftliche Verhalten eines Durchschnittsverbrauchers wesentlich zu beeinflussen; …“.

621 In diesem Sinne aber *Scherer*, WRP 2010, S. 586, 592.

622 *Boesche*, § 5 Rn. 173e.

623 Vgl. nur MünchKomm UWG Band 1/*Sosnitza*, § 3 Rn. 111 ff., sowie die Verweise in den folgenden Fußnoten.

werde.[624] Zugleich lege die Formulierung „jedenfalls dann“ sprachlich nahe, dass geschäftliche Handlungen gegenüber Verbrauchern unabhängig von Abs. 1 vor allem auch dann nach § 3 Abs. 2 UWG 2008 unzulässig sein können, wenn die Voraussetzungen des § 3 Abs. 1 UWG 2008 (noch) nicht erfüllt seien.[625] Damit deute sich an, dass der Maßstab des § 3 Abs. 1 UWG 2008 ein anderer als der des § 3 Abs. 2 UWG 2008 sei – möglicherweise sogar ein strengerer[626] –, sodass § 3 Abs. 2 UWG 2008 der Charakter einer eigenständigen Eingriffsvoraussetzung zukomme, allerdings immer nur in Verbindung mit § 3 Abs. 1 UWG 2008 und zwar sowohl in ihrer Funktion als Auffangtatbestand als auch als Auslegungsmaßstab bei den Beispiels- und Spezialtatbeständen der §§ 4 ff. UWG 2008.[627] In diesem Sinne konkretisiere Abs. 2 den Abs. 1[628] bzw. sei der Abs. 2 als zusätzliche Eingriffsvoraussetzung neben der allgemeinen Generalklausel des § 3 Abs. 1 UWG 2008[629] heranzuziehen, soweit es sich um Sachverhalte mit Verbraucherbezug handele.

Auch die Rechtsprechung tendierte in diese Richtung und wandte im B2C-Bereich die Abs. 1 und 2 des § 3 UWG 2008 nebeneinander an.[630] Die Unlauterkeit ergebe sich aus den §§ 4–5a UWG 2008, die Spürbarkeit folge aus § 3 Abs. 1 und 2 UWG 2008, wobei im B2C-Bereich Abs. 1 durch Abs. 2 des § 3 UWG 2008 konkretisiert werde.

---

624 Anmerkungen *Glöckner* zu *Drexl*, in Hilty/Henning-Bodewig, S. 252, 253; MünchKomm UWG Band 1/*Sosnitza*, § 3 Rn. 112.

625 MünchKomm UWG Band 1/*Sosnitza*, § 3 Rn. 112; Anmerkungen *Glöckner* zu *Drexl*, in Hilty/Henning-Bodewig, S. 252; *Sosnitza*, WRP 2008, S. 1014, 1018.

626 Vgl. in diesem Sinne insbesondere auch die Gesetzesbegründung, vgl. BT-Drucks. 15/10145, S. 12.

627 Auch der Gesetzgeber scheint dieser Kombinationslösung zugeneigt zu sein, vgl. Fn. 564.

628 *Beater*, Rn. 1118; MünchKomm UWG Band 1/*Sosnitza,* § 3 Rn. 112; *Köhler*, WRP 2010, S. 1293, 1302 – allerdings nur für den Rechtsbruchtatbestand nach § 4 Nr. 11 UWG im B2C-Bereich.

629 Gloy/Loschelder/Erdmann/*Lubberger*, § 43 Rn. 23, 24.

630 Vgl. BGH GRUR 2011, 163, Tz. 21 – Flappe; BGH GRUR 2010, 852, Tz. 20 – Gallardo Spyder; BGH GRUR 2010, 251, Tz. 18 – Versandkosten bei Froogle I; BGH GRUR 2010, 1117, Tz. 34 – Gewährleistungsausschluss im Internet. Die Instanzgerichte waren diesbezüglich allerdings anderer Meinung und wandten ohne nähere Begründung auch im B2C-Verhältnis § 3 Abs. 1 UWG 2008 an: OLG Dresden, WRP 2012, 230 – Discount Apotheke; KG GRUR-RR 2010, 215 – Rückzahlungsfrist; KG GRUR-RR 2010, 440 – Weltweit.

Diese Ansicht übersah, dass mit § 3 Abs. 2 UWG 2008 ein wesentliches Element der UGP-RL in deutsches Recht umgesetzt wurde und diese Regelung bzw. Umsetzung ihren Zweck nicht erfüllen konnte, wenn man ihr die Eigenständigkeit neben § 3 Abs. 1 UWG 2008 aberkannte. Abs. 2 (wie auch § 3 Abs. 3 UWG 2008) regelte die Voraussetzungen für die Unzulässigkeit verbraucherbezogenen Verhaltens anhand der unionsrechtlichen Vorgaben eigenständig und verwies weder direkt noch indirekt auf den Unlauterkeitsbegriff des § 3 Abs. 1 UWG 2008. Gleiches galt für das Spürbarkeitskriterium des Abs. 2, das im Anwendungsbereich des Abs. 2 nach den dortigen Voraussetzungen im Sinne von Art. 5 Abs. 2 lit. b), 2 lit. e) und j) UGP-RL zu bestimmen war und nicht nach den hiervon abweichenden Maßgaben des Spürbarkeitskriteriums des § 3 Abs. 1 UWG 2008.

(3) Redundanz von § 3 Abs. 2 UWG 2008

Als Konsequenz der zuvor dargestellten Ansicht wurde § 3 Abs. 2 S. 1 UWG 2008 von einer weiteren Meinung für überflüssig gehalten.[631] Man ging davon aus, dass beide Absätze im Hinblick auf Verbraucher identische Maßstäbe setzten, da der Regelungsinhalt des § 3 Abs. 2 S. 1 UWG 2008 sowohl hinsichtlich des Unwertkriteriums als auch hinsichtlich des Relevanzkriteriums funktional auszulegen sei. Da Gleiches für die Tatbestandsmerkmale des § 3 Abs. 1 UWG 2008 galt, entsprächen sich die Regelungsgehalte von Abs. 1 und Abs. 2. Folglich sei im Hinblick auf den Verbraucher kein Fall denkbar, in dem aus § 3 Abs. 2 S. 1 UWG 2008 ein anderes Ergebnis folgen könne als aus § 3 Abs. 1 UWG 2008. Die einschlägigen Fälle seien allesamt über § 3 Abs. 1 UWG 2008 zu lösen.

Diese Ansicht verkannte, dass § 3 Abs. 2 S. 1 UWG 2008 in Umsetzung der Vorgaben der UGP-RL Eingang in das UWG gefunden hatte. Dies konnte und durfte nicht ignoriert werden. Schließlich kam § 3 Abs. 2 UWG 2008 auch eine eigenständige Funktion dahingehend zu, den Abs. 1 von der Aufgabe zu entlasten, auch diejenigen Fälle abzudecken, die in den Anwendungsbereich des Art. 5 Abs. 2 UGP-RL fielen.

(4) Bloße Auffangfunktion des § 3 Abs. 2 UWG 2008

Eine weitere Lehrmeinung betrachtete § 3 Abs. 2 UWG 2008 zwar als eigenständige Verbotsnorm, die auch grundsätzlich von Abs. 1 zu unterscheiden war.[632] Der Anwendungsbereich von Abs. 2 sei allerdings sehr eng und nur

---

631 So insbes. *Scherer*, WRP 2010, S. 568 ff.; kritisch demgegenüber *Fezer*, WRP 2010, S. 677, 679.

632 Köhler/Bornkamm/*Köhler*, § 3 Rn. 5, 7 ff.

auf diejenigen (seltenen) Fälle beschränkt, die unmittelbar nach Maßgabe der Generalklausel des Art. 5 Abs. 2 UGP-RL bzw. § 3 Abs. 2 UWG 2008 zu bewerten seien.[633] § 3 Abs. 2 UWG 2008 könne als subsidiärer Norm zu § 3 Abs. 1 UWG 2008 demnach die Funktion eines Auffangtatbestandes nach Art. 5 Abs. 1 und 2 UGP-RL zukommen.[634] Dies resultiere zum einen aus dem Wortlaut des § 3 Abs. 2 S. 1 UWG 2008, denn mit den Worten *„jedenfalls dann unzulässig"* werde deutlich zum Ausdruck gebracht, dass die Vorschrift nur solche geschäftlichen Handlungen verbiete, die nicht schon nach anderen Vorschriften des UWG unzulässig seien.[635] Zum anderen ergebe sich die Auffangfunktion des § 3 Abs. 2 UWG 2008 aus der Gesetzessystematik, nach der das Verbot des § 3 Abs. 2 S. 1 UWG 2008 erst und nur dann zur Anwendung komme, wenn eine geschäftliche Handlung weder den Tatbestand des § 3 Abs. 3 UWG 2008 (i.V.m. dem Anhang), noch den Tatbestand einer unzulässigen irreführenden geschäftlichen Handlung im Sinne der §§ 4 Nr. 3–5, 5, 5a Abs. 2–4 UWG 2008, noch den Tatbestand einer unzulässigen aggressiven geschäftlichen Handlung im Sinne des §§ 4 Nr. 1 und 2 UWG 2008 erfülle.[636] In den §§ 4–5a UWG 2008 sei das Verbot irreführender und aggressiver Geschäftspraktiken gem. Art. 5 Abs. 4 i.V.m. Art. 6–9 UGP-RL abschließend umgesetzt. Damit seien völlig selbständige Tatbestände geschaffen worden, die einen Rückgriff auf Art. 5 Abs. 1, 2 UGP-RL bzw. § 3 Abs. 2 S. 1 UWG 2008 ausschlössen.[637] Da der deutsche Gesetzgeber die §§ 4 Nr. 1–6, 5, 5a Abs. 2–4 UWG nicht als eigenständige Verbotstatbestände ausgestaltet, sondern sie vielmehr – im Sinne des Konzeptes des UWG 2004 – als Konkretisierung des Unlauterkeitsbegriffs des § 3 Abs. 1 UWG 2008 formuliert habe, müsse für ein Verbot der in diesen Tatbeständen beschriebenen Verhaltensweisen, auch soweit es geschäftliche Handlungen gegenüber Verbrauchern betreffe, weiterhin § 3 Abs. 1 UWG 2008 herangezogen werden.[638]

Die zuvor dargestellte Meinung versuchte, das bisherige System aufrecht zu erhalten, indem sie die Merkmale des § 3 Abs. 2 UWG 2008 in Abs. 1 des § 3 UWG

633 *Ders.*, § 3 Rn. 7; *Emmerich,* § 5 Rn. 9.

634 *Böhler,* WRP 2011, S. 1028, 1033.

635 *Köhler,* WRP 2010, S. 1293, 1298.

636 *Ders.*, WRP 2010, S. 1293, 1298.

637 So auch *Nordemann*, S. 95 Rn. 111.

638 *Köhler,* WRP 2010, S. 1293, 1298, 1299; *ders.*, WRP 2012, S. 638, 640. Anders sah *Köhler* dies aber in Fällen des § 4 Nr. 11 UWG 2008, in denen bei einem Verstoß gegen bestimmte Marktverhaltensregeln § 3 Abs. 2 S. 1 UWG 2008 neben § 3 Abs. 1 UWG 2008 heranzuziehen war, vgl. *ders.*, WRP 2012, S. 22, 29, 30, sowie *ders.*, WRP 2010, S. 1293, 1302.

2008 hineinlas und dessen Tatbestandsmerkmale entsprechend auslegte. Damit widersprach sie jedoch dem Konzept der UGP-RL, die ein einziges generelles Verbot unlauterer Geschäftspraktiken aufstellt, die das wirtschaftliche Verhalten des Verbrauchers beeinträchtigen.[639] Dieses generelle Verbot wird durch Regeln über die beiden bei weitem am meisten verbreiteten Arten von Geschäftspraktiken, der irreführenden und aggressiven Handlungen, konkretisiert.[640] Dies gilt sowohl im Hinblick auf das Merkmal der Verletzung der unternehmerischen bzw. beruflichen Sorgfalt als auch für das Relevanzmerkmal. Sind die Voraussetzungen der Art. 6–9 UGP-RL gegeben, ist eine Prüfung, ob eine solche Praxis auch den Erfordernissen der beruflichen Sorgfalt im Sinne von Art. 5 Abs. 2 lit. a) UGP-RL widerspricht, um sie als unlauter und mithin nach Art. 5 Abs. 1 der Richtlinie verboten ansehen zu können, entbehrlich.[641] Für die Relevanzmerkmale des Art. 5 Abs. 2 lit. b) UGP-RL gilt Ähnliches. Die Spezialtatbestände der Art. 6–8 UGP-RL sind betreffend ihrer normativen Kriterien der Verbraucherentscheidungsrelevanz in einem Maße an das Relevanzerfordernis der allgemeinen Generalklausel des Art. 5 UGP-RL angenähert,[642] dass ein Rückgriff auf Art. 5 Abs. 2 lit. b) UGP-RL entbehrlich ist.[643]

Verwendet nun aber die UGP-RL ein einheitliches System betreffend Unlauterkeit und Relevanzerfordernis, muss dieses Konzept auch für die Umsetzung im UWG maßgeblich sein. Mithin konnte die Anwendbarkeit des § 3 Abs. 2 UWG 2008 nicht nur auf die seltenen Fälle einer unmittelbaren Unlauterkeit nach Art. 5 Abs. 1 UGP-RL beschränkt werden. Vielmehr war § 3 Abs. 2 UWG 2008 für den gesamten Harmonisierungsbereich der UGP-RL maßgeblich; soweit die Art. 6–9 UGP-RL in §§ 4–5a UWG 2008 umgesetzt wurden, ergab sich die Unzulässigkeit der geschäftlichen Handlung aus § 3 Abs. 2 UWG 2008 und nicht aus § 3 Abs. 1 UWG 2008.[644] In § 5a Abs. 2 UWG 2008 wurde dies auch ausdrücklich angeord-

---

639 Erwägungsgrund 11 S. 2 UGP-RL.

640 Erwägungsgrund 13 S. 4 UGP-RL; EuGH C-540/08, Tz. 31 ff. – Mediaprint; EuGH C-304/08, Tz. 42 ff. – Plus Warenhandelsgesellschaft; *Fezer*, WRP 2010, S. 677, 682.

641 Vgl. zu Art. 6 Abs. 1 UGP-RL EuGH C-435/11, Tz. 48 – CHS Tour Services.

642 In diesem Sinne etwa auch der Vorschlag für eine RICHTLINIE DES EUROPÄISCHEN PARLAMENTS UND DES RATES, KOM (2003) 356 endgültig, vom 18.6.2003, S. 9, „die entsprechenden Bestimmungen enthalten *dieselben Tatbestandsmerkmale* wie das generelle Verbot" und S. 15, „Voraussetzung der ‚Wesentlichkeit' schlägt sich in den Artikeln 6 und 8 … nieder".

643 *Böhler*, WRP 2011, S. 1028, 1033 m. w. N.

644 *Drexl*, in Hilty/Henning-Bodewig, S. 241 für § 4 UWG; GK-UWG Band 1/*Peukert*, § 3 Rn. 102.

net.[645] Darüber hinaus war § 3 Abs. 2 S. 1 UWG 2008 auch im Hinblick auf das Spürbarkeits- bzw. Relevanzerfordernis maßgeblich, da die Relevanzkriterien der Art. 6–9 UGP-RL von dem deutschen Gesetzgeber größtenteils nicht in §§ 4–5a UWG 2008 umgesetzt worden sind.

(5) Ausschließliche Anwendung von § 3 Abs. 2 UWG 2008

Am weitesten ging die Ansicht, nach der die Generalklausel des § 3 Abs. 1 UWG 2008 auf geschäftliche Handlungen gegenüber Verbrauchern überhaupt nicht anwendbar sein sollte.[646] Insoweit sollte ausschließlich § 3 Abs. 2 S. 1 UWG 2008 gelten, da das Lauterkeitsrecht den Geschäftsverkehr zwischen Unternehmern und Verbrauchern aus dem Anwendungsbereich der allgemeinen Generalklausel des § 3 Abs. 1 UWG 2008 herausgenommen und ausschließlich den speziellen Rechtsgrundsätzen des § 3 Abs. 2 S. 1–3 UWG 2008 unterworfen habe.[647] Unter dem formalen Dach des Gesetzes gegen den unlauteren Wettbewerb hätten § 3 Abs. 1 und 2 UWG 2008 einen „Dualismus der Lauterkeitsrechtsordnungen" geschaffen.[648]

Dieser Ansicht war dahingehend zuzustimmen, dass § 3 Abs. 1 UWG 2008 nur von der UGP-RL nicht erfasste Sachverhalte betraf.[649] Sachverhalte, die unter den Regelungsbereich der UGP-RL zu subsumieren waren, unterfielen den in das deutsche Recht umgesetzten Normen, wie etwa § 3 Abs. 3 UWG 2008 i.V.m. dem Anhang oder § 3 Abs. 2 i.V.m. §§ 4–5a UWG 2008. Von einem Dualismus im Sinne einer Schutzzweckverschiedenheit des Lauterkeitsrechts zur Regelung des B2C- und des B2B-Geschäftsverkehrs konnte hingegen nicht gesprochen werden. Unerwähnt blieben bei dieser Ansicht auch diejenigen Fallkonstellationen, die einen Verbraucherbezug aufweisen, jedoch nicht unter die UGP-RL zu subsumieren waren, denn die UGP-RL erfasst nicht alle geschäftlichen Handlungen gegenüber Verbrauchern (wie bspw. die vergleichende Werbung, Regelungen betreffend Gesundheits- und Sicherheitsaspekten von Produkten, mitgliedstaatliche

---

645 A.A. Köhler/Bornkamm/*Köhler*, § 3 Rn. 8, der nicht von einer Gesamtverweisung auf § 3 Abs. 2 UWG 2008 ausging.

646 Fezer/*Fezer* Band 1 UWG, § 3 Rn. 19 ff.

647 *Ders.*, WRP 2010, S. 677, 683; Fezer/*Fezer* Band 1 UWG, § 3 Rn. 19 ff., 31 ff.

648 *Ders.*, WRP 2009, S. 1163, 1166; *ders.*, WRP 2010, S. 677, 680; in diesem Sinne auch Fezer/*Fezer* Band 1 UWG, § 1 Rn. 21, 22.

649 In diesem Sinne auch Götting/Nordemann/*Wirtz*, § 3 Rn. 27.

Anforderungen im Hinblick auf die guten Sitten und den Anstand).[650] Diese Fallkonstellationen mit Verbraucherbezug fielen unter § 3 Abs. 1 UWG 2008.[651]

bb) Zwischenergebnis

Aus den vorstehenden Ausführungen folgt, dass die Verbrauchergeneralklausel sich nicht als überflüssig erwies. Sie war vielmehr die für eine richtlinienkonforme Auslegung des UWG zentrale und eigenständige[652] Vorschrift, die im Anwendungsbereich der UGP-RL die allgemeine Generalklausel des § 3 Abs. 1 UWG 2008 verdrängte.[653] Dies ergab sich bereits aus dem Wort „jedenfalls" in Abs. 2, da daraus geschlossen werden konnte, dass die „Verbrauchergeneralklausel" unabhängig von Abs. 1 und damit vor allem wohl auch dann eingreifen sollte, wenn die „allgemeine" Generalklausel des Abs. 1 noch nicht erfüllt war.[654] Wäre ausschließlich § 3 Abs. 1 UWG 2008 bei verbraucherbezogenem Handeln angewandt worden, hätte dies die vom Gesetzgeber im Jahre 2008 eingeführte Gesetzessystematik ignoriert und § 3 Abs. 1 UWG 2008 unnötigerweise einer richtlinienkonformen – und damit inhaltlich eigentlich dem § 3 Abs. 2 S. 1 UWG 2008 entsprechenden – Auslegung unterworfen. Handelte es sich also um eine irreführende oder aggressive Geschäftspraktik im Sinne der Art. 6–9 UGP-RL, ergab sich die Unzulässigkeit dieser Handlungen nach der hier befürworteten Ansicht aus § 3 Abs. 2 i.V.m. §§ 4 ff. UWG 2008, sodass die §§ 4 ff. UWG 2008 bei Fällen mit Verbraucherbezug in Verbindung mit § 3 Abs. 2 UWG 2008 zu prüfen waren. Die Unzulässigkeit der geschäftlichen Handlungen gegenüber Unternehmern und sonstigen Marktteilnehmern sowie außerhalb des Anwendungsbereiches der UGP-RL[655] folgte aus § 3 Abs. 1 i.V.m. §§ 4 ff. UWG 2008.

---

650 Vgl. Erwägungsgrund 7 S. 3 und Art. 3 Abs. 3 UGP-RL.

651 *Beater*, Rn. 1117; *Boesche*, § 5 Rn. 173e; Götting/Nordemann/*Wirtz*, § 3 Rn. 11: Hier könne der nationale Gesetzgeber durchaus andere, auch weitergehendere Regelungen treffen.

652 Das Merkmal der Verletzung der fachlichen Sorgfalt des § 3 Abs. 2 S. 1 UWG 2008 definierte als Unwertkriterium neben den Relevanzkriterien die Unlauterkeit im Sinne des § 1 S. 1 UWG 2008, vgl. *Henjes*, S. 14; Harte/Henning/*Glöckner*, Einl. B Rn. 277, 278, Fn. 560; BGH GRUR 2011, 532, Tz. 23 – Millionen-Chance II.

653 GK-UWG Band 1/*Fritzsche*, § 3 Rn. 597; *Schmidt*, GRUR 2009, S. 353, 355.

654 So auch *Sosnitza*, WRP 2008, S. 1014, 1018.

655 So bspw. im Presseverlagsrecht, das bislang nicht sekundärrechtlich geregelt ist, sodass es den Mitgliedstaaten nicht verwehrt ist, eigenständige Regelungen zu erlassen, solange die nationalen Regelungen den Bestimmungen des AEUV, insbesondere dem freien Dienstleistungsverkehr und der Niederlassungsfreiheit, entsprechen, vgl. EuGH C-391/12, Tz. 49 – RLvS Verlagsgesellschaft mbH.

b) *Das Verhältnis des Spürbarkeitskriteriums des § 3 Abs. 2 UWG 2008 zu den Regelbeispielen und den Spezialtatbeständen*

Bezüglich des Verhältnisses der verbraucherbezogenen Tatbestände des UWG zu dem Spürbarkeitsmerkmal des § 3 Abs. 2 S. 1 UWG 2008 stellten sich im Wesentlichen zwei Fragen: Zum einen, ob es überhaupt einer Spürbarkeit bedurfte. Dies konnte nicht geklärt werden, ohne die Vorgaben der UGP-RL zu berücksichtigen, da die verbraucherbezogenen Tatbestände des UWG nach der UGP-RL auszulegen waren. Zum anderen stellte sich die Frage nach dem Prüfungsstandort, sollte es grundsätzlich auf die Feststellung der Spürbarkeit der jeweiligen geschäftlichen Handlung ankommen. Auch hier war die UGP-RL und ihre Systematik heranzuziehen, wobei aufzuzeigen sein wird, inwieweit diese Systematik tatsächlich maßgebend für das UWG 2008 sein konnte.

aa) UGP-RL

Bezüglich der Systematik der UGP-RL wird auf die Ausführungen in Kapitel B. III. verwiesen. Die einzelnen Tatbestände der Art. 6 ff. UGP-RL enthalten die für die Unlauterkeit maßgeblichen Vorgaben selbständig, was ebenfalls für die Relevanzmerkmale gilt, sodass sich ein Rückgriff auf die Generalklausel des Art. 5 Abs. 2 UGP-RL verbietet.

Regeln die Art. 6–8 UGP-RL die unlauterkeitsbegründenden Merkmale selbständig, ist weiter zu fragen, welche der Relevanzmerkmale des Art. 5 Abs. 2 lit. b) i.V.m. Art. 2 lit. e) UGP-RL innerhalb der Tatbestände der Art. 6–8 UGP-RL zu prüfen sind. Ausdrücklich geregelt ist jedenfalls das Auswirkungskriterium, das sich in allen Tatbeständen der Art. 6–8 UGP-RL wiederfindet. Nicht ausdrücklich und wortlautgetreu übernommen wurde das Spürbarkeits- bzw. Einwirkungsmerkmal, wie in Kapitel B. III. 1. c) bb) aufgezeigt. Daraus wird größtenteils geschlossen, dass sich das Spürbarkeitsmerkmal aus der Natur der jeweiligen Verletzung ergebe und daher keine eigenständige Prüfung innerhalb der Art. 6–8 UGP-RL erforderlich sei.[656]

Betrachtet man jedoch die Art. 6–8 UGP-RL genauer, zeigt sich, dass der Richtlinienverfasser durchaus von der Möglichkeit der jeweiligen Prüfung des Einwirkungserfordernisses ausgegangen sein könnte. Wie in Kapitel B. III. 1. c) bb) (3) und (4) näher dargestellt, erscheint es vertretbar, eine gesonderte Prüfung

---

656 Vgl. nur *Glöckner*, GRUR 2013, S. 224, 232; *Köhler*, GRUR 2012, S. 1073, 1075; Harte/Henning/*Glöckner*, Einl B Rn. 320 ff.; vgl. Vorschlag für eine RICHTLINIE DES EUROPÄISCHEN PARLAMENTS UND DES RATES, KOM (2003) 356 endgültig, vom 18.6.2003, S. 15 Ziff. 57.

der Spürbarkeit zumindest innerhalb der Art. 7 und 8 UGP-RL vorzunehmen. Nach Art. 7 UGP-RL ist eine geschäftliche Handlung nur dann irreführend, wenn dem Verbraucher wesentliche Informationen vorenthalten werden, die er je nach den Umständen benötigt, um eine informierte Entscheidung treffen zu können. Geschäftspraktiken gelten nach Art. 8 UGP-RL als aggressiv, wenn sie im konkreten Fall die Entscheidungsfreiheit des Verbrauchers durch bspw. unzulässige Beeinflussung erheblich beeinträchtigen können. Für das Tatbestandsmerkmal der unzulässigen Beeinflussung ist es nach der Definition in Art. 2 lit. j) UGP-RL erforderlich, dass die Ausnutzung einer Machtposition in einer Weise erfolgt, die die Fähigkeit des Verbrauchers zu einer informierten Entscheidung wesentlich einschränkt. Sowohl Art. 7 als auch Art. 8 UGP-RL beinhalten folglich jeweils mehr oder weniger explizit sinngemäß die Eignung zur „spürbaren" Beeinflussung der informierten Entscheidung des Verbrauchers, wenn auch verklausuliert in anderen Worten.[657] Einzig Art. 6 UGP-RL lässt die Erwähnung einer spürbaren Beeinträchtigung der Entscheidungsfreiheit des Verbrauchers vermissen und stellt vornehmlich auf das Auswirkungskriterium ab. In der Literatur wird daher vermutet, dass eine irreführende Handlung die spürbare Beeinträchtigung der Interessen der Verbraucher indiziere und eine Spürbarkeitsprüfung daher entbehrlich sei.[658] Auch hier sollte jedoch eine „Spürbarkeitsprüfung" vorgenommen werden, wie unter Kapitel E. IV. vorgeschlagen wird.

bb) UWG 2008

(1) Systematik des UWG 2008

Übertragen auf das deutsche Recht war zu überlegen, wie sich die zuvor dargestellte Systematik der UGP-RL auf das UWG 2008 und die Prüfung der Spürbarkeit im Rahmen der verbraucherbezogenen Einzeltatbestände auswirkt. War die Spürbarkeit verbraucherbezogener geschäftlicher Handlungen bereits ein Tatbestandsmerkmal der Unlauterkeit der jeweiligen verbraucherbezogenen Einzeltatbestände und damit tatbestandsimmanent, war die Spürbarkeit in richtlinienkonformer Auslegung systematisch bei der Prüfung der Einzeltatbestände vorzunehmen oder sollte sie im Rahmen des § 3 Abs. 2 S. 1 UWG 2008 oder des § 3 Abs. 1 UWG 2008 geprüft werden? Die Meinungen hierzu gingen auseinander, auch bedingt durch das ungeklärte Verhältnis der Absätze 1 und 2 des § 3 UWG 2008 zueinander, das unmittelbar damit zusammenhing. Grundsätzlich waren

657 *Köhler*, WRP 2014, S. 259, Rn. 32.

658 Vgl. nur *ders.*, GRUR 2012, S. 1073, 1075; *ders.*, WRP 2014, S. 259, Rn. 37; *Glöckner*, GRUR 2013, S. 224, 232.

die verbraucherbezogenen Regelungen der §§ 4 Nr. 1–5, 5, 5a UWG 2008 richtlinienkonform auszulegen, da sie der Umsetzung der UGP-RL in deutsches Recht dienten. Dies konnte für eine tatbestandsimmanente Anwendung sprechen. Allerdings enthalten die Art. 7 und 8 UGP-RL, wie zuvor in Kapitel B. III. 1. c) bb) (3), (4) aufgezeigt, eigenständige Spürbarkeitsschwellen, die der deutsche Gesetzgeber in den Einzeltatbeständen nicht übernommen hatte. Das konnte dafür sprechen, die Relevanzmerkmale innerhalb des § 3 Abs. 2 S. 1 UWG 2008 zu prüfen.

Entsprechend dem zuvor unter Kapitel C. II. 2. a) aa) dargestellten Meinungsstreit zu dem Verhältnis der Abs. 1 und 2 des § 3 UWG 2008 zueinander, divergierten die Ansichten zu dem Verhältnis der Relevanzmerkmale des § 3 Abs. 2 S. 1 UWG 2008 zu den Regelbeispielen. Zusammengefasst reichte das Spektrum von einer ausschließlichen Anwendung des § 3 Abs. 1 UWG 2008[659], der Prüfung der verbraucherbezogenen Spürbarkeit innerhalb der Einzeltatbestände der §§ 4 ff. UWG 2008[660], einer gemeinsamen Anwendung von § 3 Abs. 1 und Abs. 2 UWG 2008[661], wobei die speziellen verbraucherbezogenen Anforderungen des Relevanzkriteriums des § 3 Abs. 2 UWG 2008 ergänzend zu den Regelungen in Abs. 1 herangezogen werden sollten sowie einer Prüfung der Spürbarkeit ausschließlich nach der besonderen Verbraucherrelevanzklausel des § 3 Abs. 2 S. 1 UWG 2008[662].

Der letztgenannten Ansicht war, zumindest dem Grunde nach, zu folgen. Zu widersprechen war insbesondere der Ansicht, die bei verbraucherbezogenen Handlungen ausschließlich § 3 Abs. 1 UWG 2008 heranziehen und dessen Tatbestandsmerkmale richtlinienkonform auslegen wollte.[663] Dazu bestand keine Notwendigkeit. Der Regelungssystematik des UWG 2008 zufolge konnte bei verbraucherbezogenen geschäftlichen Handlungen durchaus die Generalklausel des § 3 Abs. 2 S. 1 UWG 2008 i.V.m. den verbraucherbezogenen Einzeltatbeständen der §§ 4 ff. UWG 2008 herangezogen werden. § 3 Abs. 2 S. 1 UWG 2008 wurde in Umsetzung des Art. 5 Abs. 2 UGP-RL als eigenständiger Verbotstatbestand in das UWG 2008 eingeführt und besaß demzufolge Rechtsnormqualitäten.

---

659 *Scherer*, WRP 2010, S. 586 ff.; ähnlich Harte/Henning/*Podszun*, § 3 Rn. 34.

660 *Köhler*, WRP 2010, S. 1293, 1298, 1299; *ders.*, WRP 2012, S. 638, 640.

661 *Beater*, Rn. 1118; MünchKomm UWG Band 1/*Sosnitza*, § 3 Rn. 112; Gloy/Loschelder/Erdmann/*Lubberger*, § 43 Rn. 23, 24. Vgl. zur Rechtsprechung BGH GRUR 2011, 163, Tz. 21 – Flappe; BGH GRUR 2010, 852, Tz. 20 – Gallardo Spyder; BGH GRUR 2010, 251, Tz. 18 – Versandkosten bei Froogle I; BGH GRUR 2010, 1117, Tz. 34 – Gewährleistungsausschluss im Internet.

662 Fezer/*Fezer* Band 1 UWG, § 3 Rn. 82 ff., 97 ff.; *ders.*, WRP 2010, S. 677, 684.

663 Vgl. hierzu die Ausführungen zuvor unter Kapitel C. II. 2. a) aa) (4).

Damit war jedoch der Standort der Prüfung der Relevanzmerkmale nicht geklärt. Vertrat man die Auffassung, dass sich die Spürbarkeit der Beeinträchtigung der Fähigkeit zu einer informierten Entscheidung bereits aus der Natur der jeweiligen Verletzung ergab, hätte man die Tatbestandsimmanenz bevorzugen und als geeigneten Prüfungsstandort die jeweiligen Einzeltatbestände heranziehen müssen. Vertrat man hingegen die Auffassung, die Spürbarkeit auch bei verbraucherbezogenen Handlungen gesondert festzustellen, boten sich als Prüfungsstandort zwei Möglichkeiten an: Im Rahmen der richtlinienkonformen Auslegung konnte unter Beachtung der Systematik der UGP-RL die Prüfung aller Tatbestandsmerkmale in die Einzeltatbestände der §§ 4 ff. UWG 2008 verlagert werden, sodass dort sowohl das Unwertkriterium als auch die Relevanzmerkmale ohne Bezugnahme auf § 3 Abs. 2 S. 1 UWG 2008 hätten geprüft werden müssen. Für § 3 Abs. 2 S. 1 UWG 2008 wäre in diesem Fall die Funktion einer bloßen Rechtsfolgenanordnung geblieben. Der Gesetzgeber verzichtete jedoch darauf, diejenigen Einzeltatbestände der §§ 4 ff. UWG 2008, die irreführende und aggressive verbraucherbezogene geschäftliche Handlungen betrafen, entsprechend den Art. 6–9 UGP-RL wortgetreu in das UWG zu übertragen.[664] Zwar waren die verbraucherbezogenen Einzeltatbestände der §§ 3 Abs. 2, 4 ff. UWG 2008 richtlinienkonform auszulegen. Daraus folgte jedoch lediglich, dass die in der UGP-RL jeweils normierten Tatbestandsmerkmale bei der Prüfung eines Sachverhaltes nach nationalem Recht entsprechend maßgebend waren für die Auslegung der nationalen Vorschriften.[665]

Die richtlinienkonforme Auslegung konnte allerdings nicht allein maßgebend sein für die Bestimmung des Standortes der jeweiligen Merkmalsprüfung innerhalb der nationalen Vorschriften. Insbesondere war die Umsetzungspflicht in das nationale Recht maßgebend, vgl. die Ausführungen unter Kapitel B. III. 1. d) aa). Da die im Rahmen der Umsetzungspflicht durch den nationalen Gesetzgeber zu gewährleistende Wirksamkeit der Richtlinie entsprechend gelockert wird, je unbestimmter und weiter die Regelungen der umzusetzenden Richtlinie formuliert sind, und da die UGP-RL eine Vielzahl von unbestimmten Rechtsbegriffen ver-

664 Vgl. zu dem Umfang der Umsetzungspflicht der Mitgliedstaaten von Richtlinien die Ausführungen bei *Haratsch/Koenig/Pechstein*, Rn. 384 ff.; Streinz/*Schroeder*, Art. 288 Rn. 86 ff.; Harte/Henning/*Glöckner*, Einl B Rn. 185 ff., 194 ff., und zur Kritik der EU-Kommission an der Umsetzung der UGP-RL in das UWG Harte/Henning/*Podszun*, § 3 Rn. 38 ff.

665 Vgl. zur Reichweite der europarechtskonformen Auslegung nur *Haratsch/Koenig/Pechstein*, Rn. 189 ff.; *Glöckner*, GRUR 2013, S. 224, 228 ff. sowie die Ausführungen unter Kapitel B. III. 1. d) cc).

wendet, war es in Folge der im UWG 2008 angelegten Systematik ebenfalls vertretbar, die Norm des § 3 Abs. 2 S. 1 UWG 2008 in der Weise anzuwenden, dass die jeweiligen Einzeltatbestände der §§ 4 ff. UWG 2008, vergleichbar der Systematik im B2B-Bereich, das Merkmal der fachlichen Sorgfalt bzw. das Unwertmerkmal konkretisierten und die Relevanzmerkmale innerhalb des § 3 Abs. 2 S. 1 UWG 2008 geprüft werden konnten.[666] Einer an die speziellen Anforderungen der Einzeltatbestände der UGP-RL angepassten Prüfung des Spürbarkeitsmerkmals im Rahmen des § 3 Abs. 2 S. 1 UWG 2008 konnten folglich nur schwerlich Einwände entgegengebracht werden.[667] Der Einwand, § 3 Abs. 2 S. 1 UWG 2008 sei im Sinne von Art. 5 Abs. 2 UGP-RL als völlig eigenständiger Verbotstatbestand geschaffen worden, verfing demzufolge nicht.[668] Auch wenn die Tatbestandsmerkmale des Art. 5 Abs. 2 UGP-RL im Rahmen der Prüfung der Einzeltatbestände der Art. 6–9 UGP-RL nicht herangezogen werden durften, musste diese Systematik nicht zwingend auf die Anwendung des UWG 2008 bei richtlinienbezogenen Sachverhalten übertragen werden. Die richtlinienkonforme Umsetzung zwang nicht zu einer Übernahme der Systematik der jeweiligen Richtlinie in jeglicher Hinsicht in das UWG, solange die Publizität sowie die Sicherung der Ziele der Richtlinie im Zuge der nationalen Umsetzung gewährleistet werden konnten. § 3 Abs. 2 S. 1 UWG 2008 konnte folglich über ihre Funktion als Auffangtatbestand hinaus als Prüfungsort der Relevanzmerkmale i.V.m. den Einzeltatbeständen des UWG 2008 herangezogen werden. Solange die Vorgaben der Art. 6–9 UGP-RL bei der Anwendung der §§ 4 ff. i.V.m. § 3 Abs. 2 S. 1 UWG 2008 beachtet und umgesetzt wurden, erschien es gut vertretbar, die jeweiligen Relevanzmerkmale innerhalb des § 3 Abs. 2 S. 1 UWG 2008 zu prüfen – auch um damit eine Überfrachtung der Einzeltatbestände der §§ 4 ff. UWG 2008 zu vermeiden.[669]

---

666 In diesem Sinne auch Götting/Nordemann/*Wirtz*, § 3 Rn. 125 ff.; Erwägungsgrund 6 S. 2 UGP-RL.

667 Insbesondere erschien der Einwand *Köhlers* verfehlt, dass die Anwendung des § 3 Abs. 2 S. 1 UWG 2008 anstelle des § 3 Abs. 1 UWG 2008 in Fällen irreführender oder aggressiver verbraucherbezogener Handlungen die Unterschiede zwischen den Relevanzkriterien des Art. 5 Abs. 2 lit. b) UGP-RL und denen der Art. 6–9 UGP-RL verwische und zu falschen Schlussfolgerungen verleiten könne, vgl. *Köhler*, WRP 2014, S. 259, Rn. 33; *ders.*, WRP 2010, S. 1293 ff.

668 In diesem Sinne argumentiert u.a. *Köhler*, vgl. Köhler/Bornkamm/*Köhler*, § 4 Rn. 1.83.

669 A.A. GK-UWG Band 1/*Fritzsche*, § 3 Rn. 639, der dadurch die richtlinienkonforme Umsetzung der UGP-RL nicht gewahrt sah.

In jedem Fall war sicherzustellen, dass das verbraucherbezogene Spürbarkeitsmerkmal in gleicher Weise wie die Spürbarkeit des § 3 Abs. 1 UWG 2008 stets geprüft wurde.[670] Gegen eine Tatbestandsimmanenz sprach die gesonderte gesetzessystematische Stellung in § 3 Abs. 2 S. 1 UWG 2008. Gegen eine Entbehrlichkeit sprachen die Wortlaute der Einzelvorschriften der Art. 7 und 8 UGP-RL, die jeweils eine Spürbarkeitsprüfung verlangen, wie im Folgenden gezeigt werden wird.

(2) Übersicht über das Verhältnis zu den einzelnen Tatbeständen

Bei den Einzeltatbeständen irreführender und aggressiver Geschäftspraktiken der §§ 4 ff. UWG 2008 gegenüber Verbrauchern bedurfte es, vergleichbar den Tatbeständen im B2B-Verhältnis, neben der Prüfung des Auswirkungserfordernisses ebenfalls einer Prüfung des Einwirkungserfordernisses.[671] Maßgebend war, dass in Folge der zuvor dargestellten Systematik von Generalklausel und Einzeltatbeständen die verbraucherbezogenen Relevanzkriterien innerhalb des § 3 Abs. 2 S. 1 UWG 2008 entsprechend dem jeweils zu prüfenden Einzeltatbestand richtlinienkonform auszulegen waren.

(i) Aggressive Geschäftspraktiken

α) § 4 Nr. 1 UWG 2008

§ 4 Nr. 1 UWG 2008 war in Umsetzung der Art. 8 und 9 UGP-RL zu verstehen und entsprechend dieser Regelungen auszulegen.[672] Dies betraf sämtliche Tatbestandsmerkmale des § 4 Nr. 1 UWG 2008 und hatte auch Auswirkungen auf das für § 4 Nr. 1 UWG 2008 maßgebliche Spürbarkeitsmerkmal des § 3 Abs. 2 S. 1 UWG 2008.

Der Tatbestand des § 4 Nr. 1 UWG 2008 konkretisierte zunächst die Unlauterkeit bzw. das Merkmal des Verstoßes gegen die fachliche Sorgfalt des § 3 Abs. 2 S. 1 UWG 2008. Mit Erfüllung dieses Merkmals war eine Handlung jedoch lediglich unlauter. Für die Unzulässigkeit erforderlich war zudem die Erfüllung des Relevanzmerkmals, das gesetzessystematisch dem Wortlaut des § 3 Abs. 2 S. 1 UWG 2008 zu entnehmen war. In Folge der Umsetzungspflicht der Art. 8

---

670 *Timm-Wagner*, GRUR 2013, S. 245, 247; Götting/Nordemann/*Wirtz*, § 3 Rn. 125 ff.

671 *Timm-Wagner*, GRUR 2013, S. 245, 247; Götting/Nordemann/*Wirtz*, § 3 Rn. 125 ff.; a.A. Gloy/Loschelder/Erdmann/*Lubberger*, § 45 Rn. 19.

672 BT-Drucks. 16/10145, S. 18; BGH GRUR 2011, 747, Tz. 26 – Kreditkartenübersendung; BGH GRUR 2010, 455, Tz. 17 – Stumme Verkäufer II; BGH GRUR 2010, 850, Tz. 13 – Brillenversorgung II.

und 9 UGP-RL konnten die Relevanzmerkmale des § 3 Abs. 2 S. 1 UWG 2008 nicht ohne Rückbindung an die Vorgaben der Art. 8 und 9 UGP-RL angewandt werden.[673] Es war also zu klären, wie sich die Relevanzmerkmale der Art. 8 und 9 UGP-RL in richtlinienkonformer Auslegung auf den Tatbestand des § 4 Nr. 1 UWG 2008 bzw. des § 3 Abs. 2 S. 1 UWG 2008 übertragen lassen konnten.[674] Die richtlinienkonforme Auslegung des § 4 Nr. 1 UWG 2008 zwang jedenfalls nicht dazu, sämtliche Merkmale des Art. 8 UGP-RL innerhalb des § 4 Nr. 1 UWG 2008 zu prüfen.

Nach Art. 8 UGP-RL muss die Entscheidungsfreiheit des Verbrauchers „erheblich" beeinträchtigt sein. Dieser Maßstab galt auch für den Tatbestand des § 4 Nr. 1 UWG 2008, obwohl eine ausdrückliche Regelung fehlte. Die nach § 3 Abs. 2 S. 1 UWG 2008 erforderliche „spürbare Beeinträchtigung der Fähigkeit des Verbrauchers, sich auf Grund von Informationen zu entscheiden" war entsprechend Art. 8 UGP-RL dahingehend auszulegen, dass es auf die „erhebliche Beeinträchtigung der Entscheidungs- und Verhaltensfreiheit des Verbrauchers" ankam. Stellte man darauf ab, dass das Merkmal der spürbaren (bzw. wesentlichen) Beeinträchtigung des Art. 2 lit. e) UGP-RL gegenüber der erheblichen Beeinträchtigung des Art. 8 UGP-RL eine weniger intensive Einflussnahme darstellt[675], war dies bei der richtlinienkonformen Auslegung des Einwirkungsmerkmals innerhalb des § 3 Abs. 2 S. 1 UWG 2008 zu berücksichtigen. Handelte es sich bei der im Rahmen des § 4 Nr. 1 UWG 2008 zu prüfenden geschäftlichen Handlung um eine „unangemessene unsachliche Einflussnahme", war das hierfür zu prüfende Merkmal der „wesentlichen Einschränkung der Fähigkeit zu einer informierten Entscheidung" zusätzlich maßgebend für die Auslegung des Spürbarkeitsmerkmals des § 3 Abs. 2 S. 1 UWG 2008.

β) § 4 Nr. 2 UWG 2008

Der Tatbestand des § 4 Nr. 2 UWG 2008 war im Sinne der UGP-RL als partielle Umsetzung der Art. 8, 9 lit. c) UGP-RL unter Berücksichtigung des Art. 5 Abs. 3 S. 1 UGP-RL und unter Heranziehung der Erwägungsgründe 18 und 19 der UGP-RL auszulegen.[676] Um unzulässig im Sinne des § 3 UWG 2008 zu sein, musste die geschäftliche Handlung eine geschäftliche Relevanz nach § 3 Abs. 2 S. 1 UWG

---

673 *Köhler*, WRP 2012, S. 638, 641.

674 Bezüglich vertiefter Ausführungen zur richtlinienkonformen Auslegung wird auf das Kapitel B. III. 1. d) cc) verwiesen.

675 MünchKomm UWG Band 1/*Heermann*, § 4 Nr. 1 Rn. 27.

676 Köhler/Bornkamm/*Köhler*, § 4 Rn. 2.3.

2008 besitzen. Das Relevanzmerkmal des § 3 Abs. 2 S. 1 UWG 2008 war im Sinne des Art. 8 UGP-RL auszulegen.[677] Die Entscheidungs- und Verhaltensfreiheit des Verbrauchers musste erheblich beeinträchtigt oder ausgenutzt worden sein und er musste zu einer geschäftlichen Entscheidung veranlasst worden sein, die er andernfalls nicht getroffen hätte.

(ii) Irreführende Geschäftspraktiken

α) § 4 Nr. 3 bis 5 UWG 2008

Die Tatbestände des § 4 Nr. 3 bis 5 UWG 2008 waren richtlinienkonform an dem Maßstab des Art. 7 Abs. 1–3 UGP-RL inklusive dessen Relevanzmerkmalen auszulegen, die im Rahmen des § 3 Abs. 2 S. 1 UWG 2008 zu berücksichtigen waren.

Der Tatbestand des § 4 Nr. 3 UWG 2008 fand seine Entsprechung in Art. 7 Abs. 2 UGP-RL, dem Nichtkenntlichmachen des kommerziellen Zwecks.[678] Mit dem Nichtkenntlichmachen des kommerziellen Zwecks müssen dem Verbraucher im Sinne des Art. 7 Abs. 1 UGP-RL solche Informationen vorenthalten worden sein, die er je nach den Umständen benötigt, um eine informierte geschäftliche Entscheidung treffen zu können.[679] *Köhler* war der Auffassung, dass Art. 7 Abs. 2 UGP-RL den Abs. 1 konkretisiere, sodass die Merkmale des Abs. 1 nicht mehr zu prüfen seien.[680] Dafür sprach seiner Ansicht nach auch, dass zwar das Auswirkungskriterium in Abs. 2 neben den anderen Tatbestandsmerkmalen geregelt sei, nicht jedoch das Einwirkungskriterium. Damit übersah *Köhler* jedoch, dass Abs. 1 und Abs. 2 des Art. 7 UGP-RL nach der eindeutigen Intention des Richtlinienverfassers miteinander verbunden sind. Darauf deuten die Verwendung des Wortes „auch“ in Abs. 2 und der Verweis auf Abs. 1 hin.[681] Zudem erscheint es unverständlich, warum das Verheimlichen wesentlicher Informationen bzw. das Nichtkenntlichmachen des kommerziellen Zwecks einer Geschäftspraxis gem. Abs. 2, im Gegensatz zu dem Vorenthalten wesentlicher Informationen nach Abs. 1, ausreichen soll, in jedem Fall die geschäftliche Entscheidung des Ver-

---

677 A.A. MünchKomm UWG Band 1/*Heermann*, § 4 Nr. 2 Rn. 138, der für eine integrierte Prüfung innerhalb des § 4 Nr. 2 UWG 2008 plädierte und einen Rückgriff auf das Merkmal der geschäftlichen Relevanz des § 3 Abs. 1 und 2 UWG 2008 ablehnte.

678 Vgl. Kapitel B. III. 1. c) bb) (3).

679 Auf die Voraussetzungen des Art. 7 UGP-RL wird in Kapitel B. III. 1. c) bb) (3) ausführlich eingegangen.

680 *Köhler*, WRP 2014, S. 259, Rn. 49.

681 MünchKomm UWG Band 1/*Micklitz*, EG D Art. 7 Rn. 3.

brauchers zu beeinflussen.[682] Ganz im Gegenteil ist nicht jede Verschleierung des Werbecharakters einer geschäftlichen Handlung geeignet, die Kaufentscheidung des Verbrauchers spürbar zu beeinflussen, sodass im Rahmen des § 4 Nr. 3 UWG 2008 bzw. des Art. 7 Abs. 2 UGP-RL ebenfalls das Einwirkungserfordernis zu prüfen war.[683]

Gleiches galt für § 4 Nr. 4 und 5 UWG 2008. Sie waren ebenfalls im Lichte des Art. 7 Abs. 2 UGP-RL auszulegen. Die in § 4 Nr. 4 und 5 UWG 2008 genannten Bedingungen waren als wesentliche Informationen im Sinne des Art. 7 Abs. 2 UGP-RL anzusehen. Werden diese Informationen „gemäß Absatz 1 unter Berücksichtigung der darin beschriebenen Einzelheiten [...] auf unklare, unverständliche, zweideutige Weise“ bereitgestellt, ist dies als irreführende Unterlassung anzusehen.[684] In Folge des Verweises auf Art. 7 Abs. 1 UGP-RL war stets zu fragen, ob die unzureichende Information den Verbraucher daran hindern konnte, je nach den Umständen eine informationsgeleitete geschäftliche Entscheidung treffen zu können.[685]

Die Rechtsprechung zitierte bei unlauteren geschäftlichen Handlung gegenüber Verbrauchern § 4 Nr. 4, 5 UWG 2008 teilweise i.V.m. § 3 Abs. 1, teilweise i.V.m. § 3 Abs. 2 S. 1 UWG.[686]

β) § 4 Nr. 11 UWG 2008

Soweit eine geschäftliche Handlung die Informiertheit der Verbraucherentscheidung betrifft und es sich um Informationspflichten im Anwendungsbereich der UGP-RL[687] handelte, waren die Voraussetzungen des § 3 Abs. 2 S. 1 i.V.m. § 4

---

682 Vgl. die Ausführungen zu Art. 7 Abs. 1 und 2 UGP-RL zuvor in Kapitel B. III. 1. c) bb) (3).

683 Köhler/Bornkamm/*Köhler*, § 3 Rn. 139 zu § 4 Nr. 3 UWG, sowie die die Rechtsprechung, vgl. BGH GRUR 2011, 163, Tz. 21, 23 – Flappe; OLG Karlsruhe WRP 2013, 1053, 1055, Tz. 16 – Preisrätsel als redaktionelle Werbung; LG Düsseldorf WRP 2011, 1665, 1667 – Anleser.

684 *Köhler*, WRP 2014, S. 259, Rn. 51.

685 *Ders.*, WRP 2014, S. 259, Rn. 51.

686 BGH GRUR 2010, 158 Tz. 11 – FIFA-WM-Gewinnspiel, zu § 4 Nr. 5 i.V.m. § 3 Abs. 2 S. 1 UWG 2008; BGH WRP 2011, 863, 866 – Einwilligungserklärung für Werbeanrufe, zu § 4 Nr. 5 i.V.m. § 3 Abs. 1 UWG 2008; BGH GRUR 2010, 649 Tz. 30 – Preisnachlass für Vorratsware, zu § 4 Nr. 4 i.V.m. § 3 Abs. 1 UWG 2008.

687 Zum Überblick über das Verhältnis der UGP-RL zu § 4 Nr. 11 UWG 2008 vgl. nur *Köhler*, WRP 2012, S. 638, 646 ff.; *ders.*, GRUR 2010, S. 1047, 1050.

Nr. 11 UWG 2008 zu prüfen.[688] Eine Eignung zur spürbaren Beeinträchtigung der Verbraucherinteressen war anzunehmen, wenn bspw. Informationspflichten vorenthalten wurden, die der Verbraucher benötigte, um eine informierte Entscheidung treffen zu können. Auch wenn es sich bei den Informationspflichten um wesentliche Informationen im Sinne des Art. 7 Abs. 5 UGP-RL handelte, war dennoch zu prüfen, ob diese Informationen je nach den Umständen im Sinne von Art. 7 Abs. 1 UGP-RL benötigt wurden, um eine informierte Entscheidung treffen zu können.

χ) § 5 UWG 2008

Die Ausführungen, die zuvor zur Anwendbarkeit des Spürbarkeitsmerkmals des § 3 Abs. 1 UWG 2008 im Rahmen der §§ 5, 5a Abs. 1 UWG 2008 im B2B-Bereich gemacht wurden[689], konnten für den Irreführungstatbestand im B2C-Bereich nicht unmittelbar herangezogen werden. Denn es galt zu berücksichtigen, dass § 5 UWG 2008 der Umsetzung von Art. 6 UGP-RL diente und insofern richtlinienkonform auszulegen war.[690] Da die irreführende Handlung an sich die Spürbarkeit bereits indizierte, erschien eine Prüfung der Spürbarkeit innerhalb des § 5 UWG 2008 entbehrlich.

Dennoch sollte auch bei einer irreführenden Handlung nach Art. 6 UGP-RL zwischen der Beeinflussung einer informierten Entscheidung „je nach den Umständen" im Sinne des Art. 7 Abs. 1 UGP-RL sowie der Auswirkung dieser Beeinflussung auf das Entscheidungsverhalten der Verbraucher unterschieden werden.[691] Nur so kann gewährleistet werden, dass nicht jedwede Fehlvorstellung eine Unlauterkeit begründet. Genau dies wird in Art. 7 UGP-RL durch das Korrektiv „je nach den Umständen" vermieden. Dies hätte im Übrigen der Systematik

---

688 Götting/Nordemann/*Ebert-Weidenfeller*, § 4 Nr. 11 Rn. 11.24; a.A. Köhler/Bornkamm/*Köhler*, § 4 Rn. 11.58c.

689 Vgl. Kapitel C. II. 1. d) cc) (10).

690 Vgl. den Überblick über die Theorien, wie dem Auswirkungserfordernis des Art. 6 Abs. 1 UGP-RL in § 5 UWG 2008 Rechnung zu tragen war bei *Sack*, WRP 2014, S. 1130, Rn. 5 ff. Im Ergebnis ähnelten die hierzu vertretenen Ansichten den zum ungeschriebenen Relevanzmerkmal des § 5 UWG 2008 vertretenen Auffassungen – sie reichten von der Immanenz des ungeschriebenen Relevanzmerkmals über die mit der Täuschung an sich bereits verwirklichte Entscheidungsumlenkung im Sinne des Art. 6 UGP-RL und der Vereinigung der Relevanz und der Irreführung in dem Täuschungsbegriff bis hin zur Prüfung der Entscheidungsumlenkung innerhalb des § 3 Abs. 2 bzw. § 3 Abs. 1 UWG 2008, vgl. zu allem *Sack*, WRP 2014, S. 1130, Rn. 5 ff. sowie die Ausführungen in den Kapiteln B. III. 1. c) bb) (2) und E. IV.

691 Vgl. die Ausführungen hierzu in Kapitel E. IV.

des UWG 2008 entsprochen.[692] Trotz eines möglichen Wertungswiderspruches zu der UGP-RL wurde daher vorgeschlagen[693], die Relevanzmerkmale innerhalb des § 3 Abs. 2 S. 1 UWG 2008 richtlinienkonform dahingehend auszulegen, dass die Interessen von Verbrauchern dann spürbar beeinträchtigt seien, wenn sie über wesentliche Informationen getäuscht werden, die je nach den Umständen benötigt werden, und so zu einer geschäftlichen Entscheidung veranlasst werden können, die sie andernfalls nicht getroffen hätten.[694]

δ) § 5a Abs. 2 UWG 2008

Auch für eine Irreführung durch Vorenthalten von wesentlichen Informationen nach § 5a Abs. 2–4 UWG 2008 galt das Erfordernis der geschäftlichen Relevanz.[695] § 5a Abs. 2 UWG 2008 diente der Umsetzung von Art. 7 Abs. 1–3 UGP-RL[696], der das Vorenthalten von Informationen nur dann als unlautere Geschäftspraxis ansieht, wenn dem durchschnittlichen Verbraucher *„wesentliche Informationen vorenthalten werden, die er je nach den Umständen benötigt, um eine informierte geschäftliche Entscheidung zu treffen"* und *„die ihn somit zu einer geschäftlichen Entscheidung veranlasst oder zu veranlassen geeignet ist, die er sonst nicht getroffen hätte"*. Bei diesen Merkmalen handelt es sich um eigenständige Elemente des Unlauterkeitstatbestandes, die grundsätzlich neben den übrigen Voraussetzungen des Art. 7 Abs. 2–5 UGP-RL der Prüfung bedürfen.[697] Der Verweis in § 5a Abs. 2 UWG 2008 auf § 3 Abs. 2 UWG 2008 war daher einer Ansicht nach[698] nicht als Bezugnahme auf

---

692 A.A. Harte/Henning/*Dreyer*, § 5 Abschn. B Rn 158 ff.; *Ruess* wollte die Spürbarkeit zusätzlich zum Relevanzerfordernis prüfen, da innerhalb der Relevanz die Irreführungspotentiale qualitativ bestimmt würden, während im Rahmen der Spürbarkeit die Auswirkungen der Irreführungshandlung in quantitativer Hinsicht festgestellt werden müssten, MünchKomm UWG Band 2/*Ruess*, § 5 Rn. 207.

693 Darauf wies auch *Sack*, GRUR 2015, S. 450, 451, hin, allerdings bzgl. des Verhältnisses von Art. 6 Abs. 1 UGP-RL zu § 4 Nr. 9 lit. a) UWG 2008.

694 Gloy/Loschelder/Erdmann/*Helm*, § 59 Rn. 21; *Nordemann*, in FS Köhler (2014), S. 492 ff.; sowie ebenfalls die Rspr., vgl. bspw. OLG Köln GRUR-RR 2010, 441 – Helmut Newton: SUMO. Der Gesetzgeber wollte die Spürbarkeit der Irreführung ebenfalls in § 3 Abs. 2 S. 1 UWG 2008 und nicht als immanentes Merkmal innerhalb des § 5 UWG 2008 prüfen, vgl. BT-Drucks. 16/10145, S. 23.

695 MünchKomm UWG Band 2/*Alexander*, § 5a Rn. 91.

696 Köhler/Bornkamm/*Bornkamm*, § 5a Rn. 29 ff.

697 MünchKomm UWG Band 2/*Alexander*, § 5a Rn. 91; siehe auch die Ausführungen unter Kapitel B. III. 1. c) bb) (3).

698 Köhler/Bornkamm/*Bornkamm*, § 5a Rn. 55; GK-UWG Band 1/*Fritzsche*, § 3 Rn. 640; Gloy/Loschelder/Erdmann/*Helm*, § 59 Rn. 157.

den gesamten Tatbestand des § 3 Abs. 2 S. 1 UWG 2008 (bspw. fachliche Sorgfalt) zu verstehen, sondern vielmehr als Verweis auf dessen Einwirkungserfordernis in verkürzter Form[699], was allerdings nicht ganz geglückt sei.[700] Denn in Art. 7 Abs. 1 UGP-RL sei die Rede vom Vorenthalten *„wesentlicher Informationen (…), die der durchschnittliche Verbraucher je nach den Umständen benötigt, um eine informierte geschäftliche Entscheidung zu treffen"*, wohingegen § 5a Abs. 2 UWG 2008 durch den Verweis auf § 3 Abs. 2 S. 1 UWG 2008 klarstellen wolle, dass das Vorenthalten einer wesentlichen Information *„die Fähigkeit des Verbrauchers, sich auf Grund von Informationen zu entscheiden, spürbar"* beeinträchtige.[701] Dies führe zu einem Auslegungsproblem des § 5a Abs. 2 UWG 2008, da das Vorenthalten wesentlicher Informationen eine Spürbarkeits- bzw. Relevanzprüfung entbehrlich mache.[702] Nach anderer Ansicht bezog sich der Verweis in § 5a Abs. 2 UWG 2008 lediglich auf das Auswirkungserfordernis, mithin also auf den letzten Teil von § 3 Abs. 2 S. 1 UWG 2008.[703] Dies entspräche der Regelungssystematik der UGP-RL, die in Art. 7 UGP-RL lediglich das Auswirkungskriterium normiere, nicht jedoch die weiteren Relevanzmerkmale des Art. 5 Abs. 2 UGP-RL.[704]

Nach Auffassung des BGH legte insbesondere der Wortlaut von § 5a Abs. 3 und 4 UWG 2008 nahe, dass das Vorenthalten wesentlicher Informationen das Erfordernis der Spürbarkeit des § 3 Abs. 2 S. 1 UWG 2008 erfüllte und eine Relevanzprüfung entbehrlich machte.[705]

Dagegen erschien es überzeugender, die Spürbarkeit bzw. Relevanz im Anwendungsbereich der soeben dargestellten Wesentlichkeitsvermutung des § 5a Abs. 3 oder 4 UWG 2008 nicht lediglich zu vermuten, sondern im Einzelfall zu bewerten[706] und innerhalb des § 3 Abs. 2 UWG 2008 zu prüfen. Dies galt

---

699 *Köhler*, WRP 2014, S. 259, Rn. 40; GK-UWG Band 1/*Fritzsche*, § 3 Rn. 641.

700 *Köhler*, WRP 2014, S. 259, Rn. 40.

701 *Ders.*, WRP 2014, S. 259, Rn. 41.

702 *Ders.*, WRP 2014, S. 259, Rn. 41; vgl. die Ausführungen dazu sogleich.

703 MünchKomm UWG Band 2/*Alexander*, § 5a Rn. 92; Harte/Henning/*Dreyer*, § 5a Rn 81.

704 MünchKomm UWG Band 2/*Alexander*, § 5a Rn. 92.

705 Es wurde unwiderleglich vermutet, dass sich eine Irreführung über eine wesentliche Information auf die geschäftliche Entscheidung des Kunden auswirke. Vgl. an dieser Stelle nur BGH WRP 2013, 1459, 1461, Tz. 19 – Brandneu von der IFA; BGH GRUR 2012, 842, 844, Tz. 25 – Neue Personenkraftwagen; BGH GRUR 2011, 82, 85, Tz. 33 – Preiswerbung ohne Umsatzsteuer; anders noch BGH GRUR 2009, 1180, 1183, Tz. 30–0,00 Grundgebühr; vgl. ebenfalls die Rechtsprechungsanalyse in Kapitel E. V. 1.

706 Vgl. die zuvor zitierte Rechtsprechung der Instanzgerichte sowie Harte/Henning/*Dreyer*, § 5a Rn 82 m. w. N.; Gloy/Loschelder/Erdmann/*Helm*, § 59 Rn. 21; MünchKomm UWG Band 2/*Alexander*, § 5a Rn. 93.

entsprechend der Entscheidung des EuGH in Sachen *Ving Sverige*[707] auch bei gesetzlich vertypten wesentlichen Informationen des Art. 7 Abs. 4 UGP-RL, wie bereits zuvor in Kapitel B. III. 1. c) bb) (3) aufgezeigt. Zwar hatte der deutsche Gesetzgeber die Wendung „je nach den Umständen" in § 5a UWG 2008 nicht aufgenommen. Daraus konnte jedoch nicht geschlossen werden, dass die Relevanzkriterien des Art. 7 UGP-RL in das Tatbestandsmerkmal der „Wesentlichkeit" einer vorenthaltenen Information hinein interpretiert werden konnten. Es verbot sich daher, von einer „wesentlichen" Information nur dann auszugehen, wenn ihr Vorenthalten geeignet war, die Fähigkeit des Verbrauchers, eine informierte Entscheidung zu treffen, spürbar zu beeinträchtigen.[708] Eine solche Interpretation widersprach dem eindeutigen Gesetzesaufbau des Art. 7 Abs. 1 UGP-RL und hätte letztlich dem Merkmal der „Wesentlichkeit" jede Bedeutung genommen.[709] Folglich mussten nicht alle Informationen, die der Verbraucher möglicherweise für eine informierte Entscheidung benötigt, gewährt werden, sondern nur diejenigen, die für die Entscheidungsfindung je nach den Umständen erforderlich waren und sich auf die Möglichkeit zu einer informierten Entscheidung auswirkten. § 5a Abs. 3 und 4 UWG 2008 legte fest, welche Informationen als wesentlich gelten. Eine spürbare Beeinträchtigung der informierten Entscheidungsfindung war aber bspw. zu verneinen, wenn dem Verbraucher zwar wesentliche Informationen vorenthalten werden, diese Informationen jedoch auf andere Weise problemlos zur Verfügung standen.[710] Zwischen der Wesentlichkeit und der Erforderlichkeit durfte daher kein Automatismus angenommen werden: Selbst wenn eine gegebene Information nicht ausreichte, um das Wesentlichkeitserfordernis zu erfüllen, blieb immer noch zu fragen, ob der Verbraucher die fehlende Information *„je nach den Umständen"* benötigte, um eine informierte Entscheidung treffen zu können.[711] Dies galt gleichermaßen für § 5a Abs. 2 UWG 2008[712] sowie für § 5a Abs. 3 und 4 UWG 2008.[713] Es boten sich daher folgende Prüfungsschritte bei der Prüfung des § 5a Abs. 2 i.V.m. § 3 Abs. 2 UWG 2008

707 EuGH C-122/10, Tz. 41, 71 – Ving Sverige.

708 *Köhler*, WRP 2014, S. 259, Rn. 43; in diesem Sinne auch OLG Düsseldorf WRP 2015, 365, Tz. 36 – Werbung mit Prüfsiegel und „wesentliche Information" im Sinne von § 5a Abs. 2 UWG.

709 *Köhler*, WRP 2014, S. 259, Rn. 43.

710 Beispiel nach MünchKomm UWG Band 2/*Alexander*, § 5a Rn. 93.

711 *Köhler*, WRP 2014, S. 259, Rn. 46; *ders.*, WRP 2013, S. 1419, Rn. 20.

712 *Ders.*, WRP 2014, S. 1410, Rn. 15.

713 *Ders.*, WRP 2013, S. 1419, Rn. 21.

an[714]: Als erstes war zu fragen, ob die fragliche Information „*wesentlich*" war. Bei den Informationen des § 5a Abs. 3 und 4 UWG 2008 wurde dies unwiderleglich vermutet („*gelten*") und war im Übrigen auf Grund einer Interessenabwägung zu ermitteln. Zweitens war zu prüfen, ob der Verbraucher diese Information für eine „informierte (informationsgeleitete) geschäftliche Entscheidung" benötigte. Das musste „*je nach den Umständen*" beurteilt werden. Drittens war zu fragen, ob dem Verbraucher diese Informationen „vorenthalten" worden sind, was im Einzelfall unter Berücksichtigung aller tatsächlichen Umstände und der Beschränkungen des verwendeten Kommunikationsmittels zu entscheiden war. Schließlich war zu fragen, ob das Vorenthalten geeignet war, die Interessen der Verbraucher zu beeinträchtigen. Das war der Fall, wenn es geeignet war, den Verbraucher zu einer geschäftlichen Entscheidung zu veranlassen, die er sonst nicht getroffen hätte.

Die Trennung zwischen der Wesentlichkeit einer Information und ihrer Erforderlichkeit für eine informationsgeleitete Entscheidung schloss es nicht aus, ihren *inneren* Zusammenhang bereits bei der Auslegung des § 5a Abs. 3 und 4 UWG 2008 zu berücksichtigen.[715] Bei der Beurteilung, ob die von einem Unternehmer gegebenen Informationen die Anforderungen an die Wesentlichkeit im Sinne des Art. 7 Abs. 4 und 5 UGP-RL und damit des § 5a Abs. 3 und 4 UWG 2008 erfüllten, konnte also schon hier zu prüfen sein, ob sie ausreichten, dem Verbraucher „je nach den Umständen" eine informationsgeleitete Entscheidung zu ermöglichen.[716] Das vorstehende galt in richtlinienkonformer Auslegung gleichermaßen für § 5a Abs. 2 UWG 2008. Die Erforderlichkeit konnte allerdings entsprechend der Systematik des UWG 2008 gleichermaßen im Rahmen der spürbaren Beeinträchtigung der informierten Entscheidung des Verbrauchers in § 3 Abs. 2 S. 1 UWG 2008 geprüft werden. Eine integrierte Prüfung des Einwirkungsmerkmals des § 3 Abs. 2 S. 1 UWG 2008 innerhalb der Tatbestände des § 5a Abs. 2–4 UWG 2008 erschien daher nicht zwingend erforderlich.[717]

---

714 Die folgende Prüfungsfolge ist den Ausführungen *Köhlers* in WRP 2013, S. 1419, Rn. 20, entnommen.

715 *Ders.*, WRP 2014, S. 259, Rn. 45.

716 EuGH C-122/10, Tz. 71 – Ving Sverige.

717 Vgl. GK-UWG Band 1/*Fritzsche*, § 3 Rn. 640, 642; *Beater*, Rn. 1461; vgl. ebenfalls die Rpsr., die eine Spürbarkeit teilweise innerhalb des § 3 Abs. 2 S. 1 UWG prüft: BGH WRP 2011, 1587, 1590 – Original Kanchipur; BGH GRUR 2010, 1142, Tz. 24 – Holzhocker.

ε) §§ 5 Abs. 3, 6 Abs. 2 UWG 2008

Bei dem Tatbestand der vergleichenden Werbung war zu unterscheiden, an wen sie sich richtete. Dies war maßgeblich für die Auslegung der entsprechenden Tatbestände des UWG anhand der jeweiligen Richtlinie. Soweit eine irreführende vergleichende Werbung gegenüber Verbrauchern vorlag, war § 5 Abs. 1, 3 UWG 2008 richtlinienkonform am Maßstab des Art. 4 lit. a) Werbe-RL auszulegen, der wiederum auf die Irreführungstatbestände der Art. 6 und 7 UGP-RL verweist.[718] Zwar enthält die UGP-RL keine Vorschriften im Hinblick auf vergleichende Werbung[719], allerdings unterliegt vergleichende Werbung, die sich an Verbraucher richtet, auf der Grundlage der Rechtsprechung des EuGH umfassend der UGP-RL.[720] Die Voraussetzungen für die Anforderungen an den Werbevergleich sind folglich grundsätzlich der Werbe-RL zu entnehmen, bezüglich der Gefahr der Irreführungen von Verbrauchern sind jedoch die weiteren Tatbestandsmerkmale der Art. 6, 7 UGP-RL maßgebend. Insofern war von einer parallelen Anwendung der Regelungen des Art. 4 lit. a) Werbe-RL und Art. 6, 7 UGP-RL auszugehen.[721]

Eine vergleichende Werbung nach § 6 Abs. 2 UWG 2008 gegenüber Verbrauchern war im Sinne des Erwägungsgrundes 9 der Werbe-RL dahingehend zu überprüfen, ob die Werbemaßnahme geeignet war, die Entscheidung der Verbraucher negativ zu beeinflussen.[722] Dem EuGH zufolge liegt ein Verstoß gegen (jetzt) Art. 4 lit. a) Werbe-RL nur dann vor, wenn die Werbemaßnahme die Entscheidung des Verbrauchers „spürbar beeinträchtigen kann".[723] Eine negative Verbraucherentscheidung war dann anzunehmen, wenn die vergleichende Werbung geeignet war, den Durchschnittsverbraucher in seiner Fähigkeit, eine informierte Entscheidung zu treffen, spürbar zu beeinträchtigen und ihn auf Grund dessen zu einer Kaufentscheidung zu veranlassen.[724] Diese Auslegung vermied auch einen Widerspruch zu Art. 6 und 7 UGP-RL.[725] Die Spürbarkeit war innerhalb des § 3 Abs. 2 S. 1 UWG 2008 zu prüfen.

---

718 Vgl. die Darstellung zu dem Anwendungsverhältnis der Werbe-RL und der UGP-RL zueinander bei GK-UWG Band 2/*Glöckner*, § 6 Rn. 595 ff.

719 Vgl. nur die Erwähnung irreführender vergleichender Werbung in Art. 6 Abs. 2 lit. a) UGP-RL.

720 EuGH C-304/08, Tz. 37 – Plus Warenhandelsgesellschaft.

721 GK-UWG Band 2/*Glöckner*, § 6 Rn. 596.

722 Vgl. bereits die Ausführungen hierzu zuvor unter Kapitel D. 1. d) cc) (11).

723 EuGH C-44/01, Tz. 53 – Pippig Augenoptik.

724 Köhler/Bornkamm/*Köhler*, § 6 Rn. 22.

725 *Ders.*, § 6 Rn. 21.

(iii) Kopplung von Gewinnspielen, § 4 Nr. 6 UWG 2008

§ 4 Nr. 6 UWG 2008 sollte den Verbraucher vor unsachlicher Beeinflussung durch Ausnutzung der Spiellust und des Gewinnstrebens schützen.[726] Die UGP-RL enthielt keine dem § 4 Nr. 6 UWG 2008 vergleichbare Regelung. Da die UGP-RL die Regeln über Geschäftspraktiken von Unternehmen gegenüber Verbrauchern vollständig harmonisiert hat, dürfen die Mitgliedstaaten weder mildere noch strengere als die in der Richtlinie enthaltenen Vorschriften erlassen. Der deutsche Gesetzgeber hielt dennoch an § 4 Nr. 6 UWG 2008 fest. Da der BGH in § 4 Nr. 6 UWG 2008 ein per-se-Verbot sah, legte er im Jahr 2008 in dem Verfahren *Millionen-Chance I*[727] dem EuGH die Frage vor, ob Art. 5 Abs. 2 UGP-RL dahin auszulegen sei, dass diese Vorschrift einer nationalen Vorschrift entgegenstehe, nach der eine Geschäftspraktik, bei der die Teilnahme von Verbrauchern an einem Preisausschreiben oder Gewinnspiel von dem Erwerb einer Ware oder von der Inanspruchnahme einer Dienstleistung abhängig gemacht werde, grundsätzlich unzulässig sei, ohne dass es darauf ankomme, ob die Werbemaßnahme im Einzelfall Verbraucherinteressen beeinträchtige.[728] Der EuGH entschied daraufhin, dass ein solches per-se-Verbot mit der UGP-RL nicht vereinbar sei und eine Kopplung von Gewinnspielen mit dem Produktabsatz nur dann verboten werden könne, wenn sie im Sinne der Art. 5–9 UGP-RL als unlauter einzustufen sei.[729] Da die Geschäftspraktiken, die ohne Prüfung des Einzelfalls in jedem Fall unlauter sind, im Anhang I der UGP-RL abschließend geregelt seien und es den Mitgliedstaaten verwehrt sei, diese Liste zu erweitern, sei § 4 Nr. 6 UWG 2008 mit der UGP-RL unvereinbar.[730] Der BGH hat auf die Vorlageentscheidung des EuGH in der Sache *Plus Warenhandelsgesellschaft* konsequent reagiert und § 4 Nr. 6 UWG 2008 richtlinienkonform ausgelegt.[731] Unter anderem stellte der BGH fest, dass die Generalklausel des Art. 5 Abs. 2 UGP-RL den alleinigen Maßstab zur Beurteilung der Kopplung von Gewinnspielen und Preisausschreiben an Umsatzgeschäfte bilde und § 4 Nr. 6 UWG 2008 richtlinienkonform in der Weise auszulegen sei, dass derartige Kopplungen nur dann gem. § 3 Abs. 1 UWG 2008 unlauter seien,

---

726 OLG Celle GRUR-RR 2008, 349 – Reparaturkosten-zurück-Aktion.

727 BGH GRUR 2008, 807 – Millionen-Chance I.

728 Vgl. BGH a. a. O., Tz. 20, sowie den Überblick über die richtlinienkonforme Auslegung des § 4 Nr. 6 UWG 2008 bei Köhler/Bornkamm/*Köhler*, § 4 Rn. 6.6 ff.; GK-UWG Band 2/*Obergfell*, § 4 Nr. 6 Rn. 10 ff.

729 EuGH C-304/08, Tz. 48 – Plus Warenhandelsgesellschaft.

730 EuGH a. a. O., Tz. 49–51 – Plus Warenhandelsgesellschaft; ähnlich zum österreichischen Zugabeverbot EuGH C-540/08, Tz. 38 – Mediaprint.

731 BGH GRUR 2011, 532, Tz. 15 ff. – Millionen-Chance II.

wenn sie nicht den Erfordernissen der beruflichen Sorgfalt gem. Art. 5 Abs. 2 lit. a) UGP-RL entsprächen und zudem gem. Art. 5 Abs. 2 lit. b) UGP-RL geeignet seien, das wirtschaftliche Verhalten der Verbraucher wesentlich zu beeinflussen.[732]

In der Literatur stieß die Ansicht des EuGH, dass § 4 Nr. 6 UWG 2008 richtlinienwidrig sei, weitgehend auf Zustimmung.[733] Teilweise wurde daher eine Streichung des § 4 Nr. 6 UWG 2008 verlangt und eine Anwendung der Kopplungsgeschäfte unter der Generalklausel befürwortet.[734]

Unabhängig hiervon waren jedenfalls im Rahmen der Prüfung des § 4 Nr. 6 UWG 2008 die Erfordernisse des § 3 Abs. 2 S. 1 UWG 2008 heranzuziehen und zu prüfen, ob die Kopplung von Gewinnspielen und Preisausschreiben an Umsatzgeschäfte die Fähigkeit des Verbrauchers, eine informierte Entscheidung zu treffen, spürbar beeinträchtigte.[735]

c) Anwendungsbereich und Verhältnis der Generalklausel des § 3 Abs. 2 UWG 2015 zu den Regelbeispielen und den Spezialtatbeständen im Anwendungsbereich der UGP-RL

§ 3 Abs. 2 UWG 2015 dient der Umsetzung des Art. 5 Abs. 2 UGP-RL. Entsprechend dem vom Allgemeinen zum Besonderen verlaufenden Verbotssystem des Art. 5 Abs. 2 bis 5 UGP-RL[736], kommt § 3 Abs. 2 UWG 2015 erst dann zur Anwendung, wenn weder eine irreführende (nach §§ 5, 5a UWG 2015) noch eine aggressive (nach § 4a UWG 2015) geschäftliche Handlung gegeben ist.[737] § 3 Abs. 2 UWG 2015 kommt daher ausschließlich eine Auffangfunktion für verbraucherbezogene Sachverhalte innerhalb der UGP-RL zu. Dabei sollen die Verbraucher jedoch nicht nur in ihrer Funktion als Nachfrager von Waren oder Dienstleistungen im Sinne der Definition des Art. 2 lit. d) UGP-RL geschützt werden, sondern auf Grund der insoweit weitergehenderen Definition des § 2 Abs. 1 Nr. 1 UWG 2015 ebenfalls in ihrer Funktion als Anbieter von Waren oder Dienst-

---

732 BGH a. a. O., Tz. 23.

733 *Boesche*, WRP 2011, S. 1345, 1348; *Leible/Günther*, GRUR-Prax 2011, S. 209 ff.

734 *Boesche*, WRP 2011, S. 1345, 1349; *Leible/Günther*, GRUR-Prax 2011, S. 209 ff.; Köhler/Bornkamm/*Köhler*, § 4 Rn. 6.12; GK-UWG Band 2/*Obergfell*, § 4 Nr. 6 Rn. 16; MünchKomm UWG Band 1/*Leible*, § 4 Nr. 6 Rn. 27; a.A. *Nordemann*, S. 286 ff. Rn. 473; offen gelassen Fezer/*Hecker* Band 1 UWG, § 4-6 Rn. 33, 34.

735 GK-UWG Band 2/*Obergfell*, § 4 Nr. 6 Rn. 15, 46; *Nordemann*, S. 286 ff. Rn. 473; grundsätzlich für eine Anwendung des § 3 Abs. 1 UWG Harte/Henning/*Bruhn*, § 4 Nr. 6 Rn. 10; Köhler/Bornkamm/*Köhler*, § 4 Rn. 6.7.

736 Vgl. hierzu Kapitel B. III. 1. b).

737 Köhler/Bornkamm/*Köhler* 2016, § 3 Rn. 3.4, 3.5; *ders.*, WRP 2010, S. 1293, 1295.

leistungen.[738] Da der Verbraucher auch in seiner Funktion als Anbieter von Waren oder Dienstleistungen Unternehmen unterlegen ist, ist er im gleichen Maße wie als Nachfrager schutzbedürftig.[739]

§ 3 Abs. 2 UWG 2015 wird nicht mehr in Verbindung mit den verbraucherbezogenen Einzeltatbeständen geprüft werden können. Die §§ 4a ff. UWG 2015 enthalten eigenständige Erheblichkeitsschwellen und sind insofern abschließend. Damit stellt sich die zum UWG 2008 diskutierte Frage nach dem Standort der Prüfung der Spürbarkeit innerhalb des § 3 Abs. 2 UWG 2008 oder innerhalb der Einzeltatbestände und der diesbezüglichen Vereinbarkeit mit der UGP-RL nicht mehr. Das UWG 2015 gibt insofern einen klaren Prüfungsaufbau vor.

Für das sonstige Verhältnis des § 3 Abs. 2 UWG 2015 zu den Einzeltatbeständen des UWG 2015 ist zu differenzieren: Das Verhältnis des § 3 Abs. 2 UWG 2015 zu § 3a UWG 2015 ist noch nicht abschließend geklärt[740] – es richtet sich jedoch grundsätzlich nach der betroffenen Marktverhaltensregelung. Verstöße gegen Marktverhaltensregelungen innerhalb eines der Ausnahmebereiche der UGP-RL sollen nach Ansicht *Köhlers* ausschließlich nach § 3a UWG 2015 zu beurteilen sein, ohne dass auf § 3 Abs. 2 UWG 2015 zurückgegriffen werden müsse.[741] Verstöße innerhalb des Geltungsbereiches der UGP-RL, die eine Konkretisierung des Art. 5 Abs. 2 UGP-RL darstellen, sollen dagegen ausschließlich nach § 3 Abs. 2 UWG 2015 i.V.m. der Marktverhaltensregelung geprüft werden.[742] Dieser Ansicht ist zuzustimmen, denn sie verschafft die nötige Klarheit bei dem Umgang mit § 3a UWG 2015.

Die mitbewerberschützenden Regelungen des § 4 UWG 2015 stehen selbständig neben § 3 Abs. 2 UWG 2015, sodass eine Handlung sowohl einen verbraucherschützenden als auch einen mitbewerberschützenden Tatbestand erfüllen kann.[743] Da die Tatbestände des § 4 UWG 2015 ausschließlich dem Schutz der Mitbewerber dienen, kommt ein Vorrang von § 3 Abs. 2 UWG 2015 nicht in Betracht.[744]

---

738 Köhler/Bornkamm/*Köhler* 2016, § 3 Rn. 3.2.

739 *Ders.*, § 3 Rn. 3.2. Dies mag jedoch fraglich erscheinen bei Verbrauchern, die regelmäßig als Anbieter gegenüber Unternehmen auftreten und daher über geschäftliche Erfahrung verfügen.

740 Vgl. den Überblick über die Ansichten von Rechtsprechung und Literatur bei *dems.*, § 3 Rn. 3.7, 3.8.

741 *Ders.*, § 3 Rn. 3.10.

742 *Ders.*, § 3 Rn. 3.11.

743 *Ders.*, § 3 Rn. 3.12.

744 Da es sich bei den Tatbeständen des § 4 UWG 2015 nicht um Vorschriften handelt, die sowohl dem Schutz der Mitbewerber als auch der Verbraucher dienen, kann

Doppelrelevante Handlungen sind sowohl nach § 4 UWG 2015 als auch nach den verbraucherschützenden Vorschriften des UWG 2015 zu beurteilen.[745]

Da § 6 UWG 2015 der Umsetzung von Art. 4 Werbe-RL dient, der vergleichende Werbung im Verhältnis zur UGP-RL abschließend regelt, geht § 6 UWG 2015 dem § 3 Abs. 2 UWG 2015 vor.[746]

§ 7 UWG 2015 schützt nur die Privatsphäre natürlicher Personen, nicht hingegen die wirtschaftlichen Interessen der Verbraucher, sodass § 7 UWG 2015 selbständig neben § 3 Abs. 2 UWG 2015 und anderen verbraucherschützenden Vorschriften steht.[747]

d) Die Funktionen der Generalklausel des § 3 Abs. 2 UWG 2008/2015

aa) Auffangfunktion

Der Generalklausel des § 3 Abs. 2 S. 1 UWG 2015 kommt eine Auffangfunktion für Sachverhalte innerhalb des Anwendungsbereiches der UGP-RL zu.[748] Die speziellen Verbotstatbestände der Art. 6–9 UGP-RL mit den dazugehörigen Listen konkretisieren den Begriff der Unlauterkeit[749] und begrenzen gleichzeitig die Auffangfunktion der Generalklausel, sodass die von den Einzeltatbeständen nicht erfassten Fallgruppen nicht ohne Weiteres über die Hintertür der Generalklausel zum Gegenstand einer Lauterkeitsprüfung gemacht werden können.[750] Denn bei den Art. 6–9 UGP-RL handelt es sich insoweit um abschließende Regelungen, als im Falle eines Vorliegens ihrer jeweiligen Tatbestandsmerkmale ein ergänzender Rückgriff auf die Generalklausel des Art. 5 Abs. 2 UGP-RL ausgeschlossen sein

---

der Vorrang des § 3 Abs. 2 UWG 2016 nicht mit Erwägungsgrund 6 S. 3 UGP-RL begründet werden, vgl. *ders.*, § 3 Rn. 3.12.

745 *Ders.*, WRP 2015, S. 275, Rn. 59 ff.

746 Vgl. *ders.*, § 3 Rn. 3.13.

747 *Ders.*, § 3 Rn. 3.14.

748 Vorschlag für eine RICHTLINIE DES EUROPÄISCHEN PARLAMENTS UND DES RATES, KOM (2003) 356 endgültig, vom 18.6.2003, S. 15 Ziff. 52: „Diese drei Komponenten [Widerspruch gegen die fachliche Sorgfalt, Maßstab des Durchschnittsverbrauchers, wesentliche Beeinflussung seines Verhaltens] bilden zusammen ein selbständiges generelles Verbot, das dann greift, wenn der konkrete Einzelfall nicht in eine der später in der Richtlinie oder im Anhang definierten speziellen Fallgruppen der Unlauterkeit einzuordnen ist."

749 MünchKomm UWG Band 1/*Micklitz*, EG D Art. 5 Rn. 72.

750 *Ders.*, EG D Art. 5 Rn. 72 ff.; *Köhler*, WRP 2010, S. 1293, 1298; *Scherer*, WRP 2010, S. 568, 589, 590.

soll.[751] Da die beiden Fallgruppen der irreführenden und aggressiven Geschäftspraktiken die überwiegende Mehrheit der Sachverhalte abdecken werden, wird die Generalklausel des Art. 5 UGP-RL bzw. § 3 Abs. 2 UWG 2015 vermutlich nur selten zur Anwendung gelangen.[752] Eine umfassende allgemeine lückenfüllende Funktion wird man ihr aberkennen müssen.[753] Ob Rechtsschutz nach Art. 5 UGP-RL bzw. § 3 Abs. 2 UWG 2015 nur in Extrem- und Evidenzfällen gewährt werden kann, um Lücken zu schließen, ist fraglich.[754] Vielmehr bietet es sich an, § 3 Abs. 2 UWG 2015 entsprechend § 3 Abs. 1 UWG 2015 auf solche Fälle anzuwenden, die einen vergleichbaren Unlauterkeitsgehalt wie die verbraucherbezogenen Einzeltatbestände der §§ 4a ff. UWG 2015 aufweisen.

Nach derzeitigem Kenntnisstand wurden durch die Rechtsprechung bisher noch keine Fallgruppen herausgearbeitet, die in den alleinigen Anwendungsbereich der Generalklausel des § 3 Abs. 2 UWG 2008 bzw. 2015 fallen könnten.[755]

---

751 Vorschlag für eine RICHTLINIE DES EUROPÄISCHEN PARLAMENTS UND DES RATES, KOM (2003) 356 endgültig, vom 18.6.2003, S. 15 Ziff. 56: „Die überwiegende Mehrheit der Praktiken, die man nach der Generalklausel als unlauter bezeichnen würde, können in zwei Kategorien, die irreführenden und die aggressiven Praktiken, unterteilt werden. Zur Erhöhung der Rechtssicherheit werden diese zwei Kategorien in den Artikeln 6 bis 9 weiter ausgearbeitet. Diese Artikel wenden die drei Bedingungen des generellen Verbots in diesen beiden Schlüsselbereichen an. Das bedeutet, dass eine Handelspraxis für den Fall, dass sie sich entweder als irreführend oder aggressiv herausstellt, diese ohne weitere Bezugnahme auf die in Artikel 5 enthaltenen Bedingungen automatisch unlauter sein wird." Vgl. auch *Köhler*, WRP 2010, S. 1293, 1297, und EuGH C-435/11, Tz. 39 ff. – CHS Tour Services, im Hinblick auf die Entbehrlichkeit der Prüfung des Merkmals des Verstoßes gegen die fachliche Sorgfalt im Rahmen der Prüfung des Irreführungstatbestandes des Art. 6 UGP-RL.

752 Vorschlag für eine RICHTLINIE DES EUROPÄISCHEN PARLAMENTS UND DES RATES, KOM (2003) 356 endgültig, vom 18.6.2003, S. 15 Ziff. 52.

753 Für eine solche Funktion plädiert aber *Gamerith*, WRP 2005, S. 391, 418, 419.

754 MünchKomm UWG Band 1/*Micklitz*, EG D Art. 5 Rn. 72.

755 Die EU-Kommission konnte sich zwei Beispiele vorstellen, die weder aggressiv noch irreführend sind, aber dennoch unter die Generalklausel fallen könnten, vgl. Vorschlag für eine RICHTLINIE DES EUROPÄISCHEN PARLAMENTS UND DES RATES, KOM (2003) 356 endgültig, vom 18.6.2003, S. 14 Ziff. 50: Dies wäre bspw. dann der Fall, „wenn ein Gewerbetreibender Pauschalreisen nur unter der Bedingung an Verbraucher verkauft, dass diese auch eine Reiserücktrittsversicherung und eine Reiseversicherung abschließen" oder „dann, wenn eine Internetseite die Internetverbindung eines Verbrauchers auf einen Server in einem entfernten Land umleitet, sodass dem Verbraucher unerwartet hohe Telefongebühren in Rechnung gestellt werden". Für diese Praktiken bestehe ein Bedürfnis, sie unmittelbar unter

Einen eigenständigen Anwendungsbereich könnten Verkaufsförderungssachverhalte bilden, die weder aggressive noch irreführende Handlungen darstellen und daher im Einzelfall gegen die berufliche Sorgfalt im Sinne der § 3 Abs. 2 UWG 2008/2015 bzw. Art. 5 Abs. 2 UGP-RL verstoßen könnten.[756] Nach der Rechtsprechung ist hierfür ausreichend, dass die Anlockwirkung der Verkaufsförderungsmaßnahme geeignet ist, die Rationalität der Verbraucher vollständig in den Hintergrund treten zu lassen.[757] Dies ist fraglich.[758] Allerdings soll es für den Verstoß gegen die fachliche Sorgfalt auch genügen, dass die Anlockwirkung der Verkaufsförderungsmaßnahme dazu eingesetzt wird, die Verbraucher von einer informierten Entscheidung abzuhalten oder ihre mangelnde Fähigkeit zu einer informierten Entscheidungsfindung auszunutzen, wie bspw. in Fällen einer engen zeitlichen Begrenzung der Verkaufsförderungsmaßnahme ohne sachlichen Grund, um so den Verbraucher zu einer sofortigen Entscheidung zu verleiten, ohne dass er die Gelegenheit bekommt, eine informierte Entscheidung treffen zu können[759], oder in Fällen einer Ausnutzung der Unerfahrenheit oder der Leichtgläubigkeit, soweit diese Sachverhalte nicht bereits durch § 4a UWG 2015 erfasst werden.[760] Ebenfalls als eigenständiger Anwendungsfall der Generalklausel des § 3 Abs. 2 UWG 2015 denkbar ist das sorgfaltswidrige Anbieten von Rabatten und Zugaben bei der Werbung für eine Kfz-Reparatur.[761] Auch eine Kopplung von Absatzgeschäften mit Gewinnspielen kann direkt unter § 3 Abs. 2 UWG 2015 subsumiert werden, insbesondere, da § 4 Nr. 6 UWG 2008 nunmehr entfallen[762]

---

die Tatbestandsmerkmale der Generalklausel zu subsumieren, da sie weder den aggressiven noch den irreführenden Geschäftspraktiken zugeordnet werden könnten. Das Bestehen dieser Möglichkeit helfe dabei, sicherzustellen, dass sich die Richtlinie an wechselnde Technologien und Marktentwicklungen anpassen könne.

756 So auch BGH WRP 2014, 831, 833, 834, Tz. 23 – Goldbärenbarren. Vgl. den Überblick bei Köhler/Bornkamm/*Köhler*, § 3 Rn. 53b.

757 OLG Köln WRP 2013, 92, 94, 95 Tz. 19 ff. – Fruchtgummi-Glückswochen; offen gelassen BGH GRUR 2011, 532, 535, Tz. 25, 26 – Millionen-Chance II. Vgl. auch die Ausführungen in Kapitel E. IV.

758 Vgl. die Ausführungen in Kapitel E. IV. 4.

759 Obwohl hier Nr. 7 des Anhangs zu § 3 Abs. 3 UWG 2015 vorrangig zu prüfen wäre.

760 Köhler/Bornkamm/*Köhler*, § 3 Rn. 53b m. w. N.

761 OLG Hamm WRP 2014, 217, 219, Tz. 42 ff. – Gutscheine für Folgeaufträge bei Reparatur eines Kfz-Kaskoschadens.

762 § 4 Nr. 6 UWG 2008 konnte nur in richtlinienkonformer Auslegung zur Anwendung gelangen. Eine Kopplung war dementsprechend nur dann unlauter, wenn sie im Einzelfall eine unlautere Geschäftspraxis im Sinne der Richtlinie darstellte oder den

ist[763]. Da eine Kopplungsmaßnahme nicht in jedem Fall gegen die berufliche Sorgfaltspflicht verstößt, ist sie im Einzelfall zu prüfen und zu beurteilen.[764] Schließlich ist denkbar, dass § 3 Abs. 2 UWG 2015 in den Fällen zur Anwendung gelangen kann, in denen sich eine geschäftliche Handlung nicht zweifelsfrei einem der Tatbestände der §§ 4a-6 UWG 2015 zuordnen lässt.[765] Denkbar ist dies bspw. bei Verstößen gegen eine wettbewerbsrechtliche Verkehrspflicht[766] als Ausprägung der unternehmerischen Sorgfaltspflicht oder bei einer unterbliebenen Sicherung eines ebay-Mitgliedskontos[767].

bb) Ausschlussfunktion

Dadurch, dass Art. 5 UGP-RL ein generelles Verbot unlauterer Geschäftspraktiken aufstellt und die „im Hinblick auf unlautere Geschäftspraktiken zwischen Unternehmern und Verbrauchern bestehenden nationalen Generalklauseln ersetzt und präzisere Kriterien zur Bestimmung der Unlauterkeit aufstellt als jede bestehende nationale Generalklausel"[768], sollen einheitliche Schutzstandards gewährleistet werden, sodass es den Mitgliedstaaten verwehrt ist, mit Hilfe ihrer bisherigen Generalklauseln Geschäftspraktiken von Unternehmen gegenüber Verbrauchern anhand anderer als der in Art. 5 Abs. 2 UGP-RL enthaltenen Kriterien für unlauter zu erklären und zu verbieten.[769] Folglich ist es den Mitgliedstaaten untersagt, geschäftliche Handlungen gegenüber Verbrauchern, die nach den Maßstäben des Art. 5 Abs. 2 UGP-RL zulässig sind, unter Berufung auf ihre jeweiligen Generalklauseln im Anwendungsbereich der Richtlinie zu verbieten.

III. Zwischenergebnis

Mit der Einführung der die Unlauterkeit konkretisierenden Regelbeispiele sowie der per-se-Verbote des Anhangs wurde die praktische Anwendbarkeit der Generalklausel beschränkt, sodass die Gerichte nur noch dann auf § 3 Abs. 1, 2 UWG

Erfordernissen der beruflichen Sorgfalt widersprach, vgl. BGH WRP 2014, 831, 833, Tz. 23 - Goldbärenbarren; BGH GRUR 2011, 532, 535, Tz. 25 - Millionen-Chance II.

763 *Köhler*, WRP 2014, S. 1410, Rn. 28.

764 EuGH C-304/08, Tz. 35 ff. - Plus Warenhandelsgesellschaft; EuGH C-540/08, Tz. 17 ff - Mediaprint; BGH GRUR 2011, 532, 534, Tz. 23 ff. - Millionen-Chance II.

765 Köhler/Bornkamm/*Köhler*, § 3 Rn. 53d.

766 BGH WRP 2014, 1050, Tz. 20 ff. - Geschäftsführerhaftung.

767 BGH GRUR 2009, 597, Tz. 16 ff. - Halzband.

768 Vorschlag für eine RICHTLINIE DES EUROPÄISCHEN PARLAMENTS UND DES RATES, KOM (2003) 356 endgültig, vom 18.6.2003, S. 13 Ziff. 48.

769 *Köhler*, WRP 2010, S. 1293, 1298.

2015 zurückgreifen können, wenn eine spezielle Normierung unterblieben ist. Auf Grund des umfangreichen Kataloges des Anhangs zu § 3 Abs. 3 UWG 2015 sowie der Einzelregelungen in den nachfolgenden Regelbeispielen und Spezialtatbeständen der §§ 3a-6 UWG 2015 ist dies immer seltener der Fall. Die Generalklausel des § 3 Abs. 1 und 2 UWG 2015 ist insofern materiell subsidiär. Es ergibt sich ein zweistufiger Zulässigkeitsmaßstab: Die Regelbeispiele und Spezialtatbestände sind im Verständnis der deutschen Dogmatik kein unverbindliches Beiwerk, sondern unmittelbar der rechtsanwendenden Subsumtion zugängliche Normen des geltenden Rechts. Als solche waren sie unter dem UWG 2008 immer im interpretatorischen Rückbezug auf die Generalklausel des § 3 Abs. 1 und 2 UWG 2008 und damit in engem Zusammenhang mit den Zielsetzungen des Lauterkeitsrechts des § 1 UWG zu sehen.[770] Dies dürfte gleichfalls für das UWG 2015 gelten, auch wenn sich die Rückbindung systematisch auf die bloße Rechtsfolgensetzung beschränkt. Eine spezialgesetzlich geregelte unlautere Handlung nach §§ 3a ff. UWG 2015 bedarf in jedem Fall einer Rückbindung an § 3 Abs. 1 UWG 2015, um die Rechtsfolge der Unzulässigkeit zu begründen. Die Spürbarkeit ist im UWG 2015 nicht mehr in den Generalklauseln des § 3 Abs. 1 und 2 UWG 2015 verortet, sondern innerhalb der Einzeltatbestände der §§ 3a ff. UWG 2015. Durch die klare Struktur des UWG 2015 werden den Generalklauseln des § 3 Abs. 1 und 2 UWG 2015 daher konkrete Aufgaben zugewiesen: § 3 Abs. 1 UWG 2015 behält seine Doppelfunktion im Sinne einer Auffang- und Rechtsfolgenanordnungsklausel, § 3 Abs. 2 UWG 2015 dient ausschließlich als Auffangtatbestand.

770 Harte/Henning/*Podszun*, § 3 Rn. 10.

D. Kriterien und Bezugspunkte der Spürbarkeits- bzw. Relevanzerfordernisse in § 3 Abs. 1, 2 UWG 2008 und in §§ 3a und 3 Abs. 2 UWG 2015

Die unbestimmten Begriffe der nicht nur unerheblichen Beeinträchtigung des Wettbewerbs des § 3 UWG 2004 sowie der Spürbarkeit des § 3 UWG 2008 mussten jeweils durch die Rechtsprechung ausgelegt werden. Es galt, Kriterien zu entwickeln, anhand derer man die unbestimmten Merkmale greifbar und für die Praxis handhabbar machen konnte. In dem folgenden Abschnitt wird sich auf die Bestimmung des Spürbarkeitsmerkmals konzentriert. Hierfür werden zum einen die zu § 3 Abs. 1 UWG 2008 entwickelten Merkmale herausgearbeitet, da diese Kriterien für die Bestimmung der Spürbarkeitsmerkmale des Rechtsbruchtatbestandes des § 3a UWG 2015, der nunmehr als einziger Tatbestand des UWG 2015 die Spürbarkeit ausdrücklich regelt, außerhalb des Anwendungsbereiches der UGP-RL relevant bleiben. Gleiches gilt für das nunmehr ungeschriebene Merkmal der Spürbarkeit in § 3 Abs. 1 UWG 2015, da auch hier in Konkretisierung der Unlauterkeit Merkmale heranzuziehen sind, um eine Verfolgung von Bagatellverstößen zu vermeiden. Zum anderen wird auf die verbraucherbezogene Spürbarkeit des § 3 Abs. 2 UWG 2008/2015 eingegangen.

I. Sachlicher Gleichlauf der Spürbarkeitsschwellen der Abs. 1 und 2 des § 3 UWG 2008?

Zu den Spürbarkeitsmerkmalen des § 3 Abs. 1 und 2 UWG 2008 bestanden Meinungsverschiedenheiten, ob die Spürbarkeitsmerkmale der beiden Absätze grundsätzlich nach den gleichen Kriterien beurteilt werden konnten oder ob sich eine solche Gleichbehandlung dem Grunde nach verbot. Diese Frage kann man sich auch für das UWG 2015 stellen, da die Schwellen grundsätzlich erhalten geblieben sind. Bevor auf die möglichen Kriterien der Spürbarkeitsmerkmale des § 3a UWG 2015 und § 3 Abs. 2 UWG 2015 eingegangen wird, soll zunächst der erwähnte Meinungsstreit zum UWG 2008 dargestellt werden.

1. Meinungsspektrum

Ein Teil der Literatur befürwortete im Ergebnis einen Gleichlauf der Voraussetzungen und Kriterien der beiden Spürbarkeitsmerkmale der Abs. 1 und 2 des § 3

UWG 2008.[771] Dies „begründete" *Nordemann* größtenteils schlicht damit, dass es keinen Unterschied in den Bewertungen der beiden Merkmale gebe, sodass das Spürbarkeitsmerkmal des Abs. 2 genauso auszulegen und auszufüllen sei wie dasjenige des Abs. 1.[772] Der Gesetzgeber habe die Spürbarkeitsschwelle in Abs. 2 lediglich deshalb entsprechend den Vorgaben der UGP-RL formuliert, um nach außen gegenüber den Marktteilnehmern anderer Mitgliedstaaten klarzustellen, dass die Richtlinie in deutsches Recht umgesetzt sei.[773] Bei der jeweiligen Beurteilung der Kriterien der Spürbarkeit im Einzelfall sei allerdings im Falle einer Handlung mit Verbraucherbezug nach § 3 Abs. 2 S. 1 UWG 2008 auf eine richtlinienkonforme Auslegung der Spürbarkeitsmerkmale zu achten.[774]

Beater nahm insoweit eine abwartende Position ein: Zwar könne bislang von einem inhaltlichen Gleichklang ausgegangen werden, es bleibe jedoch abzuwarten, welche Anforderungen die europäische Rechtsprechung an die Spürbarkeit des § 3 Abs. 2 S. 1 UWG 2008 bzw. des Art. 5 Abs. 2 lit. b) UGP-RL stellen werde.[775]

Fritzsche und *Fezer* wiederum sahen in dem Spürbarkeitsmerkmal des § 3 Abs. 2 UWG 2008 eine eigenständige Schwelle, die die Generalklausel des § 3 Abs. 1 UWG 2008 bei geschäftlichen Handlungen gegenüber Verbrauchern konkretisierte.[776] Da die Relevanzbegriffe des § 3 Abs. 2 S. 1 UWG 2008, und damit auch das Spürbarkeitsmerkmal, richtlinienkonform auszulegen seien, könne die verbraucherbezogene Spürbarkeit nicht mit der Spürbarkeit des § 3 Abs. 1 UWG 2008 gleichgesetzt werden.[777] Die Relevanzklausel trage dem Umstand Rechnung, dass der Verbraucherschutz insbesondere auf die Entscheidungsgrundlagen und den Entscheidungsprozess bezogen sei und nicht auf die Wettbewerbssituation der Unternehmen, sodass die Voraussetzungen der Relevanzklausel des Abs. 2 von denen des Abs. 1 zu unterscheiden seien.[778]

---

771 Vgl. Harte/Henning/*Podszun*, § 3 Rn. 134; *Boesche*, § 5 Rn. 173h; jurisPK-UWG/*Ullmann*, § 3 Rn. 69; *Nordemann*, S. 93 Rn. 102; Ohly/Sosnitza/*Sosnitza*, § 3 Rn. 78; MünchKomm UWG Band 1/*Sosnitza*, § 3 Rn. 118; *Blomeyer*, S. 136; *Schöttle*, GRUR 2009, S. 546, 549.

772 *Nordemann*, S. 93 Rn. 102.

773 BT-Drucks. 16/10145, S. 15; *Nordemann*, S. 93 Rn. 102.

774 *Ders.*, S. 93 Rn. 102.

775 *Beater*, Rn. 1124.

776 GK-UWG Band 1/*Fritzsche*, § 3 Rn. 620; Fezer/*Fezer* Band 1 UWG, § 3 Rn. 109 ff.

777 *Guthy*, S. 256 Rn. 125.

778 GK-UWG Band 1/*Fritzsche*, § 3 Rn. 620; Fezer/*Fezer* Band 1 UWG, § 3 Rn. 109.

2. Stellungnahme

Die zuletzt genannte Ansicht verdient den Vorzug. Zwischen den beiden Spürbarkeitsmerkmalen bestand und besteht kein sachlicher und inhaltlicher Gleichlauf. Dies folgt zwar nicht ohne Weiteres aus dem jeweiligen Wortlaut der beiden Normen, da sich sowohl § 3 Abs. 1 UWG 2008 bzw. § 3a UWG 2015 als auch § 3 Abs. 2 S. 1 UWG 2008 bzw. § 3 Abs. 2 i.V.m. § 2 Abs. 1 Nr. 8 UWG 2015 auf eine spürbare Beeinträchtigung von Verbraucherinteressen bezogen bzw. beziehen (§ 3 Abs. 2 UWG 2015 bezieht sich im speziellen zwar auf die spürbare Beeinträchtigung einer informierten Entscheidung, allerdings ist Bezugspunkt das allgemeine (wirtschaftliche) Verbraucherinteresse). Setzt man allerdings die spürbare Beeinträchtigung der Interessen der Mitbewerber und der sonstigen Marktteilnehmer in § 3a UWG 2015 mit dem verbraucherbezogenen Spürbarkeitserfordernis des § 3 Abs. 2 UWG 2015 in Verhältnis, sind Unterschiede in der sachlichen Ausfüllung des jeweiligen Spürbarkeitsmerkmals erkennbar.[779] Dies gilt umso mehr vor dem Hintergrund, als die zuvor in Bezug genommenen Spürbarkeitserfordernisse nach unterschiedlichen Maßstäben zu beurteilen sind. So ist der Tatbestand des § 3a UWG 2015 im Gegensatz zu dem Tatbestand des § 3 Abs. 2 UWG 2015 nicht durch die UGP-RL geprägt. § 3a UWG 2015 hat keine Entsprechung in der UGP-RL.[780] Bei der Beurteilung von Marktverhaltensregelungen außerhalb des Anwendungsbereiches der UGP-RL richtet sich mithin auch die Prüfung der Spürbarkeit nach den zu § 3 Abs. 1 UWG 2008 entwickelten Maßstäben. Der Tatbestand des § 3 Abs. 2 UWG 2015 und damit auch das Spürbarkeitsmerkmal ist jedoch richtlinienkonform anhand des Wortlauts und Zwecks des Art. 5 Abs. 2 UGP-RL auszulegen.

Eine abweichende Behandlung der beiden Spürbarkeitsmerkmale ergibt sich daher aus den unterschiedlichen Schutzzwecken des UWG einerseits und der UGP-RL andererseits, die maßgebend sind für die Auslegung der Spürbarkeitsmerkmale.[781] Besteht der Zweck der UGP-RL nach deren Art. 1 darin, durch die Angleichung des Rechts über unlautere Geschäftspraktiken, die die wirtschaftlichen Interessen der Verbraucher beeinträchtigen, zu einem reibungslosen Funktionieren des Marktes und dem Erreichen eines hohen Verbraucherschutzniveaus beizutragen[782], hat sich

779 Zum UWG 2008: Köhler/Bornkamm/*Köhler*, § 3 Rn. 11; Fezer/*Fezer* Band 1 UWG, § 3 Rn. 105.

780 Zu dem Verhältnis zwischen § 3a UWG 2015 und dem sekundären Unionsrecht wird auf die Ausführungen unter anderem bei Köhler/Bornkamm/*Köhler* 2016, § 3a Rn. 1.7 ff. verwiesen.

781 Vgl. hierzu die Ausführungen in den folgenden Unterkapiteln.

782 Köhler/Bornkamm/*Köhler*, UWG Einl Rn. 3.57.

im deutschen Lauterkeitsrecht eine sogenannte Schutzzwecktrias etabliert, unter der man üblicherweise den Schutz der Mitbewerber, der Verbraucher (genauer der übrigen Marktbeteiligten) sowie der Allgemeinheit versteht[783], vgl. § 1 UWG. Das Spürbarkeitsmerkmal des § 3 Abs. 2 UWG 2015 hat einen anderen Bezugspunkt als das Spürbarkeitskriterium des § 3a UWG 2015: Ersteres bezieht sich auf die Beeinträchtigung der Fähigkeit des Verbrauchers, eine informierte Entscheidung treffen zu können, letzteres auf die Beeinträchtigung der Interessen von Mitbewerbern oder sonstigen Marktteilnehmern.[784] Mit anderen Worten: Mit dem Schutz der speziellen Verbraucherinteressen in § 3 Abs. 2 UWG 2015 soll gewährleistet werden, dass der Verbraucher in seinen Entscheidungen frei bleibt und es ihm möglich ist, eine informierte und freie Entscheidung zu treffen. Die geschützte wettbewerbliche Entfaltungsfreiheit der Mitbewerber beschränkt sich dagegen nicht darauf, das eigene Angebot ungehindert am Markt zur Geltung zu bringen, sondern erstreckt sich auf alle wettbewerblichen Aktionsparameter, wie bspw. Forschung und Entwicklung, Einkauf, Personal, Finanzierung, Außendarstellung, Produktwerbung, Vertrieb usw.[785] Schutzgegenstand der Interessen der Mitbewerber ist der Schutz des Unternehmens und seiner Bestandteile (wie bspw. Geschäftsgeheimnisse, Schutzrechte) als Vermögensgegenstand vor Beeinträchtigungen.[786] Zwar decken sich die Interessen von Verbrauchern und Mitbewerbern insofern, als es um rein wirtschaftliche Interessen geht, und oftmals sind bei wettbewerbsrechtlich relevantem Verhalten gleichfalls sowohl Verbraucher- als auch Mitbewerberinteressen betroffen, allerdings schließt dies nicht aus, dass die jeweiligen Spürbarkeitsschwellen anhand unterschiedlicher Kriterien beurteilt werden können. Zu bedenken ist des Weiteren, dass für den Geschäftsverkehr zwischen Unternehmern und Verbrauchern andere Anforderungen an die Wettbewerbsregeln als angemessen gelten als für Vorgänge zwischen Unternehmern.[787] Verbraucher und Unternehmer sind Marktteilnehmer mit jeweils unterschiedlichen wettbewerblichen Funktionen. Unternehmer stehen sich regelmäßig mit gleichen Waffen gegenüber. Zwischen ihnen soll es gerade zu einem Wettbewerb kommen[788] und sie bedürfen keines speziellen wettbewerbsrechtlichen (Verbraucher-)Schutzes.[789] Unternehmer tätigen in der Regel eine Vielzahl von Geschäften und verfügen über ein hohes Maß an geschäftlichen Er-

783 MünchKomm UWG Band 1/*Sosnitza*, § 1 Rn. 9.

784 Vgl. die Ausführungen sogleich.

785 BGH GRUR 2004, 877, 879 – Werbeblocker; Köhler/Bornkamm/*Köhler*, § 1 Rn. 10.

786 Köhler/Bornkamm/*Köhler*, § 1 Rn. 10.

787 *Beater*, Rn. 1068.

788 *Ders.*, Rn. 1068.

789 BVerfG GRUR 1999, 247, 249 – Metro.

fahrungswerten. Die Situation des Verbrauchers stellt sich anders dar, denn für ihn, der normalerweise viel weniger geschäftliche Erfahrung hat, stellt ein Geschäft mit einem Unternehmer regelmäßig ein Einzelgeschäft dar, das er allein oder im kleinsten Kreis tätigt.

Das Spürbarkeitsmerkmal des § 3 Abs. 1 UWG 2008 wurde darüber hinaus, ebenso wie das Unlauterkeitsmerkmal[790], wesentlich von dem Inhalt und der Bestimmtheit der Spezialtatbestände außerhalb der Generalklausel bestimmt. Dies dürfte nunmehr ebenfalls für das ungeschriebene Spürbarkeitsmerkmal des § 3 Abs. 1 UWG 2015 gelten, da die nach § 3 Abs. 1 UWG 2015 erfassbaren geschäftlichen Handlungen einen den Spezialtatbeständen vergleichbaren Unlauterkeitsgehalt aufweisen[791] oder den anständigen Gepflogenheiten in Handel und Gewerbe widersprechen müssen[792]. Da sich das Spürbarkeitsmerkmal des § 3 Abs. 2 UWG 2015 dagegen ausschließlich auf die Entscheidungsgrundlage im Sinne einer informierten Entscheidung der Verbraucher bezieht, lässt sich daraus für die Spürbarkeit im Bereich des Mitbewerberschutzes wenig ableiten.[793]

Aus den zuvor genannten Gründen erschien und erscheint die Annahme einer jeweiligen Eigenständigkeit der Spürbarkeitsmerkmale in § 3a UWG 2015 und § 3 Abs. 2 UWG 2015 daher gerechtfertigt und auf Grund der Systematik des UWG 2015 auch geboten. Da sich das ungeschriebene Spürbarkeitsmerkmal des § 3 Abs. 1 UWG 2015 nach den gleichen Kriterien wie zu § 3a UWG 2015 im Anwendungsbereich außerhalb der UGP-RL bestimmten lassen kann, wird im Folgenden vornehmlich auf § 3a UWG 2015 Bezug genommen und die Spürbarkeit in § 3 Abs. 1 UWG 2015 nicht zusätzlich behandelt.

II. Voraussetzungen des Spürbarkeitsmerkmals des § 3 Abs. 1 UWG 2008 bzw. des § 3a UWG 2015

Eine Legaldefinition des Merkmals der Spürbarkeit findet sich weder im Gesetzestext des deutschen Lauterkeitsgesetzes noch in der UGP-RL. Ebenso wenig findet sich eine Definition in der Gesetzesbegründung zum UWG oder in dem „Vorschlag für eine RICHTLINIE DES EUROPÄISCHEN PARLAMENTS

790 Vgl. nur Köhler/Bornkamm/*Köhler*, § 3 Rn. 65a m. w. N.; BT-Drucks. 18/6571, S. 14, 15.

791 St. Rspr. zum UWG 2008, die jedoch ebenfalls für das UWG 2015 maßgebend ist, vgl. nur BGH GRUR 2009, 1080, Tz. 12 – Auskunft der IHK; BGH GRUR 2008, 262, Tz. 9 – Direktansprache am Arbeitsplatz III.

792 Vgl. nur BGH GRUR 2009, 1080, Tz. 13 – Auskunft der IHK.

793 Noch zum UWG 2008: Gloy/Loschelder/Erdmann/*Lubberger*, § 45 Rn. 9.

UND DES RATES“[794]. Bei dem Spürbarkeitsmerkmal handelt es sich um einen unbestimmten Rechtsbegriff, der nach dem Willen des Gesetzgebers durch den Rechtsanwender ausgelegt und konkretisiert werden kann und muss.[795] Einen Anhaltspunkt bot die Gesetzesbegründung zum UWG 2004, nach der die Feststellung, ob ein Wettbewerbsverstoß geeignet ist, den Wettbewerb nicht nur unerheblich zu verfälschen, eine nach objektiven und subjektiven Momenten unter Berücksichtigung aller Umstände des Einzelfalls zu treffende Wertung voraussetzte.[796] In diese Wertung waren neben der Art und der Schwere des Verstoßes die zu erwartenden Auswirkungen auf den Wettbewerb sowie der Schutzzweck des Wettbewerbsrechts einzubeziehen.[797] Soweit damit auf eine Gesamtbetrachtung angespielt wurde, wie sie von der Rechtsprechung zum alten Recht zur Feststellung der Klagebefugnis nach § 13 Abs. 2 UWG a. F. herangezogen wurde[798], bleibt zu untersuchen, ob eine solche Gesamtbetrachtung auch unter dem neuen Recht geeignet erscheint, die Spürbarkeit der geschäftlichen Handlung festzustellen.

1. Spürbare Beeinträchtigung der *Interessen* der Mitbewerber, der Verbraucher (außerhalb des Anwendungsbereiches der UGP-RL) und der sonstigen Marktteilnehmer

Das Spürbarkeitsmerkmal des § 3 Abs. 1 UWG 2008 bzw. des § 3a UWG 2015 bezieht sich dem Gesetzeswortlaut zufolge auf die Beeinträchtigung der Interessen von Mitbewerbern, Verbrauchern oder sonstigen Marktteilnehmern.

a) Bezugspunkt: Beeinträchtigung der Interessen

Im Vergleich zum UWG 2004 bezieht sich § 3a UWG 2015[799] nicht mehr auf die Geeignetheit der Handlung, *den Wettbewerb* zum Nachteil der Mitbewerber,

---

794 KOM (2003) 356 endgültig vom 18.06.2003.

795 Vgl. vergleichbar zum GWB die Ausführungen von *Terhechte*, S. 184.

796 BT-Drucks. 15/1487, S. 17.

797 BT-Drucks. 15/1487, S. 17.

798 Vgl. nur BGH GRUR 1998, 955, 956 – Flaschenpfand II; BGH GRUR 1995, 122, 124 – Laienwerbung für Augenoptiker; BGH GRUR 1995, 419, 422 – Knoblauchkapseln.

799 Da § 3 Abs. 1 UWG 2015 das Spürbarkeitsmerkmal nicht mehr ausdrücklich erwähnt, wird in der folgenden Darstellung auf die „kleine Generalklausel“ des § 3a UWG 2015 abgestellt, soweit dies dem besseren Verständnis dient. Die Fußnoten dieses Abschnittes beziehen sich noch auf die Rechtslage zu § 3 Abs. 1 UWG 2008, jedoch können die dazu gemachten Ausführungen auf § 3a UWG 2015 (bzw. § 3 Abs. 1 UWG 2015) übertragen werden.

der Verbraucher oder der sonstigen Marktteilnehmer nicht nur unerheblich zu beeinträchtigen. Vielmehr stellt § 3a UWG 2015 auf die spürbare *Beeinträchtigung der Interessen* der Mitbewerber, Verbraucher oder sonstigen Marktteilnehmer ab. Das Spürbarkeitsmerkmal des § 3a UWG 2015 bezieht sich also nunmehr nicht mehr auf den *Wettbewerb*, sondern auf die *Marktteilnehmer*.[800] Eine Eignung zur Beeinträchtigung des Wettbewerbs wird nicht mehr gefordert.[801] Eine andere Ansicht wäre bereits mit dem in § 1 S. 1 UWG 2015 normierten Schutzzweck des UWG nicht vereinbar: Hiernach schützt das UWG den Wettbewerb nicht als solchen, sondern die Schutzsubjekte vor unlauteren geschäftlichen Handlungen. Demzufolge ist es nicht erforderlich, dass die geschäftliche Handlung zugleich den Wettbewerb nicht unerheblich bzw. spürbar beeinträchtigt bzw. sich auf die Marktstrukturen auswirkt.[802] Zwar wird mit dem Schutz der Markt-

---

800 Köhler/Bornkamm/*Köhler* 2016, § 3a Rn. 1.99; *ders.*, WRP 2014, S. 259, Rn. 27.

801 So bereits schon *ders.*, GRUR 2005, S. 1, 4; vgl. auch Köhler/Bornkamm/*Köhler*, § 3 Rn. 62a; Gloy/Loschelder/Erdmann/*v. Ungern-Sternberg*, § 23 Rn. 12; GK-UWG Band 1/*Peukert*, § 1 Rn. 83 ff.; *Nordemann*, S. 61, 62 Rn. 49; *Beater*, Rn. 836 ff.; unter Abstellung auf rein wettbewerbliche Interessen der Verbraucher/Marktteilnehmer wohl nunmehr auch Ohly/Sosnitza/*Sosnitza*, § 3 Rn. 46; MünchKomm UWG Band 1/*Sosnitza*, § 3 Rn. 92; *Emmerich*, § 5 Rn. 44; a.A. Harte/Henning/*Podszun*, § 3 Rn. 137; Harte/Henning/*Glöckner*, Einl B Rn. 329 ff.; *Boesche*, § 1 Rn. 1, § 5 Rn. 182; jurisPK-UWG/*Ernst*, § 1 Rn. 11, 13; Fezer/*Fezer* Band 1 UWG, § 3 Rn. 59 ff, 66; *Pichler*, S 112 ff. m. w. N. *Glöckner* hält die Abkehr von der Wettbewerbsbeeinträchtigung als Bezugspunkt der Spürbarkeit für verfehlt und sieht die Funktion des Lauterkeitsrechts auch weiterhin darin, „kollektive Verbraucherinteressen durch unverfälschten Wettbewerb sowie den unverfälschten Wettbewerb im Interesse aller Marktteilnehmer zu schützen". Die Spürbarkeitsklausel des § 3 Abs. 1 UWG 2008 sei dahingehend zu deuten, dass Verstöße gegen objektive Verhaltensgebote von vornherein nur dann wettbewerbsrechtsrelevant seien, wenn sie zu einer Wettbewerbsbeeinträchtigung führen könnten und nicht dahingehend, dass zwar eine Rechtsverletzung vorliege, diese aber wegen ihrer Geringfügigkeit die Inanspruchnahme der Rechtsdurchsetzungsmechanismen nicht rechtfertige. Damit hätte das Spürbarkeitsmerkmal dieselbe Funktion wie das ungeschriebene Spürbarkeitsmerkmal im EU-Kartellrecht im Sinne der Feststellung einer Wettbewerbsbeeinträchtigung; vgl. Harte/Henning/*Glöckner*, Einl B Rn. 330.

802 *Köhler*, WRP 2014, S. 259, Rn. 27; GK-UWG Band 1/*Peukert*, § 3 Rn. 410. Teilweise wird vertreten, im Bereich des Rechtsbruchs des § 4 Nr. 11 UWG 2008 (§ 3a UWG 2015) auf die Relevanz des jeweiligen Gesetzesverstoßes für das Schutzgut der Wettbewerbsfreiheit abzustellen, soweit nicht die betreffende Norm ihrerseits wieder vorrangig den Individualinteressen dient. Hier sei es angemessen, für die Auswirkungen auf die Wettbewerbsfreiheit auf das konkrete Marktgeschehen abzustellen und zu

teilnehmer zugleich der Wettbewerb selbst vor Verfälschungen geschützt, da es im Interesse der Marktteilnehmer liegt, dass ein wirksamer Wettbewerb besteht und die Funktionsbedingungen des Wettbewerbs erhalten bleiben.[803] Allerdings wird der unverfälschte Wettbewerb damit nur reflexhaft im Rahmen des Schutzes der Marktteilnehmer mitgeschützt.[804] Das steht nicht nur im Einklang mit der ergänzenden Schutzzweckbestimmung des § 1 S. 2 UWG 2015, sondern kommt zugleich in der Zielsetzung der UGP-RL zum Ausdruck, deren Erwägungsgrund 8 festlegt, dass mit dem Schutz vor Mitbewerbern mittelbar ein lauterer Wettbewerb in dem durch sie koordinierten Bereich gewährleistet wird.[805] Aus alledem folgt, dass das UWG nicht verlangt, in die Wertung mögliche spürbare Auswirkungen auf das Marktgeschehen einzubeziehen und darauf stellt die Bagatellklausel des § 3 Abs. 1 UWG 2008 bzw. des § 3a UWG 2015 ihrem Sinn und Zweck nach auch nicht ab. Für die Wertung maßgeblich ist allein der Grad der Einwirkung auf die Interessen der Mitbewerber, der Verbraucher und der sonstigen Marktteilnehmer.[806]

b) Die Interessen der Mitbewerber und der sonstigen Marktteilnehmer

Die geschützten Interessen der Mitbewerber und sonstigen Marktteilnehmer wiederum erstrecken sich ausschließlich auf deren *wirtschaftliche* Interessen im Sinne einer wettbewerblichen Entfaltungsfreiheit.[807] Der Begriff der „wirtschaftlichen Interessen" ist im UWG ebenfalls nicht definiert. Auch ein allgemeines Mitbewerberleitbild existiert nicht, sodass das Maß an Schutz für den betroffenen Mitbewerber durch eine Abwägung und Bewertung der Interessen des Handelnden, des betroffenen Mitbewerbers und der sonstigen Marktteilnehmer sowie der Allgemeinheit an einem unverfälschten Wettbewerb anhand

---

prüfen, ob sich die Handlung spürbar auf das Marktgeschehen auswirke, vgl. Gloy/Loschelder/Erdmann/*Lubberger*, § 45 Rn. 11 m. w. N.

803 Gloy/Loschelder/Erdmann/*v. Ungern-Sternberg*, § 23 Rn. 18.

804 *Köhler*, WRP 2014, S. 259, Rn. 27; *Nordemann*, S. 61, 62 Rn. 49, der annimmt, dass der Schutz der Allgemeinheit im Sinne des § 1 S. 2 UWG ebenfalls lediglich ein Reflex des Schutzes der Marktteilnehmer sei.

805 In diesem Sinne auch *Köhler*, WRP 2014, S. 259, Rn. 27.

806 Daher sei der bspw. von *Fezer* (vgl. Fezer/*Fezer* Band 1 UWG, § 3 Rn. 73, 99) im Zusammenhang mit § 3 Abs. 1 UWG 2008 verwendete Begriff der „Marktrelevanz" oder der „marktbezogenen Relevanzkriterien" missverständlich, so *Köhler*, WRP 2014, S. 259, Rn. 27.

807 Ohly/Sosnitza/*Sosnitza*, § 3 Rn. 46; *Sosnitza*, WRP 2008, S. 1014, 1019; Köhler/Bornkamm/*Köhler*, § 3 Rn. 118, 120; Erwägungsgründe 6 S. 1, 8 S. 1, 2 UGP-RL.

der Wertungen und des Grundsatzes der Verhältnismäßigkeit zu ermitteln sind.[808] Wie bereits zuvor aufgezeigt, beziehen sich die geschützten Interessen der Mitbewerber auf deren freie unternehmerische Tätigkeit, die sämtliche wettbewerblichen Aktionsparameter umfasst, unter anderem den Zugang zu Beschaffungs- und Absatzmärkten, die Freiheit der Werbung für das Unternehmen und seine Produkte, den Vertrieb und die Anwerbung von Mitarbeitern. Ebenso sind der Schutz vor unlauterer Beeinträchtigung des unternehmerischen Erscheinungsbildes auf dem Markt sowie der Schutz von Geschäfts- und Betriebsgeheimnissen umfasst.[809] Die Interessen der Mitbewerber können beeinträchtigt sein oder werden, wenn sie einen Schaden in Gestalt einer Einbuße an vorhandenen Vermögenswerten oder in Gestalt einer Minderung ihrer Marktchancen erleiden oder erleiden können.[810] Ein bestimmtes Ausmaß der Beeinträchtigung der Interessen ist dabei allerdings nicht erforderlich. Für die Feststellung der Spürbarkeit ist es ausreichend, wenn die Beeinträchtigung nicht bloß theoretisch möglich ist, sondern tatsächlich eintritt oder, im Sinne einer Wahrscheinlichkeit, eintreten kann.[811]

Der Schutz anderweitiger Interessen, wie bspw. von überkommenen Marktstrukturen und Geschäftsmodellen, gegen unerwünschten Wettbewerb, bspw. durch Neuerungen in dem jeweiligen Marktfeld, gegen für den Unternehmer nachteilige vergleichende Werbung, etc.[812], ist vom Schutzzweck des UWG nicht umfasst.

c) *Die Interessen der Verbraucher*

Auch bei den Verbrauchern besteht ein grundlegendes Interesse an einem Schutz ihrer wettbewerblichen Autonomie bzw. an einem funktionierenden Wettbewerb.[813] Sie wollen aus einem vielfältigen Angebot auswählen, Produkte zu einem günstigen Preis erwerben und von einer möglichst ungebremsten Konkurrenz profitieren. Demgemäß ist der Verbraucherschutz in Übereinstimmung mit dem Unionsrecht auf den Schutz der geschäftlichen Entscheidungsfreiheit[814] und

808 Köhler/Bornkamm/*Köhler*, § 1 Rn. 11.

809 Gloy/Loschelder/Erdmann/*v. Ungern-Sternberg*, § 24 Rn. 4.

810 Köhler/Bornkamm/*Köhler*, § 3 Rn. 119.

811 GK-UWG Band 1/*Peukert*, § 3 Rn. 421; Köhler/Bornkamm/*Köhler*, § 3 Rn. 119; Götting/Nordemann/*Wirtz*, § 3 Rn. 135; *Boesche*, § 5 Rn. 184.

812 Köhler/Bornkamm/*Köhler*, § 1 Rn. 11; Gloy/Loschelder/Erdmann/*v. Ungern-Sternberg*, § 25 Rn. 7; MünchKomm UWG Band 1/*Sosnitza*, § 1 Rn. 24.

813 *Beater*, Rn. 1084.

814 BT-Drucks. 15/1487, S. 13.

daneben auf den Schutz der sonstigen Rechte und Rechtsgüter der Verbraucher gerichtet.[815]

aa) Schutz der geschäftlichen Entscheidungsfreiheit[816]

Der durchschnittliche Verbraucher soll in seinen geschäftlichen Entscheidungen nach Art. 2 lit. k) UGP-RL grundsätzlich frei sein, da die Entscheidungsfreiheit des Verbrauchers als autonome Steuerungsmöglichkeit des Verhaltens der Marktgegenseite für einen funktionierenden Wettbewerb unerlässlich ist.[817] Auch außerhalb der UGP-RL können deren Maßstäbe herangezogen werden, um eine abweichende Beurteilung zu vermeiden. Die Entscheidungsfreiheit beinhaltet, sich mit einem Angebot eines Unternehmers näher auseinandersetzen zu wollen oder nicht, sowie die Frage, ob man ein Geschäft tätigen möchte oder nicht. Dabei ist nicht jede Einflussnahme eines Unternehmers unzulässig. Beim Schutz der Entscheidungsfreiheit geht es vielmehr darum, die Grenzen der noch zulässigen Beeinträchtigung der freien Entscheidung aufzuzeigen.[818] Ist der Verbraucher auf Grund des Verhaltens eines Unternehmers zu einer informierten und rationalen Entscheidung nicht mehr uneingeschränkt in der Lage, ist die Grenze der zulässigen Einflussnahme überschritten.[819] Das kann zum einen der Fall sein, wenn ihm nicht die Informationen zur Verfügung gestellt werden, die er für eine sachgerechte Entscheidung benötigt (Schutz der Entscheidungsgrundlage), und zum anderen, wenn seine Möglichkeiten zu einer rationalen Willensbildung auf der Grundlage des bei ihm durchschnittlich vorhandenen Informationsstandards beeinträchtigt werden (Schutz des Entscheidungsprozesses).[820] Gleichzeitig soll er seine geschäftliche Entscheidung frei von der Ausübung von Druck, unangemessener Einflussnahme oder ähnlichen Belästigungen treffen können.[821] Dagegen sind unsachliche Werbung oder Angaben, die mit dem Kaufgegenstand an sich nichts zu tun haben, nach heutigem Verständnis nicht ohne Weiteres unlauter.[822] Dem Verbraucher soll nicht nur die Möglichkeit

---

815 Köhler/Bornkamm/*Köhler*, § 1 Rn. 16.

816 Vgl. die Ausführungen zur Entscheidungsfreiheit im Sinne des Art. 8 UGP-RL bei § 4a UWG 2015 in Kapitel B. III. 1. c) bb) (4).

817 MünchKomm UWG Band 1/*Sosnitza*, § 1 Rn. 27.

818 Köhler/Bornkamm/*Köhler*, § 1 Rn. 17.

819 KG NJW 2007, 2266, 2268.

820 Köhler/Bornkamm/*Köhler*, § 1 Rn. 17; *Beater*, Rn. 1085; MünchKomm UWG Band 1/*Sosnitza*, § 1 Rn. 27; Götting/Nordemann/*Götting*, § 1 Rn. 10 ff.

821 Vgl. hierzu bspw. die Tatbestände des § 4 Nr. 1 oder Nr. 2 UWG 2008.

822 BVerfG GRUR 2002, 455, 456 – Tier- und Artenschutz; BVerfG GRUR 2001, 170, 174 – Schockwerbung; MünchKomm UWG Band 1/*Sosnitza*, § 1 Rn. 28, und Köhler/

einer freien Entscheidung erhalten bleiben, sondern ebenfalls seine Souveränität betreffend der Annahme oder Ablehnung eines Angebotes.

Jedenfalls sind die Interessen der Verbraucher außerhalb der UGP-RL dann spürbar beeinträchtigt, wenn die unlautere geschäftliche Handlung geeignet ist, die Verbraucher zu einer geschäftlichen Entscheidung zu veranlassen, die sie sonst nicht getroffen hätten.[823] Dies entspricht dem Auswirkungsmerkmal der UGP-RL.

bb) Schutz sonstiger Rechte und Rechtsgüter

Im Rahmen des Schutzes des Entscheidungsprozesses kann der Verbraucher auch vor Eingriffen in sonstige Rechte wie sein allgemeines Persönlichkeitsrecht, sein Eigentum und seinen Besitz und Rechtsgüter wie seine Gesundheit[824], seine Freiheit und sein Vermögen geschützt werden, soweit diese Rechte und Rechtsgüter einen wettbewerblichen Bezug aufweisen, so bspw. in den Fällen der unzumutbaren Belästigung im Sinne des § 7 UWG.[825] Es wird insoweit vertreten, dass das Lauterkeitsrecht den Verbraucher auch dann schützen solle, wenn dieser gar nicht in seiner Entscheidungsfreiheit beeinträchtigt werde, denn jedenfalls würden seine Zeit, seine Aufmerksamkeit und vielfach auch seine Ressourcen ohne oder gegen seinen Willen in Anspruch genommen.[826] Das Problem hierbei ist allerdings, festzustellen, ab welchem Zeitpunkt eine Belästigung für den Verbraucher unzumutbar im Sinne des § 7 UWG 2008/2015 wird[827], sodass diese Ansicht abzulehnen ist.

2. Quantitative oder qualitative Beurteilung?

Anders als im Kartellrecht ist das Merkmal der Spürbarkeit nicht marktbezogen[828], sondern marktteilnehmerbezogen zu verstehen.[829] Es ist damit gerade nicht er-

---

Bornkamm/*Köhler*, § 1 Rn. 19 m. w. N., betreffend die Rspr. zu Werbung mit Geschmacklosigkeiten.

823 Köhler/Bornkamm/*Köhler*, § 3 Rn. 122.

824 Vgl. hierzu *ders.*, § 3 Rn. 120.

825 Götting/Nordemann/*Götting*, § 1 Rn. 14; Köhler/Bornkamm/*Köhler*, § 1 Rn. 20; ähnlich MünchKomm UWG Band 1/*Sosnitza*, § 1 Rn. 27; ablehnend, aber unter Einschränkungen dennoch zustimmend Harte/Henning/*Podszun*, § 1 Rn. 57.

826 Köhler/Bornkamm/*Köhler*, § 1 Rn. 20.

827 Hierzu wird vorgeschlagen, die in § 7 Abs. 2 UWG 2008/2015 geregelten Verhaltensweisen als Wertungen heranzuziehen, *ders.*, § 1 Rn. 20; MünchKomm UWG Band 1/*Sosnitza*, § 1 Rn. 27.

828 Vgl. hierzu nur Immenga/Mestmäcker/*Emmerich* Band 1. EU/Teil 1, Art. 101 AEUV Abs. 1 Rn. 142, 148 ff. m. w. N.; Langen/Bunte/*Braun* Band 2, Nach Art. 101 Rn. 10 ff.

829 Vgl. zum UWG nur Köhler/Bornkamm/*Köhler*, § 3 Rn. 113.

forderlich, bei der Beurteilung der Spürbarkeit einer geschäftlichen Handlung die Auswirkungen auf die Marktergebnisse und Marktstrukturen zu berücksichtigen.[830] Dennoch wurden im Lauterkeitsrecht zum UWG 2008 unterschiedliche Maßstäbe zur Feststellbarkeit der Spürbarkeit angesetzt.

Ein Teil der Literaturstimmen[831] wollte die Spürbarkeit – mit unterschiedlichen Begründungen – rein quantitativ bestimmen.[832] Dies begründete *Podszun* damit, dass die Bestimmung der Spürbarkeit mit Hilfe einer Gesamtabwägung zu einer Vermischung mit der Bestimmung der Unlauterkeit führen würde, die ebenfalls mittels Gesamtabwägung festgestellt werde.[833] Dem Spürbarkeitsmerkmal würde in diesem Falle neben dem Kriterium der Unlauterkeit keine eigenständige Funktion mehr verbleiben.[834] Damit dem Spürbarkeitsmerkmal neben dem wettbewerbsfunktional ausgerichteten Unlauterkeitsmerkmal jedoch eine Eigenständigkeit zukommen könne, müsse es mittels quantifizierbarer Kriterien festgestellt werden,[835] die ggf. empirisch zu beziffern seien. *Sosnitza* wollte die Heranziehung quantitativer Kriterien mit der eindeutigen gesetzessystematischen Trennung von Unlauterkeit und Spürbarkeit in § 3 Abs. 1 UWG 2008 begründen, die belege, dass eine erneute Gesamtwürdigung im Rahmen der Spürbarkeit nicht gewollt sein könne.[836] Aus der Gesetzesbegründung zum UWG 2004, nach der die „Wettbewerbsmaßnahme von einem gewissen Gewicht für das Wettbewerbsgeschehen und die geschützten Personenkreise“ sein müsse, folge eine klare Orientierung hin zu einer quantifizierbaren Feststellung der Auswirkung auf den Wettbewerbsprozess und die geschützten Interessen.[837] Diese Erkenntnis werde durch die Nähe der Spürbarkeitsklausel des UWG zum ungeschriebenen Spürbarkeitsmerkmal des § 1 GWB bzw. der Art. 101, 102

830 Harte/Henning/*Podszun*, § 3 Rn. 139. Dennoch wird teilweise die Berücksichtigung tatsächlicher Auswirkungen auf das Marktgeschehen gefordert, vgl. insofern *Dreher/Kulka/Rittner*, § 2 Rn. 196; *Drews*, S. 137, 141 ff.

831 Die im Folgenden dargestellten Literaturmeinungen beziehen sich auf das UWG 2008.

832 So mittlerweile auch Harte/Henning/*Podszun*, § 3 Rn. 139 ff.; anders noch Harte/Henning/*Schünemann* 2. Auflage, § 3 Rn. 390, wonach auch qualitative Aspekte für die Feststellung wettbewerbsrechtlicher Relevanz maßgebend sein sollten; MünchKomm UWG Band 1/*Sosnitza*, § 3 Rn. 97, 98; Ohly/Sosnitza/*Sosnitza*, § 3 Rn. 55; wohl auch Gloy/Loschelder/Erdmann/*Lubberger*, § 45 Rn. 10.

833 Harte/Henning/*Podszun*, § 3 Rn. 138, mit Beispielen aus der Rechtsprechung.

834 *Ders.*, § 3 Rn. 138.

835 *Ders.*, § 3 Rn. 139.

836 MünchKomm UWG Band 1/*Sosnitza*, § 3 Rn. 97.

837 *Ders.*, § 3 Rn. 97.

AEUV unterstützt, das ebenfalls vorrangig nach quantitativen Kriterien bestimmt werde.[838]

Nordemann und *Köhler* wiederum wollten die Spürbarkeit des § 3 Abs. 1 UWG 2008 anhand qualitativer Kriterien bestimmen.[839] Da es dem UWG nicht um den Schutz von wettbewerblichen Strukturen der Marktverhältnisse, sondern um das Verbot unlauterer Verhaltensweisen gehe, ließe sich die Feststellung, ob eine Auswirkung bzw. Handlung spürbar sei, nicht quantitativ treffen – vielmehr erfordere sie eine Wertung anhand der Schutzzwecke des UWG.[840] Mögliche Auswirkungen auf das reale Marktgeschehen seien nicht zu berücksichtigen.[841]

Schließlich wurde von *Fezer* und *Peukert* zur Feststellung der Spürbarkeit auch eine Kombination von quantitativen und qualitativen Merkmalen befürwortet, einhergehend mit einer Gesamtschau sowie einer Prüfung der Auswirkungen des Sachverhalts auf das Marktgeschehen.[842]

Auch für § 3a UWG 2015 stellt sich weiterhin die Frage, nach welchen Kriterien das unbestimmte Spürbarkeitsmerkmal zu bestimmen ist. Die im Folgenden aufgeführten Beurteilungsmaßstäbe, die zum UWG 2008 entwickelt wurden, können Anhaltspunkte für eine Beurteilung im Rahmen des UWG 2015 geben.

3. Mögliche Beurteilungskriterien

In materiellrechtlicher Hinsicht ist der Schutzzweck eines Gesetzes der zentrale Maßstab für die Auslegung von Verbotstatbeständen sowie deren Tatbestandsmerkmalen.[843] Das Spürbarkeitsmerkmal des § 3a UWG 2015 ist folglich, ebenso wie der Unlauterkeitsbegriff, anhand des Schutzzwecks des UWG auszulegen und zu bestimmen. Entsprechend des Schutzziels des UWG, die wirtschaftlichen Interessen der Marktteilnehmer vor Beeinträchtigungen zu schützen, ist es Sinn und Zweck der Spürbarkeitsklausel des § 3 Abs. 1 UWG 2008 bzw. des § 3a UWG 2015 sowie der ungeschriebenen Spürbarkeitsschwelle des § 3 Abs. 1 UWG 2015,

---

838 *Ders.*, § 3 Rn. 97; vgl. zur quantitativen Beurteilung des Spürbarkeitsmerkmals im Kartellrecht EuGH C-306/96, Tz. 26 – Javico; EuGH C-1/71, Tz. 7/10 – Höss.

839 *Nordemann*, S. 87 Rn. 90; Köhler/Bornkamm/*Köhler*, § 3 Rn. 113, 119.

840 Köhler/Bornkamm/*Köhler*, § 3 Rn. 119 m. w. N.

841 So aber *Drews*, S. 126, 199, 200, der die Auswirkung der Wettbewerbshandlung auf das reale Marktgeschehen bei der Prüfung der Spürbarkeit nach § 3 Abs. 1 UWG 2008 als maßgebliches Kriterium ansah.

842 Fezer/*Fezer* Band 1 UWG, § 3 Rn. 101; in diesem Sinne wohl auch GK-UWG Band 1/*Peukert*, § 3 Rn. 421 ff.

843 *Beater*, Rn. 1066.

die Rechtspraxis im Sinne der Rechtsgestaltung und Rechtspflege von Bagatellsachverhalten des Marktes freizuhalten und folglich diejenigen Fälle unlauterer geschäftlicher Handlungen von der Rechtsverfolgung auszunehmen, die praktisch keine Auswirkung auf die anderen Marktteilnehmer haben.[844] Unlautere Handlungen sollen nicht um ihrer selbst willen verboten werden, sondern nur dann, wenn dies der Schutz der Mitbewerber, Verbraucher oder der sonstigen Marktteilnehmer erfordert. Dies ist aber nur dann der Fall, wenn sich die unlautere geschäftliche Handlung tatsächlich auf die anderen Marktteilnehmer auswirkt oder auswirken kann – d. h., wenn die Mitbewerber oder Verbraucher in ihrer wettbewerblichen Entscheidungsfreiheit beeinträchtigt werden können oder wenn, speziell in Bezug auf die Mitbewerber, die wettbewerblichen Entfaltungsmöglichkeiten oder Marktchancen eingeschränkt werden.[845]

Die folgenden Ausführungen sollen einen Überblick über die von Literatur und Rechtsprechung entwickelten Maßstäbe bzw. Kriterien für die Beurteilung der Spürbarkeit gem. § 3 Abs. 1 UWG 2008 geben. Die Kriterien wurden allgemein im Hinblick auf die spürbare Beeinträchtigung sämtlicher in § 3 Abs. 1 UWG 2008 aufgeführten Interessen entwickelt, so auch mit Bezug auf die Interessen von Verbrauchern. Sie können im novellierten UWG 2015 in dessen § 3a auch weiterhin Geltung beanspruchen.

In Kapitel E. der Arbeit wird sodann im Rahmen der Einzelanalyse der Vorschriften des UWG untersucht, anhand welcher Kriterien die Rechtsprechung die Spürbarkeit bislang beurteilt hat, ob sie sich dabei an qualitativen oder quantitativen Merkmalen orientiert und ggf. auch ökonomische Maßstäbe im Sinne des *more economic approach* herangezogen hat.

a) Ungeeignete Kriterien

Zunächst sollen diejenigen Merkmale aufgeführt werden, die zwar von Rechtsprechung und Literatur entwickelt wurden, jedoch nach der zuvor festgestellten Funktion der Spürbarkeitsschwelle sowie ihrer Auslegung im Lichte des Schutzzwecks des UWG als nicht (mehr) tauglich erscheinen.

---

844 Vgl. hierzu nur Fezer/*Fezer* Band 1 UWG, § 3 Rn. 101; Köhler/Bornkamm/*Köhler*, § 3 Rn. 114.

845 Götting/Nordemann/*Wirtz*, § 3 Rn. 135, 136; *Köhler* in Köhler/Bornkamm/*Köhler*, § 3 Rn. 122, nimmt eine spürbare Beeinträchtigung der Interessen der Verbraucher im Rahmen des § 3 Abs. 1 UWG 2008 an, wenn die unlautere geschäftliche Handlung geeignet ist, sie zu einer geschäftlichen Entscheidung zu veranlassen, die sie sonst nicht getroffen hätten.

aa) Subjektive Voraussetzungen

Umstände in der Person des Verletzers im Sinne eines Verschuldens können nach überwiegender Meinung keine geeigneten Kriterien für die Beurteilung der Spürbarkeit darstellen.[846] Aus Sicht der Marktbeteiligten ist es unerheblich, ob eine unlautere geschäftliche Handlung versehentlich oder gar gezielt vorgenommen worden ist.[847] Der Verhältnismäßigkeitsgrundsatz zwingt gerade nicht zur Beachtung subjektiver Einzelfallumstände.[848] Mit dem Wegfall subjektiver Tatbestandsmerkmale im UWG[849] erfolgte eine Orientierung hin zu einem objektiven Wettbewerbsrecht, sodass ein Wettbewerbsverstoß anhand rein objektiv auszulegender Tatbestandsmerkmale geprüft werden soll. Daher sollte mit Hilfe des Verhältnismäßigkeitsgrundsatzes nicht doch wieder ein subjektives Merkmal „durch die Hintertür" eingeführt werden. So darf bspw. die bloße Tatsache, dass es sich um einen versehentlichen Verstoß gehandelt hat, nicht ausreichen, um von einer Sanktion abzusehen.[850]

bb) Nachahmungsgefahr

Umstritten ist, ob die Heranziehung einer Nachahmungsgefahr geeignet sein kann, das Überschreiten der Bagatellschwelle zu begründen.[851] Dabei gilt es zunächst, sich die lange Tradition des Merkmals der Nachahmungsgefahr im

---

846 In diesem Sinne MünchKomm UWG Band 1/*Sosnitza*, § 3 Rn. 100; Harte/Henning/*Podszun*, § 3 Rn. 146; Ohly/Sosnitza/*Sosnitza*, § 3 Rn. 59; Köhler/Bornkamm/*Köhler*, § 3 Rn. 124; ein subjektives Element dagegen befürwortend Fezer/*Fezer* Band 1 UWG, § 3 Rn. 102; Gloy/Loschelder/Erdmann/*Lubberger*, § 45 Rn. 12; GK-UWG Band 1/*Peukert*, § 3 Rn. 429, 430.

847 Ohly/Sosnitza/*Sosnitza*, § 3 Rn. 59. Anders im Kartellrecht, wo auf eine Prüfung der Spürbarkeit der Wettbewerbsbeschränkung verzichtet wird, wenn es sich um sog. bezweckte Wettbewerbsbeschränkungen handelt, vgl. hierzu nur Immenga/Mestmäcker/*Emmerich* Band 1. EU/Teil 1, Art. 101 Abs. 1 Rn. 147 m. w. N.; kritisch von der Groeben/Schwarze/Hatje/*Schröter* EUV, AEUV, GRC Band 2, AEUV Vor Art. 101–109 B. Titel VII Rn. 31.

848 In diesem Sinne argumentieren allerdings Gloy/Loschelder/Erdmann/*Lubberger*, § 45 Rn. 12.

849 Vgl. die Ausführungen hierzu zuvor unter Kapitel B. III. 1. c) bb) (1) (i) ε).

850 Köhler/Bornkamm/*Köhler*, § 3 Rn. 30.

851 Die Heranziehung der Nachahmungsgefahr ablehnend u. a. MünchKomm UWG Band 1/*Sosnitza*, § 3 Rn. 99; Köhler/Bornkamm/*Köhler*, § 3 Rn. 131; Köhler/Bornkamm/*Köhler* 2016, § 3a Rn. 1.110; *ders.*, GRUR 2005, S. 1, 5; jurisPK-UWG/*Ullmann*, § 3 Rn. 71; Harte/Henning/*Podszun*, § 3 Rn. 141; *Pichler*, S. 346, 347; befürwortend dagegen Götting/Nordemann/*Wirtz*, § 3 Rn. 136; GK-UWG Band 1/

deutschen Lauterkeitsrecht bewusst zu machen. Im Geltungsbereich des UWG 1909 wurde die Nachahmungsgefahr unter dem Gesichtspunkt der „Verwilderung der Wettbewerbssitten" als Indiz für die Sittenwidrigkeit einer Handlung herangezogen und befand sich damit auf der Ebene der Prüfung der Unlauterkeit.[852] Nach Einführung des § 13 Abs. 2 Nr. 1 und 2 UWG 1909 wurde die Nachahmungsgefahr im Rahmen des dortigen Spürbarkeitsmerkmals geprüft.[853] Sie wurde bejaht, wenn von der Wettbewerbsmaßnahme eine Sogwirkung in der Weise ausging, die die Wettbewerber dazu veranlassen würde, das jeweilige beanstandete Verhalten zu übernehmen, da sie andernfalls erhebliche Wettbewerbsnachteile befürchten müssten.[854] Die Nachahmungsgefahr sollte dabei allerdings nicht einfach unterstellt oder vermutet, sondern anhand konkreter Umstände festgestellt werden, wie bspw. der besonderen Werbewirksamkeit einer Wettbewerbsmaßnahme oder auch der Möglichkeit einer Kosteneinsparung, etwa durch die Nichtbeachtung gesetzlicher Vorschriften.[855] Nach Einführung des UWG 2004 wurde sodann die Ansicht vertreten, dass eine Wettbewerbshandlung, die für sich gesehen lediglich unbedeutende Auswirkungen auf den Wettbewerb und die Marktteilnehmer habe, im Falle einer nicht nur unerheblichen Nachahmungsgefahr gleichwohl geeignet sein könne, den Wettbewerb nicht nur unerheblich zu beeinträchtigen.[856] Diese Ansicht stieß schon damals auf Kritik, führte sie doch im Ergebnis zum Vorliegen dreier Formen von Wettbewerbshandlungen: denjenigen, die ohne Einfluss auf die Interessen der Marktteilnehmer und damit zulässig sind, solchen die sie beeinträchtigen und folglich unzulässig sind sowie solchen, die sich in einer Grauzone dazwischen

---

Peukert, § 3 Rn. 427; *Nordemann*, S. 88 Rn. 90; *Boesche*, § 5 Rn. 184; Gloy/Loschelder/Erdmann/*Lubberger*, § 45 Rn. 13; Fezer/*Fezer* Band 1 UWG, § 3 Rn. 232 ff.

852 BGH GRUR 1970, 523, 524 – Telefonwerbung I; BGH GRUR 1967, 430, 431 m. w. N. – Grabsteinaufträge I; bereits damals wurde der Folgenabwägung unter Einbeziehung der Nachahmungsgefahr differenziert gegenüber gestanden, vgl. BGH GRUR 1965, 489, 491 – Kleenex.

853 BGH GRUR 2004, 253, 254 – Rechtsberatung durch Automobilclub; BGH GRUR 2001, 1166, 1169 – Fernflugpreise; BGH WRP 1999, 845, 846 – herabgesetzte Schlussverkaufspreise; BGH GRUR 1997, 767, 769 – Brillenpreise II; BGH GRUR 1995, 122, 124 – Laienwerbung für Augenoptiker.

854 Vgl. nur BGH GRUR 2001, 1166, 1169 – Fernflugpreise.

855 Vgl. hierzu Köhler/Bornkamm/*Köhler*, § 3 Rn. 129, mit Beispielen aus der Rechtsprechung.

856 BT-Drucks. 15/1487, S. 17; OLG Jena GRUR 2006, 246, 247 – Kaffeepreisauszeichnung.

befinden.[857] Damit würden für den Wettbewerb an sich unbedeutende unlautere Handlungen allein auf Grund ihrer möglichen massiven Nachahmungsgefahr gleichwohl als erhebliche Beeinträchtigung des Wettbewerbs angesehen. Dies war nach der eindeutigen Systematik des UWG 2004 jedoch ersichtlich nicht gewollt. War eine Handlung bereits nicht unlauter, sollte es auf die möglichen Auswirkungen auf den Wettbewerb nicht mehr ankommen. Darüber hinaus liefe die Befürwortung einer Folgenerwägung im Sinne einer Nachahmungsgefahr auf eine mangels überprüfbaren Maßstabes nicht mehr kontrollierbare Befugnis der Gerichte hinaus, Wirtschaftspolitik jenseits der Grenzen des Schutzzwecks zu betreiben.[858] Letztlich würde mit dem Merkmal der Nachahmungsgefahr wieder eine quantitative Spürbarkeit verlangt werden, obwohl es auf die Auswirkungen einer geschäftlichen Handlung auf das Wettbewerbsgeschehen im Anwendungsbereich des UWG gerade nicht (mehr) ankommen sollte. Schließlich erschien auch nicht nachvollziehbar, warum sich der Handelnde das mögliche unlautere Verhalten Dritter zurechnen lassen sollte.[859]

Nach der Gesetzeslage des UWG 2008 spielte die Nachahmungsgefahr grundsätzlich keine Rolle mehr.[860] Zum einen konnte sie praktisch immer behauptet werden, sodass sie bereits aus diesem Grunde kein taugliches Spürbarkeitskriterium darstellte.[861] Zum anderen genügte für die Verwirklichung des § 3 Abs. 1 UWG 2008 bereits die Eignung zu Beeinträchtigung der Interessen eines einzigen Marktteilnehmers.[862] Der Verletzer sollte nicht dadurch entlastet werden können, dass sein Verhalten voraussichtlich keine Nachahmer fand.[863] Zudem waren Aussagen über eine etwaige Nachahmungsgefahr weitgehend spekulativ, da kaum feststellbar war, ob die geschäftliche Handlung tatsächlich Nachahmer fand.[864] Das Vorstehende gilt für das UWG 2015 entsprechend.[865]

857 *Koppensteiner*, § 32 Rn. 53; *Drews*, S. 150.
858 *Koppensteiner*, § 32 Rn. 55, der noch auf eine Beeinträchtigung der Funktionsmöglichkeiten des Wettbewerbs als Schutzzweck des UWG abstellte.
859 *Köhler*, GRUR 2005, S. 1, 5; OLG Koblenz GRUR-RR 2007, 23, 24 – Grundpreisangabe.
860 Köhler/Bornkamm/*Köhler*, § 3 Rn. 131; Ohly/Sosnitza/*Sosnitza*, § 3 Rn. 58. Anders jedoch die Rechtsprechung, die teilweise weiterhin die Nachahmungsgefahr heranzog, vgl. die Rechtsprechungsanalyse in Kapitel E.
861 Köhler/Bornkamm/*Köhler*, § 3 Rn. 131.
862 OLG Frankfurt a. M. GRUR-RR 2009, 65, 67 – Kundenhotline.
863 Köhler/Bornkamm/*Köhler*, § 3 Rn. 131.
864 *Ders.*, § 3 Rn. 131.
865 Vgl. nur Köhler/Bornkamm/*Köhler* 2016, § 3a Rn. 1.108 ff.

cc) Behördliche Verfolgung

Die von der Rechtsprechung zu § 13 Abs. 2 Nr. 1 und 2 UWG 1909 im Rahmen der Erheblichkeit zum Teil geprüfte Möglichkeit der behördlichen Verfolgung des Wettbewerbsverstoßes[866] konnte nicht als geeignetes Merkmal für die Beurteilung der Spürbarkeit herangezogen werden. So nahm die Rechtsprechung an, dass die Möglichkeit einer Ahndung eines Wettbewerbsverstoßes durch die Behörden das Interesse der Allgemeinheit an wettbewerbsrechtlichen Sanktionen in den Hintergrund treten lasse.[867] Dieser Auffassung wurde bereits damals widersprochen.[868] Erst recht kann sie für § 3 Abs. 1 UWG 2008 bzw. § 3a UWG 2015 keine Geltung mehr beanspruchen.[869] Begründet ein Rechtsverstoß einen nicht nur unerheblichen Nachteil für die betroffenen Mitbewerber, Verbraucher oder sonstigen Marktteilnehmer, soll es unter der Herrschaft des § 3 Abs. 1 UWG 2008 bzw. des § 3a UWG 2015 nicht darauf ankommen, ob zusätzlich noch ein Allgemeininteresse an der Verfolgung besteht.[870] Behördliche Verfahren nehmen einige Zeit in Anspruch und sind nicht geeignet, unlauteres Verhalten zügig abzustellen.[871] Zudem spielen Wettbewerbsgerichte neben den Verwaltungsbehörden eine eigenständige Rolle.[872] Dass eine Behörde keine Sanktionen ausspricht oder untätig bleibt, kann nicht als Indiz für das Vorliegen eines Bagatellfalls gewertet werden.[873] Für ein Untätigbleiben oder das Absehen von Sanktionen können viele Gründe bestehen. Selbst wenn eine Behörde den Wettbewerbsverstoß tatsächlich unterbinden sollte, erledigt sich damit der Wettbewerbsstreit nicht ohne Weiteres – vielmehr ist dann immer noch zu prüfen, ob die Wiederholungsgefahr beseitigt wurde.[874]

---

866 BGH GRUR 2001, 258, 259 – Bewerbung von Immobilien mit Angabe des m^2-Preises; BGH GRUR 2001, 1166, 1169 – Fernflugpreise.

867 Vgl. die in der Fußnote zuvor zitierte Rechtsprechung.

868 Vgl. u. a. Köhler/Bornkamm/*Köhler*, § 3 Rn. 132 m. w. N.; *Heermann*, GRUR 2004, S. 94, 96; BGH GRUR 2010, 251, Tz. 20 – Versandkosten bei Froogl I: Die in den für § 4 Nr. 11 UWG 2008 maßgeblichen gesetzlichen Bestimmungen vorgesehenen anderweitigen Sanktionsmöglichkeiten könnten für sich genommen das Fehlen der Spürbarkeit nicht begründen.

869 Köhler/Bornkamm/*Köhler* 2016, § 3a Rn. 1.111.

870 *Ders.*, § 3a Rn. 1.111.

871 Bereits zum UWG 2004 *ders.*, GRUR 2005, S. 1, 5.

872 Ohly/Sosnitza/*Sosnitza*, § 3 Rn. 57.

873 So aber *Helm*, in FS Bechtold (2006), S. 156, 166.

874 Köhler/Bornkamm/*Köhler* 2016, § 3a Rn. 1.111.

b) *Geeignete Kriterien*

Da sich im Rahmen der UWG Reform im Jahre 2008 lediglich der Wortlaut der Spürbarkeitsklausel geändert hatte, inhaltlich jedoch mit dieser sprachlichen Neufassung keine Änderung einher gehen sollte[875], konnte für die Darstellung der Merkmale der Spürbarkeit im B2B-Verhältnis im Wesentlichen auf die einschlägige Rechtsprechung und Lehre zurückgegriffen werden.[876]

aa) *Art und Schwere des Verstoßes*

Sollte die Auswirkung der geschäftlichen Handlung anhand ihrer Art und Schwere beurteilt werden, war hierfür zunächst maßgeblich der Unrechtsgehalt der betreffenden Handlung zu ermitteln. Einige Handlungen waren bereits ihrer Art nach geeignet, die wettbewerbsrechtlich geschützten Interessen von Marktteilnehmern nicht nur unerheblich zu beeinträchtigen – bei ihnen gehörte die Erheblichkeit zum Tatbestand der Unlauterkeit, vgl. etwa den Tatbestand des § 7 Abs. 1 UWG 2008/2015 oder die Tatbestände des Anhangs zu § 3 Abs. 3 UWG 2008.[877] Daneben konnten die in der Person des Verletzten liegenden Umstände zu berücksichtigen sein, bspw. die besondere Schutzwürdigkeit etwa von Minderjährigen nach § 4 Nr. 2 UWG 2008[878], sowie das Gewicht des betroffenen Rechtsgutes.[879] Letzteres war von besonderer Bedeutung bei der Beurteilung der Fallgruppe des Rechtsbruchs im Sinne von § 4 Nr. 11 UWG 2008, da es einerseits der Ausgliederung wettbewerblich unbedeutender Verstöße gegen Formvorschriften[880], andererseits der Zurückweisung von Bagatellsachverhalten bei

---

875 Vgl. hierzu die Ausführungen zuvor unter Kapitel B. III. 2. c).

876 Vgl. nur Harte/Henning/*Podszun*, § 3 Rn. 142; Fezer/*Fezer* Band 1 UWG, § 3 Rn. 102: Dies betraf insbesondere die Rechtsprechung zum UWG 2004, wohingegen die Rechtsprechung zum UWG 1909 nicht uneingeschränkt herangezogen werden konnte.

877 *Köhler*, GRUR 2005, S. 1, 4, 5. Er vertrat des Weiteren die Auffassung, dass die Spürbarkeit ebenfalls bei den meisten Einzeltatbeständen der §§ 4–6 UWG 2008 bereits tatbestandsimmanent zu prüfen und damit ein Merkmal der Unlauterkeit war, Köhler/Bornkamm/*Köhler*, § 3 Rn. 136 ff.

878 *Heermann*, GRUR 2004, S. 94, 96.

879 *Ders.*, GRUR 2004, S. 94, 96; Gloy/Loschelder/Erdmann/*Lubberger*, § 45 Rn. 10.

880 Vgl. bspw. zur PAngV: BGH GRUR 2008, 442, Tz. 15 – Fehlerhafte Preisauszeichnung; BGH GRUR 2004, 435, 436 – FrühlingsgeFlüge; OLG Jena GRUR 2006, 246 – Kaffeepreisauszeichnung; zur Ausführungsverordnung zum Gesetz über Einheiten im Meßwesen vom 13. 12. 1985 (EinhVO): BGH GRUR 1994, 220, 222 – PS-Werbung II.

der Verletzung hochrangiger Schutzgüter der Marktteilnehmer, wie bspw. von Vorschriften betreffend die Gesundheit[881], die Sicherheit[882] oder die medizinische Versorgung[883], diente.[884]

Versteht man unter der Schwere der Handlung die Intensität des Eingriffs in das geschützte Interesse bestimmter Marktteilnehmer, kann hierin auch für das UWG 2015 durchaus ein taugliches Kriterium für die Bestimmung der Spürbarkeit gesehen werden.[885] Würde man hierunter jedoch die zu erwartenden Auswirkungen auf das Marktgeschehen im Sinne des Wettbewerbsprozesses verstehen, kann dieses Kriterium nicht herangezogen werden, da dies den Schutzzweck des UWG ignorieren und ihm widersprechen würde.[886] Demzufolge soll es auch unbeachtlich sein, welche Verbreitung eine geschäftliche Handlung (wie bspw. eine Werbung) oder ob es sich um einen einmaligen Ausreißer gehandelt hat.[887] Ist die geschäftliche Handlung dagegen geeignet, für den Handelnden lediglich irgendeinen geringfügigen Wettbewerbsvorteil zu begründen, soll dieses Verhalten nicht erheblich sein.[888] Auf ein schuldhaftes Handeln oder die hinter dem Verhalten stehenden Absichten oder Motive soll es nicht ankommen.[889] Als taugliche Kriterien können bspw. der Grad der Anreiz- oder Anlockwirkung für

---

881 BGH GRUR 2005, 778 – Atemtest.

882 BGH GRUR 2006, 82, 86 – Betonstahl.

883 BGH GRUR 2005, 875, 877 – Diabetesstreifen.

884 Gloy/Loschelder/Erdmann/*Lubberger*, § 45 Rn. 10.

885 Köhler/Bornkamm/*Köhler* 2016, § 3a Rn. 1.105.

886 Siehe die Ausführungen zuvor zu dem Bezugspunkt des Spürbarkeitsmerkmals, das sich am Schutzzweck bzw. an den Schutzzwecken des UWG orientiert. In diesem Sinne bereits *Köhler*, GRUR 2005, S. 1, 5.

887 Köhler/Bornkamm/*Köhler* 2016, § 3a Rn. 1.105; sowie zum UWG 2008 jurisPK-UWG/*Ullmann*, § 3 Rn. 70 m. w. N.; Köhler/Bornkamm/*Köhler*, § 3 Rn. 124: Insofern komme es nicht auf die Verhältnisse des Unternehmers an, sondern auf die konkreten Auswirkungen auf die Marktteilnehmer. A.A. Ohly/Sosnitza/*Sosnitza*, § 3 Rn. 61 m. w. N.

888 Vgl. in diesem Sinne die Rspr. zum UWG 1909, BGH GRUR 2001, 258, 259 – Bewerbung von Immobilien mit Angabe des m^2-Preises; BGH GRUR 2001, 1166, 1169 – Fernflugpreise.

889 Köhler/Bornkamm/*Köhler* 2016, § 3a Rn. 1.105; sowie zum UWG 2004/2008 *Nordemann*, S. 87 Rn. 90; *Köhler*, GRUR 2005, S. 1, 5; so auch Harte/Henning/*Podszun*, § 3 Rn. 146, da der persönlichen inneren Motivation von vornherein die Eignung fehle, die Interessen der Marktteilnehmer spürbar zu beeinflussen. Der Unterlassungsanspruch sei ein verschuldensunabhängiger Anspruch. A.A. Fezer/*Fezer* Band 1 UWG, § 3 Rn. 102.

die Umworbenen (bspw. im Rahmen einer Werbemaßnahme) im Sinne eines allgemeinen Wettbewerbsvorteils dienen.[890]

bb) Häufigkeit oder Dauer des Verstoßes

Zudem kann die Häufigkeit oder Dauer einer unerlaubten Handlung eine Spürbarkeit begründen oder verstärken.[891] Allerdings darf daraus nicht der Umkehrschluss gezogen werden, dass eine unlautere Handlung schon deshalb nicht spürbar sei, weil sie nur einmal oder für einen kurzen Zeitraum vorgenommen wurde.[892] Auch eine nur einmal oder für eine kurze Zeit vorgenommene Handlung kann spürbar sein und erhebliche Auswirkungen haben. Ob eine Handlung nur einmal oder für kurze Zeit vorgenommen wurde, fällt in den Bereich der Wiederholungsgefahr, die im Rahmen des Unterlassungsanspruches gem. § 8 Abs. 1 UWG 2015 zu prüfen ist.[893]

cc) Marktmacht

Ein weiteres taugliches Kriterium kann die Berücksichtigung der Stellung des handelnden Unternehmens im Markt sein.[894] So ist in bestimmten Fällen nicht auszuschließen, dass erst eine gewisse Marktmacht des Handelnden die Interessen von Mitbewerbern, Verbrauchern oder sonstigen Marktteilnehmern spürbar beeinträchtigen kann.[895] In den meisten Fällen – wie bspw. der unangemessen unsachlichen Beeinflussung gem. § 4 Nr. 1 UWG 2008, der gezielten

---

890 BGH GRUR 2011, 532, Tz. 16 – Millionen-Chance II; BGH GRUR 2000, 1087, 1089 – Ambulanter Schlussverkauf. Vgl. aber die Ausführungen zur Tauglichkeit der Anlockwirkung zur Begründung einer Irreführung gegenüber Verbrauchern in Kapitel E. IV. 4.

891 Köhler/Bornkamm/*Köhler* 2016, § 3a Rn. 1.106; zum UWG 2008 MünchKomm UWG Band 1/*Sosnitza*, § 3 Rn. 98.

892 BGH GRUR 2011, 842, Tz. 21 – RC-Netzmittel.

893 Köhler/Bornkamm/*Köhler* 2016, § 3a Rn. 1.106; BGH GRUR 2011, 842, Tz. 21 – RC-Netzmittel.

894 Harte/Henning/*Podszun*, § 3 Rn. 140, der in der völlig fehlenden Marktbedeutung des jeweiligen Unternehmens ein Unterschreiten der Spürbarkeit vermutete; GK-UWG Band 1/*Peukert*, § 3 Rn. 426; MünchKomm UWG Band 1/*Sosnitza*, § 3 Rn. 98; *Boesche*, § 5 Rn. 184.

895 A.A. Harte/Henning/*Schünemann* 2. Auflage, § 3 Rn. 245 ff., der die unternehmerische Marktstärke lauterkeitsrechtlich für nicht relevant hielt, sondern der Untersagung von (lauteren) Verhaltensweisen marktstarker Unternehmen auf Grund von Marktstärke lediglich den Grund der Beseitigung faktischer Ungleichheiten unterstellte.

Behinderung nach § 4 Nr. 10 UWG 2008 sowie bei der allgemeinen Marktbehinderung – war jedoch die Eignung zur spürbaren Beeinträchtigung auf Grund einer marktmächtigen Position des Unternehmers bereits tatbestandsimmanent, sodass für eine gesonderte Prüfung im Rahmen des § 3 Abs. 1 UWG 2008 kein Raum mehr blieb.[896] Jedenfalls konnte und kann die Marktmacht an sich nicht als taugliches Kriterium der Bestimmung der Spürbarkeit der Handlung angesehen werden. Vielmehr sollte maßgebend sein, ob es erst auf Grund der *Ausnutzung* der mächtigen Position zu einer erheblichen Beeinträchtigung wettbewerbsrechtlich geschützter Interessen von Marktteilnehmern kommt,[897] vgl. den Wortlaut des Art. 2 lit. j) UGP-RL. Die Marktmacht des Unternehmens konnte und kann daher allenfalls als Indiz für den zahlenmäßigen Umfang der Handlung dienen[898] und damit als ein Kriterium von mehreren für die Feststellung der Spürbarkeit herangezogen werden.[899]

dd) Anzahl der betroffenen Marktteilnehmer

Zum Teil wurde vertreten, zur Bestimmung eines spürbaren Verstoßes gegen das UWG die Breite der Auswirkungen auf die Mitbewerber zu betrachten.[900] Sei eine Vielzahl von Marktteilnehmern in ihren schutzwürdigen Interessen verletzt, spreche dies für ein spürbares Verhalten.[901] Mit einer solchen Argumentation dürfen allerdings nicht diejenigen (schweren) Eingriffe vernachlässigt oder sanktionsfrei gestellt werden, die in die Interessen vereinzelter Marktteilnehmer eingreifen. Die Betroffenheit einer Vielzahl von Marktteilnehmern sollte daher, wenn überhaupt,

---

896 Köhler/Bornkamm/*Köhler*, § 3 Rn. 127.

897 *Ders.*, GRUR 2005, S. 1, 5.

898 *Drews*, S. 153.

899 Vgl. die Ausführungen zum Kriterium der Marktmacht noch zum alten Recht unter Berücksichtigung der Auswirkungen eines mächtigen Unternehmens auf das Marktgeschehen, Baudenbacher/*Baudenbacher*, Art. 2 Rn. 30, 31. So wurde die Vermutung aufgestellt, dass ein marktmächtiges Unternehmen eher das Funktionieren des Wettbewerbs als Institution beeinflusse als Handlungen kleinerer Unternehmen und dass daher Handlungen großer Unternehmen eher dem Verdikt der Unlauterkeit unterlägen.

900 Vgl. die Rechtsprechung zum UWG 1909: BGH GRUR 1996, 786, 788 – Blumenverkauf an Tankstellen; BGH GRUR 1996, 213, 216 – Sterbegeldversicherung; OLG Hamburg WRP 1996, 314, 318 – Verschenken von Ware; vgl. die Literaturstimmen zum UWG 2008: Harte/Henning/*Podszun*, § 3 Rn. 140; *Nordemann*, S. 87, 88 Rn. 90; Ohly/Sosnitza/*Sosnitza*, § 3 Rn. 57; Fezer/*Fezer* Band 1 UWG, § 3 Rn. 102; Gloy/Loschelder/Erdmann/*Lubberger*, § 45 Rn. 10.

901 Vgl. die Verweise in der Fußnote zuvor.

lediglich als eines von mehreren Merkmalen zur Bestimmung der Spürbarkeit herangezogen werden, da schließlich auch ein einzelner wettbewerbswidriger Anruf bei einem Verbraucher wettbewerbsrechtlich verfolgt werden kann, sofern das Potential besteht, dass auch andere Marktteilnehmer von späteren Aktionen betroffen sein könnten.[902] Möglich wäre auch, die Auswirkung des Verhaltens auf die Marktteilnehmer nicht rein quantitativ, sondern nach qualitativen Maßstäben zu prüfen: Es könnte danach nicht ausschließlich darauf ankommen, wie viele Marktteilnehmer betroffen sind, sondern in welcher Art und Weise. Eine Handlung ist folglich nicht schon deswegen unlauter, weil sie sich an viele Kunden richtet, sondern erst im Falle des Erreichens einer gewissen unlauteren Qualität.[903]

4. Eigenständigkeit des Spürbarkeitsmerkmals in § 3 Abs. 1 UWG 2008

Neben der inhaltlichen Ausfüllung des Spürbarkeitsmerkmals stellte sich zum UWG 2008 die Frage nach der Eigenständigkeit des Spürbarkeitsmerkmals des § 3 Abs. 1 UWG 2008 neben dem Unlauterkeitsmerkmal. Einigen Literaturstimmen zufolge war das Spürbarkeitsmerkmal nicht als eigenständiges Tatbestandsmerkmal des § 3 Abs. 1 UWG 2008 anzusehen:

Auf Grund der Anbindung sowohl des Unlauterkeits- als auch des Spürbarkeitsmerkmals an die Eignung zur Beeinträchtigung der geschützten Marktteilnehmerinteressen bzw. der Heranziehung einer Gesamtabwägung für die Konkretisierung beider Merkmale, sei die Spürbarkeit ein Tatbestandsmerkmal der Unlauterkeit und folglich bereits bei der Prüfung der Unlauterkeit zu berücksichtigen.[904] Bei einem wettbewerbsfunktionalen Verständnis der Unlauterkeit werde der Begriffsinhalt der Unlauterkeit gerade durch das in ihr liegende Potential bestimmt, die Interessen der Marktteilnehmer spürbar zu beeinträchtigen.[905] Die Beeinträchtigung der Interessen der Marktteilnehmer überwölbe sozusagen die Merkmale der Unlauterkeit und der Spürbarkeit.[906] Da sie durch ihren ge-

---

902 Beispiel nach *Nordemann*, S. 88 Rn. 90; vgl. in diesem Sinne ebenfalls die Rechtsprechung bezüglich der Geeignetheit auch bloß einer einzelnen geschäftlichen Handlung gegenüber Verbrauchern zur Bejahung der Spürbarkeit in BGH GRUR 2011, 842, Tz. 21 – RC-Netzmittel; OLG Frankfurt a. M. GRUR-RR 2009, 65, 67 – Kundenhotline.

903 *Nordemann*, S. 88 Rn. 90.

904 Mit unterschiedlichen Ansätzen, aber im Ergebnis ähnlich Harte/Henning/*Podszun*, § 3 Rn. 133 ff.; *Blomeyer*, S. 126 ff.; *Beater*, Rn. 969; *Scherer*, WRP 2010, S. 586, 592.

905 Harte/Henning/*Schünemann* 2. Auflage, § 3 Rn. 366.

906 *Blomeyer*, S. 126.

meinsamen Bezugspunkt der Beeinträchtigung der wettbewerblichen Interessen normtextlich nicht mehr zu trennen seien, seien sie auch inhaltlich ineinander verschränkt und würden sich gegenseitig bedingen.[907] Es sei keine geschäftliche Handlung denkbar, die unlauter, aber nicht geeignet sei, die Interessen der Marktteilnehmer spürbar zu beeinträchtigen.[908]

Diese Schlussfolgerung wurde zum Teil aus der von dem Gesetzgeber und von der Rechtsprechung in Umsetzung der Gesetzesvorgaben vorgenommenen Gesamtbetrachtung zur Feststellung einer nicht nur unerheblichen Beeinträchtigung gezogen.[909] Nach der Gesetzesbegründung zum UWG 2004 setzte die Feststellung, ob ein Wettbewerbsverstoß geeignet ist, den Wettbewerb nicht nur unerheblich zu verfälschen, „eine nach objektiven und subjektiven Momenten unter Berücksichtigung aller Umstände des Einzelfalls zu treffende Wertung voraus. In diese Wertung sind neben der Art und der Schwere des Verstoßes die zu erwartenden Auswirkungen auf den Wettbewerb sowie der Schutzzweck des Wettbewerbsgeschehens einzubeziehen".[910] Diese Kriterien wurden von der Rechtsprechung unter dem Postulat einer Gesamtbewertung für die Feststellung einer nicht nur unerheblichen Verfälschung des Wettbewerbs herangezogen.[911] Da aber der unbestimmte und ausfüllungsbedürftige Begriff der Unlauterkeit von der Rechtsprechung, vornehmlich zu § 1 UWG 1909, ebenfalls im Rahmen einer Gesamtabwägung aller Umstände des Einzelfalls anhand der Schutzgüter des UWG konkretisiert wurde[912], wurde die dadurch entstehende Verdopplung der Gesamtwürdigung sowohl bei der Frage der Unlauterkeit als auch bei der Prüfung der Spürbarkeit kritisiert und festgestellt, dass dem Merkmal der Spürbarkeit unter diesen Umständen keine Eigenständigkeit mehr zukommen könne.[913] Um eine Verdopplung zu vermeiden, wurde vorgeschlagen, die Spürbarkeit über das Eignungskriterium in die Prüfung der Unlauterkeit einzubeziehen.[914]

---

907 *Ders.*, S. 126, unter Bezugnahme auf *Scherer*, WRP 2010, S. 586, 592.

908 *Beater*, Rn. 969.

909 Harte/Henning/*Podszun*, § 3 Rn. 137 ff. m. w. N.

910 BT-Drucks. 15/1487, S. 17.

911 Vgl. etwa BGH GRUR 2008, 186, 188, Tz. 25 – Telefonaktion; BGH GRUR 1998, 955, 956 – Flaschenpfand II; BGH GRUR 1995, 122, 124 – Laienwerbung für Augenoptiker; KG Berlin WRP 2007, 553, 554 – Tragstuhlwagentransport.

912 Vgl. nur BGH GRUR 2000, 1076, 1078 – Abgasemissionen; BGH GRUR 1999, 1128, 1129 – Hormonpräparate; BGH GRUR 1994, 126, 127 – Folgeverträge I; BGH GRUR 1993, 980, 982 – Tariflohnunterschreitung; BGH GRUR 1990, 371, 372 – Preiskampf; BGH GRUR 1983, 120, 126, 127 – ADAC-Verkehrsrechtsschutz.

913 Harte/Henning/*Podszun*, § 3 Rn. 137 ff. m. w. N.

914 *Ders.*, § 3 Rn. 138.

Unter Berücksichtigung der Herkunft der Spürbarkeitsklausel und dem nach früherem Recht bestandenen engen Zusammenhang mit der materiellrechtlichen Prüfung der Sittenwidrigkeit erschien die Übernahme einer Gesamtwürdigung in das heutige Recht zur Bestimmung der Spürbarkeit verständlich.[915] Allerdings wäre dabei übersehen worden, dass das UWG 2008 zu einer grundlegend neuen Struktur der Generalklausel des § 3 Abs. 1 UWG 2008 geführt hatte, deren Wortlaut eine klare Trennung der Unlauterkeit der geschäftlichen Handlung von der sich daran anschließenden Spürbarkeit vornahm. In den Gesetzgebungsmaterialien zum UWG 2008 ließen sich ebenfalls keine Ausführungen betreffend eine Gesamtwürdigung zur Bestimmung des Spürbarkeitsmerkmals finden. Nach den eindeutigen Regelungen des UWG 2008 war Anknüpfungspunkt der Spürbarkeit vielmehr die Beeinträchtigung der wirtschaftlichen Interessen der Mitbewerber, Verbraucher oder sonstigen Marktteilnehmer. Die Interessen der Mitbewerber konnten beeinträchtigt sein, wenn sie einen Schaden in Gestalt einer Einbuße an Vermögenswerten oder in Gestalt einer Minderung ihrer Marktchancen erlitten; die Interessen der Verbraucher konnten dann spürbar beeinträchtigt sein, wenn sie in ihrer informierten Entscheidungsfindung beeinträchtigt wurden. Allerdings bezog sich der unbestimmte Begriff der Unlauterkeit nach herrschender Auffassung in Rechtsprechung[916] und Literatur[917] ebenfalls auf die Interessen der Marktteilnehmer – jedoch mit einem unterschiedlichen Bezugspunkt. Zwar musste zur Feststellung der Unlauterkeit eine Interessenabwägung im konkreten Einzelfall vorgenommen werden[918], in dessen Rahmen zunächst die betroffenen Interessen festgestellt werden mussten und ihre Schutzwürdigkeit zu bestimmen war[919], um sodann eine Abwägung der Interessen anhand verfassungsrechtlicher, unionsrechtlicher und lauterkeitsrechtlicher Bewertungsmaßstäbe vorzunehmen.[920] Damit wurde jedoch „lediglich" die Art der betroffenen Interessen festgestellt, während in der darauffolgenden Prüfung der Spürbarkeit festgestellt werden musste, ob die betroffenen Interessen der Markt-

---

915 MünchKomm UWG Band 1/*Sosnitza*, § 3 Rn. 97.

916 BGH GRUR 2011, 436 ff. – Hartplatzhelden.de; BGH GRUR 2004, 696, 697 – Direktansprache am Arbeitsplatz I; BGH GRUR 2001, 1061, 1062 – Mitwohnzentrale.de.

917 MünchKomm UWG Band 1/*Sosnitza*, § 3 Rn. 67; Köhler/Bornkamm/*Köhler*, § 3 Rn. 102 m. w. N.; *Schünemann*, WRP 2004, S. 925, 931 ff. m. w. N.; Gloy/Loschelder/Erdmann/*Lubberger*, § 44 Rn. 3.

918 BGH GRUR 2001, 1181, 1182 – Telefonwerbung für Blindenwaren; BGH GRUR 1994, 220, 222 – PS-Werbung II; BGH GRUR 1982, 53, 55 – Bäckerfachzeitschrift; Harte/Henning/*Podszun*, § 1 Rn. 92 ff.

919 Köhler/Bornkamm/*Köhler*, § 3 Rn. 102.

920 *Ders.*, § 3 Rn. 102.

teilnehmer in einer nicht mehr hinnehmbaren und damit spürbaren Art und Weise berührt waren. Daher war der Ansatz verfehlt, der die Eignung zur spürbaren Beeinträchtigung der wettbewerblichen Interessen der Marktteilnehmer als ein unselbständiges, die Unlauterkeit ausmachendes Merkmal ansah.[921]

Für § 3a UWG 2015 hat Gleiches zu gelten. Auch hier wird mit Bejahung der Unlauterkeit nicht gleichzeitig von einer Überschreitung der Spürbarkeitsschwelle ausgegangen werden können. Vielmehr hat die Rechtsprechung, wie auch aus der Gesetzesbegründung zu § 3 Abs. 1 UWG 2015 hervorgeht, wie bisher geeignete und angemessene Spürbarkeitskriterien herauszuarbeiten[922], die zusätzlich zur bereits festgestellten Unlauterkeit zu prüfen sind. Für § 3a UWG 2015 gilt dies ausdrücklich.

III. Kriterien bzw. Voraussetzungen der verbraucherbezogenen Spürbarkeit in § 3 Abs. 2 UWG 2008/2015

1. Spürbare Beeinträchtigung der Fähigkeit des Verbrauchers, eine informierte Entscheidung zu treffen

Das Spürbarkeitsmerkmal des § 3 Abs. 2 i.V.m. § 2 Abs. 1 Nr. 8 UWG 2015 ist entsprechend seines Wortlautes auf die Fähigkeit des Verbrauchers, sich auf Grund von Informationen zu entscheiden, bezogen. Die Spürbarkeit bezieht sich dagegen nicht auf die Änderung der geschäftlichen Entscheidung, d. h. sie bezieht sich nicht auf das Auswirkungserfordernis des § 2 Abs. 1 Nr. 8 UWG 2015.[923]

a) Verbraucherbegriff und Verbraucherleitbild

Für den Verbraucherbegriff im UWG ist zunächst gem. § 2 Abs. 2 UWG 2015 die Legaldefinition des § 13 BGB maßgeblich, nach der ein Verbraucher jede natürliche Person ist, die ein Rechtsgeschäft zu Zwecken abschließt, die überwiegend weder ihrer gewerblichen noch ihrer selbständigen Tätigkeit zugerechnet werden können. Der zivilrechtliche Verbraucherbegriff beruht auf Erwägungsgrund 17[924] der VRRL[925]. Nach dem modifizierten Verbraucherbegriff ist die Verbraucher-

---

921 *Blomeyer*, S. 126.

922 BT-Drucks. 18/6571, S. 15.

923 Vgl. hierzu die Ausführungen unter Kapitel B. III. 1. c) bb) (1) (i) δ).

924 Vgl. Palandt/*Ellenberger*, § 12 Rn. 1; Fezer/*Fezer* Band 1 UWG, § 2 I Rn. 3 m. w. N.; Köhler/Bornkamm/*Köhler*, § 2 Rn. 134.

925 RICHTLINIE 2011/83/EU DES EUROPÄISCHEN PARLAMENTS UND DES RATES vom 25. Oktober 2011

eigenschaft künftig nur noch dann nicht gegeben, wenn die natürliche Person ein Rechtsgeschäft vornimmt, das überwiegend ihrer gewerblichen oder ihrer selbständigen beruflichen Tätigkeit zugerechnet werden kann.[926] Mit der Neuregelung des § 13 BGB soll das Problem doppelter Zwecksetzungen bei Rechtsgeschäften aufgegriffen werden, sog. „dual-use"-Fälle[927], denn vielfach wird sich ein Rechtsgeschäft nicht eindeutig der privaten oder der gewerblichen beruflichen Sphäre einer natürlichen Person zuordnen lassen können.[928] Eine Regelung dieser Problematik findet sich im Unionsrecht ebenso wenig wie eine unionsweite einheitliche Normierung des Verbraucherbegriffs.

Der vertragsrechtliche Verbraucherbegriff der VRRL dient dem Schutz der Verbraucher vor missbräuchlichen Vertragsklauseln, wovon der Schutzzweck der UGP-RL zu unterscheiden ist, den Verbraucher vor unlauteren Geschäftspraktiken vor, während und nach Abschluss eines auf ein Produkt bezogenen Handelsgeschäftes zu schützen, vgl. Art. 3 Abs. 1 UGP-RL.[929] Da die VRRL und die UGP-RL unterschiedliche Funktionen im Bereich des Verbraucherschutzes zu erfüllen haben, wurde die UGP-RL im Rahmen der Erarbeitung der VRRL nicht angepasst.[930] Um den Schutz des Verbrauchers vor unlauteren Geschäftspraktiken umfassend zu gewährleisten, ist daher auf die Definition des Art. 2 lit. a) UGP-RL zurückzugreifen, sodass als Verbraucher nach richtlinienkonformer Einschränkung der Verweisung in § 2 Abs. 2 UWG 2015 auf § 13 BGB jede natürliche Person anzusehen ist, die im Geschäftsverkehr zu Zwecken handelt, die nicht ihrer unternehmerischen Tätigkeit zugerechnet werden können.[931] Von dem in richtlinienkonformer Einschränkung angewandten § 13 BGB können folglich auch solche geschäftliche Handlungen von Unternehmern gegenüber Verbrauchern erfasst werden, die bereits im Vorfeld von Vertragsanbahnungen oder bereits davor vorgenommen wurden und da-

---

über die Rechte der Verbraucher, zur Abänderung der Richtlinie 93/13/EWG des Rates und der Richtlinie 1999/44/EG des Europäischen Parlaments und des Rates sowie zur Aufhebung der Richtlinie 85/577/EWG des Rates und der Richtlinie 97/7/EG des Europäischen Parlaments und des Rates, ABl. EG Nr. L 304 S. 64 (im Folgenden VRRL).

926 *Alexander*, WRP 2014, S. 501, Rn. 6.

927 Vgl. zu dieser Problematik die weiterführenden Literaturhinweise bei *dems.*, WRP 2014, S. 501, Rn. 6, Fn. 8.

928 *Ders.*, WRP 2014, S. 501, Rn. 6.

929 Vgl. hierzu Köhler/Bornkamm/*Köhler* 2016, § 2 Rn. 161.

930 *Ders.*, § 2 Rn. 161; *Alexander*, WRP 2014, S. 501, Rn. 8.

931 Köhler/Bornkamm/*Köhler* 2016, § 2 Rn. 162.

mit solche Handlungen, die für das UWG typisch sind.[932] Nur eine natürliche Person kann nach richtlinienkonformer Auslegung Verbraucher im Sinne des UWG sein.[933] Juristische Personen sind ausschließlich als Unternehmer einzustufen, auch wenn sie nicht unternehmerisch tätig sind.[934] Der Verbraucherbegriff des UWG ist funktional und objektiv zu bestimmen.[935] Maßgeblich ist, welche Rolle eine natürliche Person als Adressat einer geschäftlichen Handlung einnimmt, ob sie also als Verbraucher oder als sonstiger Marktteilnehmer angesprochen wird.[936] Dies ist aus der Sicht der angesprochenen Person, ihrer Selbstdarstellung sowie der von ihr zu treffenden geschäftlichen Entscheidung zu beurteilen.[937] Festzustellen ist, ob der Adressat der geschäftlichen Handlung objektiv eine Verbrauchereigenschaft besitzt oder nicht, wobei es hierfür auf die äußeren Umstände ankommt.[938]

Damit ist allerdings noch nichts über die Schutzhöhe und das Maß an Schutzbedürftigkeit für die Verbraucher gesagt. Der Umfang des Schutzes vor unlauteren Handlungen richtet sich nicht nach den individuellen Fähigkeiten und Kenntnissen des im Einzelfall betroffenen Verbrauchers, sondern nach einem normativen Verbraucherleitbild, das wiederum den Maßstab für Verbraucherschutzinstrumente bestimmt, die der Kompensation bei einem Versagen von Wettbewerb und formaler Privatautonomie dienen[939]: Legte die Rechtsprechung bei der Anwendung des UWG 1909 noch das Leitbild des „flüchtigen" und „unkritischen" Verbrauchers zugrunde[940], übernahm sie in der Folgezeit das jetzige unionsrecht-

---

932 Fezer/*Fezer* Band 1 UWG, § 2 I Rn. 5, mit Nachweisen zu der zivilrechtlichen Diskussion betreffend die Anknüpfung des Verbraucherbegriffs an den Abschluss eines Rechtsgeschäftes.

933 *Ders.* Band 1 UWG, § 2 I Rn. 14 m. w. N.; Köhler/Bornkamm/*Köhler* 2016, § 2 Rn. 164.

934 Fezer/*Fezer* Band 1 UWG, § 2 I Rn. 14, 18; Köhler/Bornkamm/*Köhler* 2016, § 2 Rn. 164, mit Beispielen. Zugleich geben *Fezer* und *Köhler* einen Überblick zu dem Streitstand betreffend die Einordnung der Gesellschaft bürgerlichen Rechts als natürliche Person im Anwendungsbereich des Lauterkeitsrechts; a. a. O.

935 Köhler/Bornkamm/*Köhler* 2016, § 2 Rn. 168.

936 *Ders.*, § 2 Rn. 168.

937 *Ders.*, § 2 Rn. 168.

938 *Ders.*, § 2 Rn. 168. Vgl. des Weiteren die Ausführungen *Köhlers* zu der Problematik der lauterkeitsrechtlichen Einordnung sowohl privat als auch geschäftlich nutzbarer Waren oder Dienstleistungen (sog. dual-use-Problematik), § 2 Rn. 169.

939 Gloy/Loschelder/Erdmann/*v. Ungern-Sternberg*, § 25 Rn. 3; *Drexl*, S. 414 ff.

940 BGH GRUR 1990, 604, 605 – Dr. S. Arzneimittel; BGH GRUR 1984, 741, 742 – patented; BGH GRUR 1982, 564, 566 – Elsässer Nudeln.

liche Verbraucherleitbild für das gesamte Lauterkeitsrecht.[941] Der BGH geht also nunmehr in lauterkeitsrechtlichen Fragestellungen in Übereinstimmung mit dem EuGH[942] von dem Leitbild eines durchschnittlich informierten und verständigen Verbrauchers aus, der das Werbeverhalten mit einer der Situation angemessenen Aufmerksamkeit verfolgt.[943] Dies entspricht zwar nicht wortwörtlich den Vorgaben der UGP-RL, die in ihrem Erwägungsgrund 18 den „Durchschnittsverbraucher, der angemessen gut unterrichtet, angemessen aufmerksam und kritisch ist, unter Berücksichtigung sozialer, kultureller und sprachlicher Faktoren" als Maßstab zugrunde legt. Aus der abweichenden Formulierung der Richtlinie *kritisch* im Vergleich zu *verständig* kann jedoch keine inhaltliche Abweichung zu der Formulierung des EuGH gesehen werden.[944] Die unterschiedlichen Formulierungen sind vielmehr lediglich der deutschen Übersetzung der im Übrigen im englischen und französischen Richtlinientext gleichlautenden Formulierungen geschuldet, die jeweils auf die Rechtsprechung des EuGH zurückgehen.[945] Das Maß aller Dinge ist demzufolge der Durchschnittsverbraucher.[946]

Dieses Referenzmodell unterliegt Abstufungen bzw. Ausnahmen. Sofern sich die geschäftliche Handlung nicht an die Allgemeinheit der Verbraucher, sondern an eine bestimmte Gruppe von Verbrauchern richtet, ist nach Art. 5 Abs. 2 lit. b) UGP-RL bzw. § 3 Abs. 4 S. 1 UWG 2015 als Beurteilungsmaßstab auf das Verständnis eines durchschnittlichen Mitglieds der jeweiligen Zielgruppe abzustellen. Darunter können bspw. Hausfrauen, Rentner, Studenten, Migranten, Touristen etc. fallen.[947] Handelt es sich hierbei um eine besonders schutzwürdige und eindeutig identifizierbare Gruppe von Verbrauchern, wie bspw. Kinder, Kranke, Behinderte, ist auf die Sicht eines durchschnittlichen Mitglieds dieser Gruppe abzustellen, wenn es für den Unternehmer vorhersehbar ist, dass seine geschäftliche Handlung nur diese Gruppe betrifft, Art. 5 Abs. 3 S. 1 UGP-RL und § 3 Abs. 4 S. 2

941 St. Rspr., vgl. nur BGH GRUR 2002, 828, 829 – Lottoschein; BGH GRUR 2001, 1061, 1063 – Mitwohnzentrale.de; BGH GRUR 2000, 619 – Orient-Teppichmuster.

942 Vgl. nur EuGH C-159/09, Tz. 47 – Lidl/Vierzon; EuGH C-44/01, Tz. 55 – Pippig Augenoptik/Hartlauer; EuGH C-220/98, Tz. 27 ff. – Liftingcreme; EuGH C-210/96, Tz. 31, 37 – Gut Springheide.

943 So auch der Gesetzgeber, vgl. BT-Drucks. 15/1487, S. 19.

944 Vgl. Köhler/Bornkamm/*Köhler*, § 1 Rn. 23; a.A. *Helm*, WRP 2013, S. 710, 714 ff., der in den Formulierungen *kritisch* im Vergleich zu *verständig* erhebliche inhaltliche Unterscheide sieht.

945 Vgl. Köhler/Bornkamm/*Köhler*, § 1 Rn. 23.

946 MünchKomm UWG Band 1/*Micklitz*, EG D Art. 5 Rn. 53 m. w. N.

947 Beispiele nach Köhler/Bornkamm/*Köhler*, § 1 Rn. 32.

UWG 2015.[948] § 3 Abs. 4 S. 1 und 2 UWG 2015 sind entsprechend richtlinienkonform auszulegen.[949] Im UWG findet sich mit § 4 Nr. 2 UWG 2008 bzw. § 4a Abs. 2 S. 2 UWG 2015[950] eine Regelung, die ausdrücklich den Schutz besonders schutzbedürftiger Personen bezweckt.

b) Informierte Entscheidung

Voraussetzung für eine informierte Entscheidung ist nach dem Sinn und Zweck der einschlägigen Vorschriften die Fähigkeit des Verbrauchers zu einer *freien* und *informationsgeleiteten* Entscheidung.[951] Die Information muss in die Entscheidung des Verbrauchers einfließen und sie bestimmen können.[952] Dadurch wird er sodann in die Lage versetzt, eine *autonome, rational-kritische* und *effektive* Entscheidung zu treffen, wenn er auf der Grundlage der dafür *erforderlichen* Informationen deren Vor- und Nachteile erkennen und abwägen kann.[953] Da das UWG bzw. die UGP-RL dem Schutz aller Verbraucher dient, richtet sich der Umfang des Schutzes nicht nach den individuellen Fähigkeiten und Kenntnissen des im Einzelfall betroffenen Verbrauchers, sondern nach dem dem Verbraucherleitbild entsprechenden Verbraucher.[954] Maßgeblich ist dementsprechend der durchschnittliche Verbraucher oder ein durchschnittliches Mitglied einer Gruppe von Verbrauchern, wenn sich die geschäftliche Handlung an ein Mitglied einer solchen Gruppe richtet, vgl. § 3 Abs. 4 S. 1 UWG 2015. Ebenso kommt es nicht auf das tatsächliche Entscheidungsverhalten des Verbrauchers an, sondern allein auf das abstrakte Entscheidungspotential. Bezugspunkt der Spürbarkeit in § 3 Abs. 2 UWG 2015 ist allein die Geeignetheit zu einer Beeinträchtigung der Fähigkeit des Verbrauchers, eine informierte Entscheidung überhaupt treffen zu können. Nicht gefordert wird dagegen von der UGP-RL die spürbare Beeinträchtigung des Markt- bzw. Wettbewerbsgeschehens.[955]

---

948 *Ders.*, § 1 Rn. 32; zur Problematik der Feststellung der Zielgerichtetheit der geschäftlichen Handlung siehe MünchKomm UWG Band 1/*Micklitz*, EG D Art. 5 Rn. 64 ff.

949 Vgl. hierzu Erwägungsgründe 18 und 19 UGP-RL.

950 Vgl. zu § 4a Abs. 2 S. 2 UWG 2015 die kritische Auseinandersetzung von *Fritzsche*, WRP 2016, S. 1, Rn. 43 ff.

951 BGH WRP 2014, 831, 833 Tz. 23 – Goldbärenbarren.

952 *Dohrn*, S. 227.

953 Köhler/Bornkamm/*Köhler* 2016, § 3 Rn. 3.25.

954 Gloy/Loschelder/Erdmann/*v. Ungern-Sternberg*, § 25 Rn. 3; vgl. die Rspr. zum Verbraucherleitbild in den Fn. 941 und 942.

955 Vgl. bereits die Ausführungen unter Kapitel B. III. 1.

2. Quantitative oder qualitative Betrachtung

Die Wesentlichkeit einer Beeinflussung des Verbrauchers ist qualitativ festzustellen. Bezugspunkt der Bestimmung der wesentlichen bzw. spürbaren Beeinflussung ist das europäische Leitbild des Durchschnittsverbrauchers, der jedoch nicht die zahlenmäßige Breite des Wettbewerbsverstoßes (quantitativ) erfassen soll.[956] Die Beeinflussung kann dann als wesentlich angesehen werden, wenn die Entscheidung des Verbrauchers ohne die Beeinflussung der Informiertheit anders hätte ausfallen können. Dabei kommt es primär auf die spürbare Beeinflussung der wirtschaftlichen Interessen der Verbraucher an, auf deren Schutz sich die UGP-RL nach ihrem Sinn und Zweck beschränkt, und allenfalls sekundär, wegen des Harmonisierungszwecks und der Notwendigkeit des Interessenausgleichs, auf die Funktionsfähigkeit des Marktes.[957] Die Spürbarkeit der Beeinflussung der Entscheidungsfähigkeit des Verbrauchers ist maßgeblich qualitativ festzustellen.

3. Mögliche Beurteilungskriterien

Die Auslegung und Bestimmung des Spürbarkeitsmerkmals des § 3 Abs. 2 i.V.m. § 2 Abs. 1 Nr. 8 UWG 2015 richtet sich maßgeblich nach dem Schutzzweck der UGP-RL, deren Umsetzung in deutsches Recht § 3 Abs. 2 i.V.m. § 2 Abs. 1 Nr. 8 UWG 2015 dient.[958] Anders als das Spürbarkeitsmerkmal des § 3a UWG 2015 ist die Spürbarkeit des § 3 Abs. 2 i.V.m. § 2 Abs. 1 Nr. 8 UWG 2015 bzw. des Art. 5 Abs. 2 lit. b) i.V.m. Art. 2 lit. e) UGP-RL nicht auf eine Wettbewerbssituation zwischen Unternehmern bezogen, sondern auf die Fähigkeit des Verbrauchers im Wettbewerb, eine informierte Entscheidung ohne spürbare Beeinträchtigung (Art. 2 lit. e) UGP-RL) oder wesentliche Beeinflussung (Art. 2 lit. j) UGP-RL) treffen zu können.[959] Daher bietet sich für die Feststellung der Spürbarkeit der Beeinträchtigung der Entscheidungsfähigkeit der Verbraucher unter anderem an, die Art des beworbenen Produktes (Alltagsprodukt, Massenprodukt, langlebiges und hochwertiges Produkt, Risikoprodukt) und seine wirtschaftliche Bedeutung für den Verbraucher[960], die Art der Geschäftspraktik, das Medium der Verbreitung der Geschäftspraktik, die Art des Unternehmens (Selbstbedie-

---

956 Darauf stellt *Dohrn*, S. 208, jedoch ab.

957 MünchKomm UWG Band 1/*Micklitz*, EG D Art. 1 Rn. 1 ff.; *Dohrn*, S. 208, 209.

958 Vgl. hierzu die Ausführungen zuvor in Kapitel B. III. 1.

959 Fezer/*Fezer* Band 1 UWG, § 3 Rn. 109.

960 BGH WRP 2014, 831, 833, 834 – Goldbärenbarren; Fezer/*Fezer* Band 1 UWG, § 3 Rn. 110.

nungsmarkt, Fachgeschäft, Internetunternehmen) oder auch das Umfeld der Geschäftspraktik (Informationsbroschüre im Beratungsgespräch, Handzettel als Werbebeilage, Werbung im Fernsehen oder in gedruckter Form, etc.) heranzuziehen.[961]

Im Allgemeinen ist die Spürbarkeit immer schon dann zu bejahen, wenn in Verbraucherrechte eingegriffen wird[962] und es dem Verbraucher erschwert wird, für seine Entscheidung bestimmte Informationen zu nutzen[963]. Auf die informierte Entscheidung kann auf zweierlei Wegen spürbar eingewirkt werden – durch fehlende oder durch falsche Informationen (vgl. bspw. §§ 5, 5a, 6 Abs. 2 Nr. 1, 2 UWG 2015) oder durch Maßnahmen, die von einer informationsbasierten Entscheidung ablenken (vgl. § 4a UWG 2015, § 6 Abs. 2 Nr. 3 UWG 2015).[964] Dabei ist zu berücksichtigen, dass nicht jede Information geeignet ist, das Verbraucherverhalten zu beeinflussen. Grundsätzlich werden die Entscheidungen der Verbraucher durch eine Vielzahl von bewussten und unbewussten Faktoren beeinflusst, die sowohl bei der Aufnahme[965] als auch bei der Verarbeitung[966] von Informationen eine Rolle spielen. Der Verbraucher nimmt die aus einer geschäftlichen Handlung des Unternehmers folgenden Reize bzw. Informationen auf und verarbeitet sie kognitiv.[967] Ist die Information, die der Verbraucher aufnimmt und verarbeitet, relevant für die von ihm zu treffende Entscheidung, kann in der Regel eine Beeinflussung seiner freien Entscheidungsfindung bejaht werden. Dabei ist es vom Grundsatz her unerheblich, ob die an die Verbraucher gerichteten Informationen aus der Massenkommunikation, wie etwa der Werbung, oder aus individuell an sie gerichtete Kommunikationsformen stammen. Denn maßgebend ist letztendlich, dass die für die Verbraucherentscheidung relevanten Informationen verändert, vorenthalten, etc. werden, auch wenn die individuell an Verbraucher gerichteten Handlungen oftmals eine größere Eignung zur Beeinflussung der Verbraucherentscheidung haben als solche der Massenkommunikation.[968]

---

961 Fezer/*Fezer* Band 1 UWG, § 3 Rn. 110.

962 *Ders.* Band 1 UWG, § 3 Rn. 112.

963 Köhler/Bornkamm/*Köhler* 2016, § 3 Rn. 3.26.

964 Gloy/Loschelder/Erdmann/*Lubberger*, § 45 Rn. 17.

965 *Kroeber-Riel/Gröppel-Klein*, S. 337 ff.

966 *Dies.*, S. 363 ff.

967 *Dies.*, S. 337.

968 *Dies.*, S. 354 f.

a) *Fehlende oder falsche Informationen*

Werden bspw. im Rahmen einer bestimmten Geschäftspraktik Informationspflichten nach § 5a Abs. 3 UWG 2015 missachtet, liegt ein Eingriff in die Verbraucherrechte vor. Informationspflichten im Rechtssinne nach § 5a UWG 2015 bzw. Art. 7 UGP-RL liegen dann vor, wenn es sich um wesentliche Informationen handelt, die der Verbraucher benötigt, um eine informierte Entscheidung treffen zu können.[969] Die Wesentlichkeit einer Information wiederum bestimmt sich nach dem generellen Normzweck des Informationsmodells des lauterkeitsrechtlichen Verbraucherschutzes, eine informierte geschäftliche Entscheidung treffen zu können.[970] Damit ist jedoch noch nicht geklärt, ob die informierte Entscheidung spürbar beeinträchtigt ist. Allein aus der Wesentlichkeit heraus kann dies nicht gefolgert werden. Maßgeblich ist vielmehr das normative Korrektiv des Merkmals „je nach den Umständen" des Art. 7 Abs. 1 UGP-RL, auf das genauer in Kapitel B. III. 1. c) bb) (3) eingegangen wird. Das Vorenthalten, Verheimlichen oder unzureichende Bereitstellen wesentlicher Informationen nach Art. 7 Abs. 2 UGP-RL erfüllt ebenfalls nur dann das Einwirkungsmerkmal des § 5a UWG 2015, wenn dadurch die Wahlfreiheit des Verbrauchers je nach den Umständen beeinflusst werden kann. Wurde im UWG 2008 die Eignung zur spürbaren Beeinträchtigung einer informierten Entscheidung bspw. wegen Fehlens einer Widerrufsbelehrung bzw. Verwendens einer unzutreffenden Widerrufsbelehrung[971], Fehlens gesetzlich vorgeschriebener Angaben bspw. zum Energieverbrauch oder zu CO_2-Emissionen[972], schlechter Lesbarkeit einer Fundstellenangabe zu einem Warentest, soweit der Verbraucher nach Lektüre des Tests womöglich zu einer anderen Entscheidung gekommen wäre[973], einer Werbung mit Testergebnissen ohne Angaben, die eine Einordnung in ein Testfeld ermöglichten[974] oder wegen unzulässigem

969 Fezer/*Fezer* Band 1 UWG, § 3 Rn. 112.

970 *Ders.* Band 1 UWG, § 3 Rn. 112.

971 BGH GRUR 2010, 1142, Tz. 23, 24 – Holzhocker; OLG Hamburg WRP 2007, 1498, 1501 – Ungeöffnete Original-Umverpackungen.

972 BGH GRUR 2010, 852, Tz. 20, 21 – Gallardo Spyder; LG Erfurt, Az.: 2 HK O 24/10, U. v. 03.06.2010, zitiert nach BeckRS 2011, 00607; GK-UWG Band 1/*Fritzsche*, § 3 Rn. 637 m. w. N.

973 BGH GRUR 2010, 248, Tz. 31 – Kamerakauf im Internet; KG GRUR-RR 2011, 278, 279 – Lesbarkeit; OLG Stuttgart, Az.: 2 U 170/10, U. v. 07.04.2011, zitiert nach BeckRS 2011, 14105.

974 OLG Frankfurt a. M. NJOZ 2011, 974, 975 – Nassrasierer.

Ausschlusses vertraglicher Rechte unter Berufung darauf[975] bejaht, so entsprach dies nicht den Vorgaben der UGP-RL[976].

b) Maßnahmen, die von einer informationsbasierten Entscheidung ablenken

Daneben kann die informierte Verbraucherentscheidung durch Maßnahmen eingeschränkt werden, die von einer informationsbasierten Entscheidung ablenken. Dies betrifft Handlungen, die durch Beeinträchtigungen des Entscheidungsprozesses bewirkt werden und nach Art. 8, 9 UGP-RL bzw. § 4a UWG 2015, § 6 Abs. 2 Nr. 3 UWG 2015 unlauter sind. Bezugspunkt der Spürbarkeits- bzw. Erheblichkeitsschwelle ist nicht die informierte, sondern die freie Entscheidung. Auf die vielfältigen Einwirkungsweisen und deren Eignung zur Ablenkung von einer informationsbasierten Entscheidung wird in den Kapiteln B. III. 1. c) bb) (4) und E. III. eingegangen.

c) Anlockwirkung

Eine Sonderstellung nimmt die sog. Anlockwirkung ein. Von Werbemaßnahmen oder Angeboten, wie bspw. Verkaufsförderungsmaßnahmen, können starke Anlockwirkungen ausgehen. Daher ließ die Rechtsprechung bereits eine starke Anlockwirkung für die Bejahung der Spürbarkeit ausreichen, auch wenn die Gefahren für die Marktentscheidung im Allgemeinen geringer sind im Vergleich zu einer unmittelbaren Einwirkung durch bspw. vorenthaltene Informationen.[977] Werden Verbraucher nur unzureichend oder falsch über die Inhalte von Angeboten oder Bedingungen von Verkaufsförderungsmaßnahmen informiert, könne dies den Anlockeffekt sogar verstärken und die Verbraucher zusätzlich unsachlich beeinflussen oder irreführen. Selbst in Fällen, in denen eine fehlerhafte Information vor einem Kauf zwar richtiggestellt und der Irrtum dementsprechend

---

975 BGH GRUR 2011, 638, Tz. 20 – Werbung mit Garantie; BGH GRUR 2010, 1117, Tz. 17 – Gewährleistungsausschluss im Internet.

976 Vgl. hierzu die Ausführungen in Kapitel E. IV. 5.

977 BGH GRUR 2011, 532, Tz. 26, 27 – Millionen-Chance II; BGH GRUR 2009, 788, Tz. 24–20 % auf alles; OLG München, Az.: 29 U 157/11, U. v. 10.11.2011, zitiert nach BeckRS 2013, 13911; LG Berlin WRP 2014, 632, 634, Tz. 21 – PKW-Führerschein; differenzierter hingegen und eine Anlockwirkung allein nicht für ausreichend haltend OLG Hamm WRP 2014, 217, Tz. 56, 62 – Gutscheine für Folgeaufträge bei Reparatur eines Kfz-Kaskoschadens (das Merkmal der Anlockwirkung wird hier allerdings zur Feststellung der Unlauterkeit herangezogen); Köhler/Bornkamm/*Bornkamm* 2016, § 5 Rn. 2.193.

aufgeklärt wurde, war die geschäftliche Handlung des Unternehmers bzw. des Werbenden auf Grund des Anlockeffektes dennoch unlauter im Sinne des § 5 UWG 2008.[978] In einem solchen Fall beruhe die Marktentscheidung des Verbrauchers zwar nicht unmittelbar auf dem Irrtum, der Irrtum bewirke aber, dass sich der Verbraucher mit dem Angebot weiter auseinandersetze, was aus kaufmännischer Sicht ein Vorteil für den Werbenden und ein Nachteil für dessen Mitbewerber darstellen könne.[979] Zum Teil wurde die Anlockwirkung als ausschließlich maßgebliches Kriterium für die Feststellung einer spürbaren Verbraucherbeeinträchtigung herangezogen.[980] Dies vernachlässigte aber, dass dem gewandelten Verbraucherleitbild auch im Rahmen der Feststellung der Anlockwirkung Rechnung zu tragen war – der verständige, angemessen aufmerksame und kritische Durchschnittsverbraucher, der sich tagtäglich Werbeanzeigen bzw. werblichen Reizen aller Art ausgesetzt sieht, wird sich in der Regel nicht ohne Weiteres von einer Werbemaßnahme anziehen lassen. Weiterführende Ausführungen zu diesem Merkmal unter Analyse der Rechtsprechung werden in Kapitel E. V. gemacht.

4. Eigenständigkeit des Spürbarkeitsmerkmals in § 3 Abs. 2 S. 1 UWG 2008/2015

Auch dem Spürbarkeitsmerkmal der Generalklausel des § 3 Abs. 2 S. 1 UWG 2008 wurde zum Teil eine Eigenständigkeit aberkannt.[981] *Blomeyer* begründete dies damit, dass die Prüfung der Spürbarkeit bzw. der Relevanz im Rahmen des § 3 Abs. 2 S. 1 UWG 2008 – entsprechend der Prüfung des Sorgfaltsverstoßes – im Ergebnis ebenfalls auf eine Abwägung der betroffenen Interessen hinausliefe. Da die Verletzung der „fachlichen Sorgfalt" (vgl. § 2 Abs. 1 Nr. 7 UWG 2008) kein abstraktes Verhaltenskriterium, sondern auf den Verbraucher und seine Interessen bezogen sei, bestehe zwischen dem Merkmal der Verletzung der fachlichen Sorgfalt und dem Einwirkungskriterium ein innerer Zusammenhang.[982] Sowohl das Merkmal der fachlichen Sorgfalt als auch das der Spürbarkeit würden an das Leitbild des Durchschnittsverbrauchers anknüpfen, sodass die Bezugnahme der beiden Merkmale auf den Maßstab des Durchschnittsverbrauchers wie eine funktional verdeckte Interessenabwägung wirke mit dem Ziel, funktionierenden Wettbewerb zu gewährleis-

978 Vgl. bspw. LG Berlin WRP 2014, 632, 634, Tz. 21 – PKW-Führerschein.

979 Köhler/Bornkamm/*Bornkamm* 2016, § 5 Rn. 2.192.

980 Vgl. die unter Fn. 979 zitierte Rspr.

981 *Blomeyer*, S. 134 ff.

982 *Köhler*, WRP 2014, S. 259, Rn. 14, der jedoch lediglich von einem inneren Zusammenhang von Sorgfaltsverstoß und Einwirkungsmerkmal ausgeht.

ten.[983] Da darüber hinaus gemeinsamer Bezugspunkt der Kriterien der fachlichen Sorgfalt sowie der Spürbarkeit die informierte Entscheidung des Verbrauchers sei, stünden der Sorgfaltsverstoß und die Eignung zur spürbaren Beeinträchtigung der Entscheidungsfreiheit in einem wechselseitigen Abhängigkeitsverhältnis.[984] Dem Spürbarkeitsmerkmal in § 3 Abs. 2 S. 1 UWG 2008 könne neben der Verletzung der fachlichen Sorgfalt daher keine eigenständige Bedeutung zukommen.[985]

Sofern im Gesetz keine speziellen Verhaltensanforderungen aufgestellt sind, bildet die Prüfung der Verletzung der unternehmerischen Sorgfalt den Maßstab dafür, ob eine Handlung unlauter ist.[986] Die Anforderungen an die Berücksichtigung der unternehmerischen Sorgfalt nach § 2 Abs. 1 Nr. 7 UWG 2015 beziehen sich sowohl auf das Wissen und das Können des Unternehmers als auch auf das Maß an Rücksicht, dass er gegenüber den Interessen der Verbraucher an einer freien, informierten Entscheidung walten lassen muss.[987] Mit dem Merkmal der Billigkeit der Verhaltensanforderung an den Unternehmer soll vermieden werden, dass der Unternehmer bei der Beachtung der unternehmerischen Sorgfalt überfordert wird. Letztlich führt dies zwar dazu, dass über das Kriterium der Billigkeit eine Abwägung der Interessen des Unternehmers mit den Interessen der von ihm angesprochenen Verbraucher anhand objektiver Maßstäbe vorzunehmen ist.[988] Diese Interessenabwägung führte jedoch entgegen *Blomeyer* nicht dazu, dem Spürbarkeitsmerkmal innerhalb des § 3 Abs. 2 S. 1 UWG 2008 die Eigenständigkeit abzuerkennen. Gleiches muss für § 3 Abs. 2 UWG 2015 gelten. Die Interessenabwägung stellt keinen der Spürbarkeit entsprechenden Maßstab dar, der gewährleistet, eine nicht mehr hinnehmbare Interessenbeeinträchtigung von einer hinnehmbaren zu unterscheiden. Folgte man *Blomeyers* Auffassung, würde man zudem der eindeutigen Intention des nationalen Gesetzgebers sowie des Richtlinienverfassers widersprechen, das Spürbarkeitsmerkmal als eigenständiges Merkmal neben dem weiteren Unlauterkeitsmerkmal des Verstoßes gegen die unternehmerische Sorgfalt bestehen lassen zu wollen.[989]

Die Ansicht *Blomeyers* findet auch in der Systematik der UGP-RL keine Unterstützung. Obwohl das Spürbarkeitsmerkmal von seiner gesetzessystematischen

---

983 *Blomeyer*, S. 134.
984 *Ders.*, S. 134.
985 *Ders.*, S. 134.
986 Köhler/Bornkamm/*Köhler* 2016, § 3 Rn. 3.17.
987 Köhler/Bornkamm/*Köhler*, § 2 Rn. 130, § 3 Rn. 41.
988 Vgl. nur *ders.*, § 3 Rn. 47.
989 Vgl. Erwägungsgrund 6 S. 2 UGP-RL; BT-Drucks. 15/1487, S. 17; BT-Drucks. 16/10145, S. 22.

Stellung innerhalb des Art. 5 Abs. 2 UGP-RL als Tatbestandsmerkmal der Unlauterkeit ausgestaltet ist, ist es dennoch ein eigenständiges Merkmal mit einer eigenständigen Funktion, das nicht in dem Merkmal der unternehmerischen bzw. beruflichen Sorgfalt eingebettet oder in einer anderen Form integriert ist. In diesem Sinne betont auch der EuGH ausdrücklich, dass die Bejahung eines der Merkmale des Art. 5 Abs. 2 UGP-RL nicht zwangsläufig bedeutet, dass auch das andere gegeben sei, sondern dass jedes Merkmal gesondert für sich zu prüfen sei.[990] Dies kann jedoch nicht nur für den Tatbestand der Generalklausel des Art. 5 UGP-RL, sondern muss ebenfalls für die Einzeltatbestände der Art. 6–8 UGP-RL gelten. Zwar erwähnen die Art. 6–8 UGP-RL jeweils nur das Auswirkungskriterium ausdrücklich. Jedoch wird in den Tatbeständen der Art. 7 und 8 UGP-RL zwischen der objektiven Eignung zur spürbaren Beeinträchtigung der Entscheidungsfreiheit der Verbraucher und den Auswirkungen auf das Verbraucherverhalten unterschieden. Die in den Art. 6–8 UGP-RL normierten Spürbarkeits- bzw. Relevanzmerkmale sind lediglich an die speziellen Vorgaben der jeweiligen Tatbestände angepasst und unterscheiden sich insofern von dem Spürbarkeitsmerkmal der Generalklausel des Art. 5 Abs. 2 UGP-RL.

---

990 EuGH C-540/08, Tz. 44 ff. – Mediaprint.

E. Die Relevanz- bzw. Spürbarkeitsmerkmale in den Einzeltatbeständen des UWG 2015 – Tatsächlich keine Änderung der bisherigen gerichtlichen Praxis?

Die Reform des UWG 2015 diente der weiteren Anpassung des UWG an den Wortlaut und die Systematik der UGP-RL. Die materielle Rechtsanwendung sollte hierdurch nicht verändert werden.[991] Wie zuvor in Kapitel C. II. 1. f), 2. c), d) beschrieben, hat sich die Systematik des UWG durch die Reform im Jahr 2015 dahingehend geändert, dass die Generalklauseln des § 3 UWG 2015 die §§ 3a ff. UWG 2015 nicht mehr „überwölben", sodass die Tatbestandsmerkmale der Generalklauseln bei der lauterkeitsrechtlichen Prüfung der Einzeltatbestände nicht mehr zu berücksichtigen sind. Die Einzeltatbestände der §§ 3a ff. UWG 2015 stehen vielmehr für sich und regeln fortan eigenständig die Unlauterkeit. Die Unzulässigkeit für B2B- als auch für B2C-Geschäfte folgt sodann jeweils aus der Rechtsfolgenregelung des § 3 Abs. 1 UWG 2015.[992] Um auch weiterhin die Aufgabe des Lauterkeitsrechts gewährleisten zu können, lediglich solche Fälle unlauterer geschäftlicher Handlungen zu verfolgen, die eine gewisse Auswirkung auf die Marktteilnehmer haben, müssen die Einzeltatbestände nunmehr neben ihren Tatbestandsmerkmalen als weiteres Lauterkeitsmerkmal die Spürbarkeit, teils unter Berücksichtigung unionsrechtlicher Vorgaben, selbständig enthalten. Dies erfüllen die Einzeltatbestände der §§ 3a ff. UWG 2015 teils durch ausdrückliche Regelung, teils verklausuliert, indem die besondere Qualifikation der jeweiligen Tatbestandsmerkmale hierfür als ausreichend erachtet wird.[993] Inwieweit die Verschiebung des Spürbarkeitsmerkmals im UWG 2015 in die Einzeltatbestände lediglich die bisherige Anwendung durch die Rechtsprechung widerspiegelt oder zu einer Anpassung der Rechtsprechung führen muss, wird im Folgenden in den Darstellungen zu den Einzeltatbeständen unter Analyse der jeweiligen Rechtsprechung zum UWG 2008 aufgezeigt.

---

991 BT-Drucks. 18/6571, S. 13.

992 *Ohly* spricht von § 3 Abs. 1 UWG 2015 denn auch nur noch als bloße „Scharniernorm", vgl. GRUR 2016, S. 3, 4.

993 Vgl. die Darstellung hierzu in Kapitel B. IV.

I. § 3a UWG 2015 (§ 4 Nr. 11 UWG 2008)

Die spürbare Beeinträchtigung der Interessen von Verbrauchern, Mitbewerbern oder sonstigen Marktteilnehmern ist in § 3a UWG 2015, der § 4 Nr. 11 UWG 2008 ansonsten unverändert übernommen hat, ausdrücklich geregelt. Insofern wird an die Rechtslage vor der Reform 2015 angeknüpft, als § 4 Nr. 11 UWG 2008 stets in Verbindung mit § 3 Abs. 1, 2 UWG 2008 zu prüfen war.

1. Die Prüfung der Spürbarkeit bei § 4 Nr. 11 UWG 2008 durch die Rechtsprechung

§ 4 Nr. 11 UWG 2008 bezweckte, wie nunmehr § 3a UWG 2015, zum Schutz der Verbraucher, der Mitbewerber und der sonstigen Marktteilnehmer die lauterkeitsrechtliche Sanktionierung von Verstößen gegen außerwettbewerbsrechtliche Marktverhaltensregelungen.[994] § 4 Nr. 11 UWG 2008 war vor dem Hintergrund der Schutzzweckbestimmung des § 1 UWG 2008 zu sehen.[995] Da der eigentliche Zweck des UWG darin lag, das Marktverhalten der Unternehmen im Interesse der Marktteilnehmer, insbesondere der Mitbewerber und der Verbraucher sowie das Interesse der Allgemeinheit an einem unverfälschten Wettbewerb zu regeln[996], sanktionierte § 4 Nr. 11 UWG 2008 nur Verstöße gegen außerwettbewerbliche Marktverhaltensregelungen.[997] Reine Marktzutrittsregelungen, also solche Normen, die Personen den Marktzutritt aus Gründen verwehren, die nichts mit der Art und Weise ihres Agierens am Markt zu tun haben, wurden von § 4 Nr. 11 UWG 2008 daher grundsätzlich nicht erfasst.[998]

Die Spürbarkeit war regelmäßig zu prüfen. Auch wenn der Verstoß gegen eine Marktverhaltensregel die Eignung zur spürbaren Beeinträchtigung der Interessen indizieren konnte, kam es auf die jeweilige Marktverhaltensregelung, ihren Schutzzweck, die Umstände des Einzelfalls und insbesondere auf die konkreten Auswirkungen der Zuwiderhandlung auf die Interessen an.[999] Bei der gebotenen Spürbarkeitsprüfung musste nach den betroffenen Marktteilnehmern differen-

---

994 Köhler/Bornkamm/*Köhler*, § 4 Rn. 11.6.

995 *Ders.*, § 4 Rn. 11.6; ebenso für § 3a UWG 2015 vgl. Köhler/Bornkamm/*Köhler* 2016, § 3a Rn. 1.6.

996 BT-Drucks. 15/1487, S. 15, 16.

997 Ebenso für § 3a UWG 2015 vgl. Köhler/Bornkamm/*Köhler* 2016, § 3a Rn. 1.6.

998 Köhler/Bornkamm/*Köhler*, § 4 Rn. 11.6, 11.44; ebenso für § 3a UWG 2015 vgl. Köhler/Bornkamm/*Köhler* 2016, § 3a Rn. 1.6. Zu den Vorschriften mit Doppelfunktion vgl. die Ausführungen u. a. bei Köhler/Bornkamm/*Köhler*, § 4 Rn. 11.49.

999 *Ders.*, § 3 Rn. 147.

ziert werden. Dabei war und ist das Verhältnis des Rechtsbruchtatbestands zum Unionsrecht umstritten.[1000] Marktverhaltensregelungen, die im Anwendungsbereich der UGP-RL lagen, waren nach deren Maßstäben zu beurteilen, sodass § 3 Abs. 2 UWG 2008 entsprechend auszulegen war.[1001] Bei Marktverhaltensregelungen außerhalb der UGP-RL waren nach § 3 Abs. 1 UWG 2008 die Umstände des Einzelfalls zu berücksichtigen, wie die Art, Schwere, Häufigkeit oder Dauer der Zuwiderhandlung.[1002]

a) Marktverhaltensregelungen gegenüber Verbrauchern

aa) Marktverhaltensregelungen außerhalb des Anwendungsbereiches der UGP-RL

Verstöße gegen Vorschriften, die dem Schutz der gesundheitlichen Interessen der Verbraucher dienen und eine abstrakte Gefahr ihrer unsachlichen Beeinflussung begründen, wurden von der Rechtsprechung regelmäßig ohne nähere Begründung als spürbar im Sinne von § 3 Abs. 1 UWG 2008 angesehen.[1003] Entsprechendes galt für Rechtsgüter von vergleichbar hohem Rang, wie etwa den Jugendschutz.[1004]

Die schlichte Bejahung der Spürbarkeit ohne nähere Begründung mochte ihren Grund in dem Verständnis (der Rechtsprechung) von dem Inhalt der Spürbarkeit bei B2C-Geschäften außerhalb des Anwendungsbereiches der UGP-RL haben.[1005] Diesbezüglich war stets zu berücksichtigen, dass an die Eignung,

---

1000 Vgl. den Überblick über den bisherigen Stand der Rechtsprechung bei Köhler/Bornkamm/*Köhler* 2016, § 3a Rn. 1.7 ff. sowie das Verhältnis des § 3a UWG 2015 zu den Art. 5 Abs. 2, 6, 7 Abs. 4, 5 UGP-RL *ders.*, § 3a Rn. 1.14 ff.

1001 Vgl. hier nur Köhler/Bornkamm/*Köhler*, § 4 Rn. 11.58c; *ders.*, WRP 2012, S. 638, 646 ff.

1002 *Ders.*, § 4 Rn. 11.58d.

1003 Vgl. etwa BGH WRP 2015, 569, Tz. 15 – Combiotik; BGH WRP 2015, 565, Tz. 29 m.w.N – Kostenlose Zweitbrille; BGH WRP 2014, 562, Tz. 10 – Praebiotik; BGH WRP 2013, 1179, Tz. 22 – Vitalpilze; BGH WRP 2012, 1091, Tz. 9, 20 – Euminz; BGH WRP 2012, 705, Tz. 42 – INJECTIO; BGH WRP 2009, 1240, 1246 – Festbetragsfestsetzung; OLG Stuttgart WRP 2015, 1133, Tz. 39 – Zuzahlungsverzicht; OLG Bamberg GRUR-RR 2015, 222, Tz. 78 – Erhalt der Zahnsubstanz; „Erheblichkeit" nach UWG 2004 bejaht vgl. etwa BGH WRP 2005, 1161, 1163 – Atemtest; „wesentliche Beeinträchtigung des Wettbewerbs" nach UWG 1909 bejaht vgl. bspw. BGH WRP 1998, 312, 315 – Lebertran I; BGH WRP 1997, 940, 946 – Politikerschelte; BGH WRP 1995, 386, 389 – Knoblauchkapseln.

1004 OLG Stuttgart, Az.: 2 U 161/12, U. v. 14.03.2013, zitiert nach juris, Tz. 78.

1005 Vgl. hierzu die Ausführungen in Kapitel D. II.

den Verbraucher zu einer geschäftlichen Entscheidung zu veranlassen, die er ansonsten nicht getroffen hätte, umso geringere Anforderungen zu stellen waren, je schwerwiegender die Auswirkungen der geschäftlichen Entscheidung auf die schutzwürdigen Interessen der Verbraucher waren, wie bspw. das Vermögen oder auch die Gesundheit.[1006] Es mochte daher in der Tat befremdlich erscheinen, Verstöße gegen gesundheitsbezogene Angaben als Bagatellen für lauter zu erklären und damit zu gestatten.[1007] Ein gesundheitsbezogener Sachverhalt war aus diesem Grund nur in seltenen Ausnahmefällen unter die Bagatellschwelle zu subsumieren, etwa wenn der Beförderer, das Krankentransportunternehmen, zwar über die nach dem am Zielort des Transportes geltenden Landesrecht erforderliche Genehmigung, nicht aber über die nach dem am Ausgangsort geltenden Landesrecht erforderliche Genehmigung verfügte, die Erteilung der Genehmigung nach dem Recht des Ausgangsortes aber nicht von im Interesse der beförderten Personen bestehenden weitergehenden Voraussetzungen abhing als die Erteilung der Genehmigung nach dem Recht des Zielortes[1008]. Eine Ausnahme galt ebenfalls für eine Heilmittelwerbung nach § 7 HWG (in der bis zum 12.08.2013 geltenden Fassung), wenn die bestehenden Grenzen eingehalten wurden.[1009] Bezüglich der Beurteilung von HWG-Sachverhalten erlebte die Rechtsprechung jedoch eine Wandlung. Nach dem bis zum 12.08.2013 geltenden § 7 Abs. 1 S. 1 Nr. 1 Fall 2 HWG erachtete sie kleinere Zugaben für verschreibungspflichtige Medikamente mit einem Wert von jeweils 1 EUR für (noch) nicht geeignet, die Verbraucherentscheidung im Sinne einer nutzenmaximierenden Marktentscheidung erheblich zu beeinträchtigen und damit die wirtschaftlichen Interessen der Mitbewerber spürbar zu berühren.[1010] Dieser Rechtsprechung wurde durch die am 13.08.2013 in Kraft getretene Änderung

---

1006 Köhler/Bornkamm/*Köhler*, § 4 Rn. 11.58 f.

1007 In diesem Sinne auch BGH WRP 2015, 1095, Tz. 17 – Abgabe ohne Rezept.

1008 Vgl. BGH WRP 2009, 1089, 1091, 1092 – Überregionaler Krankentransport.

1009 Vgl. bspw. die Ausführungen bei BGH WRP 2010, 1482, 1484, 1485 – UNSER DANKESCHÖN FÜR SIE, der in dem konkreten Fall jedoch die Spürbarkeitsgrenze als überschritten angesehen hat.

1010 Vgl. nur BGH WRP 2013, 1586, Tz. 20 – RezeptBonus; BGH WRP 2013, 1589, Tz. 9 ff. – Rezept-Prämie; BGH WRP 2010, 1471, 1474 – Bonuspunkte; BGH, Az.: I ZR 125/08, U. v. 09.09.2010, zitiert nach juris, Tz. 19 ff. – Bonussystem; OLG Köln GRUR-RR 2014, 175, 177 – Geldprämien; OLG Stuttgart WRP 2012, 111, Tz. 71 ff. – Skonto bei Rezepteinlösung; OVG Lüneburg, Az.: 13 ME 111/11, Beschl. v. 08.07.2011, zitiert nach juris, Tz. 12 ff.

von § 7 Abs. 1 S. 1 Nr. 1 HWG die Grundlage entzogen[1011], sodass nunmehr jede anlässlich des Erwerbs preisgebundener Arzneimittel gewährte Zuwendung als unlauter zu bewerten war – unabhängig von ihrer Höhe[1012].

Jedoch begnügte sich die Rechtsprechung bei Verstößen gegen Vorschriften, die dem Schutz der gesundheitlichen Interessen der Verbraucher dienen, nicht ausschließlich mit der Feststellung der stets überschrittenen Spürbarkeitsschwelle, sondern zog hierfür zum Teil Erwägungen wie etwa die Breitenwirkung der konkreten Werbemaßnahme durch die Verbreitung im Internet sowie in Zeitschriften und der motivierenden Wirkung auf Grund der Bekanntheit der Werbepersönlichkeit[1013] oder die Beeinträchtigung auf Grund einer unsachlichen Einflussnahme auf die Verbraucherentscheidung[1014] hinzu.

Ein Verstoß gegen die Klauselverbote der §§ 307, 308 Nr. 1, 309 Nr. 7a BGB wurde als spürbare Beeinträchtigung der wirtschaftlichen Interessen des Durchschnittsverbrauchers erachtet, da die missbräuchlichen Vertragsklauseln den Verbraucher davon abhalten konnten, berechtigte Ansprüche gegen den Verwender geltend zu machen[1015], der damit faktisch in seinen Rechten beschnitten wurde.

1011 § 7 Abs. 1 S. 1 Nr. 1 HWG in der seit dem 13.08.2013 geltenden Fassung verschärft die heilmittelrechtliche Zulässigkeit von Zuwendungen und regelt im letzten Halbsatz ausdrücklich, dass Zuwendungen wie bspw. Einkaufsgutscheine stets unzulässig sind, soweit sie entgegen den Preisvorschriften gewährt werden, die auf Grund des Arzneimittelgesetzes gelten.

1012 OLG Frankfurt a. M. WRP 2015, 759, Tz. 8, 9 – Vorteilsgewährung durch Einkaufsgutschein bei Abgabe rezeptpflichtiger Arzneimittel, wobei das OLG trotz der Neuregelung feststellt, dass der gewährte Vorteil geeignet sei, die Verbraucherentscheidung zu beeinflussen. Ob dies auch für noch geringwertigere Vorteile zu gelten habe, in denen der Kunde möglicherweise eine reine Aufmerksamkeit und keinen Anreiz für künftige Kaufentscheidungen sehe, sei für die Beurteilung des vorliegenden Sachverhalts ohne Bedeutung, vgl. OLG Frankfurt a. M. a. a. O., Tz. 9.

1013 OLG Karlsruhe WRP 2015, 892, Tz. 33 – Empfehlung eines Prominenten: In Tz. 28 stellt das Gericht bereits fest, „dass die wirtschaftlichen Verbraucherinteressen bei geschäftlichen Entscheidungen über den Konsum von Arzneimitteln in gesteigerter Weise berührt werden“ und „dass Menschen unter besonderem Leidensdruck, insbesondere bei wiederholten oder dauerhaften Schmerzen, aber auch, um der fortwährenden Konfrontation mit dem eigenen, ab dem zweiten Lebensdrittel spürbaren und offensichtlich werdenden Verfall auszuweichen, besonders leicht beeinflussbar sind und ihre geschäftlichen Entscheidungen nicht mehr hinreichend autonom treffen.“ OLG Hamm WRP 2013, 1491, Tz. 34 – Unzulässige gesundheitsbezogene Angaben.

1014 OLG Düsseldorf WRP 2013, 816, Tz. 19 – Kostenloser Shuttleservice.

1015 BGH WRP 2012, 1086, Tz. 46 – Missbräuchliche Vertragsstrafe.

bb) Marktverhaltensregelungen innerhalb des Anwendungsbereiches der UGP-RL

Im Falle der Verletzung sonstiger Marktverhaltensregelungen nach § 4 Nr. 11 UWG 2008 sollte es nach überwiegender Auffassung in der Rechtsprechung ebenfalls in der Regel nicht auf eine gesonderte Prüfung der Spürbarkeit ankommen – insbesondere wenn Informationspflichten verletzt wurden, die ihre Grundlage gemäß Art. 7 Abs. 5 UGP-RL im Unionsrecht haben, sodass mit Bejahung der Wesentlichkeit unwiderlegbar die Erfordernisse des § 3 Abs. 2 S. 1 bzw. Abs. 1 UWG 2008 und mithin die Überschreitung der Spürbarkeitsschwelle gegeben waren.[1016] Würden Informationen vorenthalten, die nach Maßgabe des Unionsrechts als wesentlich im Sinne des Art. 7 Abs. 4, 5 UGP-RL (bzw. § 5a UWG 2008) einzustufen sind, stünde damit zugleich fest, dass das Erfordernis der Spürbarkeit nach § 3 Abs. 2 S. 1 UWG 2008 erfüllt sei, da sich die Frage, ob dem Verbraucher eine wesentliche Information vorenthalten worden sei, von der Frage nach der geschäftlichen Relevanz nicht trennen ließe – eine wesentliche Information, die der Verbraucher nicht benötige, um eine informationsgeleitete Entscheidung zu treffen, sei ein Widerspruch in sich.[1017] Etwas anderes ergebe sich auch nicht aus Art. 7 Abs. 1 und 2 UGP-RL.[1018] Die

---

1016 Vgl. bspw. BGH WRP 2015, 1464, Tz. 46 – Der Zauber des Nordens, Verstoß gegen PAngV; BGH WRP 2013, 182, Tz. 17 – Traum-Kombi, Verstoß gegen PAngV; BGH WRP 2012, 1096, Tz. 25 – Neue Personenkraftwagen, Verstoß gegen Pkw-EnVKV; BGH WRP 2010, 1143, 1145, 1146 – Gallardo Spyder, Verstoß gegen Pkw-EnVKV; OLG Köln WRP 2015, 1125, Tz. 26 – Youtube-Channel, Verstoß gegen Pkw-EnVKV; OLG Köln, Az.: 6 U 183/14, U. v. 19.06.2015, zitiert nach juris, Tz. 18 ff., Verstoß gegen PAngV und Textilkennzeichnungsverordnung; OLG Köln WRP 2014, 737, Tz. 12, 13 – Energieeffizienzklasse, Verstoß gegen Delegierten VO (EU) Nr. 1062/2010 zur Ergänzung der Richtlinie 2010/30/EU; OLG Hamm WRP 2014, 330, Tz. 34 – Bestellung abschicken, Verstoß gegen BGB; OLG Köln WRP 2013, 1506, Tz. 10 – L-Arginin Alpha-Ketoglutarat, Verstoß gegen LMKV; OLG Düsseldorf WRP 2013, 1221, Tz. 20 – Betreiber einer Internet-Handelsplattform muss auf Einhaltung der Impressumspflichten hinwirken, Verstoß gegen TMG; KG Berlin WRP 2012, 1424, Tz. 22 ff. – Pkw-Werbung mit Preis zzgl. – bezifferten – Überführungskosten, Verstoß gegen PAngV; OLG Hamm, Az.: I-4 U 70/11, U. v. 09.02.2012, zitiert nach juris, Tz. 17, Verstoß gegen PAngV; LG Stuttgart ZUM 2014, 988, 991, 992, Verstoß gegen TMG; LG Stuttgart, Az.: 11 O 51/14, U. v. 27.06.2014, zitiert nach juris, Tz. 66 ff., Verstoß gegen TMG.

1017 Vgl. nur BGH WRP 2012, 1096, Tz. 25 – Neue Personenkraftwagen; BGH WRP 2010, 1143, 1145, 1146 – Gallardo Spyder; LG Stuttgart ZUM 2014, 988, 992.

1018 LG Stuttgart ZUM 2014, 988, 992.

Grundentscheidung des Unionsgesetzgebers, dass der Verbraucher gewisse Basisinformationen für eine informierte Entscheidung benötige, würde unterlaufen, wenn in jedem Fall jeweils noch die Relevanz ihres Fehlens zu prüfen wäre.[1019] Folgerichtig seien bspw. die Regelungen der PAngV als wesentliche Informationen und ein Verstoß gegen diese Verordnung stets als spürbar im Sinne des § 3 Abs. 2 UWG 2008 anzusehen[1020] – die Preisklarheit sei stets auch dann berührt, selbst wenn sich der Grundpreis durch eine einfache Rechenoperation ermitteln ließe[1021].

Der Herleitung der Entbehrlichkeit der Spürbarkeitsprüfung aus dem Unionsrecht auf Grund der Wesentlichkeit von Informationen wurde allerdings nicht ausnahmslos gefolgt. Ohne maßgeblich auf die Wesentlichkeit der Informationen abzustellen[1022], prüfte die neuere Rechtsprechung die Spürbarkeit bei Sachverhalten, die, wie bspw. Verstöße gegen die PAngV[1023], an sich dem Anwendungsbereich des Art. 7 Abs. 4, 5 UGP-RL unterfielen, im Rahmen einer Einzelfallabwägung, wobei die Schwelle zur Spürbarkeit dann überschritten sei, wenn die Preisver-

---

1019 OLG Köln WRP 2014, 737, Tz. 13 – Energieeffizienzklasse.

1020 Vgl. die zuvor zitierten Entscheidungen sowie insbesondere BGH WRP 2015, 1464, Tz. 46 – Der Zauber des Nordens; OLG Hamm, Az.: I-4 U 70/11, U. v. 09.02.2012, zitiert nach juris, Tz. 17.

1021 In diesem Sinne bereits die Rechtsprechung vor Erlass der UGP-RL, vgl. bspw. BGH GRUR 2001, 258, 259 – Bewerbung von Immobilien mit Angabe des m^2-Preises; OLG Koblenz GRUR-RR 2007, 23, 24 – Erheblichkeitsschwelle bei Preisangabeverstößen zu branchenfremden Waren, zudem unter Ablehnung der Überschreitung der Bagatellschwelle auf Grund von Nachahmungsgefahr, da damit mögliche Auswirkungen auf das Marktgeschehen einbezogen werden sollen, was weder der Funktion noch dem Zweck des UWG gerecht werde.

1022 Vgl. LG München I WRP 2015, 251, Tz. 35 – Reiseversicherung, bestätigt durch OLG München WRP 2015, 1522 – Ticketschutz, das allerdings weder die Spürbarkeit noch ähnliche Erheblichkeitsschwellen prüft; OLG Hamm, Az.: I-4 U 99/11, U. v. 13.10.2011, zitiert nach juris, Tz. 25; KG Berlin GRUR-RR 2008, 131, 133 – Eigentümergebrauch, das noch eine Gesamtbetrachtung unter Berücksichtigung aller vom Schutzzweck des § 3 UWG 2004 erfassten Umstände vornimmt.

1023 Vgl. aus der jüngeren Rechtsprechung etwa OLG Köln WRP 2013, 192, Tz. 12, 13 – Zuzüglich Überführung in Höhe von 790!, bestätigt durch BGH WRP 2014, 1444, Tz. 21 – Preis zuzüglich Überführung; BGH WRP 2010, 1498, 1500, 1501 – Versandkosten bei Froogle II; BGH GRUR 2008, 442, 443 – Fehlerhafte Preisauszeichnung; OLG Schleswig WRP 2013, 920, Tz. 22 ff. – Endreinigung; OLG Jena WRP 2013, 822, Tz. 18 – Monatsrate beim Ratenzahlungskauf; LG Düsseldorf, Az.: 12 O 36/11, U. v. 20.04.2011, zitiert nach juris, Tz. 21 ff.

gleichsmöglichkeiten der Verbraucher erheblich erschwert[1024], dem Verbraucher Informationen, die er für seine geschäftliche Entscheidung benötige, vorenthalten würden[1025] oder die Verbraucher durch die Entstehung zusätzlicher Kosten geschädigt würden[1026]. Auch auf die spürbare Beeinträchtigung der Mitbewerber wurde abgestellt, die durch eine Besserstellung des unlauter Handelnden in den Suchergebnissen im Internet hervorgerufen würde.[1027]

Teilweise führte die Rechtsprechung auch dann zur Spürbarkeit im Rahmen der Einzelfallabwägung aus, obwohl sie gleichzeitig die Wesentlichkeit der betreffenden fehlerhaften bzw. vorenthaltenen Informationen im Sinne des Art. 7 Abs. 5 UGP-RL festgestellt hatte.[1028] So wurde bspw. bei Verstößen gegen die PAngV zunächst die Bedeutung der Gesamtpreisangabe für die Verbraucherentscheidung herausgestellt, um danach – quasi als Vergewisserung und Bestätigung der eigenen Überlegungen – die Wesentlichkeit der Gesamtpreisangabe im Sinne des § 5a Abs. 3 UWG 2008 bzw. Art. 7 Abs. 4, 5 UGP-RL zu betonen, aus der unwiderlegbar die Spürbarkeit folge.[1029] Bei fehlerhaften Widerrufsbelehrungen wurde vornehmlich die Gefahr unterstrichen, dass der die Rechtslage nicht überblickende Verbraucher in der irrigen Annahme, die Frist sei bereits verstrichen, davon absehe, von seinem Widerrufsrecht Gebrauch zu machen, und ihm damit Informationen vorenthalten würden, die er für seine geschäftliche Entscheidung benötige.[1030] Die bloße Fest-

---

1024 BGH GRUR 2011, 82, Tz. 27 – Preiswerbung ohne Umsatzsteuer: Der Beklagte hatte insgesamt zehn Gebrauchtfahrzeuge mit Preisen ohne Umsatzsteuerangaben beworben, was dem privaten Letztverbraucher die Preisvergleichsmöglichkeiten mit anderen an ihn gerichteten Angeboten spürbar erschwert habe.

1025 Der BGH hält eine unrichtige, zu hohe Preisauszeichnung für nicht spürbar, da sie sich allenfalls zu Lasten, nicht aber zugunsten des betreffenden Unternehmens auswirke, GRUR 2008, 442, 443 – Fehlerhafte Preisauszeichnung; OLG Hamburg Az.: 5 U 274/11, U. v. 10.10.2012, zitiert nach juris, Tz. 51 ff.: Das Gericht begründete die Spürbarkeit mit der erheblichen Erschwerung des Preisvergleichs, stellte jedoch fest, dass bei Verstößen gegen die PAngV gleichwohl eine Spürbarkeit zu verneinen sein könne, wenn es sich um einen geringfügigen Verstoß handele.

1026 LG München I WRP 2015, 251, Tz. 35 – Reiseversicherung.

1027 BGH WRP 2010, 1498, 1500, 1501 – Versandkosten bei Froogle II.

1028 Vgl. BGH WRP 2010, 1517, 1519 – Holzhocker; OLG Thüringen GRUR-RR 2014, 294, 296 – Serviceentgelt; OLG Oldenburg, Az.: 6 U 166/14, U. v. 09.01.2015, zitiert nach juris, Tz. 43 ff.; OLG Stuttgart, Az.: 2 U 51/09, U. v. 10.12.2009, zitiert nach juris, Tz. 43, 44; OLG Hamm, Az.: 4 U 159/07, U. v. 17.01.2008, zitiert nach juris, Tz. 22.

1029 OLG Oldenburg, Az.: 6 U 166/14, U. v. 09.01.2015, zitiert nach juris, Tz. 43, 44; OLG Thüringen GRUR-RR 2014, 294, 296 – Serviceentgelt.

1030 BGH WRP 2010, 1517, 1519 – Holzhocker; ähnlich OLG Stuttgart, Az.: 2 U 51/09, U. v. 10.12.2009, zitiert nach juris, Tz. 44.

stellung der Wesentlichkeit der Informationen gemäß Art. 7 Abs. 5 i.V.m. Anhang II UGP-RL genügte dem BGH hier nicht, um die Spürbarkeit undifferenziert zu bejahen.[1031] Das OLG Hamm stellte im Prüfungsabschnitt zur Spürbarkeit in einer Entscheidung einleitend fest, dass es trotz der Wertungen der UGP-RL eine Frage des Einzelfalls bleibe, ob die Bagatellschwelle des § 3 Abs. 1 UWG 2004 überschritten sei, und führte sodann weiter aus, dass der Verbraucher durch die unzureichende Angabe der Informationen nach der Pkw-EnVKV, nach der die Informationen über den Verbrauch und die CO^2- Emissionen in einer bestimmten und qualifizierten Art und Weise vorgehalten werden müssen, spürbar beeinträchtigt würde und darüber hinaus das Verhalten des beklagten Mitbewerbers Anreiz zu einer Nachahmung böte.[1032]

Das LG Neuruppin wiederum sprach sich ausdrücklich gegen die Bejahung der Spürbarkeit ausschließlich auf Grund der Wesentlichkeit aus.[1033] Zwar handele es sich bei den streitgegenständlichen Angaben des Vereinsregisters und der Registernummer nach § 5 TMG um „wesentliche Informationen" im Sinne von § 5a Abs. 2, 4 UWG 2008, der Art. 7 UGP-RL umsetze. Allerdings würde Art. 7 UGP-RL nach seinem Zweck eine wertende Anwendung von § 3 UWG 2008, der eine Erheblichkeit der Beeinträchtigung verlange, nicht absolut verbieten.[1034] Sei nun aber die Prüfung der spürbaren Beeinträchtigung einer informierten Entscheidung nach § 3 Abs. 2 S. 1 UWG 2008 eröffnet, müsse ein spürbarer Wettbewerbsverstoß verneint werden, da die fehlenden Informationen (Angabe des Vereinsregisters und der Registernummer) für die Entscheidung, ob der Verbraucher mit dem Händler/Anbieter in geschäftlichen Kontakt treten möchte, irrelevant seien.[1035] Das LG Neuruppin widersprach damit ausdrücklich der Entscheidung des OLG Hamm[1036], das sich streng an den Vorgaben des europäischen Gesetzgebers orientierte, der nach Art. 7 UGP-RL gewisse Informationen als wesentlich einordnet, sodass Verstöße hiergegen nach Ansicht des OLG Hamm keine Bagatellverstöße darstellen könnten, auch wenn die vorenthaltenen Informationen weniger dem Verbraucherschutz als vielmehr dem Fiskus dienten. Das Gericht als Rechtsprechungsorgan dürfe sich laut OLG Hamm nicht erheben und abweichend von den europarechtlichen Vorgaben aus eigener Machtvollkom-

---

1031 BGH a. a. O.

1032 OLG Hamm, Az.: 4 U 159/07, U. v. 17.01.2008, zitiert nach juris, Tz. 22.

1033 LG Neuruppin, Az.: 5 O 199/14, Beschl. v. 09.12.2014, zitiert nach juris, Tz. 6 ff.

1034 LG Neuruppin a. a. O., Tz. 7, unter Verweis auf ein Urteil des LG Berlin vom 31.08.2010, Az.: 103 O 34/10, das jedoch nicht veröffentlicht wurde.

1035 LG Neuruppin a. a. O., Tz. 8.

1036 OLG Hamm MMR 2009, 552, 553 – Impressumspflicht von Onlinehändlern.

menheit entscheiden, dass die geforderten Angaben eben doch unwesentlich und daher nicht zu ahnden seien.[1037]

Schließlich stellte der BGH für die Beurteilung der Lauterkeit einer wesentlichen Information nach Art. 7 Abs. 4 lit. c) UGP-RL auf den Zweck des Art. 7 UGP-RL und den systematischen Zusammenhang der Absätze 1 und 2 dieser Bestimmung ab.[1038] In dem konkreten Fall musste die Information so rechtzeitig erfolgen, dass der durchschnittliche Verbraucher eine „informierte geschäftliche Entscheidung" treffen konnte. Die bloße Wesentlichkeit der vorenthaltenen Informationen sollte für die Beurteilung bzw. Bejahung der Unlauterkeit nicht ausreichen.

Auch zum UWG 2004 wurde trotz Eröffnung des Anwendungsbereiches der UGP-RL die nicht nur unerhebliche Beeinträchtigung der Mitbewerber und Verbraucher in einer umfassenden Gesamtbetrachtung beurteilt und geschäftliche Handlungen als lauter und damit zulässig beurteilt[1039], die nach der Interpretation der Wertungen der UGP-RL durch die Rechtsprechung eigentlich ohne weitergehende Prüfung als unlauter einzuordnen wären.

cc) Beurteilung der Marktverhaltensregelungen vor Erlass der UGP-RL

Vor Erlass der UGP-RL wurden Sachverhalte, die nach Erlass der UGP-RL auf Grund der Wesentlichkeit der jeweils betroffenen Informationspflichten als in jedem Fall spürbar beurteilt wurden, im Rahmen einer Gesamtschau geprüft. Dabei waren in Bezug auf Mitbewerber neben u. a. der Art und Schwere, der Wettbewerbsstellung, der Marktstärke und Konkurrenzsituation auch der Grad der Nachahmungsgefahr maßgebend, hinsichtlich einer Handlung gegenüber Verbrauchern wurde auf die spürbare Beeinträchtigung ihrer Informationsinteressen, ihrer Entscheidungsfreiheit und ihrer sonstigen durch das Gesetz geschützten Interessen abgestellt.[1040] Der der Rechtsprechung durch die Gesamtbetrachtung eingeräumte Entscheidungsspielraum führte dazu, dass Handlungen als lauter

1037 OLG Hamm a. a. O.

1038 BGH WRP 2010, 370, 373 – Kamerakauf im Internet.

1039 KG Berlin, Az.: 5 W 58/08, Beschl. v. 25.03.2008, zitiert nach juris, Tz. 20 ff.; KG Berlin GRUR-RR 2008, 352, 353 – Eigentümergebrauch II: Verstoß gegen Impressumsangaben im Sinne der nicht vollständigen Angabe des Namens des Geschäftsführers nach BGB und BGB-InfoV wurde als Bagatelle angesehen; a.A. aber KG Berlin GRUR-RR 2007, 328, 329 – Identitätsangabe im Internet.

1040 Vgl. etwa für einen Verstoß gegen PAngV: BGH GRUR 2001, 258, 259 m. w. N. – Bewerbung von Immobilien mit Angabe des m^2-Preises; BGH GRUR 2001, 1167, 1168, 1169 – Fernflugpreise; BGH GRUR 1997, 767, 770 – Brillenpreise II; OLG Stuttgart WRP 2005, 919, 921 – Handy-Werbung.

und damit zulässig beurteilt wurden, die nach der Interpretation des Wortlautes der UGP-RL ohne weitere Prüfung als unlauter einzuordnen wären.[1041]

b) *Marktverhaltensregelungen gegenüber Mitbewerbern und sonstigen Marktteilnehmern*

Betraf die Marktverhaltensregelung, gegen die verstoßen wurde, das Verhalten zwischen Unternehmen, prüfte die Rechtsprechung die Spürbarkeit anhand einer möglichen gesteigerten Nachahmungsgefahr[1042], des Anlockeffektes auf die Kunden[1043], anhand von Feststellungen zur Umsatzsteigerung zum Nachteil der Mitbewerber in nicht unwesentlichem Umfang[1044] oder anhand der erheblichen Verstärkung der Marktposition des Mitbewerbers gegenüber seinen Konkurrenten durch bspw. die (unzulässige) Bereitstellung von sieben weiteren Taxen[1045]. Die Spürbarkeit wurde damit sowohl anhand quantitativer, als auch anhand qualitativer Merkmale beurteilt. Ebenfalls nach quantitativen Gesichtspunkten richtete sich die Spürbarkeitsprüfung, wenn lediglich auf Grund des (erheblichen) Geschäftsvolumens des Mitbewerbers auf die Spürbarkeit der von ihm ausgegebenen streitgegenständlichen Boni geschlossen wurde.[1046] Schließlich wurde auf die Gefahr eines Nachteils der Mitbewerber im Wettbewerb, die sich vorschriftsgemäß verhielten, gegenüber Mitbewerbern, die gegen die Vorschriften verstießen, abgestellt.[1047]

2. Die Spürbarkeit innerhalb des § 3a UWG 2015

Die Rechtsprechung zu § 4 Nr. 11 UWG 2008 kann nur bedingt für die Beurteilung von Sachverhalten nach dem UWG 2015 herangezogen werden. Im B2C-

---

1041 BGH GRUR 2001, 258, 259 – Bewerbung von Immobilien mit Angabe des m²-Preises: Der Endpreis ließe sich ohne Weiteres errechnen, sodass die Verbraucher nicht in die Irre geführt würden; ähnlich BGH GRUR 2001, 1167, 1168, 1169 – Fernflugpreise.

1042 Vgl. bspw. OLG Frankfurt a. M. WRP 2014, 1225, Tz. 8 ff. – Rubbellose bei Rezepteinlösung; OLG Hamm, Az.: 4 U 159/07, U. v. 17.01.2008, zitiert nach juris, Tz. 22.

1043 OLG Düsseldorf, Az.: I-20 U 159/13, U. v. 28.10.2014, zitiert nach juris, Tz. 15 – Apothekenübliche Waren.

1044 Bspw. durch die Einrichtung einer Rezeptsammelstelle, vgl. OLG Hamm WRP 2015, 990, Tz. 33 – Rezeptsammelstelle.

1045 BGH WRP 2013, 486, Tz. 28 – Taxibestellung.

1046 OLG München GRUR-RR 2010, 53, 56 – Treuebonus II, die Revision ist noch beim BGH, Az.: I ZR 112/09 anhängig.

1047 BGH WRP 2015, 1214, Tz. 16 – Kopfhörer-Kennzeichnung; OLG Köln WRP 2013, 372, Tz. 19 – Pauschalpreis für ärztliche Leistungen.

Bereich ist das Verhältnis des § 3a UWG 2015 zum Unionsrecht zu beachten[1048] sowie die richtlinienkonforme Auslegung der Spürbarkeit nach § 3 Abs. 2 UWG 2015 im Falle einer B2C-Handlung.[1049] Soweit die Rechtsprechung Sachverhalte allein auf Grund ihrer Wesentlichkeit im Sinne des Art. 7 Abs. 4, 5 UGP-RL als unlauter eingestuft hat, wird dies nach den differenzierten Regelungen des § 5a UWG 2015, der Art. 7 UGP-RL in verständlicherer Weise umgesetzt und neben dem Auswirkungs- ebenfalls das Einwirkungskriterium deutlich herausstellt, nicht mehr praktizierbar sein[1050].

B2C-Sachverhalte außerhalb des Anwendungsbereiches der UGP-RL wurden vornehmlich ohne weitere Spürbarkeitsprüfung für unlauter erklärt, soweit Schutzgüter von besonders hohem Rang, wie bspw. die Gesundheit, betroffen waren. Die Rechtsprechung ist unter dem UWG 2015 nicht daran gehindert, ihre diesbezügliche Praxis fortzuführen. Ebenfalls kann sie daneben Feststellungen zur Breitenwirkung der konkreten Werbemaßnahme durch die Verbreitung bspw. im Internet sowie in Zeitschriften und/oder der motivierenden Wirkung auf Grund der Bekanntheit der Werbepersönlichkeit, aber auch zur Beeinflussung der Verbraucherentscheidung durch unsachliche Einflussnahme treffen.

Im B2B-Bereich kann die Rechtsprechung für die Feststellung der Spürbarkeit auch weiterhin bspw. auf den Anlockeffekt auf die Kunden, soweit sie zu einer geschäftlichen Entscheidung führt, die Umsatzsteigerung zum Nachteil der Mitbewerber in nicht unwesentlichem Umfang, die erhebliche Verstärkung der Marktposition des Mitbewerbers gegenüber seinen Konkurrenten oder auf das Geschäftsvolumen des Mitbewerbers abstellen. Dies alles können Merkmale sein, um eine spürbare Schädigung des Mitbewerbers feststellen zu können.

Von der Prüfung der Nachahmungsgefahr sollte hingegen endgültig abgesehen werden, da es auf die quantitativen Auswirkungen der geschäftlichen Handlung auf das Wettbewerbsgeschehen im Anwendungsbereich des UWG 2015 gerade nicht ankommt. Für die Verwirklichung des § 3a UWG 2015 genügt bereits die Eignung zu Beeinträchtigung der Interessen eines einzigen Marktteilnehmers. Darüber hinaus soll der Verletzer nicht dadurch entlastet werden können, dass sein Verhalten voraussichtlich keine Nachahmer findet.

1048 Vgl. hierzu Köhler/Bornkamm/*Köhler* 2016, § 3a Rn. 1.7 ff.

1049 *Ohly*, GRUR 2016, S. 3, 5.

1050 Vgl. zu § 5a UWG 2015 bzw. zu Art. 7 UGP-RL die Ausführungen in den Kapiteln E. V und B. III. 1. c) bb) (3).

II. § 4 UWG 2015

Die in den Tatbeständen des § 4 UWG 2015 enthaltenen Geschäftspraktiken dienen allein dem Mitbewerberschutz und sind nach § 3 Abs. 1 UWG 2015 unzulässig. § 3 Abs. 1 UWG 2015 enthält jedoch kein ausdrücklich normiertes Spürbarkeitsmerkmal mehr und soll nach dem Willen des Gesetzgebers in Verbindung mit den Einzeltatbeständen der §§ 3a ff. UWG 2015 lediglich die Funktion einer Rechtsfolgenanordnung haben. Dies gilt sowohl für geschäftliche Handlungen außerhalb des Anwendungsbereiches der europäischen Richtlinien und erst recht für Handlungen innerhalb.[1051] Die Tatbestände des § 4 UWG 2015 normieren die Spürbarkeit nicht ausdrücklich. Dies bedeutet jedoch nicht, dass sie von einer Bagatell- bzw. Spürbarkeitsprüfung enthoben wären. Das Spürbarkeitsmerkmal soll den jeweiligen Tatbeständen laut Gesetzesbegründung vielmehr immanent sein.[1052]

1. § 4 Nr. 1 UWG 2015 (§ 4 Nr. 7 UWG 2008)

Der Wortlaut des § 4 Nr. 1 UWG 2015 wurde von § 4 Nr. 7 UWG 2008 ohne Änderungen übernommen. Nach § 4 Nr. 1 UWG 2015 handelt unlauter, wer die Kennzeichen, Waren, Dienstleistungen, Tätigkeiten oder persönlichen oder geschäftlichen Verhältnisse eines Mitbewerbers *herabsetzt* oder *verunglimpft*. Eine Herabsetzung ist nach allgemeiner Ansicht die sachlich nicht gerechtfertigte Verringerung der Wertschätzung des Mitbewerbers, seines Unternehmens und/oder seiner Leistungen in den Augen der angesprochenen Verkehrskreise.[1053] Die Verunglimpfung ist eine gesteigerte Form der Herabsetzung und soll in der Verächtlichmachung in Gestalt eines abträglichen Werturteils oder einer abträglichen unwahren Tatsachenbehauptung ohne sachliche Grundlage bestehen.[1054] Unabhängig davon, dass es einer exakten Abgrenzung der

---

1051 Dies ergibt sich aus einem Umkehrschluss der Begründung der Beschlussempfehlung, vgl. BT-Drucks. 18/6571, S. 14, 15.

1052 BT-Drucks. 18/6571, S. 14. Damit wird eine starke Tendenz innerhalb des lauterkeitsrechtlichen Schrifttums bestätigt, vgl. nur *Köhler*, GRUR 2005, S. 1, 7, sowie die entsprechenden Verweise in den Fußnoten zu § 4 Nr. 7–10 UWG 2008 in Kapitel C. der Arbeit; *Ohly*, GRUR 2016, S. 3, 4.

1053 Harte/Henning/*Omsels*, § 4 Nr. 7 Rn. 17; Köhler/Bornkamm/*Köhler* 2016, § 4 Rn. 1.12; vgl. die Übersicht über die im Ergebnis ähnlichen Definitionen des Begriffs der Herabsetzung bei MünchKomm UWG Band 2/*Menke*, § 6 Rn. 281.

1054 Vgl. nur Köhler/Bornkamm/*Köhler* 2016, § 4 Rn. 1.12; Harte/Henning/*Omsels*, § 4 Nr. 7 Rn. 17 m. w. N.; Fezer/*Koos* Band 2 UWG, § 6 Rn. 240.

beiden Begriffe für die Praxis wohl nicht bedarf[1055], ist für die Frage, ob in der betreffenden Handlung eine Herabsetzung oder Verunglimpfung eines Mitbewerbers zu sehen ist, jeweils eine Gesamtwürdigung aller Umstände des Einzelfalls vorzunehmen, bei der insbesondere Inhalt und Form der Äußerung, ihr Anlass, der gesamte Sachzusammenhang sowie die Verständnismöglichkeiten des angesprochenen Verkehrs zu berücksichtigen sind.[1056] Da nicht jede herabsetzende Äußerung in ihrer Wirkung für die Annahme der Unlauterkeit ausreichend ist, müssen der Rechtsprechung zufolge besondere Umstände hinzutreten, die die Äußerung in unangemessener Weise abfällig, abwertend oder unsachlich erscheinen lassen.[1057] Die Grenze zu den noch zulässigen Werturteilen ist fließend und im Einzelfall zu beurteilen.[1058] Gleiches gilt für die Beurteilung noch zulässiger wahrer Tatsachenbehauptungen.[1059] Jedenfalls soll die Bejahung der Tathandlung einer Herabsetzung bzw. Verunglimpfung per se stets einen nicht nur unerheblichen Nachteil für den Mitbewerber begründen, weil sein Ansehen bei den Marktpartnern gemindert wird und sich damit zwangsläufig seine Wettbewerbschancen verringern.[1060] Damit können die Tatbestandsmerkmale der Herabsetzung bzw. Verunglimpfung an sich bereits erhebliche Beeinträchtigungen der wirtschaftlichen Interessen beinhalten, was im Einzelfall festzustellen ist.

1055 H.M., vgl. hierzu nur die Nachweise bei bei MünchKomm UWG Band 2/*Menke*, § 6 Rn. 281, Fn. 1817.

1056 Vgl. nur BGH GRUR 2012, 74, Tz. 22 – Coaching-Newsletter; OLG Hamm GRUR-RR 2012, 279, 281 – Doppelmoral; sowie das Schrifttum, vgl. etwa Harte/Henning/*Omsels*, § 4 Nr. 7 Rn. 17; Köhler/Bornkamm/*Köhler* 2016, § 4 Rn. 1.13.

1057 Vgl. BGH GRUR 2008, 443, Tz. 18 – Saugeinlagen; BGH GRUR 2002, 633, 635 m. w. N. – Hormonersatztherapie; BGH GRUR 2002, 72, 73 – Preisgegenüberstellung im Schaufenster; BGH GRUR 2002, 75, 77 – „SOOOO … BILLIG!“?; BGH GRUR 2001, 752, 753 – Eröffnungswerbung.

1058 Vgl. die Übersicht bei Köhler/Bornkamm/*Köhler* 2016, § 4 Rn. 1.17 ff., sowie Köhler/Bornkamm/*Köhler*, § 4 Rn. 7.17 ff.

1059 Vgl. die Übersicht bei Köhler/Bornkamm/*Köhler* 2016, § 4 Rn. 1.15 f., sowie Köhler/Bornkamm/*Köhler*, § 4 Rn. 7.16.

1060 In diesem Sinne bereits *ders.*, GRUR 2005, S. 1, 7. Erreicht die Äußerung den relevanten Verkehr nicht, müsste es bereits an dem Merkmal der Herabsetzung bzw. Verunglimpfung fehlen, sodass die Prüfung des Inlandsbezuges der Äußerung innerhalb der Spürbarkeit an sich keine „besonderen Umstände“ begründen könnte, vgl. aber Köhler/Bornkamm/*Köhler*, § 4 Rn. 7.3, zu BGH WRP 2014, 548, Tz. 43 ff. – englischsprachige Pressemitteilung.

Bejahte die Rechtsprechung in der Vergangenheit eine Herabsetzung oder Verunglimpfung des Mitbewerbers, reichte ihr dies folgerichtig offenkundig in der Regel aus, die Unlauterkeit ohne Prüfung weiterer Merkmale zu bejahen.[1061]

a) *Die Prüfung der Spürbarkeit bei § 4 Nr. 7 UWG 2008 durch die Rechtsprechung*

Konsequenterweise war die Rechtsprechung mit der Prüfung der Spürbarkeit bei einer herabsetzenden oder verunglimpfenden Äußerung nach § 4 Nr. 7 UWG 2008 zurückhaltend. In den seltenen Fällen, in denen sie Erwähnung fand, wurde sie sowohl innerhalb von § 3 Abs. 1 UWG 2008[1062] als auch innerhalb des Tat-

---

1061 Bspw. durch Schmähkritik oder pauschale Herabsetzung, die nicht mehr vom Grundrecht des Art. 5 Abs. 1 S. 1 GG gedeckt ist: BVerfG GRUR 2008, 81, 83 – Pharmakartell, oder BGH GRUR 1977, 801, 803 – Halsabschneider; durch den Vorwurf des Betreibens einer „rechtswidrigen Internetseite", dem Verlangen „ungerechtfertigter Aufschläge" und „überhöhter Preise": BGH WRP 2014, 548, Tz. 41 – englischsprachige Pressemitteilung; durch den Hinweis auf Mängel an den Produkten oder Dienstleistungen eines Mitbewerbers, „Schwindelmittel": BGH GRUR 1964, 392, 394 – Weizenkeimöl, oder auch „billiges Plagiat": OLG München GRUR-RR 2004, 309 ff. – Billiges Plagiat; durch den Hinweis auf von Mitbewerbern begangene Straftaten oder Wettbewerbsverstöße: BGH GRUR 1958, 35, 37 – Fundstelle, oder BGH GRUR 1990, 1012 – Pressehaftung I; durch die Bezeichnung eines Anwaltes als „Meisterbetrüger, der „gewerblichen Prozessbetrug" betreibe: OLG Frankfurt a. M. GRUR-RR 2014, 391, 393 – Meisterbetrüger; durch die Behauptung, Mitbewerber hätten in ihrer Jahresabrechnung eine „Preiserhöhung versteckt": OLG Saarbrücken GRUR-RR 2014, 150, 152 – bessere Energie; durch den Vorwurf, ein Mitbewerber beschäftige „Scheinselbständige": OLG Oldenburg WRP 2013, 943, Tz. 89, 90 – Abwerbung von Handelsvertretern; durch die Behauptung, bei den abmahnenden Anwälten sei es „übliche Praxis", „ein (verbotenes) Erfolgshonorar" zu vereinbaren: OLG Köln WRP 2011, 779, 781 – Zu Äußerungen eines Rechtsanwalts auf der Kanzleihomepage über „abmahnende Anwälte"; durch die Behauptung eines Unternehmens, ein Mitbewerber verletze dessen Patente und werde deswegen in Deutschland verklagt: OLG Düsseldorf, Az.: I-20 U 189/08, U. v. 21.10.2008, zitiert nach juris, Tz. 22 ff.; durch die Behauptung, ein Mitbewerber melde nur „Trivialpatente" an und die Erfindungshöhe sei „in mm ablesbar": OLG München GRUR-RR 2006, 268, 274 – Trivial-Patente; durch die Behauptung, ein Wursthersteller verwende „meist bestrahlte Gewürze minderer Qualität" und setze einen „Chemiecocktail" ein: LG Heilbronn WRP 2008, 1390, 1392 – Gewürzmischungen.

1062 Vgl. BGH WRP 2014, 548, Tz. 43 ff. – englischsprachige Pressemitteilung; OLG Köln WRP 2014, 1082, Tz. 13 – Schmiedekolben „Made in Germany".

bestandes des § 4 Nr. 7 UWG 2008[1063] geprüft. Die spürbare Beeinträchtigung der Interessen des Mitbewerbers wurde zum einen mit der Gefahr begründet, dass die Kunden des betroffenen Mitbewerbers die Geschäftsbeziehungen beenden[1064] oder auch Gewährleistungsansprüche geltend machen könnten[1065], zum anderen mit dem „hinreichenden wirtschaftlich relevanten Inlandsbezug“ einer pauschal abwertenden fremdsprachigen Pressemitteilung[1066].

Daneben stellte die Rechtsprechung im Rahmen der nach § 4 Nr. 7 UWG 2008 unter Umständen gebotenen Interessenabwägung – auch nach UWG 2004 – auf eine „massive“[1067], „erhebliche“ bzw. „schwere“ Beeinträchtigung oder eine Beeinträchtigung „in unverhältnismäßiger Weise“ ab[1068]. Soweit die Rechtsprechung zur Beurteilung der „erheblichen“, „unverhältnismäßigen“ bzw. „schweren“ Beeinträchtigung darauf erkannte, dass durch die beanstandete herabsetzende oder verunglimpfende Handlung bspw. die geschäftliche Tätigkeit erschwert werde[1069],

1063 OLG Hamm, Az.: 4 U 226/09, U. v. 22.04.2010, zitiert nach juris, Tz. 25, 46.

1064 OLG Hamm a. a. O., Tz. 25, 46.

1065 OLG Köln WRP 2014, 1082, Tz. 13 – Schmiedekolben „Made in Germany“.

1066 BGH WRP 2014, 548, Tz. 43 ff. – englischsprachige Pressemitteilung.

1067 BGH GRUR 2012, 74, Tz. 37 – Coaching-Newsletter; ähnlich OLG Oldenburg WRP 2013, 943, Tz. 90 – Abwerbung von Handelsvertretern; Schädigung des Betriebes des Mitbewerbers durch Herabsetzung: OLG Köln WRP 2011, 779, 781 – Zu Äußerungen eines Rechtsanwalts auf der Kanzleihomepage über „abmahnende Anwälte“; zur schweren Behinderung im Wettbewerb führt ausführlich aus: OLG Düsseldorf, Az.: I-20 U 189/08, U. v. 21.10.2008, zitiert nach juris, Tz. 27.

1068 OLG Hamm, Az.: I-4 U 157/09, U. v. 28.01.2010, zitiert nach juris, Tz. 20, wobei die „erhebliche Beeinträchtigung“ der Adressatin im Rahmen der Prüfung der Höhe des Erstattungsanspruches angeführt wurde; KG Berlin, Az.: 5 W 95/09, U. v. 18.08.2009, zitiert nach juris, Tz. 39, im Ergebnis verneint das KG Berlin „gravierende wettbewerbliche Nachteile“ des Mitbewerbers; OLG Düsseldorf, Az.: I-20 U 189/08, U. v. 21.10.2008, zitiert nach juris, Tz. 27, „schwere Behinderung“; OLG Hamm, Az.: I-4 U 154/07, U. v. 07.02.2008, zitiert nach juris, Tz. 34, 36, „Beeinträchtigung der Interessen des Mitbewerbers in unverhältnismäßiger Weise“; Schleswig-Holsteinisches Oberlandesgericht, Az.: 5 U 96/07, U. v. 31.01.2008, zitiert nach juris, Tz. 30, 31, das eine zweitstufige Prüfung vornehmen möchte, indem die betreffende Handlung zum einen überhaupt geeignet sein müsse, die Wertschätzung des betroffenen Mitbewerbers in den Augen der angesprochenen Verkehrskreise zu verringern und zum anderen die Interessen des Mitbewerbers in unverhältnismäßiger Weise zu beeinträchtigen; im Ergebnis verneint das Schleswig-Holsteinische Oberlandesgericht eine Chancenbeeinträchtigung des Mitbewerbers; LG Düsseldorf, Az. 12 O 77/08, U. v. 27.02.2013, zitiert nach juris, Tz. 75 ff., „erheblich gefährden“.

1069 OLG München, Az.: 29 U 1747/11, U. v. 29.09.2011, zitiert nach juris, Tz. 101.

die Abnehmer derart verunsichert würden, dass sie sich mit dem Angebot des betroffenen Mitbewerbers erst gar nicht näher befassten[1070] oder unübersehbare Schäden bei der geschäftlichen Tätigkeit der Adressatin entstünden[1071], stellte sie auf eine Art der Beeinträchtigung ab, die schwerer wog als die vom Normzweck des § 4 Nr. 7 UWG 2008 geforderte Beeinträchtigung der Wettbewerbsinteressen des Mitbewerbers, mithin auf „eine nicht nur unerhebliche Beeinträchtigung" im Sinne des § 3 UWG 2004 bzw. „spürbare Beeinträchtigung" im Sinne des § 3 UWG 2008.

Im Übrigen sah die Rechtsprechung bereits in der Bejahung der Tatbestandsmerkmale des § 4 Nr. 7 UWG 2008 eine Überschreitung der Spürbarkeits- bzw. Bagatellschwelle mit der Folge, dass dieses Merkmal keine Erwähnung fand, sondern bspw. ein Boykottaufruf oder auch die Herabsetzung als solche als spürbare Interessenbeeinträchtigung erachtet wurde.[1072]

b) Die Spürbarkeit in § 4 Nr. 1 UWG 2015

Da § 4 Nr. 1 UWG 2015 die Regelung des § 4 Nr. 7 UWG 2008 identisch übernommen hat, sollten sich für die Anwendung des § 4 Nr. 1 UWG 2015 für die Praxis keine Änderungen ergeben. Mit Bejahung der Tatbestandsmerkmale wird (in der Regel) gleichzeitig eine spürbare Beeinträchtigung des Mitbewerbers einhergehen, wobei einer sachgerechten Beurteilung des Einzelfalls im Rahmen der gebotenen Interessenabwägung Rechnung getragen werden kann.

2. § 4 Nr. 2 UWG 2015 (§ 4 Nr. 8 UWG 2008)

Nach § 4 Nr. 2 UWG 2015 handelt, entsprechend § 4 Nr. 8 UWG 2008, unlauter, wer unwahre Tatsachen behauptet, die geeignet sind, den Betrieb des Unternehmens oder den Kredit des Unternehmers zu schädigen (sog. Anschwärzung). Für die Eignung zur Schädigung des Geschäfts oder Kredits genügt, dass die Äuße-

---

1070 OLG Düsseldorf, Az.: I-20 U 189/08, U. v. 21.10.2008, zitiert nach juris, Tz. 27.

1071 LG Düsseldorf, Az. 12 O 77/08, U. v. 27.02.2013, zitiert nach juris, Tz. 75 ff.

1072 Boykottaufruf für ausreichend erachtet: BGH GRUR 1984, 214 – Copy-Charge; OLG Köln WRP 2013, 938 – Sofortige Kündigung; Herabsetzung für ausreichend erachtet: BGH WRP 2012, 77 – Coaching-Newsletter; OLG Frankfurt a. M. WRP 2015, 1119 – Schmuddelkind; OLG Frankfurt a. M. GRUR-RR 2014, 391, 393 – Meisterbetrüger; OLG Oldenburg WRP 2013, 943, 951 – Abwerbung von Handelsvertretern; KG Berlin, Az.: 24 U 54/08, U. v. 20.05.2009, zitiert nach juris, Tz. 5; OLG Nürnberg WRP 2007, 202, 203 – Wettbewerbsverhältnis zwischen Kfz-Sachverständigen und Kfz-Haftpflichtversicherung; OLG München GRUR 2004, 309 – Billiges Plagiat; OLG Hamm GRUR 1980, 311 – Pressebericht in eigener Sache.

rung Nachteile für die Erwerbstätigkeit mit sich bringen kann.[1073] Dabei muss das Unternehmen nicht als Ganzes betroffen sein – eine Schädigungseignung ist schon dann zu bejahen, wenn die Anschwärzung eine Absatzerschwernis für einzelne Waren oder Dienstleistungen zur Folge haben kann.[1074] Bloße Ehrkränkungen ohne Auswirkung auf die unternehmerischen Belange des Betroffenen reichen nicht.[1075] Die Eignung, den Betrieb des Unternehmens oder den Kredit des Unternehmers zu schädigen, begründet zugleich einen nicht nur unerheblichen Nachteil für den Unternehmer.[1076]

a) *Die Prüfung der Spürbarkeit bei § 4 Nr. 8 UWG 2008 durch die Rechtsprechung*

Daher vernachlässigte die Rechtsprechung die Prüfung des Spürbarkeitsmerkmals und sah den Tatbestand des § 4 Nr. 8 UWG 2008 bzw. die lauterkeitsrechtliche Unzulässigkeit nach § 3 Abs. 1 UWG 2008 regelmäßig mit Bejahung der geschäfts- und kreditschädigenden Tatsachenbehauptung als erfüllt an[1077], ohne auf

---

1073 Köhler/Bornkamm/*Köhler* 2016, § 4 Rn. 2.19.

1074 BGH GRUR 1966, 633, 635 – Teppichkehrmaschine; OLG Koblenz, Az.: 9 U 31/12, U. v. 25.07.2012, zitiert nach BeckRS 2012, 18020.

1075 Köhler/Bornkamm/*Köhler* 2016, § 4 Rn. 2.19.

1076 So bereits zum UWG 2004 *ders.*, GRUR 2005, S. 1, 7.

1077 Vgl. bspw. die Behauptung, das Präparat eines Mitbewerbers erschwere die Mammographiediagnostik: BGH WRP 2002, 828, 831 – Hormonersatztherapie; Behauptung, ein Unternehmer habe „zweimal pleite gemacht": BGH GRUR 1994, 915, 918 – Börsenjournalist; BGH GRUR 1993, 572 – Fehlende Lieferfähigkeit, der BGH stellt hier noch darauf ab, dass die Anschwärzung nach § 14 Abs. 1 UWG 1909 geeignet erscheint, die Seriosität des betroffenen Mitbewerbers im Geschäftsverkehr in erheblichem Maß in Zweifel zu ziehen; Behauptung, ein bestimmtes Unternehmen lasse Dritte wegen der Verletzung von Nutzungsrechten abmahnen: OLG Hamburg, Az.: 3 W 64/14, Beschl. v. 05.06.2014, zitiert nach juris, Tz. 22, 23, „notwendige unmittelbare Beeinträchtigung"; OLG Koblenz, Az.: 9 U 31/12, U. v. 25.07.2012, zitiert nach juris, Tz. 29, dass eine Geschäftsschädigung des Mitbewerbers in einem Absehen von Vertragsschlüssen durch Kunden bestehen könnte, wird im Rahmen des Schadensersatzfeststellungsanspruches dargelegt, vgl. Tz. 51; Behauptung, bei den abmahnenden Anwälten sei es „übliche Praxis", „ein (verbotenes) Erfolgshonorar" zu vereinbaren: OLG Köln WRP 2011, 779, 781 – Zu Äußerungen eines Rechtsanwalts auf der Kanzleihomepage über „abmahnende Anwälte"; Behauptung der Einstellung des Geschäftsbetriebs der Klägerin und Fortsetzung des Geschäfts unter dem Namen X: OLG Hamm, Az.: I-4 U 89/09, U. v. 24.09.2009, zitiert nach juris, Tz. 57, „massive Eignung zur Schädigung"; Behauptung, das Produkt eines Mitbewerbers erfülle nicht die DIN-Norm: OLG Hamburg WRP 2007, 443, 445, 446 – Spielzeugautorennbahn;

weitere Erheblichkeitsschwellen einzugehen. Die Eignung zur Schädigung wurde dabei bspw. mit der Erschwerung der Beitreibung der Forderungen[1078] oder mit der durch die Behauptung von Fälschungen einhergehenden Beeinträchtigung des Warenabsatzes[1079] begründet. Das OLG Köln stellte daher bloß fest, dass die Überschreitung der Spürbarkeitsschwelle des § 3 UWG 2008 dem § 4 Nr. 8 UWG 2008 immanent sei.[1080]

b) Die Spürbarkeit in § 4 Nr. 2 UWG 2015

Da das tatbestandsimmanente Hervorrufen einer Geschäftsschädigung bereits mit erheblichen Nachteilen für den Unternehmer verbunden ist, bedarf es aus Sicht der Rechtsprechung keiner zusätzlichen Prüfung der Spürbarkeit, die ihrerseits lediglich erneut eine Prüfung der Beeinträchtigung der wirtschaftlichen Interessen des Mitbewerbers mit sich bringen würde. Für die Anwendung des § 4 Nr. 2 UWG 2015 wird nichts anderes gelten.

3. § 4 Nr. 3 UWG 2015 (§ 4 Nr. 9 UWG 2008)

Nach dem eindeutigen Wortlaut der Überschrift des § 4 UWG 2015 und der Intention des Gesetzgebers[1081] ist nunmehr klargestellt, dass es sich auch bei den Tatbeständen des § 4 Nr. 3 UWG 2015 ausschließlich um mitbewerberschützende und dem Schutz des Interesses der Allgemeinheit an einem unverfälschten Wettbewerb dienende Vorschriften handelt.[1082] Soweit es um die Beurteilung unlau-

---

Behauptung, die Seriennummern der von der Antragstellerin gelieferten Router seien in den Datenbanken der Antragsgegnerin nicht aufzufinden: OLG Düsseldorf, Az.: I-20 U 134/07, U. v. 15.01.2008, zitiert nach juris, Tz. 32; Behauptung, eine in hartem Wettbewerb stehende Messegesellschaft habe einen Messestand unentgeltlich angeboten: OLG Köln GRUR-RR 2002, 44 – Unentgeltlicher Messestand; Behauptung, dass der Prospekt mehrere Vorschriften des IDW S4 [vom Institut der Wirtschaftsprüfer entwickelter Standard] verletze und überdies die Leistungsbilanz fehlerhaft sei: LG Hamburg, Az.: 312 O 426/08, U. v. 02.09.2008, zitiert nach juris, Tz. 38.

1078 OLG Köln WRP 2011, 779, 781– Zu Äußerungen eines Rechtsanwalts auf der Kanzleihomepage über „abmahnende Anwälte".

1079 BGH WRP 2002, 828, 831 – Hormonersatztherapie; OLG Düsseldorf, Az.: I-20 U 134/07, U. v. 15.01.2008, zitiert nach juris, Tz. 32.

1080 OLG Köln, Az.: 6 W 16/15, U. v. 13.05.2015, zitiert nach juris, Tz. 27.

1081 BT-Drucks.18/6571, S. 15.

1082 Ganz h.M., vgl. nur BT-Drucks.16/10145, S. 17; BGH GRUR 2013, 951, Tz. 13 – Regalsystem; BGH GRUR 2012, 58, Tz. 40 – Seilzirkus; BGH GRUR 2012, 1155,

terer nachahmender Geschäftspraktiken, die unmittelbar die wirtschaftlichen Interessen der Verbraucher beeinträchtigen, geht, sind die entsprechenden Vorschriften der UGP-RL (Art. 6 Abs. 1 lit. b) und Art. 6 Abs. 2 lit. a) UGP-RL) bzw. des UWG (§§ 5 Abs. 1 S. 2 Nr. 1, 5 Abs. 2 UWG 2015 und Nr. 13 des Anhangs zu § 3 Abs. 3 UWG 2015) neben § 4 Nr. 3 UWG 2015 anwendbar.[1083]

a) § 4 Nr. 3 lit. a) UWG 2015

§ 4 Nr. 3 UWG 2015 umfasst mit den Nummern a) bis c) drei Tatbestände der unlauteren Produktnachahmung, die ohne Änderungen aus § 4 Nr. 9 UWG 2008 übernommen wurden. Auch weiterhin gilt, dass nicht die Nachahmung als solche verboten sein soll, sondern dass vielmehr weitere Umstände hinzutreten müssen, die die Nachahmung als unlauter erscheinen lassen und die § 4 Nr. 3 UWG 2015 nicht abschließend aufzählt.[1084] Da die Verbindung zur Generalklausel des § 3 Abs. 1 UWG 2008 entfallen ist und § 4 Nr. 3 UWG 2015 keine eigenständigen Spürbarkeitsmerkmale enthält, setzt der Gesetzgeber anscheinend voraus, dass auch die Tatbestände des § 4 Nr. 3 UWG 2015 eine der Spürbarkeit vergleichbare Beeinträchtigung des Mitbewerbers enthalten, sodass eine zusätzliche Prüfung entbehrlich ist.

Die Tatbestände des § 4 Nr. 3 UWG 2015 schützen den Originalhersteller vor der Beeinträchtigung der Möglichkeit, sein Produkt in angemessener Zeit zu vermarkten. Besitzt das nachgeahmte Erzeugnis wettbewerbliche Eigenart[1085], ist eine Herkunftstäuschung nach § 4 Nr. 3 lit. a) UWG 2015 unlauter, wenn ein fremdes Erzeugnis durch Übernahme von Merkmalen nachgeahmt und in Verkehr gebracht wird, mit denen der Verkehr eine betriebliche Herkunftsvorstellung verbindet, wenn nicht im Rahmen des Möglichen und Zumutbaren alles Erforderliche getan wird, um die Gefahr der Herkunftsverwechslung auszuschließen.[1086] Ein Irrtum über die Herkunft kann nach Ansicht der Rechtsprechung jedoch nur dann hervorgerufen werden, wenn das nachgeahmte Erzeugnis eine gewisse

---

Tz. 15 – Sandmalkasten; BGH WRP 2010, 94, 96 – LIKEaBIKE; *Köhler*, WRP 2014, S. 1410 Rn. 49 f.; Köhler/Bornkamm/*Köhler* 2016, § 4 Rn. 3.16a; MünchKomm UWG Band 2/*Busche*, § 5 Rn. 674 a.E. m. w. N.; Harte/Henning/*Dreyer*, § 5 Abschn. J. Rn. 15; Ohly/Sosnitza/*Sosnitza*, § 5 Rn. 706; a.A. GK-UWG Band 2/*Leistner*, § 4 Nr. 9 Rn. 9; Ohly/Sosnitza/*Ohly*, § 4.9 Rn. 9/10, 9/52; *Sack*, GRUR 2015, S. 442, 443.

1083 Köhler/Bornkamm/*Köhler* 2016, § 4 Rn. 3.16a.

1084 Zu § 4 Nr. 9 UWG 2008: Ohly/Sosnitza/*Ohly*, § 4.9 Rn. 9/77.

1085 Vgl. hierzu die Ausführungen bei Köhler/Bornkamm/*Köhler* 2016, § 4 Rn. 3.24 ff.

1086 Vgl. zu § 4 Nr. 9 lit a) UWG 2008 nur MünchKomm UWG Band 1/*Wiebe*, § 4 Nr. 9 Rn. 120, und den Verweis auf die Rechtsprechung dort in Fn. 334.

Bekanntheit bei *nicht unerheblichen Teilen* der angesprochenen Verkehrskreise hat, sodass sich in *relevantem Umfang die Gefahr einer Herkunftstäuschung* ergeben kann, wenn Nachahmungen vertrieben werden.[1087] Hierfür soll die Vorstellung genügen, dass das Produkt von einem bestimmten Hersteller, wie er auch immer heißen mag, stammt oder in den Verkehr gebracht worden ist.[1088]

Wurde ein nicht unerheblicher Teil der Verkehrskreise über die Herkunft eines Produktes unmittelbar[1089] oder mittelbar[1090] getäuscht, bejahte die Rechtsprechung regelmäßig die Unlauterkeit nach § 4 Nr. 9 lit. a) UWG 2008 (jetzt § 4 Nr. 3 UWG 2015), da der Mitbewerber gehindert werde, sein Originalprodukt ohne Beeinträchtigung zu vermarkten und dadurch einen Schaden in Gestalt von Marktchancen bzw. Vermögenswerten erleiden könne[1091]. Ausführungen zur Spürbarkeit unterblieben – allenfalls wurde die mit der Irreführung über die Herkunft eines Produktes eines nicht unerheblichen Teils des Verkehrs stets immanent verwirklichte spürbare Beeinträchtigung der wirtschaftlichen Interessen des betroffenen Mitbewerbers unterstellt[1092]. Auch das Kammergericht Berlin behandelte das Spürbarkeitsmerkmal zurückhaltend und stellte nach Bejahung

---

1087 Vgl. bspw. BGH GRUR 2006, 79, Tz. 35 – Jeans I; BGH GRUR 2005, 166, 167 – Puppenausstattungen; OLG Hamm WRP 2015, 1374, Tz. 98 m.w.N. – Le Pliage; OLG Köln GRUR-RR 2015, 441 – VITA-SED; OLG Hamburg, Az.: 3 U 113/13, U. v. 13.02.2014, zitiert nach juris, Tz. 129 – Transdermale Pflaster.

1088 Köhler/Bornkamm/*Köhler* 2016, § 4 Rn. 3.41b m.w.N. aus der Rechtsprechung.

1089 Hierbei ist auf den Gesamteindruck, den Original und Nachahmung vermitteln, abzustellen, vgl. BGH GRUR 2009, 1069, Tz. 20 – Knoblauchwürste; BGH GRUR 2007, 795, Tz. 32 – Handtaschen; BGH GRUR 2005, 600, 602 – Handtuchklemmen.

1090 Für eine mittelbare Herkunftstäuschung bzw. Herkunftstäuschung im weiteren Sinn genügt es, wenn der Verkehr bei dem nachgeahmten Produkt annimmt, dass es sich um eine Zweitmarke des Originalherstellers handele bzw. dass lizenzvertragliche Beziehungen zwischen den Unternehmen bestünden, vgl. BGH GRUR 2009, 1073, Tz. 15 – Ausbeinmesser; BGH GRUR 2009, 1069, Tz. 15 – Knoblauchwürste; sowie die weiteren Nachweise bei Köhler/Bornkamm/*Köhler* 2016, § 4 Rn. 3.44.

1091 BGH GRUR 2009, 1073, Tz. 15 – Ausbeinmesser; BGH GRUR 2007, 984, Tz. 36 – Gartenliege; BGH GRUR 2004, 941, 943 – Metallbett; BGH GRUR 2001, 251, 253 – Messerkennzeichnung; BGH GRUR 1998, 477, 480 – Trachtenjanker; BGH GRUR 1977, 614, 616 – Gebäudefassade; OLG Köln WRP 2015, 1517, Tz. 13 ff. – Schokoladenriegel-Variationen; OLG Köln GRUR-RR 2014, 287, 290; OLG Hamburg, Az.: 3 U 63/10, U. v. 24.02.2011, zitiert nach juris, Tz. 59 ff.; LG Düsseldorf, Az.: 14c O 141/13, U. v. 06.11.2014, zitiert nach juris, Tz. 46 ff.

1092 OLG Köln WRP 2015, 1517, Tz. 30 – Schokoladenriegel-Variationen; OLG Hamm WRP 2015, 1374, Tz. 116 – Le Pliage; OLG Düsseldorf, Az.: I-15 U 92/14, U. v. 11.12.2014, zitiert nach juris, Tz. 115.

einer Täuschung der Abnehmer über die betriebliche Herkunft der streitgegenständlichen Klangliegen lediglich fest, dass die unlautere geschäftliche Handlung geeignet sei, die Interessen des Mitbewerbers spürbar zu beeinträchtigen.[1093] Vertiefende Ausführungen hierzu blieben aus.

b) § 4 Nr. 3 lit. b) UWG 2015

Nach § 4 Nr. 3 lit. b) UWG 2015 wird die Wertschätzung in unlauterer Weise unangemessen ausgenutzt, wenn die angesprochenen Verkehrskreise den guten Ruf des Originals im Sinne der Vorstellungen von der Güte und der Qualität auf die Nachahmung übertragen.[1094] Der gute Ruf setzt eine gewisse Bekanntheit des Originalproduktes voraus, das in der Öffentlichkeit mit positiven Vorstellungen verbunden wird, wie etwa einer bestimmten Qualität, einer Exklusivität oder einem Prestigewert.[1095] Die sog. Rufübertragung findet auch dann statt, wenn keine Herkunftstäuschung bei den Abnehmern hervorgerufen wird.[1096] Maßgebend ist, ob es zu einer Übertragung der Wertschätzung kommt, sei es, dass durch die Rufausnutzung die Gefahr einer Waren- oder Dienstleistungsverwechslung verursacht wird[1097], oder dass es ohne Waren- oder Dienstleistungsverwechslung zu einer irrigen Vorstellung über die Echtheit des nachgeahmten Produktes kommt und der Verkehr, der die Nachahmung nicht als solche erkennt, dadurch zu einem Kauf der Nachahmung angeregt wird[1098]. Von einer unangemessenen Beeinträchtigung der Wertschätzung ist auszugehen, wenn der Vertrieb des nachgeahmten Produktes dazu führt, dass der gute Ruf des Originals Schaden nimmt.[1099]

1093 KG Berlin WRP 2012, 1562, Tz. 21 – Abmahnkostenerstattungspflicht wegen Anbietens von Produktnachahmungen.

1094 BGH GRUR 2011, 436, Tz. 18 – Hartplatzhelden.de; BGH GRUR 2010, 1125, Tz. 42 – Femur-Teil; OLG Köln GRUR-RR 2014, 210, 213 – Bounty und Snickers; OLG Frankfurt a. M. GRUR-RR 2012, 213, 215 – Cabat-Tasche.

1095 Köhler/Bornkamm/*Köhler* 2016, § 4 Rn. 3.52.

1096 BGH GRUR 2003, 973, 975 – Tupperwareparty; BGH GRUR 1999, 923, 927 – Tele-Info-CD; OLG Karlsruhe GRUR-RR 2010, 234, 237 – Reisebürosoftware.

1097 Vgl. BGH GRUR 2010, 1125, Tz. 41 – Femur-Teil; BGH GRUR 1996, 210, 212 – Vakuumpumpen; BGH GRUR 1985, 876, 877 – Tchibo/Rolex I.

1098 BGH GRUR 1996, 210, 212 – Vakuumpumpen; BGH GRUR 1985, 876, 877 – Tchibo/Rolex I; OLG Düsseldorf GRUR-RR 2012, 200, 2010 – Tablet PC; OLG Frankfurt a. M. GRUR-RR 2012, 213, 215 – Cabat-Tasche.

1099 Köhler/Bornkamm/*Köhler* 2016, § 4 Rn. 3.59.

Auch hier fand das Spürbarkeitsmerkmal keine ausdrückliche Erwähnung durch die Rechtsprechung.[1100] Durch den Vertrieb der Nachahmung könne der gute Ruf bzw. der Prestigewert des Originals Schaden nehmen, wie etwa durch eine qualitativ minderwertige Nachahmung[1101] oder durch den massenhaften Vertrieb billiger Imitate[1102], sodass eine zusätzliche Spürbarkeitsprüfung - soweit ersichtlich - mangels Erforderlichkeit nicht vorgenommen wurde.

c) § 4 Nr. 3 lit. c) UWG 2015

Bietet der Handelnde ein nachgeahmtes Produkt an und hat er die dafür erforderlichen Unterlagen unredlich im Sinne von § 4 Nr. 3 lit. c) UWG 2015 erlangt, behindert auch dies den Originalhersteller bei der Vermarktung seines Produktes in einer Weise, die eine zusätzliche Erheblichkeitsprüfung entbehrlich macht. § 4 Nr. 3 lit. c) UWG 2015 verbietet als „Fruchtziehungsverbot"[1103] der Sache nach die Verwertung unredlich erlangter Informationen.[1104] Unredlich sind die erforderlichen Erkenntnisse und Unterlagen erlangt, wenn das Verhalten bspw. gegen strafrechtliche Vorschriften[1105] bzw. gegen §§ 17, 18 UWG 2015[1106] verstößt oder ein vertragliches bzw. vorvertragliches Vertrauensverhältnis gebrochen[1107] wurde. Werden vertrauliche Informationen oder Unterlagen im Rahmen eines Vertragsverhältnisses redlich erlangt, stellt es einen Vertragsbruch dar, wenn sie etwa nach dem Scheitern der Vertragsverhandlungen[1108], nach Beendigung des

---

1100 Von der Prüfung der Spürbarkeit absehen konnte das LG Stuttgart, da es in der streitgegenständlichen Auslobung von Eintrittskarten für die Fußball-Europameisterschaft 2012 keine unlautere Produktnachahmung im Sinne des § 4 Nr. 9 lit. b) UWG 2008 sah, vgl. LG Stuttgart WRP 2012, 1154, Tz. 26 - Tickets EURO 2012. Dennoch zweifelte es an, ob sich eine Verlosung von gerade einmal sieben Eintrittskarten auf die Interessen der Mitbewerberin oder ihrer Sponsoringpartner in Bezug auf das Sponsoring für die Fußball-Europameisterschaft 2012 spürbar ausgewirkt hätte, LG Stuttgart a. a. O.,Tz. 33.

1101 Bspw. BGH WRP 2013, 1189, Tz. 46 - Regalsystem; BGH GRUR 2000, 521, 526 f. - Modulgerüst I; OLG Köln GRUR-RR 2014, 210 213, 214 - Bounty und Snickers.

1102 BGH WRP 2007, 1076, 1081 - Handtaschen.

1103 Begriff nach Köhler/Bornkamm/*Köhler* 2016, § 4 Rn. 3.60.

1104 Zu § 4 Nr. 9 lit. c) UWG 2008 vgl. Ohly/Sosnitza/*Ohly*, § 4.9 Rn. 9/71.

1105 Vgl. etwa BGH GRUR 2003, 356, 257 - Präzisionsmessgeräte.

1106 Zu § 4 Nr. 9 lit. c) UWG 2008 vgl. Ohly/Sosnitza/*Ohly*, § 4.9 Rn. 9/73.

1107 BGH GRUR 2010, 536, Tz. 55 - Modulgerüst II; BGH GRUR 2003, 356, 257 - Präzisionsmessgeräte.

1108 BGH GRUR 1983, 377, 379 - Brombeer-Muster.

Auftragsverhältnisses[1109] oder nach einer nichtigen Betriebsveräußerung[1110] weiter verwendet werden.

Wie die Analyse der Rechtsprechung zu § 4 Nr. 9 lit. c) UWG 2008 zeigt, liegt auch hier eine ihrer Natur nach nicht nur unerhebliche Beeinträchtigung der Interessen des betroffenen Herstellers des Originals vor. Ausführungen zur Spürbarkeit konnten nicht gefunden werden. Eine zusätzliche Erheblichkeitsprüfung erscheint unter diesen Umständen auch unter § 4 Nr. 3 lit. c) UWG 2015 entbehrlich.[1111]

4. § 4 Nr. 4 UWG 2015 (§ 4 Nr. 10 UWG 2008)

§ 4 Nr. 4 UWG 2015 verlangt, ebenso wie die identische Vorgängernorm § 4 Nr. 10 UWG 2008, eine *gezielte Behinderung* der Mitbewerber. Eine Behinderung ist jede Beeinträchtigung der wettbewerblichen Entfaltungsmöglichkeiten der Mitbewerber[1112] und als solche lauterkeitsrechtlich noch nicht zu beanstanden, da im Zweifel der Wettbewerbsfreiheit der Vorrang gebührt.[1113] Durch das Tatbestandsmerkmal der *gezielten* Behinderung soll klargestellt werden, dass die Behinderung eine besondere Qualität erreichen muss, um den Tatbestand der unlauteren individuellen Mitbewerberbehinderung zu verwirklichen.[1114] Das Merkmal *gezielt* meint dabei nicht eine Behinderungsabsicht[1115] des Handelnden, sondern vielmehr eine der Wettbewerbshandlung selbst innewohnende objektiv-funktionale Intentionalität.[1116] Entscheidend soll sein, ob die Handlung bei objektiver Betrachtung nachteilige Auswirkungen auf den Wettbewerb haben kann, die so erheblich sind, dass sie von dem betroffenen Mitbewerber nicht mehr hingenommen werden müssen.[1117] Eine Behinderung kann folglich dann als gezielt angesehen werden,

1109 BGH GRUR 1964, 31, 33 – Petromax II.

1110 BGH GRUR 1956, 284, 286 – Rheinmetall-Borsig II.

1111 In diesem Sinne zum UWG 2004 bereits *Köhler*, GRUR 2005, S. 1, 7.

1112 Vgl. nur BGH GRUR 2007, 800, Tz. 22 – Außendienstmitarbeiter; BGH GRUR 2004, 877, 879 – Werbeblocker; BGH GRUR 2002, 902, 904 – Vanity-Nummer.

1113 Zu § 4 Nr. 10 UWG 2008 vgl. Ohly/Sosnitza/*Ohly*, § 4.10 Rn. 10/1.

1114 Zu § 4 Nr. 4 UWG 2015 vgl. Köhler/Bornkamm/*Köhler* 2016, § 4 Rn. 4.7; zu § 4 Nr. 10 UWG 2008 vgl. BT-Drucks. 15/1487, S. 19; Harte/Henning/*Omsels*, § 4 Nr. 10 Rn. 13.

1115 So jedoch wollten MünchKomm UWG Band 1/*Jänich*, § 4 Nr. 10 Rn. 12 f., 12 c, 13; Fezer/*Götting* Band 1 UWG, § 4–10 Rn. 21; *Omsels*, WRP 2004, S. 136, 139 f.; *Sack*, WRP 2005, S. 531, 534 f., es verstanden wissen.

1116 BGH GRUR 2007, 800, Tz. 21 – Außendienstmitarbeiter; Ohly/Sosnitza/*Ohly*, § 4.10 Rn. 10/9; Harte/Henning/*Omsels*, § 4 Nr. 10 Rn. 13.

1117 Ohly/Sosnitza/*Ohly*, § 4.10 Rn. 10/9.

wenn die Maßnahme bei objektiver Würdigung aller Umstände in erster Linie auf die Beeinträchtigung der wettbewerblichen Entfaltung eines Mitbewerbers und nicht auf die Förderung der eigenen wettbewerblichen Entfaltung gerichtet ist[1118] und der Mitbewerber dadurch vom Markt verdrängt wird[1119], was eine konkrete Marktbehinderung zur Folge hat[1120], oder wenn die Behinderung dazu führt, dass der beeinträchtigte Mitbewerber seine Leistung am Markt durch eigene Anstrengung nicht mehr in angemessener Weise zur Geltung bringen kann[1121]. Letzteres ist anhand einer umfassenden Würdigung aller Umstände des Einzelfalls positiv festzustellen, bei der die sich gegenüberstehenden Interessen der beteiligten Mitbewerber, Verbraucher oder sonstiger Marktteilnehmer sowie der Allgemeinheit gegeneinander abzuwägen sind.[1122]

a) Die Prüfung der Spürbarkeit bei § 4 Nr. 10 UWG 2008 durch die Rechtsprechung

Damit stellen die von der Rechtsprechung entwickelten Tatbestandsmerkmale bzw. Fallgruppen an sich bereits Hürden solcher Art auf, die eine gesonderte Prüfung der spürbaren Beeinträchtigung nach § 3 Abs. 1 UWG 2008 entbehrlich erscheinen ließ. Dies galt jedenfalls bei Maßnahmen, die von vornherein keine Mittel des Wettbewerbs sein konnten, weil sie nicht das eigene Unternehmen förderten, sondern ausschließlich darauf abzielten, den Mitbewerber daran zu hindern, seine Leistung am Markt anzubieten und ihn dadurch im Wettbewerb zu behindern, wie etwa bei der Anwendung von Gewalt, der Druckausübung, des Boykotts im Sinne einer Aufforderung zu einer Liefer- und Bezugssperre[1123],

---

1118 Vgl. nur BGH GRUR 2008, 621, Tz. 32 m. w. N. – AKADEMIKS.

1119 Vgl. nur BGH WRP 2014, 839, Tz. 23 – Flugvermittlung im Internet; BGH WRP 2014, 424, Tz. 28 – wetteronline.de; BGH WRP 2011, 1469, 1476 – Automobil-Onlinebörse; OLG Hamburg GRUR-RR 2004, 151, 152 – Telefonauskunft 11881.

1120 BGH GRUR 2001, 80, 81 – ad-hoc-Meldungen.

1121 St. Rspr., vgl. nur BGH WRP 2011, 1469, 1476 – Automobil-Onlinebörse; BGH GRUR 2010, 346, Tz. 12 – Rufumleitung; BGH WRP 2010, 764, 768 – WM-Marken; BGH GRUR 2009, 878, Tz. 13 – Fräsautomat.

1122 BGH WRP 2014, 839, Tz. 23 – Flugvermittlung im Internet; BGH WRP 2011, 1469, 1476 – Automobil-Onlinebörse; BGH GRUR 2010, 346, Tz. 12 – Rufumleitung.

1123 BGH GRUR 1984, 461, 462, 463 – Kundenboykott; der bloße Versuch des Boykotts genüge für die Unlauterkeit, vgl. BGH GRUR 1980, 242, 244 – Denkzettel-Aktion; OLG Köln GRUR-RR 2013, 257, 258 – Sofortige Kündigung; OLG Frankfurt a. M. MMR 2009, 400; OLG Nürnberg WRP 2007, 202, 203 – Wettbewerbsverhältnis zwischen Kfz-Sachverständigen und Kfz-Haftpflichtversicherung; OLG Stuttgart NJWE-WettbR 1999, 97, 98, das die nicht nur unerhebliche Beeinträchtigung

der Herabsetzung oder der Anschwärzung[1124].[1125] Aber auch bei den weiteren von der Rechtsprechung entwickelten Fallgruppen wurde die Spürbarkeitsschwelle regelmäßig bereits durch die Unlauterkeit der Tathandlung überschritten, wie bspw. bei dem Abfangen von Kunden, da nachteilige Auswirkungen auf den Absatz des Mitbewerbers für die Unlauterkeit hier nicht ausreichen sollten[1126], sondern erst die gezielte Verdrängung des Mitbewerbers vom Markt[1127]; bei der produktbezogenen Behinderung, wenn etwa die Ware des Mitbewerbers vernichtet, verändert oder beschädigt wurde, um deren Absatz zu erschweren oder zu vereiteln[1128], oder der mittelbaren Einwirkung auf die Waren eines Mitbewerbers, indem Waren oder Dienstleistungen angeboten wurden, die eine Überwindung von Sperren bewirkten, um die entgeltlich angebotenen Leistungen kostenlos nutzen zu können[1129]; bei der vertriebsbezogenen Behinderung, indem bspw. Kontrollnummern eines schutzwürdigen selektiven Vertriebssystems entfernt wurden[1130]; bei einer Behinderung durch Kennzeichenverwendung im Falle des Vorliegens besonderer Umstände, etwa indem mit der Eintragung einer Marke bezweckt werden sollte, die Sperrwirkung der Marke ohne sachlichen Grund zweckfremd als Mittel des Wettbewerbskampfes ein-

---

des Wettbewerbs durch die Ausschaltung der Werbemöglichkeit des Mitbewerbers bejaht.

1124 Die Tatbestände der Herabsetzung oder Anschwärzung nach § 4 Nr. 1 und 2 UWG 2015 sind zwar § 4 Nr. 4 UWG 2015 gegenüber vorrangig, allerdings kann § 4 Nr. 4 UWG 2015 eine Auffangfunktion zukommen, sofern zusätzliche Begleitumstände eine Bewertung des Verhaltens als gezielte Behinderung rechtfertigen, bspw. wenn ein Boykottaufruf mit unzutreffenden Behauptungen über den Geschäftsbetrieb eines Mitbewerbers verbunden wird, vgl. zum UWG 2008 Ohly/Sosnitza/*Ohly*, § 4.10 Rn. 10/14.

1125 Beispiele nach Köhler/Bornkamm/*Köhler*, § 4 Rn. 10.15.

1126 BGH WRP 2009, 432, 433 – Küchentiefstpreis-Garantie; BGH GRUR 2007, 987, Tz. 25 – Änderung der Voreinstellung I.

1127 BGH WRP 2009, 432, 433 – Küchentiefstpreis-Garantie; OLG Köln WRP 2014, 966, Tz. 30 – Thermosteckverbinder.

1128 Entfernung einer Explosionssicherung, vgl. BGH GRUR 1972, 558, 559 – Teerspritzmaschinen; Entfernung eines Prüfzeichens, wodurch das Ansehen des Produktes als solches gemindert und jedweder Absatz desselben gefährdet würde, vgl. OLG Düsseldorf NJW-RR 1989, 240.

1129 Bspw. BGH GRUR 2004, 877, 879 – Werbeblocker; OLG Köln GRUR 2000, 81, 82 – Anstaltspackungen; OLG Frankfurt a. M. NJW 1996, 264, 265; LG Hamburg WRP 2013, 394, 397 ff. – Diablo III.

1130 BGH GRUR 2002, 709, 710, 711 – Entfernung der Herstellungsnummer III; BGH GRUR 1999, 1109 – Entfernung der Herstellungsnummer I.

zusetzen[1131] oder bei der Verletzung des Kennzeichens durch eine Domaineintragung[1132]; oder schließlich bei einer Preisunterbietung, wenn bspw. der angebotene Preis nicht kostendeckend war und die Unterbietung geeignet war und gezielt dazu eingesetzt wurde, einen oder mehrere Mitbewerber vom Markt zu verdrängen[1133]. Im Übrigen war die Rechtsprechung der Auffassung, dass die Spürbarkeitsschwelle bei einer gezielten Behinderung nach § 4 Nr. 10 UWG 2008 grundsätzlich bereits deshalb erreicht sei, weil die insoweit erforderliche Abwägung der widerstreitenden Interessen der Wettbewerber schon im Rahmen der Prüfung, ob eine gezielte Behinderung im Sinne von § 4 Nr. 10 UWG gegeben sei[1134], zu erfolgen habe und folglich keiner gesonderten Erwähnung mehr bedürfe[1135].

Die ausdifferenzierte Rechtsprechung zeigt, dass im Allgemeinen keine pauschale Bejahung der Unlauterkeit stattfand, sondern § 4 Nr. 10 UWG 2008 vielmehr Schwellen aufstellte, wie bspw. die (potentielle) Verdrängung des Mitbewerbers, die teils über denen anderer Tatbestände liegen und daher geeignet sind, die geschäftlichen Interessen des Mitbewerbers spürbar zu beeinträchtigen.

Entsprechend der Prämisse, dass eine wettbewerbliche Behinderung als solche lauterkeitsrechtlich noch nicht zu beanstanden ist, sah sich die Rechtsprechung in einigen Entscheidungen im Rahmen der Prüfung der Tatbestandsmerkmale dazu

---

1131 BGH GRUR 2008, 160, Tz. 21 – CORDARONE; BGH GRUR 2008, 621, Tz. 21 – AKADEMIKS; BGH GRUR 2005, 414, 417 – Russisches Schaumgebäck, gezielte Behinderung bejaht, da der Mitbewerber die besondere Form der Süßigkeit für sich monopolisieren und zweckfremd als Mittel des Wettbewerbskampfes einsetzen wollte; BGH GRUR 2003, 428, 431 – BIG BERTHA; BGH GRUR 1998, 412, 414 – Analgin, es sei zu vermuten, dass die Mitbewerberin die fragliche Bezeichnung wegen der besonderen Wertschätzung des in der früheren DDR allgemein bekannten Medikaments für sich monopolisieren und als Mittel des Wettbewerbskampfes einsetzen wollte; BGH GRUR 1980, 110, 111 – Torch, wenn mit dem Erwerb der Marke bezweckt werden soll, Mitbewerber von dem Import derselben Ware auszuschließen.

1132 Vgl. nur BGH GRUR 2009, 685, Tz. 27 – ahd.de; BGH GRUR 2002, 706, 707 – vossius.de; BGH GRUR 2002, 622 – shell.de; OLG Köln WRP 2002, 249, 251 – freelotto.

1133 BGH GRUR 1990, 685, 686 – Anzeigenpreis I, Schutz vor ruinösem Verdrängungswettbewerb durch eine nicht kostendeckende Preiskalkulation des Konkurrenten; BGH GRUR 1990, 687, 688 – Anzeigenpreis II. Weitere Nachweise bei Köhler/Bornkamm/*Köhler*, § 4 Rn. 10.190 ff.

1134 Vgl. BGH WRP 2009, 1086, 1089 m. w. N. – Änderung der Voreinstellung II.

1135 Vgl. etwa OLG Köln, Az.: 6 U 237/06, U. v. 24.08.2007, zitiert nach juris, Tz. 28; anders der BGH, der in der nachfolgenden Entscheidung das Erheblichkeits- bzw. Spürbarkeitsmerkmal nicht mehr erwähnte und einen Verstoß gegen § 4 Nr. 10 UWG 2008 ohne weitere Voraussetzungen bejahte, vgl. WRP 2010, 633 – Rufumleitung.

angehalten, ausdrücklich eine massive[1136] bzw. erhebliche[1137] Beeinträchtigung der wirtschaftlichen Interessen bzw. der Entfaltungsmöglichkeiten des Mitbewerbers festzustellen, wohingegen sie in anderen Fällen die bloße Beeinträchtigung des Mitbewerbers im Sinne des § 4 Nr. 10 UWG 2008 ausreichen ließ[1138].

Trotz dieser hohen Anforderungen, die die Rechtsprechung an die Verwirklichung des Tatbestandes des § 4 Nr. 10 UWG 2008 stellte, verzichtete sie nicht vollständig auf die Prüfung der Spürbarkeit. So stellte bspw. das OLG Düsseldorf in einer Entscheidung aus dem Jahr 2014 fest, dass die gezielte Behinderung geeignet sei, die Interessen des Mitbewerbers spürbar zu beeinträchtigen, da sie dazu führen könne, dass der Kunde annehme, die Kündigung des Vertrages mit dem Mitbewerber könne nicht mehr „rückgängig" gemacht werden, er deshalb die Umstellung des Anschlusses auf den Konkurrenten hinnehme und künftig nur noch dessen Leistungen in Anspruch nehme.[1139] Das OLG Düsseldorf wiederholte allerdings damit unter dem Aspekt der Spürbarkeit lediglich, was es bereits weiter oben in den Entscheidungsgründen unter Tz. 65 ff. herausgearbeitet hatte, nämlich, dass der so forcierte Weggang der Kunden geeignet sei, die Klägerin zu verdrängen und ihre wirtschaftlichen Interessen zu schädigen.

Das LG Köln bejahte die spürbare Beeinträchtigung der betroffenen Mitbewerberin, da die Einrichtung der Tippfehlerdomain der Handelnden darauf abziele, die Nutzer von der Website der Mitbewerberin auf die eigene Website

---

1136 LG Hamburg WRP 2015, 495, Tz. 26, 27 – „SafePrice"-Funktion.

1137 OLG Dresden WRP 2015, 1395, Tz. 15 – Unlautere Behinderung durch systematische Kündigungshilfe mit pauschalem Kontaktverbot; OLG Hamburg GRUR-RR 2015, 110, 114 – Buddy-Bots; OLG Frankfurt a. M., Az.: 6 U 246/13, U. v. 06.03.2014, zitiert nach juris, Tz. 15 – Taxihalteplätze; OLG Hamm, Az.: I-4 U 53/09, U. v. 18.06.2009, zitiert nach juris, Tz. 32; OLG Thüringen, Az.: 2 U 1019/04, U. v. 23.03.2005, zitiert nach juris, Tz. 21; LG Hamburg GRUR-RR 2014, 221, 223, 224 – Gebrauchte Software; LG Hamburg, Az.: 315 O 266/09, U. v. 22.07.2010, zitiert nach juris, Tz. 50, 51; LG Nürnberg-Fürth, Az.: 4 HK O 3850/07, Beschl. v. 08.08.2007, zitiert nach juris, Tz. 24, 25.

1138 BGH WRP 2015, 714, Tz. 19 ff. – Uhrenankauf im Internet; BGH WRP 2014, 424, Tz. 31 ff. – wetteronline.de; BGH WRP 2010, 633, 634 – Rufumleitung; BGH GRUR 2008, 621, Tz. 32 ff. – AKADEMIKS; OLG Brandenburg WRP 2015, 362, Tz. 11 ff. – Gezielte Mitbewerber-Behinderung durch Verteilung von einschränkenden Briefkasten-Aufklebern; LG Hamburg WRP 2013, 394, Tz. 66 – Diablo III; LG Freiburg, Az.: 10 O 17/11, U. v. 09.03.2012, zitiert nach juris, Tz. 30 ff.

1139 OLG Düsseldorf, Az.: I-15 U 56/14, U. v. 27.11.2014, zitiert nach juris, Tz. 113, 114 – Portierungsaufträge.

umzulenken.[1140] Die Feststellung der spürbaren Beeinträchtigung erscheint jedoch ebenfalls lediglich als bloße Wiederholung der weiter unten in der Entscheidung unter Tz. 42 vorgenommenen Ausführungen zur Beeinträchtigung der wettbewerblichen Entfaltungsmöglichkeiten der Mitbewerberin nach § 4 Nr. 10 UWG 2008. Unter diesem Merkmal arbeitete das LG Köln heraus, dass die Verbraucher von der eigentlich angesteuerten Domain der Klägerin bei irrtümlich fehlerhafter Eingabe über die Domain des Beklagten bewusst auf die Seite mit Krankenversicherungsangeboten umgeleitet würden und schon hierin eine Behinderung der wettbewerblichen Entfaltungsmöglichkeiten der Klägerin liege, und zwar auch dann, wenn die Verbraucher im Anschluss unter korrekter Domaineingabe auf die Seite der Klägerin gelangten.[1141] Die vermeintlichen „Fehlleitungen" könnten zu Verärgerungen führen, die wiederum der Klägerin angelastet würden, da nicht jedem Verbraucher der Grund für die Umleitung klar sei.[1142] Dieses Argument griff das OLG Köln auf und begründete damit die wirtschaftliche Beeinträchtigung der Mitbewerberin, da eine Vielzahl der verärgerten Nutzer eher die Website von konkurrierenden Mitbewerbern aufrufen würden, wodurch der Mitbewerberin Werbeeinnahmen verlören gingen.[1143]

Das LG Potsdam trennte in einer Entscheidung aus dem Jahr 2011 zwischen der Verwirklichung des Tatbestandes des Abfangens von Kunden im Sinne des § 4 Nr. 10 UWG 2008 und der wettbewerblichen Relevanz, die separat festgestellt wurde.[1144] Es prüfte die unangemessene Beeinträchtigung des Mitbewerbers (Versicherungsmakler) sodann mittelbar, indem es feststellte, dass der direkte Kontakt zwischen dem Handelnden (Versicherung) und dem Verbraucher (Versicherungsnehmer) erfahrungsgemäß für den Absatz von Versicherungsprodukten eine ganz erhebliche Bedeutung und damit eine hohe wettbewerbsrechtliche Relevanz habe.[1145]

Das LG München verneinte eine gezielte Behinderung nach § 4 Nr. 10 UWG 2008, obwohl es die streitgegenständliche Handlung für geeignet hielt, dem Mit-

1140 LG Köln, Az.: 81 O 42/11, U. v. 09.08.2011, zitiert nach juris, Tz. 39, bestätigt dem Grunde nach, aber ohne Erwähnung der Spürbarkeit, sondern mit Prüfung der unangemessenen Beeinträchtigung der wettbewerblichen Entfaltungsmöglichkeiten der Mitbewerberin, durch die nachfolgenden Entscheidungen OLG Köln WRP 2012, 988 – Tippfehlerdomain, und BGH WRP 2014, 424 – wetteronline.de.

1141 LG Köln, Az.: 81 O 42/11, U. v. 09.08.2011, zitiert nach juris, Tz. 42.

1142 LG Köln a. a. O., Tz. 42.

1143 OLG Köln WRP 2012, 988, Tz. 10 – Tippfehlerdomain.

1144 LG Potsdam, Az.: 51 O 46/11, U. v. 14.01.2011, zitiert nach juris, Tz. 31 ff. und 42.

1145 LG Potsdam a. a. O., Tz. 42.

bewerber spürbare Verluste von Werbeeinnahmen zuzufügen[1146]. Unter Abwägung der sonstigen zu berücksichtigenden Interessen der Nutzer und der Allgemeinheit seien die Auswirkungen der gezielten Behinderung für den Mitbewerber jedoch noch hinnehmbar, da es ihm weiter möglich bleibe, seine Leistung am Markt in angemessener Weise zur Geltung zu bringen.[1147]

Die wettbewerbliche Relevanz nach § 3 UWG 2008 sprach auch das LG Hamburg an, verneinte sie aber mit der Begründung, dass lediglich Kunden mit mangelnder Zahlungsbereitschaft angesprochen worden seien[1148], was auf den Mitbewerber keine merkliche Auswirkung haben dürfte.

Die nicht nur unerhebliche Beeinträchtigung des Wettbewerbs zum Nachteil der Klägerin nach § 3 Abs. 1 UWG 2004 schließlich bejahte das OLG Frankfurt a. M. mit der Begründung, dass, ungeachtet der Frage, wie häufig eine Weiterleitung geschehe, die Gefahr bestünde, dass dem Mitbewerber durch die Weiterleitung an den Konkurrenten Kunden verloren gingen und er dadurch nicht nur unerheblich in seinen wettbewerblich geschützten Interessen beeinträchtigt würde.[1149]

b) Die Spürbarkeit in § 4 Nr. 4 UWG 2015

Der Verzicht auf das Spürbarkeitsmerkmal wird für die Anwendung des § 4 Nr. 4 UWG 2015 keine Anpassung der Rechtsprechung erforderlich machen. In den seltenen Fällen, in denen die Spürbarkeit Erwähnung fand, beschränkte sich dessen Prüfung jeweils auf eine Wiederholung von nicht entscheidungserheblichen, zuvor bereits im Rahmen des Tatbestandes gemachten Feststellungen.

Sowohl ein Handeln in Verdrängungsabsicht als auch die unangemessene Beeinträchtigung der wettbewerblichen Entfaltung des Mitbewerbers implizieren also einen nicht nur unerheblichen Nachteil für den Unternehmer, der eine der Spürbarkeit vergleichbare Schädigung umfasst und eine zusätzliche Prüfung entbehrlich macht. Dies kann nicht zuletzt in der im Rahmen der Abwägung der sich gegenüberstehenden Interessen zu beurteilenden Überschreitung der Schwelle der gezielten Behinderung im Sinne der Beeinträchtigung der wettbewerblichen Entfaltung des Mitbewerbers und damit der Schädigung seiner wettbewerblichen Interessen festgestellt werden.

1146 LG München, Az.: 37 O 11673/14, U. v. 27.05.2015, zitiert nach juris, Tz. 190, 191.

1147 LG München a. a. O., Tz. 192 ff.

1148 LG Hamburg, Az.: 407 HKO 90/11, U. v. 09.09.2011, zitiert nach juris, Tz. 28.

1149 OLG Frankfurt a. M. GRUR-RR 2009, 65, 67 – Kundenhotline.

III. § 4a UWG 2015 (§ 4 Nr. 1, 2 UWG 2008)

Die Tatbestände des § 4 Nr. 1 und 2 UWG 2008 setzten die Vorschriften der UGP-RL zu aggressiven Praktiken nur unvollständig um.[1150] Daher war bei beiden Beispielstatbeständen eine richtlinienkonforme Auslegung geboten, wobei Art. 8, 9 UGP-RL in § 4 Nr. 1 und 2 UWG 2008 quasi „hineingelesen" werden musste.[1151] § 4a UWG 2015 regelt § 4 Nr. 1, 2 UWG 2008 nunmehr selbständig und lehnt sich enger an die Richtlinie an. Die Tatbestände des § 4 Nr. 1, 2 UWG 2008 wurden gestrichen.[1152] Um etwaige Schutzlücken zu vermeiden, sind entsprechende Fallgruppen den Generalklauseln des § 3 Abs. 1 und 2 UWG 2015 zuzuordnen, solange die Wertungen des § 4a UWG 2015 bzw. der Art. 8, 9 UGP-RL nicht entgegenstehen.[1153]

1. Die Relevanzmerkmale des § 4a UWG 2015

Die Vorschrift des § 4a UWG 2015 besteht aus zwei Absätzen, wobei Abs. 1 S. 1 Art. 8 UGP-RL umsetzt und somit den eigentlichen Tatbestand enthält, während Abs. 2 die konkretisierende Regelung des Art. 9 UGP-RL enthält.[1154] Nach § 4a Abs. 1 S. 1 UWG 2015 handelt unlauter, wer eine aggressive geschäftliche Handlung vornimmt, die den Adressaten zu einer geschäftlichen Entscheidung veranlassen kann, die er andernfalls nicht getroffen hätte. Eine geschäftliche Handlung ist nach § 4a Abs. 1 S. 2 UWG 2015 aggressiv, wenn sie im konkreten Fall unter Berücksichtigung aller Umstände die Entscheidungsfreiheit des Adressaten durch Belästigung, Nötigung (einschließlich der Anwendung körperlicher Gewalt) oder sonstiger unzulässiger Beeinflussung erheblich beeinträchtigen kann. In § 4a UWG 2015 wurden damit die Relevanzmerkmale des Art. 8 UGP-RL vollständig übernommen.[1155]

1150 *Ohly*, GRUR 2016, S. 3, 5.

1151 *Ders.*, GRUR 2016, S. 3, 5, mit Beispielen aus der Rechtsprechung, vgl. etwa BGH WRP 2015, 1341, Tz. 31 – Schufa-Hinweis; BGH GRUR 2014, 1117, Tz. 26 ff. – Zeugnisaktion.

1152 Insbesondere, um Doppelungen mit § 4a UWG 2015 und Problemen mit der vollharmonisierenden UGP-RL zu vermeiden, vgl. *Fritzsche*, WRP 2016, S. 1, Rn. 48, mit Verweis auf entsprechende Literaturstimmen zum Referentenentwurf.

1153 *Ders.*, WRP 2016, S. 1, Rn. 48.

1154 *Ders.*, WRP 2016, S. 1, Rn. 5.

1155 Nicht übernommen hat der deutsche Gesetzgeber das Merkmal der Beeinträchtigung der Verhaltensfreiheit. Es wird sich zeigen müssen, ob dies tatsächlich eine tatbestandliche Verengung des Tatbestandes der aggressiven Einflussnahme bewirkt; dies befürchtet *Alexander*, WRP 2014, S. 1384, Rn. 43, 44; weniger kritisch *Fritzsche*,

2. Die Prüfung der Spürbarkeit bei § 4 Nr. 1 und 2 UWG 2008 durch die Rechtsprechung

Da die Tatbestände des § 4 Nr. 1 und 2 UWG 2004/2008 richtlinienkonform auszulegen waren, mussten im B2C-Bereich die Relevanzmerkmale des Art. 8 UGP-RL bei der Rechtsanwendung berücksichtigt werden. Fraglich ist, ob die Rechtsprechung zu § 4 Nr. 1 und 2 UWG 2008 dem entsprochen hat.

a) § 4 Nr. 1 UWG 2008

Die neuere Rechtsprechung legte den Tatbestand des § 4 Nr. 1 UWG 2008 nur teilweise in richtlinienkonformer Weise aus.[1156] Teilweise berücksichtigte sie die Vorgaben der UGP-RL auch zusätzlich zu den von der Rechtsprechung entwickelten Prüfungsmaßstäben zu § 4 Nr. 1 UWG 2008.[1157]

Für die Feststellung einer unzulässigen Beeinflussung der informierten Entscheidung durch Ausnutzen einer Machtposition zur Ausübung von Druck im Sinne des Art. 2 lit. j) UGP-RL wurde bspw. darauf abgestellt, „ob drohende oder beleidigende Formulierungen oder Verhaltensweisen verwendet werden oder der Gewerbetreibende die geschäftliche Entscheidung des Verbrauchers bewusst dadurch beeinflusst, dass er konkrete Unglückssituationen oder Umstände von solcher Schwere ausnutzt, die das Urteilsvermögen des Verbrauchers beeinträchtigen“[1158] oder, im Falle einer zeitlichen Begrenzung einer Werbeaktion, dass dem Verbraucher eine nur unangemessen kurze Überlegungszeit zustünde, die ihn zu einem schnellen und unüberlegten Kaufentschluss bewegen würde[1159]. Damit

---

WRP 2016, S. 1, Rn. 13 ff.; zu den Relevanzmerkmalen des Art. 8 UGP-RL vgl. die Ausführungen in Kapitel B. III. 1. c) bb) (4).

1156 Vgl. nur BGH GRUR 2015, 1134, Tz. 14 – Schufa-Hinweis; BGH GRUR 2011, 747, Tz. 26 – Kreditkartenübersendung; OLG Stuttgart GRUR-RR 2008 429, 434 – Mitwirkung eines Augenarztes am Brillenvertrieb, bestätigt durch BGH GRUR 2010, 850, Tz. 13 – Brillenversorgung II; BGH WRP 2010, 1388, 1390 – Ohne 19 % Mehrwertsteuer; OLG Hamm WRP 2014, 217, Tz. 42 ff. – Gutscheine für Folgeaufträge bei Reparatur eines Kfz-Kaskoschadens.

1157 Wie bspw. die Ausschaltung der Rationalität, vgl. BGH WRP 2014, 1301, Tz. 26 – Zeugnisaktion; BGH GRUR 2010, 455, Tz. 17 – Stumme Verkäufer II; LG Düsseldorf WRP 2012, 1162, Tz. 27 – Refraktionswerte; LG Köln, Az.: 31 O 76/10, U. v. 28.10.2010, zitiert nach juris, Tz. 41–43 – Verstoß gegen UWG durch aufwendiges Erstattungsverfahren nach Flugstornierung; sowie die Ausführungen in den folgenden Absätzen.

1158 BGH GRUR 2015, 1134, Tz. 14 – Schufa-Hinweis.

1159 BGH WRP 2010, 1388, 1390 – Ohne 19 % Mehrwertsteuer.

wurden besondere Unlauterkeitsumstände geprüft, die die Fähigkeit des Verbrauchers zu einer informationsgeleiteten Entscheidung wesentlich zu beeinträchtigen drohten.

Daneben behielt die Rechtsprechung ihre zu § 4 Nr. 1 UWG 2008 entwickelten Prüfungsmaßstäbe auch unter dem Auslegungsvorbehalt der UGP-RL bei. Dementsprechend sollte die Grenze zur Unlauterkeit einer unzulässigen Beeinflussung erst dann überschritten sein, „wenn die geschäftliche Handlung geeignet ist, die Rationalität der Nachfrageentscheidung der angesprochenen Marktteilnehmer vollständig in den Hintergrund treten zu lassen".[1160] Dieses zur Feststellung der Unlauterkeit der Anlockwirkung einer Werbemaßnahme im Rahmen des § 1 UWG 1909 entwickelte Kriterium wurde trotz ausdrücklicher Heranziehung der Maßgaben der UGP-RL[1161] weiter geprüft, obwohl die UGP-RL nicht die Ausschaltung der Rationalität[1162], sondern eine erhebliche Beeinflussung der Entscheidungsfreiheit in dem Sinne fordert, dass der Verbraucher gehindert wird, das Für und Wider des Angebotes rational-kritisch zu prüfen und die Entscheidungen nach seinen Bedürfnissen und Präferenzen zu treffen[1163]. Im Falle eines Mahnschreibens, das mit einem Hinweis auf die Übermittlung der Daten des Schuldners an die Schufa versehen war und daher die Gefahr einer nicht informationsgeleiteten Entscheidung begründen konnte, untersuchte der BGH dagegen die erhebliche Beeinträchtigung der freien informationsgeleiteten Entscheidung, obwohl er zunächst auf die Ausschaltung der

1160 St. Rspr., vgl. nur BGH GRUR 2015, 1134, Tz. 14, 15 – Schufa-Hinweis; BGH WRP 2014, 1301 Tz. 27 – Zeugnisaktion; BGH GRUR 2013, 301, Tz. 40 – Solarinitiative; BGH GRUR 2010, 455, Tz. 17 – Stumme Verkäufer II; BGH GRUR 2010, 850, Tz. 13 – Brillenversorgung II; BGH GRUR 2008, 530, Tz. 13 – Nachlass bei der Selbstbeteiligung; BGH GRUR 2004, 960–500 DM-Gutschein für Autokauf; BGH GRUR 2003, 1057 – Einkaufsgutschein; BGH GRUR 1998, 735, 736 – Rubbelaktion; OLG München WRP 2012, 347, Tz. 20 – Arzt-Seminare.

1161 BGH WRP 2014, 1301, Tz. 26, 27 – Zeugnisaktion; BGH GRUR 2010, 455, Tz. 17 – Stumme Verkäufer II; BGH GRUR 2010, 850, Tz. 13 – Brillenversorgung II.

1162 Vgl. die Ausführungen in Kapitel D. III.

1163 BGH WRP 2008, 214, 217 – Tony Taler: „Die Schwelle zur Unlauterkeit der Einflussnahme wird dabei erst überschritten, wenn der auf den Erwachsenen ausgeübte Druck ein solches Ausmaß erreicht, dass er in seiner freien Willensentschließung wesentlich beeinträchtigt wird"; OLG Stuttgart GRUR-RR 2008 429, 434 – Mitwirkung eines Augenarztes am Brillenvertrieb: „Die Rationalität der Entscheidung muss zwar nicht völlig in den Hintergrund treten, aber beeinträchtigt sein.".

Rationalität abgestellt hatte.[1164] Auch bei der Abgabe einer Tageszeitung durch ungesicherte Verkaufshilfen prüfte der BGH nach Verneinung der Ausschaltung der Rationalität die erhebliche Beeinflussung der Entscheidungsfreiheit, die er im Ergebnis ebenfalls verneinte.[1165]

Gleichfalls ließ es die Rechtsprechung für eine lauterkeitsrechtliche Unzulässigkeit nach § 4 Nr. 1 UWG 2008 genügen, wenn die Beeinflussung im Sinne des Art. 8 UGP-RL geeignet war, die Entscheidungsfreiheit der Verbraucher erheblich zu beeinträchtigen[1166], subsumierte hierunter jedoch die objektive Wahrscheinlichkeit, dass der Verbraucher eine andere als die vom Handelnden angestrebte geschäftliche Entscheidung trifft oder sich anders als vom Handelnden angestrebt verhält, also dass der Verbraucher die ihm angebotene Ware oder Dienstleistung ohne Druckausübung entweder überhaupt nicht oder nicht zu diesen Bedingungen oder nicht zu dieser Zeit oder jedenfalls nicht bei dem erwerben würde, der sie ihm anbietet[1167]. Es wurde hier ausschließlich auf das Auswirkungsmerkmal abgestellt. Die erhebliche Beeinträchtigung der Entscheidungs- oder Verhaltensfreiheit wurde mit der Prüfung der Entscheidungsumlenkung vermengt. Dies mag an der von *Köhler* entwickelten Definition der Entscheidungsfreiheit im Sinne des § 4 Nr. 1 UWG 2008 liegen, nach der hierunter die Freiheit zu verstehen ist, eine andere als die vom Handelnden angestrebte geschäftliche Entscheidung zu treffen oder sich anders als vom Handelnden angestrebt zu verhalten.[1168] Wie zuvor gezeigt, kann es im Falle der erheblichen Beeinträchtigung der Entscheidungsfreiheit zu einer Entscheidungsumlenkung kommen – es muss aber nicht dazu kommen.

Im Falle einer Dreieckskopplung hat die Rechtsprechung „die Relevanz“ des unangemessenen unsachlichen Einflusses im Sinne einer für den Verbraucher nachteiligen Entscheidung als „ungeschriebenes“ Merkmal des § 4 Nr. 1 UWG

1164 BGH GRUR 2015, 1134, Tz. 14, 15 – Schufa-Hinweis, unter implizierter Annahme der Entscheidungsumlenkung.

1165 BGH GRUR 2010, 455, Tz. 17 – Stumme Verkäufer II.

1166 Vgl. bspw. BGH WRP 2008, 214, 217 – Tony Taler; LG Berlin GRUR-RR 2014, 461, 462 – Schulförderverein. Bei den beiden zuvor zitierten Entscheidungen beruhte die wesentliche Beeinträchtigung der freien Entscheidungsfindung auf der Ausübung unangemessenen Druckes. LG Düsseldorf WRP 2012, 1162, Tz. 27 – Refraktionswerte.

1167 OLG Stuttgart GRUR-RR 2008, 429, 433, 434 – Mitwirkung eines Augenarztes am Brillenvertrieb; LG Düsseldorf WRP 2012, 1162, Tz. 27 – Refraktionswerte.

1168 Köhler/Bornkamm/*Köhler*, § 4 Rn. 1.19.

2008 geprüft.[1169] In dem zu beurteilenden Fall wurde sodann im Folgenden zusätzlich die Geringfügigkeit des in Aussicht gestellten Gutscheins verneint, da durch ihn die Grenze der rationalen Entscheidungsfindung überschritten werde.[1170]

Außerhalb des Anwendungsbereiches der UGP-RL zog die Rechtsprechung die *Erheblichkeit* der unangemessenen, unsachlichen Einflussnahme auf die Entscheidungsfreiheit der Marktteilnehmer hinzu[1171] und führte somit eine Schwelle vergleichbar dem Einwirkungsmerkmal des Art. 8 UGP-RL ein.

Vereinzelt wurde im Rahmen von § 4 Nr. 1 UWG 2008 das Spürbarkeitsmerkmal oder auch eine nicht nur unerhebliche Beeinträchtigung der Interessen der Verbraucher bzw. der sonstigen Marktteilnehmer durch die Rechtsprechung geprüft[1172] – nach Bejahung der erheblichen Beeinträchtigung der Entscheidungsfreiheit der betroffenen Marktteilnehmer systemwidrig sogar die spürbare Beeinträchtigung der Interessen der von der geschäftlichen Handlung betroffenen Mitbewerber, nämlich der sich lauter verhaltenden Versicherungsunternehmen, die Lizenzgebühren für die urheberrechtlich geschützten Lichtbilder zahlten oder Kosten für eigene Untersuchungen aufwenden mussten[1173]. In einem anderen Fall wurde die Spürbarkeitsschwelle auf Grund einer kumulativen Beeinflussung der informierten Entscheidung von Kindern und ihren Eltern

1169 Vgl. OLG Naumburg WRP 2014, 728, Tz. 7 ff. – Reparaturgutscheine bei Autoglasreparatur.

1170 OLG Naumburg a. a. O., Tz. 10 ff.

1171 LG Frankfurt WRP 2012, 1303, Tz. 34 – Verkaufswettbewerb für Expedienten.

1172 Vgl. BGH GRUR 2006, 953, Tz. 21 – Warnhinweis II; OLG Celle GRUR-RR 2013, 108, 109, 110 – Internetrestwertbörse; KG Berlin WRP 2013, 638, Tz. 8 – Klick und wirf zurück; OLG Frankfurt a. M. WRP 2010, 563, 566 – Verkaufswettbewerb für Reisebüros; OLG München WRP 2010, 299, 301 – Patienteninformation zur Krankenkassenwahl; LG Duisburg, Az.: 4 O 300/07, U. v. 01.04.2008, zitiert nach juris, Tz. 52; LG Nürnberg-Fürth WRP 2007, 214, 216 – Krankenkassenhinweis in Anstellungsvertrag. Prüfung der geschäftlichen Relevanz: vgl. LG Potsdam, Az.: 51 O 46/11, U. v. 14.01.2011, zitiert nach juris, Tz. 41, 42. Ohne Prüfung der Spürbarkeit bzw. Erheblichkeit urteilten u. a. BGH WRP 2012, 1226 – Dentallaborleistungen; OLG München WRP 2014, 1078, Tz. 21 ff. – Kooperationsmodell zwischen deutscher und niederländischer Apotheke; KG Berlin WRP 2012, 1567, Tz. 61 ff. – Partnerprogramm zwischen Pharmaunternehmen und Apotheke; Schleswig-Holsteinisches Oberlandesgericht, Az.: 6 U 19/06, U. v. 22. 01.2009, zitiert nach juris; OLG Düsseldorf, Az.: I-20 U 121/08, U. v. 01.09.2009, zitiert nach juris; LG Dortmund MMR 2014, 20–23; LG Köln GRUR-RR 2012, 122.

1173 OLG Celle GRUR-RR 2013, 108, 109, 110 – Internetrestwertbörse.

sowie der Umlenkung der Kaufentscheidung der Eltern als überschritten angesehen[1174]. Schließlich wurde sie mit der Vielzahl der Mitglieder der Verletzerin und der damit einhergehenden weiten Verbreitung der Verletzungshandlung[1175], mit der nicht nur unerheblichen Beeinträchtigung des Wettbewerbs[1176] oder mit dem hohen Schutzgut der Gesundheit der Verbraucher[1177] begründet. Das OLG Frankfurt a. M. beschränkte die Spürbarkeitsprüfung auf eine formelhafte Bejahung derselben, indem es lediglich festhielt, dass die Spürbarkeitsschwelle überschritten sei.[1178]

b) § 4 Nr. 2 UWG 2008

Soweit ersichtlich, hatte sich die Rechtsprechung bislang nur in zwei Fällen ausdrücklich zur nicht nur unerheblichen Beeinträchtigung des Wettbewerbs zum UWG 2004 geäußert,[1179] wobei zum einen lediglich formelhaft festgestellt wurde, dass der Wettbewerb durch die beanstandete Handlung nicht nur unerheblich beeinträchtigt wurde[1180], zum anderen auf die weite Verbreitung der Jugendzeitschrift sowie die wirtschaftliche Bedeutung des Marktes für Mehrwert-Dienste abgestellt wurde[1181]. In einem weiteren Fall stellte die Rechtsprechung auf die Erlangung eines Vorsprungs des Verletzers gegenüber seinen Konkurrenten durch die unlautere Einflussnahme auf die Hinterbliebenen eines Verstorbenen ab.[1182]

1174 KG Berlin WRP 2013, 638, Tz. 8 – Klick und wirf zurück.

1175 OLG München WRP 2010, 299, 301 – Patienteninformation zur Krankenkassenwahl; ähnlich BGH WRP 2008, 780 – Hagelschaden, wobei die Spürbarkeit hier nicht angesprochen bzw. nicht ausdrücklich geprüft wurde.

1176 Zum UWG 2004: LG Nürnberg-Fürth WRP 2007, 214, 216 – Krankenkassenhinweis in Anstellungsvertrag; LG Duisburg, Az.: 4 O 300/07, U. v. 01.04.2008, zitiert nach juris, Tz. 52: Für die Patienten stünden gesundheitliche, für die Mitbewerber nicht nur unerhebliche wirtschaftliche Interessen auf dem Spiel. Zum UWG 2008: LG Düsseldorf WRP 2013, 542, Tz. 15 – Anspruchsdurchsetzung.

1177 BGH GRUR 2006, 953, Tz. 21 m.w.N – Warnhinweis II.

1178 OLG Frankfurt a. M. WRP 2010, 563, 566 – Verkaufswettbewerb für Reisebüros.

1179 OLG Frankfurt a. M. WPR 2005, 1029, 1032 – Skoda-Autokids-Club; KG Berlin NJOZ 2005, 466, 469 – Sittenwidrigkeit von Werbung für Handy-Klingeltöne in Jugendzeitschrift.

1180 OLG Frankfurt a. M. WPR 2005, 1029, 1032 – Skoda-Autokids-Club.

1181 KG Berlin NJOZ 2005, 466, 469 – Sittenwidrigkeit von Werbung für Handy-Klingeltöne in Jugendzeitschrift.

1182 LG Berlin WRP 2010, 955, 957 – Kühlmanagement für Verstorbene.

Im Übrigen erfuhren das Merkmal der Spürbarkeit oder auch andere Erheblichkeitsschwellen keine Erwähnung.[1183]

3. Die „Spürbarkeit" in § 4a UWG 2015

Die Beurteilung aggressiven Verhaltens nach § 4a UWG 2015 ist durch die Rechtsprechung im Hinblick auf die Relevanzmerkmale bislang nicht einheitlich gehandhabt worden. Eine Anpassung an die UGP-RL wird insbesondere im Hinblick auf die Bewertung der erheblichen Beeinflussung der Entscheidungsfreiheit zu erwarten sein, da hierfür nach der UGP-RL nicht erforderlich ist, dass die Rationalität der Nachfrageentscheidung der Verbraucher vollständig in den Hintergrund tritt. Dabei handelte es sich um eine Reaktion der Rechtsprechung auf frühere Verbote und Restriktionen von Zugaben, Rabatten und Sonderveranstaltungen.[1184] Zum einen ist eine solche Schwelle nur schwer vorstellbar, zum anderen birgt sie die Gefahr, Sachverhalte als lauter zu beurteilen, die an und für sich geeignet sind, die Entscheidungsfreiheit – trotz des Erhaltes der Rationalität – erheblich zu beeinträchtigen. Sollte es tatsächlich einmal um eine Handlung gehen, die die Rationalität auszuschalten geeignet ist, könnte sie nach § 3 Abs. 2 UWG 2015 beurteilt werden, da diese Vorschrift gerade auch auf die „Fähigkeit des Verbrauchers, sich auf Grund von Informationen zu entscheiden" abstellt.[1185]

Insbesondere wird die Rechtsprechung genauer zwischen dem Einwirkungs- und Auswirkungsmerkmal zu differenzieren haben. Nicht mehr abgestellt werden darf bspw. auf die Verbreitung der Verletzungshandlung oder auf die nicht nur unerhebliche Beeinträchtigung des Wettbewerbs. Für solche Erwägungen ist nach dem Wortlaut des § 4a UWG 2015 kein Raum. Durch den weiten Begriff der geschäftlichen Entscheidung können jedoch Sachverhalte wieder unter § 4a UWG 2015 zu subsumieren sein, die im UWG 2008 in anderen Tatbeständen verortet wurden, wie bspw. das Ansprechen von Passanten auf der Straße vor bzw. in der Nähe eines Geschäftslokals eines Mitbewerbers, das bisher nach § 7 UWG beurteilt wurde.[1186]

1183 Vgl. etwa BGH WRP 2014, 835 – Nordjob-Messe; LG Wiesbaden, Az.: 11 O 61/12, U. v. 27.03.2013, zitiert nach juris; LG Kassel, Az.: 12 O 4202/07, U. v. 30.05.2008, zitiert nach juris; LG Erfurt, Az.: 1 HK O 28/07, U. v. 08.05.2007, zitiert nach juris.

1184 *Köhler*, WRP 2012, S. 638, 641.

1185 So bereits zum UWG 2008 *ders.*, WRP 2012, S. 638, 641.

1186 Vgl. hierzu die Ausführungen bei *Fritzsche*, WRP 2016, S. 1, Rn. 16.

IV. § 5 UWG 2015

§ 5 UWG 2015 ist seinem Wortlaut entsprechend nur noch bei geschäftlichen Handlungen gegenüber Verbrauchern und sonstigen Marktteilnehmern anwendbar.[1187] Der Schutz der Mitbewerber vor irreführenden Handlungen kann nach § 4 Nr. 4 UWG 2015 oder der Generalklausel des § 3 Abs. 1 UWG 2015 erfolgen.[1188] Schutzlücken werden dadurch nicht entstehen.[1189]

In § 5 Abs. 1 S. 1 UWG 2015 ist nunmehr das Auswirkungsmerkmal des Art. 6 Abs. 1 UGP-RL normiert, indem gefordert wird, dass die geschäftliche Handlung geeignet sein muss, den Verbraucher zu einer geschäftlichen Handlung zu veranlassen, die er ansonsten nicht getroffen hätte. Damit wird jedoch nur das zweite Merkmal des Relevanzkriteriums des Art. 5 Abs. 2 lit. b) i.V.m. Art. 2 lit. e) UGP-RL berücksichtigt – das Einwirkungskriterium bleibt unerwähnt. Der Richtlinienverfasser sieht offenbar in jeder Irreführung eine spürbare Beeinträchtigung der informierten Entscheidungsfindung des Verbrauchers, die wettbewerbsrechtlich jedoch nur dann relevant wird, wenn er zu einer Entscheidung veranlasst wird, die er andernfalls nicht getroffen hätte.[1190]

Nach dem Wortlaut des § 5 UWG 2015 und dem zugrunde liegenden Art. 6 UGP-RL ist also auf eine Prüfung des Einwirkungsmerkmals im Sinne der spürbaren Beeinträchtigung der informierten Entscheidungsfindung zu verzichten.[1191] Dies wird jedoch denjenigen Fallkonstellationen nicht gerecht, in denen eine Täuschung nicht geeignet ist, die Interessen der Verbraucher an

1187 BT-Drucks. 18/4535, S. 15. Der Referentenentwurf sah noch ausdrücklich einen Schutz der Mitbewerber in § 5 UWG-Referentenentwurf vor.

1188 *Köhler*, WRP 2014, S. 1410, Rn. 57, 58; a.A. Köhler/Bornkamm/*Bornkamm* 2016, § 5 Rn. 1.9, 1.12a, der B2B-Irreführungen auch weiterhin nach § 5 UWG 2015 beurteilen möchte.

1189 *Ders.*, WRP 2014, S. 1410, Rn. 58.

1190 In diesem Sinne wurde auch die Auslegung des § 5 UWG 2008 interpretiert, vgl. nur *ders.*, GRUR 2012, S. 1073, 1075; *ders.*, WRP 2014, S. 259, Rn. 37; *Glöckner*, GRUR 2013, S. 224, 232; vgl. auch die Ausführungen zu Art. 6 UGP-RL in Kapitel B. III. 1. c) bb) (2).

1191 Dies entspricht im Übrigen auch der Ansicht des EuGH in Sachen C-435/11, Tz. 43 – CHS Tour Services, auch wenn er ausführt, dass die im Falle einer irreführenden geschäftlichen Handlung ausschließlich nach Art. 6 Abs. 1 UGP-RL zu prüfenden Tatbestandsmerkmale im Wesentlichen den in Art. 5 Abs. 2 lit. b) UGP-RL und damit auch den in Art. 2 lit. e) UGP-RL genannten Voraussetzungen entsprächen. Damit spricht er jedoch ausschließlich das Auswirkungsmerkmal an, wie die Ausführungen in Tz. 42 des zuvor zitierten Urteils deutlich machen.

einer informierten Entscheidung spürbar zu beeinträchtigen. Denkbar ist dies in Fällen, in denen bspw. über unwesentliche Informationen getäuscht wird. Der Adressat wird zwar irregeführt, eine informierte Entscheidungsfindung bleibt dennoch gewährleistet. Gleiches mag aber auch für eine Täuschung über wesentliche Merkmale im Sinne des nicht abschließenden Katalogs des § 5 Abs. 1 S. 2 Nr. 1 UWG 2015 gelten, da auch hier eine informierte Entscheidungsfindung gewährleistet bleiben kann, wie der Rückschluss aus Art. 7 Abs. 1 UGP-RL („je nach den Umständen") zeigt. Hier stellt sich also die Frage, ob die Umlenkung der Verbraucherentscheidung tatsächlich als einziges Kriterium für die Feststellung der die Schwelle zur Unlauterkeit bzw. Unzulässigkeit überschreitenden irreführenden Maßnahme geeignet ist. Denn sowohl bei einer Täuschung über wesentliche als auch über unwesentliche Merkmale ist es denkbar, dass der Adressat eine Entscheidung trifft, die er so nicht treffen wollte, ohne dabei jedoch in seiner informierten Entscheidungsfindung spürbar beeinträchtigt zu sein, etwa wenn er die geschäftliche Entscheidung aus einer anderen Motivation heraus trifft. Dies gilt nicht nur bei den für die Entscheidungsfindung relevanten Informationen, wie bspw. die Art oder das Vorhandensein eines Produktes (vgl. Art. 6 Abs. 1 lit. a) UGP-RL), die wesentlichen Merkmale eines Produktes (vgl. Art. 6 Abs. 1 lit. b) UGP-RL) oder den Preis des Produktes (vgl. Art. 6 Abs. 1 lit. d) UGP-RL), sondern auch für die sonstigen, von dem nicht abschließenden Katalog des Art. 6 Abs. 1 UGP-RL[1192] nicht erfassten Merkmale. Daher sollte bei § 5 UWG 2015 bzw. Art. 6 UGP-RL, vergleichbar zu Art. 7 Abs. 1 UGP-RL[1193], im Einzelfall zusätzlich geprüft werden, ob über Informationen solcher Art getäuscht wurde, die der Verbraucher *je nach dem Umständen benötigt*, um eine informierte Entscheidung treffen zu können. Hiermit wäre gewährleistet, dass eine Täuschung nur dann als unlauter beurteilt werden kann, wenn sie tatsächlich für den Verbraucher situationsbedingt relevante Tatsachen betrifft.[1194]

Kommt es nach dem Wortlaut des § 5 UWG 2015 für das Relevanzmerkmal auf die Auswirkung auf die geschäftliche Entscheidung der Verbraucher an, ist zum

1192 Köhler/Bornkamm/*Bornkamm*, § 5 Rn. 1.25b.

1193 Vgl. hierzu die Ausführungen im Folgenden zu § 5a UWG 2015.

1194 Zwar mag das Merkmal „je nach den Umständen" in Art. 7 Abs. 1 UGP-RL dazu dienen, eine Abwägung betreffend des Benötigens wesentlicher Informationen zu ermöglichen, da es bei Art. 7 UGP-RL auf eine durch Täuschung hervorgerufene Fehlvorstellung des Verbrauchers nicht ankommt. Allerdings wird auch nicht jede Fehlvorstellung eine erhebliche Beeinträchtigung der informierten Entscheidungsfindung bewirken.

einen zu klären, ob damit das ungeschriebene Relevanzmerkmal des § 5 UWG 2004/2008 im Sinne einer Beeinflussung der Marktentschließung in wettbewerblich relevanter Weise[1195] entfallen kann, zum anderen, ob sich für die Bestimmung der sog. Irreführungsquote Änderungen ergeben werden.

1. Irreführungsquote

Da das Irreführungsverbot nicht zum Ziel haben konnte, jede Irreführung zu vermeiden, musste eine Irreführungsquote gefunden werden, unterhalb derer eine mit einer Werbung verbundene Irreführung hingenommen werden konnte.[1196] Nach dem maßgeblichen neuen Verbraucherleitbild[1197] wurde eine Quote von 10–15 % als nicht mehr ausreichend erachtet.[1198] Nunmehr sollte ein *erheblicher Teil* irregeführt werden, für den allerdings keine festen Prozentsätze galten[1199], sodass eine Quote von einem Viertel bis einem Drittel zugrunde gelegt werden sollte[1200]. Dies entsprach der Rechtsprechung des EuGH zur Werbe-RL. Nachdem der EuGH zunächst die Täuschung einer erheblichen Anzahl von Verbrauchern forderte[1201], betrachtete er es in der Folge als Sache der nationalen Gerichte, den ein Verbot der irreführenden Werbung rechtfertigenden Prozentsatz der durch eine Werbeaussage getäuschten Verbraucher nach nationalem Recht zu bestimmen[1202]. Da sich die Irreführungsquote generell nicht zahlenmäßig feststellen ließ, nahm die deutsche Rechtsprechung eine Abwägung anhand der Umstände des Einzelfalls vor, die gegebenenfalls in einer Relativierung des Irreführungsquorums resultieren konnte.[1203] Wurde bspw. mit einer objektiv unrichtigen Angabe geworben, sollte regelmäßig eine geringere Irreführungsquote ausreichen, während es bei einer Werbung mit

1195 Vgl. aus der Rechtsprechung nur BGH GRUR 2004, 437, 438 – Fortfall einer Herstellerpreisempfehlung; BGH GRUR 2004, 162, 163 – Mindestverzinsung; BGH GRUR 2003, 628, 630 – Klosterbrauerei.

1196 Vgl. zur Entwicklung der Irreführungsquote Köhler/Bornkamm/*Bornkamm*, § 5 Rn. 2.101 ff.; Ohly/Sosnitza/*Sosnitza*, § 5 Rn. 147 ff.

1197 Vgl. hierzu die Ausführungen unter Kapitel C. III. 1. a).

1198 BGH GRUR 2004, 162, 163 – Mindestverzinsung.

1199 BGH GRUR 2012, 1053, Tz. 19 f. – Marktführer Sport.

1200 Köhler/Bornkamm/*Bornkamm*, § 5 Rn. 2.106.

1201 EuGH C-373/90, Tz. 16 – Nissan. Vgl. zu der kritischen Auseinandersetzung mit dem Nissan-Urteil die Ausführungen bei Köhler/Bornkamm/*Bornkamm*, § 5 Rn. 1.20.

1202 EuGH C-210/96, Tz. 36 – Gut Springheide.

1203 Köhler/Bornkamm/*Bornkamm*, § 5 Rn. 2.107; Ohly/Sosnitza/*Sosnitza*, § 5 Rn. 149.

objektiv zutreffenden Angaben einer höheren Irreführungsquote bedurfte.[1204] Beruhte die Irreführung auf einem unrichtigen Verständnis einer an sich zutreffenden Angabe, war darüber hinaus bereits für die Feststellung der Irreführungsquote eine Interessenabwägung geboten, innerhalb derer die Auswirkungen eines Verbotes zu berücksichtigen waren und die es ermöglichte, flexibel auf das Gewicht der einzelnen irreführenden Aussagen zu reagieren.[1205] Der Fortgeltung dieser Grundsätze unter § 5 UWG 2015 dürften keine Bedenken entgegenstehen.[1206]

2. Wettbewerbsrechtlich relevante Irreführung

In einem zweiten Schritt war als ungeschriebenes Merkmal zu prüfen, ob und in welchem Umfang die Marktentscheidungen der Verbraucher durch die Fehlvorstellung bzw. Täuschung beeinflusst werden, sog. Relevanz. Hierfür war zu fragen, ob der Adressat der Werbung „bei verständiger Würdigung des Sachverhalts in gleicher Weise in seinem wirtschaftlichen Verhalten beeinflusst worden wäre, wie durch die zu Unrecht für wahr gehaltene Werbeaussage“[1207]. Für die Bejahung der geschäftlichen Relevanz nach § 5 UWG 2008 genügte die Eignung zu einer Beeinflussung der Kaufentscheidung – eine tatsächliche Beeinflussung der Marktentscheidung im Sinne einer Kaufentscheidung war nicht erforderlich.[1208] Wurde über positive Leistungsmerkmale getäuscht, sollte sich die rechtliche Erheblichkeit in der Regel allein auf Grund der durch die Werbung erzeugten Fehlvorstellung ergeben.[1209] Dies wurde bspw. bei einer Täuschung eines erheblichen Teils der Verbraucher über Merkmale, die von zentraler Bedeutung für die Kaufentscheidung waren, angenommen, sodass eine weitere Beweiserhebung für die

---

1204 BGH GRUR 2000, 73, 75 – Tierheilpraktiker; BGH GRUR 1996, 985, 986 – PVC-frei; BGH GRUR 1996, 910, 912 – Der meistverkaufte Europas; BGH GRUR 1987, 171, 172 – Schlußverkaufswerbung.

1205 Vgl. hierzu nur Köhler/Bornkamm/*Bornkamm*, § 5 Rn. 2.107 und 2.200 ff., jeweils m. w. N. zur Rechtsprechung.

1206 Siehe daher die im Vergleich zur Vorauflage grundsätzlich ähnlichen Ausführungen bei Köhler/Bornkamm/*Bornkamm* 2016, § 5 Rn. 2.106 ff. und 2.200 ff.

1207 MünchKomm UWG Band 2/*Ruess*, § 5 Rn. 207.

1208 Köhler/Bornkamm/*Bornkamm*, § 5 Rn. 2.169.

1209 Vgl. nur BGH WRP 2012, 311, Tz. 30–10 % Geburtstags-Rabatt; BGH GRUR 2008, 443, Tz. 29 – Saugeinlagen; BGH GRUR 2007, 1079, Tz. 26 – Bundesdruckerei; BGH GRUR 2007, 247, Tz. 33, 34 – Regenwaldprojekt I; OLG Hamburg GRUR-RR 2015, 250, Tz. 63 – Bist du bereit für die Elite?; OLG Hamburg, Az.: 3 U 172/11, U. v. 04.07.2013, zitiert nach juris, Tz. 69 – Top-100-Titel.

Relevanz der Irreführung für nicht erforderlich gehalten wurde.[1210] Wurde dagegen über Merkmale von marginaler Bedeutung irregeführt, musste die Eignung zur Beeinflussung der Kaufentscheidung ausdrücklich geprüft werden, um die Relevanz beurteilen und bejahen zu können, wie etwa bei der Alterswerbung[1211], der Werbung mit einer Herkunftsangabe[1212] oder auch der Werbung mit einem Preisvorteil bei unrichtiger Angabe des Zeitraums, in dem der Rabatt gewährt wird[1213]. Schließlich wurde vom BGH[1214] und durch das Schrifttum[1215] bereits die sog. Anlockwirkung für die Bejahung der Relevanz im Sinne des § 5 UWG 2008 für ausreichend erachtet, sodass hiernach eine relevante Irreführung gegeben war, wenn sich der angesprochene Verkehr auf Grund der irreführenden Angabe überhaupt erst näher mit dem Angebot beschäftigte, ohne dass es darauf ankommen sollte, ob er sich zum Zeitpunkt der Marktentscheidung noch in einem Irrtum befand[1216].

Da das Merkmal der wettbewerblichen Relevanz die Prüfung der Auswirkung der Irreführung auf die geschäftliche Entscheidung des Adressaten der Irreführung gewährleisten sollte, entspricht dies dem Auswirkungsmerkmal des Art. 6 UGP-RL, nach dem der Verbraucher durch die Irreführung voraussichtlich zu einer geschäftlichen Entscheidung veranlasst wird, die er ohne diese Täu-

1210 BGH GRUR 1993, 920, 922 – Emilio Adani II; BGH GRUR 1991, 852, 855 – Aquavit; BGH GRUR 1991, 215 – Emilio Adani I. Trotz dieser Vermutungsregel machte das OLG Hamburg in zwei Fällen weitere Ausführungen zur Beeinflussung der Kaufentscheidung, vgl. OLG Hamburg GRUR-RR 2015, 250, Tz. 64, 65 – Bist du bereit für die Elite?; OLG Hamburg, Az.: 3 U 172/11, U. v. 04.07.2013, zitiert nach juris, Tz. 70 – Top-100-Titel.

1211 BGH GRUR 2003, 628, 630 – Klosterbrauerei; OLG Nürnberg GRUR-RR 2001, 61, 63; OLG Frankfurt a. M. GRUR-RR 2001, 67, 68, 69.

1212 BGH GRUR 1995, 65, 66 – Produktionsstätte; BGH GRUR 1987, 535, 537 – Wodka,Woronoff; BGH GRUR 1982, 564, 566 – Elsässer Nudeln.

1213 BGH WRP 2012, 311, Tz. 32, 33–10 % Geburtstags-Rabatt.

1214 St. Rspr., vgl. nur BGH GRUR 2004, 162 – Mindestverzinsung; BGH GRUR 2000, 239, 241 – Last-Minute-Reisen; BGH GRUR 1995, 610, 611 – Neues Informationssystem; BGH GRUR 1991, 774, 775 – Anzeigenrubrik II; BGH GRUR 1991, 554, 555 – Bilanzbuchhalter.

1215 Köhler/Bornkamm/*Bornkamm*, § 5 Rn. 2.192, 2.193; Ohly/Sosnitza/*Sosnitza*, § 5 Rn. 106, 1332, 133; grundsätzlich ebenso, aber unter Hinweis auf abweichende Rechtsprechung MünchKomm UWG Band 2/*Ruess*, § 5 Rn. 220 ff.

1216 Irreführung auf Grund des Anlockeffektes bejaht, obwohl sich der Verbraucher im Zeitpunkt seiner Kaufentschließung durch nachträgliche Aufklärung nicht mehr im Irrtum befand, vgl. etwa BGH GRUR 1995, 610, 611 – Neues Informationssystem.

schung nicht getroffen hätte[1217]. Fraglich ist, ob die Rechtsprechung zu § 5 UWG 2004/2008 ohne Einschränkung auf Sachverhalte, die nach § 5 UWG 2015 zu beurteilen sind, übertragen werden kann.

3. Die Prüfung der Spürbarkeit bei § 5 UWG 2008 durch die Rechtsprechung

a) Irreführungen gegenüber Verbrauchern

Größtenteils zog die Rechtsprechung bei verbraucherbezogenen Irreführungen die zur Rechtslage vor Erlass der UGP-RL entwickelten Relevanzmerkmale des § 5 UWG 2008 heran und erachtete eine Werbung dementsprechend nur dann als irreführend, „wenn sie geeignet ist, bei einem erheblichen Teil der umworbenen Verkehrskreise irrige Vorstellungen über die Eigenschaften oder die Befähigung des Unternehmers hervorzurufen und die zu treffende Marktentschließung in wettbewerblich relevanter Weise zu beeinflussen".[1218] Betont wurde insbesondere, dass eine wettbewerbsrechtlich relevante Irreführung grundsätzlich in einem zweistufigen Prozess festzustellen sei: Auf einer ersten Stufe sei zu ermitteln, in welchem Umfang die beanstandete Werbung zu einer Fehlvorstellung führe, in einem zweiten Schritt müsse festgestellt werden, ob und ggf. in welchem Umfang die Marktentscheidung des Verbrauchers durch die Fehlvorstellung beeinflusst werde.[1219]

1217 Köhler/Bornkamm/*Bornkamm* 2016, § 5 Rn. 2.170.

1218 Vgl. bspw. BGH WRP 2012, 1216, Tz. 19, 20 – Marktführer Sport; BGH WRP 2012, 311, Tz. 30 ff. – 10 % Geburtstags-Rabatt; BGH WRP 2012, 1523, Tz. 25 – Stadtwerke Wolfsburg; BGH WRP 2009, 1080, 1081 – Thermoroll; sowie OLG Hamburg GRUR-RR 2015, 250, Tz. 62 ff. – Bist du bereit für die Elite?; OLG Celle WRP 2014, 720, Tz. 7 – Beweislastverteilung bei Werbung mit fachlich umstrittener Behauptung; OLG München WRP 2014, 591, Tz. 41 – Irreführung durch Angabe „Geschäftsführer" im Impressum eines Einzelunternehmens; OLG München WRP 2014, 327, Tz. 30 ff. – Gold und Silber seit 1843, obwohl das OLG München keine näheren Ausführungen zur erheblichen Anzahl der betroffenen Verbraucher macht, wohl aber zur relevanten Beeinflussung der Marktentscheidung durch Traditionswerbung, vgl. Tz. 32; OLG Köln WRP 2013, 95, Tz. 24 – Abbruch der Rabattaktion, bestätigt durch BGH WRP 2014, 61, Tz. 28 – Treuepunkte-Aktion; OLG Köln WRP 2013, 372, Tz. 24, 25 – Pauschalpreis für ärztliche Leistungen; LG Marburg WRP 2014, 492, Tz. 10 – Das unsichtbare HörSystem; LG Düsseldorf, Az.: 12 O 161/12, U. v. 25.09.2013, zitiert nach juris, Tz. 21, 25 – Fallweise öffentlich bestellt: Die Relevanz sei nicht auf Grund eines Ausreißers zu verneinen.

1219 OLG Hamburg GRUR-RR 2015, 250, Tz. 63 – Bist du bereit für die Elite?

Vereinzelt stellte die Rechtsprechung unter dem Begriff der wettbewerblichen Relevanz lediglich auf das Auswirkungsmerkmal im Sinne des Art. 6 Abs. 1 UGP-RL ab und ließ Feststellungen zur Eingriffsschwelle gänzlich vermissen.[1220]

Im Gegensatz zur Irreführungsquote, deren Vorliegen in der Regel lediglich knapp festgestellt wurde[1221], wurde das Relevanzmerkmal im Sinne der Beeinflussung der zu treffenden Marktentschließung in wettbewerblich relevanter Weise jedoch nicht immer einheitlich geprüft. Teilweise wurden hierfür unterschiedliche Begründungen herangezogen, die nicht in jedem Fall den Vorgaben des Auswirkungsmerkmals im Sinne der Umlenkung der geschäftlichen Entscheidung des Verbrauchers des Art. 6 Abs. 1 UGP-RL entsprachen.[1222]

Beispielhaft ist die Auslegung des Begriffs der geschäftlich relevanten Entscheidung des Art. 6 Abs. 1 UGP-RL: Der Begriff der geschäftlich relevanten Entscheidung, zu der der Verbraucher im Sinne der unionsrechtlichen Relevanz veranlasst wird, umfasst jede Entscheidung eines Verbrauchers darüber, ob, wie und unter welchen Bedingungen er einen Geschäftsabschluss tätigen will.[1223] Dabei erfasst die Relevanz außer der Entscheidung über den Erwerb oder Nichterwerb eines Produktes auch damit unmittelbar zusammenhängende Entscheidungen, wie

1220 Vgl. etwa OLG Hamm WRP 2015, 1381, Tz. 20 ff. – Irreführung durch Abweichung des Produktbilds vom Lieferumfang; OLG Düsseldorf GRUR-RR 2015, 219, Tz. 29, 30 – Festnetzanschluss; OLG Hamm, Az.: 4 U 138/10, U. v. 23.11.2010, zitiert nach juris, Tz. 31. Das OLG prüft zudem zusätzlich zur Relevanz die spürbare Interessenbeeinträchtigung der Verbraucher und der Mitbewerber durch die Irreführung über das Eigentum des Netzbetreibers am eigenen Stromnetz.

1221 Vgl. nur OLG Karlsruhe WRP 2015, 774, Tz. 12 – Mogelpackung mit Sichtfenster; OLG Düsseldorf, Az.: I-15 U 70/14, U. v. 12.02.2015, zitiert nach juris, Tz. 84; LG Hannover WRP 2014, 1496, Tz. 19 – Hotelsterne. Ausführlicher mit der Irreführungsquote setzen sich bspw. BGH WRP 2012, 1216, Tz. 19, 20 – Marktführer Sport, und OLG Hamburg, Az.: 5 U 57/09, U. v. 11.11.2009, zitiert nach juris, Tz. 24, 25, auseinander.

1222 Im Sinne des Auswirkungsmerkmals bspw. BGH WRP 2009, 1080, 1081 – Thermoroll; OLG München WRP 2014, 591, Tz. 41 – Irreführung durch Angabe „Geschäftsführer“ im Impressum eines Einzelunternehmens; OLG München WRP 2014, 327, Tz. 30 ff. – Gold und Silber seit 1843; OLG Köln WRP 2013, 95, Tz. 24 – Abbruch der Rabattaktion; OLG Köln WRP 2013, 372, Tz. 24 – Pauschalpreis für ärztliche Leistungen; OLG Düsseldorf, Az.: I-20 U 132/09, U. v. 13.04.2010, zitiert nach juris, Tz. 25, das die relevante Beeinträchtigung der Kaufentscheidung mit der Gefahr übereilter Entscheidungen durch eine „jetzt oder nie“-Situation begründete; OLG Hamburg, Az.: 5 U 57/09, U. v. 11.11.2009, zitiert nach juris, Tz. 24, 25.

1223 Vgl. Art. 2 lit. k) UGP-RL.

insbesondere das Betreten eines Geschäftes[1224] (vgl. auch das per-se-Verbot der Lockangebote der Nr. 5 des Anhangs I der UGP-RL, das als Indiz für die Relevanz herangezogen werden kann und das Betreten eines Geschäftes einschließt). Trotz dieser unionsrechtlichen Vorgaben ließ es die neuere Rechtsprechung für die Relevanz jedoch teilweise bereits ausreichen, dass der angesprochene Verkehr sich mit dem Angebot lediglich näher befasste[1225] – was der von der Rechtsprechung entwickelten Anlockwirkung entsprach. Dies stand mit derjenigen Rechtsprechung im Konflikt, die in der bloßen Entscheidung des Verbrauchers, sich mit einem beworbenen Angebot in einer Werbeanzeige näher zu befassen, die durch eine blickfangmäßig herausgestellte irreführende Angabe veranlasst wurde, für sich gesehen mangels eines unmittelbaren Zusammenhangs mit einem potentiellen Erwerbsvorgang noch keine geschäftliche Entscheidung im Sinne von Art. 2 lit. k) und Art. 6 Abs. 1 UGP-RL sah.[1226]

Als ausreichend für die Relevanz der Irreführung erachtete die Rechtsprechung, in Fortführung der Rechtsprechung zum alten UWG[1227], zudem bereits das Hervorrufen einer Fehlvorstellung.[1228] Bei der bloßen Feststellung einer Fehlvorstellung wurde es jedoch nicht immer belassen, sondern weiter ausgeführt, dass die Fehlvorstellung geeignet sein musste, das Marktverhalten der Gegenseite, in der Regel also den Kaufentschluss, zu beeinflussen, sodass sich der irreführende

1224 BGH WRP 2015, 850, Tz. 20 m. w. N. – Schlafzimmer komplett.

1225 BGH WRP 2013, 1595, Tz. 43 – Matratzen Factory Outlet; BGH WRP 2012, 464, Tz. 21 – Falsche Suchrubrik; BGH WRP 2009, 951, 953–20 % auf alles, der die Anlockwirkung mit der bundesweiten Werbung der Beklagten mit einer Preisreduzierung im zweistelligen Bereich begründet; OLG Koblenz, Az.: 9 U 354/12, U. v. 03.12.2014, zitiert nach juris, Tz. 45; OLG Hamm, Az.: I-4 U 129/12, U. v. 10.01.2013, zitiert nach juris, Tz. 31 – Eröffnungspreise. Daneben führt das OLG Hamm aus, dass irreführende Angaben stets wettbewerblich relevant seien, sei es, dass § 5 Abs. 1 S. 2 UWG 2008 einen vertypten Fall der Unlauterkeit begründe, sei es, dass die Werbung in einer Zeitungsbeilage wegen der erheblichen Aufmerksamkeitswirkung des Werbemediums wettbewerblich spürbar sei, vgl. OLG Hamm a. a. O., Tz. 32.

1226 BGH WRP 2015, 850, Tz. 20 m. w. N. – Schlafzimmer komplett; OLG Hamm WRP 2015, 1381, Tz. 21.

1227 Vgl. BGH GRUR 2008, 443, Tz. 29 – Saugeinlagen; BGH WRP 1998, 598, 600 – D-Netz-Handtelefon.

1228 BGH GRUR 2008, 443, Tz. 29 – Saugeinlagen; OLG Hamburg GRUR-RR 2015, 250, Tz. 63 – Bist du bereit für die Elite?; OLG Hamm, Az.: I-4 U 121/13, U. v. 13.03.2014, zitiert nach juris, Tz. 148; OLG Hamburg, Az.: 3 U 172/11, U. v. 04.07.2013, zitiert nach juris, Tz. 69 – Top-100-Titel.

Mitbewerber gegenüber seinen Konkurrenten einen wirtschaftlichen Vorteil verschaffen konnte.[1229]

Gleichfalls bedurfte es für die Bejahung der Irreführung gegenüber Verbrauchern nicht unbedingt einer Auswirkung auf ihr Verhalten – es sollte genügen, wenn die irreführende Werbung geeignet war, einen Mitbewerber zu schädigen. Daher stellte die Rechtsprechung bei einer Irreführung von Verbrauchern neben bzw. zusätzlich zur Geeignetheit der wettbewerblich relevanten Beeinflussung auf den durch die Umlenkung der Verbraucherentscheidung entstehenden wirtschaftlichen Vorteil des Handelnden gegenüber den Mitbewerbern[1230] bzw. wirtschaftlichen Nachteil der Mitbewerber[1231] sowie deren Beeinträchtigung durch eine möglicherweise eintretende Rufschädigung betreffend die Qualität des konkreten Produktes ab.[1232]

Schließlich stellte die Rechtsprechung nicht allein auf die Feststellung der Relevanz ab, sondern prüfte entsprechend der Systematik des UWG 2008 partiell auch die Spürbarkeit nach § 3 UWG 2008, die sie anhand unterschiedlichster Kriterien beurteilte. Teilweise wurde sie im Sinne des Spürbarkeitsmerkmals des § 3 Abs. 1 UWG 2008 mit der Veranlassung zu einer Entscheidungsumlenkung[1233],

---

1229 OLG Hamburg, Az.: 3 U 172/11, U. v. 04.07.2013, zitiert nach juris, Tz. 70 – Top-100-Titel.

1230 Oberlandesgericht des Landes Sachsen-Anhalt, Az.: 10 U 56/08, U. v. 29.05.2009, zitiert nach juris, Tz. 103; LG Braunschweig WRP 2011, 641, 643 – Kaminstudio.

1231 BGH GRUR 2011, 82, Tz. 30 – Preiswerbung ohne Umsatzsteuer; KG Berlin WRP 2014, 323 – Bezugnahme auf einen „AVP" in Apothekenwerbung. Nachdem es die Relevanz auf Grund einer relevanten Fehlvorstellung der Verbraucher bejaht hatte, führte das KG im Hinblick auf den Einwand der Beklagten, dass die Verbraucher keinen wirtschaftlichen Schaden erleiden würden, aus, dass mit einer irreführenden Angabe auch nicht für einen tatsächlich gebotenen Vorteil geworben werden dürfe, da das Irreführungsverbot nicht allein den Abnehmer des beworbenen Produktes schützen solle, sondern auch die Mitbewerber, deren Interessen beeinträchtigt würden, wenn die Verbraucher durch irreführende Angaben zur Konkurrenz gelockt würden. Diesbezüglich stellte das KG auf Art. 2 lit. b) Werbe-RL ab, dessen Voraussetzungen der Schädigung der Mitbewerber beim Irreführungstatbestand des § 5 UWG 2008 ebenfalls zu berücksichtigen seien, vgl. Tz. 58 ff.; OLG Karlsruhe, Az.: 4 U 169/07, U. v. 09.07.2009, zitiert nach juris, Tz. 26; LG Stuttgart, Az.: 43 O 1/15, U. v. 31.03.2015, zitiert nach juris, Tz. 38; LG Hannover WRP 2014, 1496, Tz. 19 – Hotelsterne.

1232 LG Achen WRP 2015, 648, Tz 48 ff. – Neu; ähnlich, allerdings zunächst die Anlockwirkung als ausreichend für die relevante Irreführung betrachtend OLG Hamm, Az.: I-4 U 15/12, U. v. 31.05.2012, zitiert nach juris, Tz. 36.

1233 OLG Karlsruhe WRP 2015, 774, Tz. 12 – Mogelpackung mit Sichtfenster; LG Hannover WRP 2014, 1496, Tz. 19 – Hotelsterne; LG Dortmund WRP 2013, 232, Tz.

teilweise auf Grund des Vorenthaltens eines transparenten Preisvergleichs[1234], teils mit der Schaffung eines Wettbewerbsvorsprungs gegenüber Mitbewerbern[1235] oder der Beeinträchtigung des Preiswettbewerbs durch Umleitung von Kundenströmen[1236] bejaht, obwohl es sich um eine Irreführung gegenüber Verbrauchern handelte. Bejaht hatte das OLG Hamm die Spürbarkeit einer verbraucherbezogenen Irreführung auch auf Grund einer erheblichen Beeinträchtigung des Wettbewerbs auf dem Gebrauchtwagenmarkt, da das Angebot sowie die Deklaration der Mietwagen als Jahreswagen mit nur einem Vorbesitzer bundesweit abrufbar war.[1237] Das Gericht stellte heraus, dass die beanstandete Werbung nicht nur eine spürbare, sondern sogar eine erhebliche Beeinträchtigung des Wettbewerbs erzeugt habe, ohne inhaltlich näher auf die von ihm als offenbar unterschiedlich erachteten Schwellen einzugehen.[1238] Des Weiteren wurde die Spürbarkeit auf Grund von für die Preisbildung bedeutsamen Exklusivitätserwartungen[1239] oder der Reichweite der irreführenden Werbung und der Vielzahl der unzutreffenden Angaben bejaht[1240]. Schließlich wurde auf eine Wertung des Einzelfalls unter Berücksichtigung objektiver und subjektiver Elemente, wie Art und Schwere des Verstoßes, die auf den Wettbewerb zu erwartenden Auswirkungen sowie den Schutzzweck des Wettbewerbsrechts und – bei Verstößen gegen verbraucherschützende Regelungen – auf die spürbare Beeinträchtigung der Entscheidungsfähigkeit der Verbraucher abgestellt[1241].

---

16 – All Net Flat mit Handy; LG Stuttgart WRP 2011, 382, 384, 385 – Taxi-Zentrale, das neben § 3 Abs. 1 UWG 2008 auch auf die Voraussetzungen des § 3 Abs. 2 S. 1 UWG 2008 abstellte.

1234 OLG Hamburg, Az.: 3 U 37/12, U. v. 29.11.2012, zitiert nach juris, Tz. 46.

1235 LG Marburg WRP 2014, 492, Tz. 10, 12 – Das unsichtbare HörSystem.

1236 OLG Köln WRP 2013, 372, Tz. 19 – Pauschalpreis für ärztliche Leistungen; OLG Hamm, Az.: I-4 U 171/12, U. v. 29.01.2013, zitiert nach juris, Tz. 36 – Tanzschule Essen.

1237 OLG Hamm WRP 2010, 1275, 1279 – Mietwagen aus 1. Hand.

1238 OLG Hamm a. a. O.

1239 OLG Köln, Az.: I-6 U 71/10, U. v. 01.10.2010, zitiert nach juris, Tz. 7 – Himalaya-Salz: An der Relevanz fehle es nicht schon deshalb, weil im Bereich des Himalaya-Massivs kein qualitativ besseres Kristallsalz vorkomme und ein verständiger Käufer auch nicht annehmen werde, dass das Salz dort unter Extrembedingungen in unberührter Natur abgebaut werde.

1240 LG München, Az.: 33 O 12528/10, U. v. 12.10.2010, zitiert nach juris, Tz. 62 – Fettpolster weg mit Ultraschall.

1241 LG Erfurt, Az.: 2 HK O 178/10, U. v. 27.01.2011, zitiert nach juris, Tz. 20, 21.

Teils wurde die Spürbarkeit auch lediglich der Vollständigkeit halber erwähnt, ohne näher auf sie einzugehen[1242], teils fand sie auch nur einleitend Erwähnung und in der weiteren Prüfung wurde sodann auf die Relevanzmerkmale des § 5 UWG 2008 abgestellt[1243].

b) *Irreführung gegenüber Mitbewerbern*

Bei der Auslegung des § 5 UWG 2008 im B2B-Bereich waren die Vorgaben der Werbe-RL zu beachten. Art. 2 lit. b) Werbe-RL enthält eine eigenständige Definition der irreführenden Werbung. Danach handelt es sich um „jede Werbung, die in irgendeiner Weise die Person, an die sie sich richtet, täuscht oder zu täuschen geeignet ist und die infolge der Täuschung ihr wirtschaftliches Verhalten beeinflussen kann oder aus diesen Gründen einen Mitbewerber schädigt". Da die Werbe-RL nach ihrem Art. 8 Abs. 1 S. 1 im Hinblick auf die irreführende Werbung jedoch lediglich einen Mindeststandard vorsieht und es den Mitgliedstaaten unbenommen blieb, diesbezüglich einen weitergehenden Schutz zu etablieren[1244], war es der Rechtsprechung nicht verwehrt, hier auf die Merkmale des § 5 UWG 2008 zurückzugreifen.

Die Relevanz irreführender Angaben gegenüber sonstigen Marktteilnehmern beurteilten das OLG Karlsruhe und das LG Bonn auf Grund der Besserstellung des Werbenden gegenüber seinen Mitbewerbern, da dadurch Kunden zu dem Werbenden gelockt würden, was zu einer Schädigung der Mitbewerber führen würde[1245] bzw. da dadurch ein verstärktes Interesse für das Angebot des Werbenden erweckt würde[1246].

1242 Vgl. bspw. BGH WRP 2010, 1498, 1501 – Versandkosten bei Froogle II, nach Feststellung eines Anlockeffekts der irreführenden Handlung auf die Verbraucher; OLG Köln GRUR-RR 2010, 250 – Die letzten 6 Ausverkaufstage; OLG Köln, Az.: I-6 U 109/10, U. v. 08.10.2010, zitiert nach juris, Tz. 4; LG Frankfurt, Az.: 2–03 O 205/12, U. v. 08.11.2012, zitiert nach juris, Tz. 45.

1243 OLG Celle WRP 2014, 720, Tz. 7 – Beweislastverteilung bei Werbung mit fachlich umstrittener Behauptung; OLG Hamm GRUR-RR 2010, 444, 445, 446 – Verpackungskosten.

1244 Anders bei der vergleichenden Werbung, für die die Regelungen der Werbe-RL nach Art. 8 Abs. 1 S. 2 Werbe-RL abschließend sein sollen, sodass die Mitgliedstaaten hier keine abweichenden strengeren oder milderen nationalen Regelungen erlassen dürfen.

1245 OLG Karlsruhe WRP 2013, 1386, 1389, 1390 – Werbung mit Stück-Preisvergleich und Zulassungsangaben für Gerüstbestandteile; LG Bonn GRUR-RR 2015, 21, 26 – State-certified Engineer.

1246 OLG Karlsruhe GRUR-RR 2014, 339, 341 – Mobiler Buchhaltungsservice.

4. Die Relevanzprüfung in § 5 UWG 2015

Die Analyse zeigt, dass die bisherige Rechtsprechung nicht ausnahmslos übernommen werden kann. Dies gilt insbesondere für das Merkmal des Anlockeffekts, das u. a. im Rahmen der Blickfangwerbung[1247] Bedeutung erlangte. Zwar ist der Begriff der geschäftlichen Entscheidung des Art. 2 lit. k) UGP-RL bzw. des § 2 Abs. 1 Nr. 9 UWG 2015 grundsätzlich weit auszulegen und erfasst nicht nur die Entscheidung über den Erwerb oder Nichterwerb eines Produktes als solchen, sondern auch damit unmittelbar zusammenhängende Entscheidungen, wie etwa die durch Werbung beeinflusste Entscheidung, ein Geschäft zu betreten.[1248] Daher ist bspw. die Werbung für ein Produkt trotz unzureichender Bevorratung desselben als per-se-Verbot nach Nr. 5 des Anhangs I zur UGP-RL bzw. UWG 2015 in jedem Fall verboten, da der Verbraucher durch das Lockangebot in seiner Entscheidung, das Geschäft zu betreten, beeinflusst werden kann.[1249]

Fraglich ist jedoch, ob es mit der zuvor zitierten Rechtsprechung[1250] für die Beeinflussung der geschäftlichen Entscheidung – auch unter dem weiten Verständnis des Begriffs der geschäftlichen Entscheidung – ausreichen kann, wenn sich der Verbraucher mit der Werbeanzeige lediglich näher befasst.[1251] Man mag dies unter Berücksichtigung der Rechtsprechung des EuGH zur irreführenden Werbung[1252] bezweifeln – eine nach den Maßgaben des EuGH *hinreichend schwerwiegende* Irreführung wird man weder in dem Anlocken von Kunden, wenn man hierunter das bloße Sich-Befassen mit der Werbung versteht, noch in der Blickfangwerbung sehen können.[1253] Auch wenn man mit *Bornkamm* in der zu Art. 34 AEUV ergangenen zuvor zitierten Rechtsprechung des EuGH keine Grundsätze für die Auslegung der Werbe-RL sowie der UGP-RL erblicken mag[1254], erscheint es zweifelhaft, dass durch die bloße nähere Befassung mit einer Werbeanzeige

---

1247 Vgl. die Darstellungen zur Blickfangwerbung bei Ohly/Sosnitza/*Sosnitza*, § 5 Rn. 132 ff.; Köhler/Bornkamm/*Bornkamm*, § 5 Rn. 2.93 ff.

1248 EuGH C-281/12, Tz. 36 – Trento Sviluppo.

1249 Vgl. hierzu nur Köhler/Bornkamm/*Bornkamm*, § 5 Rn. 2.177, 2.192, 2.193 sowie 8.1 ff.

1250 Vgl. die Rechtsprechungshinweise in Fn. 1210.

1251 MünchKomm UWG Band 2/*Ruess*, § 5 Rn. 221.

1252 Vgl. nur Schlussanträge zu EuGH C-465/98, Tz. 58 – Darbo; EuGH C-313/94, Tz. 24 – Graffione, zu Art. 34 AEUV; EuGH 470/93, Tz. 19, 24 – Mars, zu Art. 34 AEUV; EuGH C-315/92, Tz. 21 – Clinique, zu Art. 34 AEUV, § 3 UWG 1909.

1253 Vgl. ebenso MünchKomm UWG Band 1/*Micklitz*, EG D Art. 6 Rn. 37 m. w. N.

1254 Vgl. *Bornkamms* Ausführungen zur Nissan-Entscheidung des EuGH bei Köhler/Bornkamm/*Bornkamm*, § 5 Rn. 2.192 m. w. N.

wesentliche Belange des Verbrauchers berührt werden sollen.[1255] Die Rechtsprechung urteilt daher, wie zuvor unter Ziff. 3. gezeigt, zum Teil differenzierter und lässt die durch die Art und Weise der Werbung erzeugte Steigerung der Neigung, sich mit der Werbung näher zu befassen, für die wesentliche Berührung der Verbraucherbelange nicht genügen.[1256] Die Anlockwirkung soll die Relevanz dann begründen können, wenn mit ihr das Betreten eines Geschäfts verbunden ist[1257] und eine zwangsläufige Aufklärung in der Werbung selbst nicht erfolgt[1258]. Dies ist zu begrüßen, allerdings mag es sich zukünftig, auch im Hinblick auf das per-se-Verbot der Nr. 5 des Anhangs zum UWG[1259], für die Rechtsprechung als diffizil erweisen, herauszuarbeiten, unter welchen Umständen eine Werbung den Verbraucher lediglich dazu veranlasst, sich näher mit dem Angebot zu befassen oder ihn bereits zu einer geschäftlichen Entscheidung motiviert. Dies gilt gleichermaßen für die Lockangebote bzw. Anlockwirkung von Werbung wie für die Blickfangwerbung.

Fraglich ist darüber hinaus, ob die bloße Feststellung einer Fehlvorstellung ohne weitere Ausführungen zur Entscheidungsumlenkung für die Bejahung der Unlauterkeit richtlinienkonform ist. Wie zu Art. 7 und 8 UGP-RL ausgeführt[1260], darf es nicht bei der reinen Vermutung einer Auswirkung bleiben. Vielmehr muss auch bei einer Fehlvorstellung über positive Leistungsmerkmale im Einzelfall geprüft werden, ob der Verbraucher dadurch eine Entscheidung trifft, die er ohne die Fehlvorstellung nicht getroffen hätte.[1261]

1255 Ebenfalls kritisch MünchKomm UWG Band 2/*Ruess*, § 5 Rn. 222; unter besonders enger Einschränkung auch Harte/Henning/*Dreyer*, § 5 B Rn. 185; in diesem Sinne aber Köhler/Bornkamm/*Bornkamm* 2016, § 5 Rn. 2.192 ff.

1256 BGH WRP 2015, 850, Tz. 20 m. w. N. – Schlafzimmer komplett; BGH GRUR 2004, 435, 436 – FrühlingsgeFlüge; OLG Hamm WRP 2015, 1381, Tz. 21 – Irreführung durch Abweichung des Produktbilds vom Lieferumfang.

1257 KG Berlin WRP 2016, 392, Tz. 29 – Irreführende Werbung mit der Dauerhaftigkeit eines Therapieerfolges für Cellulite-Behandlungen.

1258 Erfolgt eine Aufklärung vor Betreten des Geschäfts, ist eine relevante Irreführung auszuschließen, vgl. OLG Frankfurt WRP 2016, 257, Tz. 8 ff. – Relevanz einer unzutreffenden Blickfangangabe für die geschäftliche Entscheidung.

1259 Nr. 5 des Anhangs zum UWG erklärt Lockangebote als per se verboten, bei denen der Unternehmer nicht darüber aufklärt, dass er nicht in der Lage sein werde, die beworbene Ware für einen angemessenen Zeitraum in angemessener Menge bereitstellen zu können.

1260 Vgl. die Ausführungen unter Kapitel B. III. 1. c) bb) (3), (4).

1261 In diesem Sinne auch BGH GRUR 2011, 82, Tz. 30, 31 – Preiswerbung ohne Umsatzsteuer.

Zukünftig wird die Rechtsprechung zur Beurteilung der Irreführung nach § 5 UWG 2015 nicht mehr auf die Schädigung der Mitbewerber bei § 5 UWG 2015 abstellten können. Maßgebend für die Beurteilung der Unlauterkeit einer Irreführung ist ausschließlich die Beeinflussung der geschäftlichen Entscheidung der Verbraucher bzw. der sonstigen Marktteilnehmer. Gleichfalls kann nicht mehr auf die Beeinträchtigung des Wettbewerbs, die Reichweite der irreführenden Werbung und die Vielzahl der unzutreffenden Angaben oder auch die Berücksichtigung objektiver und subjektiver Elemente zurückgegriffen werden, um eine relevante Irreführung bejahen zu können. Es kommt ausdrücklich nur noch auf die Umlenkung der Verbraucherentscheidung an.

V. § 5a UWG 2015

Die Rechtsvorschrift des § 5a UWG 2015 setzt Art. 7 UGP-RL nunmehr vorbildlich um.[1262] § 5a Abs. 1 UWG 2015 betrifft nach wie vor das B2B-Verhältnis, die weiteren Absätze kommen ausschließlich bei verbraucherbezogenen Handlungen zur Anwendung.[1263] Das Vorenthalten einer wesentlichen Information nach § 5a Abs. 2 S. 1 UWG 2015 kann die Unlauterkeit begründen, wenn und soweit die weiteren Tatbestandsmerkmale des § 5a Abs. 2 UWG 2015 erfüllt sind. Der Verweis auf § 3 Abs. 2 UWG ist entfallen und damit die Unsicherheit, auf welche Merkmale des § 3 Abs. 2 UWG 2008 verwiesen wurde.[1264] Gemäß § 5a Abs. 2 S. 2, 5 UWG 2015 wird konkretisiert, wann wesentliche Informationen vorenthalten werden.[1265] In den Absätzen 2 bis 4 des § 5a UWG 2015 finden sich die besonderen wesentlichen Informationen gemäß Art. 7 Abs. 2, 4 und 5 UGP-RL. Der Tatbestand der getarnten Werbung des § 4 Nr. 3 UWG 2008 wird nunmehr als Fall der Irreführung durch Unterlassen in § 5a Abs. 6 UWG 2015 geregelt. Die besonderen Transparenzgebote für Maßnahmen der Verkaufsförderung nach § 4 Nr. 4 UWG 2008 sowie für Preisausschreiben und Gewinnspiele nach § 4 Nr. 5 UWG 2008, die schon bisher systematisch den Informationspflichten zuzuordnen waren, ergeben sich für den elektronischen Geschäftsverkehr nunmehr aus § 5a Abs. 4 UWG 2015 i.V.m. § 6 Abs. 1 TMG, im Übrigen aus § 5a Abs. 2, 3 Nr. 1 oder 4 UWG 2015.[1266]

1262 *Köhler*, WRP 2015, S. 275, Rn. 17.

1263 *Ohly*, GRUR 2016, S. 1, 5.

1264 Vgl. hierzu die Ausführungen in Kapitel C. II. 2. b) bb) (2) (ii) δ).

1265 *Ohly*, GRUR 2016, S. 1, 5.

1266 *Ders.*, GRUR 2016, S. 1, 6; *Redeker/Pres*, GRUR-Prax 2016, S. 7, 8. Zur Einbettung der Tatbestände des § 4 Nr. 3–5 UWG 2008, insbesondere zu § 4 Nr. 3 UWG 2008, vgl. die Ausführungen bei *Alexander*, WRP 2016, S. 139, Rn. 68 ff.

Im Gegensatz zu § 5a UWG 2008 macht § 5a UWG 2015 nunmehr deutlich, dass auch bei Vorenthalten wesentlicher Informationen im Sinne des § 5a Abs. 3 und 4 UWG 2015 *stets* zu prüfen ist, ob der Verbraucher sie „je nach den Umständen benötigt, um eine informierte geschäftliche Entscheidung zu treffen" und ob das Vorenthalten „geeignet ist, den Verbraucher zu einer geschäftlichen Entscheidung zu veranlassen, die er andernfalls nicht getroffen hätte".[1267] Wie zuvor in Kapitel B. III. 1. c) bb) (3) dargestellt, übernimmt das Merkmal „je nach den Umständen" die Funktion eines Korrektivs, das eine Beurteilung anhand der Umstände des Einzelfalls ermöglicht. Es übernimmt damit eine der Spürbarkeit des § 3 Abs. 1 UWG 2008 ähnliche Funktion, nämlich Bagatellverstöße von der lauterkeitsrechtlichen Verfolgung auszunehmen. An die Prüfung der je nach den Umständen benötigten vorenthaltenen wesentlichen Information schließt sich die Eignung zur Umlenkung der geschäftlichen Entscheidung nach § 5a Abs. 2 S. 1 Nr. 2 UWG 2015 an.

Fraglich ist, wie die Rechtsprechung zu § 5a UWG 2008 die Vorgaben des Art. 7 UGP-RL in richtlinienkonformer Auslegung in die jeweilige Prüfung einbezogen hat und wie sie mit dem Verweis des § 5a Abs. 2 UWG 2008 auf § 3 Abs. 2 UWG 2008 umgegangen ist.

1. Die Prüfung der Spürbarkeit bei § 5a UWG 2008 durch die Rechtsprechung

a) § 5a Abs. 2 UWG 2008

Sachverhalte nach § 5a Abs. 2 UWG 2008 wurden von der Rechtsprechung nur vereinzelt entsprechend den Voraussetzungen des Art. 7 Abs. 1 UGP-RL geprüft. § 3 Abs. 2 UWG 2008, auf den § 5 Abs. 2 UWG 2008 verwies, wurde den Ergebnissen der Untersuchung zufolge nicht gemäß Art. 7 Abs. 1 UGP-RL ausgelegt. Vielmehr prüfte die Rechtsprechung teilweise – entgegen der Systematik der UGP-RL – innerhalb des § 3 Abs. 2 UWG 2008 zunächst den Sorgfaltsverstoß, um sodann die spürbare Beeinträchtigung der informierten Entscheidung des Verbrauchers zu bejahen – bspw. durch die vorenthaltene Prüfungsmöglichkeit einer testbezogenen Werbung.[1268] Das Auswirkungsmerkmal des Art. 7 Abs. 1 UGP-RL im Sinne der

1267 Vgl. bereits zu den Reformvorarbeiten zum UWG 2015 und davor die Ausführungen in diesem Sinne u. a. von *Köhler*, WRP 2014, S. 1410, Rn. 15; *ders.*, WRP 2014, S. 259, Rn. 39 ff.; *ders.*, WRP 2013, S. 1419, Rn. 18; *Alexander*, WRP 2014, S. 501, Rn. 81; zum UWG 2015 *Ohly*, GRUR 2016, S. 1, 5; *Alexander*, WRP 2016, S. 139, Rn. 18, 40 ff.

1268 Da ihr Fehlen die Möglichkeit des Verbrauchers einschränke, die testbezogene Werbung zu prüfen und insbesondere in den Gesamtzusammenhang des Tests ein-

Veranlassung zu einer Entscheidung, die der Verbraucher so nicht getroffen hätte, wurde nicht angesprochen. In anderen Fällen wurden nach § 3 Abs. 2 UWG 2008 sowohl die spürbare Beeinträchtigung der informierten Entscheidung als auch die Umlenkung der geschäftlichen Entscheidung des Verbrauchers geprüft.[1269] Das OLG Düsseldorf ging in einer Entscheidung ausdrücklich nur auf die spürbare Beeinträchtigung der informierten Entscheidung ein, zur Auswirkung auf die Entscheidung machte es keine weiteren Ausführungen.[1270] Das OLG München wiederum stellte im Rahmen der Prüfung des § 5a Abs. 2 UWG 2008 auf die Wesentlichkeit der vorenthaltenen Informationen sowie die Umlenkung der geschäftlichen Entscheidung ab, was der Regelung des § 5 Abs. 2 Satz 2 UWG 2004 entspreche.[1271] Schließlich stellten der BGH und das OLG München die Merkmale des § 3 Abs. 2 UWG 2008 im Sinne der spürbaren Beeinträchtigung der Fähigkeit des Verbrauchers, sich auf Grund von Informationen zu entscheiden, und ihn damit zu einer geschäftlichen Entscheidung zu veranlassen, die er andernfalls nicht getroffen hätte, ohne eingehende Prüfung lediglich formelhaft fest.[1272]

b) § 5a Abs. 2, 3, 4 UWG 2008

Die Regelung des § 5a Abs. 2 UWG 2008 ging insoweit über den Schutz der §§ 5, 5a Abs. 1 UWG 2008 hinaus, als sie keine Fehlvorstellung des Verbrauchers voraussetzte.[1273] Kern der Regelung war der Schutz des Verbrauchers vor dem

zuordnen; vgl. BGH WRP 2010, 370, 374 – Kamerakauf im Internet; OLG Düsseldorf WRP 2015, 762, Tz. 13 – Zertifikatsbezogene Werbung mit „TÜV-geprüft"; OLG Karlsruhe, Az.: 4 U 232/11, U. v. 17.02.2012, zitiert nach BeckRS 2012, 09720 – Fundstellenangabe; OLG Hamburg, Az.: 5 W 161/11, Beschl. v. 24.01.2012, zitiert nach juris, Tz. 15; KG GRUR-RR 2011, 278, 279 – Lesbarkeit. Die Werbung mit Testergebnissen ausschließlich nach § 3 Abs. 2 UWG 2008 geprüft, aber i.E. ähnlich LG Tübingen, Az.: 20 O 86/10, U. v. 29.11.2010, zitiert nach juris, Tz. 20 ff.

1269 OLG Oldenburg, Az.: 6 U 64/15, U. v. 31.07.2015, zitiert nach juris, Tz. 29, 33; KG GRUR-RR 2011, 278 – Lesbarkeit; OLG Stuttgart, Az.: 2 U 170/10, U. v. 07.04.2011, zitiert nach juris, Tz. 40, 44; LG Ulm, Az.: 10 O 102/11, U. v. 30.09.2011, zitiert nach juris, Tz. 36.

1270 OLG Düsseldorf WRP 2015, 762, Tz. 13 – Zertifikatsbezogene Werbung mit „TÜV-geprüft", das zusätzlich unter Tz. 16 die Relevanz der Irreführung im Sinne des § 3 UWG 2008 auf Grund der Wesentlichkeit bejaht.

1271 OLG München WRP 2010, 1557, 1560 – Ausschluss von Call-by-Call und Preselection.

1272 BGH WRP 2009, 1510, 1513–0,00 Grundgebühr; OLG München WRP 2011, 134, 136 – Ballonfahrtgutscheine.

1273 BGH GRUR 2012, 943 Rn. 13 – Call-by-Call.

Vorenthalten einer wesentlichen Information, die geeignet sein musste, den Verbraucher zu einer Entscheidung zu veranlassen, die er sonst nicht getroffen hätte.

Im Rahmen des § 5a Abs. 2, 3, 4 UWG 2008 ging die Rechtsprechung überwiegend davon aus, dass mit der Bejahung der Wesentlichkeit der Informationen nach § 5a Abs. 2, 3 oder 4 UWG 2008 die Spürbarkeitsschwelle nach § 3 Abs. 2 UWG 2008 überschritten und eine relevante Fehlvorstellung gegeben sei.[1274] Ein solcher Rückschluss wurde selbst dann gezogen, wenn zuvor auf das Merkmal „je nach den Umständen“ und das Auslegungserfordernis des § 5a UWG 2008 im Sinne der Vorgaben des Art. 7 UGP-RL hingewiesen wurde.[1275]

Nur in Einzelfällen würdigte die Rechtsprechung die Vorgaben der UGP-RL und prüfte, ob die wesentlichen Informationen „je nach den Umständen“ benötigt wurden, um eine informierte Entscheidung treffen zu können.[1276] Im Falle

---

1274 Vgl. nur BGH WRP 2013, 1459, Tz. 19 – Brandneu von der IFA; OLG Stuttgart WRP 2013, 652, Tz. 18 – Typenbezeichnung, bestätigt durch BGH WRP 2014, 686, Tz. 9, 23 – Typenbezeichnung; BGH GRUR 2011, 82, Tz. 33 – Preiswerbung ohne Umsatzsteuer; BGH WRP 2010, 1143, 1146 – Gallardo Spyder; OLG Düsseldorf WRP 2015, 898, Tz. 34 – Informationspflichten und Irreführung durch Unterlassung bei 0,0 %-Finanzierung; OLG Frankfurt a. M. WRP 2015, 598, Tz. 11 – Rechtsmissbrauch durch umfangreiche Verfolgung von Wettbewerbsverstößen – CE-Kennzeichnung; OLG Celle, Az.: 13 W 33/15, Beschl. v. 28.04.2015, zitiert nach juris, Tz. 12; KG Berlin, Az.: 5 U 5/14, U. v. 23.09.2014, zitiert nach juris, Tz. 72; OLG Köln WRP 2014, 737, Tz. 12, 13 – Energieeffizienzklasse; OLG Hamm GRUR-RR 2014, 404, 407 – Crossinos; OLG Jena GRUR-RR 2014, 294, 296 – Serviceentgelt; OLG Brandenburg, Az.: 6 U 119/12, U. v. 18.06.2013, zitiert nach juris, Tz. 28, 29; OLG München WRP 2012, 230, Tz. 4 – Identität; OLG München WRP 2011, 1213, 1216 – Identitätsangabe in der Prospektwerbung; LG Flensburg WRP 2014, 248, Tz. 19 – Verkürzter Versorgungsweg: Das Gericht sah in dem Fall daher davon ab, Feststellungen zur tatsächlichen Anzahl der betroffenen irregeführten Verbraucher zu machen.

1275 Vgl. etwa BGH WRP 2014, 686, Tz. 9, 23 – Typenbezeichnung; OLG Düsseldorf WRP 2015, 898, Tz. 22, 34 – Informationspflichten und Irreführung durch Unterlassung bei 0,0 %-Finanzierung; LG Berlin WRP 2014, 754, Tz. 14 – Kleinanzeige eines Immobilienmaklers.

1276 OLG Düsseldorf WRP 2015, 365, Tz. 36, 40 – Werbung mit Prüfsiegel: Die fehlende Angabe einer solchen Fundstelle beeinträchtige die Möglichkeit des Verbrauchers, die testbezogene Werbung zu prüfen und das produktbezogene Ergebnis in den Gesamtzusammenhang des Tests einzuordnen; OLG Düsseldorf WRP 2015, 762, Tz. 16 – Zertifikatsbezogene Werbung mit „TÜV-geprüft“; OLG Celle WRP 2015, 1396, 1398, 1399 – Hersteller- und Typenbezeichnungen bei Elektrogeräten in Prospektwerbung für Komplettküchen; OLG Köln, Az.: I-6 U 56/14, U. v. 26.09.2014, zitiert nach juris, Tz. 30 ff.

des Vorenthaltens einer Typenbezeichnung von Elektrogeräten in der Werbung wurde u. a. herausgearbeitet, dass der Verbraucher diese wesentliche Information benötige, um die Geräte zweifelsfrei identifizieren zu können und um ihn in die Lage zu versetzen, sie mit anderen Geräten zu vergleichen und auch noch andere Eigenschaften als die in der Werbung angegebenen in Erfahrung zu bringen.[1277] Das OLG Köln stellte seiner Prüfung des § 5a Abs. 3 UWG 2008 voran, dass die Informationspflicht durch das Merkmal „je nach den Umständen" insoweit relativiert werde, als zunächst zu prüfen sei, wozu und wann der Verbraucher die Impressumsangaben für eine geschäftliche Entscheidung benötige.[1278] Es kam in dem vorliegenden Fall zu dem Schluss, dass die Impressumsangaben durch Anklicken eines Links ausreichend vorgehalten worden seien, sodass der Verbraucher eine informationsgeleitete Entscheidung treffen könne.[1279]

2. Die „Spürbarkeit" in § 5a UWG 2015

Der Überblick über die Rechtsprechung zeigt, dass Unsicherheiten im Hinblick auf die Handhabung des Verweises des § 5a Abs. 2 auf § 3 Abs. 2 UWG 2008 bestanden. Mit der Neufassung des § 5a UWG 2015 ist diese Auslegungsproblematik obsolet geworden. Die Sorgfaltsprüfung hat zu entfallen – maßgeblich sind die Unwertkriterien des § 5a UWG 2015.

Der von der Rechtsprechung eingeschlagene Weg zu § 5a UWG 2008, demzufolge bei Vorenthalten wesentlicher Informationen die Verbraucherrelevanz ohne weitere Prüfung unwiderleglich vermutet wurde, ist mit der neuen Fassung des § 5a UWG 2015 nicht mehr vereinbar.[1280]

In jedem Fall ist das Korrektiv „je nach den Umständen" zu berücksichtigen, das eine Korrektur von Verstößen gegen Informationspflichten ermöglichen kann, die von der Rechtsprechung unter § 5a UWG 2008 (bzw. § 4 Nr. 11 UWG 2008) ohne nähere Prüfung auf Grund ihrer bloßen Wesentlichkeit als unlauter beurteilt wurden.[1281] Zu denken ist bspw. an Verstöße gegen die Lebensmittel-

---

1277 OLG Celle WRP 2015, 1396, 1398, 1399 – Hersteller- und Typenbezeichnungen bei Elektrogeräten in Prospektwerbung für Komplettküchen.

1278 OLG Köln, Az.: I-6 U 56/14, U. v. 26.09.2014, zitiert nach juris, Tz. 30.

1279 OLG Köln a. a. O., Tz. 34.

1280 So auch *Ohly*, GRUR 2016, S. 1, 5; *Köhler*, WRP 2015, S. 275, Rn. 17.

1281 Ohne das Merkmal „je nach den Umständen" heranzuziehen, hat das OLG Brandenburg in einem Fall des Fehlens der Angabe des Geschäftsführers der Komplementär-GmbH in einer Internet-Präsentation nach § 3 Abs. 1 UWG 2008 entschieden, dass die Vorschriften des TMG ihrem Sinn und Zweck nach nicht anwendbar seien, da in dem zu beurteilenden Fall lediglich Informationen über das Produkt vermittelt

Informationsverordnung, die TextilkennzeichnungsVO, das ElektroG oder die Verordnung 1194/2012.[1282] Das LG Trier[1283] etwa hatte im Wege der einstweiligen Verfügung einem Mosel-Winzer untersagt, Weine online anzubieten, ohne auf enthaltene Sulfite hinzuweisen. Nach der in diesem Fall einschlägigen Lebensmittel-Informationsverordnung (LMIV) müssen Sulfit-Mengen von mehr als 10 mg/l auf dem Etikett und in der Werbung vermerkt werden. Schweflige Säure entsteht jedoch schon beim Vergären des Mostes durch die Hefen, die von Natur aus im Traubenmost vorhanden sind. In Konzentrationen bis zu 40 mg/l kommt schweflige Säure also zwangsläufig in allen Weinen vor.[1284] Das OLG Köln[1285] wiederum hatte die (nur kurzzeitig) fehlende Angabe der Bezeichnung und der Gewichtsanteile der in einer beworbenen Damenbluse enthaltenen Fasern für unlauter befunden und einen Verstoß gegen Art. 16 Textilkennzeichnungsverordnung angenommen. Auch das OLG Hamm[1286] erkannte ohne vertiefende Begründung auf eine spürbare Verletzung auf Grund einer nicht dem Anhang I der Textilkennzeichnungsverordnung entsprechenden Angabe auf einem Etikett („Spandex" sei nicht eine nach Anhang I erlaubte Textilfaserbezeichnung). Es fragt sich, ob der Verbraucher diese Informationen tatsächlich für seine geschäftliche Entscheidung benötigt hätte oder ob durch die ausgesprochenen Verbote nicht vielmehr ein „überschießender" Verbraucherschutz erreicht wurde.

Darüber hinaus kann „je nach den Umständen" insbesondere für geringfügige Verletzungen von Informationspflichten nach § 5a Abs. 3 und 4 UWG 2015 in den Fällen der „Bargeschäfte des täglichen Lebens" Bedeutung erlangen[1287], wie bspw. für die fehlende oder unzureichende Angabe des Impressums im Sinne des § 5a Abs. 3 Nr. 2 UWG 2015 in den Fällen der Aufforderung zum Kauf. Mit der Korrektivklausel „je nach den Umständen" ist ausdrücklich klargestellt, dass es Fälle geben kann, in denen der Verbraucher die Angabe des Impressums

---

wurden, ohne dem Verbraucher eine Kaufoption einzuräumen. Die Verbraucher würden durch die fehlenden Angaben nicht dazu veranlasst, ein Automobil gerade bei dem Werbenden zu kaufen, vgl. OLG Brandenburg, Az.: 6 W 141/09, Beschl. v. 17.09.2009, zitiert nach juris, Tz. 6 ff.

1282 Beispiele nach *Ernst*, Anmerkung 5 zu LG Trier, Az.: 7 HK O 41/15, U. v. 08.07.2015, jurisPR-WettbR 9/2015.

1283 LG Trier a. a. O.

1284 *Ernst*, Anmerkung 5 zu LG Trier, Az.: 7 HK O 41/15, U. v. 08.07.2015, jurisPR-WettbR 9/2015.

1285 OLG Köln, Az.: 6 U 183/14, U. v. 19.06.2015, zitiert nach juris.

1286 OLG Hamm, Az.: 4 W 19/14, Beschl. v. 20.02.2014, zitiert nach juris.

1287 *Köhler*, GRUR 2012, S. 1073, 1077.

gerade nicht für eine informierte Entscheidung benötigt.[1288] Diese Folge belegt Art. 246 Abs. 2 EGBGB, wonach bei Bargeschäften des täglichen Lebens, die der Unternehmer mit einem Verbraucher schließt, die Informationspflichten aus Abs. 1 und damit u. a. auch die Impressumspflicht nach Nr. 2 entfallen.[1289] Wollte man es bei der bisherigen strikten Handhabung des § 5a Abs. 2 UWG 2008 belassen, würde die Regelung des Art. 246 Abs. 2 EGBGB praktisch leerlaufen.[1290]

Die Rechtsprechung wird sich dem neuen § 5a UWG 2015 dementsprechend anpassen müssen. Insbesondere wird die Annahme, dass sich die Wesentlichkeit der vorenthaltenen Informationen danach bestimmen lässt, ob sie für eine informierte geschäftliche Entscheidung des durchschnittlichen Verbrauchers je nach den Umständen benötigt wird, und somit einen Durchschnittsverbraucher zu einer geschäftlichen Entscheidung veranlasst oder zu veranlassen geeignet ist, die er sonst nicht getroffen hätte[1291], nicht aufrecht erhalten werden können, da diese Interpretation mit dem klaren Aufbau des Art. 7 Abs. 1 UGP-RL nicht übereinstimmt und zudem das Wesentlichkeitsmerkmal überflüssig werden ließe.[1292] Im Rahmen der Beurteilung, ob eine Information wesentlich ist, sind vielmehr vor allem deren Bedeutung für die geschäftliche Entscheidung des Durchschnittsverbrauchers sowie die Eignung des Verschweigens zur Beeinflussung der Entscheidung zu berücksichtigen[1293], sodass eine Information bspw. wesentlich sein kann, wenn eine Aufklärungspflicht besteht. Die Wesentlichkeit der Information ist normativ zu bestimmen.[1294] Sie muss für den Verbraucher von erheblichem Gewicht[1295] in dem Sinne sein, dass die geschäftliche Entscheidung mit der Information „steht oder fällt"[1296]. Ein Indiz für die Wesentlichkeit der Informationen bietet § 5a Abs. 3 und 4 UWG 2015 sowie der Katalog des § 5 Abs. 1 S. 2 Nr. 1 UWG 2015.[1297] Allerdings besagt der Umstand, dass der Verbraucher über Merkmale des beworbenen Produkts gem. § 5 Abs. 1 S. 2 Nr. 1 UWG 2015 nicht getäuscht

---

1288 *Ders.*, WRP 2015, S. 275, Rn. 17; vgl. den ausführlichen Überblick über die Problematik *ders.*, WRP 2013, S. 1419, Rn. 31 ff.
1289 *Ders.*, WRP 2015, S. 275, Rn. 17, Fn. 15.
1290 *Ders.*, WRP 2014, S. 1410, Rn. 15, Fn. 11.
1291 Vgl. nur LG Berlin WRP 2014, 754, Tz. 17 – Kleinanzeige eines Immobilienmaklers.
1292 So auch *Köhler*, WRP 2014, S. 259, Rn. 43.
1293 BGH GRUR 2011, 846, Tz. 21 – Kein Telekom-Anschluss nötig.
1294 MünchKomm UWG Band 2/*Alexander*, § 5a Rn. 179.
1295 Köhler/Bornkamm/*Bornkamm*, § 5a Rn. 29b.
1296 MünchKomm UWG Band 2/*Alexander*, § 5a Rn. 180.
1297 Köhler/Bornkamm/*Bornkamm*, § 5a Rn. 29d.

werden darf, noch nicht, dass er die Informationen über diese Merkmale bei einer geschäftlichen Entscheidung im Falle eines Angebotes auch tatsächlich „je nach den Umständen“ benötigt.[1298] Welche Informationen als wesentlich gelten, lässt sich daher stets nur im Einzelfall mit Blick auf die konkrete geschäftliche Entscheidung beurteilen.[1299]

3. Die Prüfung der Spürbarkeit bei § 4 Nr. 3–5 UWG 2008 durch die Rechtsprechung

a) § 4 Nr. 3 UWG 2008

§ 4 Nr. 3 UWG 2008 diente dem Schutz der Verbraucher, der Mitbewerber und der sonstigen Marktteilnehmer vor einer Täuschung über den wahren, kommerziellen Hintergrund einer geschäftlichen Handlung.[1300] Im Bereich des Verhältnisses von Unternehmer zu Verbraucher diente § 4 Nr. 3 UWG 2008 der Umsetzung des Art. 7 Abs. 2 UGP-RL und war entsprechend richtlinienkonform auszulegen.[1301]

Der BGH und das OLG Karlsruhe prüften bei verbraucherbezogenen Sachverhalten im Anwendungsbereich der UGP-RL unter dem Merkmal der Relevanz vornehmlich das Auswirkungsmerkmal im Sinne der Geeignetheit der Beeinflussung des Marktverhaltens der angesprochenen Verkehrskreise.[1302] Beide Entscheidungen betrafen mit „Preisrätsel“ überschriebene redaktionelle Beiträge, die allerdings werbliche Bestandteile enthielten, die sich dem Leser nicht auf den ersten Blick erschlossen. Die wettbewerbliche Relevanz der jeweiligen Werbung wurde bejaht, da sie geeignet sei, das Marktverhalten der angesprochenen Verkehrskreise zu beeinflussen. Gleichzeitig stellten die Gerichte jedoch fest, dass die Leser durch die mangelnde Kennzeichnung als Werbung den darin enthaltenen Informationen größere Beachtung schenkten, als den als Werbung gekennzeichneten Beiträgen.[1303] Damit war, wenn auch nicht ausdrücklich, das in Art. 7 Abs. 1 und 2 UGP-RL ent-

---

1298 OLG Düsseldorf GRUR-RR 2015, 154, Tz. 50 – Werbeprospekt für Textilien.

1299 OLG Düsseldorf a. a. O., Tz. 50; sowie die ausführliche Darstellung bei MünchKomm UWG Band 2/*Alexander*, § 5a Rn. 180 ff.

1300 Köhler/Bornkamm/*Köhler*, § 4 Rn. 3.2.

1301 BGH WRP 2013, 764, Tz. 15 – Preisrätselgewinnauslobung V; BGH WRP 2011, 210, 213 – Flappe.

1302 Vgl. bspw. BGH WRP 2013, 764, Tz. 26 – Preisrätselgewinnauslobung V; OLG Karlsruhe WRP 2013, 1053, Tz. 16 – Preisrätsel als redaktionelle Werbung.

1303 BGH WRP 2013, 764, Tz. 26 – Preisrätselgewinnauslobung V: „Aufgrund der mangelnden Kennzeichnung als Werbung werden die Leser zunächst veranlasst, dem Beitrag überhaupt Beachtung zu schenken und sodann den darin enthaltenen Informationen angesichts des Abdrucks im redaktionellen Teil eine größere Bedeutung

haltene Einwirkungsmerkmal des Vorenthaltens bzw. Verschleierns wesentlicher Informationen, die der Verbraucher je nach den Umständen benötigt, um eine Entscheidung treffen zu können, angesprochen. Den Verbrauchern wurden also wesentliche Informationen in Form einer Bezeichnung der Beiträge als „Werbeanzeige" oder Ähnliches vorenthalten, die dazu führten, dass sich die Verbraucher vertrauensvoller und intensiver mit den Beiträgen auseinander setzten.

Außerhalb des Anwendungsbereiches der UGP-RL prüfte die Rechtsprechung die geschäftliche Relevanz im Sinne der Geeignetheit zur Beeinflussung der geschäftlichen Entscheidung der angesprochenen Gewerbetreibenden.[1304] Darüber hinaus wurde in den zuvor zitierten Entscheidungen festgestellt, dass die jeweiligen Anschreiben die Bagatellgrenze überschritten.[1305]

Auch das Spürbarkeitsmerkmal wurde von der Rechtsprechung für die Beurteilung der lauterkeitsrechtlichen Unzulässigkeit im Bereich B2C herangezogen.[1306] Dabei prüfte sie einerseits im Rahmen des § 3 Abs. 2 UWG 2008 die spürbare Beeinträchtigung der informierten Entscheidung der Verbraucher durch die Werbemaßnahme,[1307] „insofern diese durch die redaktionelle Einkleidung zu einer anderen,

---

beimessen als einem hinreichend als Werbung gekennzeichneten Beitrag."; OLG Karlsruhe WRP 2013, 1053, Tz. 16 – Preisrätsel als redaktionelle Werbung.

1304 Vgl. BGH WRP 2012, 194, Tz. 30 – Branchenbuch Berg; LG Saarbrücken WRP 2015, 1161, Tz. 27 – Zentrales Ärzteregister.

1305 BGH WRP 2012, 194, Tz. 30 – Branchenbuch Berg; LG Saarbrücken a. a. O.

1306 Vgl. BGH WRP 2011, 210, 213 – Flappe; OLG Köln WRP 2013, 1652, Tz. 26 – Anti-Status-Auto; KG Berlin WRP 2013, 638, Tz. 8 – Klick und wirf zurück; OLG Köln, Az.: I-6 U 132/12, U. v. 12.04.2013, zitiert nach juris, Tz. 28 – SpielAffe, Bannerwerbung, Kinderspiele; OLG München WRP 2012, 1145, Tz. 15 – Verschleierte Werbung auf Wikipedia; OLG Hamburg WRP 2011, 268, 273 – Anzeige in redaktioneller Gestalt; OLG Karlsruhe, Az.: 4 U 31/08, U. v. 08.10.2009, zitiert nach juris, Tz. 31; LG München I/OLG München WRP 2010, 431, 434 – Anzeige mit redaktionell wirkendem Inhalt; LG Frankfurt/OLG Frankfurt a. M. WRP 2010, 157, 160 – Redaktionelle Werbung in einer Kinderzeitschrift; LG Hamburg GRUR-RR 2012, 400 – Gewerbliche Äußerungen in Blog – Beste Rechtsschutzversicherung; LG Darmstadt, Az.: 3 O 165/10, U. v. 24.06.2010, zitiert nach juris, Tz. 75 ff.

1307 OLG Köln WRP 2013, 1652, Tz. 26 – Anti-Status-Auto, unter Hinweis auf Art. 7 UGP-RL; OLG Köln, Az.: I-6 U 132/12, U. v. 12.04.2013, zitiert nach juris, Tz. 28 – SpielAffe, Bannerwerbung, Kinderspiele; KG Berlin WRP 2013, 638, 639 – Klick und wirf zurück; BGH WRP 2011, 210, 213 – Flappe: Im Ergebnis verneint der BGH die spürbare Beeinträchtigung, da der Text auf der Vorderseite des beanstandeten Vorschaltblattes nicht unbedingt einen Bezug zu einem Unternehmen oder Produkt erkennen ließe und auch nicht notwendig einen Schluss auf ein zu Kraftfahrzeugen oder Flugzeugen alternatives Verkehrsmittel nahe lege.

aufmerksameren und vertrauensvolleren Wahrnehmung der Werbung angeregt werden"[1308]. Andererseits wurde bei Handlungen gegenüber Verbrauchern im Rahmen des § 3 Abs. 1 UWG 2008 die Spürbarkeit lediglich mit der Veranlassung zu einer geschäftlichen Entscheidung, die andernfalls nicht getroffen worden wäre, begründet.[1309] Als weitere Begründungen für die Spürbarkeit im Verhältnis B2C wurden bspw. die deutschlandweite Verfügbarkeit der Zeitschrift sowie der Grad der Verschleierung der Anzeige (i.V.m. § 3 Abs. 1 UWG)[1310], das nicht unerhebliche Allgemeininteresse an der Trennung von Werbung und redaktionellem Teil[1311] oder aber – systemwidrig – der Vorteil des Verletzers gegenüber seinen Mitbewerbern durch das größere Interesse der Werbekunden an getarnten Anzeigen[1312], angeführt. Auch eine bloß formelhafte Feststellung der Spürbarkeit ließ sich finden, ohne dass hier eine ernsthafte Prüfung dieses Merkmals stattgefunden hätte.[1313] Schließlich wurde das Spürbarkeitsmerkmal in den Urteilsgründen zwar angesprochen, im weiteren Verlauf bei der Entscheidungsfindung jedoch nicht weiter berücksichtigt.[1314]

Im Verhältnis zwischen Unternehmern und sonstigen Marktteilnehmern wurde die Spürbarkeit entweder lediglich formelhaft bestätigt[1315] oder aber die Relevanz der geschäftlichen Handlung anhand der Breitenwirkung des beanstandeten Verhaltens (Erscheinen der beanstandeten Werbung in einer Publikation mit 60.000 Exemplaren) festgestellt oder aus der Natur der Wettbewerbsverletzung[1316] hergeleitet.

Das OLG München und das LG Stuttgart stellten das Spürbarkeitserfordernis bzw. das Merkmal der nicht unerheblichen Beeinträchtigung des Wettbewerbs zum

1308 OLG Köln WRP 2013, 1652, Tz. 26 – Anti-Status-Auto, unter Hinweis auf Art. 7 UGP-RL.

1309 OLG München WRP 2012, 1145, Tz. 15 – Verschleierte Werbung auf Wikipedia; LG Hamburg GRUR-RR 2012, 400 – Gewerbliche Äußerungen in Blog – Beste Rechtsschutzversicherung: Das LG Hamburg prüft hier zusätzlich die spürbare Beeinträchtigung der Mitbewerber, denen durch die beanstandete Handlung die Kunden verloren gingen.

1310 LG München I/OLG München WRP 2010, 431, 434 – Anzeige mit redaktionell wirkendem Inhalt.

1311 LG Frankfurt/OLG Frankfurt a. M. WRP 2010, 157, 160 – Redaktionelle Werbung in einer Kinderzeitschrift.

1312 OLG Karlsruhe, Az.: 4 U 31/08, U. v. 08.10.2009, zitiert nach juris, Tz. 31.

1313 OLG Hamburg WRP 2011, 268, 273 – Anzeige in redaktioneller Gestalt.

1314 Vgl. bspw. OLG Düsseldorf WRP 2011, 127, 128 – Promotion; LG Ravensburg WRP 2015, 921, Tz. 10 ff. – Beistellung von Werbeanzeigen; LG Düsseldorf WRP 2011, 1665, 1667 – Anleser; LG Düsseldorf, Az.: 12 O 115/10, U. v. 13.04.2011, zitiert nach juris, Tz. 18 ff.

1315 LG Darmstadt, Az.: 3 O 165/10, U. v. 24.06.2010, zitiert nach juris, Tz. 76.

1316 OLG Karlsruhe WRP 2011, 1335, 1339 – „Warenkunde" in einer Fachzeitschrift als redaktionelle Werbung.

Nachteil der Mitbewerber, der Verbraucher oder der sonstigen Marktteilnehmer zum UWG 1909 bzw. UWG 2004 knapp und ohne nähere Ausführungen positiv fest.[1317] Das KG und LG Berlin begründeten die Erheblichkeit des Wettbewerbsverstoßes mit der weiten Verbreitung der beanstandeten Werbemaßnahme.[1318]

b) § 4 Nr. 4 UWG 2008

Um Adressaten von Verkaufsförderungsmaßnahmen, von denen eine starke Anlockwirkung ausgeht, vor Missbrauch zu schützen, wurde in § 4 Nr. 4 UWG 2008 ein Transparenzgebot, genauer eine Informationspflicht, aufgestellt.[1319] § 4 Nr. 4 UWG 2008 war für den Offline- sowie für den Online-Geschäftsverkehr jeweils im Sinne des Art. 7 Abs. 1 bis 3 UGP-RL auszulegen.[1320]

Im Lichte der UGP-RL zog das LG München ausschließlich das Auswirkungskriterium als relevantes Prüfungsmerkmal für die Feststellung der wettbewerblichen Relevanz heran.[1321] Die blickfangmäßige Werbung wirke auf den Verbraucher anlockend und/oder verleite ihn zu einem Vertragsschluss, den er so nicht habe abschließen wollen.[1322] Bereits die Aufmerksamkeitswerbung als solche (und nicht erst die Angaben in den Bedingungen über die Verkaufsförderungsmaßnahme) erfülle das Relevanzkriterium im Sinne des Auswirkungsmerkmals, da bspw. schon das Anlocken des Verbrauchers zum Betreten eines Ladengeschäfts durch Werbung eine „geschäftliche Entscheidung“ darstelle, die ohne die entsprechende Werbemaßnahme so nicht getroffen worden wäre.[1323] Daneben wurde für die Feststellung des Relevanzmerkmals auf die erhebliche Anzahl der Verbraucher abgestellt, die selbst bei Unterstellung eines erhöhten Aufmerksamkeitsgrades die kleingedruckten Informationen nicht wahrnehmen und daher irregeführt würden.[1324]

1317 Vgl. OLG München, Az.: 29 U 4589/04, U. v. 20.01.2005, zitiert nach juris, Tz. 73; LG Stuttgart WRP 2007, 1274, 1276 – Anzeigenkennzeichnung.

1318 KG Berlin GRUR 2007, 254, 256 – Schleichwerbung durch Link auf redaktioneller Seite; LG Berlin, Az.: 16 O 132/05, U. v. 26.07.2005, zitiert nach juris, Tz. 22.

1319 Köhler/Bornkamm/*Köhler*, § 4 Rn. 4.2.

1320 *Ders.*, § 4 Rn. 4.5 m.w.N.

1321 LG München I WRP 2015, 511, Tz. 55, 56 – Jetzt 50 % sparen.

1322 Vgl. auch LG Leipzig WRP 2014, 1362, Tz. 22 – Jetzt 35 % auf alle Möbel, das allerdings herausstellt, dass das Informationsbedürfnis in Abhängigkeit zu der Anlockwirkung wächst, um den Verbraucher vor einer unüberlegten Entscheidung zu schützen.

1323 Vgl. in diesem Sinne BGH GRUR 2009, 1183, Tz. 9, 10 – Räumungsverkauf wegen Umbau.

1324 LG München I WRP 2015, 511, Tz. 55, 56 – Jetzt 50 % sparen.

Die Wesentlichkeit bzw. Relevanz der ausreichend vorgehaltenen Informationen und die dadurch hervorgerufene Gefährdung der „informierten Entscheidung" im Sinne von Art. 7 UGP-RL und § 4 Nr. 4 UWG 2008 – dessen Tatbestandsmerkmal „Bedingung für die Inanspruchnahme" im Einklang mit Art. 7 Abs. 1 UGP-RL in der Weise auszulegen war, dass es nur Bedingungen erfasste, die für die Entscheidung des Verbrauchers, ob er sich um den im Rahmen der Verkaufsförderungsmaßnahme ausgelobten Vorteil bemühen wollte, wesentlich waren[1325] – betonten hingegen der BGH[1326] sowie das Landgericht Hamburg (allerdings noch zum UWG 2004)[1327]. Der BGH stellte des Weiteren einleitend klar, dass, soweit Art. 7 Abs. 1 und 2 UGP-RL die Aufklärungspflicht von der Relevanz der Information für die Verbraucherentscheidung abhängig mache, das nationale Recht in § 3 Abs. 2 S. 1 UWG 2008 eine entsprechende Schwelle enthalte. Damit sprach er offenbar das Auswirkungsmerkmal des Art. 7 Abs. 1 und 2 UGP-RL im Sinne der „Information, die der Verbraucher je nach den Umständen benötigt, um eine informierte Entscheidung zu treffen" an, das er innerhalb des § 3 Abs. 2 UWG 2008 prüfen wollte – und nicht tatbestandsimmanent innerhalb des § 4 Nr. 4 UWG 2008. Im Folgenden arbeitete der BGH heraus, dass in dem zu beurteilenden Fall wesentliche Informationen vorenthalten wurden, die geeignet waren, den Verbraucher in seiner geschäftlichen Entscheidung zu beeinflussen.[1328]

Auf die Bedeutung des Informationsdefizites für die Beurteilung der Spürbarkeit bzw. des Bagatellverstoßes wies bereits das OLG Köln zum alten Recht nach dem UWG 2004 in einer Entscheidung zu einer Werbeaussage hin, nach der der preisreduzierten Hauptware eine andere Ware solange gratis zugegeben wird, wie der Vorrat der Zugabe reicht.[1329] Es stellte darauf ab, welchen Wert die Information für den Verbraucher hat, die im Rahmen der Verkaufsförderungsmaßnahme bzw. der Werbung hierfür unterlassen wird und trennte dies von der tatsächlichen Auswirkung der irreführenden Werbung auf die geschäftliche Entscheidung des Verbrauchers.

Eine Prüfung beider Relevanzmerkmale – also sowohl der Überschreitung der Bagatellschwelle als auch der Auswirkung auf die Verbraucherentscheidung –

1325 BGH WRP 2009, 1229, 1232 – Geld-zurück-Garantie II.

1326 BGH a. a. O.

1327 LG Hamburg, Az.: 407 O 80/08, U. v. 18.11.2008, zitiert nach juris, Tz. 37, das allerdings lediglich knapp auf die Relevanz der irreführenden Information für die Verbraucherentscheidung hinweist.

1328 BGH WRP 2009, 1229, 1232 – Geld-zurück-Garantie II.

1329 OLG Köln GRUR-RR 2006, 57, 59 – Zugabe „solange der Vorrat reicht".

nahmen bspw. das OLG Hamm[1330] und das LG Ellwangen[1331] vor.[1332] Sie arbeiteten heraus, dass die Bagatellschwelle durch die jeweilige Aufmachung der Werbung überschritten sei, da den Verbrauchern entscheidende Informationen vorenthalten würden, dadurch andere (insbesondere die in der Werbung hervorgehobenen – unvollständigen –) Informationen in den Vordergrund rückten und die hierdurch hervorgerufene Fehlvorstellung zu einer geschäftlichen Entscheidung führe, wie von dem Werbenden beabsichtigt. Beide Gerichte stellten daneben auf den Wettbewerbsvorteil des Werbenden gegenüber den sich lauter verhaltenden Mitbewerbern ab.

Das Merkmal der Spürbarkeit im Sinne des § 3 Abs. 2 S. 1 UWG 2008 wurde von der jüngeren Rechtsprechung zwar ebenfalls geprüft, teilweise jedoch lediglich formelhaft festgestellt[1333] oder im Sinne des Auswirkungsmerkmals auf Grund der Anlockwirkung bejaht.[1334] Gleiches galt für die ältere Rechtsprechung, die die Überschreitung der Bagatellschwelle nach UWG 2004 ebenfalls vornehmlich mit einer Anlockwirkung bzw. einer Auswirkung auf die Kaufentscheidung bejaht hat,[1335] wenn sie überhaupt nähere Ausführungen zur Bagatellschwelle machte[1336].

1330 OLG Hamm, Az.: I-4 U 3/11, U. v. 31.05.2011, zitiert nach juris, Tz. 59, 60.

1331 LG Ellwangen, Az.: 10 O 44/08, U. v. 07.07.2008, zitiert nach juris, Tz. 60, 61, bestätigt durch OLG Stuttgart WRP 2009, 236, 238 – 12 % auf alles!, wobei betont wird, dass die Verletzung der gebotenen Informationspflicht für sich bereits großen wettbewerblichen Unrechtsgehalt habe, der verstärkt werde durch die von ihm ausgehende Nachahmungsgefahr. Ebenso OLG Stuttgart, WRP 2007, 694, 697 – Irreführende zeitliche Befristung von Lebensmittelangeboten.

1332 Ebenfalls, wenn auch etwas knapper, zum alten Recht nach UWG 1909 das LG Potsdam WRP 2008 147, 149 – Ausgenommen in Prospekten beworbene Ware.

1333 BGH WRP 2011, 1447, 1450 – Original Kanchipur; OLG Karlsruhe WRP 2015, 1242, Tz. 20 – Sternchenhinweis.

1334 OLG Bamberg WRP 2015, 459, Tz. 39 – Blickfangwerbung mit Sternchenhinweis auf Fußnote; OLG München, Az.: 29 U 3458/10, U. v. 25.11.2010, zitiert nach juris, Tz. 48 – Orientteppiche „unter dem Verkehrswert".

1335 Vgl. bspw. OLG Stuttgart WRP 2008, 517, 520 – Rabatt auf vorrätige Artikel, bestätigt durch BGH GRUR 2010, 649 – Preisnachlass für Vorratsware; OLG Hamm, Az.: 4 U 154/08, U. v. 29.01.2009, zitiert nach juris, Tz. 30, 36, gleichzeitig bejaht das OLG Hamm die spürbare Beeinträchtigung des Wettbewerbs nach § 3 UWG 2008 ohne nähere Prüfung, Tz. 30, 37; OLG Stuttgart WRP 2007, 1115, 1118 – Abholpreise: Neben der Anlockwirkung wird die Beeinflussung der Kaufentscheidung wegen eines Wettbewerbsvorteils gegenüber Mitbewerbern bejaht; OLG Naumburg WRP 2006, 1393, 1396 – Apothekeneinkaufsgutschein auf Zuckertüten; OLG Brandenburg GRUR-RR 2005, 227–14-tägige Gültigkeit.

1336 Ohne nähere Prüfung bejaht: OLG Brandenburg WRP 2008, 1601, 1604 – Ausgenommen in Prospekten beworbene Waren; LG Berlin WRP 2009, 1425 – Ver-

c) § 4 Nr. 5 UWG 2008

§ 4 Nr. 5 UWG 2008 bezweckte den Schutz der Teilnehmer an Preisausschreiben und Gewinnspielen mit Werbecharakter vor unsachlicher Beeinflussung und Irreführung durch unzureichende Informationen über die Bedingungen der Teilnahme.[1337] Soweit die Handlung den elektronischen Geschäftsverkehr betraf, war Art. 6 lit. d) der Richtlinie über den elektronischen Geschäftsverkehr[1338] heranzuziehen. Hiernach müssen Preisausschreiben und Gewinnspiele klar als solche erkennbar sein und die Teilnahmebedingungen müssen leicht zugänglich und unzweideutig angegeben werden. Dabei handelte es sich um wesentliche Informationen nach Art. 7 Abs. 5 i.V.m. Anhang II der UGP-RL.[1339] Dadurch wurde der Bezug zu Art. 7 Abs. 2, 1 UGP-RL hergestellt.[1340] Soweit der elektronische Geschäftsverkehr nicht betroffen war, konnten nur die Regelungen in Art. 7 Abs. 1 und 2 UGP-RL herangezogen werden[1341], sodass § 4 Nr. 5 UWG 2008 entsprechend auszulegen war.

Der BGH stellte in dem Fall einer Einwilligungserklärung für Werbeanrufe im Rahmen der richtlinienkonformen Auslegung des § 4 Nr. 5 UWG 2008 anhand des Art. 7 Abs. 1 und 2 UGP-RL – ebenso wie bei § 4 Nr. 4 UWG 2008 – zunächst fest, dass das nationale Recht in § 3 Abs. 2 S. 1 UWG 2008 eine der Relevanz der Informationen für die Verbraucherentscheidung in Art. 7 Abs. 1 UGP-RL entsprechende Schwelle enthalte.[1342] Damit sprach er das Spürbarkeitskriterium in § 3 Abs. 2 S. 1 UWG 2008 an, das i.V.m. § 4 Nr. 5 UWG 2008 im Sinne des Art. 7 Abs. 1 UGP-RL auszulegen war.[1343] Im Folgenden bejahte der BGH jedoch die Spürbarkeit nach § 3 Abs. 1 UWG 2008 mit der belästigenden Wirkung von

---

längerter Räumungsverkauf; LG Potsdam, Az.: 51 O 29/05, U. v. 14.07.2005, zitiert nach juris, Tz. 28.

1337 Köhler/Bornkamm/*Köhler*, § 4 Rn. 5.2.

1338 RICHTLINIE 2000/31/EG DES EUROPÄISCHEN PARLAMENTS UND RATES vom 8. Juni 2000 über bestimmte rechtliche Aspekte der Dienste der Informationsgesellschaft, insbesondere des elektronischen Geschäftsverkehrs, im Binnenmarkt („Richtlinie über den elektronischen Geschäftsverkehr"), auch „E-Commerce-Richtlinie".

1339 Köhler/Bornkamm/*Köhler*, § 4 Rn. 5.3.

1340 *Ders.*, § 4 Rn. 5.3.

1341 *Ders.*, § 4 Rn. 5.3.

1342 BGH WRP 2011, 863, 865 – Einwilligungserklärung für Werbeanrufe.

1343 In diesem Sinne auch BGH WRP 2010, 238, 239 – FIFA-WM-Gewinnspiel. Im Ergebnis war in diesem Fall jedoch bereits der Tatbestand des § 4 Nr. 5 UWG nicht erfüllt, sodass eine Prüfung der Spürbarkeit nicht erforderlich war.

Werbeanrufen, in die die Verbraucher auf Grund der intransparenten Teilnahmebedingungen an dem konkreten Gewinnspiel irrigerweise eingewilligt hätten.[1344]

Ausschließlich auf die Wesentlichkeit der Informationen hinsichtlich der Teilnahmebedingungen eines Gewinnspiels stellte das OLG Koblenz ab, das über die Bedingungen eines Gewinnspiels für eine Reise zu urteilen hatte.[1345] Die möglichen Auswirkungen auf die Verbraucherentscheidung wurden nicht untersucht.

Im Rahmen des UWG 1909 bzw. UWG 2004 sah der BGH in der Veranstaltung von Gewinnspielen unter dem Gesichtspunkt eines wettbewerbswidrigen Anlockeffekts durch Verschleierung der wirklichen Gewinnchancen dann einen Verstoß gegen die Grundsätze des lauteren Wettbewerbs, wenn die im Zusammenhang mit einer Gewinnankündigung gemachten Angaben geeignet waren, bei den angesprochenen Verbrauchern unklare Vorstellungen über die Teilnahmebedingungen zu wecken und darauf aufbauende unüberlegte Entscheidungen auszulösen.[1346] Damit stellte der BGH zu § 4 Nr. 5 UWG 2004, ebenso wie die ältere Rechtsprechung zu § 4 Nr. 4 UWG 2004, zwar auf die Anlockwirkung ab, prüfte und begründete diese sodann jedoch mit der Verleitung zu einer erheblichen Fehlvorstellung durch irreführende Informationen sowie der Auswirkung auf die Verbraucherentscheidung.

Im Rahmen des UWG 2004 stellte das LG Köln auf die Wesentlichkeit der bereitzuhaltenden Informationen bei Gewinnspielen ab, prüfte dann jedoch im Rahmen der Geeignetheit, den Wettbewerb zum Nachteil von Mitbewerbern und Verbrauchern nicht nur unerheblich zu beeinträchtigen, ausschließlich – und im Einklang mit den Bagatellvoraussetzungen des § 3 UWG 2004 – die erhebliche Belastung, die bspw. eine unter Verstoß gegen die Transparenzanforderungen zustande gekommene Einwilligungserklärung für den interessierten Nutzer hat.[1347] Auch die Nachahmungsgefahr wurde zur Begründung der nicht nur unerhebli-

---

1344 Der BGH verweist in seiner Begründung betreffend die Spürbarkeit auf eine Entscheidung des BGH zu § 7 UWG (BGH GRUR 2008, 189, Tz. 23 – Suchmaschineneintrag), deren Begründung auf den zu beurteilenden Sachverhalt nach § 4 Nr. 5 UWG jedoch nicht übertragbar zu sein scheint, da es auf eine Belästigung für den Verbraucher nach Art. 7 UGP-RL nicht ankommt; vgl. die diesbezügliche Kritik von *Köhler*, WRP 2011, S. 1023, 1027.

1345 OLG Koblenz, Az.: 9 U 353/10, U. v. 21. 7. 2010, zitiert nach juris.

1346 Vgl. bspw. BGH WRP 2005, 1511, 1514 – Telefonische Gewinnauskunft, unter Berufung auf § 1 UWG a. F. und die Entscheidung des BGH GRUR 1974, 729 – SWEEPSTAKE; unter Verweis auf den BGH auch OLG Dresden, Az.: 14 U 178/09, U. v. 30.06.2009, zitiert nach juris, Tz. 25.

1347 LG Köln, Az.: 31 O 298/06, U. v. 10.08.2006, zitiert nach juris, Tz. 29, 30, 34.

chen Beeinträchtigung des Wettbewerbs zum Nachteil der Mitbewerber und der Verbraucher herangezogen.[1348]

4. Die „Spürbarkeit" in § 5a Abs. 2, 3 Nr. 1 oder 4, 6 UWG 2015

Soweit auch im Rahmen der Tatbestände des § 4 Nr. 3–5 UWG 2008 für die Bejahung der Unlauterkeit die Wesentlichkeit der vorenthaltenen Informationen oder die Umlenkung der geschäftlichen Entscheidung als ausreichend erachtet wurde, wird diese Rechtsprechung auf das UWG 2015 ebenfalls nicht übertragen werden können. Gleiches wird für die Heranziehung der Anlockwirkung, der Nachahmungsgefahr oder der rein quantitativen Feststellung der deutschlandweiten Verfügbarkeit des konkreten Angebotes gelten. Nunmehr maßgeblich sind allein die wesentlichen Informationen, die je nach den Umständen benötigt werden, um eine informierte Entscheidung treffen zu können, und die geeignet sind, den Verbraucher in seiner geschäftlichen Entscheidung umzulenken.

Fraglich ist, ob sich die Beurteilung zukünftiger Sachverhalte nach § 5a UWG 2015 insgesamt liberaler darstellen wird. Eine geänderte Beurteilung kann etwa für diejenigen Fälle denkbar sein, die das Unterlassen solcher Informationspflichten betreffen, die zwar nach dem Gesetz bzw. der UGP-RL für wesentlich erachtet werden, jedoch mittels des Korrektivs „je nach den Umständen" einer Korrektur zugänglich sein können.[1349] Zwar stand der Rechtsprechung unter Heranziehung der Vorgaben des Art. 7 UGP-RL auch bisher das Mittel des Korrektivs „je nach den Umständen" zur Verfügung, allerdings wurde es nicht bzw. nur selten genutzt. Es bleibt zu hoffen, dass die Rechtsprechung das Merkmal „je nach den Umständen" dank der klaren Umsetzung des Art. 7 UGP-RL in § 5a UWG 2015 nutzen wird, um geringfügige Verstöße gegen Informationspflichten in der Zukunft sachgerechter zu beurteilen.

VI. § 6 UWG 2008/2015

Der Tatbestand der vergleichenden Werbung des § 6 UWG 2008 ist im Rahmen der Reform des UWG im Jahr 2015 unverändert geblieben.

Das Verbot vergleichender Werbung nach § 6 UWG 2008 musste richtlinienkonform nach der Werbe-RL ausgelegt werden. Die Werbe-RL regelt die Zulässigkeit vergleichender sowie irreführender vergleichender Werbung abschließend, sodass die Mitgliedstaaten nicht befugt sind, vergleichende oder irreführende

---

1348 LG Cottbus, Az.: 11 O 106/04, U. v. 14.12.2004, zitiert nach juris, Tz. 13, 18.

1349 Vgl. hierzu die Ausführungen zuvor in den Kapiteln B. III. 1. c) bb) (3) und E. V. 2.

vergleichende Werbung in weitergehendem oder strengerem Umfang eigenständig zu regeln.[1350] Bei der Beurteilung der Zulässigkeit vergleichender Werbung ist der Grundsatz zu beachten, nach dem vergleichende Werbung grundsätzlich wettbewerbs- und verbraucherpolitisch positiv gesehen wird, da sie die Möglichkeit eröffnet, die Vorteile der verschiedenen vergleichbaren Erzeugnisse objektiv herauszustellen und damit den Wettbewerb zwischen den Anbietern von Waren und Dienstleistungen im Interesse der Verbraucher zu fördern.[1351] Die Anforderungen an die Zulässigkeit der vergleichenden Werbung sind daher in dem für sie günstigsten Sinn auszulegen.[1352] Die Vorteile der vergleichenden Werbung für die Verbraucher sind zwingend zu berücksichtigen.[1353] Da die Werbe-RL auf der anderen Seite durch detaillierte Festlegung der Zulässigkeitsvoraussetzungen für vergleichende Werbung davor schützen möchte, den Wettbewerb zu verzerren, die Mitbewerber zu schädigen und die Entscheidung der Verbraucher negativ zu beeinflussen, bezweckt Art. 4 Werbe-RL eine Abwägung der sich gegenüberstehenden Interessen, nämlich die des Werbenden, die des Mitbewerbers und die des Verbrauchers.[1354] Darin ist nach Erwägungsgrund 9 S. 1 Werbe-RL miteinzubeziehen, ob die Praktiken der vergleichenden Werbung den Wettbewerb verzerren, die Mitbewerber schädigen oder die Verbraucher negativ beeinflussen können.[1355] Dementsprechend sieht der EuGH nur dann einen Verstoß gegen die Werbe-RL, wenn die Werbemaßnahme die Entscheidung des Käufers spürbar beeinträchtigen kann.[1356]

Die Relevanzmerkmale der Werbe-RL wurden von der Rechtsprechung nicht durchgehend berücksichtigt. Im Rahmen der Prüfung einer vergleichenden Werbemaßnahme nach § 6 Abs. 2 Nr. 2 UWG 2008 wurde bereits das Fehlen der wesentlichen Eigenschaft der Ware bzw. des Preises per se als unlauter beurteilt, ohne auf die negativen Auswirkungen auf die Mitbewerber oder Verbraucher einzugehen.[1357] Das OLG Stuttgart ging einleitend ausführlich auf die Voraussetzungen

---

1350 Köhler/Bornkamm/*Köhler*, § 6 Rn. 10.

1351 Erwägungsgrund 6 S. 3, 4 Werbe-RL.

1352 EuGH C-44/01, Tz. 42 – Pippig Augenoptik.

1353 EuGH C-356/04, Tz. 33 – LIDL Belgium/Colruyt.

1354 Köhler/Bornkamm/*Köhler*, § 6 Rn. 11.

1355 EuGH C-487/07, Tz. 69 – L'Oréal; vgl. zum Spürbarkeitserfordernis bei § 6 UWG 2008/2015 die Ausführungen unter Kapitel C. II. 1. d) cc) (11).

1356 EuGH C-44/01, Tz. 53 – Pippig Augenoptik.

1357 OLG Düsseldorf, Az.: I-20 U 29/12, U. v. 21.08.2012, zitiert nach juris, Tz. 24; OLG Hamm, Az.: 4 U 32/10, U. v. 04.05.2010, zitiert nach juris, Tz. 45 ff. – Verpackungskosten; LG Köln, Az.: 33 O 74/12, U. v. 14.08.2012, zitiert nach juris, Tz. 32 ff.

zungen der Werbe-RL für die Beurteilung von vergleichenden Werbemaßnahmen ein, ohne dies jedoch in der folgenden Subsumtion wieder aufzugreifen.[1358]

Gleiches gilt für die unlautere Ausnutzung oder Beeinträchtigung des Rufs des von einem Mitbewerber verwendeten Kennzeichens nach § 6 Abs. 2 Nr. 4 UWG 2008. Das KG Berlin und das LG Berlin entschieden bereits auf Grund des Vorliegens der Tatbestandsvoraussetzungen auf eine Verletzung des § 6 Abs. 2 Nr. 4 UWG 2008, ohne auf die Auswirkungen auf die Mitbewerber oder Verbraucher einzugehen.[1359] Indirekt bejahte der BGH[1360] die Schädigung der Mitbewerber bzw. der negativen Beeinträchtigung der Verbraucher, indem er den jeweiligen Klägern auf Grund ihrer Betroffenheit die Anspruchsberechtigung zuerkannte. Das OLG Hamburg wiederum nahm eine Interessenabwägung im Sinne der Werbe-RL unter Prüfung der Beeinträchtigung bzw. Schädigung der sich gegenüberstehenden Interessen vor.[1361]

Werden Waren, Dienstleistungen, Tätigkeiten oder die persönlichen oder geschäftlichen Verhältnisse eines Mitbewerbers mittels vergleichender Werbung herabgesetzt oder verunglimpft, hält es die Rechtsprechung größtenteils ebenfalls nicht für erforderlich, relevante Beeinträchtigungen der Mitbewerber oder Verbraucher festzustellen.[1362] Nur vereinzelt stellt die Rechtsprechung auf bspw. die Schädigung des unternehmerischen Geltungsanspruches und des Images des betroffenen Mitbewerbers ab.[1363]

Auch hier zeigt sich, dass die Rechtsprechung die Vorgaben der Werbe-RL nicht konsequent umsetzt, sondern größtenteils bereits die Unwertmerkmale der Einzeltatbestände innerhalb des § 6 UWG 2008 für ausreichend erachtet, um die Unlauterkeit zu bejahen. Um dem Ziel und dem Zweck der Werbe-RL gerecht zu werden, sollte in jedem Fall eine Abwägung der sich gegenüberstehenden Interessen unter Einbeziehung einer möglichen Verzerrung des Wettbewerbs, einer Schädigung des Mitbewerbers oder einer negativen Beeinflussung der Ver-

---

1358 OLG Stuttgart, Az.: 2 U 135/06, U. v. 19.04.2007, zitiert nach juris, Tz. 50.

1359 KG Berlin, Az.: 24 U 18/09, Beschl. v. 27.04.2009, zitiert nach juris, Tz. 27 ff.; LG Berlin, Az.: 15 O 465/09, U. v. 18.10.2011, zitiert nach juris, Tz. 121 ff.

1360 BGH WRP 2011, 1593, 1598 – Creation Lamis.

1361 OLG Hamburg, Az.: 3 U 17/11, U. v. 28.06.2012, zitiert nach juris, Tz. 51 ff.; OLG Hamburg, Az.: 5 U 53/04, U. v. 17.02.2005, zitiert nach juris, Tz. 37

1362 Vgl. bspw. OLG Frankfurt a. M. WRP 2015, 122, Tz. 19 ff. – Sprayender Waschbär; OLG Düsseldorf, Az.: I-20 U 151/13, U. v. 11.03.2014, zitiert nach juris, Tz. 20 ff.

1363 OLG Hamburg, Az.: 5 U 108/06, U. v. 11.07.2007, zitiert nach juris, Tz. 29 – Gib mal Zeitung, aufgehoben durch BGH WRP 2010, 252, 255 – Gib mal Zeitung, da die Werbemaßnahme keine Herabsetzung des Mitbewerbers begründe.

braucher sowie dem Grundsatz der Verhältnismäßigkeit erfolgen. Allerdings kann bspw. bei § 6 Abs. 2 Nr. 2 UWG 2015 auf eine zusätzliche Interessenabwägung verzichtet werden, wenn bereits im Rahmen der Prüfung der „relevanten" Eigenschaften auf die Beeinflussung der Kaufentscheidung des Verbrauchers abgestellt wird. Dies kann gleichfalls für die Tatbestände des § 6 Abs. 2 Nr. 3–6 UWG 2015 gelten, die zu den mitbewerberschützenden Tatbeständen des § 4 Nr. 1–4 UWG 2015 ähnliche Merkmale enthalten und innerhalb derer bereits eine Interessenabwägung vorgenommen wird (bspw. im Rahmen der Rufausnutzung in unlauterer Weise nach § 6 Abs. 2 Nr. 4 UWG 2015) oder geprüft wird, ob die herabsetzende Information für die informierte Entscheidung des Verbrauchers erforderlich ist (bspw. im Rahmen der Herabsetzung oder der Verunglimpfung nach § 6 Abs. 2 Nr. 5 UWG 2015).

VII. § 3 Abs. 1 und 2 UWG 2015

1. § 3 Abs. 1 UWG 2015

Wie bisher wird § 3 Abs. 1 UWG 2015 als Auffangtatbestand für unlautere Handlungen gegenüber Mitbewerbern und Verbrauchern außerhalb des Anwendungsbereiches der UGP-RL dienen, obwohl dies aus dem Wortlaut der Norm nicht hervorgeht. Der Systematik des UWG 2015 ist es geschuldet, dass die Spürbarkeitsschwelle des § 3 Abs. 1 UWG 2015 nunmehr als ungeschriebenes Tatbestandsmerkmal weiterexistieren wird. Der deutsche Gesetzgeber geht mit der Streichung der Spürbarkeit aus § 3 Abs. 1 UWG 2015 damit formal betrachtet im Vergleich zum GWB den umgekehrten Weg. Dort hat sich das Spürbarkeitsmerkmal aus der Rechtsprechung heraus entwickelt und ist nach allgemeiner Meinung ungeschriebenes Tatbestandsmerkmal.[1364] Dagegen entwickelte sich das Spürbarkeitsmerkmal im UWG anhand der sich im Verlauf der Gesetzesentwicklung gewandelten Normen.[1365] Nach Fortfall der Spürbarkeitsschwelle in § 3 Abs. 1 UWG 2015 ist sie in der Zukunft im Wege teleologischer bzw. systematischer Auslegung heranzuziehen.

Der Rechtsprechung soll es wie bisher überlassen bleiben, geeignete und angemessene Spürbarkeitskriterien aufzustellen, um insbesondere Abmahnungen

1364 Vgl. nur Langen/Bunte/*Krauß* Band 1, § 1 Rn. 163 ff.; Immenga/Mestmäcker/*Zimmer* Band 2. GWB/Teil 1, § 1 Rn. 139 ff. Zu den ungeschriebenen Tatbestandsmerkmalen des GWB sowie im Allgemeinen vgl. *Terhechte*, S. 44 ff.

1365 Vgl. die Ausführungen in Kapitel B. I.

von Bagatellverstößen zu verhindern.[1366] Dies entspricht der bisherigen Rechtslage, da der unbestimmte und auslegungsbedürftige Begriff der Spürbarkeit stets einer Ausfüllung durch die Rechtsprechung im Einzelfall bedurfte. § 3 Abs. 1 UWG 2015 wird, ebenso wie bisher § 3 Abs. 1 UWG 2008, nur dann als Auffangtatbestand zur Anwendung gelangen, wenn der zu beurteilende Sachverhalt von der Schwere der Unlauterkeit her einem der Einzeltatbestände der §§ 4 ff. UWG 2015 vergleichbar ist.[1367] Darüber hinaus sind die Grenzen der Anwendbarkeit des § 3 Abs. 1 UWG 2015 zu berücksichtigen, die sich bspw. aus den vorrangigen und abschließenden Vorgaben des Unionsrechts oder der Reichweite der Einzeltatbestände des UWG 2015 ergeben.[1368]

Die unter § 3 UWG 2008 als Auffangtatbestand subsumierten Fallgestaltungen der Verstöße gegen die Menschenwürde, des Wettbewerbs der öffentlichen Hand, die Verletzung von Sorgfaltspflichten sowie die allgemeine Marktbehinderung können unter § 3 Abs. 1 UWG 2015 weiterhin geprüft werden.

Im Rahmen des Wettbewerbs der öffentlichen Hand hat das LG Oldenburg die Spürbarkeit mit dem Vorsprung gegenüber Mitbewerbern bei der Konkurrenz um potentielle Kunden begründet.[1369] Der BGH begründete die Spürbarkeit mit der Vielzahl der betroffenen Mitbewerber[1370] oder mit der Monopolstellung des Hoheitsträgers als Prüfungsbehörde und der Verstärkuung des bereits bestehenden Wettbewerbsvorsprungs durch Unterlassen der Weitergabe der Daten von Konkurrenten[1371]. Mit der Herbeiführung einer nachhaltigen Umlenkung der Nachfrage und damit der Beeinflussung der Interessen des Wettbewerbers sowie der Interessen des um eine objektive Information nachsuchenden Verbrauchers begründete das OLG Stuttgart die Spürbarkeit.[1372]

Im Falle der allgemeinen Marktbehinderung stellt die Rechtsprechung darauf ab, ob das Wettbewerbsverhalten allein oder in Verbindung mit zu erwartenden gleichartigen Maßnahmen von Mitbewerbern die ernstliche Gefahr begründe,

---

1366 BT-Drucks. 18/6571, S. 15. Entweder sind sie als per-se-Verbote zu qualifizieren oder es sind in Konkretisierung des Tatbestandsmerkmals der Unlauterkeit für sie bestimmte Relevanzerfordernisse aufzustellen, *Köhler*, WRP 2015, S. 1311, 1313.

1367 Vgl. die Ausführungen in Kapitel C. II. 1. e) sowie Köhler/Bornkamm/*Köhler* 2016, § 3 Rn. 2.21 m. w. N.

1368 *Ders.*, § 3 Rn. 2.26 ff.

1369 LG Oldenburg, Az.: 5 O 2156/13, U. v. 13.08.2014, zitiert nach juris, Tz. 26.

1370 BGH GRUR 2013, 301, 303, Tz. 34 – Solarinitiative.

1371 BGH GRUR 2009, 1080, Tz. 17–19, 21 – Auskunft der IHK.

1372 OLG Stuttgart WRP 2011, 1207, 1211 – DER PFLEGEDIENST.

dass der auf der unternehmerischen Leistung beruhende Wettbewerb in erheblichem Maße eingeschränkt werde.[1373] Dies wird auf Grund einer Gesamtwürdigung aller Umstände des jeweiligen Einzelfalls unter Abwägung der Interessen der Mitbewerber und der Allgemeinheit beurteilt.[1374] Hierunter werden etwa finanzielle Einbußen an den eigenen Werbeeinnahmen oder derjenigen der Mitbewerber[1375] oder eine ernsthafte Behinderung der Marktchancen der Mitbewerber[1376] geprüft.

2. § 3 Abs. 2 UWG 2015

§ 3 Abs. 2 UWG 2015 dient im Verhältnis zu den Tatbeständen des Anhangs I des § 3 Abs. 3 UWG 2015 sowie zu den §§ 4a, 5, 5a UWG 2015 als Auffangtatbestand.[1377]

Das OLG Hamm griff im Fall einer Werbung mit einem Preisnachlass, die mangels Aggressivität nicht unter § 4 Nr. 1 UWG 2008 subsumiert werden konnte, auf § 3 Abs. 2 UWG 2008 zurück.[1378] Es führte aus, dass auch Gutscheine von geringer Höhe unter Umständen geeignet seien, die Verbraucher in ihrer informierten Entscheidungsfindung spürbar zu beeinträchtigen.[1379] Worin genau die spürbare Beeinträchtigung der informierten Entscheidung lag, wurde nicht näher erläutert, vielmehr wurde maßgeblich darauf abgestellt, dass das Angebot des Unternehmers den angesprochenen Verbraucher veranlassen kann, den Unternehmer unter Verletzung seiner Verpflichtung aus dem Versicherungsvertrag und ggf. insbesondere unter Ausschlagung eines gleichwertigen oder günstigeren Angebots eines Mitbewerbers allein deshalb zu beauftragen, weil er die von der Beklagten versprochenen Vorteile erlangen möchte.[1380]

1373 Vgl. BGH GRUR 2010, 455, Tz. 20 – Stumme Verkäufer II; BGH GRUR 2004, 960, 961–500 DM-Gutschein für Autokauf; BGH GRUR 2004, 877, 880 – Werbeblocker; BGH GRUR 2004, 602, 603–20 Minuten Köln; OLG Hamm GRUR-RR 2011, 218, 219 – Drei Angebote.

1374 Vgl. nur BGH GRUR 1991, 616, 617 – Motorboot-Fachzeitschrift.

1375 BGH GRUR 2004, 877, 880 – Werbeblocker.

1376 OLG Hamm GRUR-RR 2011, 218, 219 – Drei Angebote.

1377 Köhler/Bornkamm/*Köhler* 2016, § 3 Rn. 3.5. Zu dem Verhältnis des § 3 Abs. 2 UWG 2015 zu den Einzeltatbeständen des UWG 2015 im Allgemeinen vgl. Kapitel C. II. 2. c) sowie zur lückenfüllenden Funktion des Art. 5 Abs. 2 UGP-RL und der Auslegungskompetenz des EuGH *Sosnitza*, in FS Köhler (2014), S. 685, 690 ff.

1378 OLG Hamm, Az.: 4 U 31/13, U. v. 12.11.2013, zitiert nach juris, Tz. 50 – Gutschein für Folgeauftrag.

1379 OLG Hamm a. a. O., Tz. 66.

1380 OLG Hamm a. a. O., Tz. 59: Von diesen Vorteilen ginge auch, da es sich dabei um nicht gänzlich unerhebliche Beträge handelt, ein hinreichendes Maß an Einflussnahme aus.

VIII. Zwischenergebnis

Sowohl inhaltlich als auch systematisch wird sich die Rechtsanwendung anpassen müssen. Die verklammernde Funktion der Generalklausel des § 3 Abs. 1 UWG 2008[1381] wurde aufgegeben zugunsten einer Rechtsfolgenanordnungsfunktion samt Auffangfunktion. Dogmatisch betrachtet behalten die Tatbestände der §§ 4 ff. UWG 2015 ihren Charakter als Regelbeispiele bei, auch wenn dies die Überschriften nicht mehr klar erkennen lassen. Obwohl die §§ 3a, 4a, 5, 5a, 6 UWG 2015 eigenständige Unlauterkeitstatbestände[1382] sind, kommt es erst in Verbindung mit § 3 Abs. 1 UWG 2015 zur Unzulässigkeit. Die Regelungen der §§ 3a ff. UWG 2015 sind nach wie vor nicht abschließend, sondern lassen über die Generalklausel des § 3 Abs. 1, 2 UWG 2015 die Prüfung nicht erfasster Handlungen auf ihre Lauterkeit hin zu.

Das Merkmal der Spürbarkeit findet sich im UWG 2015 ausdrücklich nur noch in der Definition der „wesentlichen Beeinflussung des wirtschaftlichen Verhaltens der Verbraucher" in § 2 Abs. 1 Nr. 8 UWG 2015 sowie in § 3a UWG 2015. Im Hinblick auf die mitbewerberbezogenen Tatbestände des § 4 Nr. 1–4 UWG 2015 ist es in den jeweiligen Tatbestandsmerkmalen der Nr. 1–4 aufgegangen. In den verbraucherbezogenen Tatbeständen der §§ 4a, 5, 5a UWG 2015 ist es den Vorgaben der Art. 6–8 UGP-RL entsprechend umformuliert worden.

Eine inhaltliche Konkretisierung ging mit den Neuformulierungen in §§ 4a und 5a UWG 2015 jedoch nicht einher. Die Einwirkungsmerkmale der „erheblichen Beeinflussung der Entscheidungsfreiheit" bzw. der „wesentlichen Einschränkung der informierten Entscheidung" und des Benötigens der wesentlichen Informationen „je nach den Umständen" sind, ebenso wie das Spürbarkeitsmerkmal, unbestimmte und auslegungsbedürftige Begriffe. Gleiches gilt für die Eignung zur Entscheidungsumlenkung in § 5 UWG 2015. Die Rechtsprechung wird also auch weiterhin einzelfallbezogen Merkmale für das Überschreiten der Schwellen aufzustellen haben, wofür die Relevanzmerkmale einen entsprechenden Rahmen geben.

Eine Veränderung der Schwellenwerte im B2C-Bereich wird die teilweise Neuregelung der Spürbarkeits- bzw. Relevanzmerkmale innerhalb der Einzeltatbestände der §§ 4a ff. UWG 2015 im Vergleich zur Spürbarkeitsschwelle des UWG

1381 Vgl. die Ausführungen in Kapitel C. II. 1. b).

1382 Die Bezeichnung von *Alexander*, WRP 2014, S. 1384, Rn. 26, als „Unzulässigkeitstatbestände" erscheint dogmatisch nicht korrekt, normieren die Tatbestände der §§ 3a ff. UWG 2015 doch ausschließlich die Unlauterkeit und sind stets nur i.V.m. § 3 Abs. 1 UWG 2015 unzulässig.

2008 nicht mit sich bringen. Dies gilt zum einen, weil die Spürbarkeitsmerkmale des § 3 Abs. 1 und 2 UWG 2008 bereits im UWG 2008 richtlinienkonform anhand der Relevanzmerkmale der UGP-RL auszulegen und damit an die Schwellen der UGP-RL anzupassen waren. Zum anderen entspricht bspw. das Auswirkungsmerkmal des Art. 6 Abs. 1 UGP-RL dem ungeschriebenen Relevanzmerkmal des § 5 UWG 2008. Im Hinblick auf die erhebliche Beeinträchtigung der Entscheidungsfreiheit des Art. 8 UGP-RL wird die Rechtsprechung erst noch zeigen müssen, ob sie hierin eine im Vergleich zur Spürbarkeit höhere Schwelle sieht.

Gleichwohl kann die Neuregelung des UWG 2015 im Hinblick auf die Prüfung der Spürbarkeit zum Teil Änderungen der Rechtsprechung mit sich bringen. Dies liegt daran, dass sie die verbraucherbezogenen Tatbestände bislang nicht konsistent richtlinienkonform ausgelegt hat, sondern teilweise an nach deutschem Recht entwickelten Maßstäben festgehalten hat, wie bspw. die bloße Anlockwirkung im Rahmen des § 5 UWG 2008. Zudem wurden die Vorgaben der Richtlinie partiell zu restriktiv ausgelegt, wie die Entscheidungen zu § 5a UWG 2008 (und zu § 4 Nr. 11 UWG 2008) im Hinblick auf die Beurteilung wesentlicher Informationspflichten gezeigt haben.

Darüber hinaus ist fraglich, ob einhergehend mit den Entwicklungen im Kartellrecht im Zuge der dort diskutierten und zum Teil auch praktizierten Einbeziehung ökonomischer Maßstäbe auch die Rechtsprechung zum unlauteren Wettbewerb ökonomische Erwägungen in ihren Entscheidungen anstellt. Dies böte sich bspw. bei den Fallgruppen der allgemeinen Marktstörung an, bei denen ökonomische Erkenntnisse etwa für die Beurteilung der Begründung der Gefahr der erheblichen Einschränkung des auf der unternehmerischen Leistung beruhenden Wettbewerbs von Relevanz sein könnten. Auch bei der Beurteilung der Marktstärke im Rahmen der unzulässigen Beeinflussung nach § 4 Nr. 1, 2 UWG 2008 (§ 4a UWG 2015) böten sich ökonomische Betrachtungen an. In dem folgenden Kapitel werden daher die Entwicklungen der Einbeziehung ökonomischer Erwägungen im Kartellrecht aufgezeigt und untersucht, ob sich eine ökonomische Orientierung auch für das Lauterkeitsrecht anbietet.

F. Beurteilung der lauterkeitsrechtlichen Spürbarkeit anhand kartellrechtlicher Maßstäbe?

Seit einiger Zeit wird im europäischen Kartellrecht eine ökonomisch orientierte Auswirkungsanalyse diskutiert und zum Teil auch praktiziert. Es stellt sich daher die Frage, ob okönomische Überlegungen bzw. eine ökonomische Auswirkungsanalyse gleichfalls im europäischen und/oder deutschen Lauterkeitsrecht fruchtbar gemacht werden können. Diesbezüglich ist zunächst der Inhalt des sog. *more economic approach* aufzuzeigen. Unmittelbar daran schließt sich die Frage nach dem Verhältnis von Kartell- und Lauterkeitsrecht an. Schließlich werden Überlegungen angestellt, ob ökonomische Analysen im Lauterkeitsrecht herangezogen werden können.

I. Der *more economic approach* im europäischen und deutschen Kartellrecht

Seit einigen Jahren wird in Europa unter dem Begriff des *more economic approach* eine intensive und kontroverse Diskussion über den Einfluss wettbewerbspolitischer Wertungen auf den Grad und die konkrete Ausgestaltung der Rolle von Ökonomen und von ökonomischer Analyse in der Kartellrechtspraxis geführt.[1383] Der Begriff des *more economic approach* wurde durch die EU-Kommission entwickelt, um im Zuge einer schrittweisen Überarbeitung der Rechtsnormen und Leitlinien eine angestrebte Neuausrichtung ihrer Wettbewerbspolitik zu beschreiben.[1384] Ökonomische Bewertungsfaktoren und damit moderne wirtschaftswissenschaftliche Forschung sollen eine größere Bedeutung bei der kartellrechtlichen Analyse wettbewerbsrechtlicher Fragestellungen erlangen und zwar sowohl bei dem Kartellverbot nach Art. 101 AEUV, als auch im Rahmen der Missbrauchsaufsicht nach Art. 102 AEUV sowie bei der Fusionskontrolle.[1385]

1383 *Ewald*, ZWeR 1/2011, S. 20; *Behrens*, in FS Möschel (2011), S. 115, Fn. 1 m. w. N. bzgl. der teilweise auch nur sehr abstrakt geführten Diskussion.

1384 *Ewald*, ZWeR 1/2011, S. 20 m. w. N.

1385 Vgl. allgemein zum *more economic approach* nur Immenga/Mestmäcker/*Fuchs/Möschel* Band 1. EU/Teil 1, Art. 102 AEUV Rn. 8, Fn. 23 m. w. N.; Immenga/Mestmäcker/*Zimmer* Band 2. GWB/Teil 1, § 1 Rn. 13 ff. m. w. N.; *Pichler*, S. 47 ff., Fn. 178 m. w. N.; *Podszun*, WRP 2009, S. 509, 513 m. w. N.

1. Grundlagen des *more economic approach*

Im Kern ist der von der EU-Kommission verfolgte Ansatz des *more economic approach* nicht neu, geht es doch hierbei um die akademisch altbekannte Frage, ob das Ziel der Wettbewerbspolitik die Sicherung des privilegienfreien Wettbewerbs bzw. der Wettbewerbsfreiheit an sich als ein auf die Offenhaltung des Wettbewerbs abzielender evolutorischer Prozess sein soll oder ob Richter und Beamte Marktstrukturen und Wettbewerbshandlungen im Hinblick auf kollektive Zwecke lenken und den Wettbewerb somit instrumentalisieren können bzw. sollen.[1386] Letzteres ist anscheinend die Zielrichtung des von der EU-Kommission verfolgten *more economic approach*, wie die folgenden Ausführungen zeigen.

Mit ihrem Weißbuch aus dem Jahre 1999 über die Modernisierung der Vorschriften zur Anwendung der Art. 85 und 86 EGV[1387] (jetzt: Art. 101 und 102 AEUV) kündigte die EU-Kommission erstmals einen stärker wirtschaftlich bzw. ökonomisch geprägten Ansatz an.[1388] Die Reform führte zum einen zu einem Übergang vom Freistellungssystem gem. Art. 85 Abs. 3 EGV (jetzt: Art. 101 Abs. 3 AEUV) zu einem System der Legalausnahme[1389], zum anderen zu einer entsprechenden Erstreckung der dezentralen Rechtsanwendung durch die mitgliedstaatlichen Behörden und Gerichte auf den Freistellungstatbestand.[1390] Gleichzeitig war mit dieser Reform der Übergang zu einer „streng wirtschaftlichen Anwendung" des Art. 85 EGV (jetzt: Art. 101 AEUV) verbunden.[1391] Durch die Abschaffung des Anmeldeverfahrens sind die Unternehmen selber dazu aufgerufen, die Wettbewerbskonformität ihres Verhaltens rechtlich zu beurteilen. Daher bemüht sich die EU-Kommission seit dem Übergang zu dem System der Legalausnahme den

1386 *Schmidt/Wohlgemuth*, S. 55 m. w. N., die auf die diesbezügliche in Deutschland in den 1960er Jahren zwischen *Erhard Kantzenbach* und *Erich Hoppmann* geführte Diskussion hinweisen.

1387 Arbeitsprogramm der EU-Kommission Nr. 99 ABl. EG 12.05.1999.

1388 Damit reagierte die EU-Kommission auf die damalige Kritik des EuG, das vermehrt Zusammenschlussverbote der EU-Kommission auf Grund unzureichender ökonomischer Begründungen aufhob.

1389 Die VO 1/2003 (VERORDNUNG (EG) Nr. 1/2003 DES RATES vom 16. Dezember 2002 zur Durchführung der in den Artikeln 81 und 82 des Vertrags niedergelegten Wettbewerbsregeln, ABl. EG L 1/1) löste die VO 17/1962 ab.

1390 *Behrens*, in FS Möschel (2011), S. 116; Immenga/Mestmäcker/*Immenga/Mestmäcker* Band 1. EU/Teil 1, Einl EU D Rn. 8.

1391 Weißbuch Tz. 75, 78.

Behörden und Gerichten, aber auch den Unternehmen, Auslegungshilfen in Form von Leitlinien[1392] an die Hand zu geben.[1393]

Von dem Reformvorhaben der EU-Kommission ebenfalls umfasst ist das Missbrauchsverbot des Art. 102 AEUV. Einen ersten Ansatzpunkt für den von der EU-Kommission verfolgten stärker wirtschaftlich geprägten Ansatz lieferte der von ihr in Auftrag gegebene Bericht der European Advisory Group on Competition Policy vom Juli 2005 (EAGCP).[1394] Obwohl dieser Bericht die Auslegung von Art. 82 EGV (jetzt: Art. 102 AEUV) behandelte, stellte er in seinem einleitenden Satz eine Parallelität zu und die Relevanz für Art. 101 AEUV sowie für die Fusionskontrolle heraus.[1395] Zusammengefasst schlug der Bericht die Abkehr von einem „*form-based-approach*" zu einem „*effects-based-approach*" vor. Die Wirkungen einer Verhaltensweise seien im Einzelfall danach zu beurteilen, ob ein wettbewerblicher Schaden (sog. *competitive harm*) zu erwarten oder eingetreten sei – dies sei dann der Fall, wenn die Verbraucher geschädigt seien.[1396] Darüber hinaus sei zu ermitteln, ob die Verbrauchernachteile durch Effizienzgewinne ausgeglichen worden seien.[1397] Diesem Bericht folgte das von der Generaldirektion Wettbewerb im Jahr 2005 veröffentlichte Diskussionspapier[1398], das sich ausschließlich mit der Gruppe der Behinderungsmiss-

---

1392 Dabei handelt es sich u. a. um: Leitlinien für vertikale Beschränkungen, ABl. 2010 C 130/01 (Vertikalleitlinien); Leitlinien zur Anwendbarkeit von Artikel 101 des Vertrags über die Arbeitsweise der Europäischen Union auf Vereinbarungen über horizontale Zusammenarbeit, ABl. 2011 C 11/01 (Horizontalleitlinien); Leitlinien zur Anwendung von Artikel 81 Absatz 3 EG-Vertrag, ABl. 2004 C 101/08 (Freistellungsleitlinien); Erläuterungen zu den Prioritäten der Kommission bei der Anwendung von Artikel 82 des EG-Vertrags auf Fälle von Behinderungsmissbrauch durch marktbeherrschende Unternehmen, ABl. 2009 C 45/02 (Missbrauchsleitlinie); Leitlinien zur Bewertung horizontaler Zusammenschlüsse gemäß der Ratsverordnung über die Kontrolle von Unternehmenszusammenschlüssen, ABl. 2004 C 31/03 (Fusionsleitlinie).

1393 *Behrens*, in FS Möschel (2011), S. 116.

1394 Report by the EAGCP „An economic approach to Article 82", July 2005, abrufbar unter: http://ec.europa.eu/dgs/competition/economist/note_eagcp_july_05.pdf (zuletzt abgerufen am 08.03.2016).

1395 Report by the EAGCP „An economic approach to Article 82", S. 2.

1396 Report by the EAGCP „An economic approach to Article 82", S. 8 ff.

1397 Vgl. hierzu die Übersicht bei Immenga/Mestmäcker/*Immenga/Mestmäcker* Band 1. EU/Teil 1, Einl EU D Rn. 12 ff.

1398 DG Competition discussion paper on the application of Article 82 of the Treaty to exclusionary abuses, December 2005, abrufbar unter http://ec.europa.eu/competition/antitrust/art82/discpaper2005.pdf (zuletzt abgerufen am 08.03.2016).

bräuche befasste und einen detaillierten Rahmen für eine Neuausrichtung der praktischen Anwendung des europäischen Missbrauchsverbots im Sinne des *more economic approach* entwarf. Unter anderem wurde der sog. „*as efficient competitor test*“ vorgeschlagen, nach welchem bspw. das Preisverhalten eines Marktbeherrschers nicht missbräuchlich sein kann, wenn ein ebenso effizienter Mitbewerber ihm standhalten kann.[1399] Im Anschluss an den öffentlichen Konsultationsprozess und intensiven Debatten im Schrifttum[1400] veröffentlichte die EU-Kommission Anfang des Jahres 2009 eine Mitteilung über ihre Prioritäten bei der Anwendung von Art. 82 EGV (jetzt: Art. 102 AEUV) auf Fälle von Behinderungsmissbräuchen durch marktbeherrschende Unternehmen.[1401] Die Prioritätenmitteilung knüpfte an die in dem Diskussionspapier gemachten Ansätze an und rückte die Verbraucherwohlfahrt als zentralen Maßstab der Prüfung des Missbrauchsverbotes in den Mittelpunkt der Beurteilung.[1402] Der Marktstrukturschutz wurde zurückgedrängt.[1403]

Schließlich wurde mit Einführung des SIEC-Tests („*significantly impede effective competition*“) im Jahr 2004 ein Prüfungskriterium für die Fusionskontrolle eingeführt, welches den reinen Marktbeherrschungstest ablöste.[1404] Nach Art. 2 Abs. 2 Fusionskontrollverordnung[1405] ist Prüfungsmaßstab für die Beurteilung von Zusammenschlüssen die erhebliche Behinderung wirksamen Wettbewerbs im Gemeinsamen Markt oder in einem wesentlichen Teil desselben, insbesondere durch Begründung oder Verstärkung einer beherrschenden Stellung. Um die Auswirkungen des Zusammenschlusses auf den wirksamen Wettbewerb feststellen zu können, soll jedoch nunmehr mit Hilfe des SIEC-Tests begründeten und wahrscheinlichen Effizienzvorteilen Rechnung getragen werden.[1406] Die durch einen

---

1399 DG Competition discussion paper on the application of Article 82, S. 19 Rn. 61 ff.

1400 Vgl. hierzu die Verweise in Fn. 38 bei Immenga/Mestmäcker/*Fuchs/Möschel* Band 1. EU/Teil 1, Art. 102 AEUV Rn. 11.

1401 Mitteilung der Kommission – Erläuterungen zu den Prioritäten der Kommission bei der Anwendung von Artikel 82 des EG-Vertrags auf Fälle von Behinderungsmissbrauch durch marktbeherrschende Unternehmen, ABl. 2009 C 45/02 (Prioritätenmitteilung).

1402 Prioritätenmitteilung Tz. 5.

1403 Prioritätenmitteilung Tz. 6; Immenga/Mestmäcker/*Fuchs/Möschel* Band 1. EU/Teil 1, Art. 102 AEUV Rn. 12.

1404 Streinz/*Reidlinger*, AEUV nach Art. 103 FKVO Rn. 42.

1405 VERORDNUNG (EG) Nr. 139/2004 DES RATES vom 20. Januar 2004 über die Kontrolle von Unternehmenszusammenschlüssen, ABl. EU L 24 S. 1 (im Folgenden FKVO).

1406 *Budzinski*, in FS Eickhof (2008), S. 17 m. w. N.

Zusammenschluss bewirkte Beschränkung wirksamen Wettbewerbs kann, auch wenn sie in Begründung oder Verstärkung einer beherrschenden Stellung entstanden ist, durch bei den Verbrauchern eingetretene Effizienzvorteile ausgeglichen werden.[1407] Auch in der Fusionsleitlinie orientiert sich die EU-Kommission also an der Verbraucherwohlfahrt sowie an in Betracht kommenden Effizienzen, wie bspw. der dynamischen Effizienz[1408] oder der produktiven Effizienz[1409]. Durch die Anwendung dieses Maßstabes folgt bei der Fusionskontrolle ebenfalls eine zunehmend ökonomische Ausrichtung der Bewertung von Fusionen.[1410]

2. Inhalt des *more economic approach*

Der Bericht der EAGCP hat die Leitlinienpolitik der EU-Kommission nachhaltig beeinflusst.[1411] Mit der Einbeziehung ökonomischer Bewertungsfaktoren verfolgt sie im Wesentlichen drei Ziele: Bei der Beurteilung kartellrechtlicher Sachverhalte sollen verstärkt wirtschaftswissenschaftliche Erkenntnisse zur Anwendung kommen,[1412] darüber hinaus und eng damit verbunden sollen verstärkt die Auswirkungen kartellrechtlich relevanten Verhaltens im konkret zu betrachtenden Marktumfeld analysiert werden (sog. *effects-based-approach*)[1413] und – wiederum eng damit verbunden und in Abkehr von dem Struktur-Verhaltens-Ergebnis-Paradigma – die Hinwendung zu einer Einzelfallanalyse (sog. *rule of reason*) sowie damit einhergehend die Ablösung formalisierter, mit generalisierten Erfahrungssätzen arbeitender Erfahrungssätze (sog. *form-based-approach*) und Entscheidungen in Form von per-se-Verboten[1414]. Auch wenn sich eine rule of reason-Prüfung in Europa bzw. Deutschland noch nicht etabliert hat, soll eine fallbezogene Abwägung der Vor- und Nachteile einer wettbewerbsbeschränkenden Abrede einschließlich

---

1407 Vgl. Erwägungsgrund 29 FKVO und *Budzinski*, in FS Eickhof (2008), S. 18, 19, mit Beispielen zu Zusammenschlussfällen aus der Rechtsprechung.Vgl. die weitergehenden Anmerkungen zur Entwicklung in der Fusionskontrolle bei Immenga/Mestmäcker/*Immenga/Mestmäcker* Band 1. EU/Teil 1, Einl EU D Rn. 49 ff.

1408 Fusionsleitlinie, Tz. 76, 81.

1409 Fusionsleitlinie, Tz. 80.

1410 Langen/Bunte/*Bardong/Käseberg/Maass* Band 2, Einl. FKVO Rn. 39.

1411 Immenga/Mestmäcker/*Immenga/Mestmäcker* Band 1. EU/Teil 1, Einl EU D Rn. 14.

1412 Immenga/Mestmäcker/*Fuchs/Möschel* Band 1. EU/Teil 1, Art. 102 AEUV Rn. 9.

1413 *Dies.* Band 1. EU/Teil 1, Art. 102 AEUV Rn. 9; *Podszun*, WRP 2009, S. 509, 513.

1414 Vgl. zu den unterschiedlichen Ansätzen des effects-based- und des form-based-approach *Schuhmacher*, S. 278, 279, dort die Nachweise in Fn. 1187, sowie die kritische Auseinandersetzung mit den beiden Entscheidungsspielräumen bei *Schmidt/Wohlgemuth*, S. 58, die eine *rule within reason* vorschlagen.

erforderlicher Prognose erfolgen.[1415] Schließlich geht mit der Umsetzung des *more economic approach* im europäischen Kartellrecht eine Verschiebung der wettbewerblichen Zielsetzungen einher.[1416] Stand bisher der Schutz der Marktstrukturen und des Wettbewerbs im Sinne einer Offenhaltung des Wettbewerbsprozesses im Mittelpunkt, sollen nach dem von der EU-Kommission verfolgten ökonomischeren Ansatz nunmehr die Förderung der Konsumentenwohlfahrt sowie Effizienzgesichtspunkte im Vordergrund stehen.[1417] Das Kriterium der Effizienz soll fortan den Maßstab des wettbewerblichen Unrechts bilden und mittels einer Auswirkungsanalyse festgestellt werden.[1418] Ein Verstoß gegen das Kartellrecht besteht folglich dann, wenn zusätzlich zu den Tatbestandsmerkmalen ein Schaden für die allgemeine Wohlfahrt bzw. die Verbraucherwohlfahrt eintritt.[1419]

Zusammenfassend kann der *more economic approach* vor allem als Versuch angesehen werden, „more economics" in der Wettbewerbspolitik zur Anwendung kommen zu lassen.[1420] Dabei soll jedoch vornehmlich eine bestimmte Art von Ökonomik Beachtung finden, nämlich die der modernen Wohlfahrtsökonomik, die es nahelegt, Wettbewerb als Instrument zur Erhöhung allokativer Effizienz und Konsumentenwohlfahrt[1421] zu betrachten.[1422] Es geht also um prognostizierte Effizienz- und Wohlfahrtsgewinne alternativer Marktstrukturen auf der Basis komparativ-statischer Modellanalysen.[1423] Da die jeweils zu prüfenden Marktbedingungen und Verhaltensweisen komplex und vielfältig sind, meint eine „ökonomischere" Beurteilung, den jeweiligen Besonderheiten des Einzelfalls gerecht werden zu müssen – und dies auch zu können.[1424] Überwiegen die zu erwartenden

---

1415 Vgl. zum Diskussionsstand bzgl. des europäischen Konzeptes einer rule of reason im Vergleich zum US-amerikanischen Antitrust-Recht die Ausführungen bei Immenga/Mestmäcker/*Zimmer* Band 2. GWB/Teil 1, § 1 Rn. 154, 320; Langen/Bunte/*Hengst* Band 2, Art. 101 AUEV Rn. 190 ff.

1416 Immenga/Mestmäcker/*Fuchs/Möschel* Band 1. EU/Teil 1, Art. 102 AEUV Rn. 9.

1417 *Dies.* Band 1. EU/Teil 1, Art. 102 AEUV Rn. 9 m. w. N.

1418 *Podszun*, WRP 2009, S. 509, 514 m. w. N. Vgl. zum Merkmal der Effizienz im Allgemeinen nur Langen/Bunte/*Braun* Band 2, Nach Art. 101 AUEV Rn. 192 ff. m. w. N.; *Schwalbe/Zimmer*, Teil 3 S. 420 ff.; Immenga/Mestmäcker/*Fuchs/Möschel* Band 1. EU/Teil 1, Art. 102 AEUV Rn. 9, Fn. 32 m. w. N.

1419 *Podzsun*, in Hilty/Henning-Bodewig, S. 167.

1420 *Schmidt/Wohlgemuth*, S. 52.

1421 Davon ist das Ziel der Steigerung der Gesamtwohlfahrt zu unterscheiden, vgl. nur *Schmidtchen*, WuW 1/2006, S. 6, 10 ff. m. w. N.

1422 *Schmidt/Wohlgemuth*, S. 52.

1423 *Dies.*, S. 52.

1424 *Dies.*, S. 52.

positiven Wohlfahrtseffekte, kann eine mögliche wettbewerbsbeschränkende Maßnahme von der EU-Kommission genehmigt werden.

Entgegen den Aussagen *Montis* in seinem im Jahr 2004 gehaltenen Vortrag mit dem programmatischen Titel „*Competition for consumers' benefit*"[1425], in dem er deutlich die positiven Wirkungen des Wettbewerbs für die Verbraucher herausstellte, geben die Leitlinien[1426] der EU-Kommission tatsächlich keinen eindeutigen Hinweis darauf, auf welchen wettbewerbsrechtlichen Maßstab für die Beurteilung des konkreten unternehmerischen Marktverhaltens schließlich abgestellt werden soll. Soll es auf die Minderung des Wettbewerbsdrucks unter den Marktteilnehmern, die negativen Auswirkungen auf Preise, Mengen, Qualitäten etc. ankommen oder auf die Auswirkungen auf die Konsumentenwohlfahrt in Form von Effizienzwirkungen?[1427] Die EU-Kommission legt sich diesbezüglich nicht fest, jedenfalls kann den Leitlinien nicht entnommen werden, dass der *more economic approach* eindeutig auf die Konsumentenwohlfahrt abstellt.[1428] Vielmehr schwankt die EU-Kommission in ihren Leitlinien zwischen wohlfahrtsökonomischen Effizienzerwägungen, marktstrukturellen Betrachtungsweisen und dem Wettbewerbsprozess als solchen als Schutzziel.[1429] Klarheit diesbezüglich kommt von der Rechtsprechung, denn der EuGH hat in seiner Entscheidung zu *GlaxoSmithKline/Kommission* festgestellt, dass das wohlfahrtsökonomische Kriterium der Verbraucherwohlfahrt bzw. die Feststellung einer negativen Auswirkung für die Verbraucher kein Tatbestandsmerkmal des Art. 81 EGV (jetzt: Art. 101 AEUV) ist.[1430] Damit hat die Rechtsprechung dem *more economic approach* für die Anwendung des Art. 81 EGV (jetzt: Art. 101 AEUV) eine Absage erteilt, solange hierbei auf die Berücksichtigung der Konsumentenwohlfahrt bzw. die Feststellung negativer Auswirkungen auf die Verbraucher als maßgebliches wettbewerbliches Kriterium abgestellt werden soll. Gleiches habe nach Ansicht von *Behrens* für das Miss-

1425 Abrufbar unter http://ec.europa.eu/competition/speeches/text/sp2004_016_en.pdf (zuletzt abgerufen am 08.03.2016).

1426 Zur normativen Bedeutung von Kommissionsleitlinien vgl. *Behrens*, in FS Möschel (2011), S. 116 ff.

1427 Vgl. den Überblick bei *dems.*, in FS Möschel (2011), S. 125.

1428 Vgl. den Überblick über die diesbezüglichen Aussagen der Leitlinien bei *dems.*, in FS Möschel (2011), S. 121 ff., der teilweise die Leitlinien noch vor ihrer Novellierung untersucht hat.

1429 *Ders.*, in FS Möschel (2011), S. 130.

1430 Vgl. die Entscheidung des EuG T-168/01 in Sachen GlaxoSmithKline/Kommission zu Fragen der Zulässigkeit des Parallelhandels nach Art. 101 AEUV (früher: Art. 81 EGV) und die in Teilen abweichende Entscheidung des EuGH C-501/06 P, Tz. 61–64 – GlaxoSmithKline/Kommission; hierzu auch *Schuhmacher*, S. 271 ff.

brauchsverbot nach Art. 102 AEUV sowie für die Fusionskontrolle nach Art. 3 FKVO zu gelten, da die Ausrichtung des unionsrechtlichen Wettbewerbsschutzes einheitlich zu sein habe, sodass die EU-Kommission auch hier im Rahmen des *more economic approach* nicht auf die Berücksichtigung der Konsumentenwohlfahrt als maßgebliches wettbewerbliches Kriterium abstellen könne.[1431]

Unklar bleibt des Weiteren, anhand welcher ökonomischer Methoden die EU-Kommission einen Zusammenhang von unternehmerischem Verhalten und Wohlfahrtsauswirkungen feststellen möchte.[1432] In den Leitlinien und sonstigen Veröffentlichungen finden sich hierzu keine konkreten Aussagen. Folgt sie der neoklassisch-wohlfahrtsökonomischen Orthodoxie, die auf Grund ihrer modellimmanenten Prämissen (Rationalitätsaxiom, Modell des sog. *homo oeconomicus*) in der Lage ist, aus den einzelwirtschaftlichen (produktiven und unproduktiven) Effizienzwirkungen eines bestimmten unternehmerischen Verhaltens positive wie negative gesamtwirtschaftliche (allokative oder dynamische) Effizienzwirkungen abzuleiten?[1433] Oder folgt sie den quantitativen Methoden der Industrieökonomik, die funktionsfähigen Wettbewerb durch die Ermöglichung optimaler Allokation gewährleistet sieht und dies insbesondere aus spieltheoretischen Modellen[1434] und Preisbildungsprozessen ableitet, wobei als Referenzmodelle das Modell der vollständigen Konkurrenz und das des Monopols herangezogen werden?[1435] Oder sollte sie besser dem Ansatz der Neuen Institutionenökonomik folgen, die darauf hinweist, dass es unzulässig ist, für die Beurteilung des tatsächlichen Entscheidungsverhaltens von Unternehmen die Existenz von Transaktionskosten, die Unvollkommenheit der zur Verfügung stehenden Informationen sowie die

---

1431 *Behrens,* in FS Möschel (2011), S. 129.

1432 Kritisch insofern *Lademann*, in FS Möschel (2011), S. 381 ff.; ebenso *Schmidt*, der das Fehlen einer exakten Theorie für die Erklärung dynamischer performance-Größen bemängelt, in FS Säcker (2011), S. 939, 947; gleichfalls *Ewald*, der mit dem Begriff der *forensischen Ökonomie* eine Alternative zu dem *more economic approach* vorschlägt, ZWeR 1/2011, S. 15, 18 ff.

1433 Das vermutet *Behrens,* in FS Möschel (2011), S. 124.

1434 Vgl. zu den Grundlagen der Spieltheorie die Ausführungen bei *Schwalbe/Zimmer,* S. 36 ff.; ebenfalls *Schmidtchen,* in Effizienz und Wettbewerb, S. 177, 178: Wettbewerbsgesetze seien die rechtliche Ausprägung von Spielformen.

1435 Vgl. hierzu *Schuhmacher*, S. 69 ff., zur Chicago School; *Schmidt*, in FS Bechtold (2006), S. 417; zu den drei Richtungen der Industrieökonomik (Austrian School, Chicago School, Harvard School) vgl. *Schmidt*, Wettbewerbspolitik, S. 14 ff., der die Modelle der Industrieökonomik für die Verbesserung der Entscheidungsqualität der EU-Kommission für nicht sachdienlich hält. Bspw. ließen sich mit Preismodellen die komplexen Markt- und Wettbewerbsprozesse nicht vollständig abbilden.

Unsicherheit betreffend die Reaktionen anderer Marktteilnehmer auf das eigene Marktverhalten auszublenden?[1436] *Behrens* schlägt vor, dass anstelle des Modells des *homo oeconomicus* und des Rationalitätsaxioms vielmehr das Konzept der beschränkten Rationalität (sog. *bounded rationality*) heranzuziehen sei.[1437] Damit sei es aber nicht mehr ohne Weiteres möglich, von dem einzelwirtschaftlichen Marktverhalten auf gesamtwirtschaftliche Wohlfahrtseffekte zu schließen, da Effizienz und Konsumentenwohlfahrt als Resultat des Wettbewerbsprozesses insgesamt begriffen werden müssten, dessen Funktionsfähigkeit durch entsprechende Regeln der Wettbewerbsordnung geschützt werden müssten.[1438]

3. Pro und Contra des *more economic approach*

Zunächst scheint für den ökonomischeren Ansatz der EU-Kommission zu sprechen, dass durch eine verstärkte Anwendung einer *rule of reason*-Prüfung die Effizienz der europäischen Wettbewerbspolitik erhöht werden kann, indem die Entscheidungsqualität in Form einer Reduktion von ungerechtfertigten Freigaben (Fehlertyp 1. Ordnung) und ungerechtfertigten Untersagungen (Fehlertyp 2. Ordnung) gesteigert wird.[1439] Dies kann zu Wohlfahrtserhöhungen führen, da direkte Wohlfahrtsverluste durch wettbewerbsschädliche Verhaltensweisen vermieden und gleichzeitig potentielle Effizienzgewinne realisiert werden können, sodass die Vorteile des *more economic approach* primär in der Reduktion von Fehlerkosten zu sehen sind.[1440] Diesen Vorteilen stehen jedoch Opportunitätskosten in der Form eines höheren Verfahrensaufwandes sowie der Gefahr einer faktischen Verringerung der Rechtssicherheit gegenüber.[1441] Der höhere Verfahrensaufwand einer *rule of reason*-Prüfung resultiert daraus, dass die institutionellen und prozeduralen Gestaltungsaufgaben erheblich komplexer sind als bei per-se-Standards.[1442] Die mit dem *more economic approach* verbundenen Einzelfallbeurteilungen gehen zudem stets mit höheren Ermessensspielräumen einher, womit die Gefahr einer stärkeren Berücksichtigung von Sonderinteressen in der Wettbewerbspolitik steigt.[1443] Rechtliche Unsicherheit resultiert aus der Problematik, dass (industrie-)ökonomische Modelle keiner klar definierten *ex ante*-Regel zuträglich sind,

---

1436 Das schlägt *Behrens* vor, in FS Möschel (2011), S. 124.
1437 Vgl. nur *ders.*, in FS Möschel (2011), S. 124; *Ackermann*, S. 78 f.
1438 *Behrens*, in FS Möschel (2011), S. 124.
1439 *Schmidt/Wohlgemuth*, S. 63.
1440 *Dies.*, S. 63.
1441 *Dies.*, S. 63; *Schwalbe/Zimmer*, S. 533; *Budzinski*, in FS Eickhof (2008), S. 15, 22 ff.
1442 *Schmidt/Wohlgemuth*, S. 63 ff., bspw. durch die Erstellung von Gutachten etc.
1443 *Dies.*, S. 71, 72 m. w. N.

da nicht geklärt werden kann, welche Aspekte dynamischer Wettbewerbsprozesse wie positiv erfasst und welche wie abzuwägenden wettbewerbspolitischen Folgen hieraus normativ abgeleitet werden können:[1444] Es gilt, die grundlegende Frage zu beantworten, ob sich Markt- und Wettbewerbsprozesse mit Hilfe (industrie-)ökonomischer Modelle vollständig abbilden lassen, sodass es anhand dieser Modelle gelingen kann, zuverlässige Ergebnisse bezüglich des zu erwartenden Marktverhaltens bei einer gegebenen Marktstruktur abzuleiten. Da Wettbewerbsprozesse komplexe und vielschichtige Phänomene sind, erscheint es aus theoretischer Sicht nicht möglich, alle konkreten Bedingungen und Funktionsweisen dieser Prozesse herauszuarbeiten.[1445] Daher existiert kein ökonomisches Modell, das geeignet ist, die wohlfahrtsökonomischen Auswirkungen des jeweiligen Marktverhaltens zu prognostizieren. Darüber hinaus müsste sichergestellt sein, dass die mit Hilfe der (industrie-)ökonomischen und ökonometrischen Modelle gewonnenen Ergebnisse in justiziable Entscheidungskriterien überführt werden und einer gerichtlichen Überprüfung standhalten können, sodass sie im Ergebnis die Eigenschaft eines ordentlichen Beweises übernehmen können.[1446] Existiert nun aber kein Modell, das dem Richter klare Kriterien für die Überprüfung eines kartellrechtlichen Sachverhaltes an die Hand gibt, wird mit der angestrebten Ökonomisierung der Wettbewerbspolitik auf der Basis von Einzelfallentscheidungen primär die Rechtssicherheit reduziert.[1447]

Trotz alledem sieht *Schmidtchen* in dem *more economic approach* eine Möglichkeit, die bisher im starren Strukturdenken verhaftete orthodoxe Wettbewerbspolitik, die mit einer „Förderung und Erhaltung der Wettbewerblichkeit“ bezeichnet werden könne, zugunsten einer an ökonomischen Effizienzergebnissen orientierten Wettbewerbspolitik zu überwinden.[1448] Ebenso wie die „neue Wettbewerbspolitik“ werfe die orthodoxe Wettbewerbspolitik Messprobleme auf,

---

1444 *Dies.*, S. 52; *Schmidt*, in FS Säcker (2011), S. 947.

1445 *Schmidt/Wohlgemuth*, S. 69 m. w. N.

1446 *Dies.*, S. 68; *Budzinski*, in FS Eickhof (2008), S. 15, 24.

1447 *Pichler*, S. 50, 51 m. w. N.; *Schmidt/Wohlgemuth*, S. 69, die auf die Entscheidung des EuG T-464/04 – Impala/Kommission hinweisen, in der die Freigabeentscheidung der EU-Kommission, die sie u. a. auf Preisvergleiche gestützt hatte, mangels Unzuverlässigkeit und Relevanz der von der EU-Kommission vorgenommenen Untersuchungen aufgehoben wurde.

1448 *Schmidtchen*, in Effizienz und Wettbewerb, S. 174. Trotz seiner Kritik bzgl. einer Verringerung der Rechtssicherheit befürwortet auch *Bechtold* eine intensive Anwendung ökonomischer Methoden für das deutsche Kartellrecht, vgl. *ders.*, in Recht und Ökonomie, S. 103, 108 ff.

erzeuge Unsicherheiten in der Rechtsanwendung und begehe Fehler der 1. und 2. Ordnung.[1449] Anstelle der *„consumer welfare“* (Konsumentenwohlfahrt) sei als Ziel der Förderung jedoch der Maßstab der weniger restriktiven *„total welfare“* (Gesamtwohlfahrt) heranzuziehen.[1450] Nur so könnten etwaige Unsicherheiten, wie bspw. die Feststellung einer tatsächlichen Weitergabe der Vorteile an die Konsumenten, vermieden werden. Stelle man auf den Maßstab der „total welfare“ ab, bliebe die Rente, die durch die Produktivitätssteigerung entstanden sei, sodass sich die Frage nach einer Weitergabe von Effizienzen an die Verbraucher nicht stelle.[1451] *Schmidtchen* zufolge werde mit der „consumer welfare“ eine Effizienz- mit einer Verteilungsfrage vermengt und es sei fraglich, ob die Wettbewerbspolitik geeignete Instrumente zur Verfolgung verteilungspolitischer Ziele bereitstellen könne.[1452]

Überwiegend wird die mit dem Ansatz der Effizienzorientierung einhergehende wohlfahrtsökonomische Instrumentalisierung der Wettbewerbspolitik sowie Orientierung zu einem neuen Leitbild der Förderung der Konsumentenwohlfahrt jedoch abgelehnt.[1453] Neben den zuvor aufgeführten Gründen der Rechtsunsicherheit[1454] und des erhöhten Verfahrensaufwandes wird in dem neuen Ansatz – unabhängig davon, ob er auf eine Steigerung der Konsumenten- oder der Gesamtwohlfahrt ausgerichtet ist – ein Widerspruch zu den Zielen der Aufrechterhaltung individueller Handlungsfreiheiten sowie eines (reflexhaften) Schutzes des Wettbewerbs als Institution gesehen.[1455] Unter Heranziehung des *more economic approach* sei Wettbewerb nicht mehr Selbstzweck, sondern lediglich Mittel zum Zweck.[1456]

1449 *Ders.*, in Effizienz und Wettbewerb, S. 173, 174.

1450 *Ders.*, in Effizienz und Wettbewerb, S. 175, 176.

1451 *Ders.*, in Effizienz und Wettbewerb, S. 176.

1452 *Ders.*, in Effizienz und Wettbewerb, S. 176.

1453 Vgl. bspw *Pichler*, S. 49 ff. m. w. N.; Immenga/Mestmäcker/*Zimmer* Band 2. GWB/Teil 1, § 1 Rn. 15; MünchKomm UWG Band 1/*Sosnitza*, Grundl Rn. 11 m. w. N.; *Behrens*, in FS Möschel (2011), S. 115 ff.; *Schmidt*, in FS Säcker (2011), S. 939 ff.; *ders.*, in FS Bechtold (2006), S. 409 ff.; *Mestmäcker*, in Zukunftsperspektiven der Wettbewerbspolitik, S. 19 ff.; *Budzinski*, in FS Eickhof (2008), S. 15 ff.

1454 Dies bemängelt auch *Bechtold*, in Recht und Ökonomie, S. 103, 108 ff.; ähnlich *Rittner*, in Recht und Ökonomie, S. 17 ff.

1455 Immenga/Mestmäcker/*Zimmer* Band 2. GWB/Teil 1, § 1 Rn. 14; vgl. weitere ablehnende Literaturstimmen im Überblick bei *Budzinski*, in FS Eickhof (2008), S. 31 f.

1456 Vgl. *Wollmann*, in FS Griss (2011), S. 771, 773 m. w. N. Vgl. zur Diskussion zu der Fragestellung, ob der Wettbewerb als Institution an sich oder nur insoweit er effizien-

Schmidt sieht in dem ökonomischeren Ansatz der EU-Kommission die Gefahr, dass das Wettbewerbsrecht dazu verwendet werde, um im Interesse der Realisierung kurzfristiger Effizienzziele Wettbewerb zu verhindern.[1457] Nehme man bspw. ein missbräuchliches Verhalten aus statischen Effizienzüberlegungen billigend in Kauf, bedeute dies, dass man eine Einschränkung des Wettbewerbs und damit eine Einschränkung der aus ihm resultierenden dynamischen Wohlfahrtseffekte akzeptiere.[1458] Langfristig könnten mit einer solchen Praxis jedoch keine dynamischen Wohlfahrtseffekte realisiert werden.[1459] Eine Effizienzorientierung der Wettbewerbspolitik, die universale Regeln zugunsten einer stärker wirkungsbasierten Einzelfallanalyse aufgebe, sei mit der Sicherung der individuellen Handlungs- und Entschließungsfreiheit nicht vereinbar.[1460] Würde man einen am Kriterium der ökonomischen Effizienz verwalteten Wettbewerb befürworten, wäre der Wettbewerb seiner eigentlichen Funktion, die Freiheit zu sichern, Macht zu kontrollieren und Entdeckungsprozesse zu generieren, enthoben.[1461] Gleiches gelte für die Ausrichtung der Wettbewerbspolitik am Maßstab der Verbraucherwohlfahrt, da es auch hier an geeigneten Beurteilungskriterien fehle.[1462] Mit einer Ausrichtung auf die Verbraucherwohlfahrt würden die dynamischen Aspekte des Innovationswettbewerbs nicht berücksichtigt. Die Wettbewerbspolitik habe sich daher primär an dem Ziel der Freiheitssicherung zu orientieren.[1463]

Mestmäcker ruft in Erinnerung, dass Wettbewerbshandlungen als Teil des Wettbewerbsprozesses nicht anhand ihrer Ergebnisse beurteilt werden könnten, sondern anhand der anzuwendenden Norm festzustellen sei, ob deren Tatbestandsvoraussetzungen gegeben seien.[1464] Normen gegen Wettbewerbsbeschränkungen müssten in Übereinstimmung mit dem System ausgelegt und angewendet werden, das sie sichern sollen.[1465] Die Bausteine dieses Systems seien

---

te Ergebnisse erreicht geschützt sein soll nur *Basedow*, WuW 7 u. 8/2007, S. 712 ff. m. w. N.; *Behrens*, in FS Möschel (2011), S. 115 ff.

1457 *Schmidt*, in ORDO 2008, S. 209, 226.

1458 *Ders.*, in ORDO 2008, S. 209, 225.

1459 *Ders.*, in ORDO 2008, S. 209, 225.

1460 Vgl. *ders.*, in ORDO 2008, S. 209, 226 m. w. N., sowie seine weiteren Ausführungen auf S. 227 ff.

1461 *Ders.*, in ORDO 2008, S. 209, 231.

1462 *Ders.*, in ORDO 2008, S. 209, 231.

1463 *Ders.*, in ORDO 2008, S. 209, 231.

1464 *Mestmäcker*, in Zukunftsperspektiven der Wettbewerbspolitik, S. 21, 29.

1465 *Ders.*, S. 29.

die Transaktionen, aus denen der Wettbewerb entstehe, und die als Bestandteile des Wettbewerbsprozesses zu würdigen seien.[1466]

Diesen Widerspruch weisen andere Stimmen[1467] zurück: Im Sinne von *Hoppmanns*[1468] „Non-Dilemma-These" (der Schutz der Wettbewerbsfreiheit maximiert zugleich die gesellschaftliche Wohlfahrt) vertreten sie die Ansicht, dass die Leitbilder der Wettbewerbsfreiheit und der Effizienzorientierung im Sinne des *more economic approach* kompatibel seien, denn eine Politik, die den Wettbewerb schütze, maximiere zugleich die gesellschaftliche Wohlfahrt.[1469]

Möschel weist darauf hin, dass es für die Beurteilung eines Konfliktes zwischen einem Freiheits- und einem Effizienzziel auf den Inhalt der ökonomischen Effizienz ankäme.[1470] Kein Konflikt bestehe, wenn man unter ökonomischer Effizienz jene Wirkungen verstehe, die aus den Wettbewerbsprozessen erwüchsen.[1471] Die so ausgelegte Effizienz könne im Sinne einer sog. Paretoeffizienz verstanden werden, bei der es nicht mehr möglich ist, durch eine Veränderung der Tausch- oder Produktionsverhältnisse den Wohlstand eines Wirtschaftssubjektes zu erhöhen, ohne den Wohlstand eines anderen Wirtschaftssubjektes zu vermindern.[1472] Eine solche Effizienzvorstellung gründe sich auf der Autonomie bzw. Freiheit des Einzelnen als obersten Wert und stehe im Gegensatz zu dem utilitaristischen Modell, das auf einen Zuwachs der Gesamtwohlfahrt abstelle. Demgemäß sieht *Möschel* einen Konflikt zwischen Freiheits- und Effizienzziel, wenn man unter Effizienz eine Wohlstandsmaximierung im Sinne des Kaldor-Hicks-Kriteriums verstehe, dass zwar ebenfalls wie die Paretoeffizienz zwei Zustände miteinander vergleiche, allerdings nicht verlange, dass niemand durch die Veränderung schlechter gestellt werden dürfe.[1473] Es sei ausreichend, wenn diejenigen, deren Wohlfahrt gestiegen sei, die Verlierer kompensieren könnten und dennoch einen Nettozuwachs an Wohlfahrt hätten (ohne dass eine Kompensation tatsächlich gefordert werde).[1474] Im Ergebnis lehnt *Möschel* den effizienzorientierten Ansatz der EU-Kommission

---

1466 *Ders.*, S. 29.

1467 *Hellwig*, in FS Mestmäcker (2006), S. 233 ff.; *Schuhmacher*, S. 177 ff. m. w. N.

1468 Vgl. nur *Hoppmann*, S. 286 ff., sowie den Überblick über den Meinungsstand zu der Frage, ob sich der *more economic approach* und die Wettbewerbsfreiheit in einem Zielkonflikt befinden bei *Schmidt*, Wettbewerbspolitik, S. 105 ff.

1469 *Schmidtchen*, WuW 1/2006, S. 6, 10.

1470 *Möschel*, in FS Mestmäcker (2006), S. 359 ff.

1471 *Ders.*, in FS Mestmäcker (2006), S. 359.

1472 *Ders.*, in FS Mestmäcker (2006), S. 359.

1473 *Ders.*, in FS Mestmäcker (2006), S. 362.

1474 *Ders.*, in FS Mestmäcker (2006), S. 362 ff.

ab. Er sieht in dem Konzept wirtschaftlicher Effizienz eine Anmaßung von Wissen, da hier Marktergebnisse zu Beurteilungskriterien für die Frage einer Wettbewerbsbeschränkung gemacht würden.[1475] Mit einem Konzept des Schutzes freier Marktprozesse vermeide man zudem die erkenntnistheoretischen Defizite, die sich mit einer Marktergebnisorientierung von Effizienzansätzen verbänden.[1476]

Die zunehmende Komplexität kartellrechtlicher Sachverhalte verlangt notwendigerweise neue und detailliertere wirtschaftliche Methoden und Herangehensweisen im Rahmen der Anwendung des Kartellrechts. Das Kartellrecht, das Komponenten des Wirtschaftsverwaltungsrechts, des Wirtschaftsrechts sowie der Ökonomie verbindet, ist schon lange von der Anwendung betriebswirtschaftlicher Erkenntnisse bei der Prüfung kartellrechtlicher Sachverhalte, wie bspw. der Beurteilung einseitigen Marktverhaltens durch Behinderungs- oder Ausbeutungsmissbrauch, geprägt.[1477] Grundsätzlich bestehen nach allgemeiner Meinung keine Bedenken gegen eine ökonomisch fundierte Entscheidungsfindung im Kartellrecht. Mit einer Fokussierung auf die Verbraucherwohlfahrt anhand der Feststellung möglicher Effizienzgewinne oder -nachteile, wie es mit dem *more economic approach* von der EU-Kommission angestrebt wird, ist einer sachgerechten Beurteilung der jeweiligen kartellrechtlichen Sachverhalte aus den zuvor genannten Gründen jedoch nicht gedient. Zusammenfassend wird man einen *more economic approach* also ablehnen müssen, solange die EU-Kommission unter diesem Begriff eine Erhöhung der Effizienz der Entscheidungsverfahren sowie eine stärkere Berücksichtigung der ökonomischen Konsequenzen der jeweiligen Entscheidungen verstanden haben will.[1478] Darüber hinaus gilt es zu beachten, dass insbesondere unter dem geltenden Kartellverbotstatbestand eine Ausrichtung an dem Ziel einer Maximierung der Gesamt- oder auch Konsumentenwohlfahrt ausscheidet. Eine Beschränkung des Wettbewerbs, die für Konsumenten nachteilig ist, kann nach Art. 101 Abs. 3 AEUV auch durch überwiegende Gesamtwohlfahrtsgewinne nicht gerechtfertigt werden.[1479] Die besseren Gründe sprechen dafür, im Tatbestand des Kartellverbotes gem. Art. 101 Abs. 1 AEUV sowie den anderen kartellrechtlichen Normen von einer individual- und institutionenschützenden und nicht von einer allein verbraucherorientierten Zweckrichtung auszugehen, denn die Rechtfertigung einer tatbestandsmäßigen Wettbewerbsbeschränkung unter dem Gesichtspunkt einer Förderung der Verbraucherinteressen ist erst im Rahmen des

---

1475 *Ders.*, in FS Mestmäcker (2006), S. 365.

1476 *Ders.*, in FS Mestmäcker (2006), S. 365.

1477 Vgl. nur *Riesenkampff*, in FS Möschel (2011), S. 490, 497.

1478 *Schmidt/Wohlgemuth*, S. 74.

1479 Immenga/Mestmäcker/*Zimmer* Band 2. GWB/Teil 1, § 1 Rn. 15.

Art. 101 Abs. 3 AEUV unter Erfüllung dessen Tatbestandsvoraussetzungen vorgesehen.[1480] Entsprechend hat der EuGH in seiner Entscheidung *GlaxoSmithKline* ausgeführt, dass das Kartellverbot, wie auch die übrigen Wettbewerbsvorschriften des Vertrages, nicht ausschließlich dazu bestimmt seien, die Interessen der Verbraucher zu schützen, sondern primär die Struktur des Marktes und damit den Wettbewerb als solchen.[1481]

Konsequenterweise ist bei der EU-Kommission sowie beim Europäischen Gerichtshof[1482] eine Rückbesinnung auf den Schutz des Wettbewerbs als primäres Schutzgut zu erkennen.[1483] Zurückhaltung ist insbesondere im Hinblick auf das Postulat der Konsumentenwohlfahrt zu beobachten. Der EuGH führt bspw. in den Entscheidungen *British Airways* und *T-Mobile Netherlands* aus, dass Art. „81 EG [jetzt: Art. 101 AEUV], wie auch die übrigen Wettbewerbsregeln des Vertrags, nicht nur dazu bestimmt [sind], die unmittelbaren Interessen einzelner Wettbewerber oder Verbraucher zu schützen, sondern die Struktur des Marktes und damit den Wettbewerb als solchen"[1484]. Die Vertikalleitlinien (2010) der EU-Kommission formulieren: „Artikel 101 AEUV soll sicherstellen, dass Unternehmen bestimmte Vereinbarungen, im konkreten Fall vertikale Vereinbarungen, nicht zur Einschränkung des Wettbewerbs und damit zum Nachteil der Verbraucher einsetzen"[1485], wohingegen es in der ursprünglichen Fassung der Vertikalleitlinien aus dem Jahr 2000 noch hieß: „Der Schutz des Wettbewerbs zum Wohle der Verbraucher und zur effizienten Verteilung der Ressourcen ist das Hauptziel der EG-Wettbewerbspolitik"[1486]. Auch wenn hiermit keine vollständige Abkehr von dem *more economic approach* verbunden ist, zeigt es doch, dass die EU-Kommission eine deutliche Relativierung und Rückbesinnung auf das eigentliche Anliegen des Wettbewerbsschutzes vornimmt und der Verbraucherschutz als primärer Schutzzweck des Kartellrechts damit an Bedeutung verliert.[1487]

1480 *Ders.* Band 2. GWB/Teil 1, § 1 Rn. 15.

1481 EuGH C-501/06 P, Tz. 61–64 – GlaxoSmithKline/Kommission.

1482 Vgl. die Entscheidungen des EuGH C-8/08, Tz. 38 – T-Mobile Netherlands; EuGH C-95/04 P, Tz. 106 – British Airways, unter Bezugnahme auf die Entscheidung des EuGH in Sachen C-6/72, Tz. 26 – Continental Can.

1483 *Riesenkampff*, in FS Möschel (2011), S. 490, 499.

1484 EuGH C-8/08, Tz. 38 – T-Mobile Netherlands; EuGH C-95/04 P, Tz. 106 – British Airways.

1485 Vertikalleitlinien Tz. 7.

1486 Vertikalleitlinien vom 13.10.2000, ABl. 2000 C 291/01, Tz. 7.

1487 *Riesenkampff*, in FS Möschel (2011), S. 500.

II. Das Verhältnis von Kartell- und Lauterkeitsrecht

Nach der derzeit vorherrschenden Ansicht schützen das UWG sowie das GWB als Gesetze zur Ordnung des wirtschaftlichen Wettbewerbs[1488] die einheitliche Gesamtordnung des Wettbewerbs – wenn auch mit unterschiedlicher Zielrichtung.[1489] Der Schutz des Wettbewerbs umfasst die Interessen der Mitbewerber, der Verbraucher, der sonstigen Marktteilnehmer sowie der Allgemeinheit. Das Kartellrecht schützt den *freien* Wettbewerb als Koordinator der Marktbeziehungen vorwiegend unter wirtschaftspolitischen Aspekten gegen Beschränkungen.[1490] Es versucht in erster Linie präventiv zu verhindern, dass bestehender oder potentieller Wettbewerb künstlich durch Vertrag, Beschluss oder abgestimmte Verhaltensweisen von Unternehmen (Art. 101 AEUV, §§ 1 ff. GWB) oder durch Druck, Bestechung, Boykott oder Diskriminierung (§§ 21 Abs. 2, 3, 20 Abs. 1, 2 GWB) beseitigt wird.[1491] Die Kontrolle von Zusammenschlüssen (FKVO; §§ 35 ff. GWB) dient der Erhaltung des Wettbewerbs.[1492] Nutzt ein marktbeherrschendes Unternehmen seine Marktstellung missbräuchlich aus, wird repressiv eingegriffen (§§ 19, 20 GWB). Dagegen steht im Lauterkeitsrecht der Schutz der *Marktteilnehmer* gegen *unlautere* geschäftliche Handlungen einzelner Unternehmen im Vordergrund.[1493] Der Wettbewerb, bzw. die Wettbewerbsfreiheit, wird hier nur

---

1488 Es soll an dieser Stelle nicht im Detail auf die Entwicklung des Verhältnisses der Schutzzwecke der beiden Gesetze eingegangen werden. Vgl. den Überblick hierzu bei *Pichler*, S. 164 ff. m. w. N.; MünchKomm UWG Band 1/*Sosnitza*, Grundl Rn. 27 ff. m. w. N.; Gloy/Loschelder/Erdmann/*Holtorf*, § 16 Rn. 3.

1489 *Ders.*, § 16 Rn. 1 m. w. N.; Köhler/Bornkamm/*Köhler*, Einl UWG Rn. 6.13; MünchKomm UWG Band 1/*Sosnitza*, Grundl Rn. 28, 29; *Boesche*, § 2 Rn. 26; Fezer/*Fezer* Band 1 UWG, § 4-1 Rn. 44; a.A. *Podszun*, WRP 2009, S. 509 ff.; *Drexl*, S. 299 f. m. w. N.

1490 Köhler/Bornkamm/*Köhler*, Einl UWG Rn. 6.1, 6.13.

1491 *Ders.*, Einl UWG Rn. 1.33; Anmerkung *Beater* zu *Podszun*, in Hilty/Henning-Bodewig, S. 176, der in der Art der Wettbewerbsverstöße ein zentrales Abgrenzungskriterium sieht: Im Lauterkeitsrecht gehe es eher um deliktisches Verhalten, gegen das sich der Geschädigte mit zivilrechtlichen Klagemöglichkeiten wehren könne, während es im Kartellrecht um die Wettbewerbsbeeinträchtigung durch abgestimmtes Verhalten (bspw. durch vertragliche Vereinbarungen) ginge, das zwingend über eine Behörde kontrolliert werden müsse und mangels Kenntnis von dem Kartell nicht über den privaten Klageweg verfolgt werden könne.

1492 Köhler/Bornkamm/*Köhler*, Einl UWG Rn. 1.33.

1493 *Ders.*, Einl UWG Rn. 6.13; MünchKomm UWG Band 1/*Sosnitza*, Grundl Rn. 29 m. w. N.; vgl. auch *Bornkamm*, in FS Griss (2011), S. 80 ff., der allerdings unterschiedliche Schutzzwecke unterstellt.

reflexhaft mitgeschützt – primärer Schutzzweck ist der Schutz der Marktbeteiligten. Trotz der Dualität der durch das UWG und das GWB zu schützenden individuellen und kollektiven Interessen schließen sich die jeweiligen Ziele gegenseitig nicht aus.[1494] Auch hinsichtlich des Schutzes des freien und des lauteren Wettbewerbs bestehen keine Gegensätze. Vielmehr ist anerkannt, dass sich beide Normenkomplexe ergänzen und so auszulegen sind, dass Wertungswidersprüche vermieden werden.[1495] Beide Gesetze sind auf dasselbe Phänomen – den Wettbewerb – bezogen. Sie regeln den Wettbewerb lediglich unter verschiedenen Aspekten und beeinflussen sich bei der Verhinderung missbräuchlicher Verhaltensweisen wechselseitig.

Das Lauterkeitsrecht kann materiellrechtlich daher auch nicht als eine „Beschränkung" der Wettbewerbsfreiheit verstanden werden.[1496] Die Aufrechterhaltung der Wettbewerbsfreiheit im Rahmen des Systems einer marktwirtschaftlich orientierten Wirtschaftsordnung allein kann unlautere Handlungen nicht verhindern. Für ein Funktionieren des Wettbewerbs bietet die Gewährleistung lauteren Wettbewerbs den besten Schutz für die freie wirtschaftliche Betätigung des Einzelnen und der Allgemeinheit. Dabei darf das Lauterkeitsrecht den für die Wettbewerbsfreiheit benötigten notwendigen Spielraum jedoch nicht unverhältnismäßig einengen. Auf der anderen Seite darf die Wettbewerbsfreiheit keinen Freibrief für unlautere Verhaltensweisen geben.[1497] Die Verbote des Lauterkeitsrechts sind daher nicht als einseitige Beschränkung der durch das Kartellrecht gewährleisteten Wettbewerbsfreiheit aufzufassen, sondern ihrerseits in Verbindung mit den Grundwertungen des Kartellrechts auszulegen.[1498] Beide Rechtsgebiete dienen sowohl dem Schutz der Individualinteressen (vgl. bspw. § 33 GWB, Art. 101 AEUV[1499], § 1 S. 1 UWG und § 8 Abs. 3 UWG) als auch dem Schutz des Allgemeininteresses (vgl. § 1 S. 2 UWG).[1500]

Die Änderungen der jüngeren Vergangenheit in beiden Rechtsgebieten könnten zu einer Aufweichung der Grenzen der beiden Gesetze beitragen. Durch den Einfluss der UGP-RL auf das deutsche Lauterkeitsrecht und die

---

1494 Köhler/Bornkamm/*Köhler*, Einl UWG Rn. 6.13.

1495 *Ders.*, Einl UWG Rn. 6.13.

1496 *Ders.*, Einl UWG Rn. 6.12; a.A. *Bornkamm*, in FS Griss (2011), S. 81.

1497 Köhler/Bornkamm/*Köhler*, Einl UWG Rn. 6.12.

1498 Vgl. die weiterführenden Ausführungen hierzu bei *dems.*, Einl UWG Rn. 6.12.

1499 EuGH C-298/04, Tz. 60 ff. – Manfredi; EuGH C-453/99, Tz. 26 ff. – Courage; allgemein auch Gloy/Loschelder/Erdmann/*Holtorf*, § 16 Rn. 1.

1500 Köhler/Bornkamm/*Köhler*, Einl UWG Rn. 6.13; Götting/Nordemann/*Götting*, Einleitung Rn. 64.

Verankerung des Verbraucherschutzes in § 1 UWG auf der einen und der stärkeren Orientierung an dem Verbraucherwohl als (vermeintlichem) Ziel der europäischen kartellrechtlichen Regelungen auf der anderen Seite könnte eine Konvergenz zwischen UWG und GWB bewirkt werden, die zu einer Erosion der Grenze zwischen Institutionenschutz und Verhaltenskodex führen könnte.[1501] Auch aus der deutschen Gesetzgebung (vgl. § 24 Abs. 2 GWB „Grundsätze des lauteren Wettbewerbs" und § 1 S. 2 UWG „Interesse der Allgemeinheit an einem unverfälschten Wettbewerb") kann auf einen Prozess der Annäherung bis hin zu einer Verschränkung geschlossen werden.[1502] Schon vor Beginn des Annäherungsprozesses konnten für vereinzelte Sachverhalte beide Rechtsgebiete nebeneinander zur Anwendung gelangen, wenn das Verhalten gegen Vorschriften beider Rechtsgebiete verstieß.[1503] Das darf jedoch nicht darüber hinwegtäuschen, dass nicht jede unlautere Handlung kartellrechtswidrig oder umgekehrt jede kartellrechtswidrige Handlung unlauter ist.[1504] Gleichfalls darf nicht übersehen werden, dass das Kartellrecht trotz der Diskussion um den *more economic approach* auch weiterhin dem Schutz des freien Wettbewerbs verpflichtet ist, wohingegen das Lauterkeitsrecht den Schutz der Marktteilnehmer gegen unlautere Wettbewerbshandlungen bezweckt.

III. Berücksichtigung des *more economic approach* im Lauterkeitsrecht?

Hinter dem Begriff des *more economic approach* verbirgt sich, wie zuvor gezeigt, nicht nur die verstärkte Anwendung ökonomischer Modelle und Methoden mittels Einzelfallanalyse im Kartellrecht, sondern insbesondere die Erhebung ökonomischer Effizienzen im Rahmen der zu erwartenden Marktfolgen. Soweit es um die Anwendung von Einzelfallanalysen bei der Beurteilung des jeweiligen wettbewerbswidrigen Verhaltens geht, bestehen gegen eine derartige Berücksichtigung im Lauterkeitsrecht theoretisch grundsätzlich keine Bedenken, da hier bereits seit längerem einzelfallbezogene Bewertungen vorgenommen werden.[1505] Grundsätzlich möglich erscheint ebenfalls eine Einbeziehung ökonomi-

---

1501 Gloy/Loschelder/Erdmann/*Holtorf*, § 16 Rn. 4, der noch weitere Annäherungspunkte aufzeigt.

1502 MünchKomm UWG Band 1/*Sosnitza*, Grundl Rn. 30.

1503 BGH GRUR 2004, 602, 603, 604–20 Minuten Köln; MünchKomm UWG Band 1/*Sosnitza*, Grundl Rn. 31.

1504 Köhler/Bornkamm/*Köhler*, Einl UWG Rn. 6.13.

1505 Vgl. nur *Podszun*, WRP 2009, S. 516.

scher Methoden und Modelle in die lauterkeitsrechtliche Rechtsfindung[1506], obwohl ökonomischen Aspekten in der lauterkeitsrechtlichen Literatur und Rechtsprechung bislang nur wenig oder keine Beachtung beigemessen wurde.[1507] Ein Überblick zeigt, dass die Rechtsprechung, wenn überhaupt, lediglich allgemeine ökonomische (Folge-)Überlegungen in ihre Entscheidungen einbezieht[1508], von den Möglichkeiten der zur Verfügung stehenden ökonomischen Modelle allerdings allem Anschein nach (noch) keinen Gebrauch gemacht hat, sodass der praktische Nutzen für die Rechtsfindung noch nicht beurteilt werden kann.[1509] Im Hinblick auf die im Kartellrecht diskutierte Berücksichtigung ökonomischer Folgenerwägungen im Sinne der Betrachtung von Effizienzwirkungen bzw. einer Untersuchung der Konsumentenrente erscheint eine Anwendung bei der Beurteilung lauterkeitsrechtlicher Sachverhalte allerdings fraglich.[1510] Schließlich stellt sich die Frage nach einem geeigneten Prüfungsstandort für die Heranziehung ökonomischer Betrachtungsweisen innerhalb einer lauterkeitsrechtlichen Prüfung.

1506 Vgl. die Ausführungen sogleich.

1507 Zum Meinungsstand in der Literatur siehe *Pichler*, S. 103, Fn. 529, sowie die folgenden Ausführungen.

1508 Hinzuweisen sei hier bspw. auf die Rspr. zur Massenverteilung von Originalware im Rahmen der allgemeinen Marktbehinderung, die neben Aspekten des psychischen Kaufzwanges und des übertriebenen Anlockens auch auf eine angebliche Marktstörung abstellte, es dabei aber bei allgemeinen Feststellungen beließ, vgl. BGH GRUR 1975, 26, 27 - Colgate; BGH GRUR 1969, 295, 297 - Goldener Oktober; BGH GRUR 1965, 489, 491 - Kleenex; BGH GRUR 1957, 365, 367 - SUWA; und die Wettbewerbswidrigkeit begründenden Umstände darin sah, dass der Verbraucher darauf verzichte, das Leistungsangebot anderer Mitbewerber auf Güte und Wirtschaftlichkeit zu überprüfen. Bei der Beurteilung eines Wettbewerbsverhaltens als einer unzulässigen Marktbehinderung könne es nicht darum gehen, den Wettbewerb in seinen überkommenen Strukturen zu erhalten und wirtschaftlichen Entwicklungen allein deshalb entgegenzusteuern, weil sie die bestehende Konzeption in Frage stellten, vgl. nur BGH GRUR 2004, 877, 879 - Werbeblocker; BGH GRUR 1991, 616, 617 - Motorboot-Fachzeitschrift. Es sei vielmehr unter Würdigung der Gesamtumstände des Einzelfalls danach zu fragen, ob das Wettbewerbsverhalten unter Berücksichtigung der Interessen der Mitbewerber und der Allgemeinheit mit den guten Sitten im Wettbewerb vereinbar sei, BGH GRUR 1991, 616, 617 - Motorboot-Fachzeitschrift; BGH GRUR 1982, 53 ff. - Bäckereifachzeitschrift.

1509 Ebenfalls kritisch *Pichler*, S. 102, 103.

1510 Vgl. die folgenden Ausführungen.

1. Europäisches Lauterkeitsrecht

Versteht man unter dem *more economic approach* neben der verstärkten Anwendung ökonomischer Modelle auch die Berücksichtigung möglicher Effizienzsteigerungen im Sinne einer Maximierung der Konsumentenwohlfahrt, kann eine Einbeziehung dieses Konzeptes auf europäischer lauterkeitsrechtlicher Ebene bislang nicht festgestellt werden.[1511] Ein Grund kann in den unterschiedlichen Entwicklungsgeschichten des europäischen Kartell- und Lauterkeitsrechts gesehen werden:[1512] Nach einer gescheiterten europaweiten sekundärrechtlichen Harmonisierung der mitgliedstaatlichen Lauterkeitsregelungen bis zum Ende der 1990er Jahre verblieb für den europäischen Lauterkeitsschutz lange Zeit nur der Rückgriff auf die Grundfreiheiten im Sinne einer begrenzten primärrechtlichen Kontrolle.[1513] Erst mit den Richtlinien betreffend die Irreführung aus dem Jahre

---

1511 Gleiches gilt für die dem *more economic approach* zugrunde liegende spieltheoretisch unterlegte Industrieökonomik. Zwar plädiert *Glöckner* dafür, die Spieltheorie für das europäische Lauterkeitsrecht fruchtbar zu machen, da das Lauterkeitsrecht mit seinem verhaltensorientierten Kontrollansatz dem ebenfalls verhaltensorientierten Analyseansatz in der Industrieökonomik ähnele. Die Untersuchung von Entscheidungssituationen im Hinblick auf das wirtschaftliche Verhalten unter Einbeziehung des wirtschaftsrelevanten Verhaltens Dritter eigne sich auch für eine Anwendung bei der Beurteilung von unlauteren Wettbewerbshandlungen. Da das lauterkeitsrechtsrechtliche Unlauterkeitsurteil vornehmlich auf Erfahrungssätze betreffend das zu prognostizierende Verhalten der Marktteilnehmer gestützt werde, böte der spieltheoretische Ansatz der Industrieökonomik eine exaktere Entscheidungsgrundlage, vgl. S. 535 ff. m. w. N. Allerdings bieten auch die spieltheoretischen Modelle der Industrieökonomik keine sicheren Erkenntnisse über den Wettbewerbsprozess als Such- und Entdeckungsverfahren. Dies scheint auch *Glöckner* zu erkennen, indem er vorschlägt, dass „jedenfalls … zumindest eine Auseinandersetzung mit den das Unlauterkeitsurteil tragenden Annahmen und Mustervorhersagen (‚pattern predictions') im Hinblick auf ihre systemimmanenten und funktionellen Plausibilitäten stattfinden [sollte]", vgl. S. 537.

1512 Vgl. die ausführliche Darstellung der Geschichte des europäischen Lauterkeitsrechts bei *Glöckner*, S. 15 ff. m. w. N.; *Leistner*, S. 356 ff., sowie den Überblick bei *Henning-Bodewig*, in FS Schricker (2005), S. 705, 706 ff.; zu den institutionellen Unterschieden ebenfalls *Podszun*, in Hilty/Henning-Bodewig, S. 170 ff.

1513 Vgl. die Grundsatzentscheidungen in den Rechtssachen EuGH C-315/92 – Clinique; EuGH C-267/91 – Keck; EuGH C-126/91 – Yves Rocher; EuGH C-18/88 – GB-INNO; EuGH C-120/78 – Cassis de Dijon; EuGH C-8/74 – Dassonville; sowie die Übersicht bei *Glöckner*, S. 81 ff. m. w. N.

1984[1514], den E-Commerce aus dem Jahre 2000[1515] sowie die unlauteren Geschäftspraktiken aus dem Jahre 2001 (UGP-RL) konnte eine (Teil-)Harmonisierung des europäischen Lauterkeitsrechts bewirkt werden. Mit dem Erlass der UGP-RL wurde der lauterkeitsrechtliche Verbraucherschutz von den übrigen Schutzgütern des Lauterkeitsrechts, wie etwa dem Schutz unverfälschten Wettbewerbs, getrennt.[1516] Diese Abspaltung wurde begünstigt durch die für das Lauterkeits- und das Kartellrecht jeweils unterschiedlichen Zuständigkeiten innerhalb der EU-Kommission.[1517] Für das Kartellrecht ist die Generaldirektion Wettbewerb (GC COMP) zuständig, für das europäische Lauterkeitsrecht die Generaldirektionen Binnenmarkt und Dienstleistungen (GD MARKT) sowie Gesundheit und Verbraucherschutz (GD SANCO).[1518] Die GD MARKT betrachtet das Lauterkeitsrecht verstärkt unter Binnenmarktaspekten, die GD SANCO stellt den kompensatorischen Verbraucherschutz in den Vordergrund.[1519] Bekanntlich geht die UGP-RL auf die GD SANCO zurück, mit der im europäischen Lauterkeitsrecht eine verstärkte Betonung des Schutzes der Verbraucherinteressen angestrebt ist.[1520]

Obwohl sich das europäische Kartellrecht (zumindest in theoretischer Hinsicht) im Rahmen des *more economic approach* gleichfalls auf das Schutzgut Verbraucher im Sinne einer Steigerung der Verbraucherwohlfahrt als zugrunde zu legenden Maßstab zu fokussieren scheint und damit sowohl im europäischen Kartell- wie auch im europäischen Lauterkeitsrecht eine Orientierung in Richtung des primären Schutzes der Verbraucher feststellbar ist, kann nicht ohne Weiteres von einem einheitlichen Verbraucherschutzmaßstab sowie einer damit einhergehenden Annäherung der Rechtsgebiete und schließlich einer Implementierung des *more economic approach* im Lauterkeitsrecht ausgegangen werden. Zu berücksichtigen ist nämlich, dass die beiden Generaldirektionen (GD COMP

1514 Richtlinie 84/450/EWG des Rates vom 10.09.1984 zur Angleichung der Rechts- und Verwaltungsvorschriften der Mitgliedstaaten über irreführende Werbung, ABl. EG Nr. L 250 S. 17.

1515 Richtlinie 2000/31/EG des Europäischen Parlaments und des Rates vom 8.06.2000 über bestimmte rechtliche Aspekte der Dienste der Informationsgesellschaft, insbesondere des elektronischen Geschäftsverkehrs, im Binnenmarkt („Richtlinie über den elektronischen Geschäftsverkehr“), ABl. EG Nr. L 178 S. 1; siehe auch *Glöckner*, S. 39, 40.

1516 *Pichler*, S. 130.

1517 Vgl. hierzu die Ausführungen bei *dems.*, S. 130 ff. m. w. N.

1518 Vgl. zu den Zuständigkeitskonflikten zwischen der GD MARKT und der GD SANCO die Ausführungen bei MünchKomm UWG Band 1 2006/*Micklitz*, EG E Rn. 1 ff.

1519 *Henning-Bodewig*, in FS Schricker (2005), S. 705, 709.

1520 Vgl. nur *Haberkamm*, S. 44 ff.

und GD SANCO) unterschiedliche Inhalte mit dem Begriff des Verbraucherschutzes verbinden. Unterschieden wird zwischen einem konstitutiven Verbraucherschutz (GD COMP) und einem kompensatorischen Verbraucherschutz (GD SANCO).[1521] Das konstitutive Verbraucherschutzrecht schafft die Grundvoraussetzungen für ein selbstbestimmtes Handeln am Markt, indem es formale Privatautonomie und die Freiheit des Wettbewerbs gewährleistet.[1522] Das kompensatorische Verbraucherschutzrecht will in denjenigen Situationen für Ausgleich sorgen, in denen das konstitutive Verbraucherrecht versagt, indem es das freie und eigenverantwortliche Handeln nicht mehr zu gewährleisten vermag und damit die wirtschaftliche Selbstbestimmung gefährdet.[1523] Wird das Selbstbestimmungsrecht der Verbraucher im Sinne des konstitutiven Verbraucherschutzrechtes trotz Aufrechterhaltung wettbewerblicher Marktstrukturen beeinträchtigt, kann über kompensatorische Verbraucherschutzmaßnahmen, wie sie bspw. im UWG geregelt sind, ein Ausgleich geschaffen werden (bspw. durch die Schaffung von Informationspflichten).[1524]

Auch wenn im europäischen Kartellrecht mit dem *more economic approach* der Schutz des Verbrauchers durch die Hervorhebung der Konsumentenwohlfahrt als maßgebliches Beurteilungskriterium für die Effizienzbeurteilung in den Mittelpunkt gerückt wird, entspricht dies derzeit nicht dem Verbraucherverständnis, das der UGP-RL zugrunde liegt, da hier vielmehr die Gewährleistung einer informierten Entscheidungsfindung im Sinne des kompensatorischen Verbraucherschutzes in den Vordergrund gestellt wird. Auf effizienzsteigernde Auswirkungen soll gerade nicht abgestellt werden, da sie nicht geeignet erscheinen, den Zweck des europäischen Lauterkeitsrechts – den Schutz der wirtschaftlichen Interessen der Verbraucher durch die Gewährleistung freier, informierter wirtschaftlicher Entscheidungen – zu fördern. Solange folglich an den unterschiedlichen Verständnissen des Verbraucherbegriffes festgehalten wird, stellt sich im europäischen Lauterkeitsrecht bereits aus diesem Grund die Frage nach dem Sinn und Zweck einer ökonomischen Analyse unlauterer geschäftlicher Handlungen unter der Berücksichtigung von Effizienzgesichtspunkten.

Damit soll jedoch der Einbeziehung ökonomischer Methoden nicht generell eine Absage erteilt werden. *Leistner* bspw. befürwortet grundsätzlich die Ein-

1521 Vgl. hierzu *Pichler*, S. 130 ff.

1522 *Ders.*, S. 67 m. w. N.; *Drexl*, S. 293 ff., 302.

1523 *Pichler*, S. 67; *Henning-Bodewig*, in FS Schricker (2005), S. 705, 709; *Drexl*, S. 302, sowie seine weiteren Ausführungen zum kompensatorischen Verbraucherschutzrecht, S. 303 ff.

1524 *Drexl*, S. 207, 296 ff., 303 ff.

beziehung ökonomischer Erkenntnisse im Rahmen der Beurteilung lauterkeitsrechtlicher Sachverhalte.[1525] Diesbezüglich möchte er das abstrakt normative Modell des europäischen Durchschnittsverbrauchers als Dreh- und Angelpunkt des Referenzmodells des freien und unverfälschten Wettbewerbs im Binnenmarkt hinsichtlich seiner ökonomischen Grundlagen den Erkenntnissen der modernen Verhaltensökonomie und den hierdurch bewirkten Verfeinerungen der Wettbewerbsmodelle (in Abkehr von den Modellen vollkommener Markttransparenz unter der Annahme rationaler Entscheidungen und der Erzielung von Marktgleichgewicht hin zu Modellen, die Rationalitätsabweichungen hinnehmen) anpassen bzw. modernisieren und es dadurch als Leitmodell für künftige gesetzgeberische Maßnahmen konzeptionell absichern.[1526] Gleichfalls sieht er auf normativer Ebene in der UGP-RL, neben der gruppenspezifischen Differenzierung des Verbraucherleitbildes, weitere Tendenzen einer Identifizierung bestimmter struktureller Anomalien menschlichen Entscheidungsverhaltens berücksichtigt, wie bspw. den Schutz bestimmter produkt- oder situationsabhängiger Freiräume vor jeglicher werblicher Beeinflussung (per-se-Verbote).[1527] Derartige Ansätze seien auszubauen und zu verfeinern.[1528] Bei der Rechtsanwendung seien punktuell-empirische Erkenntnisse der behavioural economics[1529], der experimentellen Ökonomie sowie der kognitiven und Sozialpsychologie zu berücksichtigen.[1530]

Darüber hinaus sei angemerkt, dass dem europäischen (wie mittlerweile auch dem deutschen) Lauterkeitsrecht das Modell der Informationsökonomie zugrunde liegt, dessen Konzeption bezüglich der hauptsächlich auf den Vertikalwettbewerb bezogenen Fallgruppen im Wesentlichen dahin geht, die wirtschaftliche Entscheidungsfreiheit der Verbraucher vor einer unzulässigen Verzerrung der zugrundeliegenden Informationsbasis sowie vor unzulässigen Einflüssen auf die Freiheit des Entscheidungsprozesses zu sichern.[1531] Die Informationsökonomie

---

1525 *Leistner*, ZEuP 2009, S. 56 ff.

1526 *Ders.*, ZEuP 2009, S. 56, 75.

1527 *Ders.*, ZEuP 2009, S. 56, 89.

1528 So schlägt *Leistner* insbesondere vor, die Merkmale der besonderen Schutzbedürftigkeit des Art. 5 Abs. 3 UGP-RL entsprechend neuer Erkenntnisse anzupassen (bspw. seien ältere Menschen nicht unbedingt schutzbedürftiger), ZEuP 2009, S. 89.

1529 Vgl. zu dem Inhalt dieses Begriffs die Ausführungen sogleich.

1530 *Ders.*, ZEuP 2009, S. 56, 89 m. w. N.

1531 *Ders.*, ZGE 2009, S. 3, 4, 6, Fn. 1 m. w. N.; zu den Inhalten der Informationsökonomie vgl. *Drexl*, S. 193 ff.; GK UWG Band 1/*Heinze*, Einl Teil C. Rn. 158 ff.; *Glöckner*, S. 195 ff., 522; Harte/Henning/*Glöckner*, Einl B Rn. 212 ff., zum „Informationsparadigma"; *Beater*, Rn. 1193 ff.; Köhler/Bornkamm/*Köhler*, § 1 Rn. 15 ff.

orientiert sich zwar an den Grundannahmen der neoklassischen Methode, addiert jedoch zum Markt für das nachgefragte Produkt einen Informationsmarkt, auf dem sich der Nachfrager grundsätzlich rational und nutzenmaximierend verhält, berücksichtigt dabei allerdings auch Abwandlungen eingeschränkter Rationalität.[1532] Mit Schaffung der UGP-RL hat die EU-Kommission erkennbar den Schwerpunkt auf eine möglichst weitgehende Unterrichtung des Verbrauchers gelegt, demgegenüber der Aspekt des Schutzes des Verbrauchers vor unlauterer Information zurückgetreten ist.[1533]

2. Deutsches Lauterkeitsrecht

Die Einbeziehung ökonomischer Erkenntnisse in das Recht[1534] – und insbesondere in das deutsche Lauterkeitsrecht – wird in der Literatur überwiegend befürwortet.[1535] Ökonomische Ansätze, wie etwa die Neue Institutionenökonomik oder die Informationsökonomie, stellen modellartige Überlegungen zu strukturellen Gefährdungen für den Vertrags- und Entscheidungsmechanismus sowie der effektiven Auswahl und Anwendung rechtlicher Instrumente zur Behebung der erkannten Gefährdungslagen an und können folglich wertvolle Unterstützung in der Rechtsanwendung liefern.[1536] So können wirtschaftliche Zusammenhänge bzw. Folgen bspw. bei der Prüfung der Spürbarkeit[1537] einer Interessenbeeinträchtigung relevant werden, wenn etwa die Gefahr besteht, dass Dritte das unlautere, aber für sich gesehen nicht erhebliche Marktverhalten nachahmen könnten.[1538] Ferner

1532 *Drexl*, S. 194 ff.

1533 In diesem Sinne bereits *Van den Bergh/Lehmann*, GRUR Int. 1992, S. 588, 594.

1534 Vgl. die Darstellung bei *Drexl*, S. 162 ff., zur Einbeziehung ökonomischer Erkenntnisse in das Recht im Allgemeinen. Anstelle der wirtschaftlichen schlägt *Drexl* eine normative Effizienz vor, die an das normative Menschenbild anknüpfe und dem Einzelnen die Wahl seiner Handlungsmotive überlasse, vgl. hierzu S. 176 ff. Vgl. ebenfalls den Überblick über die verschiedenen ökonomischen Ansätze bei *Leistner*, S. 71 ff., der jedoch bzgl. der Rezeption ökonomischer Analysemethoden im Recht nicht pauschal, sondern differenziert nach der jeweils zu beurteilenden ökonomischen Schule, urteilt.

1535 Vgl. den detaillierten Überblick über die verschiedenen ökonomischen Modelle bspw. bei *Leistner*, S. 80 ff.; GK-UWG Band 1/*Peukert*, § 3 Rn. 239 ff.; Harte/Henning/*Podszun*, § 3 Rn. 110; *Fuchs*, in Effizienz als Regelungsziel, S. 71 ff.; Gloy/Loschelder/Erdmann/*Leistner*, § 4 Rn. 41; *Schünemann*, in Lauterkeitsrecht und Acquis Communautaire, S. 105 ff.; *Podszun*, WRP 2009, S. 509 ff.

1536 *Leistner*, S. 140.

1537 *Metzger*, GRUR Int. 2015, S. 687, 689.

1538 GK-UWG Band 1/*Peukert*, § 3 Rn. 240.

kann die Marktstärke eines Unternehmens bei den Fallgruppen der allgemeinen Marktstörung und des Wettbewerbs der öffentlichen Hand von Bedeutung sein[1539] oder bei der Beurteilung der unzulässigen Beeinflussung nach § 4a UWG 2015. Gleichfalls lässt sich das ausdifferenzierte Schutzniveau bei geschäftlichen Handlungen gegenüber besonders schutzbedürftigen Verbrauchern des § 3 Abs. 4 UWG 2015 als Umsetzung ökonomischer Modelle begreifen, ebenso wie das Modell der Konsumentensouveränität, das über das Informationsmodell des EuGH hinausgeht und insbesondere Forschungsansätze der *behavioural economics* rezipiert, um bspw. die aus bestimmten Anomalien menschlichen Verhaltens resultierenden Verzerrungen des Wettbewerbs besser erfassen zu können.[1540] Darüber hinaus können ökonomische Betrachtungsweisen zu einer Verfeinerung der lauterkeitsrechtlichen individualschützenden Verbraucherschutzinstrumente – des Schutzes der Entscheidungsgrundlage sowie des Entscheidungsprozesses vor unmittelbarer Beeinflussung – beitragen, indem bspw. Überlegungen zur eingeschränkten Rationalität einbezogen werden.[1541]

Ein solches Verständnis wirtschaftlicher Zusammenhänge wird nach Ansicht *Schünemanns* unterstützt durch die in § 1 UWG verankerte Zielrichtung des Lauterkeitsrechts – dem Schutz des unverfälschten Wettbewerbs.[1542] Er merkt in diesem Zusammenhang an, dass ökonomische Vorhersagen, die über musterhafte Vorhersagen im Sinne von *pattern predictions* hinausgehen, nicht existierten, da das Verhalten der Marktakteure irrational und nicht vorhersehbar sei.[1543] Daher sei für das UWG das Konzept der Wettbewerbsfreiheit vorzuziehen, das von den Juristen kein wettbewerbstheoretisches Detailwissen verlange, sondern vielmehr innerhalb wie außerhalb der Ökonomik den Verzicht auf die „Anmaßung von Wissen" fordere.[1544] Aussagen über das komplexe System der wettbewerbsgesteuerten Marktwirtschaft seien kaum möglich und müssten daher unterbleiben.[1545]

1539 Fezer/*Fezer* Band 1 UWG, Einl E Rn. 300; GK-UWG Band 1/*Peukert*, § 3 Rn. 240; a.A. Harte/Henning/*Schünemann* 2. Auflage, § 3 Rn. 245.

1540 Vgl. *Leistner*, ZEuP 2009, S. 56, 73, 74 m. w. N., sowie seine Kritik betreffend die Gründe für die besondere Anfälligkeit besonderer Verbrauchergruppen, die an den empirischen Erkenntnissen vorbeizielten, *ders.*, a. a. O., S. 74 m. w. N.

1541 *Ders.*, S. 133 ff.

1542 *Schünemann*, in Lauterkeitsrecht und Acquis Communautaire, S. 106 ff., der insbesondere für das Konzept der Wettbewerbsfreiheit eintritt; sowie GK-UWG Band 1/ *Peukert*, § 3 Rn. 239; *Podszun*, WRP 2009, S. 509 ff.

1543 *Schünemann*, in Lauterkeitsrecht und Acquis Communautaire, S. 107, 108.

1544 *Ders.*, in Lauterkeitsrecht und Acquis Communautaire, S. 109.

1545 *Ders.*, in Lauterkeitsrecht und Acquis Communautaire, S. 109.

Da der Begriff der Unlauterkeit als Referenzpunkt Einwirkung auf den Wettbewerb habe, indiziere bereits dies einen ökonomischen Ansatz.[1546] *Podszun* merkt demgegenüber an, dass auch derjenige, der den Individualschutz als primäres Schutzziel des UWG sehe, Aussagen über geschäftliche Handlungen nur dann treffen könne, wenn er diese in ihren Wirkungen analysiere.[1547] Andernfalls würde der Lauterkeitsbegriff in formalen Zuschreibungen erstarren, die von den vorgeprägten Sichtweisen der Richter abhingen.[1548]

Die Anwendbarkeit ökonomischer Analysemethoden im Lauterkeitsrecht, wie bspw. von Problem- und Folgenanalyseüberlegungen zur Transaktionskostenreduzierung oder auch sonstiger Erkenntnisse der Ökonomie, kann jedoch nicht losgelöst von den normativen Vorgaben des UWG erfolgen, sodass sich die Frage nach dem methodischen Einfallstor stellt. Soweit der Normzweck der lauterkeitsrechtlichen Generalklauseln – neben anderen Zwecksetzungen – eine ökonomische Folgenanalyse zulässt, können ökonomische Betrachtungen im Rahmen teleologischer bzw. systematisch-teleologischer Auslegung sowie bei der Konkretisierung der Generalklauseln mit zu berücksichtigen sein.[1549] Wendet man ökonomische Erkenntnisse innerhalb dieser juristischen Begründungskategorien an, hat dies den Vorteil, dass daneben andere Gesetzeszwecke, und insbesondere die individuellen Interessen der Verkehrsteilnehmer, gleichfalls Berücksichtigung finden können und den unterschiedlichen Maßstäben jeweils genau das Gewicht beigemessen werden kann, welches zur Sicherung des Rahmens des Verkehrs- bzw. Wettbewerbssystems (auf die sich die ökonomischen Methoden hauptsächlich richten) als einer von mehreren Gesetzeszwecken der entsprechenden Norm erforderlich erscheint.[1550] Innerhalb der Generalklausel des § 3 UWG 2008 bot sich grundsätzlich das Merkmal der Spürbarkeit als Standort der Berücksichtigung ökonomischer Überlegungen an.[1551] Diese könnten nun innerhalb des § 3a UWG 2015 vorgenommen werden. Im Rahmen der Spürbarkeit werden üblicherweise die Auswirkungen der betreffenden unlauteren geschäftlichen Handlung auf die Marktteilnehmer geprüft[1552], sodass hier Raum für die Berücksichtigung ökonomischer Auswirkungen gegeben wäre, jedoch unter Beachtung des besonderen marktteilnehmerbezogenen Schutzzwecks der

---

1546 *Ders.*, in Lauterkeitsrecht und Acquis Communautaire, S. 106.

1547 Harte/Henning/*Podszun*, § 3 Rn. 110.

1548 *Ders.*, § 3 Rn. 110.

1549 *Leistner*, S. 141–143 m.w.N.

1550 *Ders.*, S. 141 m.w.N.

1551 Vgl. auch *Podszun*, WRP 2009, S. 516, 517.

1552 Vgl. hierzu nur Köhler/Bornkamm/*Köhler*, § 3 Rn. 119 ff.

Spürbarkeitsklausel. Auch das Merkmal der Unlauterkeit kann im Allgemeinen als Standort der Prüfung ökonomischer Analysen herangezogen werden.[1553]

Neben den Modellen der Institutionen- und der Informationsökonomik betont *Leistner* die Relevanz der verhaltensökonomischen Forschung, sog. *behavioural economics*, für das Lauterkeitsrecht, die zwar aus sich heraus keinerlei Wertungen hinsichtlich „richtiger" Entscheidungen, aber zumindest instrumentale Hinweise liefern könne.[1554] Dabei handelt es sich nicht um eine einzelne Theorie, sondern der Begriff der *behavioural economics* umfasst mehrere Forschungsansätze, wie bspw. die psychologische Feld- und Laborforschung, die soziologische Forschung oder die experimentelle Ökonomie.[1555] Deren Inhalte sollen im Folgenden kurz beleuchtet werden: Eine für den Ansatz der *behavioural economics* rahmenbildende Ausgangserkenntnis der ökonomischen Laborforschung bildet die sogenannte *Framing-Anomalie*, derzufolge menschliches Entscheidungsverhalten (neben dem Inhalt der alternativen Entscheidungsmöglichkeiten) jedenfalls wesentlich auch davon abhängt, in welchem „Rahmen", d.h. auf welche Art und Weise bzw. in welchem Kontext, die Entscheidungsalternativen präsentiert werden.[1556] So wurde im Rahmen von Experimenten zum *Framing*-Effekt belegt, dass menschliches Entscheidungsverhalten – in systematischer Abweichung vom REM-Leitbild[1557] –

1553 Vgl. Harte/Henning/*Podszun*, § 3 Rn. 110; *Beater*, Rn. 1034, 1035, sowie *Sack*, WRP 2005, S. 533, die als Beispiel die Folgenerwägungen anbringen, die von der Rechtsprechung insbesondere im Rahmen der Prüfung der Nachahmungsgefahr angestellt würden. Von den Gerichten würde in diesen Fällen unter anderem geprüft, ob und inwieweit Nachahmungsverbote zu Neuerungen anreizen und so das Produktangebot verbessern und ob sie den Verbraucher vor Verwechslungen schützen sowie zu mehr Markttransparenz führen würden. Gerade im Rahmen der Prüfung der Nachahmungsgefahr wurde jedoch auch häufig auf die sog. Sogwirkung der fraglichen Handlung abgestellt und die zuvor genannten Erwägungen vernachlässigt. Vgl. zur Bedeutung der Nachahmungsgefahr in der heutigen Rechtsprechungspraxis die Ausführungen unter Kapitel D. II. 3. a) bb).

1554 *Leistner*, ZGE 2009, S. 3 ff., 17 ff.

1555 *Ders.*, ZGE 2009, S. 3, 8 m.w.N.

1556 Bspw. würde, wie Experimente unter vereinfachten Laborbedingungen, aber auch empirische Erfahrungen belegt hätten, eine Preisangabe „Preis: 20.000 Euro, Rabatt bei Barzahlung 2.000 Euro" der inhaltlich gleichen Preisangabe „Preis: 18.000 Euro, Aufschlag für Ratenzahlung 2.000 Euro" von der Mehrzahl der Verkehrsteilnehmer vorgezogen werden, vgl. Beispiel bei *Leistner*, ZGE 2009, S. 3, 12 m.w.N., und die weiteren Ausführungen zu der breitgefächerteren Framing-Anomalie, *ders.*, S. 12 ff.

1557 Die im Rahmen der einfachen Gleichgewichtsmodelle mit der auf der Grundlage des methodologischen Individualismus entwickelte REM-Hypothese (abgekürzt nach dem englischen Akronym Resourceful Evaluating Maximizing Man) unter-

nicht dem Gebot der Invarianz entspricht; d. h. es wurde aufgezeigt, dass inhaltlich gleichwertige Alternativen im Ergebnis nicht gleichbehandelt werden, je nachdem, auf welche Art und Weise und in welcher Situation sie den Probanden präsentiert werden, in welcher emotionalen Situation sich die Verbraucher befinden oder auch in welcher zeitlichen Folge dem Verbraucher Alternativen angeboten werden.[1558] Des Weiteren belegt die experimentelle und empirische Forschung, die unter dem Sammelbegriff der *prospect*-Theorien zusammengefasst werden kann, dass die Beurteilung der künftigen Präferenzstruktur von Individuen in gegebenen Situationen in ganz erheblicher Weise fehlerhaft erfolgt, wobei sich bestimmte systematische Einschätzungsfehler strukturierend systematisieren lassen.[1559] Die in dem Bereich der *prospect*-Theorien und auch in der Rechtswissenschaft diskutierte Forschung reicht von Phänomenen wie *endowment*-Effekten, Überoptimismus, der Unterschätzung künftiger geringer Wahrscheinlichkeiten bis hin zu der sog. *anchoring*-Anomalie, die für das auf die Beurteilung der konkreten Entscheidungssituation ausgerichtete Wettbewerbsrecht besonders interessant ist.[1560] Die *anchoring*-Anomalie besagt, dass in gegebenen Entscheidungssituationen die zum Zeitpunkt der Entscheidung bestehenden Rahmenbedingungen sowie die im Mittelpunkt stehenden Kriterien für die Präferenzbildung gegenüber anderen, künftigen Bedingungen und zum Zeitpunkt der Entscheidung weniger im Mittelpunkt stehenden oder zugänglichen Nutzenfaktoren erheblich überschätzt werden.[1561]

Leistner zufolge sei eine wesentliche Folgerung aus den *behavioural economics*-Ansätzen für das deutsche (sowie auch für das europäische) Lauterkeitsrecht die Feststellung, dass ein Maximum an Informationsgewährleistung nicht genüge, sondern ersichtlich auch kontraproduktiv wirken könne, sodass vielmehr die Versorgung der Verbraucher mit einem Optimum an einfach zu verarbeitenden Informationen im Vordergrund stehen solle.[1562] Verhaltensökonomische Erkenntnisse seien bspw. geeignet, für Situationen zeitlich extrem kurzlebiger „freier“

---

stellt, dass die einzelnen Unternehmen (Anbieter) und Haushalte (Nachfrager) als homines oeconomici ausschließlich rational handeln und ihren Gewinn bzw. Nutzen maximieren, vgl. hierzu nur *ders.*, ZGE 2009, S. 3, 5.

1558 *Ders.*, ZGE 2009, S. 3, 13 m. w. N.

1559 *Ders.*, ZGE 2009, S. 3, 14 ff.

1560 Vgl. *ders.*, ZGE 2009, S. 3, 14, sowie seine vertiefenden Ausführungen hierzu auf den S. 15 ff.

1561 *Ders.*, ZGE 2009, S. 3, 14 ff. m. w. N.

1562 Dies sei auch in der rechtswissenschaftlichen Forschung weithin und seit längerem anerkannt, *ders.*, ZGE 2009, S. 3, 17, mit Nachweisen hierzu in Fn. 51.

Präferenzentscheidungen innerhalb des existierenden normativen Rahmens Folgenabschätzung zu leisten.[1563] Sie könnten zudem helfen, Fehlentwicklungen zu identifizieren und strukturierende Hinweise hinsichtlich geeigneter rechtlicher Instrumente zu geben, wie etwa auf das Instrument verbraucherschützender Widerrufsrechte statt abstrakter lauterkeitsrechtlicher Werbe- und Vertriebsverbote.[1564] Auch die Rechtsprechung habe, *Leistner* zufolge, vereinzelt Annäherungen an reales Verbraucherverhalten erkennen lassen, indem sie die Grundstrukturen der diesbezüglichen experimentellen und empirischen Erkenntnisse der Verhaltensökonomie berücksichtigt hätte. Beispielhaft führt er Entscheidungen zur gefühlsbetonten Werbung und dem psychischen Kaufzwang an und verweist auf die differenzierte Rechtsprechung des BGH, der, vereinfacht gesagt, nicht nur auf die Freiwilligkeit der Kunden, sich in die entsprechende Situation zu begeben, abstellt, sondern ebenso die konkrete Verkaufssituation berücksichtigt und als maßgeblich erachtet, ob dem Kunden ggf. noch die „Flucht" vor der Überrumpelung angesichts seiner von ihm im Vorhinein unterschätzten emotionalen Lage ermöglicht werde.[1565] Im Bereich der Imagewerbung habe sich die Rechtsprechung liberalisiert – sie stelle nunmehr im Wesentlichen allein auf differenzierte Maßstäbe hinsichtlich der Notwendigkeit zutreffender Informationen des Verbrauchers über die Einzelheiten der erbrachten Sponsoringleistungen ab.[1566]

In den Regelungen des europäischen Lauterkeitsrechts fänden Erkenntnisse moderner *behavioural economics* hinsichtlich des realen menschlichen Informationsverarbeitungsverhaltens bisher nur ansatzweise Berücksichtigung, wie etwa in dem besonders erwähnten Schutz von Testergebnissen (Art. 6 Abs. 1 lit. b) UGP-RL) oder dem besonderen Schutz von Gütezeichen, Qualitätszeichen o. ä. (vgl. Nr. 2 des Anhangs I UGP-RL), sodass zumindest im Rahmen der Irreführungsverbote eine gewisse gesetzgeberische Anerkenntnis der besonderen Bedeutung

---

1563 *Ders.*, ZGE 2009, S. 3, 53.

1564 *Ders.*, ZGE 2009, S. 3, 53.

1565 Die Annahme eines psychischen Kaufzwangs verneinend vgl. BGH GRUR 2002, 1000, 1002 – Testbestellung, da hier die relevanten Verbraucherentscheidungen in heimischer Atmosphäre ohne persönlichen Kontakt getroffen wurden; teils bejahend BGH GRUR 1998, 475, 476 f. – Erstcoloration, da hier maßgeblich auf die konkrete Peinlichkeitssituation und die dadurch bewirkte Bedrängnis abgestellt wurde; diese Kriterien grundsätzlich bestätigend BGH GRUR 2003, 804, 805 – Foto-Aktion, wenn auch in diesem Fall aus situationsspezifischen Gründen im Discounter-Massenverkehr eine Unlauterkeit verneint wurde. Vgl. auch *Leistner*, ZGE 2009, S. 3, 26, 27.

1566 *Ders.*, ZGE 2009, S. 3, 29 ff., mit Beispielen aus der Rechtsprechung.

bestimmter, typischerweise symbolhaft zusammengefaßter und so für die reale menschliche Entscheidungsfindung besonders bedeutsamer Schlüsselinformationen stattgefunden habe.[1567] Darüber hinaus trügen verhaltensökonomische Ansätze dazu bei, die an die Rechtsordnung zu stellenden normativen Fragestellungen, etwa nach dem Maßstab des selektierten Eingreifens und nach dem Maß der erforderlichen Mittel, transparent zu machen.[1568] Dies sei auch nötig, da die UGP-RL bislang an ihrem veralteten Referenzmodell des freien und unverfälschten Wettbewerbs auf Grund freier und informativer Entscheidungen normativ zu modellierender Durchschnittsverbraucher festgehalten habe.[1569] Insbesondere der umfassende Pflichtenkatalog des Art. 7 Abs. 4 UGP-RL ziele an den Erkenntnissen moderner Verhaltensökonomie im Hinblick auf die Verarbeitbarkeit von Informationen vorbei, denn anstatt die produkt- oder verbrauchergruppenspezifische Identifizierung genuin wesentlicher Informationen einem richterrechtlichen und mithin empirisch in der Realität verwurzelten dezentralen Prozess „von unten herauf" zu überlassen, werde im Interesse des normativen Modells eines unbegrenzt informierten Verbrauchers ein Maximum an Informationspflichten quasi „von oben herab" angeordnet.[1570] Hierdurch drohe ein *information overload* mit Folgen für die Entscheidungsfähigkeit der Verbraucher.[1571] Immerhin eröffneten die unbestimmten Rechtsbegriffe des Art. 7 Abs. 4 UGP-RL (bspw. „angemessener Umfang", „wesentliche Merkmale") einen nicht unerheblichen Spielraum für die Entscheidungspraxis des EuGH und der nationalen Gerichte, der im Lichte der informations- und verhaltensökonomischen Forschungsergebnisse im Sinne einer sehr zurückhaltenden Handhabung der Irreführung durch Unterlassen ausgefüllt werden sollte.[1572]

Insgesamt könne die verhaltensökonomische Forschung im Lauterkeitsrecht bislang also lediglich empirisches Ausgangsmaterial und strukturierende Hilfestellung

---

1567 *Ders.*, ZGE 2009, S. 3, 17, Fn. 52.

1568 *Ders.*, ZGE 2009, S. 3, 18, 19.

1569 *Ders.*, ZEuP 2009, S. 56, 74.

1570 *Ders.*, ZEuP 2009, S. 56, 75; *ders.*, ZEuP 2009 S. 455 ff., 728 f., vertiefend zur Unterlegenheit eines auf dem sog. *confident consumer* beruhenden Modells legislativ „von oben herab" angeordneter Informationspflichten.

1571 *Ders.*, ZEuP 2009, S. 56, 75. *Leistner* möchte mit seiner Kritik nicht den Abschied vom normativen Modell des europäischen Durchschnittsverbrauchers anregen, sondern es vielmehr den Erkenntnissen der modernen Verhaltensökonomie anpassen, um es auch weiterhin als Referenzmodell des freien und unverfälschten Wettbewerbs im Binnenmarkt nutzbar zu machen.

1572 *Ders.*, ZEuP 2009, S. 56, 76; *ders.*, ZGE 2009, S. 3, 50.

im Hinblick auf eine zutreffende Analyse der Gefährdungslagen, auf die Interessen der im Einzelnen zu unterscheidenden Verbrauchergruppen sowie die bereichsspezifischen Selbstheilungskräfte des Marktes als Grundlage entsprechend zielgenauer, transparenter Formulierungen der Eingriffsschwellen leisten und damit Fehlentwicklungen in Rechtsprechung und Gesetzgebung innerhalb des existierenden normativen Systems beheben helfen.[1573] Eine genuine Begründung von lauterkeitsrechtlichen Eingriffen in die Freiheit des Wettbewerbs auf der bloßen Grundlage verhaltensökonomischer Forschungen komme demgegenüber nicht in Betracht.[1574] Dies folge zum einen aus den derzeit noch nicht hinreichend gesicherten verhaltensökonomischen Forschungserkenntnissen auf Grund des letztlich begrenzten Erkenntnisgewinns, den die experimentelle Forschung über menschliches Entscheidungsverhalten liefern könne[1575] und die Eingriffe in die verfassungsrechtlich gesicherte Wettbewerbsfreiheit für sich genommen mit hinreichender Klarheit nicht rechtfertigen könnten, und zum anderen daraus, dass Eingriffe in die Wettbewerbsfreiheit nur auf Grund einer normativen Entscheidung in Abwägung der jeweils konfligierenden Grundrechtspositionen in Betracht kämen.[1576]

Geht aus den zuvor dargestellten Ansichten hervor, dass eine Berücksichtigung ökonomischer Erkenntnisse im Rahmen der richterrechtlichen Beurteilung lauterkeitsrechtlicher Sachverhalte grundsätzlich geboten und erforderlich erscheint, ist damit noch keine Wertung hinsichtlich einer möglichen Berücksichtigung des im Kartellrecht unter dem *more economic approach* verstandenen Ansatzes der EU-Kommission im Lauterkeitsrecht verbunden. Diesbezüglich lässt sich feststellen, dass die zuvor aufgezeigten ökonomischen Modelle, wie bspw. die Neue Institutionenökonomik, die Informations- oder Verhaltensökonomie, die Berücksichtigung des Effizienzkriteriums ausklammern bzw. nicht berücksichtigen.[1577] Ausgehend von der grundsätzlichen Geltung des neoklassischen

1573 *Ders.*, ZGE 2009, S. 3, 39.

1574 *Ders.*, ZGE 2009, S. 3, 54.

1575 *Ders.*, S. 127: Die Entscheidungsabläufe seien derart komplex, dass die auf Grundlage der Experimente entwickelten abstrakten Systeme, die letztlich wiederum eine Algorithmisierung dieser Abläufe erstrebten, gleichfalls notwendig lediglich eine Annäherung bleiben würden. Zudem beruhe eine Mehrzahl der gewonnenen Erkenntnisse auf Laborexperimenten, die unter stark vereinfachten Bedingungen gewonnen wurden und bewusst gewählte Entscheidungssituationen beträfen, sodass hinsichtlich der Validität der ermittelten Ergebnisse im Hinblick auf das reale menschliche Verhalten im Markt Zweifel bestünden.

1576 *Ders.*, ZGE 2009, S. 3, 54.

1577 *Ders.*, S. 71.

Modells[1578] haben sie weniger eine gesamtwirtschaftliche Optimierung auf Grundlage von Effizienzkriterien zum Ziel, als vielmehr die angemessene Korrektur des neoklassischen Modells[1579] mittels einer einzelfallorientierten Analyse der wirtschaftlichen Wirkung bestimmter Verhaltensweisen sowie der Wirkung der steuernden Institutionen des Rechts.[1580] Dementsprechend geben sie keine umfassenden Handlungsanweisungen an das Recht auf der Grundlage eines bestimmten transaktionskostenfreien Modells, sondern widmen sich den Abweichungen der realen Marktumgebung vom neoklassischen Modell sowie den systematischen Abweichungen empirisch zu beobachtenden menschlichen Verhaltens von der REM-Hypothese.[1581]

Eine Zustimmung betreffend die Heranziehung ökonomischer Methoden im Lauterkeitsrecht lässt denn auch nach, sobald mit etwaigen ökonomischen Erwägungen die Einbeziehung allein maßgeblicher Effizienzziele und somit die Fokussierung auf eine Steigerung der Konsumentenwohlfahrt beabsichtigt ist.[1582] *Peukert* und andere begründen dies mit der Unsicherheit ökonomischer Modelle im Allgemeinen, die von unvollständigen Variablen abhängig seien und daher nicht zur Erklärung der Realität sowie als Grundlage rechtlicher Entscheidungen herangezogen werden könnten.[1583] *Peukert* ist der Ansicht, dass das UWG ökonomische Auswirkungsanalysen im Einzelfall weder erfordere noch erlaube, da es hierfür im zweiseitigen Wettbewerbsprozess an den institutionellen Voraus-

---

1578 Vgl. zum neoklassischen Gleichgewichtsmodell der vollständigen Konkurrenz und der Realisierung des sozial-ökonomischen Optimums nur *Schmidt*, Wettbewerbspolitik, S. 7 ff.; *Schuhmacher*, S. 36 ff.

1579 Vgl. zur Kritik und Korrektur bzw. Weiterentwicklung des neoklassichen Modells die Ausführungen bei *Schuhmacher*, S. 36 ff.; *Leistner*, S. 25 ff.

1580 *Ders.*, S. 71, 72.

1581 *Ders.*, S. 96.

1582 *Fuchs*, in Effizienz als Regelungsziel, S. 71; allgemein ökonomische Folgenerwägungen ablehnend GK-UWG Band 1/*Peukert*, § 3 Rn. 241, 242; grundsätzlich zweifelnd, da der *more economic approach* bereits im Kartellrecht inhaltlich noch nicht ausgefüllt sei: Anmerkungen *Hilty* zu *Schünemann*, in Hilty/Henning-Bodewig, S. 113, 114; deutlich ablehnend *Leistner*, S. 72, 140. *Wollmann*, in FS Griss (2011), S. 771, 782, sieht ebenfalls neben der differenzierten Dogmatik des Kartellrechts keinen Raum für eine eigenständige Anwendung des *more economic approach* bzw. des Effizienzgedankens im Lauterkeitsrecht; ebenso MünchKomm UWG Band 1/*Sosnitza*, § 3 Rn. 66; a.A. *Podszun*, in Hilty/Henning-Bodewig, S. 165 ff.; *ders.*, WRP 2009, S. 509 ff.

1583 GK-UWG Band 1/*Peukert*, § 3 Rn. 241; *Beater*, Rn. 1034; Köhler/Bornkamm/*Köhler*, Einl Rn. 1.15a.

setzungen fehle.[1584] *Hilty* merkt an, dass die ökonomischen Denkweisen im Kartellrecht, die hauptsächlich dem US-amerikanischen Recht entsprängen, sich grundlegend von dem deutschen Verständnis des UWG unterschieden und dass darüber hinaus ökonomische Aussagen schnell an ihre Grenzen kämen, wenn es an Zahlen mangele und Sachverhalte vielmehr empirisch zu beurteilen seien.[1585] Auch die im Rahmen der Spieltheorie aufgedeckten Zusammenhänge des Verhaltens der einzelnen Marktakteure würden erst nach und nach aufgearbeitet und könnten bislang noch nicht als vertiefte ökonomische Erkenntnisse gelten, die der Entscheidungsfindung in lauterkeitsrechtlichen Sachverhalten zugrunde gelegt werden könnten.[1586] *Fuchs* hält eine Effizienzeinrede oder die sonstige Berücksichtigung von Effizienzgesichtspunkten für das Lauterkeitsrecht schlicht für nicht relevant.[1587] Er wirft die Frage auf, ob bspw. eine Irreführung oder unzumutbare Belästigung der Verbraucher, eine Verunglimpfung von Wettbewerbern oder eine Ausbeutung fremden Rufes dadurch gerechtfertigt werden könnten, dass diese Handlungen kostengünstiger seien und sich entsprechend in niedrigeren Produktpreisen für die Konsumenten niederschlügen.[1588] Dies verneint er unter Hinweis auf die abweichenden Schutzgegenstände und -ziele des GWB einerseits und des UWG andererseits. Beim UWG stehe der Individualschutz im Vordergrund, im Kartellrecht dagegen der Institutionenschutz.[1589] Entscheidend sei jedoch der Regelungsansatz des UWG, der darauf gerichtet sei, bestimmte Verhaltensweisen prinzipiell ohne Rücksicht auf die Marktmacht des Normadressaten oder die konkreten Auswirkungen der Maßnahme als unlauter einzustufen und damit per se zu verbieten.[1590] Außer der Erfüllung des Tatbestandsmerkmals der Unlauterkeit sei lediglich die Überschreitung der Bagatellschwelle erforderlich, nach der das Wettbewerbsverhalten ein gewisses Gewicht für das Wettbewerbsgeschehen und die Interessen der Marktteilnehmer haben müsse.[1591] Auch die konkretisierenden Tatbestände der §§ 4–7 UWG 2008 regelten Wettbewerbshandlungen, die so sehr aus dem Rahmen des Systems hinreichend fairen Wettbewerbs hinausfielen, dass

---

1584 GK-UWG Band 1/*Peukert*, § 3 Rn. 242; a.A. Harte/Henning/*Podszun*, § 3 Rn. 110.
1585 Anmerkungen *Hilty* zu *Schünemann*, in Hilty/Henning-Bodewig, S. 113.
1586 *Ders.*, in Hilty/Henning-Bodewig, S. 113.
1587 *Fuchs*, in Effizienz als Regelungsziel, S. 71.
1588 *Ders.*, in Effizienz als Regelungsziel, S. 71.
1589 *Ders.*, in Effizienz als Regelungsziel, S. 72, 75.
1590 *Ders.*, in Effizienz als Regelungsziel, S. 72; dies erkennt auch *Podszun*, WRP 2009, S. 517.
1591 *Fuchs*, in Effizienz als Regelungsziel, S. 72.

sie generell nicht toleriert werden könnten.[1592] Daher bestehe im UWG prinzipiell kein Raum für die Berücksichtigung eines Effizienzeinwandes im Einzelfall.[1593] Allerdings befürwortet *Fuchs* die (mittelbare) Berücksichtigung von Effizienzerwägungen beim Zuschnitt der einzelnen Tatbestände unlauteren Verhaltens, wie etwa bei dem ergänzenden wettbewerblichen Leistungsschutz nach § 4 Nr. 9 UWG 2008 (§ 4 Nr. 3 UWG 2015) oder der Fallgruppe der allgemeinen Marktbehinderung oder Marktstörung, in der es primär um das Interesse der Allgemeinheit an der Erhaltung des Bestandes des Wettbewerbs sowie der Verhinderung von groben Verzerrungen des Marktmechanismus ginge.[1594] *Leistner* lehnt gleichfalls eine Umgestaltung der Rechtsordnung im Sinne eines zum entscheidenden Maßstab erhobenen hypothetischen Effizienzkriteriums ab, ebenso wie die Lösung von Einzelfällen in der Rechtsanwendung anhand der alleinigen Maßgabe eines Effizienzkriteriums.[1595] Diese Ablehnung stützt er auf die Kritik *Kennedys*[1596] an der „law and economics"-Bewegung, dessen Kritik sich gegen das Effizienzverständnis auf der Grundlage eines zu optimierenden Wertes gesamtgesellschaftlichen Wohlstandes richtet und sich diesbezüglich auf den Bereich der Allokation von Handlungsrechten unter der Prämisse der weitestmöglichen Annäherung an einen hypothetisch effizienten Zustand in Situationen, in denen prohibitiv hohe Transaktionskosten einen freien Austausch verhindern, konzentriert.[1597] *Kennedys* Hauptvorwurf gilt der Unbestimmtheit der Methode der welfaristischen ökonomischen Analyse des Rechts, soweit sie die Verteilungs- und Wechselwirkungseffekte ganz allgemein ausklammere.[1598] Die welfaristische Methodik könne solange nicht zu eindeutigen Ergebnissen führen, sofern nicht normative Erwägungen in die Ausgangsprämissen einzelner modellhafter Vorhersagen einflössen.[1599] Aber selbst wenn notwendige normative Entscheidungen im Ausgangspunkt getroffen würden, blieben die Ergebnisse einer welfaristischen ökonomischen Analyse des Rechts auf Grund der selektiv vernachlässigten Wechselwirkungseffekte des komplexen Marktsystems unbestimmt.[1600] Allerdings möchte *Leistner* den Effizienz-

1592 *Ders.*, in Effizienz als Regelungsziel, S. 72.
1593 *Ders.*, in Effizienz als Regelungsziel, S. 72.
1594 *Ders.*, in Effizienz als Regelungsziel, S. 74, 75, mit Beispielen.
1595 *Leistner*, S. 96.
1596 *Kennedy*, Stanford Law Review 33 (1981), S. 387 ff.
1597 Vgl. die Zusammenfassung von *Kennedys* Aufsatz bei *Leistner*, S. 90 ff.
1598 Vgl. die Zusammenfassung bei *Leistner*, S. 90 ff.
1599 *Ders.*, S. 94.
1600 Dies gelte jedenfalls, soweit die ökonomische Analyse über das Ziel der Transaktionskostensenkung in der konkreten Einzelsituation hinaus zusätzlich eine hypothetisch

analysen eine Hilfsmittelfunktion für die Rechtsgestaltung insoweit zuerkennen, als sie das Effizienzziel nicht zum alleinigen Maßstab erheben und sie ihre Prämissen und Vorentscheidungen wertender Art sowie die sich daraus ergebenden Limitierungen der ermittelten modellhaften Resultate aufdecken und in dieser Weise verwertbare Ergebnisse ermöglichen.[1601]

Podszun demgegenüber befürwortet trotz der fundierten und begründeten Kritik eine Anwendung des *more economic approach* unter Einbeziehung von Effizienzerwägungen im Lauterkeitsrecht, insbesondere da eine Übertragung der Erkenntnisse des ökonomischeren Ansatzes auf das Lauterkeitsrecht nicht revolutionär sei, sondern vielmehr lediglich zu einer Verfeinerung der bisherigen Analysekonzepte im UWG beitragen würde:[1602] Im Rahmen des *more economic approach* komme es verstärkt zu einer Auswirkungsanalyse des Marktverhaltens und damit zu einer Verschiebung des Fokusses der Wettbewerbskontrolle, sodass nun nicht mehr auf der Basis bestimmter Annahmen versucht werde, die Wettbewerbsstruktur zu testen und möglichst offen zu halten.[1603] Vielmehr sei von den Marktfolgen auszugehen, aus denen Rückschlüsse zu ziehen seien auf die Frage, welches Verhalten den Wettbewerb fördere und welches ihn beschränke.[1604] Für das Lauterkeitsrecht würde dieser Paradigmenwechsel bedeuten, die Marktfolgen stärker zu berücksichtigen, anstatt eine bestimmte Struktur als schützenswert vorauszusetzen.[1605] Die Wirkungen bestimmter Verhaltensweisen würden damit in den Mittelpunkt der Prüfung gerückt, sodass sich dieses Konzept nicht sehr von dem bisher im Lauterkeitsrecht praktizierten System unterscheide.[1606] Denn auch hier stehe das konkrete Verhalten im Vordergrund, sodass es nur noch ein Schritt in Richtung der Untersuchung der Wirkung des Verhaltens auf dem Markt wäre.[1607] Die mit dem *more economic approach* verbundene Einzelfallanalyse

---

effiziente Verteilung der Handlungsrechte in Situationen mit prohibitiv hohen Transaktionskosten vornehmen wolle, in denen ein vertragsgemäßer Austausch der Handlungsrechte auf Grund der Höhe der Transaktionskosten unterbunden sei, vgl. *Ders.*, S. 95.

1601 *Ders.*, S. 96.

1602 vgl. Harte/Henning/*Podszun*, § 3 Rn. 110; *Podszun*, WRP 2009, S. 509 ff.; *ders.*, in Lauterkeitsrecht und Acquis Communautaire, S. 165 ff.

1603 *Ders.*, WRP 2009, S. 509, 513.

1604 *Ders.*, in Lauterkeitsrecht und Acquis Communautaire, S. 166.

1605 *Ders.*, in Lauterkeitsrecht und Acquis Communautaire, S. 166.

1606 *Ders.*, WRP 2009, S. 509, 514.

1607 *Ders.*, WRP 2009, S. 509, 514.

wäre angesichts der teilweise gegebenen generalklauselartigen lauterkeitsrechtlichen Tatbestände auf das UWG übertragbar.[1608] Gleiches gelte für die mit dem ökonomischeren Ansatz verbundene Ausrichtung der kartellrechtlichen Wettbewerbspolitik an Effizienzkriterien und der Orientierung am Verbraucherwohl als primäres Ziel – mit der Folge, dass dieses Kriterium in den lauterkeitsrechtlichen Entscheidungen künftig eine entscheidende Rolle zu spielen habe.[1609] Folglich sei auch im Lauterkeitsrecht zu fragen, wie Ressourcen möglichst effizient eingesetzt werden können und welche Vorteile der Verbraucher durch ein bestimmtes Verhalten habe.[1610] Für eine Anwendung der neuen wirtschaftlichen Methoden des *more economic approach* böten sich laut *Podszun* sämtliche Tatbestände des UWG an und nicht nur diejenigen mit speziellem Wettbewerbsbezug, wie etwa der Verkauf unter Einstandspreis, die Ausnutzung von Nachfragemacht, der Schutz selektiver Betriebssysteme, die Zulässigkeit von Parallelimporten, die allgemeine Marktstörung sowie Verkaufsförderungsmaßnahmen[1611], oder solche wettbewerbsnahen Fallgruppen, in denen der Konkurrentenschutz (Behinderung) bzw. der Verbraucherschutz (bspw. Irreführung, Druckausübung) besonders im Vordergrund stünden.[1612] Jede Marktregulierung, zu der auch das Lauterkeitsrecht zähle, habe einen Wettbewerbsbezug.[1613] Auch in den scheinbar entferntesten Fallgruppen des Lauterkeitsrechts seien daher die Erkenntnisse der Wettbewerbsökonomie zu berücksichtigen.[1614] Mit einer Neuausrichtung des Lauterkeitsrechts müsse folglich die Prüfung der Auswirkungen der wettbewerbsrelevanten Handlungen (statt der Verhaltensweisen) einschließlich einer Folgenbewertung bei Präjudizien einhergehen.[1615] Dies sei auch im Hinblick auf die lauterkeitsrechtlichen Sanktionen, wie etwa Schadensersatz- und Beseitigungsansprüchen, geboten, da sie darauf gerichtet seien, die bestehenden Marktverhältnisse zu bewerten, einzugreifen und daher auf eine Auswirkungsanalyse im Einzelfall

---

1608 *Ders.*, WRP 2009, S. 509, 517; *ders.*, in Lauterkeitsrecht und Acquis Communautaire, S. 166. Allerdings verkennt *Podszun* nicht, dass bspw. die per-se-Verbote der Schwarzen Liste sowie § 7 Abs. 2 UWG 2008 pauschale Verbotsregelungen enthalten und damit gerade keine Einzelfallanalyse zulassen.

1609 *Ders.*, WRP 2009, S. 509, 514, 515.

1610 *Ders.*, in Lauterkeitsrecht und Acquis Communautaire, S. 167.

1611 *Ders.*, WRP 2009, S. 509, 514, 515 m. w. N.; *Glöckner*, S. 469.

1612 *Podzun*, in Lauterkeitsrecht und Acquis Communautaire, S. 169.

1613 *Ders.*, in Lauterkeitsrecht und Acquis Communautaire, S. 169.

1614 *Ders.*, WRP 2009, S. 509, 516.

1615 *Ders.*, WRP 2009, S. 509, 516.

angewiesen seien.[1616] Normativ sei in den §§ 4 Nr. 7, 9, 10, 5 Abs. 2, 6, 7 Abs. 1 UWG 2008 bereits jetzt eine konkrete Auswirkungsanalyse für den Einzelfall festgeschrieben.[1617]

Bei alledem übersieht *Podszun* nicht, dass zahlreiche Normen des UWG auf eine Vorfeldanalyse der Gefährdungen im Sinne einer Eignung abstellen, wie etwa §§ 3 Abs. 1 und 2, 4 Nr. 1, 2, 8, 5 Abs. 1 und 3, 5a UWG 2008, und gerade nicht auf eine konkrete Auswirkungsanalyse.[1618] Darüber hinaus seien die materiellen Konsequenzen einer stärkeren Berücksichtigung ökonomischer Erkenntnisse für das Lauterkeitsrecht zu bedenken. Sollte der *more economic approach* über die Einbeziehung allgemeiner ökonomischer Aspekte hinaus als Grundlage für die Berücksichtigung und Verrechnung wohlfahrtssteigernder Effekte dienen, würde dies nicht nur zu einer weiteren Liberalisierung des Lauterkeitsrechts führen, sondern auch zu Einschränkungen der Anwendbarkeit lauterkeitsrechtlicher Normen durch die Berufung auf bestimmte angeblich eingetretene Marktfolgen.[1619] Schließlich dürften die institutionellen Unterschiede zwischen Kartell- und Lauterkeitsrecht nicht vernachlässigt werden. Der mit einem UWG-Fall befasste Richter müsse in der Regel binnen kurzer Frist und ohne relevante ökonomische Expertise entscheiden (bspw. im Rahmen einer einstweiligen Verfügung) und könne daher schwerlich eine umfassende Marktbetrachtung, Auswirkungsanalyse oder Einzelfallentscheidung vornehmen – ganz im Gegensatz zu den langwierigen Prüfungen der Kartellbehörden in kartellrechtlichen Sachverhalten.[1620] *Podszun* schlägt daher u. a.[1621] vor, den Lauterkeitsrichter ökonomisch zu schulen und ihm eine Art „ökonomischen Leitfaden" an die Hand zu geben, aus dem einfache, für den Einzelfall reduzierte Kriterien ersichtlich sind, die er abprüfen könne.[1622]

Die Ausführungen *Podszuns* überzeugen nicht. Soweit mit dem *more economic approach* das Ziel verfolgt wird, bei der Beurteilung von Wettbewerbsbeschrän-

---

1616 *Ders.*, WRP 2009, S. 509, 516.

1617 *Ders.*, WRP 2009, S. 509, 517.

1618 *Ders.*, WRP 2009, S. 509, 517.

1619 MünchKomm UWG Band 1/*Sosnitza*, § 3 Rn. 66; ähnlich auch *Podszun*, WRP 2009, S. 509, 517.

1620 *Podszun*, in Lauterkeitsrecht und Acquis Communautaire, S. 171.

1621 Zu seinen weiteren Vorschlägen vgl. *ders.*, in Lauterkeitsrecht und Acquis Communautaire, S. 173 ff.

1622 Ähnlich etwa der britischen „Guideline for policy makers", Completing competition assessments in Impact Assessments, Office of Fair Trading, August 2007, OFT876, abrufbar unter: https://www.gov.uk/government/uploads/system/uploads/attachment_data/file/191489/Green_Book_supplementary_guidance_completing_competition_assessments_in_impact_assessments.pdf (zuletzt abgerufen am 08.03.2016).

kungen das Kriterium der Effizienz und die zu erwartenden Marktfolgen in den Vordergrund zu stellen, um das wettbewerbspolitische Ziel der Steigerung der Konsumentenwohlfahrt zu erreichen, erscheint eine solche Anwendung für das UWG nicht umsetzbar. Mit dem Spürbarkeitsmerkmal existiert zwar eine Schwelle im UWG, die eine einzelfallgerechte Beurteilung unlauterer Handlungen ermöglicht. Insbesondere werden hier die Auswirkungen der jeweiligen Handlung untersucht und differenziert betrachtet. Dabei wird jedoch vornehmlich auf die Beeinträchtigung der Interessen des Adressaten abgestellt, um die Unzulässigkeit der Handlung feststellen zu können. Eventuell eingetretene wirtschaftliche Vorteile bei dem Adressaten oder auch eine Steigerung des Konsumentenwohls im Allgemeinen können die unzulässigen Handlungen, die die Tatbestandsvoraussetzungen des UWG erfüllen, nicht rechtfertigen. Dies würde die Gefahr in sich bergen, dass auf Grund von Effizienzeinreden für den Verbraucher unlautere und schädliche Handlungen wieder legitimiert würden und damit das Verbraucherschutzniveau sogar abgesenkt würde. Effizienzsteigernde Gesichtspunkte erscheinen daher nicht geeignet, den bereits jetzt durch das UWG gewährleisteten hohen Verbraucherschutz zu verstärken.

Darüber hinaus stellt das UWG bei dem Großteil seiner Tatbestände auf die Eignung ab und damit auf eine Vorfeldanalyse der Gefährdungen im Sinne einer objektiven Wahrscheinlichkeit. Eine Einzelfallanalyse samt Feststellung konkreter Auswirkungen wird damit gerade nicht gefordert. Dies gilt insbesondere für die per-se-Verbote des UWG, die in jedem Fall, ohne das Erfordernis der Spürbarkeit erfüllen zu müssen, unzulässig sind.

Daneben kann der Einführung des *more economic approach* im Lauterkeitsrecht, ebenso wie im Kartellrecht, eine Gefährdung der Rechtssicherheit sowie eine unzulässige Anmaßung von Wissen entgegen gehalten werden.[1623]

Eine Einbeziehung von Effizienzerwägungen würde schließlich die vorherrschende Schutzzweckausrichtung des § 1 S. 1 UWG 2015 missachten, der primär den Schutz der Interessen der Marktteilnehmer bezweckt und lediglich mittelbar den Wettbewerbsprozess als solchen.[1624] Die Einbeziehung ökonomischer Aspekte

---

1623 MünchKomm UWG Band 1/*Sosnitza*, § 3 Rn. 66; *Pichler*, S. 50, Fn. 189 m.w.N., S. 134.

1624 Vgl. hierzu die Ausführungen zuvor unter Kapitel D. II. 1. a). Dabei ist es unerheblich, welche der beiden vorherrschenden Grundrichtungen der Wettbewerbstheorie, das Konzept des funktionsfähigen Wettbewerbs nach *Kantzenbach* oder das der Wettbewerbsfreiheit nach *Hoppmann* und *v. Hayek*, dem UWG zugrunde zu legen ist. Ein Richter ist für die Beurteilung lauterkeitsrechtlicher Sachverhalte nicht zu ihrer Durchsetzung verpflichtet. Nach *Köhler* kann nur der Ansatz der Wettbewerbs-

muss daher stets als Bezugspunkt die Schutzgüter des Lauterkeitsrechts, sprich den Schutz der Interessen der Marktteilnehmer, im Blick behalten und darf gerade nicht (ausschließlich) auf die Folgen des jeweiligen Verhaltens für den Wettbewerb im Allgemeinen abstellen.[1625]

Maßgeblich kann folglich stets die allein aus der Rechtsordnung zu gewinnende Aussage über die Zulässigkeit oder Unzulässigkeit eines Marktverhaltens sein,[1626] gleichwohl ökonomische Methoden, wie zuvor aufgezeigt, im Allgemeinen bei der Ausfüllung und Anwendung einzelner lauterkeitsrechtlicher Tatbestandsmerkmale herangezogen werden können und sollen.

Wie und ob die Rechtsprechung ökonomische oder auch effizienzsteigernde Aspekte im Rahmen lauterkeitsrechtlicher Beurteilungen und insbesondere im Rahmen der Beurteilung der spürbaren Auswirkungen heranzieht, wird in Kapitel E. der Arbeit untersucht.

---

freiheit, der die Handlungs- und Entscheidungsfreiheit der Marktteilnehmer verlangt, eine ausreichende Grundlage für die Beurteilung, ob ein Verhalten im Wettbewerb lauter ist oder nicht, bieten; vgl. hierzu Köhler/Bornkamm/*Köhler*, Einl UWG Rn. 1.16.

1625 Daher ist das Merkmal der Spürbarkeit des UWG für eine Folgenbetrachtung im Sinne des *more economic approach* nicht geeignet, da hier die Auswirkungen auf die wirtschaftlichen Interessen der Marktteilnehmer, nicht dagegen die Folgen für den Wettbewerb, maßgeblich sind. A.A. *Drews*, S. 112 ff., der das Merkmal der Spürbarkeit als Mittel zur Bestimmung des wettbewerblich-kollektiven Unrechts ansah und dieses anhand einer empirischen Betrachtung im Sinne des *more economic approach* feststellen wollte.

1626 GK-UWG Band 1/*Peukert*, § 3 Rn. 242.

G. Das Verhältnis der Generalklausel des § 3 UWG 2015 zum Anhang des § 3 Abs. 3 UWG 2015[1627]

Im Zuge der Umsetzung der UGP-RL wurde § 3 Abs. 3 UWG 2008 mit dem in Bezug genommenen Anhang in das deutsche UWG eingefügt. Die Vorschrift diente der Umsetzung des Art. 5 Abs. 5 S. 1 UGP-RL, der seinerseits auf die Schwarze Liste in Anhang I verweist.[1628] Nach der deutschen Formulierung des § 3 Abs. 3 UWG 2015, der § 3 Abs. 3 UWG 2008 identisch übernommen hat, sind die im Anhang zum UWG aufgeführten Praktiken, soweit sie gegenüber Verbrauchern vorgenommen werden, „stets unzulässig". Es handelt sich also um Verbote ohne Wertungsvorbehalt.[1629]

I. Allgemeines

Bei den im Anhang aufgeführten geschäftlichen Handlungen handelt es sich um einen abschließenden Katalog von stets unzulässigen geschäftlichen Handlungen gegenüber Verbrauchern.[1630] Die Rechtsfolge der Unzulässigkeit wird direkt an die jeweiligen Tatbestände des Anhangs geknüpft. Der Inhalt des in das UWG aufgenommenen Anhangs ist ein vollwertiger Bestandteil des UWG 2015 und gleichermaßen verbindlich wie alle sonstigen darin enthaltenen Regelungen der §§ 1–20 UWG 2015.[1631]

Zwar ist es nicht zwingend erforderlich, die UGP-RL wortwörtlich in nationales Recht umzusetzen[1632], allerdings ist die durch sie vorgegebene Prüfungsreihenfolge im Rahmen der Anwendung nationalen Rechts bei Sachverhalten, die

---

1627 Die in diesem Kapitel zitierte Literatur zum UWG 2008 kann auf das UWG 2015 übertragen werden, da die Reform in 2015 insofern keine relevanten Änderungen mit sich brachte.

1628 Vgl. zuvor Kapitel B. III. 1 a).

1629 Vgl. BT-Drucks. 10/10145, S. 30; Götting/Nordemann/*Wirtz*, § 3 Rn. 137. Kritisch *Köhler/Bornkamm*, die darauf verweisen, dass die Subsumtion des konkreten Falles unter die Tatbestände der Schwarzen Liste teilweise nicht ohne eine Würdigung der Umstände des Einzelfalles sowie einer normativen Wertung auskommen kann, Köhler/Bornkamm/*Köhler/Bornkamm*, § 3 Rn. 25 und Anh zu § 3 III Rn. 0.4.

1630 MünchKomm UWG Band 1/*Alexander*, Vor Anh. § 3 Abs. 3 Rn. 7.

1631 *Ders.*, Vor Anh. § 3 Abs. 3 Rn. 3.

1632 Vgl. die Ausführungen unter Kapitel B. III. 1. d) aa).

unter die Richtlinie fallen, maßgebend. Daher sind die Tatbestände des Anhangs des UWG 2015 vorrangig vor den §§ 3 ff. UWG 2015 zu prüfen, denn nach der UGP-RL ist die Unlauterkeit einer geschäftlichen Handlung in einem dreistufigen Verfahren festzustellen, wobei die Tatbestände des Anhangs der UGP-RL Vorrang vor den Einzeltatbeständen der Art. 6 ff. UGP-RL sowie schließlich vor der Generalklausel des Art. 5 UGP-RL haben[1633].

Übertragen auf das UWG bedeutet dies, dass geschäftliche Handlungen ebenfalls anhand eines dreistufigen „Unlauterkeitstests“ zu beurteilen sind.[1634] Der Dreistufentest und die damit verbundene vorrangige Anwendung des Anhangs gelten allerdings nur bei verbraucherbezogenen Handlungen. Bei Verhaltensweisen, die lediglich die Interessen von Mitbewerbern schädigen und damit außerhalb des Anwendungsbereiches der UGP-RL liegen, gilt dieses Vorgehen hingegen nicht. Hier hat der Anhang als Beurteilungsmaßstab zwar keine eigenständige Bedeutung, allerdings können seine Bestimmungen bei der Beurteilung der Unlauterkeit einer geschäftlichen Handlung gegenüber einem Mitbewerber wertend herangezogen werden.[1635]

II. Normzweck des Anhangs

Unter Berücksichtigung der Systematik und der sonstigen Regelungen der UGP-RL können im Wesentlichen vier zentrale Funktionen der Schwarzen Liste unterschieden werden: Zum einen kommt dem Anhang I eine Veranschaulichungs- und Klarstellungsfunktion zu, da die dort enthaltenen Tatbestände ein wichtiges Anschauungsmaterial für die Rechtsanwendungspraxis liefern.[1636] Hätte sich die UGP-RL zur Verwirklichung der angestrebten Vollharmonisierung auf die Anwendung generalklauselartiger Tatbestände beschränkt, hätte sich daraus leicht die Gefahr ergeben können, dass solche Vorschriften in den Mitgliedstaaten vor dem Hintergrund der nationalen Rechtstraditionen möglicherweise mit höchst unterschiedlichen Inhalten gefüllt worden wären.[1637] Dem

---

1633 Vgl. die Ausführungen zuvor unter Kapitel B. III. 1. b) sowie bei bei *Köhler*, WRP 2010, S. 1293, 1294; *Alexander*, GRUR Int. 2010, S. 1025, 1027 m. w. N.

1634 *Köhler*, WRP 2010, S. 1293, 1295; jurisPK-UWG/*Ullmann*, § 3 Rn. 95 ff.; MünchKomm UWG Band 1/*Alexander*, Vor Anh. § 3 Abs. 3 Rn. 13; Harte/Henning/*Henning-Bodewig*, Anh. § 3 Abs. 3 Rn. 4.

1635 MünchKomm UWG Band 1/*Alexander*, Vor Anh. § 3 Abs. 3 Rn. 13.

1636 *Ders.*, Vor Anh. § 3 Abs. 3 Rn. 28; *Büllesbach*, S. 31 m. w. N.

1637 *Alexander*, GRUR Int. 2010, S. 1025, 1028; auch *Leistner*, S. 390 m. w. N., merkt an, dass das Konzept der Vollharmonisierung der UGP-RL angesichts unterschiedlicher

kann mit einer abschließenden Liste von unter allen Umständen verbotenen Verhaltensweisen zumindest teilweise entgegengewirkt werden, da diese Tatbestände illustrativ verdeutlichen, welche Verhaltensweisen als unlauter zu missbilligen sind.[1638]

Daneben konkretisieren und präzisieren die Tatbestände der Schwarzen Liste das Merkmal der Unlauterkeit. Indem die Schwarze Liste ausschließlich irreführende und aggressive Geschäftspraktiken aufgreift und präzisiert, ermöglicht sie, die von der UGP-RL geschützten Interessen der Verbraucher genauer zu bestimmen und zu unterscheiden.[1639]

Des Weiteren tragen die Tatbestände des Anhangs zur Rechtssicherheit, zur Rechtsklarheit sowie zur Rechtstransparenz bei.[1640] Sie enthalten einen in allen Mitgliedstaaten identisch geltenden Rechtsmaßstab, der gerade in Bezug auf die Stärkung des Binnenmarktes von zentraler Bedeutung ist.[1641] Unternehmer können sich informieren, welche Praktiken in jedem Fall unlauter sind und demzufolge ihre Absatzstrategien an diesem Maßstab ausrichten.[1642] Verbraucher können auf der anderen Seite darauf vertrauen, nicht nur im eigenen Land, sondern unionsweit vor bestimmten Verhaltensweisen geschützt zu sein.[1643]

Da die Tatbestände der Schwarzen Liste als abschließender Katalog formuliert sind, kommt ihnen schließlich eine Begrenzungsfunktion zu.[1644] Die Mitgliedstaaten dürfen keine von dem Anhang I der UGP-RL abweichenden Tatbestände schaffen oder aufrechterhalten, die als per-se-Verbote ausgestaltet sind und ohne Einzelfallprüfung Verhaltensweisen als unlauter deklarieren und verbieten.[1645]

III. Umsetzung des Anhangs in deutsches Recht

Die in das deutsche Recht übernommene Liste stets unzulässiger Geschäftspraktiken entspricht weitestgehend in Reihenfolge und Wortlaut dem Anhang I

---

lauterkeitsrechtlicher Traditionen in den Mitgliedstaaten und der reichen Verwendung unbestimmter Rechtsbegriffe allenfalls ein Fernziel markieren könne.

1638 MünchKomm UWG Band 1/*Alexander*, Vor Anh. § 3 Abs. 3 Rn. 28.

1639 *Ders.*, GRUR Int. 2010, S. 1025, 1028.

1640 Erwägungsgrund 17 UGP-RL; Köhler/Bornkamm/*Köhler/Bornkamm* 2016, Anhang zu § 3 Abs 3 Rn. 0.6; Ohly/Sosnitza/*Sosnitza*, Anhang zu § 3 Abs. 3 Rn. 1; MünchKomm UWG Band 1/*Alexander*, Vor Anh. § 3 Abs. 3 Rn. 30.

1641 MünchKomm UWG Band 1/*Alexander*, Vor Anh. § 3 Abs. 3 Rn. 30.

1642 *Ders.*, GRUR Int. 2010, S. 1025, 1028.

1643 MünchKomm UWG Band 1/*Alexander*, Vor Anh. § 3 Abs. 3 Rn. 30.

1644 *Ders.*, Vor Anh. § 3 Abs. 3 Rn. 31.

1645 *Ders.*, GRUR Int. 2010, S. 1025, 1028.

der UGP-RL.[1646] Sprachliche Abweichungen in der deutschen Fassung des Anhangs sind auf eine Angleichung an die Definition des § 2 UWG 2008, an die rechtliche Terminologie des Lauterkeitsrechts sowie auf die allgemeinen Anforderungen an die deutsche Sprache zurückzuführen.[1647] Neben einigen weiteren Änderungen, wie bspw. die von dem jeweiligen Wortlaut des Anhangs I der UGP-RL abweichenden Bestimmungen in Nr. 5 des Anhangs zum UWG[1648], wurde insbesondere die Nr. 31 des Anhangs I der UGP-RL in der Annahme, dass es sich hierbei um eine irreführende anstelle einer aggressiven Geschäftspraktik handele, in die Nr. 17 des Anhangs des UWG überführt.[1649] Dies wurde im UWG 2015 beibehalten. Dem dürfte allerdings die Rechtsprechung des EuGH entgegenstehen, der in der *Purely Creative*-Entscheidung klarstellte, dass eine Zuwiderhandlung gegen den Verbotstatbestand der Nr. 31 des Anhangs I der UGP-RL gerade keine Irreführung sei.[1650] Mit Umsetzung der Nr. 31 verschoben sich die in den folgenden Nummern 17 bis 25 geregelten Tatbestände des Anhangs um jeweils eine Nummer. Nummer 26 des Anhangs I der UGP-RL wurde nicht übernommen, da der dort enthaltene Tatbestand bereits von § 7 Abs. 2 UWG erfasst sein soll[1651], sodass die Nr. 27 bis 30 wiederum mit dem Anhang I der UGP-RL übereinstimmen. Nr. 1–24 des Anhangs zu § 3 Abs. 3 UWG 2008/2015 knüpfen an die irreführenden Geschäftspraktiken der Art. 6, 7 UGP-RL, Nr. 25–30 des Anhangs zu § 3 Abs. 3 UWG 2008/2015 an die aggressiven Geschäftspraktiken der Art. 8, 9 UGP-RL an.

Gesetzessystematisch übernahm der Anhang zum UWG 2008 die Stellung des Art. 5 Abs. 1 und 5 UGP-RL, da es im UWG 2008 eine dem Art. 5 Abs. 1 UGP-RL vergleichbare Rechtsfolgenanordnung nicht gab. Daher ordnete § 3 Abs. 3 UWG 2008 die Unzulässigkeit der Tatbestände des Anhangs an. Entgegen der Systematik der UGP-RL normierte das UWG 2008 die Unlauterkeit und Unzulässigkeit von geschäftlichen Handlungen in einer Generalklausel, vgl. § 3 Abs. 1 UWG 2008. Die Unlauterkeit einer Handlung an sich genügte nicht, um sie als unzulässig be-

---

1646 Vgl. zu den Umsetzungsformen in anderen europäischen Mitgliedstaaten die Ausführungen von *Namyslowska*, GRUR Int. 2010, S. 1033, 1034, 1035.

1647 BT-Drucks. 10/10145, S. 30.

1648 Vgl. die Ausführungen bei MünchKomm UWG Band 1/*Alexander*, Vor Anh. § 3 Abs. 3 Rn. 20 ff. m. w. N.

1649 BT-Drucks. 10/10145, S. 30.

1650 EuGH C-428/11, Tz. 49 – Purely Creative.

1651 Zu der Kritik hierzu vgl. *Köhler*, Anm. zu BGH WRP 2012, 938 – Aufkleber „Keine Werbung“, S. 939; MünchKomm UWG Band 1/*Alexander*, Vor Anh. § 3 Abs. 3 Rn. 21 m. w. N.; Köhler/Bornkamm/*Köhler* 2016, § 7 Rn. 182.

werten zu können. Hinzukommen musste stets die spürbare Beeinträchtigung der Interessen der jeweiligen Marktteilnehmer. Folglich war die Spürbarkeit nach dem deutschen Konzept ein zusätzliches Element neben der Unlauterkeit, während sie nach der Systematik der UGP-RL ein Bestandteil der Unlauterkeit ist und wie es auch in § 3 Abs. 2 UWG 2008 geregelt war.[1652] Da das UWG 2015 mit § 3 Abs. 1 UWG 2015 eine dem Art. 5 Abs. 1 UGP-RL vergleichbare Rechtsfolgenanordnung enthält, hätte auf die Formulierung „unzulässig" in § 3 Abs. 3 UWG 2015 zugunsten von „unlauter" verzichtet werden können.

IV. Anwendungsbereich der Schwarzen Liste

1. B2C-Verhältnis

Die UGP-RL gilt nach Art. 3 Abs. 1 UGP-RL für unlautere Geschäftspraktiken im Sinne des Art. 5 UGP-RL zwischen Unternehmen und Verbrauchern vor, während und nach Abschluss eines auf ein Produkt bezogenen Handelsgeschäfts. Aus dem sachlichen und persönlichen Anwendungsbereich ergibt sich zugleich, wie weit der Umsetzungsauftrag der UGP-RL reicht und welchen Spielraum die Mitgliedstaaten für abweichende Regelungen haben. Von der UGP-RL ausgenommen sind unlautere Geschäftspraktiken, die „lediglich" die wirtschaftlichen Interessen von Mitbewerbern schädigen[1653], sowie Konstellationen, in denen die Unternehmer als Nachfrager von Verbrauchern Waren oder Dienstleistungen beziehen.[1654] In Abgrenzung zum B2C-Verhältnis unterfallen Verhaltensweisen im C2B-Bereich folglich grundsätzlich ebenfalls nicht dem Anwendungsbereich der UGP-RL.[1655]

1652 Daraus wurde verständlich, warum § 3 Abs. 3 UWG 2008 die im Anhang aufgeführten Tatbestände nicht für „unlauter", sondern für „unzulässig" erklärte, vgl. MünchKomm UWG Band 1/*Alexander*, Vor Anh. § 3 Abs. 3 Rn. 25.

1653 EuGH C-304/08, Tz. 38, 39 – Plus Warenhandelsgesellschaft; vgl. auch Erwägungsgrund 6 S. 3 UGP-RL.

1654 *Alexander*, GRUR Int. 2010, S. 1025, 1027; *Henning-Bodewig*, GRUR Int. 2004, S. 183, 186. Die EU-Kommission stellt dies in einem rechtlich unverbindlichen Leitfaden zur UGP-RL klar, vgl. Commission Staff Working Document: Guidance on the Implementation/Application of the Directive 2005/29/EC on Unfair Commercial Practices, SEC (2009), 1666 vom 03.12.2009, S. 9: „According to the definition provided in the Directive, commercial practices only cover practices ‚*directly connected with the promotion, sale or supply of a product to consumers*'. The reverse situation where traders purchase products from consumers does not fall within the scope of the Directive."

1655 Commission Staff Working Document: Guidance on the Implementation/Application of the Directive 2005/29/EC on Unfair Commercial Practices, SEC (2009), 1666 vom 03.12.2009, S. 9; siehe auch die Ausführungen hierzu sogleich.

2. B2B-Verhältnis

Nach dem eindeutigen Wortlaut des § 3 Abs. 3 UWG 2015 ist eine Anwendung des Anhangs des UWG auf den kaufmännischen Verkehr (B2B-Bereich) ausgeschlossen: „… geschäftlichen Handlungen gegenüber Verbrauchern sind stets unzulässig“. Der deutsche Gesetzgeber ist demzufolge von seinem Grundsatz abgewichen, die UGP-RL nach Möglichkeit so in das UWG einzubinden, dass es bei der einheitlichen Anwendung des Gesetzes für alle Marktakteure bleibt.[1656] Der Vorschlag des Europäischen Parlaments im Jahr 2009, die Schwarze Liste entweder durch Erweiterung der UGP-RL oder durch Übernahme in die Werbe-RL auch für den B2B-Bereich anwendbar zu machen[1657], wurde nicht aufgenommen[1658].

Obwohl der Anhang des UWG in Übereinstimmung mit dem Anhang I der UGP-RL ausschließlich geschäftliche Handlungen im Verhältnis zwischen Unternehmen und Verbrauchern regelt, lassen sich die den Bestimmungen des Anhangs zugrunde liegenden Wertungen auch für die Beurteilung von geschäftlichen Handlungen gegenüber Unternehmen heranziehen.[1659] Dies soll jedenfalls in denjenigen Fällen gelten, in denen es andernfalls zu ungerechtfertigten Wertungswidersprüchen kommen würde.[1660] Es ist daher nicht nur zulässig und zweckmäßig, sondern im Wege der systematischen Auslegung sogar geboten, bei der Prüfung einer geschäftlichen Handlung anhand der §§ 3 Abs. 1, 4 UWG 2015 im Rahmen offener Tatbestandsmerkmale zu fragen, ob die Regelungen des Anhangs im Sinne einer Indizwirkung einen Rückschluss auf die lauterkeitsrechtliche Unzulässig-

---

1656 Der Gesetzgeber führte hierzu zum UWG 2008 aus: „Bei § 3 Abs. 3 UWG und den Tatbeständen des Anhangs handelt es sich um eine Ausnahme von dem sonst geltenden Grundsatz der einheitlichen Anwendung des Gesetzes auf Mitbewerber, Verbraucher und sonstige Marktteilnehmer. Die Ausnahme ist gerechtfertigt, weil die auf Art. 5 Abs. 5 der Richtlinie in Verbindung mit deren Anhang I zurückgehende Regelung aus Gründen des Verbraucherschutzes besonders streng ausgefallen ist. Es wäre nicht gerechtfertigt, den kaufmännischen Verkehr mit derart starren Regeln zu belasten.“, BT-Drucks. 10/10145, S. 22.

1657 Entschließung des Europäischen Parlaments vom 13. Januar 2009 zu der Umsetzung, Anwendung und Durchsetzung der Richtlinie 2005/29/EG über unlautere Geschäftspraktiken im binnenmarktinternen Geschäftsverkehr zwischen Unternehmen und Verbrauchern und der Richtlinie 2006/114/EG über irreführende und vergleichende Werbung (2008/2114(INI)), P6_TA (2009)0008, Ziff. 7.

1658 Vgl. hierzu *Namyslowska*, GRUR Int. 2010, S. 1033, 1034.

1659 Köhler/Bornkamm/*Köhler/Bornkamm* 2016, Anhang zu § 3 Abs 3 Rn. 0.12; so auch bereits *Hoeren*, WRP 2009, S. 789, 792.

1660 BGH WRP 2012, 194, Tz. 29 – Branchenbuch Berg.

keit oder Zulässigkeit geben können.[1661] Denn bei den Regelungen des Anhangs handelt es sich teilweise um geschäftliche Verhaltensweisen, die auch und gerade gegenüber Unternehmen Wirkungen entfalten dürften.[1662] Als Beispiele für einen Unternehmensbezug können angeführt werden: die Täuschung eines Geschäftspartners über die Unterzeichnung eines Verhaltenskodexes (Nr. 1), die Täuschung über die Verkehrsfähigkeit einer Ware (Nr. 9) oder das Verbreiten rechnungsähnlich aufgemachter Verkaufsofferten (Nr. 22).[1663] Bei diesen Beispielsfällen sind die Unternehmer trotz ihrer geschäftlichen Erfahrenheit in gleichem Maße schutzbedürftig wie die Verbraucher, sodass nichts dagegen sprechen sollte, die Wertungen dieser Tatbestände bei der Prüfung der geschäftlichen Handlungen innerhalb der Regelungen der §§ 3 Abs. 1, 4 UWG 2015 heranzuziehen.[1664] Soweit Tatbestände der Schwarzen Liste jedoch auf einer besonderen Schutzbedürftigkeit der Verbraucher beruhen, wie bspw. die Behauptung, eine Ware oder Dienstleistung könnte die Gewinnchancen bei einem Glücksspiel erhöhen (Nr. 16) oder das Angebot eines Preisausschreibens, wenn die beworbenen Preise nicht vergeben werden (Nr. 20), ist eine Indizwirkung fraglich.[1665]

Sollte ein Verbotstatbestand des Anhangs erfüllt sein, kann daraus jedoch kein Automatismus dahingehend abgeleitet werden, dass eine geschäftliche Handlung gegenüber Unternehmen in jedem Falle unzulässig wäre, denn auch wenn die Erfüllung eines der Tatbestände des Anhangs als starkes Indiz für die Unlauterkeit und die Spürbarkeit einer geschäftlichen Handlung im B2B-Verhältnis gewertet werden kann, kann eine solche geschäftliche Handlung dennoch zulässig sein, wenn sie im Einzelfall nicht spürbar ist.[1666] Daher können die Tatbestände des Anhangs als Orientierungspunkt für die Prüfung der Unlauterkeit dienen und eine Wertungsmöglichkeit für die Spürbarkeitsprüfung des § 3 Abs. 1 UWG 2015

1661 MünchKomm UWG Band 1/*Alexander*, Vor Anh. § 3 Abs. 3 Rn. 64; Harte/Henning/*Henning-Bodewig*, Anh. § 3 Abs. 3 Rn. 16.

1662 Dementsprechend haben Mitgliedstaaten wie Österreich und Schweden den Anwendungsbereich des Anhangs auf alle Marktteilnehmer erweitert, vgl. Harte/Henning/*Henning-Bodewig*, Anh. § 3 Abs. 3 Rn. 16.

1663 Vgl. die Beispiele bei MünchKomm UWG Band 1/*Alexander*, Vor Anh. § 3 Abs. 3 Rn. 63, 66, sowie bei *Hoeren*, WRP 2009, S. 789, 792.

1664 MünchKomm UWG Band 1/*Alexander*, Vor Anh. § 3 Abs. 3 Rn. 66. Bei denjenigen Tatbeständen des Anhangs, die sich eindeutig ausschließlich auf Verbraucher beziehen, soll hingegen keine Indizwirkung möglich sein, vgl. Gloy/Loschelder/Erdmann/*Bruhn*, § 46 Rn. 13.

1665 MünchKomm UWG Band 1/*Alexander*, Vor Anh. § 3 Abs. 3 Rn. 66.

1666 *Ders.*, Vor Anh. § 3 Abs. 3 Rn. 66; Köhler/Bornkamm/*Köhler/Bornkamm* 2016, Anhang zu § 3 Abs 3 Rn. 0.12.

eröffnen, dürften aber in der Regel auch im B2B-Bereich ein starkes Indiz für eine Unlauter- sowie Spürbarkeit sein.[1667]

3. Nachfrageverhalten C2B-Verhältnis

Entgegen den Regelungen des Anhangs I der UGP-RL hat der deutsche Gesetzgeber den Anwendungsbereich des Anhangs des UWG über das Verhältnis zwischen Unternehmern und Verbrauchern hinaus auf Nachfragehandlungen von Unternehmern gegenüber Verbrauchern (C2B) erweitert.[1668] Nach der Definition der geschäftlichen Handlung gem. § 2 Abs. 1 Nr. 1 UWG 2015 sind – im Unterschied zu der Definition der Geschäftspraxis im Sinne der UGP-RL – nicht nur Maßnahmen der Absatzförderung erfasst, sondern ebenfalls der Bezug von Waren und Dienstleistungen und folglich Maßnahmen des Nachfragewettbewerbs.[1669] Tritt also ein Verbraucher als Anbieter auf und wird er von dem Unternehmer als Nachfrager über seine Unternehmereigenschaft getäuscht, indem er vorgibt, eine Privatperson zu sein, ist Nr. 23 des Anhangs des UWG anwendbar mit der Folge, dass es sich um eine stets unzulässige geschäftliche Handlung handelt.[1670] Da die UGP-RL für das Nachfrageverhalten von Unternehmern gegenüber Verbrauchern nicht gilt, liegt darin keine fehlerhafte Umsetzung der UGP-RL.[1671]

V. Auslegung der Tatbestände des Anhangs

Bei der Auslegung der Tatbestände des Anhangs ist die richtlinienkonforme Auslegung zu beachten.[1672] Uneinheitlich wird die Frage beantwortet, ob die per-se-Verbote restriktiv oder weit auszulegen sind.[1673] In jedem Fall hat sich

---

1667 Köhler/Bornkamm/*Köhler/Bornkamm* 2016, Anhang zu § 3 Abs 3 Rn. 0.12.

1668 *Alexander*, GRUR Int. 2010, S. 1025, 1030.

1669 Köhler/Bornkamm/*Köhler* 2016, § 2 Rn. 8, 38 m. w. N.

1670 Beispiel nach *Alexander*, GRUR Int. 2010, S. 1025, 1030.

1671 *Ders.*, GRUR Int. 2010, S. 1025, 1030.

1672 Köhler/Bornkamm/*Köhler/Bornkamm* 2016, § 3 Rn. 4.3 und Anhang zu § 3 Abs 3 Rn. 0.3 ff.; MünchKomm UWG Band 1/*Alexander*, Vor Anh. § 3 Abs. 3 Rn. 56.

1673 Eine restriktive Auslegung befürworten Harte/Henning/*Henning-Bodewig*, Anh. § 3 Abs. 3 Rn. 14 (unter Einschränkungen); Götting/Nordemann/*Wirtz*, § 3 Rn. 137. Differenzierend und eine weite Auslegung nach dem Wortlaut des jeweiligen Tatbestandes des Anhangs teilweise für möglich haltend MünchKomm UWG Band 1/*Alexander*, Vor Anh. § 3 Abs. 3 Rn. 57; Köhler/Bornkamm/*Köhler/Bornkamm* 2016, Anhang zu § 3 Abs 3 Rn. 0.8, enge Auslegung verneinend; BGH GRUR 2012, 82, Tz. 12 – Auftragsbestätigung (zu Nr. 29 Anhang UWG); offen gelassen OLG Köln GRUR-RR 2011, 275, 276 – „Testsieger"-Werbung.

die Auslegung an dem Wortlaut und Zweck der Regelungen zu orientieren.[1674] Ausgeschlossen ist eine analoge Anwendung der Tatbestände des Anhangs auf vergleichbare Sachverhalte, da die Tatbestände des Anhangs trotz ihrer teilweise auslegungsbedürftigen unbestimmten Tatbestandsmerkmale so eng und kasuistisch gefasst sind, dass sie dem erkennbaren Willen des Richtliniengebers gemäß nicht als verallgemeinerungsfähige Beispielstatbestände angesehen werden können.[1675] Auf der anderen Seite lässt sich den Tatbeständen des Anhangs im Umkehrschluss nicht entnehmen, dass ein von ihnen nicht erfasstes Verhalten hingenommen werden müsste.[1676] Würde man eine solche e contrario-Argumentation zulassen, würde man dem Sinn und Zweck des UWG-Anhangs sowie der UGP-RL zuwiderhandeln, wonach die in dem jeweiligen Anhang geregelten Tatbestände nur deshalb ohne Prüfung weiterer Voraussetzungen für unzulässig gehalten werden, weil sie besonders gravierendes Fehlverhalten gegenüber den Verbrauchern beinhalten.[1677] Die Tatbestände des Anhangs treffen jedoch keine Aussage über die Lauterkeit geschäftlicher Handlungen, die die speziellen Voraussetzungen der Tatbestände der Schwarzen Liste nicht erfüllen. Solche geschäftlichen Handlungen sind vielmehr nach den allgemeinen Bestimmungen über unlautere, insbesondere irreführende und aggressive Geschäftspraktiken zu prüfen.[1678] Folglich besteht bezüglich einer nicht die Voraussetzungen des UWG-Anhangs erfüllenden verbraucherbezogenen geschäftlichen Handlung nicht die Vermutung der Zulässigkeit. Dies muss erst recht für Handlungen im B2B-Bereich gelten.[1679]

VI. Allgemeine Voraussetzungen und Spürbarkeitsprüfung

Neben den speziellen normspezifischen Voraussetzungen der jeweiligen Tatbestände der Schwarzen Liste müssen grundsätzlich auch für diese Tatbestände die allgemeinen Voraussetzungen des Lauterkeitsrechts erfüllt sein – wie etwa

---

1674 Köhler/Bornkamm/*Köhler/Bornkamm* 2016, Anhang zu § 3 Abs 3 Rn. 0.8.

1675 Vgl. OLG Köln GRUR-RR 2011, 275, 276 – „Testsieger“-Werbung; Köhler/Bornkamm/*Köhler/Bornkamm* 2016, Anhang zu § 3 Abs 3 Rn. 0.8.

1676 Köhler/Bornkamm/*Köhler/Bornkamm* 2016, Anhang zu § 3 Abs 3 Rn. 0.8; Harte/Henning/*Henning-Bodewig*, Anh. § 3 Abs. 3 Rn. 17; MünchKomm UWG Band 1/*Alexander*, Vor Anh. § 3 Abs. 3 Rn. 60; in diesem Sinne aber die Befürchtung von *Scherer*, NJW 2009, S. 324, 325.

1677 Harte/Henning/*Henning-Bodewig*, Anh. § 3 Abs. 3 Rn. 17.

1678 EuGH C-515/12, Tz. 32 – 4finance; BGH WRP 2012, 194, Tz. 29 – Branchenbuch Berg.

1679 So auch Harte/Henning/*Henning-Bodewig*, Anh. § 3 Abs. 3 Rn. 17; ähnlich MünchKomm UWG Band 1/*Alexander*, Vor Anh. § 3 Abs. 3 Rn. 61.

eine geschäftliche Handlung gegenüber Verbrauchern.[1680] Die Spürbarkeit sollte nach der herrschenden Meinung im Schrifttum[1681] jedoch nicht zusätzlich geprüft werden, da die Tatbestände der Schwarzen Liste bzw. des Anhangs I der UGP-RL unter allen Umständen ohne Prüfung der Art. 5 bis 9 UGP-RL als unlauter gelten[1682], sodass es sei nicht statthaft sei, die Spürbarkeit als ungeschriebenes Merkmal in die Tatbestände hineinzulesen.[1683] Gleiches gilt für die Spürbarkeitsschwellen des UWG 2015. Folgerichtig hat der deutsche Gesetzgeber von einem zusätzlichen Prüfungserfordernis betreffend die Spürbarkeit abgesehen. Dies ist nicht selbstverständlich, denn letztlich stellen die Tatbestände der Schwarzen Liste, ebenso wie Art. 6–9 UGP-RL, nur Konkretisierungen der Generalklausel des Art. 5 UGP-RL dar, der i.V.m. Abs. 2 lit. b) UGP-RL die Relevanzkriterien ausdrücklich normiert.[1684]

Warum der Unionsgesetzgeber bei den Tatbeständen der Schwarzen Liste von einem Relevanzkriterium abgesehen hat, erschließt sich nicht ohne Weiteres. Die Erwägungsgründe tragen zur Klärung nicht bei, denn in Erwägungsgrund 17 der UGP-RL heißt es lediglich, es sei wünschenswert, „dass diejenigen Geschäftspraktiken, die unter allen Umständen unlauter sind, identifiziert werden, um größere Rechtssicherheit zu schaffen". Weiter heißt es, dass es sich um die einzigen Geschäftspraktiken handele, „die ohne eine Beurteilung des Einzelfalls anhand der Bestimmungen der Artikel 5 bis 9 als unlauter gelten" könnten. Demnach könnten Aspekte der Rechtssicherheit ein Grund dafür sein, von einer Relevanzprüfung innerhalb der Tatbestände der Schwarzen Liste abzusehen. Darüber hinaus könnte man die leichtere Handhabbarkeit der per-se-Verbote als gefährdet ansehen, würde man die Möglichkeit der Beeinflussung der Verbraucher jeweils noch zu prüfen haben.[1685] Weiterhin wurde offensichtlich davon ausgegangen, dass die per-se-Verbote derart massiv auf die

1680 Vgl. hierzu MünchKomm UWG Band 1/*Alexander*, Vor Anh. § 3 Abs. 3 Rn. 69 ff.

1681 Harte/Henning/*Henning-Bodewig*, Anh. § 3 Abs. 3 Rn. 1; MünchKomm UWG Band 1/*Alexander*, Vor Anh. § 3 Abs. 3 Rn. 76 ff.; *ders.*, GRUR Int. 2010, S. 1025, 1030 m.w.N.; Ohly/Sosnitza/*Sosnitza*, Anhang zu § 3 Abs. 3 Rn. 3; Köhler/Bornkamm/*Köhler/Bornkamm* 2016, Anhang zu § 3 Abs 3 Rn. 0.4; Gloy/Loschelder/Erdmann/*Bruhn*, § 46 Rn. 2.

1682 Vgl. Erwägungsgrund 17 UGP-RL sowie EuGH C-428/11, Tz. 45, 46 – Purely Creative; EuGH C-304/08, Tz. 45 – Plus Warenhandelsgesellschaft; EuGH C-540/08, Tz. 34 – Mediaprint; EuGH verbundene Rechtssachen C-261/07 und C-299/07, Tz. 56, 61 – VTB/Total Belgium.

1683 *Büllesbach*, S. 32 ff., geht insofern von einer gesetzlichen Fiktion aus.

1684 *Köhler*, WRP 2014, S. 259, Rn. 61.

1685 *Ders.*, WRP 2014, S. 259, Rn. 63.

Entscheidungsfreiheit und das wirtschaftliche Verhalten der Verbraucher einwirken, dass eine zusätzliche Relevanzprüfung schlicht entbehrlich erschien.[1686]

Den obigen Ausführungen zufolge bedeutet die Wendung „unter allen Umständen unlauter“ in Art. 5 Abs. 5 UGP-RL bzw. „stets unzulässig“ in § 3 Abs. 3 UWG 2015 also, dass – im Gegensatz zu den Tatbeständen der Art. 5 und Art. 6–9 UGP-RL – nicht zu prüfen ist, ob die geschäftliche Handlung im Einzelfall einen Sorgfaltsverstoß begründet und geeignet ist, das wirtschaftliche Verhalten des Verbrauchers wesentlich zu beeinflussen oder beeinflussen zu können. Damit kann aber nur gemeint sein, dass auf eine Prüfung der Umstände anhand des Einzelfalls im Hinblick auf den Verstoß gegen die unternehmerische Sorgfalt sowie die wesentliche Beeinflussung des wirtschaftlichen Verhaltens des Verbrauchers verzichtet werden soll.[1687] Denn die Prüfung der Tatbestände der Schwarzen Liste kann auf Grund der Verwendung wertender Begriffe oftmals nur unter Berücksichtigung der Umstände des Einzelfalls erfolgen, so bspw. bei den unbestimmten und ausfüllungsbedürftigen Begriffen „angemessen“, „vertretbar“, „unvermeidbar“, „demnächst“ etc.[1688]

In Literatur und Rechtsprechung werden die Stimmen immer zahlreicher, die einen anderen Ansatz im Hinblick auf die Spürbarkeitsprüfung verfolgen. *Scherer* und *Fezer* vertreten die Auffassung, dass das Spürbarkeitsmerkmal innerhalb der Tatbestände der Schwarzen Liste tatbestandsimmanent sei.[1689] In Folge einer Entscheidung des EuGH befürwortet *Köhler* darüber hinaus eine Auslegung der Tatbestände der Schwarzen Liste im Lichte des Art. 5 Abs. 2 UGP-RL.[1690] Beide Auffassungen vertreten letztlich ähnliche Ansätze, mit denen sie eine Lösung für diejenigen Fälle anbieten wollen, in denen das Relevanzkriterium trotz tatbestandlicher Erfüllung einer Verbotsnorm der Schwarzen Liste bereits abstrakt nicht verwirklicht sein kann. Zunächst sollen daher Beispiele möglicher Ausnahmen von stets die Verbraucherinteressen schädigenden Verhaltensweisen aufgezeigt und sodann mögliche Lösungsansätze dargestellt werden.

1686 *Ders.*, WRP 2014, S. 259, Rn. 63.

1687 Köhler/Bornkamm/*Köhler/Bornkamm* 2016, Anhang zu § 3 Abs 3 Rn. 0.4.

1688 *Ders.*, Anhang zu § 3 Abs 3 Rn. 0.4.

1689 *Scherer*, WRP 2014, S. 771, Rn. 5 ff. In diesem Sinne auch Fezer/*Fezer* Band 1 UWG, § 3 Rn. 133.

1690 *Köhler*, WRP 2014, S. 259, Rn. 69 ff.; zurückhaltender Köhler/Bornkamm/*Köhler/Bornkamm* 2016, Anhang zu § 3 Abs 3 Rn. 0.4.

1. Ausnahmen stets relevanter geschäftlicher Handlungen

a) Irreführende Geschäftspraktiken

Irreführende Praktiken können zunächst allgemein ohne Relevanz für die geschäftliche Entscheidung der Verbraucher Fälle sein, in denen der Unternehmer eine für sich negative irreführende Angabe macht, wie bspw. eine Preisangabe von EUR 450 anstelle von EUR 550. Hier ist eine wirtschaftliche Schädigung der Verbraucher bereits abstrakt nicht möglich, weil die für den Unternehmer negative Angabe den Verbraucher nicht zu einer für ihn nachteiligen geschäftlichen Entscheidung bewegen kann.[1691]

Darüber hinaus ist eine Ausnahme stets relevanter irreführender Geschäftspraktiken der Schwarzen Liste bei einer Fallgestaltung nach Nr. 1 und 3 Anhang zu § 3 Abs. 3 UWG 2015 denkbar, etwa wenn der Verhaltenskodex, der angeblich unterschrieben wurde, für die geschäftliche Entscheidung des Verbrauchers in der konkreten Situation von untergeordneter oder keiner Bedeutung ist.[1692]

Denkbar sind des Weiteren Sachverhalte nach Nr. 8 Anhang zu § 3 Abs. 3 UWG 2015, bspw. wenn ein in Spanien niedergelassener Unternehmer in Deutschland Vertragsverhandlungen mit deutschen Verbrauchern in englischer Sprache führt, die Kundendienstleistungen sodann jedoch auf Deutsch erbringt.[1693] Obschon der Tatbestand der Nr. 8 Anhang zu § 3 Abs. 3 UWG 2015 vom Wortlaut her erfüllt wäre, führt die Irreführung nicht zu einer Schädigung der Verbraucher im Sinne einer Umlenkung ihrer geschäftlichen Entscheidung, da ihre Erwartungen hinsichtlich der nachvertraglichen Kundendienstleistungen sogar noch übertroffen werden (sie werden nun in ihrer Muttersprache auf Deutsch beraten).

Ebenfalls vorstellbar ist ein Beispiel zu Nr. 12 Anhang zu § 3 Abs. 3 UWG 2015, wenn ein Unternehmer verharmlosende unwahre Angaben macht (wie etwa den Erwerb eines Feuerlöschers zu empfehlen, da ohne ihn bei Bränden Reizungen der Atemwege mit der Möglichkeit der Folge asthmatischer Erkrankungen entstehen können, was jedoch deutlich untertrieben ist[1694]), die den Verbraucher in seiner geschäftlichen Entscheidung nicht schädigend beeinflussen können,

---

1691 *Scherer*, WRP 2014, S. 771, Rn. 30; Köhler/Bornkamm/*Bornkamm*, § 5 Rn. 2.174.

1692 Zu der nach § 5 Abs. 2 Nr. 6 UWG zu beurteilenden Konstellation, in der ein Unternehmen gegen die Verpflichtungen verstößt, die sich aus einem Verhaltenskodex ergeben, sowie zur Bedeutung von Verhaltenskodizes, vgl. Köhler/Bornkamm/*Bornkamm* 2016, § 5 Rn. 5.164 f.

1693 Beispiel nach *Scherer*, WRP 2014, S. 771, Rn. 33.

1694 Beispiel nach *ders.*, WRP 2014, S. 771, Rn. 35.

sondern vielmehr für den Unternehmer negativ und auch nicht übertrieben und frei erfunden sind, wie von Nr. 12 Anhang zu § 3 Abs. 3 UWG 2015 impliziert.

b) Aggressive Geschäftspraktiken

Ist das Druck- und Drohpotential aggressiver Praktiken bereits abstrakt nicht entstanden, können die Verbraucher trotz Erfüllung der Tatbestände der aggressiven Geschäftspraktiken der Nr. 25 bis 30 Anhang zu § 3 Abs. 3 UWG 2015 nicht in ihren wirtschaftlichen Interessen geschädigt werden. Dies ist denkbar, wenn der Verbraucher die Angaben des Unternehmers nicht ernst nimmt, wie bspw. im Fall eines erkennbar übertriebenen und nicht ernst zu nehmenden Hinweises eines Zeitschriftenwerbers, sein Lebensunterhalt sei gefährdet, wenn man kein Abonnement unterschreibe.[1695] Der Tatbestand des Nr. 30 Anhang zu § 3 Abs. 3 UWG 2015 wäre vom Wortlaut her erfüllt, obwohl der Verbraucher in seiner Entscheidungsfreiheit nicht beeinträchtigt worden ist.

2. Lösungsansätze

a) Tatbestandsimmanenz

Diejenigen, die das Spürbarkeits- bzw. Relevanzkriterium in den Tatbeständen des Anhangs als tatbestandsimmanent enthalten sehen, gehen, wenn auch mit unterschiedlichen Begründungen, davon aus, dass das Unwert- und Relevanzkriterium allen unlauteren Geschäftspraktiken der UGP-RL und damit ebenfalls den Tatbeständen des Anhangs I wesenseigen sei.[1696]

Ausgehend von der Systematik der UGP-RL folgert *Scherer* dies daraus, dass sowohl die irreführenden (Art. 6, 7 UGP-RL) als auch die aggressiven (Art. 8, 9 UGP-RL) Geschäftspraktiken jeweils über eigenständige Unwert- und Relevanzkriterien verfügen, die nicht mit denen der Generalklausel identisch seien.[1697] Da beide Merkmale gemeinsam für ein Vorliegen der Unlauterkeit konstituierend seien, müssten sämtliche der irreführenden sowie aggressiven Geschäftspraktiken der UGP-RL zwingend jeweils über sowohl ein Unwert- als auch ein Relevanzkriterium verfügen.[1698] Dies müsse gleichfalls für die Tatbestände der Schwarzen

1695 *Dies.*, WRP 2014, S. 771, Rn. 39.

1696 *Dies.*, WRP 2014, S. 771, Rn. 5 ff. In diesem Sinne auch Fezer/*Fezer* Band 1 UWG, § 3 Rn. 133.

1697 *Scherer*, WRP 2014, S. 771, Rn. 17: Daher könnten die Tatbestandsvoraussetzungen der Generalklausel für die Tatbestände der Schwarzen Liste systematisch keine Rolle spielen.

1698 *Dies.*, WRP 2014, S. 771, Rn. 14 ff.

Liste gelten: Den irreführenden Geschäftspraktiken der Schwarzen Liste sei der Gedanke inhärent, dass die Verbraucher in ihrer geschäftlichen Entscheidung umgelenkt würden.[1699] Tathandlungen der Irreführung durch Unterlassung sei immanent, dass die vorenthaltene wesentliche Information von den Verbrauchern benötigt werde, um je nach den Umständen eine informierte Entscheidung treffen zu können und sie somit veranlasst würden, eine geschäftliche Entscheidung zu treffen, die sie ansonsten nicht getroffen hätten. Im Falle aggressiver Handlungen der Schwarzen Liste müsse die Entscheidungs- und Verhaltensfreiheit der Verbraucher in Bezug auf das Produkt tatsächlich oder voraussichtlich erheblich beeinträchtigt worden sein, wodurch sie zu einer geschäftlichen Entscheidung, die sie ansonsten nicht getroffen hätten, veranlasst würden.[1700]

Habe nun aber der europäische Gesetzgeber angeordnet, dass die in dem Anhang I der UGP-RL normierten Tatbestände „unter allen Umständen als unlauter anzusehen sind", vgl. Art. 5 Abs. 5 UGP-RL, schien er davon ausgegangen zu sein, dass die Relevanzkriterien bei den per-se-Verboten immer erfüllt seien.[1701] Sei nun aber jedem der Verbotstatbestände der Schwarzen Liste ein Relevanzkriterium bestehend aus Einwirkungs- und Auswirkungskriterium immanent, dürften die Verbotstatbestände in denjenigen Fallgestaltungen, in denen das Relevanzkriterium bereits abstrakt nicht verwirklicht sein könne, in Folge einer restriktiven Auslegung nicht zur Anwendung gelangen.[1702]

Fezer begründet die Immanenz des Relevanzmerkmals innerhalb der Tatbestände der Schwarzen Liste mit einem der UGP-RL zugrunde liegenden einheitlichen Unlauterkeitsbegriff, der ebenfalls für die Tatbestände der Schwarzen Liste gelten müsse.[1703] Folglich sei die Unlauterkeit der per-se-Verbote des Anhangs I der UGP-RL gleichzusetzen mit der Unlauterkeit im Sinne des Art. 5 Abs. 2 lit. a) und b) UGP-RL.[1704] Die Tatbestände des Anhangs I seien teleologisch im Lichte der Unlauterkeit der UGP-RL auszulegen und die Besonderheit der „unter allen Umständen-Unlauterkeit" bestünde nur darin, dass eine Einzelfallbewertung im Sinne einer umfassenden Würdigung der Umstände des Einzelfalls ausscheide.[1705] Da das Relevanzkriterium des Art. 5 Abs. 2 lit. b) i.V.m. Art. 2 lit. e) UGP-RL eines

1699 *Dies.*, WRP 2014, S. 771, Rn. 19.
1700 *Dies.*, WRP 2014, S. 771, Rn. 20.
1701 *Dies.*, WRP 2014, S. 771, Rn. 21.
1702 *Dies.*, WRP 2014, S. 771, Rn. 26.
1703 Fezer/*Fezer* Band 1 UWG, § 3 Rn. 133.
1704 *Ders.* Band 1 UWG, § 3 Rn. 133.
1705 *Ders.* Band 1 UWG, § 3 Rn. 133.

der Tatbestandsmerkmale der Unlauterkeit sei, liege es jeweils vor, wenn einer der Tatbestände des Anhangs I erfüllt sei.[1706]

b) Auslegung im Sinne des Art. 5 Abs. 2 UGP-RL

Ähnlich argumentiert *Henning-Bodewig*, die die Tatbestände des Anhangs I der UGP-RL indirekt im Sinne des Gesamtkontextes der UGP-RL auslegen möchte.[1707] Dies ergebe sich daraus, dass die im Anhang I normierten Tatbestände Ausschnitte aus dem Bereich der irreführenden und aggressiven Geschäftspraktiken der Art. 6–9 UGP-RL darstellten.[1708] Zwar seien die Voraussetzungen der irreführenden und aggressiven Geschäftspraktiken der Art. 6–9 UGP-RL nicht als Voraussetzungen der in dem Anhang I genannten Tatbestände zu prüfen, sie könnten jedoch indirekt die Auslegung der einzelnen Tatbestandsmerkmale beeinflussen.[1709]

In diese Richtung argumentiert auch der EuGH in seiner Entscheidung *Purely Creative*.[1710] Das Vorabentscheidungsersuchen betraf die Auslegung von Nr. 31 des Anhangs I UGP-RL. In dem Verfahren wurden Werbesendungen beanstandet, die individuell adressierte Briefe, Rubbelkarten und andere Beilagen, die Zeitungen und Zeitschriften beigefügt wurden, umfassten. Um herauszufinden, was er gewonnen hatte, und um eine Gewinnnummer zu erhalten, hatte der Verbraucher die Wahl, eine Mehrwertnummer anzurufen, sich eines Mehrwert-SMS-Dienstes zu bedienen oder sich für den normalen Postweg zu entscheiden. Die Möglichkeit des Postweges wurde im Vergleich zur Möglichkeit, eine Mehrwertnummer anzurufen, weniger herausgestellt. Der EuGH führte aus, dass im Rahmen der Auslegung der Nr. 31 des Anhangs I der UGP-RL die Angabe, worin der Preis bestehe, wie jede andere Information, die einem Verbraucher von einem Gewerbetreibenden gegeben werde, von den nationalen Gerichten im Lichte der Erwägungsgründe 18 und 19 sowie des Art. 5 Abs. 2 lit. b) der UGP-RL zu prüfen und zu beurteilen sei.[1711] Er stellte u. a. fest, dass die Beschreibung des Preises in der Ausschreibung so klar und verständlich sein müsse, dass ein Durchschnittsmitglied der angesprochenen Verbrauchergruppe eine informierte Entscheidung

---

1706 *Ders.* Band 1 UWG, § 3 Rn. 133.
1707 Harte/Henning/*Henning-Bodewig*, Anh. § 3 Abs. 3 Vorbem. Rn. 8.
1708 *Dies.*, Anh. § 3 Abs. 3 Vorbem. Rn. 8.
1709 *Dies.*, Anh. § 3 Abs. 3 Vorbem. Rn. 8.
1710 EuGH C-428/11, Tz. 24 ff. – Purely Creative.
1711 EuGH a. a. O., Tz. 55.

treffen könne.[1712] Hieraus schlussfolgerte *Köhler*[1713], dass die Tatbestände des Anhangs I der UGP-RL im Lichte des Art. 5 Abs. 2 lit. b) und Abs. 3 UGP-RL auszulegen seien. Dementsprechend komme es auch im Rahmen der Tatbestände der Schwarzen Liste darauf an, ob die Fähigkeit des Verbrauchers, eine informierte Entscheidung zu treffen, spürbar beeinträchtigt sei und er dadurch veranlasst werden könne, eine geschäftliche Entscheidung zu treffen, die er andernfalls nicht getroffen hätte.[1714]

3. Gemeinsamer Lösungsansatz

Köhler gibt zu bedenken, dass die Entscheidung des EuGH nicht dahingehend verstanden werden dürfte, dass bei einer Prüfung eines der Tatbestände der Schwarzen Liste stets im Einzelfall geprüft werden müsse, ob die konkrete Geschäftspraxis geeignet sei, das wirtschaftliche Verhalten des Verbrauchers zu beeinflussen, da dies in Widerspruch zum insoweit eindeutigen Wortlaut des Art. 5 Abs. 5 UGP-RL stünde.[1715] Dies unterstreicht auch *Scherer*.[1716]

Um Sachverhalte, die zwar vom Wortlaut her unter die Tatbestände der Schwarzen Liste fallen, jedoch die geschäftliche Entscheidung der Verbraucher nicht beeinflussen, sachgerecht beurteilen zu können, schlagen *Köhler* und *Scherer* vor, die Tatbestände der Schwarzen Liste zugunsten der Unternehmer mittels teleologischer Reduktion und unter Berücksichtigung des Art. 5 Abs. 3 S. 2 UGP-RL sowie des Erwägungsgrundes 6 S. 2 der UGP-RL so auszulegen, dass sie solche Geschäftspraktiken nicht erfassen, die generell nicht geeignet sind, das wirtschaftliche Verhalten der Verbraucher nachteilig zu beeinflussen.[1717] Zugunsten der Verbraucher sei eine Beweisregel zu bevorzugen, derzufolge dem Unternehmer bei den Tatbeständen der Schwarzen Liste der Gegenbeweis abgeschnitten sein soll, dass im konkreten Einzelfall keine Beeinflussung des wirtschaftlichen Verhaltens der Verbraucher zu befürchten gewesen sei.[1718]

1712 EuGH a. a. O., Tz. 56.

1713 *Köhler*, WRP 2014, S. 259, Rn. 69 ff.

1714 *Ders.*, WRP 2014, S. 259, Rn. 68.

1715 *Ders.*, WRP 2014, S. 259, Rn. 70.

1716 *Scherer*, WRP 2014, S. 771, Rn. 22.

1717 *Köhler*, WRP 2014, S. 259, Rn. 72; *Scherer*, WRP 2014, S. 771, Rn. 26; Köhler/Bornkamm/*Köhler/Bornkamm* 2016, Anhang zu § 3 Abs 3 Rn. 0.4; in diesem Sinne auch Harte/Henning/*Henning-Bodewig*, Anh. § 3 Abs. 3 Vorbem. Rn. 18–21; *Hetmank*, GRUR 2015, S. 323, 328; Fezer/*Fezer* Band 1 UWG, § 3 Rn. 161.

1718 *Köhler*, WRP 2014, S. 259, Rn. 73.

Der zuvor dargestellten Auslegung mittels teleologischer Reduktion von Sachverhalten, die an sich unter die Tatbestände der Schwarzen Liste zu subsumieren und damit als unlauter zu beurteilen wären, ist zuzustimmen. Damit kann dem Willen des Richtliniengebers entsprochen werden, tatsächlich nur solche Handlungen für unzulässig zu erklären, die die Verbraucherinteressen massiv – und nicht nur typischerweise – verletzen. Darüber hinaus hilft eine Tatbestandsreduktion, einen Widerspruch zwischen dem Grundtatbestand des Art. 5 Abs. 2 UGP-RL und den per-se-Verboten der Schwarzen Liste zu vermeiden.[1719] Eine einzelfallbezogene Ausnahme von stets unzulässigen Sachverhalten wird darüber hinaus den mit der Schwarzen Liste implementierten Verbraucherschutz nicht unterlaufen, da die geschäftlichen Interessen der Verbraucher bei diesen Handlungen nicht berührt sind. Eine unbillige Entlastung der Unternehmer ist in diesen Fällen ebenfalls nicht gegeben. Gleichfalls wird die mit der Schwarzen Liste angestrebte Rechtssicherheit nicht aufgehoben, da eine Tatbestandsreduktion nur in Ausnahmefällen heranzuziehen sein wird.

4. Korrektur über den Grundsatz der Verhältnismäßigkeit?

Da die Spürbarkeitsschwelle laut Gesetzgeber im Rahmen der per-se-Verbote des Anhangs nicht zu prüfen ist, können über den Anhang des UWG nunmehr solche geschäftlichen Handlungen gegenüber Verbrauchern verboten werden, die unterhalb der Erheblichkeitsschwelle des § 3 Abs. 2 UWG liegen.[1720] Allerdings soll (auch) hier nach der Gesetzesbegründung zum UWG 2008 der allgemeine Grundsatz der Verhältnismäßigkeit zur Anwendung kommen, sodass es zukünftig Fallgestaltungen geben kann, bei denen ein nach § 3 Abs. 3 UWG unlauteres Verhalten gleichwohl keine wettbewerbsrechtlichen Sanktionen auslöst.[1721] Die Möglichkeit einer Verhältnismäßigkeitsprüfung auf Tatbestandsebene wird in der Literatur jedoch überwiegend abgelehnt.[1722] Dies wird damit begründet, dass der europäische Gesetzgeber eine Abwägung nach Verhältnismäßigkeitsgrundsätzen bereits bei der Verfassung der einzelnen Tatbestände der Schwarzen Liste vor-

---

1719 *Ders.*, WRP 2014, S. 259, Rn. 69.

1720 Harte/Henning/*Henning-Bodewig*, Anh. § 3 Abs. 3 Vorbem. Rn. 4.

1721 BT-Drucks. 10/10145, S. 30.

1722 Vgl. nur GK-UWG Band 1/*Peifer*, § 3 Rn. 699 m. w. N.; Ohly/Sosnitza/*Sosnitza*, Anhang zu § 3 Abs. 3 Rn. 3; Gloy/Loschelder/Erdmann/*Bruhn*, § 46 Rn. 17, 18; Harte/Henning/*Henning-Bodewig*, Anh. § 3 Abs. 3 Rn. Vorbem. 18 ff.; *Scherer*, WRP 2014, S. 771, Rn. 3 m. w. N.; Götting/Nordemann/*Wirtz*, § 3 Rn. 137; a.A. MünchKomm UWG Band 1/*Alexander*, Vor Anh. § 3 Abs. 3 Rn. 80.

genommen habe.[1723] Schließlich dürfe mittels einer Verhältnismäßigkeitsprüfung nicht das Prinzip der Verbotstatbestände ohne Wertungsmöglichkeit aufgehoben werden.[1724]

Dem Schrifttum ist zuzustimmen. Die Prüfung einer (ungeschriebenen) Verhältnismäßigkeit darf keine zusätzliche Hürde implementieren, die der Gesetzgeber mit Schaffung der tatbestandsreduzierten per-se-Verbote gerade vermeiden wollte. Ebensowenig darf bei der Anwendung eines der Tatbestände der Schwarzen Liste geprüft werden, ob die konkrete Geschäftspraxis geeignet ist, das wirtschaftliche Verhalten des Verbrauchers zu beeinflussen. Geeignetes Mittel, um der tatsächlichen Beeinflussung des Verbrauchers sowie dem Sinn und Zweck der Tatbestände der Schwarzen Liste gerecht zu werden, ist die teleologische Reduktion.

1723 Harte/Henning/*Henning-Bodewig*, Anh. § 3 Abs. 3 Vorbem. Rn. 20.

1724 *Scherer*, WRP 2014, S. 771, Rn. 3 m. w. N.; GK-UWG Band 1/*Peifer*, § 3 Rn. 699.

H. Ergebnisse

Das Merkmal der Spürbarkeit wird für die Beurteilung unlauterer Sachverhalte nach dem UWG 2015 weiter von Bedeutung sein, auch wenn es sich im UWG 2015 nicht mehr als einheitliches Merkmal wiederfindet. Der Sache nach unterliegen die Tatbestände der §§ 3 Abs. 2, 3a-6 UWG 2015 einer (oder mehreren) Relevanzschwellen, die den Ausschluss der Verfolgung von Bagatellen sowie die Wahrung der Verhältnismäßigkeit gewährleisten.

Es können folgende Ergebnisse zusammengefasst werden:

- Das UWG 2015 schützt Verbraucher, sonstige Marktteilnehmer und Mitbewerber auch weiterhin gleichermaßen vor unlauteren geschäftlichen Handlungen. Hinsichtlich der Spürbarkeitsschwellen ist zwischen B2B- und B2C-Handlungen zu differenzieren.
- Die Spürbarkeit bzw. Relevanz ist nunmehr ein Merkmal der Unlauterkeit. Für die Tatbestände der §§ 3 Abs. 2, 3a-6 UWG 2015 folgt die Unzulässigkeit aus § 3 Abs. 1 UWG 2015.
- Die Spürbarkeitsklausel in § 3 Abs. 1 UWG 2015 wurde gestrichen. Sie wird zukünftig als ungeschriebenes Tatbestandsmerkmal zu berücksichtigen sein. Es wird der Rechtsprechung überlassen, jeweils geeignete Spürbarkeitsmerkmale zu entwickeln.
- Innerhalb des § 3 Abs. 2 i.V.m. § 2 Abs. 1 Nr. 8 UWG 2015 ist streng zwischen dem Einwirkungs- und dem Auswirkungsmerkmal zu differenzieren. Dies gilt ebenfalls für die verbraucherbezogenen Tatbestände der §§ 4a und 5a UWG 2015, die jeweils auf beide Merkmale abstellen. Die Spürbarkeit bezieht sich ausschließlich auf das Einwirkungskriterium.
- Ausdrücklich geregelt ist die Spürbarkeit nur noch in § 3a UWG 2015, der § 4 Nr. 11 UWG 2008 entspricht. Die zur Spürbarkeit im UWG 2004/2008 entwickelten Kriterien, wie bspw. die Art und Schwere des Verstoßes, die Häufigkeit oder Dauer des Verstoßes, die Marktmacht oder auch die Anzahl der betroffenen Mitbewerber können hier innerhalb von B2B-Sachverhalten weiterhin herangezogen werden. Von der Prüfung der Nachahmungsgefahr sollte endgültig abgesehen werden, da es auf die quantitativen Auswirkungen der geschäftlichen Handlung auf das Wettbewerbsgeschehen im Anwendungsbereich des UWG 2015 nicht ankommt. Für die Verwirklichung des § 3a UWG 2015 genügt bereits die Eignung zur Beeinträchtigung der Interessen eines einzigen Marktteilnehmers. Darüber hinaus soll der Verletzer nicht dadurch entlastet werden können, dass sein Verhalten voraussichtlich keine Nachahmer findet.

Bei B2C-Sachverhalten innerhalb des Anwendungsbereiches der UGP-RL ist das Spürbarkeitsmerkmal richtlinienkonform auszulegen. Soweit die Rechtsprechung B2C-Sachverhalte allein auf Grund ihrer Wesentlichkeit im Sinne des Art. 7 Abs. 4, 5 UGP-RL als unlauter eingestuft hat, wird sie davon Abstand nehmen müssen. Das Korrektiv „je nach den Umständen" im Sinne des Art. 7 Abs. 1 UGP-RL ist geeignet, eine sachgerechte Abwägung trotz der Wesentlichkeit der jeweiligen vorenthaltenen Information zu gewährleisten.
B2C-Sachverhalte außerhalb des Anwendungsbereiches der UGP-RL wurden im Rahmen des § 4 Nr. 11 UWG 2008 vornehmlich ohne weitere Spürbarkeitsprüfung für unlauter erklärt, soweit Schutzgüter von besonders hohem Rang, wie bspw. die Gesundheit, betroffen waren. Diese Rechtsprechung kann unter dem UWG 2015 fortgeführt werden. Feststellungen etwa zur Breitenwirkung der konkreten Werbemaßnahme durch die Verbreitung im Internet sowie in Zeitschriften allein sind hingegen nicht geeignet, die spürbare Interessenbeeinträchtigung der Verbraucher festzustellen.

- Bei den mitbewerberbezogenen Tatbeständen des § 4 UWG 2015 ist eine Prüfung der Spürbarkeit nicht mehr vorgesehen. Die Bagatellschwelle wird regelmäßig mit Erfüllung der Tatbestände der Nr. 1 bis 4 des § 4 UWG 2015 überschritten sein. Dies spiegelt die zu § 4 Nr. 7–10 UWG 2008 ergangene Rechtsprechung wider, die größtenteils von der Prüfung der Spürbarkeit abgesehen hat. Wurde die Spürbarkeit dennoch erwähnt, blieb es bei ihrer bloßen Feststellung oder beschränkte sich ihre Prüfung auf die Wiederholung von nicht entscheidungserheblichen, zuvor bereits im Rahmen des jeweiligen Tatbestandes gemachten Feststellungen. Ein entscheidungserhebliches Merkmal konstituierte die Spürbarkeit, soweit ersichtlich, in keiner Entscheidung. Für die Tatbestände des § 4 Nr. 1–4 UWG 2015 bietet die Interessenabwägung eine Möglichkeit, Bagatellfälle von die Spürbarkeit überschreitenden Handlungen sachgerecht zu unterscheiden.
- Für die aggressiven Handlungen nach § 4a UWG 2015 sind neben den Unwertmerkmalen die Relevanzmerkmale im Sinne der erheblichen Beeinträchtigung der Entscheidungsfreiheit sowie der Umlenkung der Verbraucherentscheidung zu berücksichtigen. Das Einwirkungsmerkmal der erheblichen Beeinträchtigung der Entscheidungsfreiheit kann als Äquivalent zur Spürbarkeit gesehen werden. Es ist eine den Unwertgraden des Art. 8 UGP-RL entsprechend hohe Schwelle, die je nach Verwirklichung der Unwertmerkmale höher oder niedriger angesetzt werden kann.
Die Rechtsprechung zu § 4 Nr. 1, 2 UWG 2008 hat die Maßgaben der UGP-RL nicht konsequent berücksichtigt. Eine Anpassung der Rechtsprechung wird

insbesondere im Hinblick auf die Bewertung der erheblichen Beeinflussung der Entscheidungsfreiheit erforderlich sein, da hierfür nach der UGP-RL nicht erforderlich ist, dass die Rationalität der Nachfrageentscheidung der Verbraucher vollständig in den Hintergrund tritt. Ebensowenig darf zukünftig auf die Verbreitung der Verletzungshandlung oder auf die nicht nur unerhebliche Beeinträchtigung des Wettbewerbs abgestellt werden. Für solche Erwägungen ist nach dem Wortlaut des § 4a UWG 2015 kein Raum. Die Rechtsprechung wird insbesondere genauer zwischen dem Einwirkungs- und Auswirkungsmerkmal zu differenzieren haben, da den Merkmalen innerhalb des § 4a UWG 2015 jeweils eine eigenständige Bedeutung zukommt und sie nicht vermengt werden sollten. Durch den weiten Begriff der geschäftlichen Entscheidung können darüber hinaus Sachverhalte wieder unter § 4a UWG 2015 zu subsumieren sein, die im UWG 2008 in anderen Tatbeständen verortet waren, wie etwa das Ansprechen von Passanten auf der Straße vor bzw. in der Nähe eines Geschäftslokals eines Mitbewerbers, das bisher nach § 7 UWG 2008 beurteilt wurde.

- Für eine Irreführung nach § 5 UWG 2015 ist ausschließlich die Umlenkung der Entscheidung der Verbraucher oder der sonstigen Marktteilnehmer maßgeblich. Dies entspricht dem ungeschriebenen Relevanzmerkmal des § 5 UWG 2008. Die spürbare Beeinträchtigung der informierten Entscheidung ist nicht zu prüfen, obwohl eine Überprüfung der Information, über die irregeführt wurde, anhand des Korrektivs „je nach den Umständen" im Sinne des Art. 7 Abs. 1 UGP-RL sinnvoll erschiene, um nur solche Fehlvorstellungen für unlauter zu erklären, die tatsächlich für die Verbraucherentscheidung relevant sind.

  Zukünftig wird die Rechtsprechung zur Beurteilung der Irreführung nach § 5 UWG 2015 nicht mehr auf die Schädigung der Mitbewerber abstellen können. Mitbewerber sind vor irreführenden Handlungen nach § 4 Nr. 4 UWG 2015 oder der Generalklausel des § 3 Abs. 1 UWG 2015 geschützt. Gleichfalls kann zur Bejahung einer Irreführung nicht mehr auf die Beeinträchtigung des Wettbewerbs, die Reichweite der irreführenden Werbung und die Vielzahl der unzutreffenden Angaben oder auch die Berücksichtigung objektiver und subjektiver Elemente zurückgegriffen werden. Es kommt ausdrücklich nur noch auf die Umlenkung der Verbraucherentscheidung an.

  Eine Irreführung kann zukünftig auch nicht mehr auf Grund einer bloßen Anlockwirkung bejaht werden, da dies mit den Vorgaben der UGP-RL nicht zu vereinbaren wäre. Das Abstellen auf eine Fehlvorstellung wird nach dem Wortlaut des § 5 UWG 2015 für die Bejahung der Irreführung zukünftig ebenfalls nicht mehr ausreichend sein. Die Schwelle der Unlauterkeit für irreführende Handlungen wird damit angehoben.

- § 5a UWG 2015 normiert nunmehr ausdrücklich, dass *stets* zu prüfen ist, ob der Verbraucher die vorenthaltene Information „je nach den Umständen benötigt, um eine informierte geschäftliche Entscheidung zu treffen" und ob das Vorenthalten geeignet ist, die geschäftliche Entscheidung der Verbraucher umzulenken. Dies gilt ebenso für die Tatbestände des § 4 Nr. 3–5 UWG 2008, die in § 5a UWG 2015 aufgegangen sind.
  Soweit die Rechtsprechung zu §§ 4 Nr. 3–5, 5a UWG 2008 die Irreführung allein auf Grund der Wesentlichkeit der vorenthaltenen Informationen oder der Umlenkung der geschäftlichen Entscheidung für unlauter erachtete, wird dies unter dem UWG 2015 nicht aufrecht erhalten werden können. Vielmehr ist zusätzlich zu prüfen, ob die wesentliche Information für die geschäftliche Entscheidung benötigt wird. Ebensowenig wird zukünftig die Anlockwirkung, die Nachahmungsgefahr oder die rein quantitative Feststellung der deutschlandweiten Verfügbarkeit des konkreten Angebotes für eine Bejahung der Unlauterkeit herangezogen werden können.
  Das Korrektiv „je nach den Umständen" eröffnet die Möglichkeit für eine liberalere Rechtsprechung.
- Für die Auslegung des § 6 UWG 2015 sind die Vorgaben der Werbe-RL maßgebend, sodass grundsätzlich stets eine Abwägung der sich gegenüberstehenden Interessen unter Einbeziehung einer möglichen Verzerrung des Wettbewerbs, einer Schädigung des Mitbewerbers oder einer negativen Beeinflussung der Verbraucher zu erfolgen hat. Die Rechtsprechung ist diesen Vorgaben unter § 6 UWG 2008 nicht immer gefolgt, da sie zum Teil bereits die Unwertmerkmale der Einzeltatbestände für ausreichend erachtet hat, um eine Unlauterkeit zu bejahen.
- Die teilweise Neuregelung der Spürbarkeits- bzw. Relevanzmerkmale innerhalb der Einzeltatbestände der §§ 4a ff. UWG 2015 wird keine Veränderung der Schwellenwerte im Vergleich zur Spürbarkeitsschwelle des UWG 2008 mit sich bringen. Dies gilt zum einen, weil die Spürbarkeitsmerkmale des § 3 Abs. 1 und 2 UWG 2008 bereits im UWG 2008 richtlinienkonform anhand der Relevanzmerkmale der UGP-RL auszulegen und damit an die Schwellen der UGP-RL anzupassen waren. Zum anderen entspricht bspw. das Auswirkungsmerkmal des Art. 6 Abs. 1 UGP-RL dem ungeschriebenen Relevanzmerkmal des § 5 UWG 2008. Anderes mag im Hinblick auf die erhebliche Beeinträchtigung der Entscheidungsfreiheit des Art. 8 UGP-RL gelten – hier wird die Rechtsprechung erst zeigen müssen, ob sie hierin eine im Vergleich zur Spürbarkeit höhere Schwelle sieht.

- Eine Auswirkungsanalyse im Sinne des ökonomischen Ansatzes des *more economic approach*, der die Erhebung ökonomischer Effizienzen im Rahmen der zu erwartenden Marktfolgen beinhaltet, findet im UWG durch die Rechtsprechung nicht statt. Für eine derartige ökonomische Folgenanalyse bietet das UWG keinen Ansatzpunkt, da es hier im Gegensatz zum Kartellrecht nicht auf die Auswirkungen der unlauteren geschäftlichen Handlung auf das Marktgeschehen ankommt. Mit dem Spürbarkeitsmerkmal existiert zwar eine Schwelle im UWG, die eine einzelfallgerechte Beurteilung unlauterer Handlungen ermöglicht, allerdings wird hier ausschließlich auf die Beeinträchtigung der Interessen der Marktteilnehmer abgestellt, um die Unzulässigkeit der Handlung feststellen zu können. Eventuell eingetretene wirtschaftliche Vorteile bei dem Marktteilnehmer oder auch eine Steigerung des Konsumentenwohls im Allgemeinen können die unzulässigen Handlungen, die die Tatbestandsvoraussetzungen des UWG erfüllen, nicht rechtfertigen.
  Allerdings können ökonomische Ansätze, wie etwa die Neue Institutionenökonomik oder die Informationsökonomie, die modellartige Überlegungen zu strukturellen Gefährdungen für den Vertrags- und Entscheidungsmechanismus sowie der effektiven Auswahl und Anwendung rechtlicher Instrumente zur Behebung der erkannten Gefährdungslagen anstellen, wertvolle Unterstützung in der Rechtsanwendung liefern. Soweit der Normzweck der lauterkeitsrechtlichen Tatbestände – neben anderen Zwecksetzungen – eine ökonomische Folgenanalyse zulässt, können ökonomische Betrachtungen im Rahmen teleologischer bzw. systematisch-teleologischer Auslegung sowie bei der Konkretisierung der Generalklauseln mit zu berücksichtigen sein.
- Sachverhalte, die unter einen Tatbestand der Schwarzen Liste subsumiert werden können, sind mitunter nicht geeignet, die geschäftliche Entscheidung der Verbraucher zu beeinflussen. Erfüllen solche Handlungen einen Tatbestand der Schwarzen Liste, werden sie jedoch ohne weitere Prüfung für unlauter erklärt. Um solche Fälle sachgerecht beurteilen zu können, sind die Handlungen mittels teleologischer Reduktion auszulegen, sodass solche Praktiken nicht erfasst werden, die generell nicht geeignet sind, das wirtschaftliche Verhalten der Verbraucher nachteilig zu beeinflussen. Damit kann dem Willen des Richtliniengebers entsprochen werden, tatsächlich nur solche Handlungen für unzulässig zu erklären, die die Verbraucherinteressen massiv – und nicht nur typischerweise – verletzen.

Literaturverzeichnis

Ackermann, Thomas, Kartellrecht und Verbraucherschutzrecht: Zur Notwendigkeit eines gemeinsamen Verbraucherleitbildes, in FIW „Herausforderungen für die Wettbewerbsordnung", Kartellrecht zwischen Industriepolitik und Verbraucherschutz, Referate des 46. FIW-Symposiums, Heft 244, 2013 Köln, S. 73–90.

Alexander, Christian, Anmerkungen zum Referentenentwurf eines Zweiten Gesetzes zur Änderung des UWG, WRP 2014, S. 1384–1391.

Ders., Die Umsetzung der Verbraucherrechte-Richtlinie und die Auswirkungen auf das Lauterkeitsrecht, WRP 2014, S. 501–509.

Ders., Die Neufassung von § 5 a UWG, WRP 2016, S. 139–146.

Ders., Bedarf § 5 a UWG einer Korrektur?, WRP 2013, S. 716–722.

Ders., Die „Schwarze Liste" der UGP-Richtlinie und ihre Umsetzung in Deutschland und Österreich, GRUR Int. 2010, S. 1025–1033.

Apostolopoulos, Haris, Einige Gedanken zur Auslegung der nationalen Generalklausel im Hinblick auf eine Vollharmonisierung des europäischen Lauterkeitsrechts, WRP 2005, S. 152–147.

Bärenfänger, Jan, Symbiotische Theorie zum Kennzeichen- und Lauterkeitsrecht, Teil 2, WRP 2011, S. 160-174.

Basedow, Jürgen, Konsumentenwohlfahrt und Effizienz – Neue Leitbilder der Wettbewerbspolitik? WuW 7 u. 8/2007, S. 712–715.

Baudenbacher, Carl, Lauterkeitsrecht, Kommentar zum Gesetz gegen den unlauteren Wettbewerb (UWG), Basel 2001 (zitiert: Baudenbacher/*Bearbeiter*).

Beater, Axel, Unlauterer Wettbewerb, Tübingen 2011 (zitiert: *Beater*).

Bechtold, Rainer, Economic Approach und Rechtssicherheit, in Schwarze (Hrsg.), Recht und Ökonomie im Europäischen Wettbewerbsrecht, Baden-Baden 2006, S. 103–115 (zitiert: *Bechtold*, in Recht und Ökonomie).

Behrens, Peter, Abschied vom *more economic approach?* in Bechtold/Jickeli/Rohe (Hrsg.), Recht, Ordnung und Wettbewerb, Festschrift für Wernhard Möschel, Baden-Baden 2011, S. 115–130 (zitiert: *Behrens*, in FS Möschel (2011)).

Bernreuther, Friedrich, Zur Wesentlichkeit der Wettbewerbsbeeinträchtigung nach § 13 Abs. 2 Ziff. 1 und 2 UWG, WRP 1995, S. 452–461.

Blomeyer, Michael Arwed, Die Spürbarkeitsklausel des § 3 I UWG, Dortmund 2014 (zitiert: *Blomeyer*).

Boesche, Katharina Vera, Drum kopple, was sich (nicht) ewig bindet. Hohe Hürde der gemeinschaftsrechtlichen Unzulässigkeit von Kopplungsangeboten, WRP 2011, S. 1345–1357.

Böhler, Christian, Wettbewerbsrechtliche Schranken für Werbemaßnahmen gegenüber Minderjährigen, Einfluss der UGP-RL auf die kinderschützenden Beispielstatbestände des § 4 UWG, WRP 2011, S. 1028–1034.

Borck, Hans-Günther, Klagebefugnis für Verbraucherverbände, WRP 1965, S. 319–323.

Ders., Vorläufige Anmerkungen zum „Gesetz gegen den unlauteren Wettbewerb (UWG)" vom 3.7.2004, Versuch einer unbefangenen Betrachtung, WRP 2004, S. 1440–1445.

Bornkamm, Joachim, Das Verhältnis von Kartellrecht und Lauterkeitsrecht: Zwei Seiten derselben Medaille?, Festschrift für Irmgard Griss, Wien 2011, S. 79–93 (zitiert: *Bornkamm*, in FS Griss (2011)).

Ders., Irrungen. Wirrungen. Der Tatbestand der Irreführung durch Unterlassen, WRP 2012, S. 1–5.

Budzinski, Oliver, „Wettbewerbsfreiheit" und „More Economic Approach": Wohin steuert die Europäische Wettbewerbspolitik?, in Grusevaja/Wonke/Hösel/Dunn (Hrsg.), Quo vadis Wirtschaftspolitik?, Festschrift für Norbert Eickhof, Frankfurt am Main 2008, S. 15–38 (zitiert: *Budzinski*, in FS Eickhof (2008)).

Büllesbach, Eike, Auslegung der irreführenden Geschäftspraktiken des Anhangs I der Richtlinie 2005/29/EG über unlautere Geschäftspraktiken, München 2008 (zitiert: *Büllesbach*).

Burmann, Hans Fr., Das Werberecht als System materieller Kennzeichnungs- und formeller Ordnungsrechte, WRP 1966, S. 81–88.

Dohrn, Thomas, Die Generalklausel der Richtlinie über unlautere Geschäftspraktiken – ihre Interpretation und Umsetzung, Köln 2008 (zitiert: *Dohrn*).

Dreher, Meinrad/Kulka, Michael/Rittner, Fritz, Wettbewerbs- und Kartellrecht, Eine systematische Darstellung des deutschen und europäischen Rechts, 8. Auflage, Heidelberg 2014 (zitiert: *Dreher/Kulka/Rittner*).

Drews, Martin, Die Erheblichkeitsschwelle des § 3 UWG, Frankfurt am Main 2010 (zitiert: *Drews*).

Drexl, Josef, Die wirtschaftliche Selbstbestimmung des Verbrauchers, Tübingen 1998 (zitiert: *Drexl*).

Ders., Mehr oder weniger Verbraucherschutz durch Europäisches Lauterkeitsrecht? in Hilty/Henning-Bodewig (Hrsg.), Lauterkeitsrecht und Acquis Communautaire, Berlin 2009, S. 227–252 (zitiert: *Drexl*, in Hilty/Henning-Bodewig).

Ehricke, Ulrich, Die richtlinienkonforme und die gemeinschaftsrechtskonforme Auslegung nationalen Rechts, RabelZ 59 (1995), S. 598–644.

Emmerich, Volker, Unlauterer Wettbewerb, Ein Studienbuch, 9. Auflage, München 2012 (zitiert: *Emmerich*).

Engels, Stefan/Salomon, Thomas H., Vom Lauterkeitsrecht zum Verbraucherschutz: UWG-Reform 2003, WRP 2004, S. 32–44.

Ewald, Christian, Ökonomie im Kartellrecht: Vom more economic approach zu sachgerechten Standards forensischer Ökonomie, ZWeR 1/2011, S. 15–47.

Fezer, Karl-Heinz, Der Dualismus der Lauterkeitsrechtsordnungen des b2c-Geschäftsverkehrs und des b2b-Geschäftsverkehrs im UWG, WRP 2009, S. 1163–175.

Ders., Eine Replik: Die Auslegung der UGP-RL vom UWG aus? Methodensynkretismus zur Abwehr des rechtsverbindlichen Richtlinienbegriffs der Unlauterkeit im Sinne des Art. 5 Abs. 2 lit. a und b UGP-RL, WRP 2010, S. 677–686.

Ders., Lauterkeitsrecht, Kommentar zum Gesetz gegen den unlauteren Wettbewerb, Band 1: §§ 1–4 UWG, 2. Auflage, München 2010 (zitiert: Fezer/*Bearbeiter* Band 1 UWG).

Ders., Plädoyer für eine offensive Umsetzung der Richtlinie über unlautere Geschäftspraktiken in das deutsche UWG. Originärer Verbraucherschutz durch Lauterkeitsrecht als Paradigma der europäischen Rechtsharmonisierung, WRP 2006, S. 781–790.

Fritzsche, Jörg, Überlegungen zum Referentenentwurf eines Zweiten Gesetzes zur Änderung des UWG, WRP 2014, S. 1392–1399.

Ders., Aggressive Geschäftspraktiken nach dem neuen § 4 a UWG, WRP 2016, S. 1–8.

Fuchs, Andreas, Effizienzorientierung im Wettbewerbs- und Kartellrecht? In Fleischer/Zimmer(Hrsg.), Effizienz als Regelungsziel im Handels- und Wirtschaftsrecht, Frankfurt am Main 2008, S. 69–89 (zitiert: *Fuchs*, in Effizienz als Regelungsziel).

Gamerith, Helmut, Der Richtlinienvorschlag über unlautere Geschäftspraktiken – Möglichkeiten einer harmonischen Umsetzung, Studie für den Arbeitskreis „UWG" des Bundesministeriums für Wirtschaft und Arbeit, WRP 2005, S. 391–437.

Glöckner, Jochen, Europäisches Lauterkeitsrecht, München 2006 (zitiert: *Glöckner*).

Ders., Über die Schwierigkeit, Proteus zu beschreiben – die Umsetzung der Richtlinie über unlautere Geschäftspraktiken in Deutschland, GRUR 2013, S. 224–238.

Ders., UWG-Novelle mit Konzept und Konsequenz. Anmerkungen zum Referentenentwurf eines Zweiten Gesetzes zur Änderung des Gesetzes gegen den unlauteren Wettbewerb, WRP 2014, S. 1399–1406.

Glöckner, Jochen/Henning-Bodewig, Frauke, EG-Richtlinie über unlautere Geschäftspraktiken: Was wird aus dem „neuen" UWG?, WRP 2005, S. 1311–1335.

Götting, Horst-Peter/Nordemann, Axel, UWG Handkommentar, 2. Auflage, Baden-Baden 2013 (zitiert: Götting/Nordemann/*Bearbeiter*).

von der Groeben, Hans/Schwarze, Jürgen/Hatje, Armin, Europäisches Unionsrecht, Vertrag über die Europäische Union, Vertrag über die Arbeitsweise der Europäischen Union, Charta der Grundrechte der Europäischen Union, Band 2: Art. 67 bis 105 AEUV, 7. Auflage, Baden-Baden 2015 (zitiert: von der Groeben/Schwarze/Hatje/*Bearbeiter* EUV, AEUV, GRC Band 2).

Guthy, Bernhard, Die Umsetzung der Richtlinie 2995/29/EG in Deutschland und Großbritannien – eine rechtsvergleichende Betrachtung, München 2011 (zitiert: *Guthy*).

Haberkamm, Markus, Die Auslegung der Richtlinie über unlautere Geschäftspraktiken im Lichte der europäischen Grundrechte, Nomos 2013 (zitiert: *Haberkamm*).

Haratsch, Andreas/Koenig, Christian/Pechstein, Matthias, Europarecht, 9. Auflage, Tübingen 2014 (zitiert: *Haratsch/Koenig/Pechstein*).

Harte-Bavendamm, Henning/Henning-Bodewig, Frauke, Gesetz gegen den unlauteren Wettbewerb (UWG), Kommentar, 3. Auflage, München 2013 (zitiert: Harte/Henning/*Bearbeiter*).

Dies., Gesetz gegen den unlauteren Wettbewerb (UWG), Kommentar, 2. Auflage, München 2009 (zitiert: Harte/Henning/*Bearbeiter* 2. Auflage).

Hedemann, Justus Wilhelm, Die Flucht in die Generalklauseln. Eine Gefahr für Recht und Staat, Tübingen 1933 (zitiert: *Hedemann*).

Heermann, Peter, Die Erheblichkeitsschwelle i.S. des § 3 UWG-E, GRUR 2004, S. 94–99.

Heidelberger Kommentar zum Wettbewerbsrecht, herausgegeben von Friedrich L. Ekey, Diethelm Klippel, Jost Kotthoff, Astrid Meckel, Gundula Plaß, Heidelberg 2000 (zitiert: HK-WettbR/*Bearbeiter*).

Hellwig, Martin, Effizienz oder Wettbewerbsfreiheit? Zur normativen Grundlegung der Wettbewerbspolitik, in Engel/Möschel (Hrsg.), Recht und spontane Ordnung, Festschrift für Ernst-Joachim Mestmäcker zum achtzigsten Geburtstag, Baden-Baden 2006, S. 231–268 (zitiert: *Hellwig*, in FS Mestmäcker (2006)).

Helm, Horst, Die Bagatellklausel im neuen UWG, in Brinker/Scheuing/Stockmann (Hrsg.), Recht und Wettbewerb, Festschrift zum 65. Geburtstag von Rainer Bechtold, München 2006, S. 155–170 (zitiert: *Helm*, in FS Bechtold (2006)).

Ders., Hohes Verbraucherschutzniveau, Zur Umsetzung der UGP-Richtlinie 2005/29/EG, WRP 2013, S. 710–716.

Henjes, Michael, Spürbarkeit und Missbrauch – Zwei Schranken des UWG, Edewecht 2014 (zitiert: *Henjes*).

Henning-Bodewig, Frauke, Das neue Gesetz gegen den unlauteren Wettbewerb, GRUR 2004, S. 713–720.

Dies., Das neue UWG – von Brüsseler Gnaden?, Perspektiven des Geistigen Eigentums und Wettbewerbsrecht, Festschrift für Gerhard Schricker zum 70. Geburtstag, München 2005, S. 705–714 (zitiert: *Henning-Bodewig*, in FS Schricker (2005)).

Dies., Der Schutzzweck des UWG und die Richtlinie über unlautere Geschäftspraktiken, GRUR 2013, S. 238–245.

Dies., Die Richtlinie 2005/29/EG über unlautere Geschäftspraktiken, GRUR Int. 2005, S. 629–634.

Dies., Erneute UWG-Reform? Einige Anmerkungen zum Referentenentwurf 2014, WRP 2014, S. 1407–1410.

Dies., Relevanz der Irreführung, UWG-Nachahmungsschutz und die Abgrenzung Lauterkeitsrecht/IP-Rechte, GRUR Int. 2007, S. 986–990.

Dies., Richtlinienvorschlag über unlautere Geschäftspraktiken und UWG-Reform, GRUR Int. 2004, S. 183–193.

Hetmank, Sven, Im Korsett der UGP-Richtlinie, GRUR 2015, S. 323–331.

Hoeren, Thomas, Das neue UWG und dessen Auswirkungen auf den B2B-Bereich, WRP 2009, S. 789–794.

Hoppmann, Erich, Das Konzept der optimalen Wettbewerbsintensität – Rivalität oder Freiheit des Wettbewerbs: Zum Problem eines wettbewerbspolitisch adäquaten Ansatzes der Wettbewerbstheorie, in Jahrbücher für Nationalökonomie und Statistik 179, 1966, S. 286–323 (zitiert: *Hoppmann*).

Immenga, Ulrich/Mestmäcker, Ernst-Joachim, Wettbewerbsrecht, Band 1. EU/Teil 1, Kommentar zum Europäischen Kartellrecht, 5. Auflage, München 2012 (zitiert: Immenga/Mestmäcker/*Bearbeiter* Band 1. EU/Teil 1).

Dies., Wettbewerbsrecht, Band 2. GWB/Teil 1, Kommentar zum Deutschen Kartellrecht, 5. Auflage, München 2014 (zitiert: Immenga/Mestmäcker/*Bearbeiter* Band 2. GWB/Teil 1).

Juris Praxiskommentar UWG, herausgegeben von Eike Ullmann, 3. Auflage, Saarbrücken 2013 (zitiert: jurisPK-UWG/*Bearbeiter*).

Kennedy, Duncan, Cost-Benefit Analysis of Entitlement Problems: A Critique, Stanford Law Review Vol. 33 (1981), S. 387–445.

Kirchhoff, Wolfgang, Die UWG-Novelle 2015 – nur Kodifizierung der Rechtsprechung oder substantiell Neues?, WRP 2015, S. 659–663.

Köhler, Helmut, „Fachliche Sorgfalt" – Der weiße Fleck auf der Landkarte des UWG, WRP 2012, S. 22–32.

Ders., Der Regierungsentwurf zur UWG-Novelle 2015: Nur Klarstellungen oder doch tiefgreifende Änderungen?, WRP 2015, S. 275–285.

Ders., Die „Bagatellklausel" in § 3 UWG, GRUR 2005, S. 1–9.

Ders., Die Umsetzung der Richtlinie über unlautere Geschäftspraktiken in Deutschland – eine kritische Analyse, GRUR 2012, S. 1073–1083.

Ders., Die Unlauterkeitstatbestände des § 4 UWG und ihre Auslegung im Lichte der Richtlinie über unlautere Geschäftspraktiken, GRUR 2008, S. 841–848.

Ders., Zur richtlinienkonformen Auslegung der Transparenzgebote des § 4 Nr. 4 und 5 UWG. Zugleich eine Besprechung der Entscheidung „Einwilligungserklärung für Werbeanrufe" des BGH, WRP 2011, S. 1023–1028.

Ders., Dogmatik des Beispielskatalogs des § 4 UWG, Die Ausstrahlung der Richtlinie über unlautere Geschäftspraktiken auf die Tatbestände des § 4 UWG, WRP 2012, S. 638–649.

Ders., Grenzstreitigkeiten im UWG, Zum Anwendungsbereich der Verbotstatbestände des § 3 Abs. 1 UWG und des § 3 Abs. 2 S. 1 UWG, WRP 2010, S. 1293–1304.

Ders., Richtlinienkonforme Gesetzgebung statt richtlinienkonforme Auslegung: Plädoyer für eine weitere UWG-Novelle, WRP 2012, S. 251–260.

Ders., Stellungnahme zum Referentenentwurf eines Zweiten Gesetzes zur Änderung des UWG, WRP 2014, S. 1410–1418.

Ders., Der steinige Weg vom deutschen zum europäischen Lauterkeitsrecht, Festschrift 100 Jahre Wettbewerbszentrale, Frankfurt am Main 2012, S. 147–155 (zitiert: *Köhler*, in FS 100 Jahre Wettbewerbszentrale (2012)).

Ders., Neujustierung des UWG am Beispiel der Verkaufsförderungsmaßnahmen, GRUR 2010, S. 767–776.

Ders., Zu den „unter allen Umständen unlauteren" irreführenden und aggressiven Geschäftspraktiken, Festschrift für Joachim Bornkamm zum 65. Geburtstag, München 2014, S. 393–406 (zitiert: *Köhler*, in FS Bornkamm).

Ders., UWG-Reform 2015: Was ändert sich im Lauterkeitsrecht?, WRP Die erste Seite 2015, Nr. 12.

Ders., Zur „geschäftlichen Relevanz" unlauterer geschäftlicher Handlungen gegenüber Verbrauchern, WRP 2014, S. 259–267.

Ders., Alternativentwurf (UWG-AE) zum Regierungsentwurf UWG (UWG-E) eines 2. Gesetzes zur Änderung des Gesetzes gegen den unlauteren Wettbewerb, WRP 2015, S. 1311–1318.

Ders., Zur Umsetzung der Richtlinie über unlautere Geschäftspraktiken, GRUR 2005, S. 793–802.

Ders., Zum Vorenthalten wesentlicher Informationen am Beispiel der Impressumsangaben, WRP 2013, S. 1419–1425.

Köhler, Helmut/Bornkamm, Joachim, Gesetz gegen den unlauteren Wettbewerb, 34. Auflage, München 2016 (zitiert: Köhler/Bornkamm/*Bearbeiter* 2016).

Dies., Gesetz gegen den unlauteren Wettbewerb, 33. Auflage, München 2015 (zitiert: Köhler/Bornkamm/*Bearbeiter*).

Koos, Stefan, Vergleichende Werbung und die Fesseln der Harmonisierung, WRP 2005, S. 1096–1102.

Koppensteiner, Hans-Georg, Österreichisches und europäisches Wettbewerbsrecht, 3. Auflage, Wien 1997 (zitiert: *Koppensteiner*).

Kroeber-Riel, Werner/Gröppel-Klein, Andrea, Konsumentenverhalten, 10. Auflage, München 2013 (zitiert: *Kroeber-Riel/Gröppel-Klein*).

Kulka, Michael, Der Entwurf eines „Ersten Gesetzes zur Änderung des Gesetzes gegen den unlauteren Wettbewerb", DB 2008, S. 1548–1557.

Lademann, Rainer P., Zur Methodologie des more economic approach im Kartellrecht, in Bechtold/Jickeli/Rohe (Hrsg.), Recht, Ordnung und Wettbewerb, Festschrift für Wernhard Möschel, Baden-Baden 2011, S. 381–394 (zitiert: *Lademann*, in FS Möschel (2011)).

Langen, Eugen/Bunte, Hermann-Josef, Kartellrecht, Band 2, Europäisches Kartellrecht, 12. Auflage, Köln 2014 (zitiert: Langen/Bunte/*Bearbeiter* Band 2).

Dies., Kartellrecht, Band 1, Deutsches Kartellrecht, 12. Auflage, Köln 2014 (zitiert: Langen/Bunte/*Bearbeiter* Band 1).

Leible, Stefan/Günther, Lucas, „Millionen-Chance II" – Das endgültige Aus für § 4 Nr. 6 UWG?, GRUR-Prax 2011, S. 209–212.

Leistner, Matthias, Behavioural Economics und Lauterkeitsrecht, Versuch einer Annäherung, ZGE 2009, S. 3–58.

Ders., Bestand und Entwicklungsperspektiven des Europäischen Lauterkeitsrecht, ZEuP 2009, S. 56–90.

Ders., Richtiger Vertrag und lauterer Wettbewerb, Tübingen 2007 (zitiert: *Leistner*).

Lettl, Tobias, Gemeinschaftsrecht und neues UWG, WRP 2004, S. 1079–1132.

Ders., Haftung eines Unternehmens (z. B. Hersteller) für Werbung unter Bezug auf das Angebot anderer selbständiger Unternehmen (z. B. Vertragshändler) insbesondere nach § 5 a Abs. 2, Abs. 3 Nr. 2 UWG, WRP 2013, S. 1105–1115.

Mestmäcker, Ernst-Joachim, Die Interpendenz von Recht und Ökonomie in der Wettbewerbspolitik, in Monopolkommission (Hrsg.), Zukunftsperspektiven der Wettbewerbspolitik, Colloquium anlässlich des 30-jährigen Bestehens der Monopolkommission am 5. November 2004 in der Humboldt-Universität zu Berlin, Baden-Baden 2005, S. 19–36 (zitiert: *Mestmäcker*, in Zukunftsperspektiven der Wettbewerbspolitik).

Metzger, Axel, Die Entwicklung des Rechtsbruchtatbestands nach der Umsetzung der UGP-Richtlinie - ein Zwischenbericht, GRUR Int. 2015, S. 687–692.

Möschel, Wernhard, Wettbewerb zwischen Handlungsfreiheiten und Effizienzzielen, in Engel/Möschel (Hrsg.), Recht und spontane Ordnung, Festschrift für Ernst-Joachim Mestmäcker zum achtzigsten Geburtstag, Baden-Baden 2006, S. 231–268 (zitiert: *Möschel*, in FS Mestmäcker (2006)).

Müller-Glöge, Rudi/Preis, Ulrich/Schmidt, Ingrid, Erfurter Kommentar zum Arbeitsrecht, 15. Auflage, München 2015 (zitiert: ErfK/*Bearbeiter*).

Münchener Kommentar zum Bürgerlichen Gesetzbuch, Band 2, Schuldrecht Allgemeiner Teil, §§ 241–432 BGB, 6. Auflage, München 2012 (zitiert: MünchKomm BGB/*Bearbeiter*).

Münchener Kommentar zum Lauterkeitsrecht, Band 1, §§ 1–4 UWG, 2. Auflage, München 2014 (zitiert: MünchKomm UWG Band 1/*Bearbeiter*).

Münchener Kommentar zum Lauterkeitsrecht, Band 1, §§ 1–4 UWG, München 2006 (zitiert: MünchKomm UWG Band 1 2006/*Bearbeiter*).

Münchener Kommentar zum Lauterkeitsrecht, Band 2, §§ 5–20 UWG, 2. Auflage, München 2014 (zitiert: MünchKomm UWG Band 2/*Bearbeiter*).

Namyslowska, Monika, Trifft die Schwarze Liste der unlauteren Geschäftspraktiken in Schwarze? Bewertung im Lichte der EuGH-Rechtsprechung, GRUR Int. 2010, S. 1033–1039.

Niebel/Rembert, Jauch/Andreas, Die UWG-Reform 2015 – ein Überblick über die Auswirkungen in der Praxis, BB 2016, S. 259–264.

Nordemann, Axel, Die wettbewerbliche Erheblichkeit – relevant oder irrelevant?, Festschrift für Helmut Köhler zum 70. Geburtstag, München 2014, S. 489–494 (zitiert: *Nordemann*, in FS Köhler (2014)).

Nordemann, Axel/Nordemann, Jan Bernd/Nordemann-Schiffel, Anke, Wettbewerbsrecht, Markenrecht, 11. Auflage, Baden-Baden 2012 (zitiert: *Nordemann*).

Ohly, Ansgar, Das neue UWG – Mehr Freiheit für den Wettbewerb?, GRUR 2004, S. 889–900.

Ders., Alternativentwurf („Große Lösung") zum Regierungsentwurf eines 2. Gesetzes zur Änderung des Gesetzes gegen den unlauteren Wettbewerb, WRP 2015, S. 1443–1448.

Ders., Generalklausel und Richterrecht, AcP 201 (2001), S. 1–47.

Ders., Nach der Reform ist vor der Reform. Anmerkungen zum Referentenentwurf eines Zweiten Gesetzes zur Änderung des UWG, GRUR 2014, S. 1137–1145.

Ders., Das neue UWG im Überblick, GRUR 2016, S. 3–6.

Ohly, Ansgar/Sosnitza, Olaf, Gesetz gegen den unlauteren Wettbewerb, Kommentar, 6. Auflage, München 2014 (zitiert: Ohly/Sosnitza/*Bearbeiter*).

Omsels, Hermann-Josef, Zur Unlauterkeit der gezielten Behinderung von Mitbewerbern (§ 4 Nr. 10 UWG), WRP 2004, S. 136–145.

Palandt, Bürgerliches Gesetzbuch, 74. Auflage, München 2015 (zitiert: Palandt/*Bearbeiter*).

Peglow, Michael von, Die Generalklausel. Brücke zwischen „Civil Law" und „Common Law", in Staatsphilosophie und Rechtspolitik, Festschrift für Martin Kriele zum 65. Geburtstag, München 1997, S. 1493–1511 (zitiert: *von Peglow*, in FS Kriele (1997)).

Peifer, Karl-Nikolaus, Vergleichende Werbung und sonst nichts? Überbordender Schutzbereich der Vorschriften zur vergleichenden Werbung?, WRP 2011, S. 1–6.

Pichler, Philipp Daniel, Das Verhältnis von Kartell- und Lauterkeitsrecht. Eine Standortbestimmung nach den Novellen von GWB und UWG, Baden-Baden 2009 (zitiert: *Pichler*).

Podszun, Rupprecht, Der „more economic approach" im Lauterkeitsrecht, WRP 2009, S. 509–518.

Ders., Spezielle Wettbewerbsförderung durch Europäisches Lauterkeitsrecht: Plädoyer für ein allgemeines Europäisches Wettbewerbsrecht, in Hilty/Henning-Bodewig (Hrsg.), Lauterkeitsrecht und Acquis Communautaire, Berlin 2009, S. 151–175 (zitiert: *Podszun*, in Hilty/Henning-Bodewig).

Radeideh, Malek, Fair Trading in EC Law, Information and Consumer Choice in the Internal Market, 2005 (zitiert: *Radeideh*).

Redeker, Sandra Sophia/Pres, Sascha, UWG-Novelle 2015: Erste Betrachtung der finalen Gesetzesänderung, GRUR-Prax 2016, S. 7–9.

Riesenkampff, Alexander, Vom Wettbewerbsschutz zum Verbraucherschutz?, in Bechtold/Jickeli/Rohe (Hrsg.), Recht, Ordnung und Wettbewerb, Festschrift für Wernhard Möschel, Baden-Baden 2011, S. 489–501 (zitiert: *Riesenkampff*, in FS Möschel (2011)).

Rittner, Fritz, Wettbewerbsrecht und Ökonomie, in Schwarze (Hrsg.), Recht und Ökonomie im Europäischen Wettbewerbsrecht, Baden-Baden 2006, S. 17–27 (zitiert: *Rittner*, in Recht und Ökonomie).

Rüthers, Bernd, Die unbegrenzte Auslegung, Zum Wandel der Privatrechtsordnung im Nationalsozialismus, 6. Auflage, Tübingen 2005 (zitiert: *Rüthers*).

Sack, Rolf, Die lückenfüllende Funktion der Generalklausel des § 3 UWG, WRP 2005, S. 531–544.

Ders., Produktnachahmung und betriebliche Herkunftstäuschung nach § 4 Nr. 9 Buchst. a UWG, GRUR 2015, S. 442–452.

Ders., Vergleichende Werbung und die Erheblichkeitsschwelle in § 3 des Regierungsentwurfs einer UWG-Novelle, WRP 2004, S. 30–31.

Ders., Anmerkungen zur geplanten Änderung des UWG, WRP 2014, S. 1418–1424.

Ders., Die Erheblichkeitsklauseln der UGP-RL 2005/29/EG und die UWG-Novelle, WRP 2015, S. 663–667.

Ders., Betriebliche Herkunftstäuschungen und § 5 UWG, WRP 2014, S. 1130–1136.

Scherer, Inge, Die „Verbrauchergeneralklausel“ des § 3 II 1 UWG – eine überflüssige Norm, WRP 2010, S. 568–592.

Dies., „Case law“ in Gesetzesform – Die „Schwarze Liste“ als neuer UWG-Anhang, NJW 2009, S. 324–331.

Dies., Die weißen Flecken in der Schwarzen Liste, Teleologische Tatbestandsrestriktion bei generell fehlender geschäftlicher Relevanz, WRP 2014, S. 771–776.

Schlingloff, Jochen, Keine Änderungen für die Rechtspraxis? Ein erster Blick auf den Referentenentwurf zur Änderung des UWG, WRP 2014, S. 1424–1426.

Schmidt, André, Ordnungsökonomische Wettbewerbskonzepte: Die Wettbewerbspolitik im Spannungsfeld zwischen Freiheit und Effizienz, in ORDO: Jahrbuch für die Ordnung von Wirtschaft und Gesellschaft, Band 59 (2008), S. 209–236 (zitiert: *Schmidt*, in ORDO 2008).

Schmidt, André/Wohlgemuth, Michael, Das Wettbewerbskonzept der EU aus Sicht der Wirtschaftswissenschaften: Wie ökonomisch ist der „more economic approach“?, in Blanke/Scherzberg/Wegner (Hrsg.), Dimensionen des Wettbewerbs, Europäische Integration zwischen Eigendynamik und politischer Gestaltung, Tübingen 2010, S. 51–79 (zitiert: *Schmidt/Wohlgemuth*).

Schmidt, Christof, Unlauter und darüber hinaus…, GRUR 2009, S. 353–356.

Schmidt, Ingo, More Economic Approach: Ein wettbewerbspolitischer Fortschritt? in Brinker/Scheuing/Stockmann (Hrsg.), Recht und Wettbewerb, Festschrift für Rainer Bechtold zum 65. Geburtstag, München 2006, S. 409–418 (zitiert: *Schmidt*, in FS Bechtold (2006)).

Ders., More Economic Approach: Ökonomisches Modell oder Verbesserung der Rechtspraxis?, Festschrift für Franz Jürgen Säcker zum 70. Geburtstag, München 2011, S. 939–948 (zitiert: *Schmidt*, in FS Säcker (2011)).

Ders., Wettbewerbspolitik und Kartellrecht. Eine interdisziplinäre Einführung, 9. Auflage, München 2012 (zitiert: *Schmidt*, Wettbewerbspolitik).

Schmidtchen, Dieter, Der „more economic approach" in der Wettbewerbspolitik, WuW 1/2006, S. 6–17.

Ders., Die neue Wettbewerbspolitik auf dem Prüfstand, in Oberender (Hrsg.), Effizienz und Wettbewerb, Berlin 2005, S. 173–179 (zitiert: *Schmidtchen*, in Effizienz und Wettbewerb).

Schöttle, Hendrik, Aus eins mach zwei – die neuen Generalklauseln im Lauterkeitsrecht, GRUR 2009, S. 546–551.

Schuhmacher, Florian, Effizienz und Wettbewerb. Ein Modell zur Einbeziehung ökonomischer Ansätze in das Kartellrecht, Baden-Baden 2011 (zitiert: *Schuhmacher*).

Schünemann, Wolfgang B., „Unlauterkeit" in den Generalklauseln und Interessenabwägung nach neuem UWG, WRP 2004, S. 925–936.

Schünemann, Wolfgang B., Der Beitrag der Ökonomik für das Europäische Lauterkeitsrecht, in Hilty/Henning-Bodewig (Hrsg.), Lauterkeitsrecht und Acquis Communautaire, Berlin 2009, S. 97–110 (zitiert: *Schünemann*, in Lauterkeitsrecht und Acquis Communautaire).

Schünemann, Wolfgang B., Generalklausel und Regelbeispiele, JZ 2005, S. 271–279.

Schwalbe, Ulrich/Zimmer, Daniel, Kartellrecht und Ökonomie. Moderne ökonomische Ansätze in der europäischen und deutschen Zusammenschlusskontrolle, 2. Auflage, Frankfurt am Main 2011 (zitiert: *Schwalbe/Zimmer*).

Sosnitza, Olaf, Der Gesetzentwurf zur Umsetzung der Richtlinie über unlautere Geschäftspraktiken, WRP 2008, S. 1014–1034.

Ders., Die Generalklausel des Art. 5 Abs. 2 UGP-RL – Totes Recht oder „undiscovered country"?, Festschrift für Helmut Köhler zum 70. Geburtstag, München 2014, S. 685–693 (zitiert: *Sosnitza*, in FS Köhler (2014)).

Ders., Der Regierungsentwurf zur Änderung des Gesetzes gegen den unlauteren Wettbewerb, GRUR 2015, S. 318–323.

Streinz, Rudolf, EUV/AEUV Vertrag über die Europäische Union und Vertrag über die Arbeitsweise der Europäischen Union, 2. Auflage, München 2012 (zitiert: Streinz/*Bearbeiter*).

Tamm, Marina, Verbraucherschutzrecht, Europäisierung und Materialisierung des deutschen Zivilrechts und die Herausbildung eines Verbraucherschutzprinzips, Tübingen 2011 (zitiert: *Tamm*).

Teplitzky, Otto, Wettbewerbsrechtliche Ansprüche und Verfahren. Unterlassung – Beseitigung – Auskunft – Schadensersatz. Anspruchsdurchsetzung und Anspruchsabwehr, 8. Auflage, München 2002 (zitiert: *Teplitzky*, 8. Aufl.).

Terhechte, Jörg Philipp, Die ungeschriebenen Tatbestandsmerkmale des europäischen Wettbewerbsrechts, Baden-Baden 2004 (zitiert: *Terhechte*).

Timm-Wagner, Birte, Die Umsetzung der Richtlinie über unlautere Geschäftspraktiken in Deutschland, GRUR 2013, S. 245–248.

UWG Großkommentar, herausgegeben von Otto Teplitzky, Karl-Nikoalus Peifer, Matthias Leistner, 2. Auflage, 1. Band, Einleitung; §§ 1–3, Berlin 2014 (zitiert: GK-UWG Band 1/*Bearbeiter*).

UWG Großkommentar, herausgegeben von Otto Teplitzky, Karl-Nikoalus Peifer, Matthias Leistner, 2. Auflage, 2. Band, §§ 4–7, Berlin 2013 (zitiert: GK-UWG Band 2/*Bearbeiter*).

Van den Bergh, Roger/Lehmann, Michael, Informationsökonomie und Verbraucherschutz im Wettbewerbs- und Warenzeichenrecht, GRUR Int. 1992, S. 588–599.

Wissmann, Hinnerk, Generalklauseln. Verwaltungsbefugnisse zwischen Gesetzmäßigkeit und offenen Normen, Tübingen 2008 (zitiert: *Wissmann*).

Wollmann, Hanno, Der „More Economic Approach", die UWG-Novelle 2007 und deren Bedeutung für das Zusammenspiel von Lauterkeits- und Kartellrecht, Festschrift für Irmgard Griss, Wien 2011, S. 771–787 (zitiert: *Wollmann*, in FS Griss (2011)).

Veröffentlichungen des Instituts für deutsches und europäisches Wirtschafts-, Wettbewerbs- und Regulierungsrecht der Freien Universität Berlin

Herausgegeben von Franz Jürgen Säcker und Jochen Mohr

Band 1	Franz Jürgen Säcker (Hrsg.): Deutsch-russisches Energie- und Bergrecht im Vergleich. Ergebnisse einer Arbeitstagung vom 31. März / 1. April 2006. 2007.
Band 2	Franz Jürgen Säcker / Walther Busse von Colbe (Hrsg.): Wettbewerbsfördernde Anreizregulierung. Zum Anreizregulierungsbericht der Bundesnetzagentur vom 30. Juni 2006. 2007.
Band 3	Dirk Zschenderlein: Die Gleichbehandlung der Aktionäre bei der Auskunftserteilung in der Aktiengesellschaft. Zum Problem der Zulässigkeit der Weitergabe von Informationen an einzelne Aktionäre und Dritte. 2007.
Band 4	Simone Kirchhain: Die Anwendung der Vertikal-GVO auf innerstaatliche Wettbewerbsbeschränkungen nach der 7. GWB-Novelle. 2007.
Band 5	Franz Jürgen Säcker: Der Independent System Operator. Ein neues institutionelles Design für Netzbetreiber? 2007.
Band 6	Stefanie Otto: Allgemeininteressen im neuen UWG. § 1 S. 2 UWG und die wettbewerbsfunktionale Auslegung. 2007.
Band 7	Jochen Eichler: Vertragliche Dritthaftung. Eine Auseinandersetzung mit der Frage der Dritthaftung von sogenannten Experten und anderen Auskunftspersonen im Rahmen des § 311 Abs. 3 BGB. 2007.
Band 8	Markela Stamati: Die Anforderungen der operationellen Entflechtung nach den Beschleunigungsrichtlinien der Europäischen Kommission. Umsetzung in Deutschland und Griechenland. 2008.
Band 9	Franz Jürgen Säcker: The Concept of the Relevant Product Market. Between Demand-Side Substitutability and Supply-Side -Substitutability in Competition Law. 2008.
Band 10	Renate Rabensdorf: Die Durchgriffshaftung im deutschen und russischen Recht der Kapitalgesellschaften. Eine rechtsvergleichende Untersuchung. 2009.
Band 11	Franz Jürgen Säcker: Der beschleunigte Ausbau der Höchstspannungsnetze als Rechtsproblem. Erläutert am Beispiel der 380-kV-Höchstspannungsleitung Lauchstädt – Redwitz – Grafenrheinfeld mit Querung des Rennsteigs im Naturpark Thüringer Wald. 2009.
Band 12	Helen Mahne: Eigentum an Versorgungsleitungen. 2009.
Band 13	Franz Jürgen Säcker (Hrsg.): Russisches Energierecht - Gesetzessammlung. 2009.
Band 14	Franz Jürgen Säcker / Maik Wolf: Integrierte Energieversorgung in geschlossenen Verteilernetzen. Zum Gestaltungsspielraum des Gesetzgebers zur Neuregelung des § 110 EnWG im Lichte des Dritten EG-Energiepakets. 2009.
Band 15	Franz Jürgen Säcker (Hrsg.): Das Dritte Energiepaket für den Gasbereich. Deutsch-Englische Textausgabe mit einer Einführung. 2009.
Band 16	Franz Jürgen Säcker (Hrsg.): Das Dritte Energiepaket für den Elektrizitätsbereich. Deutsch-Englische Textausgabe mit einer Einführung. 2009.

Band 17 Thomas Dörmer: Die Unternehmenspacht. Rechtsstellung der Vertragsparteien unter besonderer Berücksichtigung der Pflicht des Unternehmenspächters zur ordnungsgemäßen Unternehmensführung sowie der Rechtslage bei Vertragsbeendigung. 2010.

Band 18 Klaas Bosch: Die Kontrolldichte der gerichtlichen Überprüfung von Marktregulierungsentscheidungen der Bundesnetzagentur nach dem Telekommunikationsgesetz. 2010.

Band 19 Geng-Sook Leem: Einheitliche Corporate Governance-Grundsätze für die Europäische Aktiengesellschaft (SE). Eine rechtsvergleichende Untersuchung anhand der Ausgestaltung der SE im deutschen und britischen Recht. 2010.

Band 20 Wiebke Gebhardt: Gentechnik und Koexistenz nach der Gesetzesnovelle von 2008: Zivilrechtliche Haftung im Vergleich Deutschland und USA. 2010.

Band 21 Cathrin Isenberg: Die Geruchsmarke als Gemeinschaftsmarke. Schutzfähigkeit und Einsatzmöglichkeiten. 2010.

Band 22 Franz Jürgen Säcker / Jochen Mohr / Maik Wolf: Konzessionsverträge im System des europäischen und deutschen Wettbewerbsrechts. 2011.

Band 23 Judith Antonia Loeck: Die unzumutbare Belästigung nach der UWG Novelle 2008 und dem Gesetz zur Bekämpfung unerlaubter Telefonwerbung und zur Verbesserung des Verbraucherschutzes bei besonderen Betriebsformen. 2011.

Band 24 Jörg Jaecks: Konzernverrechnungsklauseln und verwandte einseitige Verrechnungsbefugnisse im Mehrpersonenverhältnis. 2011.

Band 25 Franz Jürgen Säcker: Marktabgrenzung, Marktbeherrschung, Markttransparenz und Machtmissbrauch auf den Großhandelsmärkten für Elektrizität. 2011.

Band 26 Susanne Wende: Die einheitliche Auslegung von Beihilfen- und Vergaberecht als Teilgebiete des europäischen Wettbewerbsrechts. 2011.

Band 27 Leonie Kempel: Die Anwendung von Art. 102 AEUV auf geistiges Eigentum und Sacheigentum. Die Voraussetzungen des Kontrahierungszwangs nach Art. 102 AEUV und der Essential-Facility-Doktrin unter besonderer Berücksichtigung der Unterschiede zwischen geistigem Eigentum und Sacheigentum. 2011.

Band 28 Christoph Schuldt: Werbejingles – schützenswerte Kompositionen!? Die urheberrechtliche und markenrechtliche Schutzfähigkeit von Werbejingles vor unbefugter Nachahmung. 2012.

Band 29 Lydia Scholz: Die Rechtfertigung von diskriminierenden umweltpolitischen Steuerungsinstrumenten. Eine Untersuchung der Reichweite der Warenverkehrsfreiheit und ihrer Begrenzung durch den Umweltschutz als Vertragsziel am Beispiel der deutschen Energiefördergesetze EEG und KWKModG. 2012.

Band 30 Franz Jürgen Säcker: Investitionen in Kraftwerke zur Sicherung einer zuverlässigen Elektrizitätsversorgung nach der Energiewende. Rechtliche und ökonomische Rahmenbedingungen. 2012.

Band 31 Florian Leib: Kartellrechtliche Durchsetzungsstrategien in der Europäischen Union, den USA und Deutschland. Eine rechtsvergleichende Darstellung. 2012.

Band 32 Holger Hoch: Marktverschlusseffekte und Effizienzen vertikaler Zusammenschlüsse. Kartellrechtliche Beurteilung nach europäischem und deutschem Recht. 2012.

Band 33 Sebastian Kemper: Gasnetzzugang in Deutschland und in Spanien. 2012.

Band 34 Elena Timofeeva: Unbundling in der russischen Elektrizitätswirtschaft im Vergleich zum deutschen und europäischen Energierecht. 2012.

Band 35 Gisela Drozella / Harald Krebs: Marktbeherrschung im Bereich Stromerzeugung / Stromgroßhandel. Eine kritische Analyse der neueren Sicht des Bundeskartellamts. 2013.

Band 36 Christian Rehm: Die Einzel- und Gesamtverantwortung der Vorstandsmitglieder der Aktiengesellschaft. Die Verantwortung für die Leitung und Geschäftsführung im mehrköpfigen Vorstand in der unabhängigen und der herrschenden AG. 2013.

Band 37 Ann-Christin Richter: Mengen- und umsatzbezogene Rabatte marktbeherrschender Unternehmen in den Grenzen des Art. 102 AEUV. 2013.

Band 38 Nikolaos Pitsos: Die erhebliche Behinderung des wirksamen Wettbewerbs (SIEC-Test) im Fusionskontrollrecht. Zugleich ein Beitrag zur Problematik der oligopolistischen Marktbeherrschung unter Vergleich mit dem amerikanischen SLC-Test. 2013.

Band 39 Mirko Heinemann: Das Markenzeichen als Anknüpfungspunkt des Markenimages. 2013.

Band 40 Sylvia Lorenz: Der Immaterialgüterschutz virtueller Ladengeschäfte. Ein Vorschlag für die rechtliche Erfassung virtueller Güter. 2014.

Band 41 Anke Reimers: Wettbewerbsrechtliche und regulatorische Analyse der Kapazitätenvergabe an Grenzkuppelstellen im Elektrizitätsbinnenmarkt. 2014.

Band 42 Franz Jürgen Säcker / Carsten König / Lydia Scholz: Der regulierungsrechtliche Rahmen für ein Offshore-Stromnetz in der Nordsee. 2014.

Band 43 David Preisendanz: Der Humor in der vergleichenden Werbung. 2014.

Band 44 Martin Gerig: Vollendung des EU-Energiebinnenmarktes vs. nationale Marktabschottungen. Europarechtskonformität mitgliedstaatlicher Fördermaßnahmen und Kapazitätsmärkte am Beispiel Deutschlands. 2014.

Band 45 Jan Patrick Ehinger: Dritthaftung für Kunstexpertisen und Aufnahmebestätigungen in den Catalogue raisonné. Ein Beitrag zur Expertenhaftung. 2014.

Band 46 Julia Gerzen: Das Recht der Gesellschafter-Fremdkapitalfinanzierung. Rechtsvergleichende Analyse der Behandlung von Gesellschafterdarlehen vor und in der Insolvenz der GmbH nach deutschem und russischem Recht. 2014.

Band 47 Laura Börger: Die gerichtliche Kontrolldichte bei der Überprüfung von Entscheidungen der Europäischen Kommission auf dem Gebiet der Fusionskontrolle. 2014.

Veröffentlichungen des Instituts für Energie- und Regulierungsrecht Berlin

Band 48–65 herausgegeben von Franz Jürgen Säcker

ab Band 66 gemeinsam mit Jochen Mohr

Band 48 Daniel Simon Travers: Kopplungsangebote. Eine Studie zum Vertrags- und Lauterkeitsrecht. 2015.

Band 49 Anna Olbryś-Sobieszuk: EU-rechtliche Schranken der Glücksspielwerbung in Deutschland, Großbritannien und Polen. 2015.

Band 50 Franz Jürgen Säcker/Lydia Scholz/Thea Sveen: Renewable Energy Law in Europe. Challenges and Perspectives. 2015.

Band 51 Lina Berezgova: Festlegung von Stromnetzentgelten in Deutschland und Russland. Eine rechtsvergleichende Untersuchung der anreizbasierten Regulierungsvorgaben. 2015.

Band 52 Fengliang Jin: Aufgreifkriterien in der Fusionskontrolle. Eine rechtsvergleichende Untersuchung des europäischen (Art. 3 FKVO), deutschen (§ 37 GWB), taiwanesischen (§ 6 FHG) und festlandchinesischen (§ 20 AMG) Rechts. 2015.

Band 53 Vasileios Triantafyllidis: Die Einordnung der Passing-On-Defense in das allgemeine Schadensersatzrecht. Eine rechtsvergleichende, dogmatische Studie. 2015.

Band 54 Peipei Liu: Die Inhaltskontrolle von Allgemeinen Geschäftsbedingungen und formularmäßigen Vertragsklauseln im deutsch-chinesischen Vergleich. 2016.

Band 55 Evelyn Kozak: Zur Notwendigkeit eines arbeitsrechtlichen und haftungsrechtlichen Whistleblowerschutzes. 2016.

Band 56 Genevieve Baker: Der bereicherungsrechtliche Nutzungsanspruch. 2017.

Band 57 Maria Zaykova: Der rechtliche Rahmen für den bergbaulichen Zugang zu den Erdöl- und Erdgaslagerstätten in der Russischen Föderation im Vergleich zum deutschen Bergrecht. 2017.

Band 58 Qian Luan: Geldschöpfungsprozess und Geld als abstraktes Schuldversprechen. Die europäisch-verwaltungsrechtliche Betrachtung des Geldschöpfungsprozesses der EZB und die Rechtsnatur von Zentralbankgeld und Geschäftsbankengiralgeld. 2017.

Band 59 Sára Gabriella Hoffman: Regulation of Cloud Services under US and EU Antitrust, Competition and Privacy Laws. 2017.

Band 60 Matthias Schöpf: Das neue Planungsrecht der Übertragungsnetze: Vorgaben des deutschen und europäischen Rechts. 2017.

Band 61 İpek Çevik: Eine vergleichende Untersuchung der Joint Ventures – Gemeinschaftsunternehmen – nach europäischem, türkischem und deutschem Wettbewerbsrecht. Die Analyse von wettbewerbsrechtlichen Auswirkungen bei Gründung der konzentrativen und/oder kooperativen Gemeinschaftsunternehmen. 2017.

Band 62 Raffaele Mazza: Verbotsirrtum und Vertrauen auf Rechtsrat im europäischen Kartellrecht. Eine rechtsvergleichende Analyse des europäischen, des deutschen und des französischen Kartellrechts. 2017.

Band 63 Stavroula Antoniou: Die Kontrolle einseitiger Preisanpassungsrechte in Dauerschuldverhältnissen am Beispiel langfristige Energielieferverträge. Eine rechtsvergleichende Untersuchung nach deutschem und griechischem Recht. 2018.

Band 64 Lucas Noura de Moraes Rêgo Guimarães: Energieversorgungssicherheit im Europarecht mittels der Förderung erneuerbarer Energien und der Interkonnektion der Netze. 2018.

Band 65 Nino Kobadze: Regulation of Access to Gas Networks in Russia in Comparison with the Energy Law of Germany and the EU. 2018.

Band 66 Felix Krone: Das Recht der unkörperlichen Verwertung für das Internet als Teilhaberecht. Zugleich eine Grundsatzschrift für ein kommunikationsoffenes Urheberrecht 2018.

Band 67 Katja Stefanie Middelhoff: Das Spürbarkeitsmerkmal des UWG 2015. 2019.

www.peterlang.com

www.ingramcontent.com/pod-product-compliance
Ingram Content Group UK Ltd.
Pitfield, Milton Keynes, MK11 3LW, UK
UKHW041826290926
8980IPUK00002B/100

9 783631 790427